主　编：郑长铃　高德祥
副主编：程永生　张敬华

2017 "一带一路"文化艺术交流合作国际学术研讨会论文集

文化藝術出版社
Culture and Art Publishing House

图书在版编目（CIP）数据

2017"一带一路"文化艺术交流合作国际学术研讨会
论文集 / 郑长铃，高德祥主编. -- 北京：文化艺术出
版社，2018.10
ISBN 978-7-5039-6558-6

Ⅰ. ①2… Ⅱ. ①郑… ②高… Ⅲ. ①文化交流—国际
合作—国际学术会议—文集 Ⅳ. ①G115-53

中国版本图书馆CIP数据核字(2018)第198406号

2017"一带一路"文化艺术交流合作国际学术研讨会
论文集

主　　编　郑长铃　高德祥
副 主 编　程永生　张敬华
责任编辑　梁一红　李　健
书籍设计　李　鹏　姚雪媛
出版发行　文化艺术出版社
地　　址　北京市东城区东四八条52号　（100700）
网　　址　www.caaph.com
电子邮箱　s@caaph.com
电　　话　（010）84057666（总编室）　　84057667（办公室）
　　　　　　　　　84057696—84057699（发行部）
传　　真　（010）84057660（总编室）　　84057670（办公室）
　　　　　　　　　84057690（发行部）
经　　销　新华书店
印　　刷　国英印务有限公司
版　　次　2018年12月第1版
印　　次　2018年12月第1次印刷
开　　本　787毫米×1092毫米　1/16
印　　张　35.25
字　　数　680千字
书　　号　ISBN 978-7-5039-6558-6
定　　价　98.00 元

目 录
CONTENTS

第一辑
"一带一路"文化遗产保护与利用的新视野

第二辑
"一带一路"艺术交流、交融与合作

第三辑
文明共享共融背景下敦煌文化的当代价值和战略意义

增强文化艺术交流 推进"一带一路"建设

——在 2017 "一带一路"文化艺术交流合作国际学术研讨会上的主旨演讲

连辑* / 中国艺术研究院院长

尊敬的来自世界各国、来自全国各地的专家学者们大家下午好。借此机会，我想介绍点情况，谈一点学术心得。

我们此次研讨会的核心主题是"一带一路"文化艺术交流合作，主要目的是进一步响应习近平总书记提出的"一带一路"倡议。在这样一个大的发展格局之下，我们以文化艺术的交流合作作为小的切入点，共同在这个领域做学术性的、专业性的理论探讨，为我们今后在文化艺术领域，在"一带一路"倡议中，得到真正的落实提供一些理论依据、学术依据。如果可能，我们也通过学术交流，能够提供一些智库性的建议。这些智库建议既可以提供给中国政府，也可以提供给沿线国家的政府。希望在政府层面，在协调政策方面达成更多共识，便于文化交流合作在国与国之间，在"一带一路"沿线畅行无阻。这是我们做这项工作的一个非常重要的意图。中国艺术研究院已经被文化部（现为文化和旅游部）确认为我们国家文化艺术的高端智库。所以我们也希望通过此次交流合作的机会汲取来自全国各地、世界各地的文化艺术的思想智慧，来共同丰富我们的思路。同时也想通过这个机会，延揽一些人才，希望能够和我们共同携起手来做智库的研究和成果的积累。

谈到"一带一路"文化艺术合作交流，必须要处理好三个关系。

首先，要处理好马克思主义和儒家文化的关系。众所周知，我们中国共产党的指导思想是马克思主义。有人会问，我们坚持马克思主义重点坚持什么？或者核心在坚持什么？中央已经有明确的回答，就是坚持马克思主义所倡导的历史唯物主义和辩证唯物主义的立场、观点和方法。马克思主义能不能在中国行得通，能不能使马克思主义中国化？这是中国人需要不断回答的问题，也是世界各国的政界、思想界、文化界始终关心的问题。

马克思主义从五四时期进入中国后，到今天为止的实践都是成功的。这是因为马克思主

＊ 作者连辑：2017 "一带一路"文化艺术交流合作国际学术研讨会期间，任中国艺术研究院院长，2018 年 8 月退休。

义的中国化取得了成功。那么成功的关键是什么？我认为，关键在于我国这几十年来处理好了马克思主义和中国传统文化的关系。马克思主义是种子，以儒家文化为核心的传统文化是沃土。马克思主义的种子在中国传统文化的沃土中扎根越深，马克思主义中国化的成果越显著。毛泽东思想里面大量的马克思主义的经典论述都深深地扎根于中国的优秀传统文化。美国有学者曾经做过统计，毛泽东思想的词汇和信息量里面，马克思主义的部分占到 25% 左右，75% 的内容是中国传统文化。这说明马克思主义只有与中国实际、中国传统文化相结合才能够行得通。大家也知道，习近平总书记在国内谈马克思主义的指导思想，大量地运用了中国的传统文化的思想、智慧，典故、故事。光谈文化就谈了 77 次，在他谈马克思主义相关的文化论述里面，所占的比例高达 44%。这就说明马克思主义要想在中国行得通，一定要和中国的实际相结合，一定要和中国的传统文化相结合。结合得越好，马克思主义的中国化成果越显著。这就是要处理好的第一个关系。同时，要防止什么呢？要防止把马克思主义教条化。我们有人喜欢用僵化的、主观的、本本的教条主义看待马克思主义，这样会将马克思主义活的灵魂桎梏住，这是不可以的。在中国如此丰富的社会实践中，如果只套用马克思一百多年以前的本本，是解释、解决不了当前的社会现实问题的。

其次，要处理好中西之间的关系。中是中国，西是欧美。在文化分野上，大体可以分为这两大类型。在亨廷顿的《文明的冲突》一书中，他认为儒学、基督教、伊斯兰教将形成三个新的文明冲突。其实，他的预见已经过去了二十多年，并没有实现。人类社会正如习近平总书记所说，逐渐地向人类命运共同体的体系上缓步前行。虽有冲突，但人们的价值观在求同存异的过程中逐渐地嬗变。以中国为例，我们的传统文化是本，欧美的东西就是外。那么按照目前总书记和中央的提法就是要不忘本来、吸收外来，面向未来。其实中西关系就是本来和外来的关系。也可以用张之洞所讲的体用关系来理解，就是中学为体、西学为用。

为什么现在重提这个关系呢？因为从 1840 年以后，西方的思想、文化、艺术等大量涌入中国。在其后的历史过程中，我们在某些时段、某些领域，采取了西方中心主义的态度，在不知不觉中轻视甚至否定了自身的传统和文化优势。结果是使得中国在新的发展过程中，走了一些弯路。现在我们重拾文化自信、文化自觉，一个非常重要的任务就是要看到中国五千年文明中的优秀传统文化的优势所在。然后把体用关系搞清楚，搞清楚"我是谁""从哪里来"。然后，才能明白"向哪里去"。"向哪里去"不是一成不变的，而是要打开国门，借鉴吸收国际上所有国家、民族创造的人类共同的文明成果和文化积淀。那么在处理这对关系的时候，要防止什么？即前面提到的西方中心主义。

最后，要处理好古今关系，也就是继承和发展的关系。中国五千年形成的古代灿烂文明，不论是人生观、价值观、宇宙观、哲学观、道德观、伦理观、经世致用观等，极富智慧，其中有大量的带有绝对真理性的内容可以古为今用。今天来看，仍然符合当下话语语境、思想体系和社会需求。

我们如何继承？中央在《关于实施中华优秀传统文化传承发展工程的意见》中已经作了明确的表述。其一，要批判地继承传统文化，把优秀的部分继承下来。其二，要突出文化的时代性，有两个大的范畴：一是中国共产党成立以来的革命文化，二是中华人民共和国成立以来特别是改革开放以来形成的社会主义先进文化。这两者有着非常鲜明的时代性和中国特色。比如中国的社会主义核心价值体系、长征精神、延安精神、南泥湾精神。比如，中华人民共和国成立初期的大庆精神、大寨精神。再比如，女排精神、航天精神等，这些就是当代中国文化的最显著代表。我们如果能够把传统的文化和当代文化有机结合起来，就能够实现中国文化的薪火相传，一脉相承，就能够实现既有继承又有发展。

那么在这个问题上也要防止一种倾向，是什么呢？就是要防止历史虚无主义。现在社会上有一种倾向，对中国的改革开放，对中国的英雄人物，对中国的革命历史，对中国的传统历史持一种否定的态度。这其实是不可取的历史虚无主义的态度，一定要防止。

以上是我关于要处理好三对关系的一些基本的看法。我也主张利用这个机会把和敦煌学相关的研究，纳入我们的视野。因为敦煌学不只是窟内敦煌，它要向窟外敦煌拓展。它的研究不只停留在器的层面，也要从道的层面研究敦煌的思想、敦煌的哲学，进而研究敦煌的价值观、文化观、人生观，这样我们才能够让敦煌这个很具体的文化现象，从宏观的角度与"一带一路"沿线各国在思想观念方面进一步交流，从而实现国与国之间、民族与民族之间在文化领域相互借鉴，相互包容，相互理解，相互欣赏。

2017"一带一路"文化艺术交流合作国际学术研讨会闭幕式上的讲话

吕品田 / 中国艺术研究院常务副院长兼研究生院院长、研究员

尊敬的各位嘉宾、各位专家学者，女士们、先生们：

大家好！

受主办方委托，由我来做闭幕词，深感荣幸和高兴。此刻，我的心情就像这个季节的色彩一样，充满一种收获感。这种收获感不仅是我的个人感受，想必在座的每一位都与我一样，有一种收获的感觉。刚才三位小组召集人的汇报和林教授对于整个学术活动的总结充分表明了这一点。

这次活动，也就是这个研讨会，非常有意义。对于其意义，我想用带有评价性的一句话来归纳：它是促进"一带一路"建设的一次成功的学术实践，是促进"一带一路"文化艺术交流合作这个共同社会实践主题的一次成功的学术实践。我们知道，"一带一路"是一个正在被世界各国高度认同、积极响应的国际社会实践。习近平总书记提出了一个伟大的倡议，即构建互利共赢、共同发展的人类命运共同体。这个倡议已经得到世界各国的广泛认同。在此大的格局中，"一带一路"建设可谓追求人类命运共同体这个宏伟目标的一条具体道路。我理解，这是一条大道。

在这条大道上，我们最重要的一项工作就是民心相通。习总书记说"国之交在于民相亲，民相亲在于心相通"。"一带一路"建设的重要内容和关键基础是民心相通，而民心相通的重要内容和关键基础就是文化。通过文化的交流，世界各民族之间建立起一种文化之间、文化层面的彼此信任、彼此理解、彼此认识和彼此尊重，甚至更加理想地达到一种文化认同。只有在这样的基础上，才会真正地形成一种民心相通。而要做到文化之间、文化层面的民心相通，就需要我们进行文化交流工作。本次学术研讨会就是围绕着这样一个宏旨来展开的学术实践活动，并且也是切合宏旨要求的一次成功的学术实践。学术研讨会通过缜密的组织、丰富的内容和生动的形式，邀在座各位共同参与，一起成功地完成这次学术实践。

在我看来，本次学术研讨的成功性或学术贡献，可以从活动层面和学术层面两个大的方面来认识。

首先，一个大的方面是活动层面。活动层面的成功性或学术贡献我用一句话来归纳，即研讨会搭建或确立了一个丰满的、立体的学术活动框架或学术活动平台。这个丰满而立体的

活动平台具有结构性，其结构性体现在三个方面：

第一，是会场和现场相结合的宏大交流空间。刚才前面几位学者也谈到了，我们有会场。会场是我们闭门开会静心学术交流的地方。我们还打开了门，进入到了现场，进入到了文化交流的活生生的现场。在这里，我们有对莫高窟的遗址考察，有对阿富汗国家博物馆珍贵文物的瞻仰，还有生动活泼的展演观摩。其活动包括造型艺术方面的书法临创展，以及从全国东西南北调来的涉及音乐、舞蹈、戏剧、戏曲方面的九个表演艺术节目。这个现场很宏大，在这样一个交流空间中展开交流时，我们会有一种从容感，学者们可以得到来自于现场的丰富信息的启发，使得我们的学术研究充满生机，可以接地气，可以不拘囿于纸上谈兵。我想这是这个学术活动平台一个很重要的结构性内容。

第二，我们有大会发言、小组讨论和专题交流相结合的、多层次的生动交流方式。这种交流方式曾经在泉州举行的同样主题的国际学术研讨会上尝试过，这次会议将其做了进一步的演绎。显然，这种交流方式取得了很好的效果。我们既有在大会上对一些普遍性问题或一些具有普遍方法意义的问题所展开的探讨，同时还有专题交流以及可以充分展现每个学者学术个性、智慧和思考的小组讨论空间，以至于这次学术交流很充分，尽管时间很短暂，但是在短暂的时间里，我们还是取得了很大的学术成果。这样一种综合的、多层次的交流方式，也是该学术活动平台的一个结构性内涵。

第三，就是古今中外交织、学科门类交叉的多元的交流视角。这个交流视角很丰富、很丰满、很立体，其中既有面向古代的也有面向当代的。就像刚才我说到的敦煌莫高窟遗址、阿富汗国家博物馆珍品，这是面向古代的；而对于今天的艺术，包括书法家的中国经典法书临创展和反映原弓个人艺术实验性探索的个展，以及泉州南音、苏州评弹、敦煌曲子戏等九个活态传承着的、全国表演类非物质文化遗产代表作的专题展演，这些则是面向当代的呈现。总之，古今中外视角，在这里是交织。另外，还交叉着各学科门类的视角。本次学术研讨会，学者们的讨论交流涉及了众多学科，有哲学、宗教学、民俗学、社会学等，还有艺术门类下的音乐学、舞蹈学、戏剧戏曲学、美术学等。总之，学科范围很广泛。而这样一种广泛的众多学科门类交叉的格局，正好契合了"一带一路"这样一种跨学科的、综合性很强的宏大主题的研讨需要。以上是从活动层面这个大方面而言的。

其次，另一个大的方面是学术层面。这一层面的成功性或学术贡献我也用一句话来归纳，即研讨会搭建或确立了一个丰满、立体的文化艺术交流合作的学术框架。这个学术框架也具有结构性，其结构性也体现在三个方面：

第一，是理论与实践、原则与操作并重的目标取向。这次会议所讨论交流内容有很浓重的理论色彩、学术色彩，同时又有很强的实践色彩，是知行合一的。大家的发言既涉及抽象的、纯粹的学理概念的探讨，还涉及一些具有很强实践性、关乎现实操作经验方面的交流，以及对于实践操作具体策略和方式的思考与探索。研讨会的宗旨高度关注实践层面，强调原则和操作的并重，也就是说，它既强调对实践的原则性的探讨，又强调实践操作过程中的技术性问题的交流。会议的宗旨在研讨交流中得到了体现。

第二，是宏观学理思考与微观义理辨析并重的认识取向。从认识论角度来讲，学者们既追求宏观学理或原理方面的探索和研究，同时也强调对一些概念的内涵、义理或者说精微大义的发掘和解读。这也是本次学术研讨会从学术层面而言的框架性意义。在我看来，这非常符合"一带一路"文化艺术交流的认识取向需要。包括前面我们谈到的，学者们关于"敦煌文化"的认识，关于"丝绸之路"的认识，以及具体涉及文化遗产保护实践的大量工作经验的梳理，这些都体现了认识取向上的辩证性，都非常有意义。

第三，是普遍性抽绎与具体性把握并举的方法取向。也就是说，我们在方法上也非常有辩证色彩，既有宏观的、哲学式的理性思辨方法的强调，同时也有很具体的、很强调实践性把握的追求。我记得第一天的研讨交流就充满这样一种张力，比如刘教授强调"丝绸之路"是一个不可界定或不可完全确定界限的大文化概念，而一位复旦大学的年轻教授则强调"丝绸之路"应该从空间意义上加以精准复原。这种张力其实代表了两种思想方法。但这两种方法对充分认识"一带一路"都是需要的，不能说谁高谁低，也不能排除其中任何一种。研讨会在这样的方法论格局中，展开了既强调普遍性抽绎，比如像范鹏教授关于"敦煌哲学"的哲学式思考，又强调具体性把握的深入的学术交流。体现具体性把握的实例有很多，比如大家以中国为基本方位谈"一带一路"，同时涉及南方的"海上丝绸之路"和北方的"陆上丝绸之路"，并且深及各线路区域空间节点及构成要素的讨论，力求一种精准的把握。

上述几方面为我们的研讨和交流带来了令人耳目一新的成果，而所有这一切也就是本次学术研讨会的成功性或学术贡献所在。

会议即将闭幕，在此我要代表主办方表达感谢之情，感谢在座来自11个国家的20多位专家学者和来自中国大陆及香港、台湾地区的80多位专家学者，感谢你们积极参与并将自己的思想、智慧和学术研究成果与大家分享，以至于为本次学术研讨会注入实在的学术魅力；感谢承办方中国艺术研究院文化发展战略研究中心、敦煌文化学会和协办方敦煌国际文化发展有限责任公司，各方为承办、协办本次学术研讨会付出了辛勤的劳动和不懈的努力，创造了一个良好的学术研讨空间；还要感谢出席本次研讨会的各新闻媒体的记者朋友们，以及没有署名却为本次会议付出辛劳的所有工作人员。感谢各位！

在此，我也要代表主办方之一中国艺术研究院，感谢两个合作伙伴，敦煌研究院和敦煌市人民政府。我们彼此合作，非常融洽，可谓一次完美的合作。

另外，我还要表达一份祝愿之情，祝愿在座各位专家学者工作愉快、身体健康，祝愿各位在各自的学术领域取得更大的学术成果，也期待我们有机会在这里再相会。中国古代诗人王维，曾经站在这块土地上发过一番感慨，他说"劝君更尽一杯酒，西出阳关无故人"。此刻，我更愿意按其句式改言"西出阳关皆友人"。因为我们已然在此相识，共同切磋，探讨学术，这样的文化交流会使我们成为永远的朋友。希望我们再相会！

最后，我宣布2017"一带一路"文化艺术交流合作国际学术研讨会闭幕！谢谢大家！

开启文化遗产保护与利用的新视野

——在 2017"一带一路"文化艺术交流合作国际学术研讨会上的发言

饶权 / 文化和旅游部政策法规司司长

尊敬的连辑院长、各位嘉宾，很荣幸受邀参加这次研讨会。民心相通是"一带一路"建设的社会根基，深化文化艺术交流合作是促进民心相通的重要途径。这次研讨会以文明共享共荣背景下的"一带一路"文化艺术交流合作新视野为主题，搭建高规格、高水平的学术交流平台，推动专家学者开展深度交流，对于深化"一带一路"沿线国家间文化交流合作，夯实多双边合作的民意基础具有重要意义。下面我将围绕"一带一路"文化遗产保护与利用的新视野这个分议题谈几点意见。

一、全面认识文化遗产对"一带一路"建设的重要意义

古代陆上丝绸之路和海上丝绸之路既是连接亚非欧的商贸之路，也是文化交流交融之路。千百年来，在"一带一路"沿线沉淀下来的丰厚文化遗产，见证着东西方多元多样的交流历程，承载着伟大的丝路精神，是推进新时期"一带一路"建设不可或缺的文化基石。文化遗产是彰显不同文明精神气质的丰厚滋养。习近平主席指出：中华优秀传统文化积淀着中华民族最深沉的精神追求，包含着中华民族最根本的精神基因，代表着中华民族独特的精神标识，是中华民族生生不息、发展壮大的丰厚滋养和精神支撑。

在长期的历史发展过程中，"一带一路"沿线各国基于不同的资源禀赋和历史源流，创造了绚丽多彩的文化遗产。通过这些文化遗产承载的历史信息，人们可以记得起历史沧桑，看得见岁月痕迹，留得住文化根脉。不断增强民族凝聚力、向心力，通过持续传承发展文化遗产蕴含的核心价值理念、人文精神，一个民族得以形成有别于其他民族的文化特质，一个国家和地区得以形成并彰显鲜明特色，成为世界文明百花园中的独特花朵。

文化遗产是促进民心相通的主要纽带。千百年来，丝绸之路沿线人民友好往来，互利互惠，在大范围的物质与非物质文化的交易、交流、互动过程中，不同种族相互融合，不同文化相互借鉴，逐渐形成了互有连通的历史文化记忆和文化心理结构，形成了人类共有的文化共同体。这种互有连通的文化心理和文化情感代代相传，凝结为众多同源共享的文化遗产。敦煌艺术

就是古丝绸之路文化交流的结晶。又比如妈祖信仰，不仅中国的沿海及港澳台地区具有广泛信众，而且在东南亚等海外地区同样影响深远。木卡姆艺术不仅在中国新疆等地广泛流传，而且是中亚多个国家共同的艺术瑰宝。"落其实者思其树，饮其流者怀其源"。文化遗产及蕴含其中的思想理念、人文精神是丝路沿线民众共同的精神家园，是沿线人民打开心扉、交流情感的金钥匙，是推动民心相通最深沉、最持久的力量，也是"一带一路"建设顺利推进的精神支柱。

文化遗产是拓展文化交流合作空间的独特资源。携手保护丝绸之路沿线的文化遗产，既是丝路沿线人民一以贯之的心愿，也是持之以恒的传统。特别是近年来，中国与丝绸之路沿线国家通过联合开展文化遗产资源调查研究，联合申报世界遗产名录和非物质文化遗产代表作名录，联合开展考古发掘，举办展览、展演、展示活动，联合开展文化遗产保护与管理人才的培训等措施。不仅有力推动了沿线国家文化遗产保护利用的整体水平，也极大丰富了文化交流合作的内容。而随着"一带一路"建设的全面铺开，随着沿线国家间的合作日益深入，今后以文化遗产为重要内容的文化交流合作空间必然更加宽广，前景更加光明。

文化遗产可以为构建人类命运共同体提供有益启迪。近年来，习近平主席在许多重要场合多次深刻、全面、系统阐述了人类命运共同体的理念，主张共同推进构建人类命运共同体的伟大进程，建设一个持久和平、普遍安全、共同繁荣、开放包容、清洁美丽的世界。两千多年来，丝路沿线各国各民族在持续不断的交往历程中，虽然也有过冲突乃至战争，但更多的是和平相处、分享共融，并在此过程中写下了许多千古传颂的友好篇章，形成了以和平合作、开放包容、互学互鉴、互利共赢为核心的伟大丝路精神，为不同种族、不同信仰、不同文化背景的国家和平共处、共同发展提供了宝贵启示。丝路沿线文化遗产是丝路精神的重要载体、具体体现。加强文化遗产的保护利用可以为推动不同文明交流互鉴，推动全球治理改革，构建人类命运共同体，提供重要借鉴。

二、着力开创文化遗产保护利用的新局面

中国政府历来高度重视文化遗产的保护利用工作，特别是近年来，以习近平同志为核心的党中央将其提升到前所未有的战略高度。习近平主席多次就传承弘扬中华优秀传统文化发表重要讲话，对文物工作做出重要批示。中国政府不断完善以文物保护法、非物质文化遗产法为核心的法律法规体系，制定了《关于实施中华优秀传统文化传承发展工程的意见》等政策性文件。文化文物部门牢牢把握社会主义先进文化前进方向，坚持以人民为中心的工作导向，着力构建中华优秀传统文化传承体系，在实践中不断开启了保护与利用的新视野。

（一）不断树立新理念

我们始终坚持全面、历史、辩证地看待文化。在此基础上结合实践不断形成文化遗产保护利用的新理念。我们强调要推动中华优秀传统文化创造性转化、创新性发展，使中华民族最基本的文化基因与当代文化相适应，与现代社会相协调，与世界各国优秀文化一道造福人类。所谓创造性转化就是按照当今时代要求、现实社会标准、当代中国人思维，对传统文化中那些至今仍有借鉴价值的内涵和表现形式加以改造，赋予其新的时代内涵和现代表达形式。所谓创造性发展就是根据时代的新进步、新发展，对中华优秀传统文化的内涵加以补充、拓展、完善，增强其影响力和感召力。我们坚持推动文物保护，由注重抢救性保护向抢救性与预防性保护并重转变，由注重文物本体保护向文物本体与周边环境文化生态的整体保护转变。我们倡导非物质文化遗产的传承发展，要坚持在提高中保护，走进现代生活，见人、见物、见生活的工作理念。我们始终坚持以人民为中心的工作导向，在文化遗产保护利用中更加注重公众参与，充分保障民众的知情权、参与权和受益权。

（二）积极拓展新空间

我们以文化遗产工作新理念为指引，不断拓展文化遗产保护利用的广度和深度。比如，将遗产保护范围从古代和近代遗产拓展到 20 世纪遗产和当代遗产，将乡土建筑、工业遗产、老字号遗产等原先不被重视的文化遗产纳入保护视野。将单纯的文物点、非遗项目保护延伸到大型文化遗产、线性文化遗产和文化生态保护区保护。我们更加注重将物质遗产与非物质文化遗产的保护利用相结合，更加注重将静态遗产与动态遗产、活态遗产的保护利用相兼顾。我们努力统筹文化遗产保护利用与经济社会发展的关系，通过文化加创意、文化加科技等方式积极挖掘文化遗产的当代价值，将文化遗产的利用从单纯的展览、展演、展示拓展为包括展览、展演、展示衍生品开发等在内的综合利用。依托文化遗产资源大力发展动漫游戏、网络音乐等新兴文化业态，推动文化遗产与休闲旅游、信息产业、城乡规划建设、特色农业体育等相关产业的全面融合，进一步服务经济社会发展。

（三）持续探索新模式

我们积极搭建文化遗产保护利用的新平台，创新文化遗产保护利用的新方式。比如，在文物方面，全面推进大遗址保护利用，目前以 150 处大遗址为支撑的大遗址保护格局基本形成。24 个国家考古遗址公园建成开放，有力促进了遗址所在地区经济社会发展。加强传统村落保护利用，加快实施 270 个国家级和省级文物保护单位，集中成片传统村落保护利用项目，遏制了传统村落快速消失的局面，明显改善了人居环境，促进了就业增收。在非遗方面，启动实施了非物质文化遗产传承人群研修研习培训计划，帮助非遗项目持有者、从业者等传承人群强基础、拓眼界、增学养，已累计培训 4 万多人次，扩大了传承队伍，提高了传承能力，增强了传承后劲。注重非物质文化遗产的整体性保护，在全国 17 个省份设立了 21 个国家级文化生态保护实验区，加强对非遗及其蕴含环境的保护，在文化遗产合理利用方面启动了文化文物单位文化创意产品开发试点工作。154 家试点单位推出一批艺术性与实用性有机统一、适应现代生活需求的文创产品，深受消费者欢迎。目前试点单位中，年销售额在 1000 万元以上的有 12 家，开发产品种类 100 种以上的单位近 30 家。在推进文化遗产保护利用过程中，我们注重创新相关体制、机制，通过推广政府和社会资本合作模式，招募文化遗产保护志愿者等多种方式，吸引社会力量参与，为文化遗产保护利用注入了新动力。

三、深入推进"一带一路"文化遗产领域的交流与合作

"一带一路"建设是根植于历史又面向未来的伟大倡议，不仅为沿线国家交流文化遗产工作经验提供了新契机，也为开展务实合作搭建了新平台。当前，应坚持交流、传播、贸易相结合，统筹机制平台项目建设，不断深化"一带一路"沿线国家和地区的文化遗产交流合作，我认为可以着重从以下方面着手。

（一）进一步健全交流合作机制

推进文化遗产领域政府间合作，继续完善人文交流合作机制，积极签订文化遗产交流合作协定年度执行计划、谅解备忘录等政府性文件。构建稳定多维的政府间交流合作网络，推动成立政府间区域性文化遗产保护联盟，合力构建共享文化遗产的保护制度，持续推进丝绸之路国际博物馆联盟、美术馆联盟、图书馆联盟、艺术节联盟建设，办好敦煌国际文化博览会等重点展会和"一带一路"文化艺术交流合作国际学术研讨会等重点论坛。搭建文化遗产交流合作平台，进一步健全文博场馆、学术机构相关智库间的常态化、制度化交流机制。逐步建立继承文化遗产交流机制，全面推进学术、技术以及具体项目全方位、多层次的交流合作。

（二）联合推进文化遗产保护

联合开展"一带一路"沿线文化遗产资源的普查、认定，逐步建立丝绸之路文化遗产数据库，积极推动世界遗产名录、人类非物质文化遗产代表作名录的申报和保护，合力推进"一带一路"文化遗产长廊建设，共同实施考古项目。文物科技保护与修复、文物展览、博物馆交流等。积极探索开展同源共享的非物质文化遗产的联合保护研究、项目交流等。

（三）携手举办宣传展示活动

持续推进丝路沿线文化遗产的传播和共享，利用国际博物馆日、同源共享的传统节日等每年固定的时间节点，在丝路沿线合作举办形式多样的文化遗产、宣传展示活动，持续办好

中国成都国际非物质文化遗产节等重点展会，充分发挥物联网、人工智能等高新技术的积极作用，提升展示水平，推出一批优秀展览、展示作品。

（四）大力促进文化遗产资源的合理利用

积极支持沿线国家文化机构挖掘文化遗产资源的当代价值，联合开展多种形式的创作生产，推出一批优秀文化作品。依托文化遗产资源开展"一带一路"文化产业合作，打造"一带一路"文化旅游品牌，提高沿线各国旅游签证的便利化程度，进一步健全覆盖文化旅游、特色观光、酒店服务等各环节的产业链条，服务沿线人民的精神文化需求。

（五）积极推进人员培训领域的合作

结合"一带一路"沿线国家的各自优势，充分发挥联合国教科文组织亚太地区世界遗产培训研究中心等机构作用，积极开展人员培训方面的国际合作。大力培养文物修复和博物馆管理人才、非遗传承人等文化遗产保护与管理人才，不断提升遗产保护利用水平。

"一带一路"上的佛教精神足迹与世界新文明建构

释学诚[*] / 中国佛教协会会长

"世界旋转的轴心正在转移，移回到那个让它旋转千年的初始之地—— 丝绸之路。"[2] 英国历史学家彼得·弗兰科潘（Peter Frankopan）在《丝绸之路：一部全新的世界史》中所说的话，似乎是一个预言：一个关于新历史的预言，一个关于新文明的预言。"一带一路"的启动，不仅有力地打通了中国与亚洲、非洲、欧洲之间的经济血脉，更激活了两千多年来流淌于斯的深层文化血脉。文化的觉醒，带来的将不再是囿于地缘思维模式的合作与发展，而是对一部全新世界历史的书写，是一种新型人类文明的开创。

回顾交通极不便利的古代丝绸之路，以和平方式舍生忘死、绝域远征的人大概只有三类：使节、商人和僧人。佛教僧人既没有权力支持，也没有经济后盾，他们在丝绸之路上所依靠和传播的，只有纯粹的信仰和善美的精神文化。可以说，佛教徒是丝绸之路上真正的文化使者、和平使者。在今天的"一带一路"建设中，佛教需要重拾文化使命，担当新的历史责任：为"一带一路"注入信仰的力量、赋予文化的光彩，以佛教深邃圆融的智慧为这个时代创造新的文化、新的观念、新的文明意象，让"一带一路"不仅成为充满生机的经济增长带，更成为世界新文明建构的重要起点。

一、真理之路——谋求人类心灵的共同成长

无论是黄沙阵阵、白雪皑皑的陆上丝绸之路，还是惊涛骇浪、海天一色的海上丝绸之路，佛教的精神足迹都追寻着一个如星光般明亮而永恒的字眼——"法"。西去东来的各国高僧，或求法，或传法，为法轻生、弘法不懈，一代代真理的求索者用生命和信仰的前赴后继，织就了各民族文化的灿烂精神脉络。

东晋法显大师，"常慨经律舛阙，誓志寻求"[3]，以花甲之年远赴印度求法。他曾跋涉"上

※ 作者释学诚：2017 "一带一路" 文化艺术交流合作国际学术研讨会期间，任中国佛教协会会长，2018 年 8 月辞去该职务。
[2] ［英］彼得·弗兰科潘：《丝绸之路：一部全新的世界史》序言，邵旭东、孙芳译，浙江大学出版社 2016 年版。
[3] （东晋）释法显撰：《高僧法显传》，《大正藏》第 51 册，第 2085 页。

无飞鸟,下无走兽……唯以死人枯骨为标识"[1]的流沙,也曾在壁立千仞的雪山峻岭上艰难攀爬,还曾在风浪滔天的大海中辗转漂流。在漫长而又艰辛的求法岁月中,一同结伴西行的僧人,有的半路而归,有的客死他乡,有的留居他国,最后唯有大师一人坚持走完了这条漫漫求法之路,历时14年,终于满载而归。支撑大师跨越时空、超越生死的,正是其信仰之心、求法之志。在归国途中,大师遭遇过船漏进水、漂流于大风中13天的苦厄,当领队商人要求把个人物品都扔进海里的时候,大师"但恐商人掷去经像,唯一心念观世音及皈命汉地众僧"[2];后又"遇疾风暴雨"[3],"商人、贾客皆悉惶怖"[4],大师"亦一心念观世音及汉地众僧"[5],最后竟都化险为夷。回顾这些令人"心动汗流"[6]的险境,大师自言:"所以乘危履险,不惜此形者,盖是志有所存,专其愚直,故投命于必死之地,以达万一之冀。"[7]正是这种专诚坚贞的信仰和志愿,使一位默默无闻的老僧成为汉传佛教求法群体的先锋。

法显大师没有想到,当他跨出了誓死求法的第一步,他的背影便成为无数求法者心目中的精神旗帜。正是这一个又一个视真理重于生命的求法、弘法者,串联起中华民族的精神脊梁,也撑起了更多民族的精神文化之蓊。

被誉为"名王拜首,胜侣摩肩,万古风猷,一人而已"[8]的大唐三藏法师玄奘,幼秉"远绍如来,近光遗法"[9]之奇志,因感慨"昔法显、智严亦一时之士,皆能求法导利群生,岂使高迹无追,清风绝后?大丈夫会当继之"[10],遂孑身孤征,西去求法十七载,历艰危而不摧、近名利而不溺,其节志之贞坚,风骨之高旷,眼光之深远,造诣之非凡,古来罕有其匹。在横渡八百余里的莫贺延碛时,"上无飞鸟,下无走兽,复无水草"[11],大师"但念观音菩萨及《般若心经》"[12],举步维艰。后因失手打翻水袋并迷路,而陷入绝境。就在兴起东归之念时,大师自念:"我先发愿,若不至天竺终不东归一步,今何故来?宁可就西而死,岂归东而生!"[13]于是专念观音,继续西进。"是时四顾茫然,人鸟俱绝。夜则妖魅举火,灿若繁星;昼则惊风拥沙,散如时雨。"[14]面对种种惊怖,大师却心无所惧,在四夜五日滴水未进的情况下,只

[1] (东晋)释法显撰:《高僧法显传》,《大正藏》第51册,第2085页。
[2] 同注[1]。
[3] 同注[1]。
[4] 同注[1]。
[5] 同注[1]。
[6] (东晋)释慧远:《高僧法显传》跋,《大正藏》第51册,第2085页。
[7] 同注[6]。
[8] (唐)释慧立、释彦悰撰:《大唐大慈恩寺三藏法师传》卷第一,《大正藏》第50册,第2053页。
[9] 同注[8]。
[10] 同注[8]。
[11] 同注[8]。
[12] 同注[8]。
[13] 同注[8]。
[14] 同注[8]。

能卧于沙中"默念观音，虽困不舍"[1]。大师对观音菩萨的祈求，表明了他追求真理的心声："玄奘此行不求财利，无冀名誉，但为无上正法来耳。仰惟菩萨慈念群生，以救苦为务。"[2] 正是其"心心无辍"[3]的皈依祈求、虔诚信仰，终于感得澄水青草忽现，人马得以俱活。在大师 17 年的求法生涯中，这样的危难并不是最后一次，若没有对个人得失的彻底放弃，他既不能超越内心的恐惧和软弱，也不能勘破生死的考验。事实上，这一求法之旅，本质上是大师灵魂的转凡成圣之旅。苦难造就了圣徒，而一位圣者则能唤醒千千万万的灵魂，将人类的心灵明灯永远地传承下去，燃烧不熄！

这盏心灵的明灯传到鉴真和尚这里，于是谱写出历经 12 年 6 次东渡的中日友好交流史诗。与法显、玄奘大师西去求法不同，鉴真大师是被日本留学僧请法不懈的诚心所感动，为了将真理的宝筏驶向更远的彼岸，而发起传法日本的大愿。初次东渡，人皆畏难，大师曰："为是法事也，何惜身命！诸人不去，我即去耳。"[4] 在大师心中，一切的困难在"法"面前都不成其理由——生命诚可贵！然而缺少了真理之光的照耀，我们的生命便会黯然失色乃至陷入无边黑暗。在一次又一次的东渡失败中，大师的信心和愿力都在被反复锤炼、考验。在第五次东渡时，风急浪高，没有淡水，"每日食时，行生米少许，与众僧以充中食。舟上无水，嚼米喉干，咽不入，吐不出，饮咸水腹即胀。一生辛苦，何惧于此！"[5] 大师亦在长途漂泊中双目失明。对真理的求索、对信仰的坚持，总是要在绝境中才能得到真正的诠释和彰显。当眼前的世界变为黑暗之时，心中的真理之灯却绽放出普照世界的大光明。自鉴真大师东渡传法之后，"日本律仪渐渐严整，师资相传，遍于寰宇。如佛所言，我诸弟子辗转行之，即为如来常在不灭，亦如一灯燃百千灯，暝者皆明明不绝"[6]。西去东来的求法、传法者，不仅点燃了如来教法的明灯，也点燃了自心的明灯，更点燃了此岸彼岸、今生后世无数人的心灵之灯。

法显、玄奘、鉴真三位大师，用生命彰显了信仰的真义，又用信仰和真理彰显了生命的终极价值。不但如此，他们还成为佛教发展及亚洲文化繁荣的重要开创者和深远影响者。法显大师带回两部重要的戒律：大众部《摩诃僧祇律》和《弥沙塞律》（即弥沙塞部的《五分律》），再加上鸠摩罗什、佛陀耶舍等人传译的萨婆多部《十诵律》和昙无德部《四分律》，印度佛教上座部与大众部共 6 部戒律中就有 4 部翻译完成，极大地

[1] （唐）释慧立、释彦悰撰：《大唐大慈恩寺三藏法师传》卷第一，《大正藏》第 50 册，第 2053 页。
[2] 同注 [1]。
[3] 同注 [1]。
[4] [日] 真人元开：《唐大和上东征传》，《大正藏》第 51 册，第 2089 页。
[5] 同注 [4]。
[6] 同注 [4]。

填补了中国佛教戒律残缺不全的状况，也为随后南北朝时期佛教走向良性发展奠定了坚实的基础。大师求得并翻译的《大般涅槃经》与《杂阿毗昙心论》，对于当时佛教界义理上的偏失，发挥了有益的弥补作用，同时也为开启一个崭新的佛教义理时代埋下了伏笔。玄奘大师所求得并翻译的经典，囊括了大乘瑜伽行派主要的经论。不仅如此，大师还把般若空宗的根本经典《大般若经》也进行了完整翻译。可以说，玄奘大师翻译出来的系统而又完整的佛经论典，不但为之后汉地唯识宗的创立奠定了基础，更为汉传佛教各宗各派的兴盛提供了宝贵的经典依据，因此带动了整个唐代佛教的繁盛。鉴真大师则是将《四分律》和天台教义弘传于日本，奠定了日本佛教的戒律和教法基础。同时将唐代最先进的建筑、造像、医药、园艺等技术传入日本，被称为日本天平时代的精神文化屋脊——"天平之甍"。

法显、玄奘、鉴真三位大师所代表的不仅仅是他们自己，而是如摄摩腾、竺法兰、达摩、鸠摩罗什、义净法师、隐元禅师乃至莲花生大师、阿底峡尊者等丝绸之路上所有不惜生命、为法献身的高僧大德。与法显大师同时代的慧远大师曾这样高度评价："自大教东流，未有忘身求法如显之比。然后知诚之所感，无穷否而不通；志之所将，无功业而不成。成夫功业者，岂不由忘夫所重，重夫所忘者哉！"[1] 这一评价，同样不仅限于法显大师，也适用于所有以传承、传播教法为终生职志的大师。

大师们之"诚"，是对超越个体存在的终极信仰的忠诚；大师们之"志"，是追求真理、传播真理、利济群生、泽被后人的求真、利他大愿。正是因为信仰的终极性、宗旨的利他性、行为的开创性、影响的深远性，成就了大师们超越个体有限生命的"功业"——谋求人类心灵的共同成长。这份功业的获得，为我们开拓出追求个人成功和人类发展的新思路、新范式："忘夫所重"——扬弃名利、超越自我；"重夫所忘"——珍视信仰、成就众生。只有以谋求人类心灵共同成长、谋求人类共同永久福祉为终极目标，才是真正有益于人类的可持续发展，才能造就为后人永远铭记感念的不朽功业。

在如今的"一带一路"建设中，南北传佛教也应在佛教的终极性、利他性、开创性和深远性层面深入交流、携手合作，让高僧大德们用生命点亮的人类心灵之灯，在我们手中光焰愈盛，普照全球。"一带一路"建设，同样可以成为世界新文明起飞的摇篮。一种新的文明模式，如果具备终极性、利他性、开创性和深远性的特征，必能成为在人类心灵成长的深层次上达成共识的文明，也会真正成为当前及终极意义上的互利共赢、可持续发展的文明。

---

[1]　（东晋）释慧远：《高僧法显传》跋，《大正藏》第 51 册，No. 2085。

二、友谊之路——超越开放世界里的孤独

"德不孤，必有邻。"一个真正以人类心灵共同成长与觉悟为人生终极目标的人，必然会愿得志同道合者与其同愿同行。反过来说，只有真正意识到人类生命的一体相依、人类心灵的相通互映，一个人、一个团体、一个地区、一个国家和一个民族，才有勇气走出自我保护的枷锁、冲破自我中心的藩篱，与其他生命、其他群体互助互利、相知相惜。

古丝路上的求法、弘法之旅，看似孤独寂寞、漫漫无期，乃至死于中途而永不为人所知，但实际上，每个求法者背后都有师、有友、有数不清的缘，在一路支持、鼓舞着他们的前行。那些成功者更不待言。玄奘大师一路西行，曾得到过边关将士的护送，高昌国王的优待，印度戒贤法师等长老大德的教导，戒日王的极力推崇。回国译经，更得到上自帝王将相、下自僧俗二众的全力支持。鉴真大师六次东渡，每次都有几十位弟子相随，其中几位弟子更是六次生死相伴、甘苦与共，与大师不离不弃。大师对弟子们也是用心至深、悲心切切。最初因有感于荣叡、普照二位日本留学僧"为求法故，前后被灾，艰辛不可言尽，然其坚固之志，曾无退悔"[1]，因此大师"欲遂其愿"[2]，促成东渡之行。后来第五次东渡时荣叡师奄然迁化，鉴真大师"哀恸悲切，送丧而去"[3]。普照师又将离去，"时大和上执普照师手，悲泣而曰：'为传戒律，发愿过海，遂不至日本国，本愿不遂。'于是分手，感念无喻。"[4]数次跟随大师东渡的弟子祥彦在第五次东渡时也于舟中端坐念佛而逝，大师"乃唤'彦、彦'，悲恸无数"[5]。

"山川异域，风月同天。"[6]在古代丝绸之路上，虽然交通阻隔，但人们寻求交流、探索新知、互助互利的愿望却非常强烈。这种交流互助、互学互鉴，不是暂时的利益联盟和表面的猎奇模仿，而是对生命和缘起相依共存的深刻体认，是对真理和觉悟的深邃一致渴望。众生一体、缘起相依是这个世界的本质，觉悟心灵、利乐有情是人类的内在终极追求，违背这个本质、迷失这种追求，便会带来人类的孤立和心灵的孤独。

现代社会科技发达、交通便利、信息爆炸，世界的物理距离被缩短了，但人心的距离却变得更加疏远隔膜，以至于我们既对他人感到陌生，也不认识自己是谁。科技能够让人类飞跃太空，但人心的距离却无法靠科技手段拉近。在这个日益开放的世界里，每个人却被自身的孤独感所围困。面对科技文明带来的弊病，人类需要以道聚人、以德感人、以心会友，体

---

[1] ［日］真人元开：《唐大和上东征传》，《大正藏》第 51 册，第 2089 页。
[2] 同注 [1]。
[3] 同注 [1]。
[4] 同注 [1]。
[5] 同注 [1]。
[6] 同注 [1]。

验志同道合、彼此成就的生命一体感和心灵喜悦。与道相合、与法相应、与师友相依，才能真正实现人心的相通，从而超越开放世界里的孤独。

"一带一路"上的南北传佛教，本来就是一味的、一体的佛教，只有我们佛教本身有更深的彼此认同、更大的互鉴合作，才能将佛教的深广包容、自在开放，传递给世界上更多的人，并助力具有深刻一体意识的世界新文明的诞生。

三、文化之路——突破自由时代的隔阂

在这个看似自由主义盛行的时代，世界上却充满了形形色色的文化"保守主义"、文化"霸权主义"乃至文化"殖民主义"。面对不同文化的差异，不是选择强势同化，就是选择对立冲突，这种二元对立的文化态度是人类的必然选择、最佳选择吗？以佛法的智慧眼光来看，无论对立还是冲突，都是缺乏真正的学习借鉴、变通创新能力的表现。

中华民族一直是一个注重变通创新、善于学习外来文化的民族。《周易·系辞传》曰："生生之谓易。"[1] 汤之《盘铭》曰："苟日新，日日新，又日新。"[2] 只有懂得"易"、只有追求"新"，才能让一个民族生生不息，才能让一种文化、一种文明突破自我中心的桎梏，勇于向其他民族、其他文化学习借鉴，从而自我更新，融入更广大的新文明。

中国佛教建立在中华文化的底蕴上，将佛教本身具有的圆融中道智慧更生动地运用于理论和实践上，不仅创立了融会印度佛教各种学说的八大宗派，还建立了适应中国社会环境的丛林生活制度，从教义、实践到组织、制度的彻底中国化，充分体现出中华文化的包容开放和佛教自身的圆融特质。二者融合而成的中国佛教，也自然具有了非常突出的开放包容与圆融特质。这种特质在国力强盛、文化繁荣的唐代表现得尤为突出。而玄奘大师、鉴真大师，便是这种时代文化特质的优秀代言人。玄奘大师在国内求学时期，就遍访名师、广学经论；在印度时期，更深入学习各宗各派的经论教义，并精通梵语，因此在戒日王组织的大型辩论会上，能够法幢不倒，无一人敢于挑起论战，最终获得了"大乘天"和"解脱天"的美名，成为当时印度佛教界公认的顶严。正是大师开阔的眼界、开放的胸怀、深远的考虑，使得他广译群经，将印度佛教的完整体系呈现于中国，为中国佛教高超的理论建树奠定了极为深厚广博的根基。鉴真大师东渡日本时，携带了各种大乘经论、菩萨戒本、《四分律》戒本及讲疏等共 48 部经律论，开启了日本的律宗和天台宗，并传入了唐代各种工艺技术。而日本从上

---

[1]　（宋）林栗：《周易经传集解》，《钦定四库全书》第 33 卷。

[2]　（宋）朱熹：《四书章句集注》，《乾隆御览四库全书荟要·经部》。

至下的好学态度，则成功地将佛教与其本土文化融合，创立了日本各个佛教宗派，并全面继承了唐代文化的精华。

古丝绸之路上的文化交流互鉴、融合创新，启示着我们今天"一带一路"的建设者、参与者、观察者：无论南北传佛教还是东西方文化，无论中国还是其他国家、民族，都要建立一种学习者的心态，都应拥有一种创新者的勇气，都需要激发圆融不同文化差异的智慧，也应当培植、接纳、了解不同文化的开放包容环境。只有建立起开放包容、交流互鉴、圆融创新的共识，才能帮助现代人类突破自由时代的文化对立与观念隔阂，而这也正是世界新文明应有的精神气度。

参考文献

1. （东晋）释法显撰：《高僧法显传》，《大正藏》第 51 册。
2. （唐）释慧立、释彦悰撰：《大唐大慈恩寺三藏法师传》，《大正藏》第 50 册。
3. ［日］真人元开：《唐大和上东征传》，《大正藏》第 51 册。
4. （梁）释慧皎撰，汤用彤校注：《高僧传》，中华书局 1992 年版。
5. （唐）释道宣撰，郭绍林点校：《续高僧传》，中华书局 2014 年版。
6. （宋）赞宁撰，范祥雍点校：《宋高僧传》，中华书局 1987 年版。
7. （东晋）释法显撰，章巽校注：《法显传校注》，上海古籍出版社 1985 年版。
8. ［日］真人元开著，汪向荣校注：《唐大和上东征传》，中华书局 1979 年版
9. （唐）义净撰，王邦维校注：《大唐西域求法高僧传注》，中华书局 1988 年版。
10. 林梅村：《丝绸之路考古十五讲》，北京大学出版社 2006 年版。
11. ［英］彼得·弗兰科潘：《丝绸之路：一部全新的世界史》，邵旭东、孙芳译，浙江大学出版社 2016 年版。
12. ［日］长泽和俊：《丝绸之路史研究》，天津古籍出版社 1990 年版。

第一辑

"一带一路"文化遗产
保护与利用的新视野

促进文化认同对"一带一路"建设的现实意义

——以中亚地区文明发展的历史与现实为例

许涛 / 国务院发展研究中心研究员

中亚地区是世界文明交流互动的重要区域，历史上曾将古波斯、古印度、古希腊、中国、阿拉伯等重要文明中心连接起来，世界三大宗教在这里汇聚并相互影响。当今世界在全球化进程引起的一系列变化中，国际社会原有秩序受到冲击，不同族群文化间的关系紊乱。第二次世界大战以来形成的地缘政治格局和地缘文化格局同时被打破，在不同质文化区域之间原本存在的缓冲区和安全地带已经被压缩得荡然无存。构建各地区间、各国家间、各民族间相互理解、彼此交流的文化关系，既是当今打造利益共同体和命运共同体的精神基础，也是启示人类社会走出文明冲突和文化藩篱的重要路径。在中国领导人和中国政府的积极倡议与推动下，构建"一带一路"的热潮已经在相关地区蓬勃兴起。促进交通基础设施建设、协调各国间法律法规、建立融资和金融服务体系等，在欧亚广大地区诸多国家已经初见成效。在这一重要历史时刻，加强"一带一路"文化联系的"民心相通"工程越来越现实而迫切地摆在相关各国政府和人民面前。

一、古代"丝绸之路"对中亚文明的推动

中亚地区曾是历史上不同文化交织、对撞、整合的十字路口，也是古代"丝绸之路"的重要枢纽区段。由中国中原地区出发的贸易商队出玉门、敦煌后，穿越大漠戈壁，经天山廊道东段，进入今天哈萨克斯坦、乌兹别克斯坦、吉尔吉斯斯坦等地的城市，经过歇脚打尖、休整补充后或继续进入廊道西段向中亚腹地、西亚和北非挺进，或向北经哈萨克草原进入东欧平原，或向南翻越大雪山（兴都库什山）走进南亚。也有中原来的商贾干脆将货物交给当地的合作伙伴，任由他们作二级或三级处理，让来自中原的物质文化元素以中亚为中心流向四面八方。这样一来，中亚地区一些今天看起来并不起眼的中小城市，在当年却曾是"丝绸之路"上车马喧嚣、呼羹唤浆的交通重镇。哈萨克斯坦的奇姆肯特、突厥斯坦，乌兹别克斯坦的塔什干、撒马尔罕、布哈拉、乌尔根奇，吉尔吉斯斯坦的比什凯克、奥什等古老城市，都在古代"丝绸之路"上担当过人员和货物的重要集散地，驿站、货栈、

客栈、茶棚遍布在古老的商路两侧。至今，中亚各国的许多城市仍然以"丝绸之路"为主题，命名着自己的街道、酒店、餐馆、商场、剧院、公司。

中亚各国独立后，不仅经历了国家主权巩固和国民经济复苏的艰难阶段，而且也一步步地走过各民族国家文化再造的尴尬时期。对沙俄和苏联统治历史的文化否定带来的突出问题，是中亚各国将用怎样的文化传承作为自己的核心价值观，中亚五国都从各自的民族、宗教历史中极力发掘出可以赋予现代意义的内容。如果说基于五国主体民族不同历史而在重塑国家文化形象上体现出较大差异的话，而在提倡弘扬古代"丝绸之路"精神推动新的文化复兴上却出现了空前的一致。代表俄罗斯和苏联时代的城市文化特征在中亚各国渐渐淡化后，以古代"丝绸之路"为主题的文学作品、美术创作、城市雕塑、戏剧舞蹈很快取而代之。而且，冠名"丝绸之路"的一系列国际文化活动方兴未艾，成为各国向国际社会共同打出的文化名片。以古代"丝绸之路"为主题的美术展、摄影展、图书展、音乐节、艺术节、旅游节、美食节、民间工艺展销会等，成为中亚各国"文化搭台、经济唱戏"的主要模式。历史上的"丝绸之路"不仅为中亚诸民族带来了物质生活上的丰富，也成了当地精神生活中文学发展和艺术创作永不枯竭的源泉。

从公元前一直存在至16世纪的"丝绸之路"，作为商贸走廊对东西方经济发展和文化交流做出了伟大贡献。然而对于中亚地区诸民族而言，却是带来深刻历史性变化的文明发展动力。尤其对于处在欧亚内陆中心长期封闭地缘环境中的中亚地区，历史上以各民族国家（或政权）为代表的文明中心内生性文化张力不足以突破自然地理条件构成的地缘文化障碍。这一事实造成的结果，一方面是本土文化的原始成分得到相对完整的保留；另一方面是中亚文明的每一次重大进步往往都离不开域外力量的推动。希腊马其顿东征、波斯帝国统治、汉唐经营西域、突厥汗国西迁、阿拉伯帝国扩张、蒙古汗国西征、沙皇俄国征服等，一次次外族文化的进入成为中亚地区与世界文明接轨和完成现代化的重要动力。中亚社会文明进程就是在这样一种地缘上的封闭性与文化传播要冲的开放性之间纠结发展至今，也因此造成了这一地区文化多元性的现状。客观上带来文明进步的历次外力介入，往往伴随着入侵、征服、杀戮等破坏性过程。相比之下，"丝绸之路"对这里各民族的社会经济和民族文化发展带来的影响力却是非比寻常。难怪时至今日，中亚地区各民族仍然对"丝绸之路"保留着一种珍视、缅怀甚至崇拜的情感，他们甚至以曾经是"丝绸之路"的一部分而骄傲，他们津津乐道当年中亚各地处处遍布"丝绸之路"驿站、货栈、茶肆和巴扎的盛况。客观地讲，"丝绸之路"作为一个文化符号在中亚地区留下的影响力远远大于在中国的历史记忆。这就显现出了一个很有意思的现象，"丝绸之路"存在的历史在起点、途中和终点地区保留着不同的社会影响力，作为同样的一种历史遗产，它却在不同的国度和民族中占据着很不一样的社会文化地位。这一现象不仅是由于各国、各民族曾处在不同社会发展阶段而出现的文化认知和文化自觉的差异，这条古代商路在欧亚大陆各主要路段不同的地缘文化条件也发挥了重要的作用。了解这一层历史文化背景，也就不难理解今天中亚各国对中国领导人关于建设"一带一路"倡议有如此热情的回应了。

二、当代国家间良好政治互信关系保障

中国与中亚各国建立国家层面的政治互信关系，首先体现在领导人之间形成的良好个人关系和机制化的定期会晤惯例。由于同属于东方民族政治文化传统，国家元首和政治精英在中国与中亚各国社会发展和国家制度建设中都发挥着关键性作用。领导人之间确立良好关系对国家间关系发展的影响是最直接、最有效的途径，尤其对于重大政治问题和国家观、世界观达成相互理解与彼此认同的作用是不可替代的。2016 年 6 月，习近平主席在访问乌兹别克斯坦和参加上海合作组织成员国元首理事会第十六届会议前，在乌兹别克斯坦国家媒体《人民言论报》和"扎洪"通讯社网站发表题为《谱写中乌友好新华章》的署名文章中指出，"中乌两国人民勤劳勇敢、诚实守诺、重情重义，对家国天下有着相似的理解"[1]。自上而下的高层政治推动，使"命运共同体"理念在中亚广泛传播。在这次访问的元首会晤中，习主席与卡里莫夫总统高度概括了中乌政治互信的成果，决定将中乌关系提升为"全面战略伙伴关系"，共同签署了《中华人民共和国和乌兹别克斯坦共和国联合声明》。[2] 习近平在乌兹别克斯坦最高会议立法院发表了题为《携手共创丝绸之路新辉煌》的演讲，对中乌双边关系近年发展和共建"丝绸之路经济带"的成就做了高度评价，并提出构建"一带一路"互利合作网络，共创"一带一路"新型合作模式，打造"一带一路"多元合作平台，推进"一带一路"重点领域项目，推动"一带一路"建设向更高水平、更广空间迈进。[3]

其次，多边双边会晤磋商机制基本形成。一方面，2001 年正式成立的上海合作组织成员国包含了中亚哈萨克斯坦、乌兹别克斯坦、吉尔吉斯斯坦、塔吉克斯坦四国，一年一度的上海合作组织国家元首理事会和总理理事会，为中国与中亚各国领导人就世界和地区重大问题交换看法、协调立场、共商对策提供了重要平台（其实这一会晤机制的实际效果更早始于 1996 年"上海五国"论坛）。2016 年是上海合作组织成立 15 周年，乌兹别克斯坦作为2015—2016 年上海合作组织轮值主席国，对本届成员国元首理事会暨上合组织成立 15 周年

---

[1]　《习近平在乌兹别克斯坦媒体发表署名文章：谱写中乌友好新华章》，人民网 2016 年 6 月 22 日。
[2]　《习近平同乌兹别克斯坦总统卡里莫夫举行会谈，两国元首一致决定建立中乌全面战略伙伴关系》，新华网 2016 年 6 月 22 日。
[3]　《综述：携手共创丝绸之路新辉煌——习近平主席在乌兹别克斯坦最高会议立法院的演讲引起热烈反响》，新华网 2016 年 6 月 23 日。

纪念性峰会予以高度重视，并成功组织举办了这次峰会。这本身既标志着乌兹别克斯坦对这一机制的重视程度在不断提升，也显示了中亚各国对概括为"互信互利、平等协商、尊重多样文明、谋求共同发展"的早期命运共同体思想的认同在不断扩大。另一方面，中国均已分别与中亚各国建立了政府间合作委员会，在国家间睦邻友好关系建设和各领域互利务实合作中发挥具体指导、协调、保障作用。在国家层面的统一领导下，政府间合作委员会的工作领域和工作范围在不断扩大，成为国家意志在双边关系中的重要体现。各国政府间重要的行政资源被充分动员，在同为东方型政治文化传统的国家关系之间形成了高效率的机制性保障。

最后，中亚各国对中国领导人关于共同构建"一带一路"倡议认识逐渐清晰，并主动与本国发展战略相结合。2016年3月，纳扎尔巴耶夫总统在会见各国使节时指出，同中国共同实施"丝绸之路经济带"战略将能够增强哈萨克斯坦的国际地位，并因此有望使哈成为欧亚大陆的重要合作伙伴和交通枢纽。9月G20杭州峰会时，纳扎尔巴耶夫总统和习近平主席一同见证了中哈政府间《"丝绸之路经济带"建设与"光明之路"新经济政策对接合作规划》（以下简称《规划》）的签署。[1]这一《规划》开宗明义，强调中哈双方将本着平等合作、互利共赢的原则开展合作，尊重彼此的利益关系，兼顾双方国家发展战略需求，找准"丝绸之路经济带"建设与"光明之路"新经济政策的契合点，以务实和民生为出发点，以增加两国人民福祉为目标。哈萨克斯坦驻华大使努雷舍夫表示，纳扎尔巴耶夫总统非常支持习近平主席提出的"一带一路"构想，哈萨克斯坦愿意为这一重要长期构想在中亚地区的实施和稳定发展贡献自己的力量。中哈在政策层面实现的对接不仅是经济发展策略上的合作，更重要的是在政治互信基础上达成了战略层面的协调。[2]2016年习近平主席访问乌兹别克斯坦时，卡里莫夫总统高度评价中国领导人关于构建"丝绸之路经济带"的倡议。乌兹别克斯坦现任总统、时任政府总理亲自陪同习近平访问布哈拉古城，两位领导人漫步于充满丝路气息的街头，随后即决定将中国洛阳和乌兹别克斯坦布哈拉这两座颇具象征意义的古城结为友好城市。[3]

中国与中亚各国政治互信水平的不断提升，特别是对构建"丝绸之路经济带"与地区及本国发展战略对接的理论认同和实际操作逐渐深入，开展广泛人文合作的政治保障和法律基础越来越牢固。2017年3月，中国对外友协与乌兹别克斯坦对外友协在塔什干联合举办"中乌共建丝绸之路经济带合作前景"研讨会，乌方除对外友协外，高等及中等教育部、乌人权中心、乌外交部亚太局以及科学院、旅游发展委员会、工商总会、乌中贸易之家都派代表出

---

[1] 《在习近平主席、哈萨克斯坦总统纳扎尔巴耶夫共同见证下，中哈签署"丝绸之路经济带"建设与"光明之路"新经济政策对接合作规划》，《中国经济导报》2016年9月7日。

[2] 《哈萨克斯坦驻华大使：中国"一带一路"对接哈"光明之路"》，中国经济网2016年6月3日。

[3] 《洛阳市与乌兹别克斯坦布哈拉市缔结友好城市》，河南省人民政府门户网站2017年5月16日。

席了会议。在中乌学术共议复兴"丝绸之路"合作大计时，乌兹别克斯坦文化部、国家画院、科学院、国家旅游公司等部门的专家学者详细介绍了本国沿"丝绸之路"历史主线传承下来的悠久文化传统和丰富艺术形式，并着重强调其与古代中国文化艺术的联系、交流、共荣意义，积极建议与中国有关部门和艺术家开展合作，共同振兴丝路文化。

三、以共建"文明丝路"带动地区文化复兴

2016 年 4 月，习近平主席在中共中央政治局第三十一次集体学习时强调，人文交流合作也是"一带一路"建设的重要内容。真正要建成"一带一路"，必须在沿线国家民众中形成一个相互欣赏、相互理解、相互尊重的人文格局。民心相通是"一带一路"建设的重要内容，也是"一带一路"建设的人文基础。要坚持经济合作和人文交流共同推进，注重在人文领域精耕细作，尊重各国人民文化历史、风俗习惯，加强同沿线国家人民的友好往来，为"一带一路"建设打下广泛社会基础。要加强同沿线国家在安全领域的合作，努力打造利益共同体、责任共同体、命运共同体，共同营造良好环境。[1]2017 年 5 月，习近平在"一带一路"国际合作高峰论坛开幕式上的演讲中，提出了将"丝绸之路经济带"建设成"文明之路"的建议，地区合作指出了更加具体的方向。习近平具体指出，"要建立多层次人文合作机制，搭建更多合作平台，开辟更多合作渠道。要推动教育合作，扩大互派留学生规模，提升合作办学水平。要发挥智库作用，建设好智库联盟和合作网络。在文化、体育、卫生领域，要创新合作模式，推动务实项目。要用好历史文化遗产，联合打造具有丝绸之路特色的旅游产品和遗产保护"[2]。

历史上的丝绸之路将中国与中亚在文化上连接起来，建设"丝绸之路经济带"的愿景使各国、各民族对人文领域交流、交融提出更高要求。中国与中亚各国建交 25 年来，人文领域中的交流与合作虽然亦有重大进展，但与政治和经济关系发展的速度与水平相比明显滞后。近年，各国政府、学界和民间对人文合作的认识不断提升，并着眼于文化、教育、新闻、学术等领域积极推动。2014 年 6 月，中国、哈萨克斯坦、吉尔吉斯斯坦三国在卡塔尔多哈召开的联合国教科文组织第 38 届世界遗产委员会会议上，联合申报的"丝绸之路：起始段和天山廊道的路网"被列入《世界遗产名录》。[3]三国联合申遗的成功，推出国际人文合作的新范式，引起国际社会关注丝路文化，促进了沿线各国保护丝路古迹的合作，并为弘扬丝路人文精神

[1]《习近平在中共中央政治局第三十一次集体学习时强调借鉴历史经验创新合作理念让"一带一路"建设推动各国共同发展》，新华社网 2016 年 4 月 30 日。
[2]《习近平在"一带一路"国际合作高峰论坛开幕式上的演讲》，新华社网 2017 年 5 月 14 日。
[3]《"丝绸之路：起始段和天山廊道的路网"获准列入〈世界遗产名录〉》，新华网 2014 年 6 月 22 日。

提供了新路径。借三国联合申遗成功的东风，2016年中国社会科学院考古研究所及西北大学等中国各高校考古专业与哈萨克斯坦、吉尔吉斯斯坦、乌兹别克斯坦等国考古部门纷纷开展合作，对丝绸之路上的重要文化遗迹、遗址展开联合发掘和研究，丝绸之路中段、西段的联合申遗工作也在积极筹备。

2016年10月，在中国教育部支持与指导下，由新疆大学发起，清华大学、中国人民大学、北京师范大学、武汉大学、中南大学等中国高等院校和乌兹别克斯坦国立经济大学、哈萨克斯坦国立欧亚大学、吉尔吉斯斯坦国立大学、土库曼斯坦马赫土穆库里国立大学、俄罗斯阿尔泰国立技术大学、蒙古国科布多大学等欧亚国家高等院校在乌鲁木齐举行"中国—中亚国家大学联盟"成立仪式，7国51所高校校长、院长、国际交流与合作部门负责人在《联盟成立宣言》上签名。这一"联盟"是一个介于各国政府与高校之间的开放性、国际化互动合作平台，是深化中国与中亚国家高等教育合作与共同发展的重要组织。在"联盟"的协调下，将建立起相对稳定的论坛交流机制，开展学生互换、学分互认、学历认证等联合培养和教育合作项目，对互换本科生、研究生提供多项优惠政策，颁发双方学历证书，以促进优势互补及实质性合作办学，为建设"丝绸之路经济带"定向培养国际化人才。[1]

2017年1月，中国驻乌兹别克斯坦大使孙立杰在塔什干举行的"民间外交在丝绸之路发展中的作用"圆桌会议上就中乌人文交流提出指导性建议：第一，以文化交流为优先方向，提升两国人民对中乌关系的兴趣，并不断开拓新的文化交流方式，鼓励两国文化艺术团体密切互访，相互推介各自优秀的文艺作品，共同打造深入人心的文化品牌。第二，以语言文化人才培养为重要手段，传承和发扬中乌友好事业。建立定期交流机制，加强师生互访、科研交流、联合办学，扩大相互间留学生规模，培养更多精通对方语言、文化、国情的人才，使中乌友好事业代代相传。第三，以媒体合作为重要平台，增进两国人民的相互了解。通过媒体互访、举办研讨会、进行新闻产品互换、联合制作节目、开发新媒体资源等，讲述好中乌两国和两国人民的故事，共同营造于两国关系发展有利的舆论环境。第四，以旅游、考古、医药、地方合作为新增长点，丰富中乌民间外交的内涵。鼓励两国文物部门扩大联合考古和古迹修复工作，为恢复丝绸之路历史风貌做出新贡献。推动中乌友好省州积极开展交流合作，实现优势互补、合作共赢。[2]这些建议不仅对中乌两国人文交流的发展颇具针对性，而且对未来中国与中亚各国的文化合作同样具有积极意义。

2017年11月4日，在陕西师范大学倡议下，由中国兰州大学、俄罗斯国立师范大学、

[1] 《"中国—中亚国家大学联盟"成立》，《中国教育报》2016年10月8日。
[2] 《孙立杰大使在"民间外交在丝绸之路发展中的作用"圆桌会议上的致辞》，中华人民共和国驻乌兹别克斯坦大使馆，2017年1月25日。

塔吉克斯坦国立师范大学等 20 余所国内外高校和科研机构共同发起，建立了"丝绸之路教师教育联盟""丝绸之路人文社会科学联盟""丝绸之路图书档案出版联盟"，为共建"丝绸之路经济带"的人文交流与合作又提供了一个重要而宽广的合作平台。同时，中国教育部批准的"乌兹别克斯坦研究中心""阿富汗研究中心""土耳其研究中心"等有关国别研究中心正式揭牌，在各国教育工作者和学者间又搭建了更多样、更灵活的交流渠道与平台。[1]

　　2017 年是中国与中亚各国诸领域合作向高度信任、精准务实、繁荣增长阶段努力迈进的一年，中国倡议的"一带一路"国际合作高峰论坛于这一年在北京隆重召开。中国、中亚各国学界积极建言：第一，由各政府牵头、协调，由各国友协出面在北京及中亚各国组织一系列"丝绸之路"主题民间外交活动；第二，由各国科学院、高校为主体组织"共建丝绸之路经济带"研讨会；第三，通过中国国家旅游局、文化部、驻中亚各国使领馆协调各国国家旅游局（总公司）、文化部，举办"丝绸之路"主题旅游推介会、美术展、摄影展等文化活动，在为"一带一路"国际合作高峰论坛烘托气氛的同时，为促进中国与中亚各国民间文化认同提供更多机会和可能。

---

[1]　《陕西师大成立丝路教师教育联盟》，《人民日报》2017 年 11 月 6 日。

空间的说书者与逐梦者

——语言·文学在当前"一带一路"合作发展中的地位

萧百兴 / 台湾华梵大学教授

一、前言

2013 年 9 月，中国国家主席习近平在哈萨克斯坦纳扎尔巴耶夫大学演讲时首先提出了关于共同建设丝绸之路经济带的构想，此即所谓的"一带"；2013 年 10 月，习近平又在对印度尼西亚国会的演讲中提出了共同建设"21 世纪海上丝绸之路"的设想，此即所谓的"一路"。两者合起来即是"一带一路"（The Belt and Road，简称 B&R，全称"丝绸之路经济带和21 世纪海上丝绸之路"）倡议。[1] 此倡议自 2003 年发表以来，到 2017 年已默默走过了 3 年多时间，从最初的不被看好，在丝路基金（Silk Road Fund）、亚投行（亚洲基础设施投资银行，Asian Infrastructure Investment Bank，缩写 AIIB）、上合组织（上海合作组织，The Shanghai Cooperation Organization，缩写 SCO）等配合下，渐有成果，以至 2017 年 5 月14 日"'一带一路'国际合作高峰论坛"于北京举行时，有多达 29 国元首和领导人、130 多个国家代表和 60 多个国际组织代表总共约 1500 人参与，共谋在反全球化声浪渐起下，通过合作发展以重塑全球互惠共荣的政治经济格局。

"一带一路"倡议能在短时间内呈现如此效果，固然与其借由政策、设施、贸易、资金所带动的经济梦想息息相关，然而，"空间"在其中所担任的角色更是不容忽视。事实上，通过"一带一路"，历史地理将有机会被重塑，空间将成为以欧亚世界为主的政治经济再结构的重要推动力，而此，恰恰应了法国跨领域人文研究大家米歇尔·福柯（Michel Foucault）所指出，20 世纪以后是地理学问题的时代，空间已然取代了时间，成为左右世界变迁的最关键元素。故而，如何掌握、操弄空间乃是"一带一路"推动必须落实之事，就此，语言、文学以其与"空间性"（spatiality）之间所具有的紧密、复杂关联，其实扮演了不可忽视的角色，必须予以细究。事实上，空间自有其语言的面向，空间语言与言说及文学语言

---

[1]　张燕生：《"一带一路"发展战略和复兴之路》，学习贯彻习近平总书记系列讲话专题，中国干部学习网 2017 年 5 月 24 日。

虽不相同，却具有千丝万缕的关联，而对后两者的深度掌握与精确运用，有助于对"一带一路"空间性的掌握以及效果的推动。

有鉴于此，本文拟总结过往理论研究与实践经验，对语言、文学与"一带一路"作为空间性历史计划的辩证关系进行初步的梳理与诠释：首先，从后现代地理学（postmodern geography）的视野审视"一带一路"作为一桩以"空间性"为内核的宏伟历史计划（historical project）[1] 的具体内容；其次，说明言说的语言及文学的语言与空间性建构的关系，以及其在"一带一路"空间历史计划中所能扮演的角色和将可能发挥的作用；最后，在此基础上进一步指出，如何善用语言、文学与空间的辩证关系，借由"一带一路"历史计划的推动发展"深度旅创"并带动"地方的魅力重建"，以便从根本升华、淬炼出"一带一路"所具有的文化空间战略意义。

二、"一带一路"是以"空间性"为内核的宏伟"历史计划"

"一带一路"看似是一桩以政策、设施、贸易、资金联通为支撑，借由虚实交通路线等基础设施建设接起的经贸计划，但更具有着改变全球转为以欧亚世界岛为主的历史地理格局的宏大效果，具有浓厚的空间性意涵。事实上，倘若仔细检视，"一带一路"虽牵涉了历史社会的变局，骨子里却具体包含、牵涉了实质空间、生活空间与想象空间的整体性与辩证性重塑，可说是一桩地地道道以"空间性"为内核的宏伟"历史计划"，值得从空间性的视野予以深入的检视。

经过了战后人文主义经验主义、现象学、政治经济学以及人文地理学等的反省，晚近后现代地理学的空间研究者已然发现，空间并非仅是一种实质的存在，而更是"社会生产的空间，指涉广义定义下的人文地理中，被创制的形式与关系"[2]，为此，深受昂希·列斐伏尔（Henri Lefebvre）"空间生产"（the production of space）观点影响的爱德华·索雅（Edward W. Soja）以"空间性"（spatiality）概念取代了既有的"空间"一词，指出空间性与社会及历史间具有三重辩证发展的意涵，总是通过社会、历史、日常生活而显出十足的丰富性。"空间性和时间性，人文地理学和人类历史，交错于复杂的社会过程之中，由之创造了不断演变的空间性之序列，那是一种社会生活的"空间—时间"结构历程，它不仅将形式赋予社会发展的滔滔

---

[1] "历史计划"语出意大利威尼斯学派著名建筑史学家曼佛雷多·塔夫利。参见 Tafuri, M., "The Historical Project", Introduction to *The Sphere and the Labyrinth*, (translated by Pellegrino d 'Acierno and R. Connally), Cambridge, Mass.: The MIT Press 1987, pp.1-21. (Italian Original 1973)

[2] Gregory, D. (1994), Entry "Spatiality", in R. J. Johnston, D. Gregory & D. M. Smith, eds, *The Dictionary of Human Geography*, the third edition, Oxford, UK :Basil Blackwell, p.584.

巨流,也将之赋予日常生活的反复实践。"[1]

如此认识论(epistemology)上的突破,显然具有如下两方面的深刻意涵:一方面,深度理解了空间虽有其独特性,却与历史社会有细致的联结与辩证,是通过"空间性的生产"(the production of spatiality)以推动社会实践与社会改造必要的元素,并将返回来塑造空间性与历史的崭新意涵,所以说,"空间性"(高度变动而非统一均质的空间)既是社会历史生活之"产物"(outcome),也是社会历史生活的"中介"(medium)。而其一旦被国家等力量有组织性地加以启动、实践,即经常成为一桩曼佛雷多·塔夫利(Manfredo Tafuri)所谓的看不见的"历史计划",是以"空间性"(历史社会空间)为内涵的历史计划。另一方面,诚如夏铸九在阐述"公共空间生产"时所曾揭示的,乃是认知到借由空间性概念在"想象空间"(imagined space)[2]、"生活空间"(lived space)[3]与"自然/实质/物理空间"(natural / physical space)[4]三个不能互相化约,但也不能截然分开的向度的开展,将可同时掌握人类作用者(主体)在"空间性"生产论述实践的社会历史过程中,所纠葛的"空间表征/空间的表征"(representation of space)、"表征空间/表征的空间"(representational space)与"真

[1] Soja: "Spatiality and temporality, human geography and human history, intersect in a complex social process which creates a constantly evolving historical sequence of spatialities, a spatio-temporal structuration of social life which gives form not only to the grand movements of societal development but also the recursive practices of dayto-day activity." Soja, E. W., "The spatiality of social life: towards a transformative retheorisation", in Gregory, D. and Urry, J. eds., Social Relations and Spatial Structures, London: Macmillan, 1985, p.94;中文引自王志弘译:《〈人文地理学词典〉选译》,台北唐山书局出版,第167-168页。

[2] 首先,地域空间中总是存在着想象的面像,借由"空间的表征"(representation of space),不同的地域中,总是充斥了丰富的"想象空间",而对地域特色的形塑产生了影响。毕竟,"空间的表征"乃是空间性沿着认知与心灵向度开展的最主要结果。这是一种论述实践(discursive practice),其直接承载了人类作用者社群主体深邃而复杂的期盼与意欲,是人类主体通过空间形式等符号表征建构梦想、向过往记忆或将来等未知神秘领域探索曳航的中介与结果。借由人类知觉与感知复杂而分歧的再现(representation)形式,其往往承载了主体对于特定生活空间/异质地方/表征的空间的价值界定与判断。这是一处充满了"符号象征"系统的"语言""再现"空间,是一处承载了意义语谜的不确定地带 —— 虚构地点,与表征的空间具有"表意实践"(signifying practice)的一环。其通过文字书写、口语、图绘、模型、甚至于身体动作等,化为具体的符号影像、认知地图,或是意识形态和观念,往往形成一定的镜像,召唤了对特定"主体性格"的想象,并扮演了社会生活空间性塑造十分重要的角色。

[3] 其次,地域空间中总是存在着想象的面像,借由"空间的表征"(representation of space),不同的地域中,总是充斥了丰富的"想像空间",而对地域特色的形塑产生了影响。毕竟,"空间的表征"乃是空间性沿着认知与心灵向度开展的最主要结果。这是一种论述实践(discursive practice),其直接承载了人类作用者社群主体深邃而复杂的期盼与意欲,是人类主体透过空间形式等符号表征建构梦想、向过往记忆或将来等未知神秘领域探索曳航的中介与结果。借由人类知觉与感知复杂而分歧的再现(representation)形式,其往往承载了主体对于特定生活空间/异质地方/表征的空间的价值界定与判断。这是一处充满了"符号象征"系统的"语言""再现"空间,是一处承载了意义语谜的不确定地带 —— 虚构地点,与表征的空间具有"表意实践"(signifying practice)的一环。其透过文字书写、口语、图绘、模型甚至于身体动作等,化为具体的符号影像、认知地图、或是意识形态和观念,往往形成一定的镜像,召唤了对特定"主体性格"的想像,并扮演了社会生活空间性塑造十分重要的角色。

[4] 地域空间中亦总是存在着所谓的"实质空间",亦即是一般的地理学的描述性空间。这是一处看似自然而可以度量的物理空间,其虽然表面上是独立而客观地存在于社会历史之外,却是不折不扣政经与意识形态等之脉络性产物。其作为人为自然/意识劳动作用的可能对象之一,人类实践铭刻其上的痕迹并非是全然既定而独立的,其往往提供了空间性差异实践可以滋长的地方,也经常被当作文本,成为不同脉络心灵空间驰骋想像的意欲对象。

实空间"（real space）三者间的多重复杂关系。[1] 简言之，包含了三重构造的空间性既是认识论层次上与社会、历史辩证发展的存在实体，更是推动历史社会空间建构可以运用的重要技术，对其之理解，既有驾驭计划定位层次之功用，亦有掌握具体操弄策略之价值，因此，恰恰有助于我们深化对于"一带一路"倡议的理解与实践。

　　事实上，从上述空间性生产的视野看来，"一带一路"倡议地地道道是一桩以"空间性"为内核的"历史计划"，即是十足受到空间概念启发，并掌握了空间维度而急需启动社会与地理变迁的宏大计划。首先，"一带一路"的名称本身就是空间性命名的结果，不管是"带"或"路"，都是空间的元素，倡议的名称本身即直白地说明了这是一项以空间性为内核的计划；其次，"一带一路"构想的出现，明显受惠于"历史空间"的启发，是对陆上与海上丝路这类曾经在历史中真实存在之空间的灵巧挪用与活化，是对那些辉煌的"集体记忆"（collective memory）作为"想象空间"的召唤与征用，借之与当代的现实（物质的现实、生活的现实、想象的现实等）彼此辩证、交互生发，从而建构出了具有"可理解性"（intelligibility）的巨大空间愿景，形成了恢弘中国梦的具体内涵。亦是，借古以励今、以喻未来，从而让古代曾经生发的历史空间愿景，巧妙地指向未来而成为引导人们驰骋想象、构建蓝图的可能张本；再者，包含了交通实体与网路的虚拟通道，"一带一路"的连通，将直接改变各种大小层次区域的历史地理格局。沿线比较小的聚落、城市若被整合其中，则不仅空间成了网络节点，具有了向外扩延的意义，本身内在的空间格局亦将发生剧烈的变化，亦是空间本身在历史的轮转中将会被迫调整自身，设置各种新的设施、公共空间、园区（甚或特区）以应"带路"对空间功能的要求。这样的发展趋势甚至会进一步催发如成渝城市群、长江中游城市群等各种"全球都会区域"（global metropolitan region）的出现，从而形成了大范围尺度"结构有序、功能互补、整体优化、共建共享"的区域空间。而其期待的终极效果，则是欧亚非大陆等的整合，成为具有实质意义的"世界岛"，从而翻转海权凌驾陆权的现有世界格局。简言之，召唤、征用了历史空间的传承，期待通过平等对接以打破政治等社会空间的藩篱，"一带一路"预设了一张在可见未来即将编组而成的有形无形的空间网络，其中，村落与城市作为节点通过营造将有机会成为具有意义的地方，或聚结成具有竞争力的城市群，并终究成为欧亚非大陆等的一体化发展。

　　如此规模巨大、气势宏伟的历史计划，将牵动空间性三重空间的变动与发展。

　　其一，"真实空间"作为一种看似自然而可以度量的"物理／实质空间"会有剧烈的变化。"真实空间"关联着区位（位置）、地形地貌等条件，既是"一带一路"发展的制约性条件与基础，

[1]　夏铸九：《再理论公共空间》，《城市与设计学报》1997 年第 2、3 期，第 63-76 页；王志弘：《后现代的空间思考：爱德华·索雅思想评介》，《空间》1993 年总 53 期，第 112-118 页。

同时，亦将是"一带一路"作为一种"劳动"实践所将被改变的对象（自然既是劳动的制约基础，也是其改变的对象）。事实上，在丝路基金、亚投行等机构对基础设施建设的资金的挹注下，高铁、铁路、高速公路、运河、经贸园区、电站、网路等所谓基础设施建设正克服山海等自然地理的限制，而在跨越国界的广袤地表上纷纷出现，其通过都市计划／区域规划、都市设计、地景／景园、建筑、室内设计等专业分工下的空间实务经营，将带动各地城乡中各种公共空间与建筑的出现，从而形成了截然不同以往的地景展现。

其二，"表征空间"作为一种社会日常生活所建构出的空间，是一种由特殊社区中特殊作用者主体组合，以独特身体／感觉结构（structure of feeling）及特殊生活方式所形塑而出的空间，自然亦有相应的变化。毕竟，"一带一路"不仅是个实质空间的建设计划，更是一个攸关生活方式转变的计划，硬体的投入带动了生产与再生产方式等社会机制的转变，其实无形中预设了一定日常生活方式的转变，因此带来身体—主体对空间的不同感知，从而形塑出各个层次不同以往的"表征空间"。以中国境内日渐纵横的高铁来说，即改变了人们的生活方式。不仅每年一度的春运这类大型人流移动获得了疏解，以前相隔两地的时空阻碍，在新交通工具协助下，更经常成为"一日生活圈"的可及之处。于是，人们每日活动的范围更大、内容更为复杂了，也更常出门了，搭乘高铁等跨界进行长途旅行以探索、体验新世界，成为一种新兴的方式。而这，其实也带动了一种对于"生活品质"的新想象与新需求，"舒适""便捷"甚至"优雅"等空间感受日渐成为表征空间的新内涵，并提供新兴中产阶级进一步寻求情感交流与特色体验的扎实空间基础。在此状况下，被有形无形网络联结的各个节点（城市、村镇等），配合着生产与再生产方式转变下的新定位，其生活方式与相应的"表征空间"亦将出现剧烈的变化。以被纳入旅游路线的村镇来说，在地居民被动员以展开新的生活，从而亦将扩展出与旅游、休闲等有关的"表征空间"。其作为一处处与外来旅客相互交往的处所，自当带有与即有空间不同的异质性，从而形塑出一处处福柯所言确实存在而充满内外区分的"异质地方／异质空间"（heterotopia）。当然了，在此变迁的过程中，每个地方原有社会日常生活所形构的"表征空间"仍具有着一定的惯性而会与新的"表征空间"展开辩证拉扯，其不仅制约了新的"表征空间"的出现，也经常会在新的"表征空间"中，以各种直接或间接的方式展露出既有的痕迹。

其三，诚如上述，"一带一路"构想的出现是对那些辉煌的"集体记忆"作为"想象空间"的召唤与征用，"空间表征"显系"一带一路"构想形塑的关键基础，而其之出现，自当会启动新一阶段"空间表征"的发展。事实上，通过符号等价的指向性，通过诗性形象思维的联想作用，"一带一路"已被巧妙地等同为"未来／将来"民族强大复兴的"中国梦""世界梦"，不仅催发了各种愿景描绘的缤纷呈现，并已逐步通过各种宣传的媒体（表征的媒介）而被烙印在众人的脑海之中，往往触动了心灵中最柔软而幽微的部分，成为催动文化认同的最现实基础。有意思的是，这种"空间表征"所触动、催发的文化认同作用，除了生发在世界及国家（作为一种空间的界域）的层次外，更散布在城市、村镇等各个不同的空间层次，形构为所在居民期盼的空间"愿景"，从而发挥与表征空间、真实空间彼此辩证生发的效用。以此观之，"一带一路"作为一种符号象征虽是"虚构"的，但凭借着对历史的巧妙征用、对现实的贴近以及对未来可能性的洞见，却往往比历史还真实，而有机会催动着现实的快速轮转。

一言以蔽之，"一带一路"牵涉了空间性三重空间的巧妙与高明操弄，其本身乃是一桩以"空间性"为内核的宏伟"历史计划"，在其所可能催动的实践中，不仅空间性的三重空间将会有新的成果，社会与历史亦将随之而被相当程度地改造：一方面，联系着全球而保存着既有中国或地方特色的社会制度将有机会通过同情理解下的平等对话而被重新地形塑与制定，从而为人类以"天下观""王道思想"重新思索全球治理提出可能的参考性道路，同时，也将反馈为每个地方创造财富并保留特色的可能模式，从而让"一带一路"成为一种接地气、创新而符合人性的"社会性"变革道路，以便为人类的未来提供一种不同于西方启蒙思维的可能愿景；另一方面，"一带一路"因此也将触动着"历史性"本身的改变，毕竟，这是一桩源自于历史的实践，其本身便是历史的一部分，而其实践（一种带着批判性的实践），本身即是"我们正在写历史"的动态史观的最具体呈现；最后，如此牵动了社会性与历史性的实践，更将反馈成为整体空间性变革的中介与成果，从而催动着理想世界的到来。

三、空间的说书者与逐梦者——生活世界以及意义的理解与创造：语言与文学的效果

"一带一路"是以"空间性"为内核的宏伟"历史计划"，除了真实空间以外，表征空间与空间表征在其生发与落实的过程中扮演了相当关键的角色，而这明显揭示了其将与语言及文学具有千丝万缕的关系。以"空间表征"而言，基本上即是"空间论述"（spatial discourse）及"空间表征性论述"（representational discourse of space）驰骋的场域，亦即借助"空间语言"（spatial language）表达象征、引发"想象"的所在，而空间语言虽与文学的语言不尽相同，却经常在意义的层次具有总体性的共同指涉，而可以通过换喻（借喻、转喻）[1] 等方式彼此转化；至于"表征空间"，由于乃是日常生活身体经验所形成的空间，对其之掌握，往往需要深入语言、借助文学叙事的掌握，方能得其精髓，是以与语言及文学

---

[1] 换喻又名"转喻""借喻"，用以指一个词或词组被另一个与之有紧密关联的词或词组替换的修辞方法。

具有着紧密的关系。

诚如周宪指出，20世纪乃是哲学与美学从认识论转向语言研究之际，不管是现象学—存在主义或实证—分析哲学等，都对语言问题投入了关注，"语言学转向"是20世纪哲学与美学重要的两大转向之一（另一为"批判理论转向"），其除了包含路德维希·约瑟夫·约翰·维特根斯坦（Ludwig Josef Johann Wittgenstein）一脉期待借由对语言误用的批判清理以厘清哲学问题的努力外，亦认识到语言不只是工具而更是一种建构力量，亦即，具有着与真理有关的本体论特质或"第一性"甚至"至上性"的地位，而且，若摆置在社会物质性脉络视之，则具有"语言决定人，人（尤其是诗人、艺术家）颠覆语言"的悖论，语言研究转向了注重符号象征等的"话语理论／话语研究"（discourse theory/ discourse study），终而倡导俄国文学批评家米哈伊尔·米哈伊洛维奇·巴赫汀（Mikhail Mikhailovich Bakhtin）等所主张之"对话主义"（dialogism），以积极发挥语言的作用。[1]

而面对这样的转向，社会学、人文地理学等亦逐渐转向对"语言分析"及"意义掌握"的重视。例如，社会现象学（social phenomenology）开创者阿尔弗雷德·舒茨（Alfred Schutz）即相当重视研究对象的"日常语言"的分析，借此以了解其"生活的世界／常识性的世界"（lebenswelt；life-world/ common-sense world），以及"互为主体性世界"（intersubjective world）的"意义结构"（meaning structure），并影响了民俗方法学等的视野。日常生活等言说的语言，显系舒茨等探究生活世界的锁钥，而其一旦被提炼，则往往会成为"文学"的形式，并透过叙事方式记录、再现生活世界中的社会行动与意义。[2] 是故，文学叙事虽可能是虚构，却往往比历史还真实，因为，文学往往再现了具体的社会行动、结构与意义，遥指了对于人存在状态的整体掌握。有意思的是，如此重视语言、生活世界与意义结构的倾向亦影响了人文地理学与建筑现象学等，而呈现为对"场所／地方"（place）及其"经验空间"的探讨。[3] 在此研究取向中，语言与文学成了分析、理解使用者主体经验空间及场所／地方形构不可或缺的凭借。[4]"表征空间"即是批判改造了此一发展的成果[5]，语言与文学自然在其中占有重要之角色。事实上，对"一带一路"等社会世界中语言及文学的记录与分析，乃是掌握其表

[1] 周宪：《二十世纪西方美学》，南京大学出版社1997年版，第14—23页；刘康：《对话的喧声——巴赫汀文化理论述评》，台北麦田出版有限公司1995年版。

[2] 黄瑞祺：《社会学的三大传统》，《批判理论与现代社会学》，台北巨流图书公司1985年版，第24—34页。

[3] 萧百兴：《"建筑＝空间"的系谱考掘》，《华梵学报》2002年第9期，第172—197页。

[4] 以创立建筑现象学的克里斯丁·诺伯舒兹为例，其在诠释场所时，即喜欢仿效海德格尔引用弗里德里希·荷尔德林诗作以进行论述，从而让《场所精神：迈向建筑现象学》一书包括图片在内，充满了文学性的诗意。参见 Norberg-Schulz, C., *Genius Loci: Towards a Phenomenology of Architecture*, New York: Rizzoli, 1979/1980.

[5] 为了避免掉入将主体化约为普通身体的唯心论陷阱，以及摒除未能掌握地方形成与社会等物质结构密切辩证发展关系的弊病，索雅承继了列斐伏尔的观点，将马克思主义置放为人文地理学的内核，从而让日常社会生活以及其所形成的异质空间成为理解并掌握"一带一路"之类人文地理变迁形构的重要元件。

征空间的重要方式，毕竟，言说性语言配合着社会行动形塑了"带路"相关空间的生活世界，文学性语言（诗等叙事）则往往描述了其中各个民族的生活样态、抒发了人民的心声，乃是借以揭露生活世界存在意义的重要途径，也提供了阅众同情理解"带路"相关空间民情的参考，是达成"民心相通"目的的重要凭借（"民心相通是'一带一路'倡议的根本归宿"[1]）。

值得注意的是，语言学转向亦促发了社会符号学（social semiotics）等注重物质脉络的话语研究的勃兴，而此，则是空间表征理论可以借助深化的基础。就此而言，著名文学评论家贺龙·巴赫德（Roland Barthes）的"文本性"（textuality）论述即是相当重要的一支。巴赫德揭露了语言、文学等文化事物作为符号的象征作用，以及其与意识形态等社会物质性脉络间的密切关系，进而指出，"作者已死"，文学等实践的意义只能来自读者，文本在作者创造后即有了自身发展的逻辑。巴赫德因而倡导读者可以参与的"写本"以别于只限于阅读的"读本"，并提出了联系到身体愉悦经验的可能书写与美学策略。有意思的是，巴赫德的论述还触及了空间[2]，支撑了马克·戈特迪纳与亚历山卓·拉哥波罗斯（Mark Gottdiener and Alexandors Ph. Lagopoulos）之流"都市符号学"（urban semiotics）的发展[3]，说明了语言作为一种符号、文学作为一种俄国形式主义者罗曼·雅可布逊（Roman Jakobson）所谓的"陌生化"的叙事文本[4]，对"空间表征"的形塑具有关键的作用。简言之，空间表征乃是语言（与文学）驰骋之所在。语言组成为符号、象征，构成了论述，指涉了意义，形塑了空间想象，乃是空间表征得以形构的凭借。而"一带一路"既然深深纠葛了空间表征的运用与呈现，语言与文学自然占有不可取代的分量。一方面，两者作为论述，与图、模型、照片、影像（声音）等表征性论述共同形构了"一带一路"空间表征的重要内容，是"一带一路"整体空间之梦／愿景得以呈现的必要方式；另一方面，每个"带路"空间除了表征空间外，亦皆有其独特的空间表征，必须深度地掌握以作为魅力营造的基础；最后，有必要指出的是，就空间表征的生产而言，从文学语言到空间语言（空间表征性语言）之间，其实是存在着修辞学换喻之类的转化过程的："带路"或节点的空间意义（空间之梦／愿景）经常会通过文学语言与空间语言而被同时展现而出，并各自以叙事的语言，以及形象表征的语言遥指了空

---

[1] 李自国：《"一带一路"民心相通的发力点》，《新疆师范大学学报》2016 年第 3 期。

[2] 巴赫德.：《符号学与都市》，王志弘译，收录于夏铸九、王志弘编译：《空间的文化形式与社会理论读本》，台北明文书局 1994 年版，第 527—538 页。

[3] 参见 Gottdiener, M. and Alexandros ph. Lagopoulos：《城市与符号》导言，吴琼芬等译，收录于夏铸九、王志弘编译：《空间的文化形式与社会理论读本》，台北明文书局 1994 年版，第 505—526 页。

[4] 俄国形式主义者雅可布逊乃是从语言的角度对文学进行研究的大家，他认为从语言的角度研究文学以及从文学的角度研究语言，乃是美学最有效的一个角度。他还认为，所谓文学的语言乃是人类对语言施加一种有组织之外力的结果。亦即使习惯性与实用性的语言变形、扭曲，语言方才具有诗意，成其为文学的语言。简言之，"文学性"的产生主要根植于语言的陌生化。

间的弦外之音，从而为阅众提供想象得以驰骋的无限空间。

以上，即是我们对"一带一路"作为一桩以"空间性"为内核之宏伟"历史计划"，语言与文学在表征空间与空间表征所产生之作用的解析。从上述分析可知，语言、文学以其对各个民族、社群生活的细腻反映、对空间符号的美学联想，以及叙事的传奇形式等，具体参与了表征空间与空间表征的形塑，乃是空间性构成的必要条件。从这一角度看来，若没有语言与文学的参与，"一带一路"的空间性是无法运作的，特别是其中的表征空间与空间表征。通过语言与文学，将有助于深度理解"带路"与各节点的生活空间与想象空间、掌握其存在的意义，从而重新定位，形塑愿景，并通过对空间性的操弄而让"带路"连同众多节点成为具有特色的空间。

事实上，"带路"空间（通道与节点）在其被"一带一路"网络联系之前，往往或曾经具有各个民族与社群优异的空间性特质。亦即，每处地方，都曾是一处充满各个民族与社群丰富意义的生活世界，不仅具有特殊的空间表征与表征空间，还连同着真实空间，共同构成了"地域性"（locality）的总体样貌（地域文化的总体性），并展布为具有特殊脉络关系的"文化地景"（cultural landscape）。这样一处具有各个民族与社群地域特色、展布成不同脉络的文化地景的地方，借用瓦尔特·本雅明（Walter Benjamin）"说书者"（storyteller）的概念，其实可被比拟为一个具有主动说出地方空间故事能力，而得以召唤梦境的"空间说书者"（storyteller of space）。这其实意味我们已认识到，每处地方其实充满了异质性，布满了各种生活的痕迹与联想的线索，而得以在言说与文学等论述，以及图片与影像等表征性论述的配合下，借由空间语言提供阅者驰骋智慧以领略地方文化精义，从而召唤理想梦境的可能。

回顾本雅明的论著，其在《说书者——尼加拉·列斯科夫作品随想录》一文中曾说，"说书者"这个古老行业受到了小说兴起以及新闻报道等的冲击，已经步入了日薄西山的命运。本雅明此话虽充斥了感慨，却也点出了"说书者"曾经存在的历史事实，并寓言式地暗示了未来希望能再有类似说书者的角色出现而能继承起传播福音的使命。本雅明无疑将古典艺术的叙事形式与古老的史诗、说书者以及手工业联系在一起。对他来说，说书者讲述的主要是"故事"，其与资本主义时期专注于个人主义孤独内心剖析的现代小说不同，乃是机械复制时代尚未来临前工匠时代的主要文学形式；其立基于生活经验、结合了奇想，追求广袤，经常以来自远方传奇式的迷人风情进入阅众的视听领域，建构了说与听之间耐人寻味的交流与分享体验，是传统世界充满了"光晕"（aura）、弥漫着人味的重要基础。对本雅明而言，说书者正是以口传的形式，向无数的大小读者"讲述"了这样的一种性质的故事，让世界充满了可被期待的兴味与希望。本雅明强调，真正的说书者说故事时的态度，与他们日常过生活的态度其实是没有什么不同的。向大众诉说故事的时候，说书者仍旧关心着现实的生活、注意着往后的命运，所以，故事里总是充满了令人受用的忠告与处理问题的智慧。[1]

　　本雅明如此语言与文学的叙事观点，就理解空间性而言大为有用。综观后现代空间研究发展，早已认为空间并非是静态的，而是具有参与现实的主动性，具有影响历史社会发展的积极作用。回首过往，历史中存在的各个民族与社群的空间，呈现为一处处的生活世界，总是布满了身体经验与想象驰骋的痕迹。故而，诚如福柯援引加斯东·巴什拉（Gaston Bachelard）空间诗学般的现象学式观察所示，其总是充满了"异质性"[2]，而会通过各种如谜的表征符码向使用者／阅读者昭示着空间的特色与意义，换句话说，其有如本雅明所示的说书者一般，会借由自身所具有的独特符号线索，如老朋友般，为阅众诉说着属于各个民族与社群生活世界的传奇故事，并引导阅众对于空间意义的整体理解。包含了"一带一路"在内等具有魅力的地方、满布文化地景的地方，从此是一个个"空间的说书者"，总是借由与语言、文学密切相关的空间语言，诉说着各个民族与社群生活世界中林林总总的动人故事，并暗示着理想境界的到来，从而使自身成为一个个具有镜像引导作用的"逐梦者"。在其中，语言与文学一方面固然牵涉、影响了空间语言的形构，亦会经过社会生活中之生活者、创作者与研究者的口与笔等而被传述，从而与空间语言共同构成了"一带一路"相关地方的精彩故事，有助于对"带路"所经地方的空间意义的整体呈现。

　　必须指出的是，借着语言与文学分析配合着图像研究等以深掘"带路"所经地方的地域性、爬梳其文化地景，不仅有助于对地方作为一个空间说书者与筑梦者特质的掌握，更有益于对其未来的整体魅力营造。毕竟，"一带一路"的联通不仅只是形式上交通孔道与网络的建立，对于"带路"及相关节点作为一处处地方的营造，还须注入继承传统且响应未来的内容，以便让地方能形塑鲜明的特色，成为吸引阅众的魅力之地。以此观之，语言与文学配合图像等表征的理解与运用，乃是协助"带路"及各处节点挖掘并形塑自身特色不可或缺的手段。平心而论，"一带一路"的连通虽会带来便利等好处，却也潜藏了磨灭各地特色的风险，故而，深切地掌握语言与文学以贴近地域性深度的操弄表征空间与空间表征，乃是让"带路"及各个节点深具特色、魅力的必要手段。而在如此的认知与操弄下，"带路"及各个节点的生活世界将呈现出兼具继承与创新的丰富性，空间也将具有无法取代的异质性与深度意义。一言以蔽之，语言与文学以其对各个民族与社群生活的细腻反映、对空间符号的美学联想以及叙事的传奇形式等，在"一带一路"的建设中具有重要的角色，其配合了图像等表征性论述，若运用得宜将有机会发挥不可或缺的效果，不仅有助于我们理解"带路"及相关节点的生活

[1]　Benjamin W., "The Storyteller: Observations on the Works of Nikolai Leskov", *Selected Writings*, Vol. 3（1935-1938）,Eds. Eiland H., and Others, Cambridge, Mass.: The Belknap Press of Harvard UP, 2002, pp.143-166.
[2]　Foucault, M., "Texts／Contexts of Other Spaces", *Diacritics*, Vol.16,No.1, Spring,1986, pp.22-27.

世界及空间意义，并可在此基础上进行两者的创发，从而让"带路"及所经的地方成为空间的说书者与逐梦者，以便促成各个民族与社群之魅力地方的营造，并达成"一带一路"想要深化在地文明、促进地方繁荣的宏伟梦想。

四、深度旅创和地方重建与"带路"意义的升华

"一带一路"是一桩以空间性为内核的历史计划，语言与文学直接联系了表征空间与空间表征等的形构与运作，是"带路"地方成为文化地景、展现整体地域性特质的重要媒介，可说在这样一桩联通欧亚非等不同地域之历史计划中占了无可取代的地位。这就是说，借由语言与文学的巧妙与创意操弄，"带路"及相关的地方（节点）将有机会成为"空间的说书者"与"空间的逐梦者"，从而启动自身空间性生产的机制而催动着理想世界的到来。

这是因为，在如此讲述各个民族与地方的动人故事以凸显深度意义的作用下，以时空赏析体验为内核，跨领域结合了农林、艺术、生活、文创、教育等的"深度旅创"这类地方经略的新模式，是有机会大骋其长的。紧扣各个民族与社群地方生命意义的深度旅创不仅将改变旅游自身的运作模式，也将赋予地方空间以良性发展的可能，而此端赖在语言与文学等媒介支持下，让地方成为空间的说书者与逐梦者。

事实上，将每处"带路"经过的地方（农村聚落、城市社区、园区等）视为具有深厚地域文化积累之处，并通过贴近地域心灵、整合了农商等产业以及社会生活所需的前瞻性旅游规划激发其潜力、赋予其意义，让其成为具有能动性的"空间说书者"实是"带路"空间旅创推动的关键之事，也是"一带一路"是否成功落实不可忽视的判准。通过创意、深度规划所激发的具有脉络意义与地域内涵的"带路"空间——布满各种象征符码的空间，在语言、文学配合图像、影片等叙事的相伴支持下，不仅能激发旅人以梦想，更能如说书者般，以老朋友般的对待方式（亦即，互为主体性的对待方式），为旅人提供深刻的地方故事与美学感动。同时，也将能回馈自身以有意义的成长，而让"带路"本身以及所经的聚落等空间迈向魅力、可持续发展的道路。

事实上，从欧美等国家以及中国台湾等地区发展经验可知，"带路"这类后现代社会中地方旅游的推展是必须比较细腻地进行操作的。其中，比较重要而须掌握的有如下几点：首先，有必要认知到，"带路"旅游与梦想的召唤是息息相关的，通过旅创规划让"带路"地方契合旅人的梦想、成为召唤其美好期盼的镜像，是推动"带路"行旅动力的重要基础；其次，也要体认，旅创规划有必要通过空间故事与故事空间的双重营造以启发旅人对于"带路"地方的理解（understanding），亦即，须让"带路"地方成为"空间的说书者"，通过各种可

阅读的象征性线索，导引旅人对于"带路"地方进行深度解读，以获致同情理解的效果；最后，更要了解，旅创规划操作必须营造贴近"带路"地方精神的空间美学效果，让旅人在充满了独特"带路"地方之美的境遇（situation）中，发出由衷的赞叹，不仅获致心灵安慰，产生食髓知味般对于地方的一再念想，同时，也反馈"带路"地方发展以美学的境界。[1] 凡此种种，皆系借由深度旅创规划以朝向魅力"带路"地方营造的重要课题，而语言与文学在其中必将扮演重要的角色。而在如此深体并善用语言、文学与空间性的辩证动能的情况下，以政策沟通、设施联通、贸易畅通、资金融通、民心相通为根本的"一带一路"，方能发挥其期待平等对接各个文明（包含国家与地区等），让属于各个民族与社群的不同文化节点借由有特色"带路"的连通而百花齐放、共繁共荣，从而体现"一带一路"作为和平、繁荣、开放、文明、创新之路的崇高价值与空间战略意义。[2]

参考文献

1. 巴赫德.：《符号学与都市》，王志弘译，收录于夏铸九、王志弘编译：《空间的文化形式与社会理论读本》，台北明文书局 1994 年版。

2. Benjamin W., "The Storyteller: Observations on the Works of Nikolai Leskov", *Selected Writings*, Vol.（1935,1938）.Eds. Eiland H., and Others, Cambridge, Mass.: The Belknap Press of Harvard UP, 2002.

3. Foucault, M., "Texts / Contexts of Other Spaces", *Diacritics*, Vol. 16.1,No.1, Spring, 1986.

4. Gottdiener, M. and Alexandros ph. Lagopoulos（1994）,《城市与符号》导言，吴琼芬等译，收录于夏铸九、王志弘编译：《空间的文化形式与社会理论读本》，台北明文书局 1994 年版。

5. Gregory, D., "Entry 'spatiality'", in R. J. Johnston, D. Gregory & D. M. Smith, eds. *The Dictionary of Human Geography*, the third edition , Oxford , UK:Basil Blackwell, 1994.

6. Norberg-Schulz, C., *Genius Loci: Towards a Phenomenology of Architecture*, New York: Rizzoli,1979/1980.

7. Soja, E. W., "The spatiality of social life: towards a transformativeretheorisation", in: Gregory, D. and Urry, J. eds, *Social Relations and Spatial Structures*, London: Macmillan, 1985.

8. Tafuri, M., "The Historical Project", Introduction to *The Sphere and the Labyrinth*, translated by Pellegrindo,Acierno and R. Connally, Cambridge, Mass.: The MIT Press, 1987.（Italian Original 1973 ）

---

[1] 萧百兴：《文化地景与魅力聚落：聚落深度旅游规划设计刍论—— 兼论屏南漈下村的潜力与可能的愿景》，《中国传统村落文化遗产保护（福建屏南）高峰论坛论文集》，第 68—83 页。（中国民间文艺家协会、福建省文学艺术界联合会、宁德市人民政府主办、中国民间文艺研究所、福建省民间文艺家协会、福建省文物考古博物馆学会、中共宁德市委宣传部、宁德市文学艺术界联合会、屏南县人民政府承办"中国传统村落文化遗产保护（福建屏南）高峰论坛"，2014 年 11 月 18 日至 11 月 19 日）

[2] 李自国：《 "一带一路"民心相通的发力点》，《新疆师范大学学报》2016 年第 3 期。

9. 王志弘：《后现代的空间思考：爱德华·索雅思想评介》，《空间》1993 年第 53 期。

10. 王志弘：《理论的镜子》，《建筑与城乡研究所通讯》1994 年第 5 期。

11. 王志弘译：《〈人文地理学词典〉选译》，台北唐山书局出版。

12. 李自国：《"一带一路"民心相通的发力点》，《新疆师范大学学报》2016 年第 3 期。

13. 周宪：《二十世纪西方美学》，南京大学出版社 1997 年版。

14. 张燕生：《"一带一路"发展战略和复兴之路》，《学习贯彻习近平总书记系列讲话专题》，中国干部学习网
    2017 年 5 月 24 日。

15. 黄瑞祺：《社会学的三大传统》，《批判理论与现代社会学》，台北巨流图书公司 1985 年版。

16. 夏铸九：《再理论公共空间》，《城市与设计学报》1997 年第 2、3 期。

17. 刘康：《对话的喧声——巴赫汀文化理论述评》，台北麦田出版有限公司 1995 年版。

18. 萧百兴：《"建筑＝空间"的系谱考掘》，《华梵学报》2002 年第 9 期。

19. 萧百兴：《催生"历史地理建筑学"：呼唤地域研究及其实践的文化总体性——以泰顺、石碇等地的考察、实
    践经验为例》，《温州大学学报》（社会科学版）2010 年第 23 期。

20. 萧百兴：《文化地景与魅力聚落：聚落深度旅游规划设计刍论——兼论屏南漈下村的潜力与可能的愿景》，
    载《中国传统村落文化遗产保护（福建屏南）高峰论坛论文集》。

中华传统文化的"大通"精神与古代丝绸之路

李心峰 / 中国艺术研究院研究员

美国学者、耶鲁大学历史系教授、东亚研究中心主任芮乐伟·韩森（Valerie Hansen）有一部中国古代史著作《开放的帝国：1600 年前的中国历史》（The Open Empire：A History of China to 1600）被译成中文，让我们读起来饶有兴趣。该书将公元前 1200 年（大约商朝武丁时代）到公元 1600 年（明万历二十八年）总共大约 2800 年的古代中国，称之为"开放的帝国"（The Open Empire）。她对中国古代历史的叙述，一改以往千篇一律的"王朝更迭循环模式"，而引入一种新的方法，用古代中国对外来文化长期保持着一种开放的态势这样一个基本看法，重新"构建"中国古代历史。她要揭示的是"中国历史上对日常生活产生更大影响的"一种"趋势"："如佛教的引入，丝绸之路带来的思想和技术的交流、妇女角色的演变、普通百姓对冥界生活认识的变化，以及蒙古的征服等。""这种新的思路，导致了不同于读者可能期待的对 1600 年前中国历史的新认识。这些资料描述了这样一个帝国：它在形成之时便融合了不同的地区和民族，并在漫长的历史中保持对外来影响的开放，而不是一个拒绝外来影响的中央王国。"在她看来，这样一种开放的帝国的形象，一直维持到公元 1600 年。在此之后，这个古老的中央帝国开始愈益走向封闭。"16 世纪耶稣会教士从意大利来到中国时，他们发现中国是个严防边关的帝国。……意大利人自然也把中国描绘成一个闭关的帝国。"而"本书的目的是要揭示在利玛窦和他的欧洲同伴到来之前，中国是多么的不同，多么的开放"。

我们非常赞同韩森教授的判断。她的判断有充分的依据。古代中国，从总的基调来看，的确是一个"开放的帝国"，她与外部世界保持着富有活力的交流、沟通。古代的丝绸之路，无论是陆上的，还是海上的，就是上述事实极好的证明，也是其最为典型的例证。

我们所关心的是，古代中国长期以来能够保持对外开放的态势，在其背后一定有某种根深蒂固的、人们普遍认同的深层观念或意识作为支撑。假如人们普遍持有一种封闭的、排斥外来文化的观念和意识，怎么可能导致上述这种开放的态势长久得以保持呢？开放的帝国，源自帝国的人民的开放性的行为、开放性的实践。而这种开放性的行为与实践，只能是由人们的开放性的意识与观念所支配的。

在我看来，这种开放性的意识与观念，就是中国古代思想体系中占有相当重要地位的"通"

或"大通"的观念与意识。

"通"或"大通"的观念与精神，是中国古典哲学同时也是整个中国传统文化最重要的观念与基本精神之一。

这种"通"或"大通"的观念，首先在儒家思想中有充分的体现。儒家最重要的经典之一《周易》主张"变通"："穷则变，变则通，通则久。"《周易·系辞传》则说："寂然不动，感而遂通天下之故。""变通莫大乎四时。"

宋儒程子则说："道通天地有形外，思入风云变态中"，等等。可以说，"通"的观念是儒家思想中一个一以贯之的基本观念。

在道家思想中，更是极大地突出了"通"或"大通"的精神。这在《庄子》一书中有极为充分的体现。《庄子》一书中运用"通"这一词语、阐发"通"的观念可谓比比皆是。如"通于道""通于一""知通于神""道通天地""通于万物"，讲究"六通四辟"，等等。与此密切相关的词语还有"通达""荣通"，等等。"大通"这一观念，可能最早就出自《庄子》这部道家经典著作，《庄子·大宗师》云："同于大通，此谓坐忘。"

中国古代的"大通"观念在汉代许慎《说文解字》一书对于"博"字的释义中得到进一步确认："博，大通也。从十从尃。尃，布也，亦声。"在这里，"十"是"博"字的意附，是其本义所在："十，数之具也。一为东西，丨为南北，则四方中央备也。凡十之属皆从十。"在这里，许慎又提出了一个"博通"的观念："博"字左边的"十"字形象而绝佳地阐释了中国古人所推崇的"大通"观念。

在中国古代，"通"还与我们先人的崇圣观念、圣人理想有密切的内在联系。《说文解字》中："圣，通也。从耳，呈声。"美国学者安乐哲、郝大维对于圣字作了创造性的解释：圣人是沟通的大师。"或许这一重新定义的'圣'重要之处则在于成圣，根本上意味着沟通：圣人是沟通的大师。""圣人就是那些以倾听、'耳顺'达致人事洞明的人。圣人'顺'（协和）而后言，则他的话就能产生真正的交流所需要的和谐沟通。"

"通"或"大通"的观念不只在儒、道两家的思想中有充分的体现，在后来传入中国并得到本土化改造的中国佛教思想中，"通"的观念也是其基本的观念、基本的精神之一。中国化的佛学即禅宗主张一多相融、大小相摄、前后相应、内外相通。最具佛教特点的"通"或"大通"的观念，便是在佛教领域影响极广的"圆通"精神。君不见，全国各地的佛教寺庙、佛教设施中，有多少处写着"圆通"二字？

与上述这些"通"的概念术语密切联系，在中华文化中，还普遍流行着"会通"或"汇通"等观念。这些概念，已无法分辨它是属于儒家还是道家或是释家，而成为遍于各家学说中的一种共通的思想观念和基本精神了。

当代著名思想史家陈来先生曾对中华文明所体现的有关事物相互联系、相互依存、相互贯通的基本精神做过这样的简明概括："很明显，与西方近代以来的机械论宇宙观相比，古典中华文明的哲学宇宙观是强调连续、动态、关联、关系、整体的观点，而不是重视静止、孤立、实体、主客二分的自我中心的哲学。从这种有机整体主义出发，宇宙的一切都是相互依存、相互联系的，每一事物都是在与他者的关系中显现自己的存在和价值，故人与自然、人与人、文化与文化应当建立共生和谐的关系。" 陈来先生所概括的这种古典中华文明的有机整体主义宇宙观为中华文明提供了思想基础，为中华文明的价值观提供了哲学基础，也是中华传统文化中"通"或"大通"观念的深层的宇宙观基础。

中华传统文化中的这种"通"或"大通"观念，正是古代中国能够成为"开放的帝国"的深层的观念基础、内在的精神依据，也是古代丝路实践的观念依据。今天，我们弘扬丝路精神，需要认真挖掘、深入阐释这种"大通"观念，并让这种古老的智慧在今天重新焕发生机与活力，助力今日的"一带一路"的创造性实践。

中国非物质文化遗产的跨文化传播研究

马知遥 / 天津大学教授　刘佳 / 天津大学硕士研究生

一、中国非物质文化的多彩魅力

中国非物质文化遗产的魅力随着世界性的文化遗产保护运动而得到彰显，而其自身具有独特性、多样性和自发性的特点也是与之相对应的主流文化无法替代的。作为中国传统文化的重要组成部分，非物质文化遗产的独特性表现为，不同的地理位置由于自然环境、历史以及文化等复杂因素的影响，形成了不同地域的文化特征。最突出的表现就在服饰、语言、居住及各地风味美食。服饰不仅仅是实用的日常生活物质文化，它在民俗中往往又是某一具体的人的化身或者替代物，这使得服饰具有了明显的民俗意味，构成民俗的载体。贵州地区的人家，认为小儿降生时他的灵魂和身体一样很脆弱，为了不使魂魄受损，就要在新生儿的耳根穿一个小孔，用金银铜等金属做成耳环，不到成年不能取下，为的是保平安。陕西、山西一些地方，新生儿百日，舅舅家必须来人给送布老虎。在塔吉克人的意识中，红色代表酥油，白色代表奶子。新郎、新娘带着这两色的饰物就能得到美好的祝福。这样的关于吉祥和祝福的服饰习俗有一些依然存在于我们的日常生活中，它们本源于古老的民间文化，如今仍旧影响着现代人的生活。即使有些习俗在城市已经不常见，但大多数人的记忆中仍旧保存着过去民间的一些传统。

语言就更不用说了。中国的各地方言构成了一个人区别于其他地方的人的标志。"少小离家老大回，乡音无改鬓毛衰"这句诗已经很大程度地表明，乡音难改的中国人受到方言的影响。不同地方的方言承载着不同地方的习俗和文化，这已经成为学界公认的事实。

居住民俗也是非物质文化遗产的重要体现。"开门见树"的话就会形成汉字"闲"的格局，并且这种商铺不容易引起客人的注意。因此，人们在选择商铺时尤其避讳。居住中的颜色也有讲究。不同颜色的金鱼在文化中的寓意也不同，尤其是金色、白色、黑色的金鱼最受人喜欢。金色、白色在中国文化五行中象征着"金"，根据五行相生相克的原理，金生水，即能生财。另外，黑色、蓝色象征水，也代表财运。人们喜欢在家里养金鱼，愿意在大院里养金鱼，其中趋吉求祥的心理一目了然。

关于居住的各种讲究，不同地区有不同的讲究。山地和平原以及沿海沿河的建筑格局都可能根据不同的居住需要而变化。其中因此出现的民间信仰也有不同。山地要拜山神，河边海边要拜龙王、妈祖，平原地带多拜土地神等不一而足，这又构成了非物质文化遗产的多样性和丰富性。

"自发性使民俗服饰没有桎梏；自发性又显示出民俗事象发源的纯洁和素朴。"自发性是非物质文化遗产的重要特征，我们认识的民间工艺、民间美术作品大多是民间人士手工制作，自己设计自己动手的结果。你从那些作品中看不到学院的专业训练，而更多的是发自内心对生活的喜爱精心制作的原创作品。因此我们看到用色和造型方面大胆自由，随心所欲。从中规中矩的教学中我们很难看到这样的自由奔放甚至突发奇想的作品。民间的女红作品中，我们尤其能认识到这一点。单看民间的布老虎制作，各个地方的布老虎五花八门、造型各异，这是妇女们装扮生活的需要，也是表达诉求时的自发性特点。从民间玩具中我们也能充分地看到自发性的特征。"民间玩具在过去和现在都是多种多样的。它们可能由父母制作，也可能是儿童们自己的产品。有的玩具是用自然物制成（柳哨、玉米秆琴、苹果头娃娃），有的是用人工物制成（线轴坦克）。有一大类玩具是用纸折叠而成的。"非物质文化遗产的自助操作、自由创作、随性而自然的自发性特征从民间玩具的制作中能更加明显地得到表达。

目前，世界范围内的人类非物质文化遗产保护运动正在推进中，中国自 2001 年昆曲入选联合国教科文组织的《人类非物质文化遗产代表作名录》后，到 2017 年为止已经有 31 个联合国人类非物质文化遗产，7 项列入《急需保护的非物质文化遗产名录》，1 项入选《非物质文化遗产优秀实践名册》。

表1　31 项入选《人类非物质文化遗产代表作名录》

数量	入选时间	名称
1	2001 年	昆曲
1	2003 年	古琴艺术
2	2005 年	新疆维吾尔木卡姆艺术、蒙古族长调民歌

数量	入选时间	名称
22	2009 年	中国传统桑蚕丝织技艺、南音、南京云锦织造技艺、宣纸传统制作技艺、侗族大歌、粤剧、《格萨（斯）尔》、龙泉青瓷传统烧制技艺、热贡艺术、藏戏、《玛纳斯》、中国蒙古族呼麦、花儿、西安鼓乐、中国朝鲜族农乐舞、中国书法、中国篆刻、中国剪纸、中国雕版印刷技艺、中国传统木结构营造技艺、端午节、妈祖信俗
2	2010 年	京剧、中医针灸
1	2011 年	皮影戏
1	2013 年	珠算
1	2016 年	二十四节气

表2　7项列入《急需保护的非物质文化遗产名录》

入选时间	名称
2009 年	羌年
2009 年	黎族传统纺染织绣技艺
2009 年	中国木拱桥传统营造技艺
2010 年	麦西热甫
2010 年	中国木活字印刷术
2010 年	中国水密隔舱福船制造技艺
2011 年	伊玛堪

表3　1项入选《非物质文化遗产优秀实践名册》

入选时间	名称
2012 年	福建木偶戏后继人才培养计划

目前入选国家级名录的非物质文化遗产达 1372 个，其中民间文学类 155 项，传统音乐类 170 项，传统舞蹈类 131 项，传统戏剧类 162 项， 曲艺类 127 项，传统体育、游艺及杂技类 82 项，传统美术 122 项，传统技艺 241 项，传统医药类 23 项，民俗类 159 项。

此外，按照四级保护体系，省级、市级、县级名录的非物质文化遗产数量更多，在此不再赘述。面对如此众多丰富的非物质文化遗产，我们的国人对它们有多少了解和认识，作为传统文化精华的文化遗产又如何让更多的外国人知晓，这是一个问题。

在树立中国文化形象，讲好中国故事的今天，把精华的文化遗产讲好，传播出去已经显得格外重要。掌握非物质文化遗产的独特性、丰富性、自发性，培养对它们的研究兴趣是当前教育和传播的必要前提。因为这些宝贵的文化遗产项目已经不仅仅是中国的，作为世界文化的一部分它们更是人类的共同财富。其中蕴含的中国传统文化的智慧和精髓也需要更多的外国人了解和认识。基于此，大力传播中国丰富的非物质文化遗产，借助更多手段树立文化大国形象成为当前对外汉语教学中应该意识到的一个方向。我们不能让外国学生认为中国的传统文化仅是剪纸、年画、武术，我们还有更多丰富的令人叫绝的宝贵文化，它们影响着过去也必将传承到现在和未来。

二、中国非物质文化遗产的文化传播研究

中国非物质文化遗产的知名度在国外学生中并不是很高，甚至没有人对他们提到进入联合国非物质文化遗产名录的中国项目。所以，在高校汉语教学中，对中国传统文化精髓的非物质文化遗产尤其是进入联合国名录的 31 项非物质文化遗产进行深入细致的讲述，让国外学生在学习汉语时获得对中国非物质文化遗产的知识显得十分必要。

那么如何进行非物质文化遗产的跨文化传播呢？

第一，需要建立相关的媒体传播栏目。目前的非物质文化遗产保护运动在中国已经进行了十余年，取得了一定成效，在国家层面专门建立了《中华人民共和国非物质文化遗产法》，设立了全国性的"文化和自然遗产日"，力度可谓不小。但在调查中我们发现，尽管国家投入了大量的人力物力，民众对非物质文化遗产的了解和基本知识所知甚少，大多只是限于对一个概念的知晓，具体是什么、怎么保护、怎么参与都成为一个空白。在媒体作为传播重要手段的今天，仅仅还是过去的工作手段，而不是借用影响面很大的传媒进行宣传和鼓动，非遗传播还将是雷声大、雨点小。目前全国关于非物质文化遗产的专门性电视栏目极少，专题性节目有一些，比如《舌尖上的中国》《记住乡愁》等，在社会上影响极大，但因为传播的理念不同，电视观众更多记住的是各地名吃或者一些优美的古村落，并没有把非物质文化遗

产的命运和未来联系起来，更不用说行动起来为非物质文化遗产的传承传播做点事情。传媒沉默，或者丧失责任承担，那非物质文化遗产保护的前路将更为艰难。

第二，在中小学和高校中开设专门的非物质文化遗产课程。目前的中小学课本中关于民间文化的知识已经有所涉及，知识量也比较大。但中国民间文化的现状，非物质文化遗产的困境和传承的难度并不为人所知，这也是中小学教育的一个缺憾。培养对文化的情怀和责任，显得尤为重要。如果在课本中适当加入非物质文化遗产进入联合国名录的项目的介绍，从小培养孩子们对国宝的重视，引导他们传承和保护的方法，这对今后传承保护的工作将起到潜移默化的支撑作用。在高校里可以专门设置文化遗产保护和传承专业，根据濒危优先的原则，请一些民间艺人进高校开门收徒，给予民间艺人一定的待遇。同时也能激发年轻学子的积极性，在校期间多掌握几门技艺，最大限度地扩大传承空间，做到濒危遗产能传承有序。

为了鼓励更多的学者投入到遗产保护和研究的行列，在学科建设中可以对非物质文化遗产学进行论证和建设，使其成为一门和民俗学、民间文学同样重要的专门学科，能够培养本科生和研究生，使他们在专业理论学习的同时掌握相关的非物质文化的相关技艺，一定程度上解决了非遗保护中专业人员短缺的问题。

第三，用高科技手段，通过互联网的方式多角度保护和传播。跨界协同已经成为目前学术研究的生长点。非物质文化遗产保护本身如果仅仅依靠政府的补贴，自己没有造血功能，那么未来是不可想象的。所以，一方面政府应积极引导社会各方力量对非物质文化遗产进行保护，另一方面还应创造条件让文化遗产得到传承。目前面临的最大问题是年轻人对不能带来经济效益的非物质文化遗产缺少兴趣，不愿意传承；大多数传承人年事已高，缺少了传承的活力，所以很多非物质文化遗产尽管获得了国家级或者省级的各种荣誉，但传承危机已经成为事实。

对此，过去传统的保护手段已经不能适应迅速消亡的文化遗产。照相和摄影的技术，无法复原也不能方便以后的传播和传承。很多非物质文化遗产的技艺，需要学员仔细观察和琢磨，仅仅靠影像并不能完全掌握。所以，高科技手段的介入成为可能。比如多维度的扫描技术能让人们从多个角度立体观察和体验艺人们制作的全过程；比如电子触摸手套可以让传承人在制作中通过对触觉信息的搜集成为图像，清晰地表现每个动作的力道和角度，更为精准地复原当时的创作场面，便于学生今后学习。动漫手段的应用对今后的学员培训也能起到较好的作用。通过镜头的慢动作回放、分解，能让学员一次次地通过动漫技术实现近距离的学习和观摩。

当然，任何高科技的手段都比不上与真人的直接对话和交流。所以，在保护和传承中，我们还应该积极引导传承人的现场教学，通过影像技术全方位、高保真地记录整个过程，整体性保护思维应该成为保护和传承的主导思想，不仅可以留住技术，也留住了当时的整体文化空间，对后世进一步理解和诠释非物质文化遗产的精神内涵极为重要。

目前，一些地方已经启动了非遗的数字化建设，希望通过博物馆数字化呈现非遗的本来面目，当然这都只是尝试。非物质文化遗产的一个重要特征是活态传承，将非遗引入博物馆宣传是一种方式，但不能长期让非物质文化遗产离开本土的生存环境，那样的非物质文化遗产就成了商业化的或者创意类的产品，失去了活态传承的可能。这是应该注意的问题。

三、跨文化传播的重要性

"民间艺术不是现代艺术的推论或批评，它是生活经验的一部分。" 我们必须意识到非物质文化遗产本身来自生活，来自民众的日常，如果脱离了生活期间的人群，非物质文化遗产可能就只能进博物馆，成为冰冷的实物陈列了。所以，让非物质文化遗产活起来，让它们进入百姓的日常生活中，让大家开始使用，而不是丢弃，是目前比较受到关注的一个保护思路和方法。另一个思路就是在中小学和高校教育中，可以应用多种方法和手段将宝贵的非物质文化遗产对外传播，让更多的外国人也能够分享到来自中国古老农耕文明的成果，让他们意识到过去时代一直延续到今天的古朴的文明的魅力。当传播也走进日常生活，非物质文化遗产保护与传承成为教育和传播的重要内容时，非遗保护的力度才会更为广大和深远。而在传播中，文化才会在保持多样性的同时相互影响和激发。比如"开平碉楼与村落是我国乡村本土文化与外来文化在土地利用、规划建设和景观设计等方面完美结合的成功范例以及独特的乡村类文化景观的杰出代表，也因此被称为区域性的近代建筑博物馆，现存的 1833 幢碉楼，反映出 19 世纪晚期到 20 世纪初期，开平侨民在南亚、澳洲和北美洲各国发展中扮演的重要角色以及海外开平华侨同故里的密切关系"。同样，我们从古老的文字活化石即神话中也能发现很多跨文化传播和交流的痕迹。文化的共享让多种民族在交际中获得了理解，同时也为今后的文化考古留下了可资研究的资源。"许多民族的创世神话中，就不约而同地出现了'宇宙卵'母题。当然，在某些地区，由于民族迁徙、文化交流和历史交往等原因，也有可能存在着'宇宙之卵'母题传播的情况，但那只是局部的现象。"

又比如，不同地方的创始神话也能看到惊人相似的母题结构。这都似乎在表明跨文化的传播由来已久，而且应该成为文化传播和传承的常态。"亚洲是世界三大宗教的发源地，三大宗教的经典中，都有弃儿的传说。除了上述基督教《圣经》中的摩西外，《古兰经》中穆斯林先知穆萨的故事，与《圣经·旧约》中的摩西故事相似。列维·斯特劳斯说："任何神话一旦产生以后就会变成口头传说，而当它们在没有文字的原始民族中发展时，看来似乎发生着或然性的无规则的变动，而实际上在其深处都隐藏着稳定的结构。" 全球化既为跨文化的传播与融汇提供了条件，也在不断改变着当今世界的"文化地图"。现实社会中的人的交往行为是主体间性的行为，人们在交往和理解中获得沟通，实现和谐。

回到非物质文化遗产的保护和传承，我们要正视一个问题：遗产保护的最终目的是什么？仅仅是保护就够了，仅仅是简单地机械传承就够了？显然不是，保护是为了更好传承，传承是为了未来有更大的发展。发展已经有长久历史的非物质文化遗产是为了助力于当今时代的发展，是当今时代对古老传统文化的呼唤，需要传统文化影响和唤起丢失的国民精神。唤醒和构建国家民族的核心价值，从民间古老的非物质文化遗产中获取营养，这已经形成国家政府和专家学者的共识。这还远远不够，作为传承人主体和作为主体生存其间的民众们如果没有文化自觉意识，那么非物质文化遗产的保护和发展也无法找到根本动力，主体积极性无从谈起。这种自觉首先要让民众看到他们的文化是可贵的，是可以用来改善生活提高地位的，是可以和过去那样让他们的生计有所依靠的。现实生活中因为看不到年代久远的民间技艺的现实功利性价值，很多艺人和年轻人都不愿意再从事与非遗相关的职业，这是现实生存与文化艺术的矛盾造成的。解决生存困境之一就是大力宣传非物质文化遗产的重要性，让更多人包括国外的朋友知道和喜欢非物质文化遗产，为非物质文化遗产走出国门，产生更多影响力铺路。跨文化传播成为非物质文化遗产的传播手段，非遗的知名度在不断的传播中获得提升，遗产本身的商业价值也因此获得潜在的提高。从这一点看，当跨文化传播的力度日益加强时，文化的附加值可能带动更多的非物质文化遗产传承人的热情。

在跨文化传播中，我们一定要意识到一个问题：文化是在不断地信息复制中得到扩大的。那种要求文化的"原真性"即最初的原汁原味保护的设想和要求是不符合实际的。每一种文化都是在历史中发展变化，在变化中维持稳态发展，完全原真保护只能是理想状态，同时也不符合民间文化的时代变异性特征。"文化的存在形式是什么？是复制。文化被不断地复制，在复制中存在，在复制中保持价值和意义。所谓'原汁原味'的文化从严格意义上说是不存在的。文化经历了一代又一代人的派生，要找到它的客观实在源头，几乎是不可能的。我们所说的文化或文明的源头，是一种根据某些现存实物或者话语形式的推理，在很大程度上靠说服和信奉来得到认可。" 所以，尊重文化的稳态性，但又能看到非物质文化遗产自身的迁移性，掌握好两者的关系，使其有序传承，这是非物质文化遗产在传播中应该受到重视的问题。

四、结论

"跨文化传播学的研究对象是文化与传播之间的关系，以及不同文化之间理解、合作与共存的可能与机制。与之相应，跨文化传播学的研究目标涉及：描述特定文化之间传播的性质，揭示文化的异同；基于对文化异同的理解，研究消除人们由于文化屏障造成的传播差异的途径；更好地理解自己的文化，理解文化的创造和分野的进程。"可以说跨文化传播就是为了更好地理解异文化，符合文化人类学的范畴。只有在不断地文化交流中文化间才可能产生相互的影响，在异同的比较中，我们才能更深入地了解他者文化，成为不同文化的理解者和传播者。

"文化并不仅仅是对社会存在的反映，它本身就是对人类一切行为的技术方式、社会方式和价值取向的解释、规范和综合，是人与自然、人与社会以及人与自身关系的体现。"打破国别，打破文化的壁垒，才能让文化获得充分自由，才能打开眼界，让更多优秀的文化走进我们的生活，成为我们日常使用和关注的部分。

非物质文化遗产保护和传承任重道远，从我们自身的对外汉语教学和媒体影响开始，有意识地将中国优秀的非物质文化遗产传播给世界各地的朋友，在传播和交流中，我们发现差异，达成谅解，获得信赖，从而取得对他国文化的更深刻认识。在传播中，中国非物质文化遗产得到了更大范围的保护和传承，同时在认识国外传统文化时，我们能够用比较的视野为各种文化进行源头分析和探索。

教材的编写和学科的建设将促进非物质文化遗产交流和传播的实现，获得长久的可持续性发展。在目前"一带一路"的倡议中，非物质文化遗产的传播更是成为一个契机，它不仅能够让更多外国人了解中国文化的传统精髓，还可以让中国人在"一带一路"的建设和交往中，更多地领略到各国的非物质文化遗产，将 64 国的非物质文化遗产作为一份珍贵的礼物让全世界共享并传承，这必将成为创举。

随着跨文化挑战激烈程度的加强，重新创造一个超越人们原有文化界限认同的可能性也会增大。有人将这种认同称为跨文化品格，它不同于人们归属的或被指定的文化认同，而是一种被重新创造、整合和采纳的认同，融入了不同文化的观念、思维和行为。跨文化传播的发展必将促使跨文化人格的实现，这对当前世界范围内的文化保护运动是巨大的支持。

文化遗产保护和创新发展的中国模式与国际合作

齐勇锋 / 中国传媒大学教授

人类社会如同自然界一样，是一个色彩斑斓、百花争艳的多彩世界。在全球化时代，经济贸易越一体化、自由化发展，文化艺术越必然多样化、特色化发展。尊重各国、各民族文化发展的权利和不同特点，成为人类社会的普遍价值和共同追求，也是联合国教科文组织在《世界文化多样性宣言》（2001年）、《保护文化内容和艺术表现形式多样性国际公约》（2005年）中达成的共识。当前，在"一带一路"建设中，文化多样性和文明互鉴的目标要求我们更好地保护人类文化遗产，并在新的历史条件下使之不断发展创新、发扬光大。然而，工业化、城市化和全球化的快速推进，也使文化遗产保护和发展创新的难度越来越大，无论在理论还是在实践上都提出了不少值得深入研究的问题。例如，文化遗产保护所需要的巨大资金如何筹措？文化遗产保护性开发和产业化开发的关系及其边界应该如何界定，究竟哪些文化遗产适合于保护性开发，哪些文化遗产适用于产业性开发？文化遗产开发过程中如何科学准确地界定产权，从而通过发展文化要素市场促进资源的有序流转，推动本土化、特色化的文化产业发展？在古城、古镇、古村落保护性开发中，如何避免大拆重建式的单纯追求利润和过度商业化倾向，以致损害文化遗产的内涵价值而使文化产业发展偏离正确的轨道？如何把本土化、特色化的文化产业发展与当今新型城镇化发展更加紧密地结合起来，从而营造城镇公共文化空间，使公众在文化艺术发展创新中享受更好的文化服务？在文化遗产保护开发中如何界定政府和市场的关系，防范政府职能的越位、错位和不到位，切实做到既发挥市场机制在资源和要素配置中的作用，又能加强政府在文化遗产保护和产业发展中的管理职能与调控作用，形成二者合力的综合效果？从更深层次的角度看，在"一带一路"建设过程中，如何在文化遗产保护传承和开发利用中更为有效地开展国际合作，从而在保护文化遗产的基础上建设人文丝绸之路，实现不同文明国家和民族之间的跨文化交流和民心相通，进而按照习近平主席提出的"人类命运共同体"的构想，推动发展中国家在"一带一路"建设中拓展"南南合作"的内涵，通过共商、共建、共享实现整体性崛起，则是一个全球化时代发展中国家文明复兴的全新课题。

众所周知，历史上的人类四大文明古国——古埃及、古巴比伦、古印度和中国，都是"一带一路"沿线的重要国家，也是工业革命以来一直处于发展中的经济欠发达国家，目前都具有发展经济、复兴文明的强烈愿望，与共商、共建、共享的"一带一路"宗旨高度契合。因此，我们认为在"一带一路"建设中增添文化启蒙、文化自信和文明复兴的概念和内容是其题中应有之义。显而易见，这是在"一带一路"建设中值得我们进一步深入思考的一个重大课题。

一、构建文化遗产保护、传承和开发利用的法规体系，形成政府调控、企事业单位主体、全社会参与的体制机制

中华文明生生不息，博大精深，多姿多彩，五千年不间断的悠久历史积累了极为丰厚的文化遗产。据中国国家文物局 2011 年第三次文物普查结果显示，全国共登记不可移动文物 766722 处，比第二次文物普查结果增幅超过 200%，其中新发现不可移动文物 536001 处，占登记总量的 69.91%。目前，由中央政府公布的全国重点文物保护单位总数为 4295 处，历史文化名城 127 座，历史文化名镇 181 座，历史文化名村 169 个，国家级非物质文化遗产项目代表性传承人 1986 名，分布于民间文学、音乐、舞蹈、戏剧、曲艺、美术、体育、技艺、医药及民俗领域。同时经国务院批准设立了 12 个国家级文化生态保护实验区。由联合国教科文组织列入人类非物质文化遗产名录 28 个，各列世界第一。列入世界遗产 47 项（其中 1 项丝绸之路文化遗产与吉尔吉斯斯坦、哈萨克斯坦共有）。其中，世界文化遗产 33 项，世界自然遗产 10 项，文化和自然双重遗产 4 项，遗产总数名列世界第 2 位，仅次于意大利的 49 项。由此可见，中国是一个名副其实的世界文化遗产大国。站在"一带一路"建设新的时代起点上，保护、传承和开发利用这些宝贵的文化遗产资源，既是传承中华文化精髓，满足公民精神文化需求，增强文化认同和民族自信心，建设社会主义文化强国的需要，也是开展国际文化合作交流，促进世界文化多元化发展，构建"人类命运共同体"的迫切要求。

中国高度重视文化建设，出台了一系列旨在推动文化遗产保护、传承和开发利用方面的法律法规，在财政、税收和投资、金融政策等方面给予大力的鼓励和扶持，形成了综合配套的法律政策体系。鉴于中国自身的文化传统和作为发展中国家的特殊国情条件，中国在充分借鉴国际经验的同时，致力于探索"政府扶持 + 文化企事业单位主体 + 市场机制 + 公民广泛参与"的文化遗产保护、传承和开发利用的中国特色模式，积累了一些可资总结借鉴的经验和做法，取得了积极的成果。

文化遗产保护、传承和开发利用离不开法律保障。近代以来，由于中国积贫积弱和殖民主义的侵略，我国数千年来积累的无数珍贵文化遗产遭到掠夺、流失和严重破坏。其中，被英法联军焚毁的万园之园——圆明园，以及此后屡遭掠夺的莫高窟等，成为中国人民永远的

心痛，至今令人刻骨铭心。1949 年中华人民共和国成立，翻开历史新的一页。中国政府为保护文化遗产，先后制定并颁布了《中华人民共和国文物保护法》《中华人民共和国非物质文化遗产法》《中华人民共和国著作权法》等法律法规和一系列政策措施。与此同时，按照改革开放的国家战略要求，中国不断深化文化体制改革，推动文化体制从计划经济时期的政府配置资源方式向政府与市场相结合的方式转变。截至 2012 年年底，中国已有 580 多家国有出版社、3000 多家国有新华书店、850 家国有电影制作发行放映单位、57 家广电系统所属电视剧制作机构、38 家党报党刊发行单位完成转企改制，成为富有活力的市场主体。全国 2103 家文化系统国有文艺院团完成改革任务的有 2100 家，占总数的 99.86%，其中转企改制占 61%；3388 个非时政类报刊已有 3271 种完成改革任务，占总数的 96.5%。全国共注销经营性文化事业单位法人 6900 多家、核销事业编制 29 万多个。全国博物馆总数在 2014 年达到了 4510 家，其中，国有博物馆 3528 家，民营博物馆 982 家，继续保持高速增长态势。在政府的大力鼓励和支持下，中国社会各界参与文化建设热情持续高涨，形成了文化投融资的高潮，各类民营文化企业、民营博物馆、民营美术馆和艺术馆等连续 10 年保持高速发展，形成了国有、民营和外资比翼齐飞、融合发展、共同探索中国特色的文化发展模式的良性循环格局。

二、把文化遗产保护与发展特色文化产业紧密结合，探索保护、传承和产业化开发的一体化途径

深厚的文化遗产积淀使中国具有发展文化产业的优越条件和比较优势。但现存文化遗产大都产生于农业文明时代，必须对其文化内涵、文化元素进行创造性转化和创新性发展，通过大力发展文化产业尤其是着力于开发本土文化资源的特色文化产业，形成符合当代人的审美偏好和消费习惯的文化产品，才能推动文化消费市场的日益繁荣，从而在保护、开发中传承，在开发和传承中保护，形成遗产保护—文化传承—产业开发的一体化模式，促使文化遗产为人民造福，实现可持续发展。2004 年，中国政府首次对文化产业发展情况进行了统计，当年文化产业增加值为 3440 亿元（人民币），占 GDP 比重 2.96%，到 2016 年增加到 30785 亿元，占 GDP 比重上升为 4.14%，年均增长 10% 以上，高于同期 GDP 年均增长 5—8 个百分点，逐步向国民经济的支柱性产业目标迈进。随着文化产业的发展壮大及其溢出和辐射效应的增强，文化产业与旅游休闲、体育健康等新兴服务业乃至农业、工业日益融合化发展，从而不仅大大拓展了文化产业发展的空间和规模，提高了国家和区域的文化软实力，而且对整个产业升级和国民经济结构转型发挥着越来越大的作用。

在文化产业发展中，为了着力挖掘和传承民族文化遗产价值，中国政府把"大力发展特色文化产业"作为重要任务。所谓"特色文化产业"是指基于民族和区域文化遗产资源，从民间自发产生发展，其文化产品与服务在风格、品相、品种和工艺等方面具有鲜明的民族和区域文化特点，拥有一定的产业规模、市场占有率和影响力的文化产业形态，即与公民日常生活密切相关的本土化的文化产业形态，包括特色文化旅游、工艺美术、戏剧演艺、体育运动和节庆会展，以及文化饮食、酒文化、茶文化产业等。2011年《国家"十二五"时期文化改革发展规划纲要》提出：要加大对拥有自主知识产权、弘扬民族优秀文化的产业支持力度，打造知名品牌，发展特色文化产业，建设特色文化城市。2014年，中国文化部、财政部联合发布《关于推动特色文化产业发展的指导意见》。从2006年以来，文化部先后命名了五批266家国家文化产业示范基地、四批20家国家文化产业示范园区和国家文化产业试验园区，由此培育并发展了一批有较强竞争力、影响力和自主创新能力的大型文化企业和企业集团，培育扶持、发展壮大了一批产业集聚效应明显、特色鲜明的文化产业园区，起到了明显的集聚效应和孵化功能，为推动全国文化产业发展发挥了典型和示范效应，进一步提高了中国文化产业的整体发展水平和国际投资能力。

近年来，中国把文化产业尤其是特色文化产业发展与脱贫攻坚紧密结合，通过实施"文化扶贫"，取得了积极的成效。作为发展中的大国，中国幅员辽阔，人口众多，区域发展很不平衡。为解决中西部尤其是少数民族地区贫困人口较多的问题，在习近平主席的倡导下，近年来，中国采取一系列综合配套的政策措施，致力于"脱贫攻坚"，力求到2020年实现贫困人口全部脱贫，提前完成联合国提出的2030年可持续发展议程。在"精准扶贫"的实践中我们日益认识到，贫困的根源是精神贫困，因而在脱贫攻坚中应当充分发挥文化扶贫的重要作用。由于特色文化产业以开发区域和民族文化资源为对象，融遗产保护、产业发展、创业就业与文化扶贫于一体，因而具有内生性发展、造血型扶贫和心智启蒙的功能特点，是文化扶贫的一种主要方式。大力发展特色文化产业，不仅有利于贫困人口从中学习和掌握脱贫致富的文化和工艺技能，而且能够从中汲取文化营养，改变不思进取的精神状态，打破"贫困代际传递"的链条，增强文化自信和对文化经济价值的理解，激励他们从"等靠要"向自己动手、有所作为转变，焕发乡村活力，实现由外出打工的自发性发展向在地创新性发展和脱贫致富的自觉性飞跃。不难看出，把特色文化产业发展与贫困人口的脱贫致富紧密结合起来，既是符合中国国情的一种积极探索，同时也契合《联合国千年发展目标》和《2030年可持续发展议程》，因而不仅是中国脱贫攻坚的重要方式和战略选择，而且对类似国情的发展中国家推进反贫困进程、实现可持续发展也有一定的借鉴意义和示范效应。

三、"一带一路"建设中文化遗产保护、传承和开发利用的国际合作与文明振兴

文化遗产是全人类共有的稀缺资源。保护、挖掘和传承文化遗产的价值内涵，进而通过保护性开发和市场化开发，为文化市场提供差异化、特色化和多样化的文化艺术产品，推动"一带一路"沿线国家文化消费市场发展和国际合作交流，增强相互理解、民心相通，促使文化遗产为人类造福，实现文明复兴，是丝路沿线各国各民族的共同责任和价值追求。1985年，中国加入《保护世界文化和自然遗产公约》，1992年加入《世界版权公约》。新世纪以来，中国积极参与联合国教科文组织发起的《保护文化内容和艺术表现形式多样性国际公约》多边谈判和国际规则制定，成为首批缔约国。2009年，联合国教科文组织第181届执行局会议一致同意在中国建立"亚太地区非物质文化遗产保护中心"。中国还与相关国际同行制定了《东亚地区砖木结构保护准则的北京文件》，为国际文化合作向有利于发展中国家的公平、公正的方向转变发挥了积极作用。与此同时，中国中央和地方政府还与世界各国开展了多层次、多样化的文化遗产保护传承与开发利用的交流合作。2016年，中国文化部制定并颁布了《文化部"一带一路"文化发展行动计划（2016—2020年）》，创新性地提出多个文化艺术交流合作项目。中国与俄罗斯、法国、印度等多个国家互办文化年、旅游年，增强了相互理解。截至2014年年底，中国已在世界上20个国家设立了海外中国文化中心，与全球127个国家联合举办了476所孔子学院和851个孔子学堂，目前仍有70多个国家的200多所大学积极申办孔子学院。在文化遗产保护传承和利用方面，中国与吉尔吉斯斯坦、哈萨克斯坦联合，成功申请了丝绸之路世界文化遗产，与法国、德国、英国、美国、日本等多个国家和友好人士合作，参与保护长城、故宫、兵马俑、莫高窟、云冈石窟、龙门石窟等世界遗产，取得了积极的成效。上述国际合作成果，为新时期我们在更大规模、更宽领域开展"一带一路"文化艺术国际合作奠定了坚实基础。

（一）采取文化先行战略，建设人文丝绸之路

历史上的丝绸之路既是东西方的经贸通道，也是沿线国家和民族文化艺术的交流之路。然而由于种种原因，处于丝绸之路通道的中亚、西亚和中东地区，近年来战乱频仍，经济发展和基础设施落后，成为东西方沟通的"文明塌陷地区"（亨廷顿，1995年），从而给"一带一路"建设蒙上了一层阴影。在经济全球化的条件下，破解这一难题，既需要各方通力合作和巨大的资金投入，更需要先进的思想理念和政治智慧。所谓"文化先行战略"，就是要在"一带一路"建设中，创新发展理念，把思想理论建设和文化艺术交流合作摆在更加突出的优先地位。相比货物贸易而言，文化艺术作为人类情感沟通的桥梁，不仅能够增强人与人

之间的亲近感，化解相互之间的隔阂和误会，同时也有助于降低和软化国际经济合作的门槛。为此，要按照由易到难、循序渐进的原则，从建立政府间多边和双边人文交流合作机制入手，进而调动民间和各类社会力量的积极性，在更宽领域、更大范围开展各种形式的文化艺术交流与合作，形成多层次、多样化和常态化的国际交流合作机制，使之在促进"一带一路"建设中发挥引领性作用。

（二）大力加强跨文化交流，创办张骞学院和妈祖学院

国际文化交流合作属于跨文化交流的范畴。在经济全球化时代，人类共处一个地球村，跨文化交流日益频繁，这既有利于各国、各民族之间的交融和发展，同时由于语言、民族心理、审美情趣和行为方式的差异，在文化传播中不免存在着"文化折扣"，即传播交流的效应因文化差异往往扭曲变形，以致双方之间难以准确理解对方的意图。解决这一问题的基本途径，首先，要把国内传播和国际传播区别开来。面对"一带一路"沿线国家和民族众多的不同情况，要采取差异化的思路，有针对性地开展跨文化传播交流，才能事半功倍，取得预期效果。其次，要借助我国沿边跨境民族的优势，充分挖掘蒙古族、哈萨克族、塔吉克族、维吾尔族、藏族、傣族、景颇族、苗族、瑶族以及朝鲜族等跨境民族的人才潜力，更为有成效地开展跨文化传播交流，从而降低"文化折扣"的门槛。最后，要把汉语言教学放在更加突出的位置。鉴于目前由我国政府举办的孔子学院在西方发达国家遭遇一些难以化解的问题和挑战，而"一带一路"沿线大多发展中国家学习汉语言的积极性高涨，但教学师资和机构严重不足的现状，建议在进一步推动孔子学院转型发展、提高教学质量的同时，探索依靠民间力量，采取"民间投资＋政府支持＋专家管理"的模式，尝试创建陆上丝绸之路的"张骞学院"和海上丝绸之路的"妈祖学院"，从而形成以政府投资管理的孔子学院、民间投资管理的张骞学院和妈祖学院互为补充、比翼齐飞、共同发展的汉语言教学的优化结构。

（三）深入开展文明对话，促进文明振兴

开展"文明对话"的倡议最早由伊朗前总统哈塔米于 1998 年提出，其目的旨在搭建一个世界各大文明之间的对话平台，通过各文明之间的坦诚、平等对话和学术讨论，增强相互理解，减少对抗，维持世界和平。这一倡议不仅得到联合国教科文组织和世界各主要国家政府的大力支持，同时也得到学术界的热烈响应。近年来，各种各样的文明对话层出不穷，成为以学术界和各国政要、社会精英为主体的一种国际性的高端文化活动。文明对话既有别于政府间的双边和多边谈判，也不同于纯粹性的民间国际文化交流活动，可以说是一种在政府支持下的学术和社会精英之间的国际性的文化交流，对于引导舆论、传递主流价值、影响政府决策，进而推动国际合作能够发挥积极的作用。如前所述，鉴于中国、古印度、古巴比伦、古埃及世界四大文明古国都分布于"一带一路"沿线，而敦煌作为陆上丝绸之路文化艺术中

心的重要地位，建议在"敦煌丝绸之路博览会""敦煌丝绸之路学术研讨会"的基础上，进一步创建"丝绸之路敦煌文明对话"平台，形成常态化的对话合作机制，打造国际文化交流与合作品牌。与此同时，要抓住当前国际形势有利于发展中国家的机遇，加强对丝绸之路沿线国家和地区古文明内涵、特征和文化艺术的研究及价值挖掘，通过"一带一路"建设，促进沿线发展中国家在经济发展的同时，与中国携手共同打造"人类命运共同体"，实现文明复兴的伟大目标。

（四）推动文化和旅游产业国际合作发展

建设人文丝绸之路，既要加强文化艺术方面的交流合作，同时也离不开文化和旅游产业的支撑。当今世界，随着经济发展和消费结构转型升级，公民对精神文化的需求不断增加，而文化和旅游产业也因此日益融为一体，越来越成为世界各国竞相发展的新兴产业和朝阳产业。目前，中国把二者之间的融合发展统称为"文旅产业"，出台了一系列旨在促其融合发展的政策措施。值得关注的是，近年来，随着中国经济的快速增长和公众消费偏好的变化，无论是国内游还是出境游，都呈现出大幅增长的态势，成为举世瞩目的旅游大国。但中国游客出境游主要集中在欧美、日韩和东南亚等传统市场，而陆上丝绸之路沿线的发展中国家，由于经济发展水平偏低，基础设施不完善，加之中东、西亚等一些阿拉伯国家缺乏安全保障，因而还是一个有待开发的潜在市场，尚未引起中国游客的充分关注。这表明，未来以丝绸之路为主题的文旅产业发展和市场拓展潜力巨大，应当引起我们的高度关注。目前，我国已经与埃及、伊朗、巴基斯坦、印度、尼泊尔和哈萨克斯坦等国签署了文化与旅游合作的双边协议。在此基础上，建议一是要在基础设施建设中，充分考虑到文化旅游的需求，弥补文化旅游基础设施的不足。二是建议依托上合组织、金砖国家等多边合作平台，以及中巴经济走廊、中缅孟印经济走廊、中蒙俄经济走廊等"一带一路"规划，布局一批国际化的文化旅游线路。三是要探索在"一带一路"建设中把文化旅游合作与文化艺术合作，以及金融、能源和基础设施建设项目尽可能地结合或捆绑起来，统筹协调，以便资源共享，协同推进，形成综合示范效应。

（五）加强人才培养，实施"'一带一路'国际化人才培养计划"

"一带一路"倡议是中华人民共和国成立以来由我国首倡并得到世界大多数国家响应的国际发展战略，其顺利实施无疑需要大批的国际化人才，而国际化人才尤其是国际化的文化艺术专业人才、领军人才一直是我国人才结构中的一个短板。随着"一带一路"建设的推进，这方面的人才缺口将会越来越大。为此，建议制订和实施"'一带一路'国际化人才培养计划"，纳入文化和旅游部、教育部中长期规划。一是要在教育体制改革中，按照"一带一路"的需求，采取"订单式"的培养模式，抓紧培养一批市场急需的国际化专业性人才。二是要采取产学研协同创新的方式，以需求和项目（任务）为导向，带动人才培养，促使各类年轻优秀人才脱颖而出，在未来"一带一路"文化艺术合作与创新发展中发挥主力军作用。三是采取"引进来"和"走出去"相结合，与相关国家联合培养人才的方式，使我国培养"一带一路"文化艺术人才的途径和方式更加多样化、实用化，以较少成本取得更好的收益。

丝绸之路染缬文化的传承与开发新视野研究

管兰生 / 兰州交通大学教授　张宁 / 兰州交通大学讲师

一、丝绸之路染缬文化的历史背景与研究现状

染缬作品《新丝路》

古代丝绸之路染缬实物

中国古代纺织品的防染技术称之为"染缬"。最著名防染工艺有四种：绞缬、蜡缬、夹缬和灰缬，俗称"四缬"，它是中国古代染织科技的重要代表。染缬技术的传播与纺织品贸易有关，而丝绸之路正是古代染缬技艺传播发展的重要途径与空间。截至目前，丝绸之路上发现的染缬实物，依然是世界上最古老、最精美的染缬艺术珍品，其深刻反映出丝绸之路在染缬发展历史中的地位。

据研究发现：中国、印度、埃及被公认为是世界染缬发源的中心。染缬技术以埃及、印度为起点，经丝绸之路逆向传入波斯，再与中国染缬技术在丝绸之路上融合，最后传入泰国、马来西亚和日本。中亚各国正处在这一丝绸之路文化交流带中，有着丰富的染缬文化资源和往来历史。

丝绸之路上发现的染缬遗物与敦煌莫高窟发现的经卷有着同样的命运。自从 20 世纪 50 年代起，新疆吐鲁番地区以及甘肃丝绸之路沿线陆续出土了大量的染缬纺织品，同时流失海外的敦煌染缬文物也陆续面世，使得染缬文化成为近年来"丝路"研究的新焦点，丝绸之路染缬研究成为敦煌学的重要组成部分。

丝绸之路染缬文化研究和艺术传承具有深厚的基础，一方面，古丝绸之路上发现的染缬实物，截至目前依然是世界上最古老、

染缬作品《沙尘暴》

最精美的染缬艺术珍品；另一方面，以敦煌壁画为代表的中国西部石窟艺术，为古代染缬技艺研究与开发提供了大量珍贵的图像资料。另外，丝绸之路沿线丰富的历史资料及民间民俗活动，以其深厚的文化底蕴为研究染缬的存在环境、流传方式、演变过程提供了丰富的文献资料和文化土壤。

对染缬文化艺术的起源问题的研究、观点较为多样。国外学者有研究称其发源地在爪哇，也有学者指出染缬艺术的发源地在东方，最早的染缬创造物可能发生在中国或埃及。美国学者对印度发源地学说较为认可，理由是印度是棉花的发源地，也就作为其印染技术的发源地。国内学者的研究观点也并不统一，其中有赞成印度作为染缬艺术发源地的观点，也有染缬可追溯至秦汉之际的西南少数民族地区的观点提出。但考古学家们在古丝绸之路遗存中所发现的早期印染品，证明当时中国印染业已建立。在这些敦煌及吐鲁番发现的印染品中，曾采用了媒染剂和防色剂。由此证明了远在 5 世纪左右，中国已使用防染剂，故染缬起源于中国得到了强有力的考古实证支持。

沈从文、段文杰、武敏、赵丰等大批专家学者对中国传统染缬的技术方法和技艺变革做了翔实的研究。特别是针对传统染缬文化的起源、流传、发展、遗存、工艺以及文化特征等诸多方面都做了全面的研究工作。但大都处于表面，缺乏细致研究，处在起步阶段。从 20 世纪 80 年代起，就有大量的染缬艺术产品出现，但大部分因低端开发、无序竞争毁灭殆尽。

二、丝绸之路染缬文化开发研究的方向和目标

（一）丝绸之路染缬文化开发研究的方向

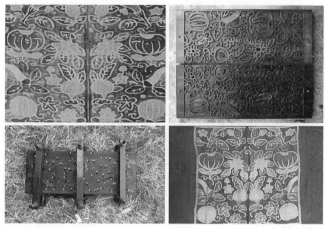

传统染缬产品及工具一

丝绸之路染缬技艺研究集中针对传统工艺、造型表象、文化内涵进行挖掘整理，以丝绸之路沿线区域作为专门样态，实现丝绸之路传统染缬技艺的复兴研究。同时，基于当下文化传承场域发生的重大变革，研究探索丝绸之路染缬文化传承、传播能力提升的多维创新机制，全面开展传统染缬文化的全景式、系统化、应用结合型研究。丝绸之路染缬文化的开发研究集中在教育教学、科学研究、推广传播、生物科技、工艺美术、旅游开发等方面，并努力使其走向产业化。

（二）丝绸之路染缬文化开发研究的目标

1.复活一项文化传统技艺

传统染缬制作工艺演示

汉唐时期，世界范围内的染缬文化传播中心集中于丝绸之路沿线。丝绸之路染缬生动展现了汉唐醇厚、洒脱、大气、瑰丽的艺术魅力，集中体现出中国古代最为盛世、开放的时代风貌，但也因时代变迁其文化价值与艺术美感被历史封存。

兰州交通大学丝绸之路染缬研究团队的潜心研究重新开启了这一古老的技艺，融合敦煌元素、中国元素、时代美感，在继承传统染缬技法的基础上，寻找染缬艺术走向现代化的新途径，创作出了一批独一无二的当代染缬艺术作品。

2.打造出一项文化创意品牌

我们的研究团队通过创意设计植入，将古老的染缬文化"文而化之"，成为理解的文化、生活的文化、时尚的文化。在实践中,我们以"兰生染缬"为品牌龙头，实现传统染缬与创意设计、现代科技及时代元素的融合。品牌以"传承丝路染缬、再现汉唐瑰丽、韵染时尚生

传统染缬产品及工具二

活"为定位，积极打造形式多样的生活设计品和文化休闲体验项目，全面提升丝绸之路染缬产品的文化创意，打造高品质文创产品，利用创意产品开发推动染缬产业项目文化创新，再现古丝绸之路文化内涵，传播染缬文化价值。

3.建立一个文化创意平台

在丝绸之路染缬文化开发研究过程中，我们依托高等院校和企业的示范窗口与辐射作用，带动染缬文化实现创意化、产业化。通过兰州交通大学丝绸之路染缬研究所，建立文化产业孵化基地，多向度创新和延伸具有文化创意含量和经济增长潜力的产业链条，形成丝绸之路染缬文化创意产业立体增值圈。探索产业多链条联动机制，在文化旅游和对外往来平台上整合产业圈内各类项目，最大化发挥丝绸之路染缬创意产业立体增值效能。

4.构筑一个文化传播体系

我们在研究与实践过程中，通过多角度理论研究，深度发掘丝绸之路染缬文化资源价值，积极构建多层次、动态化的丝绸之路染缬文化传播体系，活态传承染缬传统文化精髓。

另外，我们还通过专业人才培养、国际、地区人才交流，学术交流，文化网站、博物馆窗口建设，文化展览，展会经济，艺术沙龙，社会课程，专题片、舞剧推广，新闻媒体报道，非物质文化遗产培训等综合途径的尝试，不断扩大丝绸之路染缬的文化影响力。加大其在重大公共文化工程和文化项目中的参与度，构筑协同增效的文化传播体系。

三、丝绸之路染缬文化传承与开发的具体措施与规划设想

（一）建设丝绸之路染缬文化研究专门机构

染缬作品《孔雀河》

截至目前，我们已经建立了以兰州交通大学染缬研究所为主体的丝绸之路染缬文化研究机构，下设五个中心，开展有关丝绸之路染缬传承与开发的专项研究。

1. 染缬创意设计中心

负责在研究传统染缬技艺的基础上开发具有时代特色的染缬创新产品。该中心的具体任务主要集中于古代染缬艺术精品的仿制、高端染缬创意工艺美术品的开发、高档染缬创意旅游纪念品的研制及现代染缬服饰的设计等。该中心一方面具有保护和研究传统染缬技艺的文化功能，另一方面还兼具现代染缬创意产品的开发研制的产业功能，是研究所的核心。

2. 染缬创新实践与生产中心

以现代染缬创意产品的生产为主，同时兼顾染缬技术的实践教学。该中心将现代生产组织管理方式与传统染缬制作技艺相结合，实现染缬创意产品的商品化。

3. 染缬创意成果展示与交流中心

主要负责对丝绸之路染缬文化的推广宣传工作。该中心通过染缬作品展览、网站建设与运营、传统媒体对外宣传、举办染缬文化交流活动等推广丝绸之路染缬文化品牌。

4. 传统植物染料研究中心

为本项目的深度拓展部分，它是在对传统染缬技术研究的基础上，针对中国传统植物染料展开的跨学科研究与产业开发计划。

5. 染缬技艺培训中心

利用自身是设计师、高校教师、工匠的三重身份进行文化传承。做好"文化部非物质文

化遗产传承人群研修研习培训计划"、甘肃省"陇原培训计划"、精准扶贫以及双创工作，编纂中小学染缬艺术启蒙教材，开设中小学在内的不同等级的染缬文化传承学堂。丰富传统文化方面的学术积累，提升传统技艺等非遗项目的研究能力和设计、创新能力，探索一条非物质文化遗产传承的新路。

（二）建设运营丝绸之路染缬艺术博物馆

丝绸之路染缬艺术博物馆通过多角度理论研究，深度发掘丝绸之路染缬资源的文化价值。积极构建多层次、动态化的丝绸之路染缬文化传播体系，活态传承染缬传统文化精髓。通过国际、地区展示交流，学术研究交流，文化网站，文化展览，展会经济，艺术沙龙，社会课程，专题片、舞剧推广，新闻媒体报道等综合途径，不断扩大丝绸之路染缬的艺术影响力。

（三）培植建设天然染料种植基地

中国传统植物染料中的绝大部分都被证实具有药用价值，很多植物长久以来就被人们作为中草药，也作为日常染料。随着中草药产业的不断升温，产、学、研的合作不断加强，深度开发植物染料的药用价值已被境内外社会投资界普遍看好，成为西部大开发中一项有巨大发展潜力的项目，也成为西部地域经济发展的一大亮点。我们目前正在积极尝试推动植物染料的药用价值开发研究成果产业化，通过与地方政府、企业的合作共同建设染料种植基地，带动丝绸之路沿线特色农业产业发展。

（四）染缬文创产品、文化旅游产品研发与销售培植

近年来，我们的主要工作集中在积极探索染缬文化内容创新、艺术美感创新、工艺方式创新和创意实现形态创新的多元方法。以打造丝绸之路染缬文化品牌为目的，凝练文化精髓，转换文化符号，聚合传播价值，使文化资源真正转化为品牌价值和文化创意创新竞争力。在文化创意化基础上，实现创意产业化——植入第一产业打造创意农业（染料种植与观光农业）、植入第二产业打造创意设计（染缬创意产品、内容开发）、植入第三产业打造创意服务（染缬文化体验、休闲项目），总体形成丝绸之路染缬文化产业立体联动增值平台。

我们努力提高传统工艺产品设计、制作水平和整体品质。强化质量意识、精品意识、品牌意识和市场意识，改进设计，改善材料，改良制作。建立一个开放、兼容、集群的非物质文化遗产继承与创新高地。利用兰州、杭州、上海、北京等分支机构的产业基地建设，加快丝绸之路染缬的现代转化，推动文化与科技、金融、旅游、互联网等相关产业融合发展，打造一个具有丝绸之路地缘特色的知名品牌，成为具有全国影响力的染缬文化研究与开发机构。

我们依托染缬文化资源，统一规划，发挥辐射效应，着力打造一个集材料、设计、生产、销售、商业、娱乐、生活、传播、教育、办公为一体的丝绸之路染缬文化创意产业平台，产业开发内容涵盖染缬文化产品开发、染缬文化内容创作、染缬文化体验园、染缬技艺与文化传承学堂、天然染料开发、染料种植与观光农业、文化创意投资等，形成产业立体增值圈。

（五）深入推进和不断完善丝绸之路染缬文化传播体系

建立完整的丝绸之路染缬教育教学体系。我们依托兰州交通大学，积极展开与国内外艺术研究院校和机构的教育合作。最近，我们参与了文化部的"中国非物质文化遗产传承人群研修研习培训计划"，开展"兰州交通大学丝绸之路染缬研修班培训"项目。该项目旨在通过系列丝绸之路染缬艺术课程，吸纳一批致力于染缬文化传承和创新的专业人才，使丝绸之路染缬艺术辐射全国以及世界。以其富集文化人才和文化成果的巨大优势，通过人才培养、文化研究和服务社会，发挥积极的引领作用。通过学术交流的渠道和形式，在研究、弘扬、传播中华优秀传统文化方面具有独特的作用。

我们通过建立起一个公共文化服务平台，使其高度契合中央提出的"一带一路"倡议，弘扬丝绸之路染缬艺术的精神品质，强调中国传统文化、强调精致文化的回归。今后，将进一步加强丝路染缬文化遗产的整体性保护、生产性保护与活态传承，加强染缬文化的教育普及。最终实现世界非物质文化遗产的突破。

（六）建设丝绸之路染缬文化数字化信息平台

以非物质文化遗产——丝路染缬技艺为核心，以丝路染缬历史文化为主体，以染缬文化再创作成果为补充，依托信息化技术建立虚拟博物馆，用开放的数字平台传承、传播丝路染缬文化。面对移动互联网时代传播模式的变革，充分利用微博、微信等新媒体社交工具，自建传播渠道，在此基础上，整体组建以自媒体为议程设置中心、大众媒介有机配合的染缬文化传播环境。

基于互动体验的思路，研究围绕丝绸之路染缬文化体验园建设，引入交互、动画、虚拟现实等现代数字技术，建设"数字染缬"体验中心，让沉睡的文化"活"起来，使"看不懂"的文化"看得懂""玩得有趣"。

着力打造产业集群，以产业园区为中心聚集众多相关文化创意公司。建设文化创业社群支持平台，旨在为产业园内的文化公司提供信息交流、资源分享、广告发布、电子商务交易以及众筹创新等服务支持。

四、兰州交通大学丝绸之路染缬文化传承与开发研究的阶段成果

（一）通过文化市场磨炼，全力打造文化创意"拳头"品牌

经过数十年的不懈努力，以"兰生染缬"为龙头品牌的丝绸之路染缬艺术已经走向设计化、

商业化和产业化，相关产品开发涉及服饰、面料、皮革、文创等多个种类。品牌以"传承丝路染缬、再现汉唐瑰丽、韵染时尚生活"为定位，积极打造形式多样的生活设计品和文化休闲体验项目，正逐步加快传统染缬与创意设计、现代科技及时代元素的融合。

创意产品——染缬主题丝巾

"兰生染缬"旗下创意产品涉及丝巾、旗袍服饰、包袋、生活办公创意品、天然原料化妆品等多个门类，与有关企业在设计、开发、生产、销售、资金等方面开展深化合作。目前，产品已销往北京、上海、杭州、深圳等城市，销售市场正在完善。

（二）从"产、学、研"一体化入手，全面建立文化创意产业平台

我们深层次、全方位发掘丝绸之路染缬文化资源，研究与实践涉及文化整理、文化保护、工艺美术、创意设计、旅游开发、医药产业、观光农业、生态建设、影视舞剧、文化创意产业、文化传播等诸多领域。

2015 年，在杭州拱墅区杭丝联建立一个集研发、展示、生产、销售的基地，占地 1000 平方米，形成闭合的产业链。依托兰州交通大学国家级大学科技园，已建立起文化产业孵化基地，包括丝绸之路染缬博物馆、丝绸之路染缬研究所、甘肃首显文化科技产业发展有限公司、兰生染缬文化科技产业公司、丝绸之路染缬实训平台等。

创意产品——染缬主题服饰

丝绸之路染缬文化基地和产业平台项目得到文化和旅游部、财政部及甘肃省委、省政府的重点扶持，已列入甘肃及兰州重点打造的产业园规划项目。并与兰州市安宁区达成就兰州植物园、仁寿山旅游圈染缬休闲产业发展合作意向，与金昌市政府达成花卉种植基地

染缬艺术博物馆内景

原料开发及文化旅游深度对接方面的合作意向，丝绸之路染缬文化发展平台有望成为甘肃省文化旅游资源联动式开发的示范平台。

（三）延展传统文化活态传承，着力构筑染缬文化传播体系

近年来，我们创作的染缬作品、艺术活动受到中央媒体、甘肃省媒体的深度报道，成为丝路文化研究的焦点和甘肃形象宣传的文化名片。

染缬艺术博物馆展品

我们已逐渐具备多元纵深研究能力。2015年，已经开始招收染缬方向研究生，为新丝绸之路经济带建设培养专业文化人才。

2015年，丝绸之路染缬博物馆建成，成为宣传丝路艺术文化的重要窗口。博物馆定期向社会开放，并举办艺术沙龙及学术研讨会，多层面传播染缬文化精髓。

在国家"一带一路"倡议的背景下，团队先后与美国依阿华大学、吉尔吉斯斯坦国家艺术学院、吉尔吉斯斯坦国家交通与建筑大学进行交流合作，为国家间的文化创意产业发展培养跨国人才。2015年，土库曼斯坦驻华大使到访丝绸之路染缬博物馆，提出推动丝绸之路染缬作为中土两国文化创意产业合作的重点项目。

2015 年，我们的丝绸之路染缬文化研究成果受邀参加深圳文化产业博览会，作为甘肃馆的文化亮点获得了国内外与会人士的一致好评。同年，参加北京国际文化产业投资洽谈会，作品与项目得到 30 个国家和地区大使、文化参赞的肯定，引起中宣部的重视。2016 年，在首届丝绸之路（敦煌）国际文化博览会上，"兰生染缬"专题馆集中展示了丝绸之路染缬研究、创作、产业发展的大量成果，得到中央、省市领导、专

丝绸之路染缬艺术赴美交流展出

驻华使节参观染缬艺术博物馆

染缬艺术教学活动与成果

家学者以及观众的肯定。

我们还受邀参加第 4 届中国非物质文化遗产博览会，并作为"传统工艺走进现代生活"的 6 个优秀项目之一进行主旨发言，影响较大。丝绸之路染缬技艺已列入甘肃省非物质文化遗产保护名录，国家级非物质文化遗产项目的申报工作正在积极展开。目前，文化和旅游部、甘肃省政府与我们团队就国家级丝工艺振兴基地达成共识，成为甘肃省入选的两个基地之一，产、学、研一体化受到专家的一致好评。

综上所述，兰州交通大学丝绸之路染缬文化研究团队以国家"一带一路"倡议为契机，利用兰州交通大学教学科研实力，开展丝绸之路染缬历史整理研究、文化样式研究、产业发展研究，建立一个涵盖敦煌学、艺术设计、化学、生物工程、电子信息、商业管理等诸多学科的教学科研体系，并以研究为基础、产业实践为契机，实现染缬文化艺术活态传播。

参考文献

1. 管兰生：《中国古代传统染缬艺术研究与分析》，《艺术教育》2011 年第 1 期。
2. 曹海艳：《甘肃丝绸之路染缬文化产业化建设机制研究》，《人民论坛》2015 年第 11 期。
3. 管兰生：《浅谈现代染缬艺术》，《美术大观》2010 年第 12 期。
4. 沈从文：《谈染缬——蓝底白印花布的历史发展》，《文物参考资料》1958 年第 9 期。

论古代诗画中的海上丝绸之路

谢必震 / 福建师范大学教授

中国的古诗，最早要追溯到《诗经》，这是中国最古老的诗。中国的诗歌延续至今，已有几千年的历史。中国古诗包含了许多的内容，可以肯定的是有许多的中国古诗是反映古代海上丝绸之路发展的历史。

除了中国古诗外，亦有古画这一形式更加形象地反映古代中国人的航海活动。本文试图对古诗古画中的海上丝绸之路，做一粗浅的考察，以祈教方家学者。

中国古诗内容与海上丝绸之路历史相关的亦有不少，所有诗歌的作者可分为两类：一是并没有亲身经历过航海，诗歌创作者仅仅是根据自己所生活的时代，自己的所闻所见，将同时期人们与海上丝绸之路相关的活动，用诗歌的形式表达出来。这些诗歌不外乎是描写海上交通与贸易的繁盛、中国人出使海外的情形。

例如，唐代的福州知府黄滔，就有描写海商冒着航海的巨大风险，追逐丰厚利润的诗句。其曰：

> 大舟有深利，沧海无浅波。
> 利深波也深，君意竟如何？
> 鲸鲵齿上路，何如少经过。[1]

唐代，从文人墨客的诗句中，更是透露出福建地方与海外交通贸易的盛况。诸如《全唐诗》中的许多诗句，就非常具有代表性。

张循之，洛阳人。其《送泉州李使君之任》一诗，生动地刻画了海外诸藩来福建贸易的情景，至今还广为传唱。诗曰：

> 傍海皆荒服，分符重汉臣。

---

[1] 黄滔：《贾人》，《黄御史集》卷 2。

云山百越路，市井十洲人。

执玉来朝远，还珠入贡频。

连年不见雪，到处即行春。[1]

这首诗中的好一个"市井十洲人"，寥寥数语，将福建云集着诸多海外商人的盛况描写得淋漓尽致。同时代的诗人薛能亦有同样的诗句，在《送福建李大夫》中，他是这样描述的。

洛州良牧帅瓯闽，曾是西垣作谏臣。

红旆已胜前尹正，尺书犹带旧丝纶。

秋来海游幽都雁，船到城添外国人。

行过小藩应大笑，只知夸近不知贫。[2]

类似的诗句，也常常出现在宋代。例如，宋代福建名人刘克庄，其收入《后村集》的诗句，亦有描写海商的。其诗中提到：

闽人务本亦知书，若不耕樵必业儒。

惟有桐城南郭外，朝为原宪暮陶朱。

海贾归来富不赀，以身殉货绝堪悲。

似闻近日鸡林相，只博黄金不博诗。[3]

宋代的四川人张俞，曾作《广州》一诗，描写的是广州地区与海外诸国通商的盛况，其诗曰：

地生春草，春城瞰渺茫。

朔风惊瘴海，雾雨破南荒。

巨舶通蕃国，孤云远帝乡。

以上列举的这些诗歌，都是当时的文人描写古代港口城市的贸易情形，可以明显地看到，所有的作者并没有亲自航海的经历，他们的诗句描写的是沿海港口城市对外交通与贸易的状

---

[1] 《全唐诗》第 3 函第 9 册，上海古籍出版社 1986 年版，第 490 页。

[2] 《全唐诗》第 9 函第 2 册，上海古籍出版社 1986 年版，第 1431 页。

[3] 刘克庄：《后村集》卷 12《泉州南郭》，《文渊阁四库全书》第 1180 册，台北商务印书馆 1986 年版。

况。这在海外贸易达到鼎盛时期的宋元泉州地区，更有许多著名的航海诗句。

宋代李邴，山东济宁人，晚年寓居泉州，对泉州的海外贸易深有体会，所以他在《咏宋代泉州海外交通贸易》中有一联写道："苍官影里三洲路，涨海声中万国商。"

曾任泉州知州的王十朋，浙江乐清人。他对泉州海外交通与海外贸易的描述，留下了脍炙人口的诗句："北风航海南风回，远物来输商贾乐。"至今仍为泉州人津津乐道。

曾任泉州地方官的谢履，是福建惠安人，曾与泉州知府蔡襄一道治理泉州，故留有许多赞不绝口的歌颂泉州的诗句，如"岸隔诸藩国，江通百粤舟"，至今还悬挂在泉州的楼堂馆所。他的《泉南歌》对泉州的航海历史也是刻画得入木三分，令多少人朗朗吟诵，回味无穷。歌曰：

泉州人稠山谷瘠，虽欲就耕无地辟；
州南有海浩无穷，每岁造舟通异域。

我们仅仅列举一些具有代表性的诗句，中国描写海上丝绸之路相关内容的古诗真是举不胜举。值得注意的是，还有一些诗句与上述的诗句类型有所区别，这些诗句的描写，内容不仅仅局限于中国的沿海，而是涉及海外航行与贸易。譬如明代戏曲家汤显祖，其《看番禺人入真腊》是这样描述的：

槟榔舶上问郎行，笑指贞蒲十日程。
不用他乡起离思，总无莺燕杜鹃声。

与此相类似的诗歌，汤显祖还有《听香山译者》一诗，诗曰：

占城十日过交栏，十二帆飞看溜还。
握粟定留三佛国，采香长傍九州山。

从上面汤显祖的两首诗我们知道，诗人描写的是中国与东南亚诸国的海上交通往来、贸易往来。有一点可以肯定，诗歌虽然描写的是海上域外，但诗人并没有到过那些国家和地区。这就是我们说的，诗歌涉及海外交通与贸易，但诗人没有亲身的航海经历。因此，不管是描述港口城市的贸易盛况，还是与海外诸国交往密切的情景，这类诗句的作者，都没有远洋航海的经历。实际上，在众多的古代诗歌中，还有一类诗歌，这些诗歌的作者都经历了远洋航行，他们是在航海过程中创作了这些吟诵至今的诗句。

明朝永乐年间，跟随郑和下西洋的马欢和费信，先后都撰写了与下西洋有关的著作《瀛涯胜览》《星槎胜览》，在这两部书中都收有关于航海的诗篇。譬如马欢有《纪行诗》：

> 皇华使者承天敕，宣布纶音往夷域。
>
> 鲸舟吼浪泛沧溟，远涉洪涛渺无极。
>
> 洪涛浩浩涌琼波，群山隐隐浮青螺。
>
> 占城港口暂停憩，扬帆迅速来阇婆。
>
> 阇婆远隔中华地，天气烦蒸人物异。
>
> 科头裸足语侏僮，不习衣冠疏礼义。
>
> 天书到处多欢声，蛮魁酋长争相迎。
>
> 南金异宝远驰贡，怀恩慕义摅忠诚。
>
> 阇婆又往西洋去，三佛齐过临五屿。
>
> 苏门答剌峙中流，海舶番商经此聚。
>
> 自此分䑸往锡兰，柯枝古里连诸番。
>
> 弱水南滨溜山国，去路茫茫更险艰。
>
> 欲投西域遥凝目，但见波光接天绿。
>
> 舟人矫首混西东，惟指星辰定南北。
>
> 忽鲁谟斯近海傍，大宛米息通行商。
>
> 曾闻博望使绝域，何如当代覃恩光。
>
> 书生从役何卑贱，使节叨陪游览遍。
>
> 高山巨浪罕曾观，异宝奇珍今始见。
>
> 俯仰堪舆无有垠，际天极地皆王臣。
>
> 圣明一统混华夏，旷古于今孰可伦。
>
> 使节勤劳恐迟暮，时值南风指归路。
>
> 舟行巨浪若游龙，回首遐荒隔烟雾。
>
> 归到京华觐紫宸，龙墀献纳皆奇珍。
>
> 重瞳一顾天颜喜，爵禄均颁雨露新。

马欢在《纪行诗》中将下西洋的全过程都描述下来。费信在他的《星槎胜览》中，也记述了到过的海外诸国。有意思的是他每介绍一个国家或地区，就会用一首诗歌来概述这个国家的情况。譬如他的著作提到"满喇加国"，他最后就用诗来概括，诗曰：

满剌村寥落，山孤草木幽。青禾田少种，白锡地多收。朝至热如暑，暮来凉似秋。嬴形漆肤体，椎髻布缠头。盐煮海中水，身居栅上楼。夷区风景别，赋咏采其由。

有过亲身的航海经历，再将航海历程用诗歌表达出来，类似郑和下西洋的活动的有明清时期中国册封琉球使团赴琉球的海外活动。在册封琉球的过程中，使者们留下了大量的航海诗歌。诸如清嘉庆年间使琉球的正使赵文楷，使琉球后撰有《槎上存稿》，辑录了所有关于渡海使琉球的诗歌。嘉庆后期使琉球的正使齐鲲，也撰有《东瀛百咏》一书，收录了其 98 首关于使琉球航海的诗句。其中最突出的就是"航海八咏"。由于诗歌繁多，我们就不一一列举了。总之，使琉球的使者们所作的关于航海的诗句，都跟他们的航海经历有关。

中国古代航海，亦留下许多关于航海的图画。比较常见的是航海针路图，亦有山形水势图。通常由政府举行的海外活动，都配备比较齐全的各类人员。不仅有航海经验丰富的航海人员，亦有装备精良的军士，同时还有生活方面的厨师、裁缝匠人，以及医生、琴师、道士、高僧等人。画师也是必备的。由于航海有画师的介入，因此，才留下与海上丝绸之路发展有关的航海绘画。

我们知道，古代中国与周边国家都建有宗藩关系，尤其是明清时期册封朝鲜、琉球诸国的活动十分频繁。以册封琉球为例，我们看到许多册封琉球使臣记述的出使琉球记述中，都绘有非常精美的航海图、针路图和关于琉球风土人情的图画。由此可以得出结论，册封琉球的航海中，一定有画师参与。文献记述亦证明了这一点。

例如，明万历年间，夏子阳出使琉球时，在谈及用人一段就提到按照惯例，有画师跟随册封琉球。其《使琉球录》载："医、画、书办、门皂、行匠亦俱照旧。"[1] 清嘉庆年间使琉球副使李鼎元，在其《使琉球记》一书中也详细地记述了使琉球航海时有专门从事绘画的人跟随出海，因此才能在《使琉球记》中保存了大量的琉球航海图、针路图，以及关于琉球王国的舆地图、风土人情的各样图画。李鼎元记述："寄尘来，以诗画扇见贻，并荐画士施生为余图航海行乐。"[2] "寄尘遣其徒李香厓来，苏州人，亦善画，将侍寄尘渡海。"[3] 类似的记载应该还有许多。值得庆幸的是，这些画师为我们留下了中国人航海的壮丽画卷，不仅使我们对海上丝绸之路的发展有极其形象的历史认识，同时也向世人宣告，我们中国人在世界航海历史上，在海域疆界确认的实践中，都是他国无以比拟的。

我们现将清嘉庆年间出使琉球的正使赵文楷的诗画做一介绍，从一个侧面看中国古代诗画与海上丝绸之路发展的关联。

---

[1] 夏子阳：《使琉球录》，载《国家图书馆藏琉球资料汇编》（上），北京图书馆出版社 2000 年版，第 475 页。

[2] 李鼎元：《使琉球记》，陕西师范大学出版社 1992 年版，第 63 页。

[3] 同注 [2]，第 64 页。

赵文楷著有《槎上存稿》，嘉庆二十四年赵文楷的学生汤金钊，时任江苏学使为其书做跋，"吾师介山先生，禀刚直之性，负开达之材；少习幕务，谙练政事。今上御极之元年，以第一人及第，中外以名臣期之。岁庚申，诏举可册封琉球者，金以先生对；遂与李公墨庄偕行。约束严明，举动得体；成礼而后天子嘉之，将大用焉。试以吏事，出为山西雁平道。任事四年，遽卒于官。先生气体素壮，自海外归，心往往而悸，言笑异于他日。盍风波危险，夺人神髓，调养猝难平复也。公子孟然过苏，出《槎上存稿》一册见示。金钊受而读之，清雄旷迈，力摹大家；一种俊伟伉爽之概，恍然侍几席而听言谭也。先生以大有为之才，遭际圣明，未竟其用；区区以吟咏传于后，良可慨已！一鳞一爪，又忍听其散佚乎！爰亟付之梓，而志其梗概于此"。

赵文楷出使琉球写了不少的诗歌，我们仅举其中的三首与相关的古画对应，从而领略中国古代诗画与海上丝绸之路的魅力。

五月初七日开洋

旌旗鼓角动黄昏，
使者楼船出海门。
万里有家迷远梦，
一身如叶去中原。
云来岛屿形疑似，
夜静鱼龙气吐吞。
珍重此行劳圣虑，
莫将奇险更轻论！

舟出五虎门

瀁荡浮元气，
微茫接太空；
天风吹浪碧，
海日射潮红。
五石疑蹲虎，
三山不度鸿。
余心随挂席，
已逐百川东。

过钓鱼台

大海苍茫里，

何人钓巨鳌！

老龙时卧守，

夜夜浪头高。

明初，凡外商入贡皆设有市舶司以领之。"在广东者专为占城、暹罗诸番而设；在福建者专为琉球而设；在浙江者专为日本而设。"[1]尤其在郑和下西洋之后，福建与琉球的海上交通占据了重要的地位，一个以琉球为中介的中国与日本、朝鲜、东南亚诸国的贸易交通网络逐渐形成。

琉球是一岛国，在与中国交通之前，其国林木不茂，地无货殖，商贾不通。自明初与中国建立邦交后，由于明朝中国为其提供了造船技术和为数不少的海船，并于明洪武二十五年（1392年）"赐琉球闽人三十六姓善操舟者，令往来朝贡"[2]。后来这些人在

清乾嘉时期使臣在福州港登船册封琉球

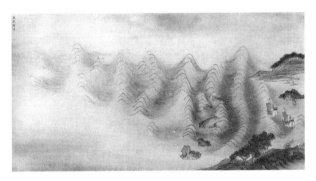

使琉球的册封舟在闽江口五虎门开洋

琉球"知书者授大夫、长史，以为朝贡之司。习海者授通事，总为指南之备"[3]，为琉球的海外交通起了极为重要的作用。

首先是中琉航路的开辟，在前人航海的基础上，人们将福建往琉球、福州往琉球的针路

[1]　胡宗宪：《开互市》，《筹海图编》卷12，明天启年刻本。

[2]　龙文彬：《外藩一·琉球》，《明会要》卷77，中华书局1956年版。

[3]　周煌：《琉球国志略》卷3，商务印书馆1936年版，据聚珍版丛书本排印。

福州登舟

罗星取水

谕祭海神

分别记载在《顺风相送》和《指南正法》两种海道针经上。[1]

除此之外，由于中国与琉球的册封体制，琉球国王嗣立都要由中国派遣册封使团远渡重洋亲自册封，因而历次册封使琉球后，都在他们的使事记录中详尽描述了航海的全过程，以及在使琉球的航海中的海神崇拜活动。

事实上，中琉航路极为险阻，文献记载中有"浪大如山，波迅如矢。风涛汹涌，极目连天"，来形容其险。因此早期使琉球的封舟上，"设浮翼，造水带至载棺，而丞银牌于棺首，书云某使臣棺，令见者收而瘗之"[2]。使团人员还"随带耕种工具"，以防"飘流别岛不能复回"。据日本学者赤岭诚纪所著《大航海时代之琉球》一书统计，仅1390—1876年约500年间，中琉航路上各类船只罹难的，有案可稽者达645起，其中死亡人数为3300余人。

在册封琉球的航海过程中，供奉的海神以天妃为主。有关祀奉天妃妈祖的记载很多，值得我们特别注意的是在册封琉球的航海过程中，不止供奉海神天妃一神，人们同时还供奉临水夫人、海龙王、拿公、陈文龙、苏臣等神灵。

---

[1] 向达校注：《两种海道针经》，中华书局1982年版。

[2] 徐孚远等：《李文节公文集》，《明经世文编》卷460，中华书局影印本。

这一时期，福建与琉球的贸易使福州港跃居于各港之首，成为最有活力的港口。更因为福建与琉球的贸易实质上是中国与朝鲜、日本以及东南亚诸国之间的贸易，因此，福州港曾一时成了明代海外贸易的中心。从明代琉球发往东南亚诸国的船只所持的咨文来看，即可知琉球国物产稀少，入明朝贡的贡物多采自东南亚诸国，而运往东南亚交易的货物又多是出自中国，尤其出自福建。琉球船从中国携往海外诸国贸易的物品，其中绝大部分是福建生产的各种纺织工艺品，各种瓷器（大小青盘、大小青碗）、各种漆器（漆盘、漆栈）等。由于这种特定的历史环境和贸易关系，使福州港的历史地位达到了前所未有的高峰，从而围绕着册封琉球留下了大量的诗画。我们不妨列举相关的古诗画，这些画的作者是中国人，他们的画将中国人拓殖海疆，创建海上丝绸之路的丰功伟业定格在历史的长河之中。

古代中国对周边小国实行册封制度，时常派遣使者远渡重洋进行册封，下列便是册封琉球的行列图，收藏于日本冲绳县立博物馆。

闽安观兵

午夜过沟

姑米牵舟

册封宣诏

《奉使册封琉球图》（18世纪），清人朱鹤年画，收藏于日本冲绳县立博物馆

"一带一路"文化艺术大数据平台建设的几点思考

杨继军 / 读者集团敦煌文艺出版社总编辑、甘肃人民美术出版社总编辑

中华文明五千年来一脉相承，从未中断，一个重要的原因就是中华民族有用文字记载历史的优良传统。

《尚书·多士》云："惟殷先人，有册有典。"国有史，方有志，家有谱。从古老的甲骨卜辞、青铜铭文、碑铭石经，到书写在简帛、纸张上的书籍，中华民族在数千年的岁月里创造出浩如烟海的典籍。这些文字与典籍，镌刻着中华民族一脉相承的精神追求、精神特质、精神脉络，是中国之精神、民族之灵魂，是破解中华民族历经磨难而绵延发展的精神密码，蕴含着中华民族的历史记忆、思想智慧和知识体系，积淀着中华民族最深层的精神追求。数千年来，中华典籍文献世代相传，成为中华优秀传统文化的重要载体。

习近平同志指出，中国人民在实现中国梦的进程中，将按照时代的新进步，推动中华文明创造性转化和创新性发展，激活其生命力，把跨越时空、超越国度、富有永恒魅力、具有当代价值的文化精神弘扬起来，让收藏在博物馆里的文物、陈列在广阔大地上的遗产、书写在古籍里的文字都活起来，让中华文明同世界各国人民创造的丰富多彩的文明一道，为人类提供正确的精神指引和强大的精神动力。

我们可以通过展览展示、整理出版、典籍数字化等各种方式，陈列各类文化遗产，梳理传统文化典籍，阐发中华文化精髓，使中华优秀传统文化的凝聚力、影响力、创造力不断增强。对外可以弘扬我国优秀传统文化，讲好中国故事。

目前，中国文化在"走出去"方面主要有三个问题：一是"中国声音"难以突破西方话语体系封锁；二是我国文化产品与优秀传统文化资源对接不力；三是我国文化产业在国际竞争中长期处于劣势。

为此，笔者认为，当下我们应该从这些事情做起：

1.以"一带一路"为契机，铺就新时代文化丝绸之路。深化与沿线国家的文化交流，推进一批重大文化交流项目和合作协议，向世界传播中国的理念和文化精髓。

2.创新发展机制，推动文化产业供给侧结构性改革。加强推进文化产品和服务数字化，对国外文化相关目标群体进行准确定位，增加文化产品和服务有效供给。

3.以资源整合为手段，推进优秀文化产品"走出去"。整合中央和地方资源、企业资源、

国内及境外资源，构建中国对外话语权体系，实现中国文化产品的整合营销。

4.建设"一带一路"文化艺术大数据平台。"一带一路"沿线国家都有自己独到的文化艺术资源，可以通过建设"一带一路"文化艺术大数据平台，以数字化的方式，把这些资源整合起来，为"一带一路"沿线各国民众服务。建设这样的大数据平台，需要达成共识，需要把各地的艺术资源数字化。

本文重点论述"一带一路"文化艺术大数据平台建设问题。

一、目前国际上大数据采集平台建设情况

（一）大数据现状与趋势分析

随着互联网、云计算、物联网、移动互联网等技术的快速发展，整个世界迎来了大数据时代。据国际数据公司（IDC）报告，全球所有信息数据中90%产生于近几年，未来几年，全球数据量将以每两年翻倍的速度增长。这些信息数据中隐藏着巨大的机会和价值，将给许多领域带来变革性的发展。因此，大数据研究领域吸引了产业界、政府和学术界的广泛关注。例如，产业界报告和公共媒体中充斥了大数据的相关信息，政府部门设立重大项目加速大数据的发展。

大数据被视为创新和生产力提升的下一个前沿，成为国家竞争力的要素之一，在世界范围内日益受到重视。多国政府加大了对大数据发展的扶持力度，甚至上升到国家战略的高度。中国颁布《促进大数据发展行动纲要》，提出要加强顶层设计和统筹协调，大力推动政府信息系统和公共数据互联开放共享。美国发布《大数据研究和发展计划》《大数据：把握机遇，守护价值》，阐述美国大数据应用与管理的现状、政策框架和改进建议。英国发布《英国农业技术战略》，指出英国今后对农业技术的投资将集中在大数据上，将英国的农业科技商业化。此外，日本公布"创建最尖端IT国家宣言"，韩国提出"智慧首尔2015"计划，澳大利亚发布公共服务大数据战略，新加坡发布"智慧国家2015"（iN2015）计划，等等。

大数据发展几乎应用于包括互联网、公共服务、金融、零售业在内的所有行业。众多企业，尤其是互联网企业推出了大数据技术、平台和服务。如：百度推出百度大数据引擎；阿里巴巴推出阿里云平台；IBM开发出DB2、Informix与InfoSphere数据库平台等。然而，随着数据量的不断剧增，数据孤岛现象却严重制约着大数据的发展。世界各国都在不断寻找新的突破口以推动大数据开放和共享，如美国设立data.gov门户网站，英国开设数据开放门户网站data.gov.uk，欧盟设立公共数据网站等。中国的百度数据开放平台、全国可信网站数据库开放平台等也初具规模，有助于数据开放和数据共享。

（二）现有国内外采集技术发展情况

在国际上，现在能达到我国研发的采集方式提供服务的设备，基本处于空白，而使用相关接近方式研发的部分设备，通过调查后发现局限性较多。在精度上能达到我们设备精度的是传统电分扫描，但幅面、材质都无法实现无接触式的方式，在效率上能接近的是德国的CRUSE，法国的I2，但由于设备自重2吨，对环境要求极高，色彩还原有一定缺陷。

美国：不久前，谷歌推出"艺术计划"，将传统艺术以数字化的形式搬上了互联网。以后使用者足不出户便可欣赏到1061幅世界名画，分辨率高达70亿像素，可以清晰地审视画中每一条纹路与笔触。

法国：对谷歌说"不"。英国《泰晤士报》报道，谷歌数字计划在法国遇到了麻烦，法国总统表示，绝不会让美国大公司掠夺、侵犯法国的文化遗产。法国宁愿动用国库10亿欧元自己完成数据化的工作，也不愿谷歌插足。法国文化部长用"文化掠夺"来形容谷歌的行为。

意大利：为了实施国家文化遗产的数字化，在国家文化部内设立文化遗产资源保护局，联合德戈斯蒂尼（高清晰度数据化企业），超威（美国跨国高科技集团），克劳斯（德国高精度定位结构企业），I-NET（高速网络），尼康（日本影像器材），爱玲珑（聚焦光学系统）等世界顶级的大公司，专门执行国家级文化遗产数字化工程。

在中国，台湾一直走在数字化的前列。早在2003年，台湾成立专门机构，投资6亿元新台币，推进"数位典藏国家型科技计划"，由台湾研究院负责筹备及协调事宜，台北故宫博物院、台湾图书馆、台北历史博物馆、台北自然科学博物馆、台湾省文献委员会、台湾大学等单位联合参与。

台北故宫博物院除参与"数位典藏国家型科技计划"以外，也投入了大量的人力和物力，开始自己的数据化工程。2009年，台北故宫博物院总耗时6年、耗资32亿新台币（相当于6亿多元人民币）的"3D虚拟文史展示系统"完成，开始正式对外展示，引起轰动。但由于当时的技术原因，巨大的数据建筑在"虚拟技术"的基础上开发，而文史资料的特性决定了"真实还原"是其核心基础，一切虚拟的内容利用价值不大。所以台湾文史界人士又再次启动了新的"还原—实景再现数据化"工程。

中国大陆除敦煌石窟数字化工程之外，故宫博物院、秦始皇兵马俑博物馆、克孜尔石窟、龙门石窟、响堂山石窟等机构也在进行数字化的探索。

除此之外，北京故宫博物院采用德国产大型平板扫描仪对部分馆藏数据化，此种扫描仪不能用于壁画和立体文物的采集，而且采集的精度达不到研究的精细化要求。

因此，研发替代原来安装轨道的大型线性扫描系统和搭建桁架人工拼合采集系统，显得非常迫切。

二、独有的大数据采集技术

读者出版集团为中国知名文化企业，系全媒体出版传媒集团，旗下拥有读者杂志社、读者出版社、敦煌文艺出版社等专业文化艺术出版机构，主要从事文化艺术出版、艺术品复制、数字出版等业务。

2014 年，读者出版集团联合甘肃科学院自动化研究所与甘肃谷仓影像文化科技有限公司共同建立的文史采集复制中心，是我国领先应用实景再现技术于文化领域的机构，同时掌握具有国际先进水平的全色域、海量数据采集、无误差图像缝合技术。中心的研发团队历时 5 年，共获得 5 项国家发明专利技术，拥有自主知识产权，相关技术达到世界领先水平。

目前，我们拥有全景摄像机、文物史迹外形三维实景数据采集方法、馆藏器物三维立体实景数据采集导轨式拍摄台、馆藏器物三维立体实景数据采集连杆式拍摄台、小型物体水平360 度拍摄台等五项自主知识产权国家专利。

为配合该套系统的使用，专门研发了六轴智能矩阵采集仪。该采集仪是一套便携式，精度可达到百亿级像素的图像采集系统，具有智能联动的六轴控制、跟踪定点追光的功能，在采集过程中每张基础图光照平衡无误差，解决了大面积无法布置光源的难题。同时，该套系统具备像素点自动寻同缝合的功能，解决了人工缝合时产生误差的问题，能大幅度提高工作效率。

2016 年，文物三维实景采集机器人"敦煌小子"研发成功。自主研发、具有自主知识产权的 GC-603"敦煌小子"机器人是一套针对文博大数据采集的专业设备，每平方米采集数据精度超过 100 亿像素，在每平方厘米的面积上采用微矩技术可采集 0.5GB 的高清数据，其核心技术为行业领先。"敦煌小子"实景立体拍摄机器人，是利用智能的多维控制技术，采用精密旋转及行走控制，实现全能的立体图像拍摄，为文史数据的全方位大数据保存提供了完整的解决方案，是实景立体采集的革新，实现每张球形图片多达百亿级数据采集，使后期的数据延展应用变得简单。在 2017 第七届中国数字出版博览会上，其发明的实景图像采集机器人获取文史资料大数据工程项目被评为一等奖。此项技术已经得到了广泛应用。

读者传媒目前承担多项国家级数字资源平台建设项目，其中"国宝回家"大数据采集项目是中国文化传承保护的重点项目。读者传媒已经具备建设"一带一路"文化艺术大数据平台的前提条件。

三、"一带一路"文化艺术大数据平台建设

联合国教科文组织的数据表明，中国流失文物多达 164 万件，主要被美国、加拿大、英国、

法国、德国、瑞典、瑞士、荷兰、比利时、丹麦、土耳其、俄罗斯、日本等国的 47 家公私收藏单位和收藏者收藏。

大英博物馆是收藏中国流失文物最多的博物馆，目前收藏的中国文物多达 23000 件，长期陈列的约有 2000 件。该馆收藏的中国文物囊括了中国整个艺术类别，跨越了整个中国历史，包括刻本、书画、玉器、青铜器、陶器、饰品等。

以敦煌文献为例，1900 年 6 月 22 日，敦煌莫高窟下寺道士王圆箓在清理今编第 16 窟的积沙时，于无意间偶然发现了藏经洞（即今第 17 窟），从中出土了公元 4—11 世纪的佛教经卷、社会文书、刺绣、绢画、法器等文物 5 万余件。这一震惊世界的发现，为研究中国及中亚古代历史、地理、宗教、经济、政治、民族、语言、文学、艺术、科技提供了数量极其巨大、内容极为丰富的珍贵资料，被誉为"中古时代的百科全书""古代学术的海洋"。

敦煌文献中的历史、地理著作、公私文书等，是我们研究中古社会的第一手资料。以史籍而言，敦煌文献中除保存了部分现存史书的古书残卷外，还保存了不少已佚古史书，这些史籍不仅可补充历史记载的不足，而且可订正史籍记载的讹误。

敦煌文献中还保存了大量中古时期的公私文书，这些未加任何雕琢的公私文书，是我们研究中古时期社会历史的第一手资料。这些公私文书，都是当时人记当时之事，完全保存了原貌，使我们对中古社会的细节有了更深入的了解，对研究中古社会历史至关重要。

敦煌文献中保存的大量古典文学资料更为引人注目。它包括《诗经》《尚书》《论语》等儒家经典及诗、歌辞、变文、小说、俗赋等，文学作品除文人作品和某些专集、选集的残卷外，大多都是民间文学作品。敦煌文献中还保存了一些重要的语言学资料和科技史料。

敦煌文献中除大量汉文文献外，还有相当数量的非汉文文献，如古藏文、回鹘文、于阗文、粟特文、龟兹文、梵文、突厥文等，这些多民族语言文献的发现，对研究古代西域中亚历史和中西文化交流有不可估量的作用。

敦煌文献还保存了一些音乐、舞蹈资料，如琴谱、乐谱、曲谱、舞谱等，这不仅使我们能够恢复唐代音乐与舞蹈的本来面目，而且将进一步推动中国音乐史、舞蹈史的研究。

据统计，在 20 世纪初的中亚探险和历次考察活动中，以英国人斯坦因、法国人伯希和在敦煌藏经洞的劫掠最为严重。他们疯狂劫掠过后，而今敦煌遗书在中国国内仅存 20000 件，而藏于英国大英图书馆的就有 13700 件，法国巴黎国立图书馆有 6000 件，俄罗斯亚洲民族研究所有 12000 件，英国印度事务部图书馆近 2000 件，日本 122 件。仅上述 4 国 5 处有案可查的敦煌遗书收藏量就比我国所藏的多出 13800 多件。另外，美国、瑞典、奥地利、韩国等也均有敦煌文献收藏，其数量无从估计。

因此，启动"一带一路"文化艺术大数据平台建设显得十分必要。"一带一路"文化艺术大数据平台建设主要由以下重点项目构成：

一是国家级"国宝回家"重点项目：英藏敦煌文献、法藏敦煌文献、印藏敦煌文献、美藏敦煌文献，日藏中国佛教艺术品、宋代绘画、元代绘画、明清绘画，美藏中国艺术品、馆藏文物等中国文物精品的大数据采集；

二是"一带一路"沿线国家文物保护、大遗址发掘与保护、平面文物终极数据采集、立体实景文物数据采集、石窟数据化、博物馆数据化、博物馆实景再现、古建筑数据化及实景再现等；

三是"一带一路"沿线国家平面文物仿真复制、艺术品复制、文史资料数据采集及原样复制等；

四是"一带一路"沿线国家藏传佛教的经卷、绘画、唐卡的大数据采集；

五是"一带一路"沿线国家佛教绘画艺术品、法术艺术品的大数据采集；

六是"一带一路"沿线国家现当代艺术大师艺术精品大数据采集，现当代艺术家大数据平台建设。

本项目主要依托我国悠久厚重、丰富多样的历史文化资源和自然人文资源，依托我国自己拥有的知识产权优势，在"一带一路"倡议中，实现文化与科技的深度融合，对于弘扬中华民族优秀传统文化、增强国家文化软实力、促进国际文化交流和融合具有重要而特殊的作用。

本项目对于海外文物的回归、回归模式的示范，提升中国文化在世界的影响力，提振文化自信，展示和传播中国丰富多彩、积淀深厚的优秀文化，推动中国文化大发展大繁荣，提升文化产业的整体水平和规模，促进"一带一路"沿线国家文明交流互鉴具有不可估量的意义。

"一带一路"文化遗产保护与利用的新视野

徐玉梅／新疆艺术研究所研究员

　　随着"一带一路"倡议的提出，千年古城敦煌再次成为人们的聚焦点，坊间又掀起了新一轮的"敦煌热"。敦煌是个有历史有故事的地方，国学大师季羡林曾说过："世界上历史悠久、地域广阔、自成体系、影响深远的文化体系只有四个：中国、印度、希腊、伊斯兰，再没有第五个；而这四个文化体系汇流的地方只有一个，就是中国的敦煌和新疆地区，再没有第二个。"敦煌独特的地理位置使之成为了丝绸之路上东西交通的喉襟和具有国际意义的文化汇流之地。史料中谈及敦煌为"华戎所交一都会"，在莫高窟的壁画当中，我们也可以切实地感受到，许多艺术形象都记录下了敦煌在一千年前繁华昌盛的景象。今天，站在文化底蕴深厚的敦煌，谈及"一带一路"文化遗产保护和利用，便有着极不寻常的意义。下面，我就从现实意义、通灵之路和前瞻考量等三个方面说说当下文化遗产保护与利用的思考。

一、文化遗产保护与利用的现实意义

　　"一带一路"文化遗产是先人创造的沉积与结晶，镌刻着沿线民族文化生命的密码，蕴含着民族特有的精神机制、思维方式、想象力和文化意识，是维护文化身份和文化主权的基本依据。"一带一路"文化遗产同时也是沿线国家和地方人类活动的信息资料库，是展示人类文明的卷轴，既具有历史价值，又包含未来发展趋势的某种启示。因此，在当下保护和利用好"一带一路"文化遗产，对于充分挖掘沿线各地深厚的文化底蕴，继承和弘扬"丝绸之路"这一具有广泛亲和力和深刻感召力的文化符号，积极发挥文化交流与合作的作用，都有着"硬支撑"和"软助力"的现实意义。

（一）文化遗产是"一带一路"建设的重要组成部分

　　"一带一路"倡议，不仅引起国际社会的高度关注，也得到国内沿线省市的积极响应和参与。国家文化形象如果是一本相册，那么沿线地区的文化形象就是相册的每一页，因而地区文化与国家形象存在着密切的联系，地区文化对于国家整体形象亦有着不可替代的作用。在全球化时代，文化作为国家形象塑造的主题之一，正一步步走向世界舞台的中央。当前，"一带一路"已经成为中国对外开放的顶层设计，文化作为中国对外开放的闪亮名片，正逐步通过政府间和民间交往层面发挥着互联互通的作用，向沿线和周边传递着"亲、诚、惠、容"的理念，"经济共同体"和"命运共同体"、"地方梦"和"中国梦"正在逐步筑牢。

（二）文化遗产是"一带一路"建设的独特资源所在

"一带一路"沿线地区历史悠久、物华天宝、人杰地灵，文化积淀丰厚独特。如，敦煌古代文化遗产的主体是公元 4—11 世纪的文化遗存。在这个长达 700 年的时间段，中国是世界上制度最先进、经济最发达、文化最兴盛的国度，科学技术也处于世界领先的地位。敦煌石窟艺术和敦煌遗书等文化遗产所展现的就是这样一个时期的社会风貌。哈密则处于高昌文化圈、鄯善文化圈和敦煌文化圈的笼罩之中，形成了佛教文化、伊斯兰文化和汉文化碰撞、交汇、融合，伊州乐与龟兹乐、疏勒乐、高昌乐并称西域四大乐，许多文化物质资源特别是非物质文化资源属于绝对稀缺物品，具有不可复制性，保护利用好十分重要。

（三）文化遗产是"一带一路"建设的题中应有之义

文化的影响力超越时空，跨越国界。文化交流是民心工程、未来工程，潜移默化、润物无声。我们在推进"一带一路"进程中，一定要积极发挥文化的桥梁作用和引领作用，加强各国、各地区、各领域、各阶层、各宗教信仰的交流交往，努力实现各地区的全方位交流与合作。文化交流与合作有助于促进不同文明的发展，有助于夯实沿线地区合作的民意基础，有助于提升我国的国际话语权和影响力。文化是一个国家核心竞争力的重要组成部分，在综合国力竞争中的地位和作用日益突出。我们就是要做好潜移默化的影响作用，做好与"一带一路"沿线国家的文化交流与合作，讲好中国故事，传播好中国声音。

二、文化遗产保护与利用的通灵之路

随着"一带一路"建设的推进，文化遗产保护和利用已经进入一个被国家高度重视的新阶段：2006 年 2 月 8 日，国务院下发了《国务院关于加强文化遗产保护的通知》；全民初步趋向共识，每年 6 月的第二个星期六成为"中国文化遗产日"；组织机构已经建立；中国非物质文化遗产保护中心已经挂牌正式成立；相关法律正在出台，《中华人民共和国非物质文化遗产法》已经颁布。"一带一路"建设开启了文化遗产保护和利用的新里程，在政府投入大量人力物力的当下，在专业人士和民众积极努力推动下，"一带一路"这条古道新程正逐渐成为文化遗产保护和利用通灵之路。

（一）"一带一路"文化遗产是共享资源

旧邦新命，古道新程。古老的大陆，张骞策马西来，跨越地域、跨越民族、跨越文化、跨越宗教……我们的祖先挽起人类友好交往的纽带，写下了文明交流的历史篇章，铸造了古

"丝绸之路"上的人类文明菁华——文化遗产，具有重要的历史价值、文化价值、艺术价值、科学价值和社会价值。它所承载的中华文化基因绵延至今、影响广泛，为东西方文明的交流写下了光辉的一页。"一带一路"文化遗产是沿线多国共同维护、扶植的共享资源。例如，从伊斯坦布尔、大马士革、伊斯法罕、希瓦、布哈拉、撒马尔罕、安集延、奥什、喀什、和田、敦煌到西安，一条近万公里的商道文化和商旅客栈文化不绝于耳。又如，以音乐为代表的文化遗产更是到了最辉煌的时代，音乐跨越了语言、民族、国界、时空，消除了所有障碍，露出了绝世之姿，其中《龟兹乐》《伊州乐》就是典型的代表。

（二）"一带一路"文化遗产保护是共鸣之音

历史启人心智，现实给人教育。文化遗产作为人类历史文明的符号载体，是其原生时代人类活动的客观记载，具有稀缺性、唯一性、不可再生性。文化遗产必须得到有效保护，才能使人类文明得以延续。然而，为发展经济而漠视甚至破坏文化遗产的行为却屡屡发生。"一带一路"文化遗产如何保护，如何与经济的发展相协调正在成为一个世界性的问题。应该说，我们较早认识到文化遗产的价值，加强了保护和收藏工作。目前，文化遗产保护体系已经形成了从以文物保护为中心（后增添了以历史文化名城保护为重要内容），再转向历史文化保护区的多层次体系。目前，我们正着力建设文化遗产保护体系，包括技术、法制等方面的一整套措施，其宗旨都在于处理好历史与发展的关系。"一带一路"文化遗产最为有价值的遗留是它的活动主体与表达方式同时存在，人们可以直观地、统一地看到一个文化生命现象——一个活着的文化。人们可以通过与传承者对话、交流、参与、体验、学习等来理解文化遗产的意义和价值，从中得到真切的感受、教育和感悟。"历史精神的本质并不在于对过去事物的修复，而在于与现实生命的思维性沟通"，今天，对于"一带一路"文化遗产的保护已经成为沿线国家和地区的共鸣之音，穿越千年的驼铃声，正朝着无穷的远方再次遥响。

（三）"一带一路"文化遗产的合理利用是共同愿景

一滴水里观沧海，一粒沙中看世界。人类生活在共同的家园，拥有共同的命运，人类历史始终在不同民族、不同文化的相知相遇中向前发展。"和而不同"是一切事物发生发展的规律，世界万物万事总是千差万别、异彩纷呈。"一带一路"这条最长的文化走廊上，东方文明、西方文明、阿拉伯文明、恒河文明熠熠生辉，农耕文化、游牧文化、屯垦文化、海洋文化多元并存。"一带一路"开放包容的特质性也决定了其注定会成为各国、各地区、各民族、各宗教之间互利互信、合作共赢的桥梁和纽带，异质文化的交流、吸收与融合，在"一带一路"构建过程中的激荡，将成为促进不同文明发展的重要原动力。通过文化遗产的充分开发利用，可以再现中国与其他国家地区多民族文化的交流和融合，"一带一路"文化遗产利用正成为沿线国家地区的共同愿景，承载着我们对文明交流的渴望，推动各种文明互学互鉴，从而使得"一带一路"文明更加绚烂多彩。

三、文化遗产保护与利用的前瞻考量

"一带一路"文化遗产的保护与利用，在当下就是要正确估计文化遗产自然损毁程度，正确测算环境的合理承载能力，正确评估发掘文化遗产的技术要求，有计划地、科学合理地保护和利用文化遗产，使文化遗产的保护与利用能够推动经济社会的发展。"一带一路"文化遗产有其千年不变的共同文化，如商旅客栈形态、巴扎文化。文化遗产保护和利用应该细致入微，一国一策，一对一交流、面对面交流、项目对项目交流，不可笼统地把"一带一路"上的文化遗产人为地割裂开来。

（一）"一带一路"文化遗产保护和利用的格局要整体构建

一是固有的传统究竟有几分可以沿袭；二是外来的影响究竟有几分可以接收。通过自觉的中西比较和互鉴，达到对沿线国家和地区文化遗产有选择、有针对性地消化、吸收和融通。"国之交在于民相亲、民相亲在于心相通""亲望亲好、邻望邻好"。保护和利用好"一带一路"文化遗产，是复兴丝绸之路，保护沿线国家、地区文化遗产的最好诠释。针对域外国家的猜忌和疑惑，要以丝绸之路文化的魅力实现有效化解，将丝绸之路的文化与其他文化的多元性挖掘出来，"让收藏在禁宫里的文物、陈列在广阔大地上的遗产、书写在古籍里的文字都活起来"，通过"一带一路"文化遗产的复兴来推动其他文化的繁荣。

（二）"一带一路"文化遗产保护和利用的传承要固本培元

"一带一路"文化遗产的生命力不仅在于它的古色古香、奇葩异彩、自成经纬，更在于它的生生不息的活力，它的反思能力，它在多灾多难中锻炼出来的应变调适能力，它见贤思齐见不贤而内自省的精神，它水滴石穿的坚韧性，它的接纳与深思的求变精神，还有它屡败屡战、永不言败、"士不可以不弘毅，任重而道远"精神。对待沿线国家地区的文化遗产，我们需要比天空更广阔的胸怀，从不同文明中寻求智慧、汲取营养。对外，人类社会创造的各种文明我们都应该采取学习借鉴的态度，积极吸纳其中的有益成分；对内，既要大力弘扬自身优秀的传统文化，又要扬弃传统文化中陈旧过时或已成为糟粕性的东西，坚持有鉴别的对待、有扬弃的继承，努力实现传统文化的创造性转化、创新型发展，使之实现文化相融相同。

（三）"一带一路"文化遗产保护和利用的形态要万紫千红

文化不是物资也不是货币，它是智慧更是精品，是精神能力也是精神定力，它不是花一个少一个，而是越用越发达，越用越有生命力，越用越本土化、时代化、大众化。它有坚守的一面，更有学习发展进步的一面，学习是选择、汲取和消化，不是照搬和全盘接受，"学而不思则罔，思而不学则殆"，谁学到手就归谁所用，也就归谁所有，旧有体系就必然随之调整变化，日益得心应手。《礼记》说"学然后知不足"。《尚书》讲"满招损，谦受益"。绝不能夜郎自大，我们对沿线各国的文化遗产采取的态度必须是"各美其美，美人之美，美美与共，天下大同"。"一带一路"文化遗产的保护和利用形态要不拘一格。

"形而上者谓之道，形而下者谓之器。道不离器，犹影不离形"，天下岂有离器言道、离形存影的事情呢？"一带一路"文化遗产的保护和利用有它的复杂性、细致性和长期性，因此在现实发展过程中，不能简单化、片面化，更不能急躁突进。要坚持传统与现代、普及与提高、学习与消化、观赏与扬弃、继承与发展，相得益彰、互补互证、不可偏废。

泰戈尔说："世界上还有什么事情，比中国文化魅力精神更值得宝贵的？中国文化使人民喜爱现实世界，爱护备至，却又不至于陷入现实的不近人情。他们已经本能地找到了事物旋律的秘密。不是科学权利的秘密，而是表现方法的秘密，这是极其伟大的一种天赋。因为只有上帝知道这个秘密。"我们今天破解"一带一路"文化遗产的保护和利用的秘密，探骊得珠，就能认识和把握文化遗产保护和利用的本质及规律。敦煌位居丝绸之路的咽喉，所以它是丝绸之路上最耀眼的一颗明珠，愿大家在深入研究敦煌古代文化遗产保护和利用的过程中，也能为"一带一路"倡议提供有价值的背景资料和有益的历史借鉴。

"一带一路"合作保护视角下中国水下文化遗产保护与利用浅析

刘丽娜 / 西安交通大学副教授

一、中国水下文化遗产保护的新发展

中国拥有 1.8 万千米的海岸线，6500 余个海岛和丰富的内陆水域，其中蕴含着种类多样、数量巨大的水下文化遗产。

中国水下遗产的保护始于 20 世纪 80 年代水下考古事业的兴起，而水下考古事业的兴起则缘于当时的一起沉船船货拍卖事件。1987 年，英国"职业捞宝人"麦克·哈彻将其于 1986 年打捞的原荷兰东印度公司"吉特默森"号（Geldermalsen）商船遗址所得瓷器进行拍卖，所获颇丰。在当时，中国无论从技术抑或法律途径均无法主张对这批货物的所有权，这一重大事件引发了专家和有关部门对我国水遗保护状况的反思。

经过 20 多年的努力，我国水下文化遗产保护的水平和理念也取得发展，从最初单纯对个别水下遗址的考古、被动的沉船抢救，到我国水下文化遗产保护事业已初具规模，在管理体系和机制构建、重大项目组织和实施、机构建设和人才培养等方面开展了大量工作，取得了显著成果。中国水遗保护从水遗探测，重点项目考古发掘，再到出水保护、水遗监控，水遗已经形成了一套完整的保护模式。水遗保护的空间范围从以沿海海域为主、近海海域为辅，发展为以沿海为核心、以近海为重点，启动内水、推进远海的全方位水下文化遗产保护格局。海洋、内水湖泊、河流滩涂考古项目齐头并进。重点项目如"致远舰"的重大突破、"南海一号"考古与保护工作继续推进、四川"江口沉银"遗址、江西南城洪门湖遗址等成为社会关注的热点；配合"海丝"申遗的南京宝船厂遗址、广东上川贸易岛海域、浙江上林湖越窑遗址等水域调查工作成果初现。

（一）中国水遗法律保护和体制构建的前瞻性

1989 年中国国务院就颁布《中华人民共和国水下文物保护管理条例》（以下简称"1989 年条例"），是中国水下文化遗产立法历程中的标志性事件。这部 20 多年前制定的行政法规，虽只有 13 个条文，但对水下文物的概念、管辖范围、保护和管理机构、发现和上缴、考古勘探和发掘、违反条例的惩罚措施等作了规定。此外，它遵守了国际水遗保护的一般性原则——"非商业性打捞"原则，并提出了富有创见的"水下文物保护区"。"1989年条例"的颁布使得中国的水下文化遗产保护有法可依，同时考虑了水下文化遗产保护的特殊性，具有非常重要的意义。而中国正在制定专门的"水下考古工作规程"（目前在征求意见稿阶段）。

此外，2009年开始，水遗集中的地方以法律法规来明确地方政府保护水下文物的责任。例如，福建、广东、台湾地区都结合文物保护工作的实际情况制定了地方实施办法。在2009年福建修订的《福建省文物保护管理条例》中增加"水下文物的保护"一章，这是中国第一个明确水下文物保护的地方性法规。台湾地区2015年12月颁布实施了《水下文化资产保存法》，并于2016年10月颁布了《水下文化资产保存法施行细则》。

此外，中国在2009年成立了国家文物局水下文化遗产保护中心，主要负责统筹全国水下文化遗产保护业务工作，以及开展水下文化遗产保护国际合作与交流。负责基本建设涉及的水下调查、发掘项目的组织、实施工作。实施重要的水下文化遗产调查、发掘、研究、保护、展示项目，承担水下文化遗产保护规划和保护修复方案编制工作，以及水下文化遗产保护专业人员培训和管理等工作。另外，中心已在宁波、青岛、武汉、福建建有4处基地，2017年在南海建立占地74亩的南海基地（已批准立项），阳江（水下考古培训）基地改造顺利进行。基地地域范围涵盖沿海及内水，"国家水下文化遗产保护武汉基地"是国家开展内陆水下文化遗产保护这一战略部署的重要组成部分。该基地将带动和促进以武汉为中心延伸到长江流域其他省份湖泊、江河的内水水域，水下文物调查、发掘、出水文物保护等研究以培训，对内陆的内水水下出水文物进行保护。鲁、鄂、粤等省下考古专门机构成立，全国性的水下考古工作格局进一步形成。中国水下考古船从2014年开始下水工作，"水下文化遗产保护数据库建设"和图书信息资料中心建设，人才培训和建设都在积极推进。

（二）中国水遗保护客体的多样性

根据2001年联合国教科文组织的《水下文化遗产保护公约》对水遗的分类，中国水遗保护从传统类型水遗，沉船、沉船遗物，正在扩展到古港口、造船厂、沉没古城、沿海海防、沿海盐业遗址、海战遗迹，以及综合整体保护的"海上丝绸之路"等多种类型。而中国水遗的类型丰富，如"海上丝绸之路"和"明清海防遗址"这两种就是中国特有的两类水遗。

"海上丝绸之路"（图1）是古代中外海上贸易和文化交流的重要通道，促进东西方的经济与文化的交流。中国对"海上丝绸之路"的水遗保护主要在古港口、航路、货船、船体四个方面[1]。

---

[1] 中国水下文化遗产保护中心：《水下文化遗产保护"十二五"专项规划草案》，中国水下文化遗产保护中心2010工作汇报材料，第9-12页。

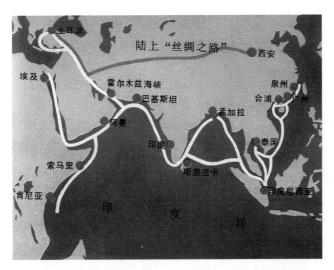

图1　南宋"海上丝绸之路"图，引自《南海丝绸之路文物图集》，广东科技出版社1991年版，第87页

明清海防遗址指明清时期在中国沿海地区和领海内，国家主持修筑的地域海上来犯外敌的防御工程和配套设施。该海防一直贯穿中国13个省、直辖市、特别行政区和台湾地区，涉及港澳特别行政区和台湾地区合作的调查研究。仅以浙江省宁波市为例，明清两代在各地设立海防遗址种类齐全，包括卫、所、巡检司、寨、堡、烽燧等。这些遗址分散在象山、宁海、余姚、慈溪等地。有些遗址已是全国重点文物保护单位，如镇海口海防遗址。对明清海防遗址的研究，为更好地把握中国海防的特点，以及现今海防建设都有指导意义。

（三）中国水遗探测范围扩大

中国针对不同水域内水遗的特点制定了相应的水遗勘察任务：内陆的内水水域、黄渤海、东海—台湾海峡、南海四个部分。结合2007—2011年第三次全国文物普查工作，组织开展了涉及11个省和部分内水水域的水下文物普查工作，中国已经发现108处水下文物点。

技术的支持和装备的进展。2014年中国首艘水下考古工作船"考古01号"交付使用以来，为水下文化遗存的调查、发掘、出水文物保护、展示宣传工作出力增彩，先后参加了西沙、丹东、上下川等多个水下调查项目，并于2015年加入中国国家海洋调查船队。仅2015年该船在航161天，列近海调查船出海率第四。中国在水遗调查和发掘过程中越来越多地使用旁侧声呐、浅地层剖面仪、超高分辨率多普束测深仪等先进设备和技术。

（四）中国水遗保护增强国际交流与合作

水遗保护工作具有很强的国际性，这一方面是行业主要研究的"海上丝绸之路"本身就是国际性线路遗产，进行国际交流是工作内在要求；另一方面，水遗保护的技术、装备等需要具有国际视野，吸收国际先进理念。

我国的水遗保护从水下考古开始，水下考古最早是西学东渐的，发展至今已有长足进步。中国重视水遗的交流和合作，可以分为潜水培训、水下考古、合作科研、学术互动四方面。从20世纪90年代选派陆上考古人员赴菲律宾等参加"水下考古技术潜水培训"。其次，

2015年开始我国与法国、希腊签署水遗考古的合作协议。再次，自 2009 年以来，中国已与法国、英国、克罗地亚、俄罗斯、希腊、美国、澳大利亚、肯尼亚、韩国、日本、斯里兰卡、意大利等国家的水遗考古及保护机构建立了合作关系。最后，我国水遗保护科研工作也"走出去"了，到克罗地亚、柬埔寨、法国、美国夏威夷等地参加国际水遗会议，如积极参加联合国教科文组织水遗保护的科技咨询大会、亚太水遗大会、世界考古水遗大会等。

（五）中国水遗保护内容更为全面

相对陆上文化遗产来说，水遗要求更高的，特殊的文物出水及就地保护措施以及相关的技术支持，需要根据质地、类别采取相应的处理方式使得出水文物得到切实保护。特别是武汉的国家文物局木漆器脱水保护科研基地，对出水陶瓷、金属和木质等文物的病害腐蚀机理进行研究，重点解决脱盐、保护修复、防腐加固、无损提取等关键性技术问题，使中国对出水遗产保护的理论、技术与方法逐渐增强，并加大对出水文物科技保护，如福建东山清代沉船。

此外，为了更好保护水遗，开展有针对性的科研工作，除了配合水下考古工作发表了系列的水下考古调查报告外，还完成了一批学术著作。如《元明时期中国与印度洋海上交流》《海上丝绸之路港口遗址调查与研究》《水下文化遗产保护信息管理系统建设研究》等，并出版了《海上丝绸之路的考古学研究》等专著。

二、中国水下遗产合理利用的新启示

中国水遗保护也采取了国际水遗保护中"水下保护区"的概念，并且提倡水遗的区域保护和"原址保护（in situ）"。2016 年，《国务院关于进一步加强文物工作的指导意见》提出"划定水下文物保护区""建立涵括水下文化遗产的海洋历史文化遗址公园"，这些都是近年来中国文化遗产保护的新理念，即保护应更多考虑公众参与与海洋教育——合理利用才是文物保护的新阶段。

（一）原址保护的实践"全淹没水遗博物馆"

原址保护——白鹤梁博物馆：从 2003 年正式开工，到 2006 年 9 月三峡大坝提前蓄水至156 米水位，原本两年的水下施工期被压缩为一年，其间又经过了两年多时间的漫长停工期。重庆白鹤梁水下博物馆在 2009 年 5 月建成开馆。由于三峡工程的兴建，白鹤梁题刻将永沉江底。为了保护水下文化遗产，国家投入 2 亿元建设了白鹤梁水下博物馆。整个保护工程，由"水下博物馆""连接交通廊道""水中防撞墩"和"岸上陈列馆"四部分组成。水下博物馆就是在白鹤梁原址上修建一个保护壳体。

游客可在长江防护大堤上建造的陈列馆内，根据自己的需要，操作摄像头，通过电脑屏幕，从不同角度近距离观赏白鹤梁。这是世界第一座遗址类水下博物馆，标志着原址保护的重要性在中国开始得到充分重视，白鹤梁博物馆的"无压容器"的设计，被誉为"世界第一古代水文站""世界水文资料宝库""水下碑林"，它是三峡文物景观中唯一的全国重点文物。而白鹤梁将这座"世界第一古代水文站"内的"水下碑林"原址原貌地展现在世人面前，受到了国际社会特别是联合国教科文组织的大力赞扬。

（二）整体打捞与公共考古的相得益彰

整体打捞与公共考古——南海一号：水下文化遗产更需要公众理解、支持和参与。南海一号于 2007 年通过整体打捞的方式移入广东海上丝绸之路博物馆的水晶宫内存放并开展发掘、保护工作。该项目既不同于水下考古作业，也有异于传统的田野考古，需要根据项目需要随时调整发掘方法，以获得最大效果、效率，这种水下考古工作方式是属于世界水下考古的首创，因此将向公众开放该艘沉船的考古有着十分重要的意义。在南海一号的博物馆里，观众通过玻璃观光窗口可以看到水下考古队员在水下工作的一个状态；在三楼上的考古观光平台上，观众可以居高临下看到水下考古队员的一个工作全景。此外，央视直播了特别节目《宋船迷踪："南海一号"考古大发现》。该节目生动再现了南宋古沉船昔日辉煌，对发掘过程和重要文物进行了详细解读，并采用虚拟技术实现了演播室和现场报道互动，这在我国新闻直播史上尚属首次，引发收视热潮，成功地拉近了水下考古与公众的距离。

（三）水下遗产保护区模式的利用

水遗区域保护模式：首先是考古区——以平潭海域（以海坛海峡为中心）水下考古区域调查为例，体现了水下考古调查与发掘工作客体已从沉船扩展到遗址，并在福建平潭岛开始了区域系统调查的新理论与方法实践。 2012 年在福建平潭海域选取区域作为中国首个水下考古区域，并计划在 3—5 年在区域内开展水下考古物探工作，探索疑点目标的分类分级、水下文化遗产评估等水遗保护工作。

水遗保护区是 20 多年水遗保护措施发展的结果。"1989 条例"第 5 条就规定了根据水遗的价值设立"水下文物保护单位和水下文物保护区"，到 2004 年实施的《福建省"海上丝绸之路：泉州史迹"文化遗产保护管理办法》在附件中明确了泉州水遗的保护范围，确定了保护措施和罚则。其中第 10 条规定"泉州海丝遗产保护范围，按照其保护规划划分为保护区、缓冲区、环境协调区，分级进行保护"；并规定保护区内禁止任何建设活动。2007 年福州市十三届人大常委会通过的《福州市海域水下文物保护若干规定》进一步规定了"水下文物重点保护海域范围"——即长乐、连江、平潭等。到 2009 年，《福建省文物保护管理条例》明确规定：对于有水下价值的文化遗址，范围较大的、需要整体保护的，可以依法核定为"水下文化保护区"。到 2016 年地方法规落实了"水遗保护区"理念，广东省公布了第一批水下文物保护区，它们是"南海一号（台山地区）水下文物保护区""南澳一号水下文物保护区"。

（四）水下公园、海洋公园的设想

水下公园、海洋公园的设想：对水下古城和水下人类建筑的保护也是中国水遗保护的另一大特点。由于自然因素或人为因素导致整个城镇淹没水中而形成的水下古城或水下人类建筑也是中国水遗的一种类型。20 世纪五六十年代全国兴修水利的过程中，很多村镇成了库区，不少水库下面有各式古城。例如浙江省千岛湖下的"狮城""贺城"，湖北丹江口水库"均州古城遗址"；有在辽宁绥中县沿海对碣石宫（姜女石秦行宫遗址）水下考古，发现较多疑似人工的水下构筑物遗迹。

但对于水下古城或水下遗址能否开发成潜水旅游应慎重对待。"开发"除了积极挖掘古城的旅游价值外，应注意此举有着强烈的侵入性，极易造成破坏。如何在保持水下遗址原本风貌的前提下让遗址得到更好的利用，是值得考虑的问题——如何使水下探头、全息影像等手段的介入，让岸上的游客或者不适宜潜水地区的公众可以观赏水下景致也许是另一种解决方式。

三、建构"海丝"沿线水下文化遗产的合作保护

在秉承"公平原则"等国际原则的前提下，为了更好地保护"海丝"沿线国水遗，可以考虑暂时在各国重叠的主张区建立合作保护机制，本着国际法的公平原则和其他国家通力协作，保护"海丝"沿线各国水遗。这种尊重客观事实，又秉承公平的合作保护机制，才是落实稳定"海丝"沿线国形势战略为目的，以文化遗产合作保护为手段，是南海解决各国水遗危机的妥善方法。

首先，水遗遭受破坏性打捞和拍卖的危险。相比陆上文化遗产，水下文化遗产一直保存更为完整；直到近 30 年随着水下科技的发展，人类对水下的文化遗产的窥觊与日俱增。可见，水下文化遗产因其巨大的经济价值使得打捞者往往忽略了其具有的文化艺术和历史考古价值，各国在其水域内都发现了严重的商业打捞和境外拍卖的现象。

其次，相比陆上文化遗产，水遗的盗捞和非法走私更为隐蔽，一国难借助自身海监有效保护该国水域内所有水遗。这是因水下文化遗产大多位于远离大陆的海底深处，海面巡逻的海监、海警很难第一时间发现盗捞行为。即使一国海监第一时间发现盗捞潜点并且下水，也很难追踪和抓捕盗捞者。因为水遗打捞是一项技术性极强又极其危险的工作，盗捞者或盗捞船采用的先进海上定位设备和打捞仪器，使得潜入水后有时会在邻国水域才出水，一国海警

根本无从寻起。即使海监人员潜水发现盗捞者，水下抓捕谈何容易。从 20 世纪 80 年代开始，那些被盗走的精美的水遗常常是在拍卖场合才第一次被所属国发现。总之，一国边防海警根本无法有效制止该国水下文化遗产的盗捞、走私。

再次，水下文化遗产保护是一门综合的新兴学科，水遗的保护是一个涉及生态、考古、海洋、文化遗产保护等学科的新领域，要考虑拖网捕鱼、港口工程、采矿和疏浚河道等因素的影响，还要有海洋水文、海底动植物对水下文化遗产影响等相关知识。全世界范围尚属初级阶段，"海丝"沿线各国仍需取长补短、通力合作。UNESCO 在《水遗公约》生效后，着力推进世界范围水遗技术的发展和培训。例如，中国因南海一号、白鹤梁博物馆等在水遗的原址保护技术上世界一流；而韩国在出水文物保护方面更为专业。没有哪个国家可以不借助外力而长足进步，只有充分合作、取长补短才能相互促进。

总之，"海丝"沿线各国历史上因文化、经济、地缘等问题，相互交流、相互发展，特别是南海各国唇齿相依、版图相连。水下文化遗产是诸国自古友好通商、文化交流的直接佐证，是各国乃至人类重要的历史文化资源，具有重要的历史、经济、文化价值。建立"海丝"沿线水遗合作机制，不仅是中国水遗保护利用的一个构想，更是以文化遗产合作保护为手段，维护地区稳定，体现区域合作的平台和途径。

从敦煌壁画漫谈文化的初心

姜玉芳 / 中国艺术研究院副编审

数年前，某友约我为他们的汽车文化之旅写点东西，曾经在网络上发布过，现在我从网络上捞回来，修改了一下，算是对曾经的思考有一个整理。其中引用的几位学者的话，是他们参与"寰行中国——2015别克中国文化之旅文化论坛"时的演讲词，曾经随着我的旧文在网络发表过，所以后文不再单独加注释。

一、敦煌壁画画了什么

"一带一路"的倡议出世，敦煌再次被世界瞩目，它的文化意义、文化内涵、文化外延得到了空前丰富的解读。这种对于传统文化的服膺固然是非常好的倾向，而其中难免有一人举头、万众看天的盲从，所以辨析、溯源、回到初心，比策划下一步的行动纲领也许更为紧迫。

如果我们问一个去过敦煌的人，敦煌壁画上都画了些什么？观者的回答可能有浅有深：浅的无非是"太美了，灿烂的文明、伟大的艺术"之类。稍深一点的，会看到那些以佛教题材为主的绘画中，涉及了古代不同时代社会生活的方方面面：关心军事的人看到了古代的军阵、征伐，看到了各种各样的兵器；关心体育的人看到了蹴鞠、马球、相扑、武术；喜爱美食美器的，看到了来自西方的玻璃器皿；研究历史的，从供养人的题记中发现了各种原汁原味的史迹；美术从业者，看到了颜色、线条与造型的高妙，看到了中西融合、中西艺术风格互相感染的演进轨迹；研究佛教文化的，看到敦煌壁画中提供了大量的文化资料，可供了解印度、西亚、中亚、新疆等地区的佛教思想传播历程、民间信仰与时俱进的痕迹……凡此种种，或者特别专业，或者比较业余，都是敦煌文化博大精深特质的体现。

如果你问我，我会告诉你，敦煌壁画上画的是信仰！

在鸣沙山上第一次开凿修行石窟的是乐尊和尚。他走到这里，突然看到金光万道，犹如千佛，他觉得这就是佛菩萨给他的启示。作为开端，敦煌石窟从修行者的信仰出发，后来的所有开凿，都沿着信仰的路走过来，从未偏颇。

此前五百年，张骞开辟了丝绸之路，中国的丝绸浩浩西行；络绎而来的，不仅有西亚的苜蓿、葡萄、胡人乐舞，释迦牟尼于娑罗树下证悟的佛道也随马队驼铃迤逦而来。一般人都以为佛教自东汉明帝永平年间传入，所谓汉明帝夜梦金人，遂遣人西求佛经；白马驮经而来，成为佛教始入之象征。后来的《魏书·释老志》却上溯至汉武时代，云霍去病讨伐匈奴，得到了匈奴人烧香奉祀的金人，汉武帝置于甘泉宫中。"及开西域，遣张骞使大夏还，传其旁有身毒国，一名天竺，始闻有浮屠之教。"三国时出家人朱士行《经录》中则说到秦王政四年的时候，有18位僧人带着佛经来到中国，被他投入了监狱，后来逐出国内。总之，佛经的传入应该是民间更早得知，不然至少汉明帝的梦不会那么快就从傅毅那里得到解答。

佛经大规模进入中国的时代，也是各国商旅大规模涌入的时代。丝绸之路很苦，没有信仰是走不出去的，所以在丝绸之路上就是两类人，第一类是商人，孜孜求利；第二类是各路的宗教人士，孜孜求法。有这些孜孜求法的人，这些宗教就可以随着他们的脚步到处流传。信奉佛教的商人无疑会随身携带日课必需的佛像、佛经，言谈举止中，佛教的各种理念也随时迸现。丝绸之路作为古代最繁华的国际贸易线路，各种交易之时，亦是各种文化思想碰撞交流之机。不过这种零碎的交流，更多囿于一时一地一人。直到乐尊和尚开凿石窟，信仰的光芒才第一次正式闪耀，其后接踵而至的无数次开凿、无数次绘画，把敦煌变成了信仰的集中爆发点。

这个五百年后的爆发时间点，于敦煌而言貌似只是偶然，于佛教讲究的因缘条件而言，正是时候：西晋自晋武帝之后就没有了安生日子，八王之乱后，五胡乱华，所谓五胡十六国时代，战争成了家常便饭。那种苦难的程度，今天的人很难想象。草根也好，士族也罢，都被无尽的苦难打击到崩溃的边缘，佛教讲论有因必有果、一切现在都来自于过去造作的因、人类可以通过把控当下的因来控制未来的生活之果等理论，恰可以抚慰彷徨无助的心灵。避乱来到河西的大家士族，来往丝路的商旅、军士、周边国家的大小贵族，各个阶层的人们穿梭在和平与战争的缝隙中，对于繁荣安定的幸福生活的向往，对于生意的成败、生命的荣枯，他们的体会尤为深切。佛教认为塑造佛像、传播佛教思想有莫大之功德，于是他们纷纷跟在乐尊和尚身后，开凿石窟，塑像、绘画，有钱开大点，没钱造小的，山上叮叮当当的斧凿声让他们欣慰，让他们有了在危难中淡定的资本。

敦煌，就这样在不知不觉中，成为十六国后直至宋元千多年来精神的莫高窟（有人说，莫高两个字的意思就是没有比这个更加高大的信仰之地了）。今天，它得到了历代从未有过的保护，但是，它也同时被从未有过的"漠视"给深深伤害了。

举一个例子，敦煌壁画中有很多飞天形象，也是当代人开始研究敦煌后最为大众所熟知的壁画形象。佛经中，飞天一般出现在佛菩萨讲经结束的时候，散花或者奏乐，代表天神对讲经说法者表达赞叹之情，从某种角度看去，是配角中的配角，却成为近当代研究敦煌壁画的主角。无数专家学者，研究所谓佛教天人与道教羽人、西域飞天与中原飞仙的交流融合，研究作为香花神的乾闼婆和作为歌舞神的紧那罗如何演变成为散花飞天和伎乐飞天，研究伎乐飞天所持的各种腰鼓、拍板、长笛、横箫、芦笙、琵琶、阮弦、箜篌等乐器，甚至认为天花、云气等这种研究在某种专业角度看是必要的，但是敦煌文化本身要传达的核心价值，却深深地被掩埋了。就像我们在孔庙中看到的那样，到处插着高香求功名富贵，却几乎无人对孔圣人极力捍卫的礼教有哪怕一丁点儿敬畏之心，甚至根本不了解。再过若干年，我们对于敦煌壁画到底要说什么还能找到方向吗？

若是静下心来，一幅一幅看过去，对于今天的人们，敦煌壁画依然具有启迪意义。举个例子，敦煌壁画有一幅图《维摩诘经变》讲的是大居士维摩诘示现有病，佛派遣智慧第一的文殊菩萨前去问候，维摩诘与之辩论，巧妙地揭示了让生命从对立中解脱的不二法门。这部经典，对于后来的禅宗影响深远，对受禅宗文化影响极深的中国古代文人来说，这个形象也大受欢迎。唐代诗人王维就名维、字摩诘，他的一生也与维摩诘居士颇为类似。李白一生追踪道教修仙，却自称"金粟如来（摩诘居士是金粟如来的化身）是后身"。维摩诘的形象，至少启示我们：世俗生存与精神超越可以并行不悖。对于生活压力很大的现代人来说，这种教法依然具有价值。

因为注重的是信仰与功德，所以反反复复画同一个题材并无厌倦，壁画后代盖住了前朝也属司空见惯——这和今天很多美术家不肯重复别人的题材不同，和他们重视自己画作能否传世也不同。重视当下、只存乎一心的信仰是供养人与画师共同的出发点，所以西来的画师带着本国王、后、贵族乃至庶民的嘱托，自然用上了本国的绘画风格。东方的画师要画西方的故事，自然要向西人学习——他们本来不是要开一个绘画艺术论坛来切磋画艺，却无意中实现了中西美术的大交流、大融合；他们也无意于开拓前所未有的艺术风格，却通过对话、学习实践出了惊世骇俗的美丽；他们亦无意于文化交流，却在无数个擦肩而过中碰撞出了火花。但是倘然我们只是被所谓的美术变迁史吸引了，我们便难以领受这些反复画出来的甚深教法，几千几百年来的用心良苦，也有可能变成徒劳。

对于敦煌文化的关注，如果刻意忽略它的信仰层面，会不会是一种文化上的失忆？失忆的文化，还有再次辉煌的可能吗？

二、回归文化的初心

汉代的张骞是凿空丝绸之路的人，本来他奉命出使西域只是去求得军事联盟，尽管使命受阻，也丝毫不妨碍他的好奇心，他的好奇心成就了有史以来中国最高端的东西文明交流：他归来的时候，带回来很多西域的新奇玩意。今天，开着现代交通工具走在曾经驼铃声声的丝路上，当年的那些新奇好多已经被湮灭在沙漠底下，或者躺进了博物馆，至少也已经演变成了"司空见惯浑闲事"——说到这里，是不是会觉得好奇心是一个非常浅薄的东西？

历史的书写有很多的偶然因素。

奉命出使联络西域军事力量的张骞刚出汉境就被匈奴逮着了，一关十年，让他在那里娶妻生子，他跑了之后终于找到月氏人，联络月氏人夹攻匈奴未成，回来找皇帝复命，又被匈奴人逮着了，又扣了一年。这十几年西域生活，张骞被动融入西域文化，但是吃过西域的葡萄、胡椒、石榴、胡麻、蚕豆、黄瓜、胡萝卜，穿过西域的毛织品，用过西域的香料，他亲自体会了这些异域文明成果的意义，然后才有了把它们带回来、介绍回来的文化冲动。中国的饮食文化从他那里发生了巨变。最后出现的海上丝路，其重要起点之一——东南方向的泉州港据说一度是古代中国第一大港，从那里进来的番薯、土豆也大大改变了中国人的饮食习惯，有专家甚至认为这些食物解决了粮食不足的人口大国的主要问题，提升了中国人口数量。

但是偶然之后，历史不会总是在偶然下演进。

当年，汉唐帝国的统治者们深思熟虑之下，以国家力量启动了陆路丝绸之路，此举一者可以与一直都带来边患的诸国加强联谊；一者可以展示我汉唐磅礴气象；再者，既然他们喜欢我们的铁器、丝绸、精工巧技，我们也不是对于他们的小东小西毫无兴趣。最重要的，西域人在想些什么？如何才能更有成效地怀柔他们？文化的交流和政治平衡的考虑指导着丝路的大方向。这种胸怀生发出来的时候，除了本国利益的出发点，必须也具备了可以兼纳并包的广阔胸怀——出去不仅仅是出去，还会有人跟着我们进来，我们有没有那样的实力去消化各种各样的异乡人乃至异乡文化？汉唐君主之所以成就了盛世，与这种文化的胸怀、自信有很大的关系。于是，当西域诸国浩浩荡荡排列在丝路上朝长安进发的时候，长安城里的西市便自然而然地进入国际贸易的模式。

当代人类学大学者费孝通说：各美其美，美人之美，美美与共，天下大同。这16个字写在纸上只是16个字而已，但是要各美其美，需要高度的文化自信作为支撑；美人之美，要有相当的文化理解作为基础；美美与共，更需要在理解的基础上，以各自的文化自信作为文明世界最矮的篱笆墙，与我们的邻居鸡犬相闻、互相守望。如此之后，才有所谓世界大同。今天的中国乃至世界上所有的暴力、冲突、战争，与古代并没有什么本质不同，汉朝人被匈奴困扰，唐朝人与吐蕃纠缠，带来巨大利益的丝路也充满了铁血争斗。东方西方的人们在丝路上重复走了千年、万遍，有没有实现这16个字？

也许我们只能对上一个问题说：我们的初心是这16个字的模样。从历史上看，确实是这样。所以我们对西安、西市应该怀有崇高的敬意，那里贩卖的，是我们最美好的初心。

但是我们走着走着就忘了初心、变形了不是？

汉代匈奴人的民歌唱道："失我祁连山，使我六畜不繁盛；失我焉支山，使我妇女无颜色。"焉支山在绿洲城市张掖，张掖离敦煌不远。张掖在汉代，是霍去病打跑了匈奴人以后才写入版图的，至今留有军马场。森林、植被、水资源都很丰富的张掖，在关键词是"沙漠"的丝路上无疑可称最美的明珠。匈奴人若是只是安分于他们的河西，在绿洲里谈恋爱生孩子养马，顺带着与中国通商，也许就不用被打得跑路到欧洲去了。与中原文明巨大的落差刺激出来的贪婪让他们选择了战争、选择了掠夺，结果是汉人年年伤别离，匈奴终究别焉支。战争的丑陋与副作用，如今已经被张掖的牧场、宝马良驹掩盖了，但是绝不应当被遗忘。有机会躺在青青草场上哼唱牧歌的时候，其实可以反思一下——如果我们可以回到初心，那么这里的美丽应该可以持续得更久一些。

所以，当西域来的商旅与东方来的商旅慢慢在路上相遇的时候，忧伤的焉支山成为绿色背景、眼前只有黄土或者黄沙的时候，敦煌突兀而出，信仰两个字被大写、再大写地矗立起来，膜拜成为此地的关键词。无数佛教信仰者相信着最铁律的因果规律，相信着人心的美丽便是世界的美丽，在沙洲中雕凿、涂画、书写佛像、佛经，那些人类世界里的利益冲突，在慈悲的佛陀面前，都以宽容、理解的方式从容地转变成人天欢喜的喜剧。此地留下了世界上最为辉煌的洞窟艺术宝库，无数不同肤色的人们从世界不同的角落赶过来瞻仰它，瞻仰古代中国人与丝路上的西来客一起书写的这个文明的符号与里程碑——不过，比较可悲的是，刻写在石窟里的那种精神，被泛艺术化甚至泛娱乐化，成了所谓旅游资源的佛窟还拥有敦煌开凿者的初心吗？著名历史教师袁腾飞说："历史上为什么那些国家到中国来朝贡、进贡？是因为来了以后我们都给发钱吗？不是，是因为我们的文化吸引他，他来了，所以文化很重要。"艺术是呈现，文化是呈现背后的核心力量。以敦煌为例，如果没有佛教文化，便没有敦煌石窟。而且，敦煌壁画或者塑像一直都在演变中——弥勒菩萨像交脚与否，力士的肌肉发达不发达，飞天裸体还是衣冠，在背后起作用的都是文化观念。可以说，没有丝路开拓出来的宗教间、民族间、国家间的对话交流，敦煌的一切都是无源之水，不可能出现、存在。从这个角度，今天的敦煌，更应该是被视为文明、文化和平对话、交流的总结，也是一个极富意味的文化符号。

若是我们从敦煌往西，到了乌鲁木齐，就从佛教时空跨入伊斯兰世界。

宋元时候，河西走廊一半在中原王朝手里，一半在游牧民族政权手中，当双方都具有佛教信仰的时候，敦煌虽然分属不同政权控制，却因为文化的认同被保留。有人会说，那么，应该用佛教去统一所有人的思想，那样就天下太平了。错！大错特错！

历史教师袁腾飞说得好："河西走廊五州之一、甘州地区长期被回鹘人占据，西夏兴起后灭了回鹘政权，一支回鹘人留在当地继续繁衍，就是今天的裕固族，他们依然信仰佛教，是今天世界上唯一信仰藏传佛教的突厥语民族。另一支进入新疆，以今天的新疆喀什为中心建立起了喀喇汗国，改变信仰、皈依伊斯兰教，然后高举圣战的旗帜，花了六百年的时间，把整个新疆的佛教全部摧毁，其中它跟西域的佛国圣地于阗就打了二百年，终于灭掉了于阗，还把于阗的佛像佛经都毁了。哈密是圣战最后摧毁的佛教信仰地区。"

所谓圣战，其名义就是我们的文化很好，对不起，你的很糟糕，换掉行不行？不行，那么就战，让你行。问题是：文化思想能不能依靠战争来统一？你欢不欢迎他者用战争来统一你？

古代的新疆地区有一个高昌国。唐贞观初年，偷渡出国的玄奘法师经过高昌，国王麹文泰非常欢喜，挽留讲经一个多月，还封玄奘为御弟，临行赠送侍从、车马、金帛，并给24国写信，情词恳切地请求他们关照玄奘、准予通关——这一段高昌国王的护法情深，在后来的小说《西游记》中，演变成唐天子封玄奘为御弟、为写通关文书，还有女儿国国王对唐御弟的迷恋——后来虽然高昌因为西联突厥为大唐所灭，这一段护法佳话的历史贡献却不可磨灭，而且随着时间的流逝，越发显现出这种文化认同下惺惺相惜的文化情感的价值：玄奘西行归来，大量翻译佛经，佛法在中国的传播速度大大加快，佛法在中国的文化认同程度也迅速提升，中国人的思想、情怀、生活，在这个佛教文化最为昌盛的时代及之后发生了巨大的变化，几乎一切艺术文化的盛大辉煌都在唐代发生，儒释道三教在此时终于没有了轻重华夷的分别，融洽地合流，此后再也没有动摇过。

这个故事中，政权的更迭依然铁血，文化却能求同存异，在谅解、对话中共存，成为最后的赢家。

如果从乌鲁木齐继续向西，途经库尔勒、轮台、布鲁克、那拉提到伊宁，可以体验一把古代丝路商队在天山腹地遭遇的艰难险阻，忽而雪山，忽而森林，忽而草原，地貌差异巨大，气候复杂多变。中国社科院"一带一路"智库合作联盟理事会理事吴浩教授认为："丝路精神就是充分的世界化和宏大的视野。"这句话对在丝路上的旅者来说，商人牟利，利在世界性贸易；教徒求法，法分布在不同国度的不同文化里；国王求和平，和平在更多的远亲近邻通过交流对话达成谅解、尊重。孔子也说"有朋自远方来"云云，也许，不同的文明就像异性相吸一样，会自然地吸引人类探索的步伐？丝路延伸得越远，思路精神越能得到最好的总结：一切求利、求法的行为，都要经历大自然与文化的历练与考验。丢失了初心的人们沉浸在民族间、政权间的利益争斗时，陆上丝路常常中断，遂渐渐沉寂下去。中国人的坚忍精神此时得到了最好的呈现。我们不会说你怎么敢挡住我的去路，我非要打开不行。我们迅速转头，我们在东南沿海找到出口——海上丝绸之路从此开启。

中国四面不是高山就是海洋，本来我们幅员辽阔、物产丰富，自给自足什么也不缺，当我们想要或者需要出去的时候，跨越高山试过了，行。大海也可以横渡吧，试试，也行。中国人不是特别尖锐，但是随方就圆的适应能力、水来土掩的应变能力却是一流的。这种能力，不是所谓人种的优越性，而是来自这个多民族国家、华夏大族的文化根底。泉州，这个历史上中原人南迁的城市，集中地把历史上中国人的优良文化品性都体现出来了。

复旦大学历史学院教授钱文忠说："泉州有一个举世闻名的墓地，这个墓地里有波斯人、阿拉伯人，还有叙利亚人，都是几百年前来中国的世界各国的人埋骨于此。"站在泉州最古老的鲤城区高楼上，可以看到教堂的钟楼与佛教的古塔遥相注目，关帝庙、三清观厕身市井，历史上更有景教、摩尼教等宗教传入，泉州人，其实也是中原人，依然一往情深、不惊不诧、不卑不亢地欢迎一切和平到来的客人：我们的优越文化，我们当然要继续发展；他者的美丽风景，我们也不妨领略一番。

中国古代发明了水密隔舱技术，这个技术实际上比四大发明的地位一点也不低，只是阴差阳错不被看重而已（这项技术在泉州今天已经被申报列入联合国教科文组织《急需保护的非物质文化遗产名录》）。说起来很简单，就是船的舱体分成若干小舱体，互相之间通过一种技术完全密封隔离起来，一旦海上遇险，某舱进水也只能影响某舱而已，不至于全船漏水而沉没。泉州古港曾是宋元时期南北第一大港，这项技术不仅使得大吨位船舶成为可能，也增加了海上安全系数。具体水密隔舱是什么时候发明的，学术界还未形成统一的意见，但是至少三国时期已经有了。而据《汉书·地理志》记载，西汉汉武帝平定南粤以后就派遣使者远航南海和印度洋，经过东南亚，横越孟加拉湾，到达印度半岛的东南部，抵达斯里兰卡，跑得很远。所以我们甚至可以想象，也许汉朝时候水密隔舱就发明了，只是我们还需要出土物证——总之，这伟大的新技术也被我们的祖先无偿奉献给了世界各国的航海家，对世界文明都产生了巨大的催化作用：人类可以走得更远、更安全。于是万国来朝也好、商旅辐辏也好，更大范围的"充分的世界化"越来越成为现实，丝绸技术被西方掌握后，我们的瓷器和茶叶从东南沿海装进了水密隔舱，世界人民的休闲方式里便多了一个下午茶 ：中国瓷器、中国茶（条件更好的，喝茶人还穿着中国的丝绸）。代替金银器皿的奢侈，瓷器统一了贵贱不同的阶级；代替葡萄酒的醺醺然，中国茶携带着返璞归真、向内求索的基因让不同文化层面的人都有了静下来思索生命意义的机会。远航也带来了和带走了东西方最经典的思想成果。意大利教士利玛窦在明晚期经过海上丝路来中国传天主教，他与徐光启合作翻译了欧几里得的《几何学》，也把中国的四书翻译成拉丁文。欧洲启蒙运动的时候，来自中国的经典与文艺复兴后欧洲形成的新思想结合起来，成为欧洲启蒙运动重要的思想渊源。启蒙思想家伏尔泰、孟德斯鸠都对中国儒家经典非常重视。原来，撕开欧洲中世纪的黑暗，中国文化颇有大功——也可以说，海上丝绸之路居功至伟，甚至可以说水密隔舱功不可没。而反过来，从欧洲来的番薯和土豆也改变了中国人的饮食结构、温饱状况。这就像人们走出去，互相串个门，带回来可以分享的美味。

关于思路，中央民族大学历史文化学院的蒙曼教授曾说过一段特别美丽的话："丝绸之路是像丝一样经纬交错的，可以网罗进所有人的梦想。大政权的梦想，绿洲政权的梦想，中原的梦想，周边国家的梦想，法师的梦想，商人的梦想，帝王的梦想，当然还有军人的梦想，像丝一样经纬交错，可以网罗非常多的东西。它还像丝一样，从朴素起步，但是可以织成锦绣，我觉得这预示着这条道路的美好未来，不管起点是怎样，终点必然有无限光明。"

这是我们的中国梦吧，千百年来，我们梦想着一个更加光明的世界。怀着这样的梦想，敦煌再次进入我们审视的视野，如果能够看清初心，那我们离这个梦又近了一些。虽然，今天的世界还存在着许多尚未消除的误会、误读、争论甚至战争——世界在变化，我们仍需要对话。但是有梦想，也有追梦的人，我们不妨继续启程。

用舞蹈艺术架设民心相通的桥梁

——"一带一路"下舞蹈事业畅想

江东 / 中国艺术研究院研究员

以"一带一路"为发展理念而向世界提出倡议的今日之中国，正在以从未有过的速度走向世界，更大程度地与国际接轨也同时给中国舞蹈领域带来了新问题：我们应该如何更好地认识世界舞蹈文化，如何更加全面地认识和吸收外国舞蹈文化的发展经验，从而更好地丰富我们自己的发展思路。"一带一路"倡议的提出，也恰为我们在认识这些问题时给予了积极的促动。

一、"一带一路"提供了国际舞蹈政治学的新思路

不可否认，以往的中外舞蹈交流活动以及由此引发的相关研究，对我们认识世界舞蹈文化及其现象带来根本性推动，使我们对西方舞蹈的发展状况及其经验都有了从无到有的认识。然而，它也尚存在着不足的一面，那就是我们以往的介绍和研究更多地集中在欧美等发达国家，也就是说，当我们提到"世界舞蹈发展"时，眼光多聚焦于与我们相对应的西方世界。当然，这样的视角，我倒并不认为是"西方中心主义"或者"欧美中心主义"在作祟，而应该承认的是，由于西方世界在资讯及其传播上较为发达，因而在影响力上也较为易于展开所致，应该说，他们的作为为外在的吸收者们带来了在获取信息上的极大便利。这一点，当然值得我们学习。

然而，无论是基于怎样的出发点，我们的舞蹈领域以往较多地重视西方的发展经验的确是一个不争的事实。这让我们在获得了西方的主流舞蹈经验的同时，也形成了对世界上其他国家舞蹈文化重视不足的局面和现象。长此以往，这当然将会形成我们在世界舞蹈文化认识上的局限与偏差，从而让丰富而多元的世界舞蹈文化无法足量而实时地为我们提供在借鉴意义上的营养。

不消说，世界的舞蹈文化是多元的，任何一个国度的舞蹈文化都有其独特而成熟的成长经验。全面而深入地考察这些现象，自然会为我们开启一扇呈示世界舞蹈文化多样性的大门。而"一带一路"倡议的视野，为我们关照世界各民族舞蹈文化带来了积极的促进和影响，自然也会影响到我们认识世界舞蹈格局及其演变的观念。

我曾在《读书》杂志上读到过学者刘再复的一段文字："我走过祖国的许多地方，发现有富饶的、有贫瘠的、有酷热的、有严寒的、有平坦的、有崎岖的、有美丽的、有不美丽的，但没有发现哪一片土地不值得我爱。我走过世界的许多地方，也发现有富饶的、有贫瘠的、有酷热的、有严寒的、有平坦的、有崎岖的、有美丽的、有不美丽的，但没有发现哪一片土地不值得我关注。"[1]这种充满了人类深沉情感的情怀，于思考世界舞蹈文化之中的我而言亦然。

二、"一带一路"带来了世界民族舞蹈的新视野

并不是说西方发达国家的舞蹈文化不值得我们研究，而是说在世界舞蹈文化的格局中，西方舞蹈只是一个组成部分。如果如此认识是可以接受的话，那么我们是不是可以权且把世界舞蹈分为两大类："主流"舞蹈和世界民族舞蹈。

所谓"主流"舞蹈，是指地域较模糊、可被世界各民族共同用来开发的舞种，比如：芭蕾舞和现代舞。当然，把从西方国家发展起来的舞蹈形式称为"主流"舞蹈，自然也存在着某种西方沙文主义的色彩，但我们认识任何问题都不可以走极端，我们在肯定西方舞蹈是世界舞蹈文化的组成部分的同时，也不能漠视西方舞蹈文明在当今世界格局和环境中的"主流性"。当然，我们也会发现，这些"主流"舞蹈形式，在不同的国家也都会被多多少少地熏染上这个国度的一些特质和被赋予一些风格性色彩，但毋庸置疑的是其核心的动作审美理念在价值观上是呈现出一定的恒定性的，其形式特征也是有其自主逻辑的，并不以使用主体的改变而轻易变动。正因为此，也同样是为了叙述的方便，我们是可以把芭蕾舞和现代舞这类具有"共有基因"的舞种，归类于世界"主流舞蹈"的范畴之中的。

除了这些"主流"舞蹈形态，世界上每个国家、每个民族都有着自己独有的舞蹈形式，其由鲜明的地域性而形成的民族性显而易见，我们暂且把这类舞蹈形态统一称为"世界民族舞蹈"，意指各个国家所独有的民族舞蹈形态。

"世界民族舞蹈"这个概念，在眼下的中国舞坛还是个比较新的概念。这个概念的提出，也是借用了音乐学界业已展开的一种研究逻辑体系。在音乐学界，"世界民族音乐"这个概念已经得以确立，该概念及其相关的研究视角、范畴、对象、领域及其方法等，都已深入人心。自中央音乐学院最初采用这个概念进行相关的研究和教学以来，短短的时日内已经迅速被音乐教育界所广泛认同和采纳，成为眼下全国各地许多音乐院校的前沿教学内容，与此相关的书籍也在不断问世，而由中央音乐学院发起成立的"世界民族音乐学会"，也吸引了众多学

---

[1] 刘再复：《人生悟语》，《读书》2013年第9期，第5页。

者的加入，并产生出许多内容新颖而丰富的研究成果。可见，这个概念所蕴含和指代的多元内涵及其内容是有极大磁场效应的。

音乐学界关于这个概念的提出，针对的正是西方"主流"形式——交响乐形态而来的。当"西方中心主义"盛行之时，一批有识之士认识到，除交响乐这种西方正统音乐形式之外，世界上每个国家都有着自己的民族音乐形式，而它们大都有着十分悠久的发展历史和十分独特而丰富的形式因素。因此，"世界民族音乐"这个专门的学术研究领域得以确立。

这种视角及其研究方法，移植到我们考察世界民族舞蹈文化的眼光和路径时显然是一通俱通的。与音乐文化相同的情形，也同样存在于各国舞蹈艺术的现象之上，因此，"世界民族舞蹈"的研究视角自然也是成立的，而且在学问的开拓和成长上是大有作为、大有希望的。

眼下，中国提出了"一带一路"的倡议，这个着眼于合作共赢的倡议同样也为我们在各自的研究中提供了新的视角，让我们在以往习以为常的认识论惯性中获得新的思路。

三、在"一带一路"的国际舞蹈新格局中各美其美

每个国度在自我的历史成长中，舞蹈艺术都是其社会中非常亮丽的一道风景线，不但装扮着艺术舞台，也抚慰着人们的心灵，同时又以其独具的美感为世人带来审美的滋养和身份的认同。"一带一路"倡议为我们提供了关注各国舞蹈艺术发展的新契机，充分尊重各个国家在舞蹈艺术上的成果，也成为中国舞蹈学者的新课题。

在向各国舞蹈界学习时，费孝通先生关于"美美与共"的论点也同样为我们奠定了非常关键和重要的理性前提，让我们在学习和研究他国舞蹈艺术时获得了方向上的把握。世界舞蹈艺术毫无疑问呈现出了一个各美其美的状态，每个国家都因其独特的历史演变和文化流播，滋养出独具魅力的舞蹈形态。这些形态积淀着多少代当地舞者的心血和汗水，成为一个特定国度的艺术象征和文化代表，让艺术的智慧积淀在具体可感的舞动形式之中。而这种形态各异的独特美感，同时也积淀着大量的人文信息，进而成为艺术学、美学、人类学、社会学、历史学、地理学、人种学等学问的不同切入角度，都具有让人流连于此而乐此不疲的魅力，从而成为让人不断深入其中、探其奥秘、究其根本的显性通道。

值得一提的是，舞蹈艺术由于没有语言的障碍，在人类彼此的沟通上直接、便利、快捷而有效，成为不同种族人们之间最方便的交流工具和管道。通过这种没有障碍和壁垒的交流与沟通，人们在尽情宣泄自我情感的同时，也能够让彼此获致在心灵上的相互感染甚至感动，从而产生最有价值的交流结果和效果。

通过各个国家的舞蹈艺术，我们能够鲜明地感受着不同的文化生态所滋养出的不同舞蹈

形态，而这些形态由于扎根自我传统，又成为本民族文化最好的传达和传播平台。观赏这些舞蹈形态，不同民族的精神气质和文化讯息都会被立刻感知，因而舞蹈本身就成为一个传递文化的绝佳窗口。这种各具优势并"各美其美"的理想状态，为人类不同民族间的相识与相融带来了契机。

通过艺术的沟通，不同国度和种族的人们得以相互欣赏，并进而相互尊重，从而增加了对彼此的好感和信任度。而正是这种美好的感受，让人们获得了友好相处、彼此相助的态度和愿望，能够在彼此间"美人之美"的基础上建立起来，而民心正是在这样的意愿中得以相通、相融、相敬、相重的。

于是，"一带一路"倡议的价值也便于此鲜明地凸显出来，它在强化各自价值的同时也为人类的文化交流和传播带来新的意义和建设性的思路。通过舞蹈艺术的展示和交流，"一带一路"沿线国家的人心会进一步相连，进而生成从未有过的巨大能量，影响着全人类的发展步伐不断前行。因此，我们对这个倡议充满了信心和期待，也祝愿由这个倡议而催生的共荣现象会让所有参与其中的人获得最为饱满的合作结晶。

盛唐的遗音沉响

——盛唐乐舞《霓裳羽衣》考述及其当代启示

王宁宁 / 中国艺术研究院研究员

1200 年前，唐玄宗用乐舞《霓裳羽衣》来表现他心中向往的仙境，不久，"安史之乱"的铁骑惊破了玄宗的梦想，盛唐和玄宗从顶峰跌入到低谷，从此后，盛唐景象真的就像天边的一道霓虹，遥不可及，并渐渐远去。但是，乐舞《霓裳羽衣》却把盛唐的遗音沉响，刻印在中国人的脑海，刻录在中国历史的硬盘上。在中国古代乐舞史上，没有哪一部作品能够像《霓裳羽衣》这样，具有历史穿透力和超越性。

一、历史记忆中的片段

《霓裳羽衣》大约在唐玄宗开元年间（713—741）创作，盛传于天宝（742—756）年间，流传影响至五代、宋、元、明、清时期。《霓裳羽衣》在史籍文献中现身频率高，于正史、正典、杂录、诗集、传奇小说中，均有记载，如《新唐书》《旧唐书》《唐会要》《通典》《唐六典》《明皇杂录》《唐遗史》《杨太真外传》《碧鸡漫志》《乐苑》及唐诗等。由于文献传统及其内容规制，正史载述文字极简，所记内容非常有限，然而正史所不记载的内容，在杂录、别史等中却有描写。

（一）"霓裳羽衣"的字源本义与外延

根据《说文解字》记载："霓，屈虹青赤或白色阴气也。从雨，兒声也。"[1] 霓是指"副虹"，即虹的外环，颜色是青赤色或白色。在阴阳观念中，霓属于阴气。《埤雅》曰："雄曰虹，雌曰霓。旧说虹常双见，鲜盛者雄，其黯者雌。一曰赤白色谓之虹，青白色谓之霓。"[2] 霓虹有雌雄之分，鲜艳部分为雄，相对黯淡部分为雌，虹属雄，霓属雌。《列子·天瑞》曰："虹霓也，云雾也，风雨也，四时也，此积气之成乎天者也。"[3]《淮南子·说山训》曰："天二

---

[1] （汉）许慎：《说文解字》，中华书局 1979 年版，第 242 页。

[2] （宋）陆佃：《埤雅》，载《康熙字典》，上海书店 1988 年版，第 2136 页。

[3] 《诸子集成》第 3 卷，上海书店 1996 年版，第 9 页。

气则成虹。"[1]古人认为，霓虹是雨和阳光的相互作用而形成的一种自然现象，也是阴阳二气所形成的一种天象。霓虹是多层次、多色彩，外环部分叫霓，颜色是青赤色、青白色或白色。

所谓青赤色、青白色之青，本义是蓝色，如《荀子·劝学》曰："青，取之于蓝，青于蓝。"[2]注曰："青，采出于蓝。"蓝：草本植物，叶子可以提取蓝色染料。同时青的延伸义还可以指绿色，如刘禹锡《陋室铭》"草色入帘青"，杜甫《绝句》"江边踏青罢，回首见旌旗"。由此可见，霓虹作为一种自然天象，它的物态缥缈，颜色多彩而迷蒙，因此容易给人一种可望而不可即的感受。

关于裳，《说文解字》曰："衣，依也，上曰衣，下曰裳，象覆二人之形。"[3]《康熙字典》载曰："裳，下裙也。"[4]《邶风·绿衣》云："绿衣黄裳。"[5]即指上衣下裳。《扬子法言》曰："惜乎，衣未成，而转为裳也。"[6]古代男女都穿裳。裳，又指古代女子的下裙。

案此，"霓裳"即指像霓一样的裙子，颜色可能染着蓝、绿、白、红等颜色。"羽衣"当指装饰了羽毛的上衣，质地轻薄，如蚕丝织品。"霓裳羽衣"有轻、薄、飘、渺的意思，有轻盈、轻扬、飞升之意象，多是指羽化登仙、腾云御气的形象和意境。霓在古代阴阳观念中属阴，所以《霓裳羽衣》舞者皆为女性。

（二）《霓裳羽衣》的创作缘起

《霓裳羽衣》的创作缘起及其事由，与唐玄宗李隆基有着密切的关系，他是这部乐舞的始作俑者、创始人。关于这部乐舞的创作，在《新唐书·礼乐志》《唐逸史》《乐苑》《津阳门诗注》中均有记载，乐舞的创作是与唐玄宗李隆基的道教信仰、道教音乐创作活动分不开。《唐逸史》记载，此乐舞是唐玄宗在道士罗公远的秘术作用下到了月宫，闻得月宫的仙乐，默记其音调，返回后，即诏令乐工演奏了此曲。又说，开元二十九年（741年）的中秋夜，玄宗皇帝与道士叶法善一同游月宫，听到了月宫诸仙演奏的曲子。如曰：

> 罗公远多秘术，尝与玄宗至月宫。初以拄杖向空掷之，化为大桥。自桥行十余里，精光夺目，寒气侵人。至一大城，公远曰："此月宫也。"仙女数百，皆素练霓衣，舞于广庭。问其曲，曰《霓裳羽衣》。帝晓音律，因默记其音调而还。回顾桥梁，随步而没。明日，召乐工，依其音调，作《霓裳羽衣曲》。

[1]　（汉）刘安著，高诱注：《淮南子注》，《诸子集成》第7卷，上海书店1996年版，第271页。
[2]　王先谦：《荀子集解》卷一。据《诸子集成》第二卷，上海书店1996年版，第1页。
[3]　（汉）许慎：《说文解字》，中华书局1979年版，第170页。
[4]　《康熙字典》，上海书店1988年版，第1719页。
[5]　程俊英、蒋见元：《诗经注析》，中华书局2006年版，第65页。
[6]　同注[4]。

一说曰：开元二十九年中秋夜，帝与术士叶法善游月宫，听诸仙奏曲。后数日，东西两川驰骑奏，其夕有天乐自西南来，过东北去。帝曰："偶游月宫听仙曲，遂以玉笛接之，非天乐也。"曲名《霓裳羽衣》，后传于乐部。[1]

唐玄宗游月宫之说，还在《异人录》《鹿革事类》有记载，只是与唐玄宗在一起的道士姓名不同（罗公远、叶法善、申天师）。据《新唐书》《开天传信记》记载，道士叶法善其人精于符箓之术，曾任鸿胪卿，居住在当时的玄真观，玄宗皇帝对他甚为优待。[2]《明皇杂录》又载，某年正月，玄宗皇帝与叶法善一同游凉州，在叶法善的法术作用下，忽现烛灯十数里……[3]《新唐书》和《开天传信记》还记载，道士罗公远（一名罗思远）法术了得，"自能隐，……帝学，不肯尽其术，自试隐，常余衣带……"[4]可见自诩为老子后人的唐玄宗与道士来往甚密，道士常以法术来吸引迷惑唐玄宗。《霓裳羽衣》是唐玄宗信仰道教，在与道士交往过程中创作的一部乐舞，其中的"至月宫""游月宫"之说，我们可以理解为唐玄宗的某种精神体验，抑或是催眠术作用下的梦境，这些都属于主观性内心体验，无法得到实证。尽管如此，唐玄宗对道士道术的痴迷也由此可见一斑。

《明皇杂录》记载，唐玄宗曾梦见仙子十余人御青云而下，各执乐器在空中奏乐，仙子告诉唐玄宗这是神曲《紫云回》，今传陛下，为正始之音。梦醒后，唐玄宗即以玉笛吹奏梦中所闻之曲。同书记载，唐玄宗还曾梦见宫中凌波池中有龙女，为此唐玄宗谱写了《凌波曲》一首。[5]史料屡屡提及此类梦中得曲之事，它一方面反映了古人对天子的崇拜与神化，另一方面也传递出唐玄宗潜意识里的自我定位：跻身仙家之列，成就道家梦想。实际上往往人一痴迷，梦境幻觉就容易产生，譬如创作中人，在高度集中的思维下，容易产生异于寻常的感受，这种异于寻常的感受若诉诸他人——即一个没有同样体验的人，那么对于这个没有同样体验和感受的人来说，自己个体生命之外无法证实体验的精神境界或灵感，自然就是不可思议，或者匪夷所思了。从古至今，人们把"游月宫""得闻仙乐"视为不足为信，或荒诞说，主要是因为个人精神体验是无法证实的。

根据《乐苑》、郑嵎《津阳门诗注》记载，唐玄宗游月宫闻得之曲是《霓裳羽衣》的部分曲调，而另一部分曲调则是西凉节度使进献的《婆罗门曲》，"月宫所闻"之曲是为《霓裳羽衣》

[1] （宋）郭茂倩：《乐府诗集》第五十六卷，《舞曲歌辞五》，王建：《霓裳辞十首》题解所引，中华书局 2003 年版，第 816 页。另见鲁迅校录：《唐宋传奇集·杨太真外传》卷上，所记与此同。
[2] 《新唐书·方技列传》，中华书局 2009 年版，第 4438 页；（唐）郑綮：《开天传信记》，《明皇杂录及其他五种》，中华书局 1985 年版，第 7 页。
[3] （唐）郑处诲：《明皇杂录及其他五种》，中华书局 1985 年版，第 27 页。
[4] 《新唐书·方技列传》，中华书局 2009 年版，第 4442 页；《明皇杂录及其他五种》，第 6 页。
[5] 同注 [3]，第 29 页。

的散序部分，《婆罗门曲》是其"腔"，即乐曲主体部分。如《乐苑》曰：

> 《霓裳羽衣曲》，开元中，西凉府节度使杨敬述进。郑愚曰："玄宗至月宫，闻仙乐，及归，但记其半。会敬述进《婆罗门曲》，声调相符，遂以月宫所闻为散序，敬述所进为曲，而名《霓裳羽衣》也。"[1]

又，郑嵎《津阳门诗注》曰：

> 叶法善引明皇入月宫闻乐归，笛写其半，会西凉都督杨敬述进《婆罗门》，声调符合，遂以月中所闻为散序，敬述所进为其腔，制《霓裳羽衣》。[2]

《新唐书·礼乐志》记载，是河西节度使杨敬忠献《霓裳羽衣曲》十二遍，一般的大曲是"曲终必遽"，即结束部分为急促快速的曲调，而《霓裳羽衣曲》的尾声则是"引声益缓"，不同于"曲终必遽"的常规，缓声而结束。河西节度使杨敬忠（或曰杨敬述）所献之曲十二遍，可能被纳入最后《霓裳羽衣》大曲"入破"部分，但在结束曲中作了"益缓"的调整。如曰：

> （玄宗）及即位……河西节度使杨敬忠献《霓裳羽衣曲》十二遍，凡曲终必遽，唯《霓裳羽衣曲》将毕，引声益缓。[3]

对于上述记载，我们抛去神秘的面纱，来捕捉所述之事的实质性内容，那就是西域《婆罗门曲》与本土乐曲（道曲）共同构成了《霓裳羽衣》的音乐。所谓道士、秘术、游月宫、闻得月宫之曲等说法，主要反映了唐玄宗创作这部乐曲的精神信仰背景，以及唐玄宗的道教音乐活动实践，同时也反映了乐曲乐舞的思想主旨，即表现道家的仙人仙境，这也是《霓裳羽衣》着意表现的意境和思想主旨。

又据，唐宋传奇《杨太真外传》注曰：唐玄宗登望女几山（一座仙山）时有感而发，回来后作《霓裳羽衣曲》，如刘禹锡诗云："伏睹玄宗皇帝《望女几山诗》，小臣斐然有感：'开元天子万事足，惟惜当时光景促。三乡驿上望仙山，归作《霓裳羽衣曲》。仙心从此

---

[1] （宋）郭茂倩：《乐府诗集》卷五十六《舞曲歌辞五》，王建：《霓裳辞十首》题解所引，中华书局2003年版，第816页。

[2] 《全唐诗》第9函第3册，（清康熙）四十六年，郑嵎页一。

[3] 《唐书·礼乐十二》，中华书局1975年版，第476页。

在瑶池，三清八景相追随。天上忽乘白云去，世间空有秋风词。'"[1]另有宋代邵雍《女几祠》云："神仙不可见，满目空云间。千年女几祠，门临洛水边。但闻霓裳曲，世人犹或传。"宋代时女几山上有女几祠，人们传颂唐玄宗曾在这里登高望远，归作《霓裳羽衣》的佳话。宋代王灼在《碧鸡漫志》认为，玄宗皇帝眺望女几山，发兴求仙，"霓裳羽衣"曲名由此而来；玄宗皇帝登女几山是在西凉节度使进献《婆罗门曲》之后。由此可见，玄宗皇帝于三乡驿眺望女几山，激发了他的创作灵感，同时也奠定了《霓裳羽衣》不类凡间俗曲的"天乐"基调。

综上，关于唐玄宗创作《霓裳羽衣》的缘起大致有三方面：一是唐玄宗慕尚仙道，在道士的法术诱导下，梦闻仙乐，此属于灵感的引发，同时也暗示《霓裳羽衣》基本曲调的道曲属性。而且这类神话般的记述，强烈传递出唐玄宗内心的憧憬，希望有朝一日自己能够登升仙境。二是唐玄宗登高眺望女几山，感怀抒发，这属于缘事而发的创作灵感由来。三是因西凉节度使杨敬述进献《婆罗门曲》，这是西域"胡乐"直接影响创作的现实。

从时间推断，唐玄宗"游月宫"、登三乡驿望女几山、西凉节度使杨敬述进献《婆罗门曲》，皆在开元年间发生。这一期间应该是《霓裳羽衣曲》初创阶段。而后，天宝四年（745 年），唐玄宗册封太真宫女道士杨氏为贵妃时，用了《霓裳羽衣》。因杨贵妃有过女道士生涯，又擅长表演歌舞，在其被封为贵妃的这一期间，李、杨二人频繁在宫中举行宴乐活动，正如《霓裳羽衣歌》云："由来能事各有主，杨氏创声君造谱。"杨贵妃舞《霓裳》又被誉为"可掩前古"，于是《霓裳羽衣》由此而声誉鹊起，走红当时。如唐代王建《霓裳辞十首》有云：

唐彩绘双环髻女舞俑。1985 年在陕西长武县郭村唐张臣合墓出土，女舞俑通体彩绘，头上复杂高峻的发髻叫作"双环望仙髻"，是唐代著名发髻，发髻高超过二尺，梳理这样的发髻大约要三个时辰，也可用假发髻戴到头上。《霓裳羽衣》是表现仙女形象，"双环望仙髻"也是塑造仙女形象

  弟子部中留一色，听风听水作霓裳。散声未足重来授，直到床前见上皇……伴教霓裳有贵妃，从初直到曲成时，日长耳里闻声熟，拍数分毫错总知。……传呼法部按霓裳，新得承恩别作行。应是贵妃楼上看，内人异下绿罗箱。[2]

[1] 鲁迅校录：《唐宋传奇集》，《杨太真外传》，人民文学出版社 1953 年版，第 232-233 页。
[2] （宋）郭茂倩：《乐府诗集》卷五十六，《舞曲歌辞五》，王建：《霓裳辞十首》，中华书局 2003 年版，第 817 页。

天宝十三年（754年），太乐署更改诸乐曲名称，将《婆罗门曲》改名为《霓裳羽衣》。这说明《霓裳羽衣曲》的影响程度，也证明了《婆罗门》与《霓裳羽衣》音乐上的亲缘关系。二乐的名称可以更换、替代，表明二乐有相同之处，从而也从侧面证明《霓裳羽衣》采用了《婆罗门曲》。《婆罗门曲》与本土道曲在正史中均有记载，但史料中没有明确说道曲就是《霓裳羽衣》的部分曲调，实际上道曲是被暗含在"游月宫""闻仙乐"的传说中。

（三）曲调成分与音乐特点

很显然，《霓裳羽衣》的曲调包含了本土道曲与西域《婆罗门曲》两种成分，即"胡乐""华乐"的融合。陈寅恪先生《元白诗笺证稿》认为，白氏之说"开元中，西凉府节度使杨敬述造"[1]是有根据的，此曲本出天竺，经由中亚，于开元时输入中国。陈氏认为，其余诸书所述"神话"之不可信。陈氏之说，从侧面否定了《霓裳羽衣曲》有道曲成分。试想，像《霓裳羽衣》这样的唐代著名大曲，又是音乐淡雅的法曲代表作，如果仅仅有《婆罗门曲》的曲调，是无法构成其整体音乐的，特别是表现道家仙境和仙女形象的大曲音乐。

白居易诗《重题别东楼》云："宴宜云鬓新梳后，曲爱霓裳未拍时。"杨荫浏先生认为，白居易对《霓裳》之最爱，是其"未拍时"的大曲的散序部分，那正是唐玄宗在西凉节度使杨敬述（杨敬忠）献曲之前，原已写成的前半曲部分。[2]而这前半部分正是所谓"月宫所闻"，不属于《婆罗门曲》。既然不属于《婆罗门曲》，应该就是本土道曲，而道曲音乐与《霓裳羽衣》的主题立意非常吻合。

据《旧唐书·音乐二》记载，"《婆罗门乐》与四夷乐同列。《婆罗门乐》用漆筚篥二，齐鼓一"[3]。只有两支筚篥、一面齐鼓，如此简单的乐队是难以表现《霓裳羽衣》的音乐意境"仙境"，何况《婆罗门乐》是以舞曲为主。可见认为《霓裳羽衣》只有西凉节度使进献的《婆罗门曲》，恐难成立。

从另一方面看，唐玄宗李隆基的确喜欢道家乐曲，《唐书·礼乐志》记载，唐玄宗诏道士司马承祯制道教乐曲《玄真道曲》，茅山道士李会元制《大罗天曲》，工部侍郎贺知章制《紫清上圣道曲》，太常卿韦绍制《九真》《紫极》道曲等。[4]既然有这样的道曲创作背景，《霓裳羽衣》又是表现道家仙境的乐舞，采用唐玄宗最喜欢的道曲音乐，事在情理之中。唐玄宗及其追随者为了神化皇帝，抬高皇帝之曲的绝对地位，附会一些神话内容，这是古代皇帝做事的舆论宣传套路，因为天子自当有同类凡人的气象。总而言之，司马承祯等人创作道教音

---

[1] 陈寅恪：《元白诗笺证稿》，上海古籍出版社1982年版，第26—27页。
[2] 杨荫浏：《中国古代音乐史稿》，人民音乐出版社1981年版，第223页。
[3] 《旧唐书·音乐二》，中华书局2009年版，第725页。
[4] 《新唐书·礼乐十二》，中华书局1975年版，第476页。

乐的史实，佐证了道曲为唐玄宗所喜爱，道曲作为《霓裳羽衣》曲调成分是可信的。

宋代王灼认为，关于《霓裳羽衣》的种种饰以神怪的传说皆不足为信，《霓裳羽衣》是由"西凉创作，明皇润色，又为美名"[1]。"明皇润色"肯定了唐玄宗参与了乐曲创作，对于唐玄宗这样一位通曲度、善音律的皇帝来说，他的"润色"可能是定夺全曲的"大动作"，这是符合人物的行为逻辑。而且也并非只《霓裳羽衣》是唐玄宗时的道曲作品，表现道教仙家境界的乐曲还有《紫薇八卦舞》《紫云回》[2]等。所以《霓裳羽衣曲》不可能只由《婆罗门曲》来构成。

在盛唐，《霓裳羽衣》是歌舞大曲代表作，也是著名的法曲，隶属法曲部。如王建《霓裳辞十首》云："传呼法部按霓裳，新得承恩别作行。"[3]法曲部的乐舞主要传承《清商乐》，具有音声清雅[4]的特点，不同于当时盛行的"胡乐"，唐朝于教坊之外，专设法曲部。隋文帝时就将《清商乐》推为"华夏正声"，唐玄宗也非常喜欢音声清雅的法曲。王国维《唐代宋大曲考》指出："《霓裳》，唐人谓之法曲，不云大曲。所以谓之法曲者，以其隶属法曲部，而不隶属教坊故。然由其体制观之，固与大曲无异也。"[5]类属法曲部的《霓裳羽衣》在乐舞形式结构上，仍然采用大曲结构来演出。据此，认为《霓裳羽衣》只有《婆罗门曲》的成分的观点，在《霓裳羽衣》清雅的法曲音乐风格这一点来看，也是不相符合的。

据南宋《白石道人歌曲集》卷三记载，流传到宋代的《霓裳》是商调曲。[6]宋代王灼《碧鸡漫志》卷三记载，宋徽宗宣和初年间（1119年），流传的商调曲《霓裳》，曲调有十一段，如：第四遍、第五遍、第六遍、正攧、入破、虚催、衮、实催、衮、歇拍、杀衮。[7]从唐至宋，《霓裳羽衣》曲调段落的存留较为完整，被文人乐家所重视。

（四）乐舞表演与动作拾遗 [8]

了解《霓裳羽衣》的乐舞表演，历来依据白居易《霓裳羽衣舞歌》[9]原诗及注。根据材料显示，《霓裳羽衣》表演有三部分：

第一部分《散序》：器乐演奏。诗云："磬箫筝笛递相搀，击恹弹吹声逦迤。散序六奏未动衣，阳台宿云慵不飞。……"

---

[1]（宋）王灼：《碧鸡漫志》卷三，《中国古典戏曲论著集成·一》，中国戏剧出版社1959年版，第125页。

[2]（唐）郑綮：《开天传信记》。

[3]（宋）郭茂倩：《乐府诗集》卷五十六，《舞曲歌辞五》，中华书局2003年版，第816页。

[4]（宋）陈旸：《乐书》卷一百八十八："法曲兴自于唐，其声始出清商部，比正律差四，郑卫之间有铙、钹、钟、磬之音。"光绪丙子春本，第6页。

[5] 王国维：《王国维戏曲论文集》，中国戏剧出版社1986年版，第150页。

[6]（宋）姜白石：《白石道人歌曲集》，四川人民出版社1987年版。

[7]《中国古典戏曲论著集成·一》，中国戏剧出版社1986年版，第129页。

[8] 诗篇检索参见《全唐诗中的乐舞资料》的《霓裳羽衣舞》部分等，人民音乐出版社1987年版。

[9]《全唐诗》第7函5册，白居易卷二十一，第4页。

西安华清池长生殿,亦名集灵台(现代复建)。华清池长生殿是唐玄宗与杨贵妃经常演出乐舞的场所

唐墓红衣舞女壁画。1957年陕西省长安县郭杜镇执失奉节墓出土,舞女头梳高髻,身穿散胸窄袖衫,下着红白长褶裙,手执披帛,舒展双臂,缓步起舞。此形象与白居易《霓裳羽衣歌》描写的"虹裳霞帔"舞服类似,又与诗描写的"飘然转旋回雪轻,嫣然纵送游龙惊"的舞态相仿

第二部分《中序》:歌唱为主。诗云:"中序擘騞初入拍,秋竹竿裂春冰坼。飘然转旋回雪轻,嫣然纵送游龙惊。……"

第三部分《破》:舞蹈为主,节奏所有变化。诗云:"繁音急节十二遍,跳珠撼玉何铿铮。翔鸾舞了却收翅,唳鹤曲终长引声。"

综合其他记载,《霓裳羽衣》表演有独舞、双人舞、群舞、道具舞形式。

另据唐代王建《霓裳词十首》所描写,《霓裳羽衣》是由皇家乐舞机构梨园掌教,且仅限梨园,如"弟子部中留一色,听风听水作霓裳";"旋翻新谱声初足,除却梨园未教人"。乐舞的艺术指导是杨贵妃,乐舞水平标准高,如"伴教霓裳有贵妃,从初直到曲成时。日长耳里闻声熟,拍数分毫错总知"。唐玄宗常在华清宫的朝元阁上举行宴乐,梨园乐工舞伎及宫女表演《霓裳羽衣》,如"朝元阁上山风起,夜听霓裳玉露寒";"知向华清年月满,山头山底种长生。去时留下霓裳曲,总是离宫别馆声";"中管五弦初半曲,遥教合上隔帘听。一声声向天头落,效得仙人夜唱经"。演出主体除了梨园乐工舞伎之外,还有宫女们,如"敕赐宫人澡浴回,遥看美女院门开。一山星月霓裳动,好字先从殿里来"[1]。杨贵妃表演的《霓裳羽衣》最出色,杨贵妃的侍女张云容的舞《霓裳》可与杨氏相媲美。《霓裳羽衣》流传至唐文宗、唐宣宗时期,有宫廷群舞形式的《霓裳》。唐文宗开成元年(836年),有教坊

---

[1] (唐)王建:《霓裳词十首》。

五代大曲女子乐队（河北曲阳出土的五代墓室彩绘浮雕）。此图反映了唐代大曲乐队，乐器有琵琶、琴、箫、笛、笙、箜篌、筚篥、鼓、拍板。白居易《霓裳羽衣歌》所记乐器磬、箫、筝、笛、笙、箜篌、筚篥，此图大多包括

三百舞女表演《霓裳》。唐宣宗时（847—859），宫廷数百人舞《霓裳》，她们执幡节，被羽服，分行列队，联袂歌舞。

唐人描写《霓裳》的诗篇丰富，诗人们从不同的角度描述了眼中的、联想中的《霓裳羽衣》。虽然诗歌不乏文字的夸张，但是其文本和诗词的记述，对于我们在没有动态资料的情况下破解《霓裳羽衣》，不啻解码。同时，通过唐诗来对《霓裳羽衣》进行动作拾遗，乃是"以诗证舞"研究方法的具体运用。在唐诗中，与《霓裳羽衣》有关的诗歌，一般是对其舞蹈、乐器的描述较为具体，这可能是因为舞蹈表演和器乐演奏是《霓裳羽衣》最吸引人之处，同时，也是这部乐舞在视听觉上能给观者以强烈的印象所致。在此，拾遗唐诗中的部分舞蹈动作词汇，以聚焦其动态信息，如：飘然转雪、嫣然纵送、风袖低昂、跳珠撼玉、翔鸾收翅、舞势随风、千回赴节、舞腰掣裙、缓歌曼舞、娇眼如波、腰肢轻若燕、小垂手、斜曳裾、娉婷等。

诗词毕竟不是舞谱，它不可能对舞蹈动作有定性、定量的具体描述，同时作为文字意象，它更多只能从作者的视觉直观感受上、思想联想上来描写。检索其词可见，诗歌中所捕捉到的舞蹈动作形象，大都还是一种整体印象，比如"舞势随风散复收""千回赴节填词处"之类，是描写作者眼中的舞蹈态势，整体场面的印象，整体舞蹈印象而已。诗人在没有乐舞专业知识和乐舞实践的前提下，他们也只能在感官感受的层面感慨一番，并且在自己的词库中，抽取溢美之词，赋诗以形容之。

尽管诗人不能对乐舞有专业性鉴赏或分析，却对服饰不吝辞藻，据诗歌的呈现，舞者的

服饰常常是诗人眼中的亮点。唐诗中对于舞蹈的描写,一般都有服饰的陪衬,比如"风袖低昂",即指舞袖与身体旋转的起伏飞扬;比如"跳珠撼玉",是诗人眼中之舞,如此热烈欢快,舞者旋转跳跃,身上的珠宝玉翠在闪耀晃动;又如"舞腰时掣绣裙轻",是指舞者腰部的动作柔软,裙装在旋转中轻轻摆动。"小垂手""斜曳裾",多指舞者垂手的姿态,身姿的摆动,长裙曳地的态貌。还有飘、转、纵、送、跳、撼、舞、垂、赴、曳等。词汇显示了动作部位及节奏性内涵,虽然与现在的舞蹈技术视角的捕捉分析还离得很远,但也包含了一定的技巧倾向等。

(五)《霓裳羽衣》的历史语境

白居易《长恨歌》唱道:"渔阳鼙鼓动地来,惊破霓裳羽衣曲。"自安史之乱的铁骑惊破了《霓裳》的梦境,此后,《霓裳羽衣》就开始与帝王朝政、国家命运、个体生命等内容,纠葛在一起,并世代传唱。毋庸置疑,仅仅以乐舞自身的影响力,恐怕《霓裳羽衣》难以达到如此的影响程度,那些与《霓裳羽衣》纠葛一起的人物、事件与命运,就成为《霓裳羽衣》考述所须点击、链接的历史界面。

成都永陵博物馆藏"五代王建墓浮雕·吹筚篥乐伎"。筚篥是《旧唐书》中记载的《婆罗门乐》的乐器

唐玄宗李隆基（685—762）是唐朝开元盛世的缔造者，712—756 年在位。《旧唐书·玄宗本纪》记载，唐玄宗即位后，整顿了武周后期的弊政，采取了杜其奸、戒其奢、禁女乐、明其教、厚其俗的有力举措，"纠之以典刑，明之以礼乐，爱之以慈俭，律之以轨仪"[1]。唐玄宗与贤臣励精图治之后，终于迎来了开元盛世。开元盛世被形容为"烽燧不惊，华戎同轨"[2]，当时的太平天下是西蕃、北狄、南蛮、东夷莫不膜拜丹墀之下，并形成了冠带百蛮，车书万里的盛况。玄宗的盛唐被后人誉为君王励精图治的经典，是"如有王者，必世而后仁"[3]的典型例证，古人认为，王者兴起，必须 30 年以后才能实施仁政，治理国家需要励精图治，也需要时日，盛唐的出现，这在历史上也是非常不易的。

成都永陵博物馆藏"五代王建墓浮雕·舞伎"。此形象与白居易《霓裳羽衣歌》描写的"小垂手后柳无力，斜曳裾时云欲生"的舞态相仿

然而，晚年的唐玄宗因任用了李林甫、杨国忠执政，导致小人道长，造成朝廷政治日益腐败，同时又因为朝廷府兵制的弊端，致使京师与中原地区的武备空虚。与此同时，西北等地的边关将领重兵在握，于是天宝十四年（755 年）爆发了著名的安史之乱，从而结束了唐玄宗统治时代，也结束了盛唐。安史之乱成为盛唐的拐点，它让唐代社会从鼎盛滑落而下。尤其是天宝元年（742 年）以来，唐玄宗的沉湎声色，溺爱贵妃，宴乐享乐，演绎了"奢靡之始，危亡之渐"[4]的教训。古人反思历史时，常把唐玄宗与盛唐时代的完结，对应在"靡不有初，鲜克有终"[5]的历史训诫中。

杨贵妃（719—756），字玉环，其人资质丰艳，"善歌舞，邃晓音律，且智算警颖，迎意辄悟"[6]。杨氏有出色的歌舞才艺，且又聪颖，被诗人赞叹为"回眸一笑百媚生，六宫粉黛无颜色"（白居易《长恨歌》），为此，杨氏得玄宗皇帝三千宠爱于一身。天宝四年（745 年）

---

[1] 《旧唐书·玄宗本纪》，中华书局 2009 年版，第 157 页。
[2] 同注 [1]。
[3] 子曰："如有王者，必世而后仁。"参见诸家对《论语》章句的注释。
[4] 《新唐书·褚遂良列传》，中华书局 2009 年版，第 3220 页。
[5] 《旧唐书·玄宗本纪》，第 158 页。《诗经·大雅·荡》："荡荡上帝，下民之辟。疾威上帝，其命多辟。天生烝民，其命匪谌。靡不有初，鲜克有终。"
[6] 《新唐书·杨贵妃传》，中华书局 1975 年版，第 3493 页。

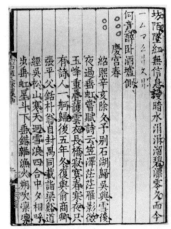  

南宋姜夔《白石道人歌曲·霓裳羽衣》《白石道人歌曲》，南宋姜夔（白石道人）所作的词曲谱集，是宋词曲谱。共 6 卷，别集 1 卷。其中词调 17 首，其中的《霓裳中序第一》是唐代大曲的摘篇，是盛唐《霓裳羽衣》的遗音

杨氏被册为贵妃，此后杨家显赫一时，杨氏堂兄杨国忠任宰相，操纵朝政，与安禄山之间产生怨愤，埋下了杀机。

被册封为贵妃后，李、杨二人的音乐歌舞才艺在皇权特权的拥有下，得到了尽情施展。晚年的玄宗逐渐弛废朝政，倾心自己音乐才艺的霸主地位，与杨贵妃沉湎于宫廷乐舞活动。唐代南卓《羯鼓录》记载：

> 上（唐明皇）洞晓音律，由之天纵，凡是丝管，必造其妙。若制作诸曲，随意即成，不立章度，取适短长，应指散声，皆中点拍。至于清浊变转，律吕呼召，君臣事物，迭相制使，虽古之夔旷，不能过也。尤爱羯鼓，玉笛，常云："八音之领袖，诸乐不可为比。"[1]

仿佛唐玄宗的作曲技巧如同他的政治才能一样，由之天纵，随意即成，颇有出口成章、出口成曲、下笔即成之妙，想来可能是对其天子绝对权威的另类赞颂吧。

唐代郑处诲《明皇杂录》记载，唐玄宗命宫女数百人为梨园弟子，皆居宜春北院，经常演奏歌舞，"自是音响殆不类人间"[2]。杨贵妃怀抱琵琶奏于梨园，音韵凄清，飘如云外。当时的王公贵族"竞为贵妃琵琶弟子，每授曲毕，广有进献"[3]。玄宗皇帝常在东都洛阳五凤楼下举行大酺，曾命三百里内县令、刺史率其地方歌舞队伍来赴阙，河内郡守率数百人的歌舞乐队，乘车而来，随车还有蒙虎皮的犀牛。每次宴会上，唐玄宗皆携杨贵妃亲御勤政楼，

[1] （唐）南卓：《羯鼓录》，辽宁教育出版社 1998 年版，第 1 页。

[2] （唐）郑处诲：《明皇杂录》校勘记，中华书局 1985 年版，第 24 页。

[3] 同注 [2]，第 25 页。

四军兵士仪仗队盛列，教坊大演山车、旱船、寻橦、走索、丸剑、角抵、戏马、斗鸡等百戏杂技，数百人宫女盛装打扮，击雷鼓为《破阵乐》，大象和犀牛也入场拜舞。[1] 正如北宋欧阳修《新唐史》中指出：唐玄宗"及侈心一动，穷天下之欲不足以其乐，而溺其所甚爱，忘其所可戒"[2] 也。

莫高窟第 66 窟（盛唐）《观无量寿经变》伎乐菩萨（吴曼英临摹）。此图反映了阿弥陀佛西方净土景象及人物形象，是佛经内容与实现乐舞的相结合，可以作为盛唐乐舞的参考资料

安史之乱是边关将领安禄山、史思明等人，以诛杨国忠为名而发起的事件。事件中，唐玄宗偕杨贵妃被迫逃往四川，途经马嵬驿（今陕西兴平）时，六军不发，且以杨家祸国殃民为由，逼唐玄宗杀杨国忠父子。可是六军将士杀了杨国忠后仍不发，军将士说："贼根犹在！"[3] 意指杨贵妃还在唐玄宗身边，宦官高力士急向唐玄宗禀报，这时的唐玄宗默然不语，独自缓缓地朝着驿站行宫走去，他倚仗垂首，立于临时行宫院落的夹道小巷，沉默良久，这一刻，玄宗皇帝做出了他一生最艰难的抉择，最迅速的决断，"割恩忍断，以宁国家"[4]，赐贵妃自尽。

一代天子，有着天纵之英才，且智慧果决，他的政治才能与艺术天赋，包括福报因缘等，都是卓越出众，所谓"虎豹生来自不群"，如果说历史给了唐玄宗开元盛世的辉煌，那么安史之乱却用与辉煌盛唐同样的强度和力度，把唐玄宗扔到政治人生最急速的旋涡之中、最两难的抉择面前。当唐玄宗得知六军以"贼根犹在"为由不退去时，他独自站在巷中倚杖垂首的那一刻，他用一生最短的时间，即刻在自己的理智与情感的天平上，在政权及国家命运与个人感情的两端，快速反应，即刻决断，可以说这是命运对他的终极考验，也是对他手中皇权的一次极致反讽，无数次地操予他人的生杀大权，无数次在股掌间控制着国家命运，但这一次，玄宗手中的皇权，将对于他自己的命运来一次"忍断"。这一忍，一断，了结了贵妃的生命，割舍了恩爱，也终止了自己的皇帝之位，但是，却把《霓裳羽衣》的弦音刻录在历

[1] （唐）郑处诲：《明皇杂录》校勘记，中华书局 1985 年版，第 8 页。

[2] 《新唐书·玄宗本纪》，中华书局 2009 年版，第 97 页。

[3] （宋）乐史：《杨太真外传》卷下，转引自鲁迅校录：《唐宋传奇集》，人民文学出版社 1953 年版，第 244 页。

[4] 同注 [3]。

莫高窟第148窟（盛唐）《东方药师经变》伎乐菩萨（吴曼英临摹）。此图反映了东方药师佛净土景象及人物形象，是佛经内容与实现乐舞的相结合，可以作为盛唐乐舞的参考资料

史最深刻的记忆。

在唐玄宗御驾继续前往四川的路途中，唐肃宗即位。至德二年（757年）十二月丙午日，唐肃宗李亨迎奉太上皇李隆基，太上皇李隆基御南宫楼，肃宗皇帝于楼下拜舞称庆，上皇李隆基下楼来，这时唐肃宗李亨匍匐捧上皇李隆基的双足，忍不住地涕泗呜咽，泣不成声，看着已经身为皇帝的唐肃宗李亨，上皇李隆基说道：

> 吾享国长久，吾不知贵，见吾子为天子，吾知贵矣！[1]

经历了几年的动荡：叛军犯乱、长安失守、辇驾震荡、夜奔蜀道、痛失贵妃、失国又复国，这样的大起大落与跌宕起伏，但是李唐皇权最终未失，庙乐未改，江山社稷仍归李唐！这失而复得的天下，怎能不让李隆基痛悔前缘，沉责自我，同时又深感珍贵呢？想必无数个夜晚，年逾古稀的李隆基在内心追悔、悔痛，他的恍悟而翘首企盼，甚至辗转难眠，都在这一句"吾享国长久，吾不知贵，见吾子为天子，吾知贵矣"中，如泄底之桶，倾泻而出。这一句话，凝结了唐玄宗一生的五味杂陈和最深刻的心祭。宝应元年（762年），78岁的上皇李隆基崩于神龙殿，广德元年（763年）三月辛酉葬于泰陵。

安史之乱导致了唐玄宗政权与盛唐的结束，并使唐朝从此一蹶不振而走向衰落。《霓裳羽衣》与这段历史纠结在一起，其弦音歌舞被后代翻唱。盛唐时，玄宗皇帝用《霓裳羽衣》把人间现实，理想为他心中的仙境，那的确是一曲美轮美奂的乐舞。可是安史之乱的铁骑破碎了玄宗皇帝的梦想，玄宗从权力顶峰，顷刻跌入低谷，这时的《霓裳羽衣》真正像她本有的迷幻缥缈，如天边一抹霓虹，遥不可及，即刻隐去。盛唐就像《霓裳羽衣》，也如玄宗当初的梦境，在历史沉浮中，告别而去……

《霓裳羽衣》结合了"华乐"与"胡乐"，综合了法曲与道曲，集盛唐歌舞、器乐之精粹，

---

[1]　《旧唐书·肃宗本纪》，中华书局2009年版，第167页。

成为一代盛唐乐舞的标志象征，如云："法曲法曲舞霓裳。政和世理音洋洋，开元之人乐且康。"[1]《霓裳羽衣》伴随唐玄宗大半生，从改革武周后期的酷吏政治，励精图治，任用贤臣，几致太平，到后期因侈心一动，穷天下之欲以为其乐，溺爱杨贵妃，忘记帝王之戒，以至窜身失国的过程，如此，《霓裳羽衣》便成为玄宗一代帝王政治生涯的代名词。玄宗皇帝沉溺贵妃之爱，将三千宠爱集杨贵妃一身，最终致杨贵妃殒命马嵬坡，从此《霓裳羽衣》就定音在千古帝王的爱情绝唱上，定格在盛唐的亡政之音上。[2]

二、《霓裳羽衣》的遗音沉响及其当代启示

就像唐代诗人白居易诗写道："千歌万舞不可数，就中最爱霓裳舞。"《霓裳羽衣》作为唐代乐舞代表作，在唐代以后的五代、宋、元、明、清时期，依然余音未绝，各代或有同名乐舞作品，或有以《霓裳羽衣》历史故事而创作的戏曲剧目。

比如，南唐后主李煜曾获《霓裳羽衣》残存乐曲，打算与昭惠后一块"去彼淫繁，定其缺坠"[3]，重新增补修改完善《霓裳羽衣》。前蜀后主王衍统治时期，每到春天三月上巳，皇帝王衍就在怡神亭举行宴乐，并亲执拍板而唱《霓裳羽衣》《后庭花》《思越人》等歌曲[4]。宋代宫廷队舞有《拂霓裳队》。[5] 这一阶段的《霓裳羽衣》已经不是盛唐《霓裳羽衣》全貌，而是部分曲调的流传。

宋代以降，与《霓裳羽衣》相关的戏曲作品有：元杂剧《唐明皇秋夜梧桐雨》、《唐明皇游夜宫》（白朴）、《唐明皇哭香囊》（关汉卿）、《杨太真霓裳怨》（庾天锡）、《杨太真华清宫》，明清传奇《长生殿》（洪昇）、《惊鸿记》（吴世美）等等。在戏曲演出中，或有人物杨贵妃登翠盘，舞《霓裳》，唐明皇伴奏，或有仙女表演《霓裳羽衣》，安史之乱的情节也插入剧中。近代京剧《太真外传》是由梅兰芳大师饰演人物杨贵妃，剧中有杨贵妃舞《霓裳》的情节。这一时期《霓裳羽衣》的遗音与其历史人物情节等，被新的演出形式戏曲所吸纳、创作、表演，杨贵妃或仙女们舞《霓裳》常常是剧中的歌舞亮点。

---

[1] （唐）白居易：《法曲》，转引自（宋）郭茂倩：《乐府诗集》卷九十七《新乐府辞八》，中华书局 2003 年版，第 1362 页。
[2] 古代有亡国之音之说，在古代乐舞史上不乏其例，如夏桀、商纣的"北里之舞，靡靡之乐"，南北朝陈后主的《玉树后庭花》，五代十国李后主的词曲，元代顺帝《十六天魔舞》。盛唐的完结与《霓裳羽衣》的影响，使《霓裳》犹如盛唐亡政之音。白居易《法曲》注："法曲虽似失雅音，盖诸夏之声也，故历朝引焉。明皇虽雅好度曲，然未尝使蕃、汉杂奏；天宝十三载，始诏诸道调法曲与胡新声合作，仁者深异之。明年冬安禄山反。"《法曲》云："法曲法曲合夷歌，夷声邪乱华声和。以乱干和天宝末，明年胡尘凡宫阙。乃至法曲本华风，苟能审音与政通。一从胡曲相参错，不辨兴衰与哀乐。……"《乐府诗集》卷九十七《新乐府辞八》，中华书局 2003 年版，第 1363 页。
[3] （宋代）王灼：《碧鸡漫志》卷三，《中国古典戏曲论著集成》一，中国戏剧出版社 1959 年版，第 127 页。
[4] 同注 [3]。
[5] 《宋史·乐十七》，中华书局 1977 年版，第 3350 页。

近代中国的校园歌舞和器乐曲仍有沿用《霓裳羽衣》之名的作品。[1] 时至当代，与《霓裳羽衣》同名的创作舞蹈也相继出现在舞台上，20 世纪八九十年代以来，舞台上相继出现的仿古乐舞如《长安乐舞》《仿唐乐舞》《大唐乐舞》等，其中就有新创作的《霓裳羽衣》。北京舞蹈学院也曾创作表演了同名舞蹈。这是在《霓裳羽衣》失传的情况下，当代艺术家的再度创作。

《霓裳羽衣》以乐舞现身历史，但其意义已经超越了乐舞本身，《霓裳羽衣》凝结了盛唐历史起伏跌宕的过程。后世人们不断地追慕《霓裳》仙境，摹写遗音，复现古舞，这种现象亦说明，在历史记忆的深处，以《霓裳羽衣》为符号的一代盛唐，对中国人有着深刻的影响，人们对盛唐也有着难以抹去的缅怀与追忆。如果说《霓裳羽衣》所表现的仙人仙境，寄托着唐玄宗心中的理想情怀的话，那么《霓裳羽衣》的代代流传，实际上也使此曲成为人们心中的那一曲曲《霓裳》。人们心中的那一曲曲《霓裳》，有对帝王治国理政、得失成败的反思，有对盛世难常的抱憾，有对一代帝王与贵妃之爱情绝唱的感慨。后人对帝王与贵妃的爱情故事的猎奇与关注，更是注入了无数个体内心的解读及其想象，这一切再度使《霓裳羽衣》潜藏着艺术创作空间，并含藏着无数个版本的可能性。

总之，历史的积淀使得《霓裳羽衣》成为盛唐历史文化符号，成为中国人对古代历史最骄傲、最美好的一段记忆。《霓裳羽衣》的遗音，一千多年来，一直沉响在中国人的心里。

三、结语

穿越历史，站在今天"一带一路"文化艺术交流合作平台上来审视，《霓裳羽衣》记录着古代丝路的乐舞交流、交融的历史片段。《霓裳羽衣》是由西域"婆罗门乐"与东土"华乐"相结合，此属于乐舞的异质结合，不同乐舞风格的融合，而产生的古代优秀作品。它是古代丝路带来的不同乐舞文化互鉴的成果。《霓裳羽衣》的历史，体现了开放、包容、交流的魅力。

《霓裳羽衣》的创作与产生，经历了从西域外国到中国大唐（即从天竺经由中亚到长安），从地方到中央（即由西凉节度使从边地进献到朝廷），从民间流传到精英创作（即从丝绸之路上的流传，到帝王贵妃与宫廷乐工舞伎的创作表演）的多层路径。演出与传播再度从京城长安流播到地方。唐代以后，依靠着盛唐的持续影响力，以及盛唐戛然而止于安史之

---

[1] 凌纯声、童之弦编，吴梅校：《霓裳羽衣》自序，商务印书馆 1923 年版；夏滟洲：《中国近代音乐史简编》，上海音乐出版社 2004 年版；董锡玖、刘峻骧主编：《中国舞蹈艺术史图鉴·当代舞蹈》，湖南教育出版社 1997 年版。

乱的历史撞击作用力，《霓裳羽衣》成为了历史符号，被镌刻在史册中。虽然我们已经看不到《霓裳羽衣》的真容，但是相关文献记载和文物遗存尚有，无形的精神影响力尤在。这是古代丝路带给我们的精神遗产。而这一切都说明了文明在开放中发展、艺术在融合中共存的道理。

今天的"一带一路"文化艺术交流合作平台之广阔，已经远远超越了历史，各国家之间的合作、发展与传播等，也早已超越了古代丝路的局限性，各国政府之间牵手搭台也是多层面，文化艺术合作与发展前景，令人瞩目，不可限量。我们重温《霓裳羽衣》这个典型个案，不仅仅是为了回忆，更重要的是，希望能为"一带一路"沿线各国间深层次的文化艺术交流合作，带来启发和灵感，促进更多的创作与成果。

海上丝绸之路上的戏曲传播与反思

——以东南亚为例

康海玲 / 中国艺术研究院副研究员

一、戏曲在东南亚传播发展的整体概貌

海上丝绸之路这条贯通东西方文明的海路，以商贸为依托，还以承载文化交流的和平之路的特殊身份载入史册。这条海路串联起东亚、东南亚、南亚、西亚、非洲东部、欧洲等众多沿线国家，历史上不同时期，中国的诗歌、小说、戏曲、音乐、绘画等文化艺术，经由这条特殊的大通道得以海外传播，走向世界。

中国传统戏曲不仅在本土的舞台上占据重要的地位，还随着华侨华人的迁徙，在海上丝绸之路沿线国家和地区得到传播，拓展了海外空间，在欧美澳、东南亚等国家和我国港澳台地区移植发展，作为华族的一种标志性文化，长期活跃于华人的日常生活中，以民族语言文化为基础，建立了一个"艺术中华"网络。

东南亚是海上丝绸之路上文化艺术交流的重要枢纽，是海外"艺术中华"的重镇，是中国传统戏曲海外传播的繁盛地区，其成就及影响，远胜过欧美澳等地，不仅建立了独立的戏曲史，时至今日还常演不辍。戏曲在东南亚是中国传统戏曲在海外传播的典型个案，十分具有代表性，既揭示出戏曲在海外特殊的生存境遇与问题，也为全球化语境下戏曲的可持续性发展提供一些实证和启示。

戏曲在东南亚可以看成是一个整体，是一个建立在东南亚不同国家戏曲活动及其相互关联网络上的整体。从 17 世纪初戏曲登上印度尼西亚的舞台开始算起，四个世纪以来，戏曲在东南亚的传播发展历尽艰辛，与华人的宗教习俗、社会娱乐、政治运动等密切相关，发挥着复杂多元的社会文化功能。

戏曲在东南亚的传播，主要得力于华侨华人。截至 2007 年年底，世界华侨华人总数为 4543 万人，其中，东南亚为 3348.6 万人，约占全球华侨华人总数的 73.5%。再加上数量众多的新移民。东南亚的华侨华人是一个最集中且数量最庞大的群体。不同时期的华族移民为戏曲文化的传播创造了得天独厚的条件。据现有研究表明，中国人移居东南亚最迟从 13 世纪中叶开始，至 15 世纪时已出现中国移民的聚居区，而大规模移居东南亚则起于 17 世纪，20 世

纪上半叶达到最盛。华人移民海外，不仅把自己的风俗语言带到了世界各地，也把中国的诗歌散文、戏曲小说、音乐绘画等带到所在的国家和地区，作为族群生活和文化认同的形式，发扬光大，其中，戏曲尤为突出。华族移民数量的不断增多，促成了东南亚各国华族社会的形成与发展，戏曲的跨界传播也便拥有了强大的生力军。

总体而言，戏曲在东南亚的传播始终在两个向度下进行：一是华语戏曲的世界化向度，二是华语戏曲的本土化向度。戏曲对于东南亚而言，是中国的"舶来品"。从民族艺术看，它属于中华民族艺术。从国别艺术看，东南亚华语戏曲属于外国艺术，已经姓"新""马""泰""印""菲"等。

二、戏曲在东南亚传播的阶段性特征

笔者将戏曲在东南亚的传播发展划分为六个阶段，即发端阶段、发展阶段、繁荣阶段、沉寂阶段、复兴阶段和重整阶段。

（一）发端阶段（1900 年前）

1900 年前，戏曲到达东南亚主要是从当地华侨的自娱自乐开始。华族移民大多来自闽、粤两省，他们生活在东南亚社会最底层，文化教育水平低下，思想认识贫乏，凭着已有的记忆，自发地传唱乡音乡曲，演出家乡的折子戏或片段，并通过口耳相传的形式把各自的家乡戏传承下来，这是戏曲最初在东南亚呈现的状态。

戏曲传播到东南亚各国的时间先后不一。1603 年，戏曲最先登上印度尼西亚的舞台，成为华侨娱乐、酬神的一种重要方式。1648 年，缅甸已有戏曲演出活动。17 世纪中叶，潮剧在暹罗大城演出，备受当地华侨和朝野人士的赞赏。1830 年前后，福建南安县岑兜村的高甲戏班"福金兴"班到新、马、越一带演出，把高甲戏的艺术种子播撒在这片蕉风椰雨的土地上。戏曲传播到菲律宾相对较迟，1851—1874 年，有琼剧到菲律宾演出的记录，戏曲大规模传入是 20 世纪初期的事。老挝、柬埔寨、文莱等也有零星的戏曲活动。

这阶段传播到东南亚的剧种不少，由于闽、粤籍华侨居多，所以，福建戏和广东戏（当地华侨称其为"广府戏"）占主导。高甲戏、梨园戏、歌仔戏、闽剧、粤剧、潮剧、琼剧、广东汉剧等纷纷粉墨登场。戏班大多来自中国，当地的草班寥寥无几。演出大多是在华侨聚居地的临时露天舞台上进行，观众以当地华侨移民为主。演出的剧目、体制、戏俗等都照搬中国本土，艺术上不见创新。

（二）发展阶段（1900—1920）

1900—1920年是传播到东南亚的各剧种逐渐扎根并寻求发展壮大的阶段。辛亥革命前后，中国社会时局动荡，闽粤等地人大规模移居东南亚，为戏曲在该地区的传播提供了数量可观的观演群体。观众的需求与社会的变革是促进各剧种发展的动力。戏曲演出逐渐发展成为东南亚华侨最主要、最热心的酬神娱乐方式。

短短二十年间，戏曲发展的步伐迈得很快。随着华人社会经济实力的逐渐雄厚，各种节庆民俗活动的日益丰富，宗教祭祀娱乐形式的日渐频繁，戏曲的演出越发活跃。来自中国的戏班不断增多，扩大了戏曲的影响力，演出向常年性和固定性发展。

高甲戏、潮剧、粤剧、琼剧等都得到了长足的发展。其中，高甲戏与潮剧的发展最为乐观。据现有史料记载，1912—1914年，福建同安县的高甲戏班——福和兴班到达新马一带演出，剧目有《舌战群儒》《黄盖献苦肉计》《孔明借箭》《孔明献西城》《白蛇传》《赵匡胤下南唐》等。该戏班的到来，促进了高甲戏的传播。随后，福美兴班、福庆兴班、福兴荣班、福和兴班、金和兴班等也先后到印度尼西亚、菲律宾、泰国、越南等国演出，在当地华侨观众中引起较大的反响。潮剧的发展势头也不容小觑。新加坡、马来西亚、泰国、柬埔寨、越南等的潮剧演出点不断增多。泰国曼谷成为海外潮剧的中心，老正顺、中正顺、中一枝香、老赛宝丰、老赛桃源、老万年等潮剧戏班云集，为潮剧的发展做出了很大的贡献。

从乡村走向城市，这是戏曲在东南亚不断扩大影响的一个显著的特征。戏曲初登东南亚草台，一般在乡村演的多。随着华侨经济的发展，娱乐业得到了带动，戏曲演出范围就由乡村拓展到城市，进入更多更高阶层人们的视野。城市观众较高的文化水平与欣赏水平，促进了戏班演出水平的提升。

演出空间的变化是这阶段戏曲活动的另一个重要的特征，即由早期临时搭建的露天草台，走向较固定的娱乐场所或专门的戏院。戏院或戏园的出现，标志着在制度和组织形式上娱乐性戏曲的成熟，商业演出得到了发展。这阶段，新加坡演出较多的戏园子有梨春园、普长春戏园、庆升平戏园、庆维新戏园、怡园和哲园等。泰国的戏院更是远近闻名，单是曼谷唐人街耀华力路附近，就有杭州戏院、西湖戏院、西河戏院、和乐戏院、真珠宫戏院等大大小小近20家的戏院。演出空间的变化，促使戏曲更专业化和高雅化。

辛亥革命前后，戏曲在东南亚还有一个显著特征，即一方面进行戏曲改革，一方面配合革命运动。为了适应时局的需要，戏曲经历了一场深刻的变革，其思想性、艺术性以及戏曲艺人的专业素质等都得到了提高。时装剧、文明戏的出现，改变了戏曲舞台的固有模式。旧瓶装新酒，戏曲转而成为宣传新思想的新型舞台表现形式。诸多戏曲艺人以戏曲为武器，以舞台为阵地，直接或间接地支援辛亥革命。

（三）繁荣阶段（1920—1942）

1920—1942 年是戏曲在东南亚的繁荣阶段，呈现出前所未有的活跃局面，取得了最辉煌的成就。来自中国内地、港台地区等的外来戏班增多，本地戏班也纷纷组建。各剧种经过之前的发展，迎来了它们的"黄金时代"。

戏曲在东南亚的繁荣得力于多方面的因素，社会环境的适宜土壤是其发展壮大不可缺少的条件。首先，这段时间，东南亚国家社会相对稳定，经济处于上升阶段，这就为戏曲的繁荣创造了良好的外部条件。其次，伴随着 20 世纪初华侨移民浪潮的到来，华族社会的力量越来越壮大，他们在东南亚各国经济领域的优势也越来越突出，社会地位得到了明显的提升，他们对建立在方言群基础上的民间习俗信仰和宗教仪式更加重视，这样，与之相关的戏曲活动就自然而然地备受青睐。华族民俗生活的强烈需求把戏曲的演出推向了高潮。华族社区大到华社的民俗节庆、宗教祭祀，小到个人家庭的婚丧喜庆等，都出现了搬演戏曲的盛况。潮剧、粤剧、琼剧、福建戏等从 20 世纪 20 年代开始更加欣欣向荣，20 世纪 30 年代发展到了高峰期，这股热潮一直延续到 20 世纪 40 年代初太平洋战争爆发之前。

外来剧种、戏班不断增多，新的竞争氛围的形成促进了戏曲在东南亚的繁盛。这阶段，除了之前移植到东南亚的几个大剧种之外，广东汉剧、闽西汉剧、台湾歌仔戏也跻身其列。中国内地、港台地区的戏曲团体频繁往来，争奇斗艳。他们深厚的功架，娴熟的唱腔技艺，高超的做打功夫等，也促进了本地戏班演技的提升。本地戏班数量剧增，演出繁多，为戏曲在东南亚的传播创造了欣欣向荣的局面。如歌仔戏班在东南亚就组建了不少，经常在新、马、印、菲等国家演出，形成了一个较为强势的歌仔戏演出网络。据现有资料显示，东南亚一带陆续组建的职业、业余歌仔戏剧团有 30 多个，一定程度上丰富了当地华侨的社会生活。

舞台表演形式的创新，以及商业演出的兴盛，开创了戏曲在东南亚新的上座率。这阶段的戏曲，吸收了东南亚的艺术因子，还吸收了电影、话剧等的舞台调度和表现手法，唱腔音乐更动听，舞台美术更趋于现代化，服饰化妆更新颖精美，这些无疑都增加了戏曲的魅力。戏曲的商业演出也达到了鼎盛，一方面，在乡村积极配合华侨的民俗节庆，演出活动热火朝天。另一方面，开辟了城市更多的演出空间，游艺场、善堂、茶楼、酒馆、码头等地商业戏曲的发达，进一步彰显了戏曲的娱乐功能，共同写下了戏曲在东南亚的辉煌篇章。

专业组织的出现，赋予戏曲更纯粹、更精雅的艺术和社会意义。如 1921 年，马来西亚雪兰莪人镜慈善白话剧社成立了"中乐部"（后改为粤剧科），既演出粤剧，也进行戏曲研究。20 世纪 30 年代，吉隆坡出现的专业粤剧班社更多，其中影响最大的是"八和会馆"，他们所开展的戏曲活动格调更高雅，一定程度上推动了戏曲在东南亚的发展与繁荣。

1937 年至 1942 年年初太平洋战争爆发前，戏曲在东南亚迎来了抗战戏曲的高潮。为了宣传和筹赈，戏曲成了抗战文艺运动中最具群众性和影响力的艺术武器，这是东南亚华侨的侨民意识的产物。其中，新、马、泰的抗战戏曲最为典型。潮剧、粤剧、琼剧等纷纷推出了一些与抗战有关的剧目，一时间，传统舞台成了华侨抗战救亡、摇旗呐喊的阵地。在新加坡，馀娱儒乐社、潮州八邑会馆、六一儒乐社、陶融儒乐社等积极组织戏曲义演，以支持闽粤等地的民众抗战。在泰国，抗战期间潮剧迎来了第二次发展高潮。

（四）沉寂阶段（1942—1945）

太平洋战争爆发后，东南亚硝烟弥漫，社会动荡，经济萧条，民众遭殃，戏曲受到了严重的摧残。泰国、菲律宾、印度尼西亚等的戏曲活动基本处于沉寂状态，新马的戏曲活动虽未见断层，商业演出依然存在，但整个戏曲生态遭到了前所未有的破坏，演出活动由盛转衰。

在新马，业余演剧和职业性的商业演剧命运各不相同。其中遭受最致命打击的是 20 世纪 20 年代以来发展态势较好的业余演剧活动。艺人受戕害，剧社或戏班被迫解散，业余演出活动停止不再。职业性的商业演出仍然存在，演出从次数上看还较频繁。最主要的原因有二：第一，日军在新马实行专制，但并不大干涉华侨的宗教祭祀生活，因此，配合华侨的节庆民俗与宗教祭祀的戏曲演出活动照常进行，这也给日军提供了看戏的娱乐。第二，日军为了粉饰太平，制造假象，美化所谓的"大东亚共荣圈"，强迫戏班继续演出，以满足他们的宣传之需。艰难维持下来的演剧活动，为战后戏曲的复兴准备了艺术火种和必备的条件。

（五）复兴阶段（1945—1970）

战后十五年间是戏曲在东南亚复兴乃至再度繁荣阶段。二战结束后，东南亚各国摆脱了战争的桎梏，相继独立。该地区的政治、经济、文化事业等逐步恢复，戏曲赖以生存发展的社会环境得到了改善，迎来了复兴的新局面。

东南亚华侨纷纷加入所在国国籍，政治认同与文化认同发生转向。中华人民共和国成立后，社会制度、华侨华人政策与东南亚社会意识形态等的变化，都对戏曲在东南亚的传播产生了影响，戏曲的传承与发展呈现出动荡起伏的不稳定状态。

战后初期，戏曲的生态得到改善，戏班得以重建，演出活动逐渐恢复。此后四五年间，戏曲演出的艺术形式和社会意义有了新的变化，业余演出和职业性的商业演出都获得了较大的发展，戏曲再度繁荣。20 世纪 50 年代初期，东南亚的娱乐业跌进了低谷，戏曲的生存空间再次出现了危机。20 世纪 50 年代中期至 1970 年，戏曲在东南亚的发展渐趋稳定。新的娱乐形式如歌台、电影、现代舞的兴起，挤对了戏曲的演出市场。

中华人民共和国成立后，戏曲在东南亚的生存状况发生了一些变化。东南亚大多数国家和中国基本上中断了联系，也切断了来自中国方面的戏曲资源，戏曲的发展受到了影响。另外，东南亚华侨国家认同、政治认同的转向，是影响戏曲在东南亚发展的一个不可忽略的因素。

新中国新的华侨政策鼓励华侨加入当地的国籍，现实生活的需要，也促使他们认同移居的国家，逐渐成为所在国公民社会的组成部分。东南亚各国对境内的华人进行不同程度的同化与归化，华人原有的传统文化受到限制，戏曲也不例外。

（六）重整阶段（1970 年至今）

1970 年以后，东南亚各个国家加快了现代化进程，戏曲渐渐与东南亚华人的现代化生活产生了隔阂与疏离，逐渐走下坡路，乃至面临失语的危险。只有重整，才能保存其一息血脉。

最近这四十几年来，戏曲在东南亚赖以生存的基础产生了很大的动摇。首先，华人审美视角的拓展，现代娱乐方式的挑战，深刻影响了戏曲的传承。电影、电视、歌台、舞厅、卡拉OK、时装表演、家庭影院等娱乐，以其较强的参与性、休闲性、刺激性激发了华人的兴趣。戏曲相形见绌，主题的老旧、唱腔的隔阂、脸谱的古怪、灯光设备的简陋、语言的障碍等，都拉远了与观众的距离。即便是在戏曲发展态势一向较好的新、马、泰、菲、印等国家，戏曲被边缘化的境地也明显可见。其次，没有观众就没有戏曲。老一辈华人观众不断丧失，新的观众缺乏培养，戏曲的传承出现了断层。年轻一代的华人后裔接受的是当地主流文化的教育，和传统的中华文化疏离，他们难以对古老的戏曲产生兴趣。再者，中国政府和当地国家的扶持相当有限，戏曲在东南亚自生自灭现象很普遍。虽然从 1980 年开始，中国戏曲的对外交流活动增加，演出形式多样并存，有纯商业演出，有艺术节演出，有政府友好城市献演，还有友情支持的庆典演出等， 但戏曲在东南亚的生存空间毕竟有限。

戏曲的娱人功能不断弱化，它在东南亚的存在价值，主要在于酬神娱鬼等宗教功能的发挥。离开了华人的节庆民俗与宗教祭祀仪式，戏曲在东南亚的生存就岌岌可危。戏曲与华人的民间信仰和宗教生活的关系，明显地体现在神诞及与之相关的一些庆典上。据笔者所做的田野调查发现，戏曲在马来西亚常年围绕以下的神诞演出：大伯公诞、济公诞、天后娘娘诞、关帝爷诞、齐天大圣诞、发主公诞、九皇爷诞、观音诞、福先师诞、天蓬元帅诞、财神爷诞等。戏曲的参与成了宗教祭祀活动的一个重要环节，演戏活动的开展也进一步强化敬神、酬神、娱神、娱鬼、驱疬等的宗教目的。

笔者多年田野调查得知，马来西亚中元节的戏曲展演、新加坡韭菜芭城隍庙城隍爷诞的酬神戏、泰国九皇斋节的戏曲演出最繁盛，构成了戏曲在东南亚的三道最有代表性的景观，显示了戏曲在东南亚演出的常态。

这阶段，有不少曾经活跃或创造辉煌的剧种逐渐沉寂，甚至消失。高甲戏、琼剧、粤剧、梨园戏等剧种的没落不可挽回，潮剧和歌仔戏是目前在东南亚最有生机和活力的剧种，也几乎是在酬神、庙会期间才上演，其他时段只有零星的演出。

泰语潮剧的出现，是戏曲在东南亚经过一番重整与变革的新成果，是潮剧在东南亚本土化的生动个案。从 20 世纪 20 年代—40 年代，潮剧在泰国经历了两度现代化的改良之后，已经有了适应泰国社会的一些基础。到了 20 世纪 70 年代末至 80 年代初期，为了切近泰国社会，争取更多的观众以薪传潮剧的艺术命脉，庄美隆等一些激进的改革者尝试用泰语来演出潮剧，泰语潮剧应运而生，备受泰国民众的喜爱。1982 年，首部泰语潮剧《包公铡侄》上演，受到了诗琳通公主的赞许，观众也好评如潮。之后，《杨门女将》《八仙过海》《大禹治水》《忠烈杨家将》等泰语潮剧剧目的出台，在泰国社会掀起了观剧的热潮。

戏曲在新、马的改革与重整主要体现在文化功能的拓展和戏曲教育的社会化上。演戏酬神这种文化行为被赋予更多的社会文化意义，比如彰显华人的文化权、兴学助教等。新加坡的戏曲教育在东南亚 11 个国家中是首屈一指的，新加坡戏曲学院、新加坡城隍艺术学院、新加坡传统艺术中心等为戏曲的传承做出了突出的贡献，也为东南亚其他国家的戏曲传承提供了有益的借鉴。

三、反思：戏曲在东南亚的境遇与问题

比起在中国本土，戏曲在东南亚涉及的社会因素更为复杂，所遭遇的问题更为棘手。在政治动荡、种族隔离、文化多元、主流文化排斥等因素的影响下，戏曲不断遭受生存的诘难，逐渐被边缘放逐，淡出华人社会。

（一）制约与冲突

戏曲在东南亚必然受到所在国的政治经济、种族文化、社会教育、民众心理等多方的制约。现代性话语对地方性文化的排斥是显而易见的，戏曲与主流意识形态、东南亚各国国家文化之间的冲突也是有目共睹的，这些都限制了戏曲的传播与发展。

从民族文化传统的角度而言，戏曲是华族的地域性文化产物，属于华族民间的、地方性文化范畴。人们早已习惯把包括戏曲在内的传统文化看作落后的文化，把戏曲的酬神活动看作迷信的行为。华族的地方性传统一次又一次地充当现代化改造的对象。随着现代化进程的推进，对戏曲等被边缘化的传统文化的排斥，与其说是试图改变华人社会的认知模式，不如说是在戏曲与当地的、现代的艺术样式的较量中，传统受到菲薄，现代得到张扬的结果。这种结果必然导致以戏曲为代表的华族传统文化被现代文化所排斥和取代的局面。

从意识形态的角度而言，戏曲演出行为是华族市民社会意识形态的重要表现方式。长期以来，它受到东南亚各个国家官方意识形态的排斥和禁限。华族通过演戏聚众，凝聚了族群的力量，也形成了民间的公共文化空间。这种公共文化空间既可以弘扬和强调现有秩序，也可以对官方现有的秩序进行一定程度的反叛和颠覆，这是官方所担忧并加以禁止的。如在马来西亚，戏曲遭到禁限的主要原因是种族的问题。在"文化马来化"的理念指导下，政府以

法律条文的形式制定了相关的政策加以禁限，主要从扰乱社会治安、影响民生经济、激发种族冲突等角度限制戏曲演出。禁戏的实质体现了官方意识形态对市民意识形态的控制，也体现了主流文化对边缘的、非主流文化的限制。

戏曲在东南亚流传的历史，也是一部华族克服禁限，保护传统文化的血泪史，戏曲多次遭遇政府的禁限，其生态受到了破坏。在冲突与禁限的过程中，由于戏曲及其演剧活动自身具有灵活性和变通性，在东南亚不同国家，能根据生存土壤的不同做出适当的调整，在多方协调中寻求发展的路径，才得以在华人社会中代代相传。

（二）语言的缺失

语言是影响戏曲在东南亚传播与发展的重要因素。戏曲在东南亚的困境最突出体现在语言上。方言是戏曲最重要的特征，戏曲是展示华语方言的"微缩胶卷"，是洞察华族传统文化的窗口，特别是在东南亚多元种族、多元文化、多元语言的社会结构中，语言界定戏剧的意义显得更深广，而且表现出明显的复杂性。戏曲是用华语方言表演的传统文化，方言的使用保证了戏曲在东南亚的身份归属问题，即中华性。

华人对方言的传承与坚守，是戏曲脱离母体得以在东南亚传播发展的先决条件。不同的方言支撑不同的剧种，不同的剧种由于语言的不同得以区别，并且呈现出不同的艺术风貌，承载不同的地域特色。东南亚的华人具有独特的语言天赋，其独特的"语言马赛克现象"主要为了满足生活之需。他们表现出的多语言能力有利于不同方言剧种的承传和发展，戏曲各剧种因此突破了方言聚居区，获得了更为灵活、宽广的流播空间。

离开了坚实的语言基础，戏曲在东南亚的生存遭受到很大的威胁。东南亚各国家的建立，国语、官方语言的确立，弱化了华语方言的使用价值。随着语言的隔阂和民族感情的疏远，华人追求和向往更多的是西方文化，对祖籍国——中国的传统文化、历史地理、人文风俗等，知之甚少或者毫无所知，因而对戏曲普遍缺乏感情，兴趣索然，这无疑给戏曲的传承带来困难。如在新、马两国，英语和马来语的优势不可低估，华语的缺失以及华人在文化上出现的明显"西化"倾向，导致戏曲的盛况难再。在印度尼西亚，苏哈托政权在漫长的 32 年的统治期间采取的排斥华文华语及中华文化的政策，导致如今 40 岁以下的绝大多数华人不能使用华文华语。

方言的衰落，传统文化的缺失，是东南亚国家华人社会日益凸显的事实，对戏曲造成了严重的打击。语言的问题终究是一个致命的问题，言语障碍不解除，戏曲就难得深入人心，这是戏曲在东南亚面临的共同的大困境。

（三）歌台的挤对

在东南亚华人社会，所谓的歌台，指的是以现代歌舞为主的，用华文创作、用华语方言或普通话演出的艺术表演形式。其表演的内容通常多样化，包括流行歌曲、相声、短剧（如话剧、哑剧），也有歌剧、舞剧、现代舞蹈表演等。作为一种经久不衰的大众化表演形式，歌台一直以其轻松、快乐、时尚、刺激和一定程度的参与性，得到不同年龄阶段人们的喜爱。

歌台除了能给大众带来娱乐外，还可以在华族宗教祭祀中娱乐神鬼。这样，早先纯属世俗化的歌台表演就带上了宗教色彩，作为酬神娱鬼的交流工具，与戏曲相抗衡。如果说在歌台兴盛之前，戏曲是华族宗教仪式中不可或缺的内容，那么，歌台的兴盛，瓜分了戏曲的舞台，挤对甚至取代了戏曲。戏曲赖以生存的最后一片沃土发生了动摇。

歌台挤对戏曲，出现了完全取代和两种艺术样式杂糅演出的尴尬局面。20 世纪 50 年代开始，歌台的蓬勃发展，转移了观众的视线，许多大剧种，如高甲戏、琼剧、粤剧等的演出被歌台取代，呈现出萧条的景象。70 年代，歌台取代戏曲的现象更加明显。如马来西亚农历七月的中元节，短短一个月就有 200 多场歌台的演出敬献给神坛。2000 年以后，在新、马一带，歌台的演出呈现更加强势的局面。在华人的节庆中，原本由戏曲主导的局面被歌台取代。另外，还有一个有趣的现象是歌台、戏曲的杂糅。即在同一宗教仪式中，歌台与戏曲合作，前半段节目为歌台表演，后半段为戏曲表演。

导致戏曲从其重要的生存场域，特别是华人宗教仪式中逐渐淡出的原因有很多，娱乐性的歌台的介入更进一步诱发了华人观演模式的转型，动摇了华人宗教仪式中戏曲存在的稳定性，造成了戏曲生态的逐渐恶化。可以想见，随着现代社会的日新月异，不断向华人社会汹涌而来的其他新思潮和新型文化娱乐形式，也将会以不同的方式瓦解原本已经不再稳固的戏曲观众群。戏曲的抢救，在东南亚已经是势在必行。

戏曲在东南亚传播与发展的历史是戏曲在海外国家的缩影。戏曲在书写东南亚不同历史时空语境与思想文化的可持续性和适应性的过程，其实就是戏曲保留"中华性"与追求"本土性"的过程。东南亚戏曲的生存危机，即戏曲在不同国家不同历史阶段的生存境遇和所遭遇的问题，不仅揭示了戏曲在不同土壤的个性发展，也揭示了戏曲在海外国家共同的命运。

戏曲作为高度发展的表演体系，也是富有活力、不断流变、包容性强的综合性艺术，只有不断地革新，才能在海外，特别是华人社会生生不息，不至于泯灭在现代多元的艺术长河里。文化身份的重建、艺术面貌的革新与文化资源的组合等是戏曲在改革与重整时亟待深入探讨的问题。

大国的艺术思路

汤珂 / 丝绸之路（敦煌）文史研究所研究员

我们提倡传统，不是去为了吊唁历史，而是给未来寻找发展的方向，不是要为了沉醉过去，而是给文明提供前行的轨迹。这条人类文明交往的通路，我们把它叫作"丝绸之路"，但它的文明交流史远不止两千年，早在"人类大迁徙"的数万年前，它就是一条活跃的通道，"丝绸之路"的下面有"青铜之路"，"青铜之路"的下面有"陶石之路"，"陶石之路"的下面还有"基因之路"。

在丝路东端的中国人，始终有一种"大国情怀"，这种情怀基于两个方面的因素，一是强烈的地缘归属认知，二是高度的社会集体意识。关于地缘方面——人类进入农耕时代，不仅意味着充足的食物与高超的种植技术，它所蕴含的更深层的意义，即是文明的开启。农耕意味着定居，定居必然带来高效的经验积累，经验的叠加以量积质，形成了特定且持续的规律与模式，则以成"文"，"文"而化之族众，则以成"文化"。关于集体意识方面——在文化艺术领域，很多研究者认同"共性"的重要，而很多实践者则侧重"个体"的存在。完全不可忽视"个性"是对人类文化基因的丰富、是对人类思想意识的引领，而作为学者的意义正是要对主流提出对照性的看法与论述，这本身也是"个性"的。根据人类文化学的研究共识，"人属"至少存在 16 个人种，而今天仅存有"智人种"。我们这一支人种的成功源于什么？是智力？是体能？是圣贤？是英雄？都不是。我们靠的是数量、是集结力、是社会化，而这些特征在已消失的那些人种中皆无显著表现，他们均无法建立、组织大规模的群体性公共活动，无法进行高度集中化的细致分工，无法组织群体庞大的军事力量，所以在自然进程中我们以"社会化"优势，取得了最终胜利。也正是基于"社会化"的特征，我们才有了宗教、有了艺术、有了政治，且皆是为"人类的公共性"所服务。因此，论以人类社会为基础的艺术学，则艺术的本质意义，就在其"公共性"。"公共性"的行为特征，就表现在不同的群体与群体间、个体与个体间、个体与群体间的互通交流。因为我们不排斥差异群体间的互通与交流，所以我们本能地在原始时期，就开始了跨地域、跨民族的物物交换活动，不同的技术、不同的物产、不同的生存经验、不同的生活方式，在社会化的大流通中相互影响，相互渗透。因此，无论相隔多远，总会有不同文化间经行的通路。在考古学出土的物证中，其他已灭绝人种的遗物范围内，我们很难发现超出其生活范围以外的物产，甚至他们的加工器物数十万年也不改变其工艺和制式，因为人属本身的智力水平，就决定了必然成为生活范围内的绝对生物链顶端，加之主观的闭塞导致无有同类交流，也没有危机与竞争意识的产生，所以没有进化的必要。而于同期，在我们这支人种的遗物中，可以找到大量的来自远方的矿物、植物、动物遗骸，这说明我们在初始阶段，虽然没有优越的脑容量、没有强大的体能、没有极佳的环境适应力，但是我们至少在数万年前就已经进入社会化的进程，展开长途的迁徙与交流，始终合作、始终因交流而激发着竞争的危机意识，因此，我们不断进化，不断高效地汲取外来经验，不断地向着更高的文明形态进步。当汉武帝通过出使西域得知在域外尚有另一个强大的西方文明，则他的天下观必受前所未有的冲击，以使之打破固守、强国奋发。然而，在早期以物易物的过程中，纯粹物产性的资源，在交换过程中难以产生最大化的利益价值，所以，物质的附加值被人类日益进步的想象力所创造，并赋予商品之上，那就是艺术。在原始时期，除了商品的交换需要艺术的附加，以实现利益的最大化，另外也有一项最重要的人类活动，亦无法脱离艺术的介入，那就是信仰。信仰，是维护人类社会基本形态的精神主体，没有共性就没有社会，没有社会就没有今日之文明。信仰系统本能地排斥个性的存在，像对人种的筛选一样，具有共性能力的群体允许存在，没有集结能力的群体必须消亡。因此，信仰必然是公共性的，而信仰之形而下的艺术表现形式也必然是服务于公共的。

中国近千年以来的主流绘画艺术形式，渐失了艺术的公共性特质。大量的纸本绘画变为三两成趣的文人自赏，很少再兼有社会活动的公共艺术性作用。中国在汉以后形成过两大传统，一是"汉唐本体传统"，二是"宋元文人传统"。汉唐的开放与包容精神，强调的是国家，弱化的是民族，融通的是信仰，打破的是局限，而丝路的地缘文化精神恰恰是要摒弃"华夷"的小我，提倡亚洲的命运共同。无论是汉是宋，都是主观向着先秦思想的追溯，而在这两个传统体系内，既有中原文化因素，也有外来文化因素，且都包含着"儒释道"的价值观念。而在"儒"的方面，无论是汉是宋，都改变了先秦儒家"德礼"的自然由心的精神本质，尤在宋以后，更侧重"法礼"的"器用"部分——仪表大于德心、效仿重于抒情，但这并非我们今天要讨论的重点，重点是有关绘画的"汉唐本体艺术"与"宋元文人艺术"的本质区别：

首先，汉唐艺术是以宗教、信仰与神事为主要功能的公共艺术，它作为思想传播的共有载体，是社会活动与仪式的主要媒介。而进入宋元以后，绘画艺术的主流更多的是作为文人士族抒发个人情怀的个人艺术，并不是用于社交与集会的公共活动，因此在艺术创作方面的个性化趋势则日见鲜明。

其次，以壁为载体的唐以前的壁画体系，是截然不同于宋以后的纸绢艺术体系的，可以说它们是截然不同、颇少传承的"两种艺术"。以色面构成的壁画公共艺术，它是造型的制作性绘画，有着严谨的程序，呈现出立于空间的建筑绘画效果，是中国艺术的本体语言，也是东西方通用的世界性艺术语言。而水墨系统，更像是中国艺术史上的印象主义，是不同于本体语言的、另一种躺在画案上的艺术表现形式。

最后，汉唐时期的绘画艺术之主流是以壁体为承载、附属于建筑，甚至本身就是建筑营造工事，尤在佛教传播的早期，文字语言对佛典思想的阐释功效，要远逊于图像的直观程度和普及程度，宗教是需要盛行于民、广汲其众的，在纸张尚未完全普及的汉唐时代，已然发展成熟的域外公共视觉系统，更远胜于文字翻译系统的传播力。而进入宋元以后，纸绢的普及与材料的革新，必然促生全新的水墨艺术表现形式，加之安史之乱、北方连年战火、唐末的社会动荡，致使士族集团、经济重心向东南部转移，大量不可移动的艺术品、壁画等几于殆尽，而纸绢粉本、小型珍宝却可转移保存，进而形成了在盛世衰弱后新的艺术收藏价值观——崇尚便携、大而尽毁。然而，当一个国家强盛之时，其最显著的表象特征便是"领土的不可撼动性"——没有携带珍宝背井离乡的必要。因为有着足够的领土自信，所以大兴土木、加造宫室、营建不可移动的艺术工程，包括石窟、寺院、园林等，恰恰是为了体现领土的必然稳固。这也是为什么有些王朝到了摇摇欲坠的末期，反而会去筑城、建宫、造园、修陵，那便是向天下昭示对政权的信心、对领土的坚信，是对民心最后的笼络。这是本论述中的重点——大国艺术的主流必然是公共性的，它一方面通过文化诉求统一信仰意识，另一方面通过群体仪式巩固社会关系，因为开放包容，所以四方来朝。

从人类文化学的角度，我们可以看清艺术本体在人类发展史当中的重要意义，它推动着人类文明的进程，启发着人类智慧的前行。通过持续的、各种形态的文化交流，我们彼此协助、相互激励。温故而以能知新，循着历史曾经的轨迹，我们行将致远、再耀东方！

南音新作《凤求凰》推介实践与理论思考

——兼探南音文化产业化的可行性

杨雅菁 / 泉州师范学院讲师

一、南音新作《凤求凰》的编创实践

南音，是以泉腔闽南方言照古音演唱，其行腔柔美婉转，曲词富有闽南文化特色，长久以来倚靠口传心授作为主要的传承方式。在 2009 年 9 月 30 日正式被联合国教科文组织（UNESCO）列入《人类非物质文化遗产代表作名录》。有关专家认为，南音的起源是跟随着往南方迁移的中原丝竹流播到以泉州为中心的闽南地区，并通过与地方民间音乐相互融合形成了具有中原遗韵的文化表现形式，又随泉州人的迁移流传至我国港澳台地区以及东南亚各国，从而形成了一个"南音文化圈"[1]。

20 世纪 50 年代之前，南音大多保持着馆阁的展示形态，作为南音弦友提升修养的一种自我娱乐方式。之后，大陆地区对于南音表演艺术形式的探索一直在持续着，如厦门出现了南音"表演唱"等形式，还出现了为满足政治运动的宣传目的将毛泽东诗词填入南音曲牌等现象。出于满足娱乐需求、进行政治宣传的需要，南音的表演功能逐步被强化，作为表演艺术的南音逐步形成，与传统的馆阁文化构成了不同形态的客观存在。

1966 年，台湾发起了"中华文化复兴运动"，台湾民众开始产生保护传统文化的意识；20 世纪 70 年代，台湾又发起"本土化运动"，强调"在地文化"以及"主体意识"，以发扬台湾"本土文化"为主要宗旨[2]。随着台湾"本土化运动"的不断发展，台湾民众更加意识到保护本土文化的重要性，从而促使南音受到台湾学术界的广泛关注。而相比之下，大陆地区对传统文化的保护晚了台湾二三十年。直到 1985 年左右，大陆开始对文化政策进行新的调整，大陆文坛上也兴起了一股"文化寻根"的热潮，促进大陆学者逐渐意识到本土文化的重要性，展开了抢救与整理南音资料、出版南音曲谱和发行音像制品等工作。

---

[1] "南音文化圈"，是指在一定空间范围内分布着与南音文化彼此相关的文化丛或文化群，这一空间范围称作南音文化圈。该表述是借鉴文化人类学家弗里兹·格雷布内尔对"文化圈"的表述。

[2] 引自百度百科"台湾本土化运动"。

1990 年左右，灯光、舞美、音响等设备科技水平的提升，不仅使得人们的娱乐生活更丰富多彩，也使得表演艺术在视觉上的呈现有了全新的突破。而随着人们的生活水平逐渐提高和社会的发展加快脚步，两岸文化交流愈加频繁，也促进了南音文化的交流。作为表演艺术的南音受到当时了盛行的民间乐舞、音乐剧、戏曲和曲艺等表演艺术的影响，技术理念的更新也促使两岸文化界开始对南音表演艺术进行创新探索。如厦门南乐团最先创作了大型舞剧《南音魂》，台湾汉唐乐府也紧随其后创作了古典乐舞《艳歌行》，台湾心心南管乐坊则创作了取材于南音的《胭脂扣》《霓裳羽衣》，随后，泉州南音乐团出现了"南音专场晚会"等创新探索，而这些探索也是传统文化在现代化发展过程的必然现象。

然而，当面临着传统南音是"固守传统"还是"改革创新"的问题时，人们总是在"对当下的发展"和"对传统的继承"二者之间产生的二元对立现象中徘徊。在这个矛盾的过程中，两岸的南音团体凭借着自身传承和复兴南音文化的理念，对南音做出了许多"拼贴""融合"等艺术探索。虽然，这些探索对于在国际舞台上的南音推介做出了一定贡献，但是对于南音文化的传承与传播，应该基于对南音文化资源的合理利用和对南音文化的"再创造"，却鲜有深入认识。

2014 年 2 月 24 日，习近平总书记指出："弘扬中华优秀传统文化，要处理好继承和创造性发展的关系，重点做好创造性转化和创新性发展。"[1] 南音新作《凤求凰》的创作正切中了既保护传统又发展当代的一个十分重要的理论依据，符合了南音作为非物质文化遗产"不断被再创造"的本质特征，是对南音文化资源的合理利用与再创造探索。传统与当代是不可能截然分开的，作为表演艺术的南音文化和作为弦友习得在馆阁乃至日常生活习俗中延续的传统南音文化更应是紧密相连的，是一体的两面。南音新作《凤求凰》作为一部南音舞台综合艺术作品，在确保继承传统南音的基础上，展现南音的美学特质、文化品质和独特的南音乐器以及演出形式，同时力求满足当代人的审美需求，是南音文化在当代传承与传播的应有之义和应有之态。本文将对南音新作《凤求凰》的创作背景、创作实践和创演实践评价综述进行全面剖析。

（一）南音新作《凤求凰》的创作背景

2000 年，泉州师范专科学校（泉州师范学院前身）在大专音乐教学中设置了南音选修课程，连续开设了三届，主要以培养大专音乐班学生的南音兴趣。随后在 2003 年，泉州师范专科学校晋升本科院校而更名为泉州师范学院，并设置了音乐学（南音方向）本科专业，王珊教授联合泉州南音乐团与国家级项目南音代表性传承人，耗时 4 年编撰了 9 本泉州南

---

[1] 中共中央宣传部：《习近平总书记系列重要讲话读本》，学习出版社、人民出版社 2014 年版。

音教材。作为海内外独一无二的培养南音本科专业人才的高校，泉州师范学院为海内外南音团体和泉州市中小学南音教师注入新鲜的血液。2011 年，泉州师范学院南音专业获批"服务国家特殊需求人才培养项目（艺术硕士）"，并于次年设置"南音演唱""南音演奏"和"文化产业与南音文化推广"三个方向，开始招收音乐领域南音专业研究生。2013 年，泉州师范学院获批"福建省 2011 计划"南音文化传承与发展协同创新中心（下文简称"南音文化协同中心"），形成南音文化传承、研究、教学三足鼎立的崭新格局，突显出高校对于南音文化的传承、南音表演艺术人才和南音文化推广人才培养的重要地位。该协同中心的主任王珊教授长期致力于南音文化高校教学、传承、科研三位一体、协同发展的工作，持续关注着南音作为传统文化应该如何在当代续存和传承传播等问题。

南音新作《凤求凰》编创缘起于 2014 年于泉州市鲤城大酒店召开的"第一届南音国际学术研讨会"。与会期间，王珊教授、郑长铃教授、曾学文 [1]、吴世安 [2] 四人晤面后谈起了以泉州师范学院主办创排南音新作的念想。王珊教授认为，"南音作为一个乐种，在高校人才培养上离不开南音表演形式的实践"。她还表示，创排南音新作的音乐一定要是南音，而表演形式可以进一步探索，作为大学必须有责任来做引领社会发展的开拓者，一方面满足高校在教学上对人才培养和艺术实践的需求；另一方面也促进非物质文化遗产项目南音从实践上实现当代的再创造，才能满足当代受众对文化的需求，促使南音能够再一次融入民众的生活。

新作编创的经费来源于"南音文化协同中心"。在讨论创作理念之初，吴世安先生总结了编创南音乐舞《长恨歌》的经验，更倾向于选择与传统南音曲目本事有关的凄婉爱情故事，例如《陈三五娘》《昭君出塞》《孟姜女》等，但王珊教授、郑长铃教授和曾学文先生一致认为故事的受众指向高校的年轻人，因此要选择一个能够与当下年轻群体产生共鸣、引发思考的故事。在考虑了《凤求凰》《昭君出塞》等多个脚本故事，并且借鉴了昆曲成功创新作品青春版《牡丹亭》的经验之后，主创团队经过再三斟酌，确定开启创作《凤求凰》的历程。他们一致认为，这个故事更具有当代色彩，更能吸引年轻人。随后，曾学文先生在历经了四稿的反复修改后最终完成了《凤求凰》文学脚本的创作。紧随其后，吴世安先生展开了对音乐的创作。在新作开篇之初便以柔美的乐句奠定了作品的风格与基调，整部作品的音乐不仅处处彰显南音之精髓——腔韵的运用，还融入故事情节场景和人物唱腔音乐写作的探索，主创团队聘请了优秀南音演员庄丽芬 [3] 出演女主角卓文君，吴世安先生根据庄丽芬的唱腔音域而

---

[1]　曾学文，厦门台湾艺术研究院院长、国家一级编剧。
[2]　吴世安，男，国家级非物质文化遗产项目传承人（南音），出身南音世家，原厦门南乐团团长、国家一级演奏员，其与曾学文联袂创作的南音《长恨歌》获文化部"文华音乐创作奖"和"文华表演（演奏）奖"。
[3]　庄丽芬，中国曲艺牡丹奖新人奖获得者、泉州市南音传承中心优秀演员。

为她"量身打造"了卓文君这一角色的唱腔。对于乐队组合和音乐配器，主创团队经过认真讨论，邀请了熟悉南音及闽南音乐风格的江松明先生编排。他以凸显南音"上四管"与"下四管"乐器为主，加入了配器北琶、二胡、笛子、大阮、中阮、民族打击乐器等，为剧情的展开烘托气氛。

南音新作《凤求凰》的导演是曾学文先生极力推荐的安凤英[1]女士。作为全国戏剧界的著名导演，她在走访泉州期间，对南音产生了浓厚的兴趣，激发起了她对南音新作《凤求凰》创作的十足信心。由此，五位主创人员因南音新作《凤求凰》而汇聚在泉州，展开了对新作舞台呈现的进一步探讨。王珊教授不断强调南音新作《凤求凰》必须要紧紧围绕着南音的美学风格。安导演提出将南音新作《凤求凰》的舞台呈现构架于综合舞台艺术的理念，并为作品推荐了著名的舞美灯光设计师韩江和服装设计师门晓光，为新作打造彰显南音特点又符合《凤求凰》故事之汉代风格的舞台格局奠定了基础。

根据导演的设计，为了彰显音乐、舞台调度的闽南韵味，乐队中增加了不属于"南音乐队"的压脚鼓[2]，承担了"私奔"转场气氛的营造，恰到好处地点化了闽南区域文化的韵味。为了突显和符合《凤求凰》的故事情节，道具中增加了古琴，音乐中多了古琴雅音；为了满足舞台展示丰富性、人物情感表达和舞台情绪推动的需求，导演为司马相如和卓文君的内心活动外化，设计了一对"凤与凰"舞者，既增强了美感和舞台的流动性、情节的贯穿性，又升华了《凤求凰》的意象。2015 年 6 月，主创团队在泉州师范学院音乐与舞蹈学院展开对新作五位侍女、八位公子哥角色和"凤与凰"舞者的甄选。同年 7 月，音乐舞蹈学院院长王丹丹、副院长陈敏红协调组织演员和伴唱人员排练。由于遵循泉腔闽南方言的演唱是南音新作《凤求凰》的基本原则之一[3]，王珊教授特别邀请了熟悉泉州古方言的李丽敏和郑国权老师，指导演员和伴唱人员咬字吐音。同年 9 月，《凤求凰》乐队邀请了泉州市南音传承中心与泉州师范学院泉州南音学院共同联合排演，并由白志艺副教授担任该作品的乐队指挥，为次月 11 日在泉州梨园剧场的首演做了充分的准备。

（二）南音新作《凤求凰》的创作实践

1. 文学脚本：《凤求凰》故事再诠释

南音新作《凤求凰》文学脚本是由曾学文所创作。他具有丰富的南音作品编创经验，

---

[1] 安凤英，中国评剧院国家一级导演。她曾导演的剧目有新版评剧《无双传》《皆大欢喜》，黄梅戏《英子》，歌仔戏《蝴蝶之恋》，京剧《浣花吟》《金锁记》，秦腔《梦回陇西堂》等，曾荣获中国艺术节文华剧目奖、文华导演奖等奖项。

[2] 压脚鼓，又称作"南鼓"，是泉州梨园戏和傀儡戏所独有的打击乐器。它的音色浑厚，优雅又细腻，不但能渲染气氛、烘托剧情，还能准确地刻画人物性格，揭示人物的情感变化和心理活动，对剧情发展有一定的推动作用。

[3] 泉州南音唱曲时一律以泉腔闽南方言演唱，咬字吐音的方法必须以泉州府治所在地即今泉州市区的方言——"照古音"为标准。

> 西汉才子司马才情高华，人生却困顿。一日，相如至临邛县中巨富卓王孙家赴宴，闻听卓文君才貌双全，艳比无人，遂趁抚琴之机，以一曲《凤求凰》暗示倾慕之情。琴挑情动，新寡在家的文君欣遇知音，遂义无反顾夜奔相如。
>
> 卓王孙不肯认相如为女婿，卓文君痴心不改，决然跟着相如看了成都老家。相如家徒四壁，文君典卖首饰、车骑，忍辱向亲朋借钱，甚至围上布裙，在热闹的街市当垆卖酒，这一切只为了"愿得一人心，白首不分离"。
>
> 数年后，司马相如时来运转，汉武帝封他为中郎将。卓文君日夜盼君归来，却孰料司马已另结新欢。相如写了一封"一二三四五六七八九十百千万"的书信寄回家，文君看出信中唯独少"亿"字，一下子明白自己深爱的男人已对自己无"意"。文君没有哭泣，没有哀求，而是提笔写了一封诀别书，告诉这个自己曾为之放弃一切的男人：主弦断，明镜缺，与君长诀！

南音新作《凤求凰》文学脚本 [1]

曾与南音新作《凤求凰》的曲作家吴世安联袂编创南音乐舞《长恨歌》[2]。

南音新作《凤求凰》的文学脚本改编于汉代才子佳人——司马相如与卓文君的爱情经典故事《凤求凰》。在新作中，曾学文先生把故事分为"和鸣—私奔—诀别"三幕爱情故事，该故事把传统《凤求凰》的故事结局进行重新诠释，将原作中卓文君与司马相如"重修旧好"的故事结局，改编成了卓文君毅然决然地"与君长诀"，并将演员角色分为司马相如、卓文君、孤鸿、侍女与公子哥。整个故事描绘出了当代感，由此全新塑造出了一个独立、自强的"现代版"卓文君的女性形象。同时，该文学脚本也是新作《凤求凰》的南音唱词，曾先生在文学脚本的创作中有明确的理念——以泉腔方言的语言逻辑性，并遵循着传统南音的美学追求，既符合闽南古方言的文学色彩，又保留了传统南音唱词泉腔方言本色白描的特点，守住了南音作为活态的传统文化表现形式之本。

2.新作南音：《凤求凰》音乐再创造

如果说文学脚本是南音新作《凤求凰》的骨骼，那么其音乐就如同赋予整部作品生命的血液。南音音乐再创造的成功之举，正是这部作品之所以获得成功最重要的条件。南音新作《凤求凰》的曲作家吴世安是国家级非物质文化遗产项目南音代表性传承人，也是一名闽南文化的"局内人"。他从事南音作曲、南音洞箫表演及研究工作达 60 余年，尤其在南音作品的编创上有着丰富的经验。

在新作《凤求凰》南音音乐创作上，吴先生不是简单地将南音曲牌作为素材原封不动地套用到新作中，而是根据新作《凤求凰》脚本的故事情节、时间转换和空间调度的需要，有

---

[1] 引自南音新作《凤求凰》宣传册。

[2] 《长恨歌》是由吴世安先生与曾学文先生联袂创编的大型南音乐舞，曾荣获中国文化部第十届文华新剧目奖、作曲奖和演奏奖。

针对性地选用南音曲牌和旋律中的特有元素，将这些元素的精髓融入人物唱腔、情感表达、形象塑造、舞台气氛的营造，并如影随形地伴随着"司马相如与卓文君"的爱情故事来展开，确保了整部作品的音乐化入了传统南音腔韵的精髓，又准确表达了唱词和剧情的意境。同时，还根据当代受众的审美习惯，创作了"凤与凰"的爱情主题，奠定了整部作品基本格调的统一性，从而恰到好处地把握住了传统南音的本质和新作南音音乐再创造的度。

由于无论何种乐器都有其自身的发展史，而任何一个乐种的乐器配置在历史长河中都在不断地演变，同时在相对的时间段内又保持着相对稳定的形态。南音也如此，虽然我们所常见的南音乐队主要乐器组合为"上四管"与"下四管"[1]，但纵观历史流变中的南音乐队编制实际上也曾有着多种形态，尤其是在南音乐器配置上根据不同需求进行调整而出现的"品管""嗳仔管"等多种形式的组合。而南音的乐队编制实际上是以传统南音的"上四管"为代表，但在不同的历史阶段中，由于时代的变化和需求抑或是表演场地和听众因素的影响，又有不同形态的呈现。就目前存见的文献资料而言，或就晚近的口述、见闻而言，尽管南音的乐器组合的多样性及其产生的诸多变化客观存在，但以南琶为"骨"的传统南音乐器组合，乃至"上四管"的乐器组合似乎永远是南音呈现的核心与特点。

然而，着眼于当下活态遗存的南音，一方面，音响技术多元化的发展促进了民众对音乐审美需求的多样化；另一方面，进入剧场模式的表演艺术增强了人们对音乐的感知能力，尤其是对优美和谐音乐的追求。在这样的背景下，尤其是在表演艺术视角下的南音，为了适应当代民众日益增长的审美需求，其乐队的编制及舞台的呈现上也应有新的改变。例如：厦门南乐团创作的大型南音乐舞《长恨歌》，在乐队编制上套用西洋管弦乐的结构模式，以中国民族管弦乐器融合南音乐器的乐队组合形式。

主创团队正是基于对南音文化多方面的认识设计了南音新作《凤求凰》的乐队编制。第一，其原则上遵循以南音"上四管"与"下四管"作为主要的演奏乐器；第二，为了使南音音乐和舞台呈现不仅凸显文化底蕴又能够吸引当代人而加入了配器。主创团队在诸多方面的考虑下聘请了熟悉南音及闽南曲调风格的江松明先生设计南音新作《凤求凰》的配器，他设计了北琶、二胡、笛子、大阮、中阮和民族打击乐器来塑造作品的人物形象和营造舞台的气氛，使得南音新作《凤求凰》的乐队表现更加丰富。

另外，南音文化在传承与传播中必须要坚持"两条腿走路"，一方面继承传统，另一方面在传统的基础上进行再创造，这符合非物质文化遗产再创造的理论依据。在南音新作《凤求凰》的舞台呈现上，主创团队首先提议将南音酒盏、南音四宝加入作品的舞台呈现。

---

[1]　根据龙彼得先生整理出版的《明刊闽南戏曲弦管选本三种》中的插图可见，这种形态大概是从明代遗存至今。

安导演巧妙的设计将南音酒盏表演融入卓文君"当垆卖酒"的情景，以灵动的技法演奏出节奏鲜明的韵律；将调动南音四宝清脆的敲击来表现卓文君在收到司马相如"诀别"家书时复杂的内心变化过程。这两个赋予新作亮点的环节设计不仅彰显了南音音乐特点，还将南音的特色充分地融入新作中。其次，主创团队探讨舞台呈现过渡环节的设计是否选用压脚鼓来营造特定的氛围，虽然起初因压脚鼓本身不属于南音的乐器范畴曾遭到反对，但是主创团队认为新作编创不仅要充分突出南音的特点，还要凸显南音所处的闽南文化生态圈，因此出于对整个作品文化理念的考虑设计了压脚鼓的环节，并将其与整个舞台的表演融为一体，使其既符合该作品故事情节的发展，也成为新作不可或缺的亮点之一。这些元素的加入不仅凸显了区域文化的特色，也满足了民众对南音新作的审美需求。这样的舞台实践，也是对南音在当代再创造的一种丰富。可以说，南音新作《凤求凰》在技艺的展示、情节的设计、乐器的选择和舞台的调度方面都围绕着一个中心——彰显闽南文化鲜明的特征，显示南音传承的典型意义。

从整体上来说，南音新作《凤求凰》音乐的展示重在彰显南音音乐的精髓，同时还满足了当代民众对音乐音响的审美需求，并力求通过乐队丰富的配器来塑造作品的人物形象和营造舞台的气氛，使得南音新作《凤求凰》的乐队呈现更加饱满，把音乐作为《凤求凰》爱情故事情节发展的动力。

3. 舞台呈现：导演诠释和二度表现

精湛的舞台表演艺术的呈现需要导演的现场控制力、编排力和协调力去支撑，因此，作为表演艺术的南音新作《凤求凰》同样离不开安凤英导演的诠释和二度表现。安导演根据自身对文学脚本和南音音乐的解读，把作品故事的演绎、音乐的铺陈、人物的表演和舞台的调度进行了统一的把握，改变了传统南音正襟危坐"四菜一汤"的演奏形式，并通过舞美灯光、舞台空间调度和气氛营造来推动故事的情节发展、塑造角色的人物形象。

南音新作《凤求凰》的男主角司马相如由泉州师范学院优秀的南音唱腔教师陈恩慧女扮男装担任，卓文君由优秀演员庄丽芬担任，而孤鸿、侍女与公子哥则由泉州师范学院泉州南音学院南音本科、硕士专业的学生担任。在舞台展示上，安导演创造性地设计了"凤"与"凰"的舞蹈角色，通过"凤"与"凰"的舞蹈表演来传达文君和相如两位主人公的内心活动，有助于观众对故事情节的发展和作品内容的理解。

在舞台灯光的把握上，安导演的指导准确地迎合了南音的特点，营造出神秘的舞台气氛；在演员的服饰上，根据剧情的需要选择了与《凤求凰》故事相匹配的汉代服饰元素进行设计，同时，在舞台呈现上还加入了汉代礼仪的元素；在舞美的呈现上，设计了三面封闭式的画壁作为舞台空间，这个设计来源于闽南古建筑中常见的厅堂[1]，目前依然作为大多数南音观演者所普遍采用的形式；在舞台空间调度上，运用蒙太奇的电影手法切割时空，虚实结合把人物之间的矛盾冲突夸张化；在乐队的编制上，通过配器对音乐细节的处理来突显故事情节的冲突，将南音琵琶、南音金狮、南音拍板、南音酒盏和南音四宝等传统南音元素巧妙地呈现在舞台表演中，例如巧妙地运用南音酒盏作为"当垆卖酒"中的道具，把"书简落地"变成南音四宝，以四宝的敲击来表现卓文君在收到相如传来的家书时复杂的内心变化过程，实现了南音文化元素的呈现。

除此之外，南音新作《凤求凰》主要演员在舞台表演上除了表现出安导演对作品的诠释外，还融入了表演者自身对南音文化的感知力和对所扮演角色深刻的理解。由此，综合体现了南音新作《凤求凰》主要演员对作品二度创作的创造力和表现力。

（三）南音新作《凤求凰》创演实践评价综述

2015 年 10 月 11 日，这部历时一年的南音新作《凤求凰》于泉州梨园剧场成功首演，得到了社会各界人士的广泛关注。随后，关于新作的种种评论也随之展开。一方面，长期以来老一代的南音弦友以"固守传统""原汁原味"作为南音的保护目标，难以接受新作之举；另一方面，浸润在南音文化圈的大多数人却被这一南音新作所震撼，感触最深的是他们从未曾如此仔细地聆听一场南音，尤其是许多年轻人在观看南音新作《凤求凰》后才发现，南音竟然可以如此美妙。伦敦大学学院人类学系物质文化与人类学名誉教授迈克尔·罗兰观看了首演也被深深地感动了。他表示，这部作品将泉州南音的艺术魅力体现得十分到位，充分地发挥了传统南音乐器的作用，将古老的南音表演与《凤求凰》剧情有机地结合，是一部在当代成功的南音新作。

同年 10 月 18 日，时任国务院副总理刘延东一行到福建省非物质文化遗产博览苑指导福建非遗保护工作。刘延东副总理欣赏了南音新作《凤求凰》片段展示。其间，王珊教授向刘延东副总理介绍了南音的价值和地位，汇报了泉州师范学院主动服务国家文化传承、发展创新所做出的努力与成效，谈及在我国高校以"人类非遗项目"作为专业方向，同时兼有本科教学和研究生培养的办学点，仅泉州师范学院的南音专业独有，而南音新作《凤求凰》的创演则是"南音文化传承与发展协同创新中心"的重要工作之一。刘延东副总理高度肯定该作品充分体现了高校传承创新发展传统文化的意义和示范作用，并对尤权书记及在场的所有人员介绍了"2011 计划"的意义。同时，她对协同中心在非物质文化遗产项目南音保护传承、创新发展中所做的工作表示感谢，对泉州师范学院教师为南音人才培养做出的努力表示感谢。

---

[1] 厅堂，在《现代汉语词典》中指用于聚会、待客等的宽敞房间。厅堂又是传统南音表演的主要场所，形制一般是三面封闭，正面对着观众开放。

随后，她与南音青年教师陈恩慧、协同单位人员庄丽芬亲切握手，嘱咐国家优秀传统文化传承离不开高层次人才的培养，称这是件非常有意义的事情，勉励老师为非遗人才培养继续努力工作。同时，刘延东副总理还向在场人员强调文化对于国家建设的重要性，提到了"没有文化的国家，不可能建成现代化的国家。中央高度重视文化建设，希望福建在文化建设、文化发展、文化繁荣上能做出更大的成绩。在文化产业上，让老百姓享受文化带来的幸福，向世界展示中华文化的辉煌"。

迎着新作的破茧而出，泉州师范学院、南音文化协同中心紧接着于2015年10月23日，于泉州鲤城大酒店召开南音新作《凤求凰》的媒体见面会暨座谈会，并由南音新作《凤求凰》总策划王珊教授担任主持。在媒体见面会上南音新作《凤求凰》的主创人员王珊教授、郑长铃教授、吴世安先生、曾学文先生、安凤英女士分别阐述了创排新作《凤求凰》的心得。在随后的座谈会上，南音新作《凤求凰》主创人员与来自福建省的多名文艺界专家、学者齐聚一堂，就如何将这一新作打造成为精品召开座谈会。与会人员就《凤求凰》的编创、舞台呈现是否改进提出了诸多意见和建议。新华社、中国新闻网、光明网、腾讯网、《泉州晚报》、泉州电视台等主流媒体受邀了此次媒体见面会并给予了跟踪报道。

首先，新作四位主创人员就该作品的创排理念进行阐述：

总策划王珊教授说："南音是一个具有极高艺术价值的古老乐种，泉州师范学院创排南音新作的主要目的是想让更多人感受南音文化的魅力，特别是想通过新作让更多的年轻群体喜欢南音文化、感知南音文化。"当前，泉州师范学院已有南音的硕士招生点，正在培养着一批批南音人才。但是，她对传统南音表演形式受众老龄化现象感到担忧，生怕"乐随人走"。她认为，南音文化传承与发展的重点在于让更多高校学子关注南音，如今南音新作《凤求凰》诞生，它的出现也引起了国内外南音爱好群体与文化圈对它的关注。

导演安凤英说："南音有华丽的唱腔，再配上司马相如与卓文君的爱情故事，正是现代审美所求。"基于这种想法，安导演认为，用当代审美来诠释古老南音，也是南音在将来发展的一种趋势。她说，南音作为一个古老的乐种，新作的创排立足在以吐故纳新的手法丰富了舞台的表现力，也牢牢地把握南音应有的美学特征。尤其是她在《凤求凰》中将南音四宝和酒盏等南音元素巧妙地融入，与人物情感的表达衔接得天衣无缝。

作曲家吴世安说："一个学生穷尽一生，都很难学遍南音的48套指谱和5000多首曲子，每一个时代都有属于这个时代的艺术，因此南音在当代也需要有属于自己的'代表作'，通过创作《凤求凰》可以引导更多当代的年轻观众，去欣赏老一辈给我们留下的优秀的艺术。"他还说，他父辈的南音艺术家都很少有学全南音所有曲目的，而南音经过一代代人的传承发展至现在，更需要适应当下的审美。他尤其强调，特别是进入高校层面的教育，南音不但要展现出它的时代性，也应该承担让更多的群体认识和喜爱中国优秀传统音乐的责任。

文学脚本创作者曾学文认为，《凤求凰》这个故事的题材符合南音柔美、儒雅的艺术特点。在新作《凤求凰》文学脚本的创作中秉承了他对南音多年的研究，恰到好处把握了南音唱词本色白描的特点，紧紧围绕南音的美学精神，让南音有了更广阔的发展和表现空间。

南音协同中心学术委员会主任，原为文化部中国非物质文化遗产保护中心副主任，现担任中国艺术研究院文化发展战略研究中心副主任的郑长铃研究员表示，"从保护非物质文化遗产的角度看，南音新作《凤求凰》的创演实践是延续传承了千年的南音的传统、激活其自身蕴含的旺盛生命力，使它葆有活力、促其发展的新探索，是对南音这一珍贵的非物质文化遗产的再创造，也是南音协同中心的责任和担当。南音协调中心在学习、研究、继承南音活传统的同时应该致力于它的宣传、振兴、教育、传播、传承等，这不仅是满足当代民众审美需求的一次艺术创作，更是立足于联合国教科文组织《保护非物质文化遗产公约》《中华人民共和国非物质文化遗产法》基本理念和基础理论的非物质文化遗产的保护实践的典型案例。这种探索实践，对于当代艺术创作、非物质文化遗产保护、中华传统文化的传承发展都具有重要的现实意义"。

紧接着的座谈会上，来自福建省内的各界专家学者普遍认为，新作成功首演引起社会各界群体的关注，足以证明这是泉州南音界完成的第一部有剧情的南音创新力作。该作品采用贴近于当代年轻受众审美的手法来演绎传统的南音艺术，一方面，新作立足于继承传统南音音乐艺术的特征；另一方面，新作立足于在传统南音的基础上进行全方位改革和创新。在舞台呈现中，整个团队充分诠释当代审美观念，舞美灯光的设计按照国际化标准，整部作品以视听相结合的冲击力，力求在继承传统南音的基础上，彰显南音的美学特点和独特的南音乐器及其表演形式。

除此之外，与会者还就新作的改进提出意见和建议：第一，建议在配器上加入古琴，渲染意境，配合故事情节，烘托主题；第二，强化乐队的训练，注意在细节上的音乐处理；第三，把南音"上四管"呈现于舞台；第四，对"酒盏"的演奏部分进行缩减；第五，司马相如这一角色为女扮男装，略失阳刚之气，如有可能应该调整。

这些提议最终经过主创人员研究和讨论后，进一步完善，并于 2015 年 11 月 2 日南音新作《凤求凰》参加在永春举行的"第十四届亚洲艺术节暨第十一届中国泉州国际南音大会唱开幕式专场演出"中得以落实。本场演出，吸引了来自海内外 33 支南音团队约 450 人以及当地的民众近千人，他们共同见证了新作《凤求凰》。持续热烈的掌声显示，南音新作《凤求凰》得到了大多数海内外弦友的广泛认同。笔者采访了来自印度尼西亚的东方音乐基金会一位成员，他表示无论历经多少年他们都无法打造出像南音新作《凤求凰》这样精致的作品，这无疑是一部体现我们这个时代特点的南音新作。一时，《凤求凰》、南音成了坊间民众热议的话题。

2015 年 12 月 4 日，南音新作《凤求凰》受邀参加武夷山举办的"福建非遗精品展演"活动，受到了当地专家、民众的一致好评。同月 10 日，南音新作《凤求凰》在福建省人民艺术剧院参加了"福建省第六届艺术节暨第三届音乐舞蹈曲艺杂技类优秀剧目展演"，在同组的 15 部优秀作品激烈的竞争下，南音新作《凤求凰》脱颖而出，获得了第一名的殊荣。作为本届艺术节中唯一由高校创作、有剧情的创新南音力作，新作《凤求凰》得到了业界专家的高度赞扬和一致好评。中国音乐家协会理事、福建省音乐家协会副主席吴少雄说："南音新作《凤求凰》是我国首个中国古典室内歌剧，开创了中国传统音乐新的呈现形式。"他还表示，这个剧目内容形式都极其典雅，无论是该作品的表演还是对于乐器的配置都十分到位，这部作品开拓了南音艺术全新的审美体验。关注此次展演的媒体有中央电视台新闻频道、东南卫视、《泉州晚报》等。

据中国知网显示，2016 年第 3 期的《文化月刊》中，有三篇关于南音新作《凤求凰》的述评。其一，阿弥撰写的《南音新作〈凤求凰〉观演侧记》，该文主要阐述了作者阿弥在观摩南音新作《凤求凰》的彩排和首演，并走进了传统南音馆阁，从中体验了泉州文化生态中南音的传统与当代，感受了南音的美又被南音新作《凤求凰》的魅力所吸引；其二，黄欣撰写的《〈凤求凰〉与非物质文化遗产再创造》是作者在观看南音新作《凤求凰》的首演后，从非物质文化遗产再创造的视角和南音传承与发展的角度进行探讨，认为南音新作《凤求凰》恰到好处地把握了南音在当代再创造的尺度；其三，阮蕾晔撰写的《〈凤求凰〉：空间之妙》是作者观看南音新作《凤求凰》首演后，对该作品的舞美灯光设计和舞台意境的营造进行分析，并进一步剖析南音新作《凤求凰》的舞台空间设计遵循传统南音"厅堂"艺术。2016 年 4 月的《福建艺术》中，李建民撰写的《南音新作〈凤求凰〉的时代特质与现代演绎》首先从高校南音教学的阐述入手，其次对作品做出客观的评价，最后阐释了该作品恰到好处地抓住了时代的特性，立足于年轻群体。2017 年 1 月的《泉州师范学院学报》中，陈孝余的《音精意深　留美存真——评南音新作〈凤求凰〉》主要从艺术层面阐述《凤求凰》"真""甄""臻"三个方面特征，并提出新作需要不断完善才能成为典作。2017 年 4 月的《曲艺》中，郑长铃、黄欣撰写的《非物质文化遗产的传承和保护——从南音新作〈凤求凰〉创演谈起》，围绕着南音新作《凤求凰》坚守南音的传统文化品质和传统美学精神，是一部基于非遗南音在当代再创造的佳作，并从非物质文化遗产传承与保护的视角探析该作品的创演。这些文章主要围绕南音文化、南音传承与保护、南音文化遗产保护及南音新作《凤求凰》的当代再创造进行学术探析。

南音新作《凤求凰》在一次次展演的历练中不断地成长，不仅得到了社会各界的广泛认同，还取得了优异的成绩。2016年年初，在福建省文化厅的极力推荐下，该作品被选送参加由中华人民共和国主办、上海市人民政府承办的2016年"第十八届中国上海国际艺术节"。该作品引起了"上海国际艺术节"组委会的高度重视，安排该作品参与主旨论坛、开幕式演出及高校巡演等三个项目。同年10月12日，王珊教授带领南音新作《凤求凰》的四位主演参加了艺术节主办的"多元共享的文化艺术新活力"——"一带一路"文化艺术论坛，并在主旨论坛上推介了《非遗瑰宝南音和时代新作〈凤求凰〉》。同月24日，"第十八届中国上海国际艺术节"之"艺术校园行"活动在同济大学拉开帷幕。当天下午，"'凤凰'会知音——南音新作《凤求凰》互动讲座"在上海同济大学中法楼C201举行，由笔者作为主讲人，以寓教于乐的形式介绍了南音的独特韵味，并与同济大学师生互动，邀请了学生上台体验南音乐器四宝的演奏方式，激发了众多师生了解南音、学习南音的兴趣。当天晚上，南音新作《凤求凰》在同济大学大礼堂展演，一千多人被舞台上的演绎深深吸引，几乎没有观众退席的景象，确是一种奇迹！次日，本届中国上海国际艺术节福建文化周开幕式正式启动，王珊教授参加开幕式。本次"福建文化周"内容由"艺术节舞台演出""艺术天空户外演出""艺术教育"三部分组成，南音新作《凤求凰》作为文化周开幕演出剧目。当天晚上，上海音像出版社对南音新作《凤求凰》于上海虹桥艺术中心进行了录像摄制，拟公开出版发行。同月26日在上海虹桥艺术中心进行售票式展演，临近演出的一周前已一票难求，演出当日持续的大雨仍无法阻止观众的热情，以至全场观众爆满，谢幕时掌声不断。同月27日在上海交通大学文治堂进行第二场"艺术校园行"专场演出，再次受到高校学子的热烈欢迎。通过这三场近两千人的展演和两场作品推介会与互动讲座，创演团队全方位地向中外观众与高校学子推介南音文化，充分展示了南音新作《凤求凰》的艺术魅力与文化价值。南音新作《凤求凰》上海之行，得到了中央电视台、上海电视台、上海电视台东方财经频道、福建电视台等媒体的关注与报道，泉州电视台、《泉州晚报》全程进行了跟踪报道，上海电视台融媒体中心进行了探班直播。

2016年12月4日，南音新作《凤求凰》作为中国艺术研究院、泉州师范学院主办的"一带一路"文化遗产国际学术研讨会开幕式代表节目。文化部原副部长、中国文物保护基金会理事长励小捷，中国艺术研究院副院长贾磊磊，泉州师范学院院长李清彪、副校长王珊，泉州市副市长周真平以及近百名参加研讨会的中外专家学者观看了南音新作《凤求凰》，韵味纯正的雅乐妙音、美轮美奂的舞台展示感动了许多观众，众多的专家学者给予了很高的评价，并极力推荐该作品于2017年赴敦煌"国际文博会"展演。

自南音新作《凤求凰》首演以来，该新作连续成为各界关注南音的焦点。作为中国当代艺术舞台上对中国传统音乐一个新的呈现，南音新作《凤求凰》成为大家重点审视并引起反思的对象。南音作为非物质文化遗产同样具有活态性的显著特征，纵观南音在历史过程中的嬗变和发展，也是随着时代和社会的发展而发展。南音新作《凤求凰》创演，是致力于对中国传统文化在当代如何传承与发展的探索。追求传统南音的音乐美学艺术特点，以现代剧场的高科技来拉近古典艺术和当代观众的审美距离，是主创团队对南音文化传承传播理念的体现。然而，不可避免的是每一个新的探索都伴随着些许争议，但这些争议归根到底，也是因为人们在不同层面对南音的关注。当然，南音新作《凤求凰》还只是南音为适应当下社会发展所做出的一次新的探索，而这些关注将会促使南音的"再创造"更进一步得到"局内人"的认可，从而使其成为南音文化的一部分。

二、南音新作《凤求凰》推介实践

随着时代的发展，多种样式文化的冲击[1]，南音文化一样面临着传承与发展的挑战，其中最尖锐的问题是传习者的缺失；而作为表演艺术的南音，由于诸多因素的影响，观众在逐渐减少，尤其是年轻一代的观众几近空白。众所周知，表演艺术都是依靠观众而生，倘若失去观众群体的支撑，表演艺术就会失去其存在的依托。由于对传统馆阁存续的南音与作为表演艺术的南音在认识上的边界模糊，使得半个多世纪以来南音的舞台展示常常处于定位不准确的状态。尽管有政府及相关部门的努力，如南音进入中小学校园，提升了南音的社会认知度，但许多学习者在获得既得利益后悄然离去，无形中加剧了南音馆阁存续的尴尬局面。由于诸多缘故的影响，作为表演艺术的南音处于边缘、弱势的状态。馆阁存续的传统南音的展示形式和偶尔出现在当代艺术舞台上的南音艺术都面临着"受众"老龄化的困局，而当代的年轻群体对样式丰富的表演艺术和文化娱乐形式更喜闻乐见。

南音新作《凤求凰》首先明确定位自身——舞台综合表演和受众——当代青年，选择突破南音诉诸听觉的单一形式，并转化为一个视听相结合的综合性舞台表演艺术。可谓精品艺术的南音新作《凤求凰》力争吸引年轻一代的受众，但在塑造精品艺术的同时，我们逐渐意识到推广南音文化的必要性和重要性，倘若失去对南音文化的推广，将会导致受众群体无法获取对南音文化本体的认知，从而达不到对南音文化的传承传播这一最终目标。南音新作《凤求凰》的推介实践，正是基于诸多层面的理论思考，并在演出实践中逐步形成。

---

[1]　由于世界市场的扩大和深化，交通、信息网络化的形成和发展，加速了全球化特别是经济全球化的进程，它是现代生产力发展的必然结果。而在全球化浪潮中，当代社会飞速转型，使得传统生产生活方式受到了猛烈冲击，尤其是大量传统民族民间文化被外来文化和急功近利的消费文化行为裹挟，日渐式微，甚至完全失去依托而走向衰亡、消失。

作为对南音新作《凤求凰》的推介和南音文化的推广，南音新作《凤求凰》推介实践的呈现采用寓教于乐的互动形式，一方面从学术的角度剖析作品的内涵，另一方面则借由南音新作《凤求凰》来推广南音文化、普及受众群体的南音文化知识。

本文所阐释的南音新作《凤求凰》推介实践，是基于笔者对硕士研究生学习阶段的两场南音文化推介会的描述与总结。两场推介会均是借由南音新作《凤求凰》来进一步向年轻一代的高校大学生推广南音文化，让更多年轻人喜爱南音新作《凤求凰》，热爱南音文化，提高南音文化的认知度。其中，第一场"凤凰觅知音"南音新作《凤求凰》推介会（下文称之为第一场推介会）于 2016 年 6 月 30 日 16 时 45 分至 17 时 30 分在泉州师范学院音乐与舞蹈学院三楼音乐厅开展；第二场"凤凰会知音"南音新作《凤求凰》推介会（下文称之为第二场推介会）于 2016 年 10 月 24 日 14 时至 15 时在同济大学中法中心 C201 开展。两场推介会的受众定位均为高校大学生，但第二场推介会正恰逢南音新作《凤求凰》参加"第十八届中国上海国际艺术节"之际，笔者赴同济大学进行实战模式的推介实践，并在总结第一场推介会不足的基础上结合实际进行完善。

（一）推介会一："凤凰觅知音"

"凤凰觅知音"推介会作为笔者的第一场学位推介会。这场推介会的受众指向为本校学生。在准备推介会前期，笔者于 2015 年 6—8 月参与南音新作《凤求凰》主创团队在编创期举行的两次研讨会。第一次研讨会主要是在《凤求凰》音乐的创作前期，会中与吴世安和安凤英探讨新作《凤求凰》南音音乐创作所营造的气氛；第二次研讨会于新作《凤求凰》音乐完成样本录制后，主创团队就音乐的创作该如何进一步设计舞台的呈现进行讨论。

从 2015 年 9 月起，笔者全程参与南音新作《凤求凰》的乐队排练、演出与比赛。其间分别采访了主创人员吴世安、曾学文、安凤英、王珊、郑长铃等专家。在参与南音新作《凤求凰》的多场演出与比赛后，收集了大量媒体报道与评论，时刻关注学者对该作品的学术研究。在这些前期工作准备充分后，于 2016 年 4 月开始设计"凤凰觅知音"推介会的策划方案，并制作展示文稿、撰写说辞、设计海报，还运用创意的手法设计了"南音新作《凤求凰》剧作家创作意图"的视频动画。随后，在推介会开展的前一周对"凤凰觅知音"推介会进行线上的推广与宣传，运用当下流行的自媒体推广的方式，注册了"南音新作《凤求凰》"微信公众平台，并将公众平台的二维码印在笔者设计的南音新作《凤求凰》衍生品——文件夹上，在推介会入场时进行分发，而该微信公众平台将作为今后南音新作《凤求凰》和南音文化的网络推介平台。

"凤凰觅知音"推介会的内容分为四大部分：

1. 介绍泉州文化。通过视频介绍南音文化在内的泉州文化，引导观众了解泉州文化生态与南音文化之间的内在关系。

2.分析南音新作《凤求凰》创作缘由。从学术的角度概括性地介绍南音新作《凤求凰》是高校在传承传播南音文化上的艺术实践，新作的诞生是基于南音作为非物质文化遗产的当代再创造。

3.介绍"中国上海国际艺术节"概况。缘于南音新作《凤求凰》即将参加"第十八届中国上海国际艺术节"展演，描述性地介绍上海国际艺术节及其历年来活动的盛况。

4.剖析南音新作《凤求凰》主创团队。从学术的角度剖析南音新作《凤求凰》的创作团队，并细分为故事再诠释、音乐再创造和导演再创作这三个部分展开演说。

（二）推介会二："凤凰会知音"

正逢南音新作《凤求凰》赴上海参加"第十八届中国上海国际艺术节"之际，笔者的第二场学位推介会"凤凰会知音"有幸走进了同济大学，在南音新作《凤求凰》于同济大学演出的当天下午对该作品进行推介。

笔者于2016年9月6日至8日前往同济大学进行访谈式调查，得知该校学生虽然对南音文化的认知度较低，但对传统音乐饱含着浓厚兴趣——该校经常开展传统音乐进校园的系列活动，深受学生的喜爱。针对这一现象，笔者对"凤凰会知音"推介会的设计进行了新的调整：第一，由于受众对南音文化认知较低，对南音本体的介绍不可忽略，因此，在推介会设计中，先对南音文化的价值、地位、组成部分、乐器和乐谱等方面展开学术介绍，针对性地让学生了解南音的基本知识；第二，为了让观众更直接地感受传统南音，笔者演唱传统南音名曲《直入花园》；第三，回到演说的形式，通过讲述南音"五少芳贤"这一生动的历史故事让观众进一步了解南音的历史地位与乐种价值；第四，巧妙地引入了南音新作《凤求凰》的创作缘由，通过文学脚本再诠释、音乐再创造、导演再创作三个部分进行学术剖析；第五，由南音新作《凤求凰》南音四宝的演奏视频片段引入了南音四宝互动环节，并邀请学生观众上台体验，同时将四宝作为纪念品赠予两名互动者。

另外，在"凤凰会知音"推介会入场时，发了笔者设计的南音新作《凤求凰》衍生品——南音新作《凤求凰》签字笔和印制微信公众平台二维码的文件夹、笔记本。其中文件夹可以用来收纳推介会的宣传册，

南音新作《凤求凰》文件夹展示图

其美观性和实用性深受师生观众的喜爱。

（三）推介会的实践总结

实践是人们能动地改造和探索现实世界一切客观物质的社会性活动。顾名思义，推介实践是基于思考和探索而用之来推广美好事物的社会性活动。因此，作为南音文化的推介会，目的是立足于南音文化的传承与传播，让南音文化能够再一次回到人们的生活中。同时，由于笔者研究生学习的专业方向的缘故，推介会也需要对南音文化资源的合理利用做相应思考，并在这些基础上探索南音文化产业化的可能性。笔者的两场南音新作《凤求凰》推介实践，是借由该作品来推介南音文化，其目的是为了让更多人通过南音新作《凤求凰》了解南音文化的内涵，从而提升南音文化的认知度并引导受众了解、喜欢南音至于热爱南音。

笔者通过"凤凰觅知音"和"凤凰会知音"这两场推介会，深刻体会到推介实践对南音文化推广的重要性。虽然，南音文

南音新作《凤求凰》签字笔展示图

化有着极高的价值和地位，但其受众群体逐渐老龄化现象是当下不容忽视的现状，传统南音的表演形式已与当代年轻人产生了较深的隔阂。而南音新作《凤求凰》的诞生，必须要抓住它走出"闽南文化区"所带来的热烈反响，对于新作的推介不仅是为了让更多人来关注南音新作《凤求凰》，也是为了通过这个作品更好地延续和传播南音文化。南音新作《凤求凰》倘若失去推介会的支撑，那么观众只会记住作品而不了解其背后的南音文化，这是笔者在同济大学推介后最深的感触。综观笔者的两场推介会，第一场推介会显然不具备"实战"的模式，其一是由于在本校进行推介，没有走出"南音文化圈"是最大的不足；其二是过少地考虑到受众的需求，没有设计互动环节，缺失与观众的互动。而第二场推介会中，笔者真正地走出"南音文化圈"对南音新作《凤求凰》进行"实战"模式的推介，同时，在前期对同济大学的学

南音新作《凤求凰》笔记本展示图

南音新作《凤求凰》推介会宣传册与文件夹

生群体进行实地调研，根据其对南音文化认知的特殊性设计了观众容易接受并喜欢的环节，如表演环节、互动环节等。

基于这两场推介会，笔者对今后的南音文化推介会做出如下的展望：

1. 南音文化推介会首先要对受众群体进行分析，可以根据不同地域和受众群体设计推介会的内容与形式；

2. 南音文化推介会应尽可能地走出南音文化圈，同时还可以策划英文版的南音文化推介会，在国外展演的同时进行国际层面的推介；

3. 南音文化推介会不能仅作为学位推介会，还应该拓展出更多的创意形式，可以结合时下流行的新媒体，将南音文化的推介不断地延续和发展。例如：国内外展演前后推介会、电台直播式推介会和网络直播式推介会等。

三、南音新作《凤求凰》推介实践的理论思考

2014 年 10 月 15 日，习近平总书记在文艺工作座谈会上指出："一部好的作品，应该是经得起人民评价、专家评价、市场检验的作品，应该是把社会效益放在首位，同时也应该是社会效益和经济效益相统一的作品。"[1] 不论是从南音作为非物质文化遗产保护的视角，还是南音作为传统文化顺应当代社会传承与传播的角度来看，南音新作《凤求凰》已经取得了较为突出的社会效益。但对于打造一部好的作品，经济效益同样是不容忽视的重要环节。由此看来，以南音新作《凤求凰》探索南音文化产业的发展有着深远的意义。

本文从南音新作《凤求凰》编创的"非遗"传承和南音新作《凤求凰》南音文化产业化的构想展开理论思考。

（一）南音新作《凤求凰》编创的非遗传承

南音作为一个世界级"人类非遗项目"的文化表现形式，从明代的《明刊闽南戏曲弦管选本三种》中可以看出传统南音的基本展示形态在当时已呈现相对固定的状态。但随着时代的发展，不同时期都有新的曲目和内容融入南音曲库。也正因如此，作为非遗的南音在延续传统、满足民众生活和基于时代发展是需要"被不断地再创造"[2] 的。

从南音新作《凤求凰》的编创模式来看，无疑是以非物质文化遗产的特性和视角作为理

---

[1] 《习近平在文艺工作座谈会上的讲话》，新华网 2014 年 10 月 15 日。

[2] 联合国教科文组织《保护非物质文化遗产公约》指出："非物质文化遗产，指被各社区、群体，有时是个人，视为其文化遗产组成部分的各种社会实践、观念表述、表现形式、知识、技能以及相关的工具、实物、手工艺品和文化场所。这种非物质文化遗产世代相传，在各社区和群体适应周围环境以及与自然和历史的互动中，被不断地再创造，为这些社区和群体提供认同感和持续感，从而增强对文化多样性和人类创造力的尊重。"

论基础，并不是满足于一时的舞台展示形态，而是力求突破以往的南音舞台实践。南音新作《凤求凰》是南音在当代再创造的作品，这部作品的编创不仅是立足于非物质文化遗产传承与保护的理论思考，也是基于满足当代年轻受众的审美需求，以创新的舞台呈现试图打破年轻人与传统南音之间的隔阂。主创团队在一开始就明确音乐必须是南音，舞台呈现也尽可能地保留南音的展示形态，如：舞台呈现中凸显南音"上四管"和"下四管"的运用；乐队的编制以南音"上四管"作为主要乐器，使音乐让人们听起来与南音血脉相连。

在笔者看来，南音所具备的非物质文化遗产特性和多元的高度价值，使其足以作为一个让全人类认识何为"人类非遗项目"的典范。而南音新作《凤求凰》作为一个"南音当代再创造"的成功案例，为非物质文化遗产保护的实践探索、理论研究、保护观念、保护作为等提供了借鉴与参考。其一，该作品坚持"两条腿走路"的原则，锁定南音传统但又不拘泥于传统，唤起了青年学子对传统文化的关注，增强了青年学子对传统文化的认同和热爱。其二，新作诞生以来取得了许多优异成绩并获得良好的社会效益，得到了社会各界的广泛认可，足以证明该作是南音在当代再创造的一部成功之作。由此可见，这个作品也将在大势所趋下"走出去"[1]，必将得到全世界更多人们的认同和喜爱。可以预想南音新作《凤求凰》将会因此增强南音文化在世界范围内的影响力，也势必将推动中华优秀传统文化的发展。

另外，南音新作《凤求凰》的创编模式还可作为其他非物质文化遗产表现形式在当代编创的模板，为当下传统文化表演艺术形式的"再创造"提供可资借鉴的经验。在当下，作为表演艺术的传统文化表现形式大多存在着传承与发展危机，与此同时，我国正致力于对非物质文化遗产的保护、推进文化体制改革和复兴传统文化。这正好为表演艺术类非物质文化遗产项目的传承与发展提供了重要契机，借此契机可建立非遗表演艺术运营机构。首先，创作的内容和形式上应将"保留传统文化本质"和"顺应时代发展"相统一，从而发挥传统文化的内在生命力，为中华传统文化乃至"人类非遗项目"的传承保护提供宝贵的经验和发展的动力。其次，借此还可探索传统文化产业化的发展，使得传统艺术得以重新回归到人们的文化娱乐生活。

当然，由于表演艺术作品本身具有认知、教化、审美、娱乐等性质和功能，因此优秀的表演艺术作品不仅能正确引导社会的进步，还能传递优秀的艺术审美观，更能为社会输送正能量。正因如此，我们必须要先树立好正确的效益观来指导表演艺术作品将来的发展，南音新作《凤求凰》也不例外。首先，要确保表演艺术作品一定不能盲目地追求市场，也不能成为市场的奴隶，而是应把追求社会效益作为首要原则；其次，表演艺术作品要从思想上、艺

---

[1] "走出去"是我国坚持对外开放的基本国策，本文中所指南音新作《凤求凰》"走出去"是指走出南音文化圈演出和推介，其中可分为依托政府机构支持和依托企业单位支撑。

术上获得社会的认可和喜爱，再力求实现社会效益与经济效益相统一的作用。

（二）南音文化产业化构想

从整体上看，以南音新作《凤求凰》发展南音文化产业的模式可分为"表演艺术为主体的产业化发展""文化衍生品为主体的产业合作发展"和"服务业为主体的产业化融合发展"。其一，通过成立南音文化传播公司与国内外大型剧院建立战略合作伙伴关系，共同宣传策划南音新作《凤求凰》售票式展演规划。其二，注册南音新作《凤求凰》商标，开发设计南音新作《凤求凰》衍生品，例如：录制发行南音新作《凤求凰》珍藏版 DVD 和 CD，并在封面上加入泉州文化和南音文化的简介；结合泉州地方特色产业，如安溪铁观音、德化瓷器等，在设计上除了包含南音文化、南音新作《凤求凰》的元素外，还需印制"南音新作《凤求凰》"微信公众号二维码，即可利用公众号进行自媒体营销，消费者通过二维码不仅可以了解南音新作《凤求凰》的演出动态、产品发布，还可以了解南音文化、聆听南音等。其三，融合泉州旅游产业，开发南音新作《凤求凰》旅游项目等。一方面，通过南音新作《凤求凰》售票式演出可助推旅游业和服务业的产业化融合发展；另一方面，南音新作《凤求凰》衍生品可作为泉州旅游产品进行推广销售。这三种产业化发展模式可相辅相成、相互促进，形成三位一体的产业化模式。

1. 售票式展演路线设想

众所周知，展演是表演艺术作品发挥其推介和传播最直接、最有效的方式。南音新作《凤求凰》自问世以来就亟待该作品能够走向更多的高校乃至国际层面的舞台，以促进该作品获得更多良好社会效益，并尽可能地发挥社会效益与经济效益相统一的作用。从该作品目前所取得良好的社会效益来看，其极具市场化的潜质，而想要发挥其经济效益的作用，必须建立一个南音新作《凤求凰》文化传播公司，这不仅能为该作品在世界范围内的售票式展演规划奠定重要的基础，还能为南音文化产业化的发展提供有效的平台。

然而，对于该作品的国内外展演规划首先要立足于中华优秀传统文化的传承传播，并以此增强中华优秀传统文化的凝聚力、影响力，彰显创造力。笔者认为，就目前南音新作《凤求凰》的创意展示、受众定位、演出效果反馈而言，其国内外展演初步言之，大致可分为四条路线：

其一，泉州文化旅游展演。将该作品作为泉州历史名城的文化名片，创建南音新作《凤求凰》文化旅游品牌，吸引国内外游客到泉州来旅游并欣赏南音新作《凤求凰》。近年来，我国创新文化旅游产业有许多成功的案例可作为借鉴，例如：我国著名文化旅游品牌——"印象系列"、山西省文化旅游产业项目《又见平遥》等。

其二，国内外高校展演。优秀的传统文化是我国传承与发展的重要根基，中华民族文化之所以博大精深、源远流长，在上下五千年的历史长河中不断发展，正是因为它牢守着中华民族优秀的传统文化。南音文化作为我国优秀的传统文化样式之一，弘扬和传播南音文化正是立足于传承与发展中华民族优秀传统文化，南音新作《凤求凰》高校展演路线，是为了让优秀传统文化走进高校并浸润当代年轻人心灵，吸引和培养高校学子喜爱南音文化，从而重振南音文化。不仅如此，这种展演模式还可为高校的人文素质教育提供一种新的途径。

其三，"一带一路"沿线国家展演。近年来，我国与"一带一路"沿线国家的文化交流日益频繁，在艺术交流、海外留学、跨境旅游等方面，都体现了"一带一路"沿线国家和谐互助的友好关系。我国目前已同 46 个国家和地区签订了学历学位互认协议，已有互办多届文化年、艺术节、电影周等多项文化交流活动的经验。截至 2016 年年底，和我国签订政府间文化交流合作协定的"一带一路"沿线国家已达 60 多个。在共建"一带一路"进程的大背景下，南音文化作为海外华人中重要的文化形态之一，是海外闽南人共同的乡音，南音文化的传承传播对中国文化的发展具有十分重要的社会价值和意义。

其四，海外中国文化交流中心展演。如孔子学院、国际文化节展等活动。目前，在全世界已建立 500 多所孔子学院和 1000 多个中小学孔子课堂，这些便可作为南音新作《凤求凰》展演基地，还可通过华人华侨并依托我国驻外机构、合资企业等，来助推南音文化的国际传播。

通过南音新作《凤求凰》在国内外展演，不仅有助于南音文化产业化的发展，也有助于南音文化的传承与发展。同时，还能增强我国大学生对中华优秀传统文化的认同感，提高文化自觉和文化自信，并且向世界各国展示中华民族优秀传统文化的魅力，使我国文化软实力的根基更为坚实，提升中华文化的国际影响力。

2.南音文化衍生品的开发

如今，文化衍生品备受人们的关注，对于文化创意产业链的拓展和价值深度的挖掘有助于文化创意衍生产品市场的发展。而开发南音文化衍生品实际上是通过挖掘南音文化的内在价值，助推南音文化产业化，促进南音文化实现社会效益与经济效益相统一，这也是提升南音文化附加值的重要途径。在文化产业飞速发展的当下，通过文化创意改变产品服务内容和质量、提升文化消费水平是培育我国国民经济的新增长点，是增强产业竞争力的重大举措。笔者认为，通过开发南音文化以及南音新作《凤求凰》衍生品来发展南音文化产业是对文化生态环境变化的适应，不仅可以促进南音文化的传播，也可满足提升泉州城市文化品牌形象的需要。

笔者在两场南音新作《凤求凰》推介实践中探索性地设计了三种南音新作《凤求凰》衍生品，分别为文件夹、签字笔和小本子。在"第十八届中国上海国际艺术节"中，上千件南音新作《凤求凰》衍生品供不应求，深受观众尤其是高校大学生的喜爱。设想南音新作《凤求凰》若是能够打造成知名文化品牌并开发文化衍生品，就该作品的国内外展演规划而言，将有巨大的

南音新作《凤求凰》铁观音 Logo

市场潜力。目前，笔者正致力于开发南音新作《凤求凰》铁观音。南音和铁观音都属于泉州极具代表性的文化样式，两者都作为泉州城市文化品牌的重要形象。该项目的产品是以南音与铁观音相结合，其茶叶的包装盒设计采用南音琵琶的造型，茶罐上印制南音新作《凤求凰》的人物形象和公众号二维码。产品将定期推送关于南音新作《凤求凰》的音乐、展演以及南音文化等相关资讯。该产品商标设计是以茶叶结合南音琵琶与"凤凰"的元素，现在正筹备与泉州本地知名铁观音品牌的企业建立战略合作伙伴关系，这不仅可以拓宽南音新作《凤求凰》的宣传渠道，还能提升茶商的营业额，从而达到互利共赢的目的。这一具有文化内涵的产品想必更容易让消费者接受，还能在消费者心中留下深刻的印象。一方面，该产品可作为南音新作《凤求凰》文化衍生品在演出前后进行线上线下销售，便可实现经济效益的作用；另一方面，该产品可作为泉州旅游文化产品，让外来游客青睐这个具有泉州文化代表性的铁观音品牌，便于将该产品作为伴手礼馈赠亲朋好友，而南音文化和泉州文化也将伴随着这些伴手礼走向世界各地。

四、结语

在当下，包括南音文化在内的传统文化表现形式或多或少都存在着传承与发展的危机。就作为表演艺术的南音而言，一方面，面临受众老龄化的现象；另一方面，在全球化的浪潮中，当代社会正迅猛地发展，使得传统文化表现形式受到了猛烈冲击。南音新作《凤求凰》作为人类非物质文化遗产项目南音在当代再创造的作品，其展演效益和推介实践的效果评估基本达到了预期的目的——受到上海高校师生群体的青睐，得到社会各界的广泛认可，取得了优异的成绩。由此看来，问题不在于年轻人不喜爱我们的传统文化，而是传统文化应该如何顺应时代的发展去展示符合当代受众审美需求的面貌，改善如南音这样的传统文化表现形式与当代社会的契合度。

习近平总书记曾于《在中国文联十大、中国作协九大开幕式上的讲话》和《在文艺工作座谈会上的讲话》中明确提出，当代艺术家要创作出为人民所喜爱、能够"叫得响、传得开、留得住"的优秀文艺精品。南音新作《凤求凰》不仅立足于对作为人类非物质文化遗产项目南音的保护，从整体上突破了以往的南音舞台表演实践中的瓶颈，也立足于满足当代民众的审美需求，是一部南音当代再创造的优秀文艺精品。

南音新作《凤求凰》的编创是为了使更多的人重视南音文化和参与南音文化的保护，但是想要源远流长地走进市场还需借助更多的社会力量。对于高校而言，探索非物质文化遗产当代再创造的实践乃是十分艰难之举，尤其是打造像南音新作《凤求凰》这样的力作。泉州师范学院作为该作品的出品高校，仍存在着各种客观因素使其无法放下主要的教学工作而将作品完全带入市场。不过从该作品展演取得良好的社会效益与推介实践的过程中是能预见该作品能够带来一定的经济效益，其所拥有的潜在市场价值必然是毋庸置疑的。期待南音新作《凤求凰》将来能与各大剧院合作宣传策划售票式展演项目；开发南音新作《凤求凰》衍生品在线上、线下进行零售；与泉州当地旅游业结合开发南音新作《凤求凰》旅游项目等。那么南音新作《凤求凰》必然带来一定的市场效益、经济效益、社会效益。而通过南音新作《凤求凰》目前取得的成功探索，今后可成为典型的编创模板，将会打造更多南音文化或其他文化表现形式"当代再创造"的系列作品。

因此，笔者认为南音新作《凤求凰》具有市场前景和产业化的可行性，而作为南音文化组成部分的南音表演艺术产业化也具有可能性。

（本文根据本人的艺术硕士学位论文的部分内容改写而成，特此说明）

探寻景弘航海精神　构建漳平海丝之路

陈小京 / 福建漳平文化馆群文馆员

六百多年前的郑和下西洋，在中国乃至世界可谓是家喻户晓。郑和是几百年来人们心目中的英雄，七下西洋的壮举足以让他名垂青史、彪炳千秋。然而还有一位与他同为正使太监共同率领船队、八下西洋的航海英雄。他就是中国古代航海史上与郑和并称双子星座的明代航海家——王景弘。

王景弘，福建漳平人，生卒不详。洪武年间（1368—1398），入宫为宦官。永乐三年（1405年）六月始至宣德九年（1434年）六月，王景弘先后八次出使南洋诸国。王景弘晚年潜心整理航海资料，撰有《赴西洋水程》等书。王景弘比郑和多一次下西洋的历程，是明初唯一八下西洋的使者。从中可以看出王景弘作为航海家和外交家率队远航的能力。

王景弘故里——漳平，位于福建省西南部，九龙江（北溪）上游，介于北纬24°54′—25°47′，东经117°11′—117°44′之间。漳平境内群山环抱，森林资源丰富，山间云雾缭绕，农业生态环境优美。作为海上丝绸之路的重要节点城市，必须牢固树立并切实贯彻创新、协调、绿色、开放、共享的发展理念，抓住国家实施"一带一路"倡议的历史性机遇，充分发挥自身优势，思考如何融入海丝之路建设。

一、王景弘与海上丝绸之路

古代海上丝绸之路是由海运、河运、挑运三部分组成，是古代中国与外国贸易往来和文化交流的海上通道，为中国东南沿海的对外开放和经济繁荣做出了重要贡献。历史上王景弘故里与海上丝绸之路渊源深厚。

王景弘是我国历史上伟大的航海家、外交家、军事家。他是漳平市赤水镇香寮村许家山村人，是郑和船队指挥部中的领导人员，与郑和并列为首席正使，是郑和的得力助手和亲密战友，郑和下西洋活动中的重要人物。他先后8次出使西洋，历30余国、60多个地区。先后到达亚洲、非洲等37个国家和地区，每次出洋都带有金银、丝绸等与外国交流，铺设了海上丝绸之路，发展中国与亚洲国家间的通商关系，开辟海上丝绸之路，促进中国与亚洲各国间的经济、文化和科技交流，增进友谊。

近年，漳平市用大力气去挖掘、打造王景弘这一福建文化品牌，紧紧围绕列入海上丝绸之路通陆达海的重要节点城市的战略规划，主动融入"一带一路"倡议的发展布局，深入挖掘王景弘故里丰富的名人文化内涵、民俗特色资源和历史文化遗存，着力塑造"海丝"领军人物形象，不断扩大名人文化品牌知名度和影响力，精心培育乡村休闲文化旅游产业，不断提升王景弘故里生态旅游区开发建设水平，努力实现名人优势向名人产业转移。以下我们将从几个方面阐明漳平市为何要尽快融入海丝之路以及漳平市融入海丝之路时自身的优势所在。

二、漳平融入海上丝绸之路的必要性和迫切性

（一）融入"海丝"是加快漳平科学发展、跨越发展的战略选择

当前市产业结构不够优、竞争力不够强，社会事业发展相对滞后，生态环境保护压力和难度加大，经济上正处于爬坡上坎的关键阶段。中央确定开展丝绸之路经济带和21世纪海上丝绸之路经济带建设，对推动漳平科学发展跨越发展是一个重要机遇。融入"海丝"有利于全市进一步增强沿海意识与联动意识，对接沿海发达地区，有利于优化城市区位，拓展城市腹地，有利于提升城市形象，提升城市竞争力。

（二）融入"海丝"是适应经济新常态的必然要求

2015年，漳平按照稳中求进的工作总基调，坚持"铁心抓项目，奋力促发展"工作主题，持续主攻"大交通、大城区、大产业"三大方向，加快推进海峡西岸宜居宜业生态工贸城市、两岸交流合作先行先试重要基地建设，经济社会发展呈现稳中向好的态势，获评"中国县域科学发展试点县"，但经济总量小，产业结构不够合理，2013年全市三次产业结构比为14.1∶46.9∶39等一系列问题依然存在。融入"海丝"发展战略有利于优化产业布局，加快产业结构调整，推动全市产业进一步升级。

（三）融入"海丝"是加快漳平改革开放的重要举措

漳平对外经济合作基础薄弱，经济外向度水平依然不高。进出口总额占全省进出口总额的比重较低。当前，漳平木、竹、花、茶、菜等农业产业优势突出，但在国外市场上依然缺乏影响力。加快融入21世纪海上丝绸之路建设，将更好地推动全市企业和产品"走出去"战略，拓展国际贸易市场。

三、漳平融入海上丝绸之路建设的比较优势

（一）深厚的历史渊源

漳平一直是海上丝绸之路的活力之城和重要节点，为加快融入"一带一路"建设积累了宝贵的历史经验。漳平历史上具有富足的水资源，成为海上丝绸之路的重要节点。祖籍漳平的明朝航海家、外交家王景弘随郑和七下西洋，为推动海上丝绸之路贸易做出了重要贡献。

（二）区位优势较为明显

漳平是龙岩东大门，鹰厦铁路贯穿全境，莆永、漳永高速全线建成通车，南龙快速铁路正在加快建设，漳平已成为融入闽南、延伸珠三角、拓展西部的重要战略要地和区域性交通枢纽，优越的区位和便利的交通为漳平加快发展带来了重大机遇。

香寮村位于漳平市西北部，距漳平市区 59 公里，东与双洋镇毗连，西南和龙岩市新罗区相连，西北和永安市接壤。而漳平市为闽西东大门，地处福建南部内陆咽喉地带、闽南金三角的边沿及泉州、漳州、龙岩、三明接合部，厦门、泉州的铁路出口都必经漳平，是连接沿海、拓展腹地的要道。因此，香寮村有望成为闽西与闽南金三角之间的中转站，区位优势较为明显。

海西高速公路网的漳（州）永（安）高速公路于 2015 年 10 月正式通车，漳永高速龙岩段全线位于漳平市境内，是闽中西部及江西、湖南等内陆地区通往厦门、漳州沿海港口的快速通道。已经动工建设的南（平）三（明）龙（岩）高速铁路将在双洋镇区附近设立站点。香寮村距省道永（安）漳（平）线双洋镇仅 13 公里，距离国道 205 线 10 公里，距鹰厦铁路麦园站 40 公里。赤水镇经省道永漳二级公路向北 40 余公里与泉州—三明高速公路相连，南经华安省道直达漳州、厦门，经 205 国道直达广东地区。X604 县道穿境而过，境内水泥路四通八达，可进入性较强。

（三）旅游资源优势突出

根据现有旅游资源类型和评价情况分析，香寮村旅游发展的资源优势主要集中在王景弘故里品牌、自然生态和民俗文化这三大系列特色资源上。随着越来越多的国内外学者进行王景弘的历史研究、漳平市王景弘研究会成为我国郑和研究史上第一个全国性协会——郑和研究会的单位会员之一，王景弘在我国古代航海史的卓越事迹将为越来越多的人所熟知，景弘故里品牌系列将在全国产生较高的知名度，甚至由于郑和和王景弘七次下西洋对当地的影响，景弘故里品牌对东南亚也有一定的市场号召力，市场前景广阔。

香寮村依山傍水、风景秀丽，森林植被覆盖率高，空气清新宜人，境内有天台国家森林公园的核心景区——天台山，这是漳平最早的佛教圣地遗址，保存着大片原始森林，有红豆杉、丁香树等珍稀植物 1000 多种，更有由于地壳运动造成山体断裂而形成的大涵溪峡谷。

香寮村有近百个姓氏，被誉为"百姓古村"，吸引了众多学者专家对此百姓古村香寮之谜进行研究。同时香寮村是少数民族（畲族）的聚居地，民俗文化资源醇厚多彩，如别具一格的香寮舞狮、具有浓烈地方风味的香寮全羊席，更有具有地方特色的古民居建筑群。香寮村历史悠久，古村落形成于商周时期，繁荣于明清时期，盘古营商周遗址和许家山古村遗址还留有古越族先民文化遗址且保存完好。

（四）利好的政策优惠

中央相继出台多条政策支持福建加快经济社会发展。国务院出台《关于支持福建省深入实施生态省战略加快生态文明先行示范区建设的若干意见》、2010 年龙岩被认定为第三批国家加工贸易梯度转移重点承接地、2014 年国家发改委牵头制定《赣闽粤原中央苏区振兴发展规划》。借助这些利好政策，可直接吸收、拉动漳平经济迅猛发展。

（五）地方政府的重视与支持

随着经济的发展和对旅游业认识的不断深入，漳平市委、市政府对旅游的重视程度也逐渐提高，提出 2010 年为漳平市的"旅游发展年"，积极实施政府主导型的旅游发展战略，把旅游业作为区域经济新的增长点，并召开旅游专题工作会议，研讨旅游发展问题，加大对旅游业的扶持力度。赤水镇政府更是提出"工业强镇、农业稳镇、第三产业活镇、和谐兴镇"的口号，高度重视旅游业的发展，把矿产、烤烟、旅游列为赤水镇的三大支柱产业，致力于营造良好的旅游投资环境。近年来，香寮村努力加快旅游基础设施建设，投入资金完善了饮水排污设施、村主干道水泥硬化及路灯照明等工程，高度重视香寮村旅游业的发展。

在了解漳平市融入海丝之路的必要性和优势所在后，我们将分析如何更好地融入海丝之路建设。

四、加快漳平海上丝绸之路建设的措施建议

当前，漳平外向型经济总量小，企业全球战略意识薄弱，与港澳台地区以及东盟国家合作不够紧密，一定程度上制约和限制了全市的改革创新和跨越发展。中央确立的 21 世纪海上丝绸之路发展战略，对于加快漳平产业转型升级、扩大对外开放、全面深化改革具有重要的驱动作用。通过海上丝绸之路这一重要通道，漳平人才、技术、资金等市场要素的交流渠道将得到更大拓展和有效补给，将弥补闽西漳平在创新意识和某些领域的短板，激发新一轮市场发展动力活力。

（一）主动对接谋划，拓展政策空间

对原有政策要加强梳理对接。逐项梳理苏区老政策，对仍未参照执行的，要加强跟踪对

接、全力突破；对生态文明建设、国家级加工贸易梯度转移重点承接地政策要主动对接，积极谋划哪些条件可以参照但未参照、哪些还需要进一步创造条件才能执行。同时，用好中国—东盟、中国—新加坡、中国—巴基斯坦等自贸区优惠政策，促进漳平与相关国家（地区）双边贸易稳定增长。对新出政策，要强化跟踪研究。对国家即将出台的"一带一路"优惠政策及自贸区相关政策，要尽早、尽力、尽心去研究，哪些是对我们有利的，哪些是适合我们的，都要进行跟踪梳理。

（二）完善立体网络，夯实交通基础

漳平持续推进"东进通道"建设，进一步提升漳平交通枢纽城市地位，畅通与海上丝绸之路和陆上丝绸之路经济带的通道连接，建设"一带一路"通陆达海的重要节点。一是加强重点路网建设，借路出山。推进铁路提升改造。力争2017年建成南三龙快速铁路，争取漳泉肖铁路扩能改造和鹰厦铁路南段扩能改造工程项目列入福建省铁路中长期规划实施。提升改造国省干线公路。争取规划实施龙岩—永福—华安—泉州高速公路漳平段；推进G235线漳平境内段、S219线漳平城区过境公路建设，加快新桥东坑尾至溪口、西园卓宅至新桥城口县道改造，完善"一江两岸"生态经济带通道。二是加快信息化建设步伐，借网出境。互联网时代，"人人都是丝绸之路起点，时时都可以联通丝绸之路"。抓紧制订出台电商政策，加快网络信息基础设施建设，建设一批电子商务产业示范园、物联产业园和现代物流枢纽平台。同时，积极发展跨境电子商务平台，促进漳平外贸发展方式加快转型。

（三）发挥产业优势，深化合作互补

做强"四城"主导产业，即特钢（机械）、轻纺、建材、能源四大产业，在存量挖潜、做大增量上下功夫，重点发展精密铸件、天守超纤、新型墙材、风电等项目，培育细分行业龙头企业。力争到"十三五"末，"四城"产业产值达到200亿元以上。培育三大新兴产业：现代物流产业，加快推进通宇陆铁保税物流园等项目建设，打造闽西南铁路物流中心和山区对接沿海的物流集散地；电子商务产业，推进村淘建设，培育中国花都网、隆商网、花博汇等自主电商品牌；文化创意产业，加快打造以国联、协为等企业为代表的工艺美术品生产制造基地，以鑫铜铜雕、国珍玉雕等企业为代表的海峡佛文化产业基地，形成文化创意产业园区。进一步对接"一带一路"建设规划，明确漳平在"一带一路"建设中的位置，抓龙头、铸链条，推动集聚发展。一是引导产业集聚，以产业龙头铸好产业链条。二是提升山海协作，打造海洋经济"内陆版"。三是推进"无缝对接"，加快产业对接合作。

（四）拓宽贸易渠道，更加注重共享共赢

海上丝绸之路是互利共赢之路，在与周边地区交往合作时，要积极推动漳平与周边地区政策互惠、道路联通、贸易畅通、政策沟通、货币流通、民心相通等，主动加强与厦门、泉

州等闽南沿海的山海协作，主动承接闽南沿海地区的产业转移和技术扩散，构建开放、多赢的经济合作平台，让合作双方优势互补、扬长避短、互惠互利，形成富有活力、全方位、多层次的开放型经济体系。

由此，我们学习了王景弘在明朝的大航海时代的英雄壮举，尝试性探寻了漳平市在新时代如何抓住机遇，如何融入海丝之路的发展建设，希望抛砖引玉，对中国"一带一路"的宏伟蓝图建设添砖加瓦。

学历教育视野下的非物质文化遗产保护与传承人才培养

黄忆南 / 中国艺术研究院研究生院招生处处长、副研究员

2013年国家主席习近平在出访中亚和东南亚国家期间，提出共建"一带一路"的重大倡议，得到国际社会高度关注。"一带一路"是促进共同发展、实现共同繁荣的合作共赢之路，是增进理解信任、加强全方位交流的和平友谊之路。文化认同是合作共赢与理解信任建立的重要基础，积极地进行文化交流是铺就这条和平友谊之路的有效途径。

"一带一路"贯穿亚欧非大陆，沿线国家历史悠久，如何跨越文化差异的沟壑实现政策沟通、设施联通、贸易畅通、资金融通、民心相通，同时在深入交流的过程中保持各国、各民族文化的特性，也即保护文化多样性是一个重要课题。非物质文化遗产作为各国优秀传统文化的代表，凝聚和体现着人类智慧和发展历程，而出于同一目的和手段相近的非物质文化遗产保护恰好能在"交流"与"保持"之间搭建一座桥梁。非物质文化遗产代表性项目的传播既能促进不同文化间的理解，同时也是树立文化自信的一个有效手段。简而言之，"非遗"是文化交流过程中，在保持文化多样性的前提下，加深各国、各民族认同感的一张重要的国家名片。

做好非遗保护，人才的培养是关键。学历教育与非遗保护人才的培养产生联系是个新课题，在进入正题之前首先阐明两个问题：一是本文所讲的"非遗保护人才"是指非遗相关理论研究者、管理者，以及相关行业从业人员，包括传承人。二是虽然学历教育对非遗人才的培养有积极意义，但是绝不能否认，更不能取代传统的传承方式。甚至可以说，口传心授、师徒相承这些传统的传承方式其本身和蕴含在传授方式之中的文化信息也是非物质文化遗产。传统的传承方式与纳入学历教育的传授方式应当形成相互补充的关系。

那么学历教育对于非遗保护人才的培养有哪些积极意义呢？

一、有助于传承工作的开展

非物质文化遗产大多是以口传心授的方式世代相传的。这种口传心授的模式在民间以师徒、家族和群体等方式展开，鲜有列入学历教育的先例。然而，随着时代的发展，我国全民受教育程度普遍提高，用人单位对应聘者的学历要求也逐渐提高。高知、高学、高薪成为很多家长培养子女的目标，也成为当代青年的主流价值追求。尤其对于"承载着家庭

全部希望"的独生子女而言，情况更是如此。没有学历做支撑的技艺传承，无法满足个人生存发展需求。

2017 年夏天笔者在新疆进行了为期 40 天的调研。在呼图壁，新疆曲子的传承人王兴泰年事已高，久卧病榻。其子女以及第三代均自幼跟随他学习曲子，但是没有一位继承父亲的事业，更不愿意第三代承担曲子的传承。他们的愿望是让孩子上大学，考研究生，有份稳定、收入丰厚的工作。个人的发展需求应当受到尊重，而新疆曲子作为新疆地区唯一一个使用汉语演出的曲种，其生存境况也确实令人担忧，这就使非遗项目的传承陷入两难之境。

在伊犁察布查尔锡伯自治县，锡伯族很多非遗项目是依托于锡伯语传承的，比如汗都春、朱伦呼兰比，这样的曲艺项目。据当地语言学会的副会长介绍，现在的年轻人学习锡伯语的热情不大。原因在于学校虽然开设汉语和锡伯语双语教学，但是如果当地学生想考省外的大学必须参加统一高考，因此他们只能全力以赴学习汉语，家长望子成龙，希望孩子到大城市发展，可是学生的精力毕竟有限，于是锡伯语就这样淡出了学校和学生的视野。没有了语言基础，汗都春、朱伦呼兰比如何传承？可是，谁又能说家长和孩子的愿望是错误呢？

上述两种情况绝非个例。传承人承担的是社会责任，综合考虑他们个人发展需求、生存境况是在非遗保护工作开展的过程中不能回避，甚至可以说，这个问题是直接关乎非遗项目能否传承、能否有质量地传承的根本问题。

将非遗保护人才的培养纳入学历教育，一方面可以让传统技艺走入学校，使更多学者和学生了解到我们优秀的传统文化，另一方面可以将个人需求与社会需求结合，让学生没有顾虑地学习喜欢的专业，承担相应的社会责任，如果这种方式能够更广泛地推广，将会开启传承工作的新局面。

二、纳入学历教育能使非遗人才培养更具指导性

非遗保护工作在我国开展的时间不过十余年，还处于探索阶段，在很多问题上还存在不确定性。尤其在一些偏远地区，对非遗保护工作的认识还不够全面、深入。非遗保护的对象大多具有濒危、稀有的特点，因此在开展保护工作的过程中，方向、方法要比努力更重要。错误的方向，不当的方法，会使非遗保护事业蒙受巨大的损失，对于很多濒危项目是要面临灭顶之灾的。如何使科学保护观更准确、更快捷、更直接地传播到保护与传承的主体，学历教育具有更大的优势。

专家、学者对于非遗保护的理念可以帮助学生建立更科学的保护观，在学生走向工作岗位后，也能带着这种正确的观念开展工作，这对传承和保护工作意义重大。

三、有助于全面提升非遗保护工作从业人员的整体素质，从而带动整个行业的发展

很多传统技艺创作的材料比较名贵、稀有，甚至是不可再生的，如玉石、象牙等，如果从业人员没有高品位的审美，没有卓越的技术，他每完成一件作品都是在糟蹋大自然的赋予。

但是，审美能力的提升不是朝夕之事，它与创作者的眼界视野、文化涵养、思想观念密切相关。学历教育在培养审美能力和综合素质方面有明显的优势。

学历教育的举办主体多为高校和科研院所，其科研积累、师资力量、平台优势都是显而易见的。同时，学历教育学制较长，一般为2—4年不等。学生在学期间有充分的时间学习、交流、思考、实践。学生能够接受更多元、更丰富的信息和思想，建立更全面、更完善的知识体系，对提升艺术审美能力等诸多方面起到积极作用。

另外，学历教育吸引到优质生源的机会更高。有些学生可能以前并没有从事该项行业，但是有志于此，并且在以前的学习工作中积累了相对完善的知识结构、有较强的学习能力，在学期间通过学校的培养、导师的指导、个人的努力也同样可以成为优秀的非遗工作者。这样的案例也屡见不鲜。

可以想象，未来越来越多优秀的人才走上工作岗位，必然会带动整个行业的发展。

非遗人才的培养纳入学历教育还有很多可见和未见的优势，但是总体说来，这种新的方式更有利于实现个人诉求与社会需求的结合，社会效益与经济效益的结合，从而建立一种可持续发展的非遗保护、传承和传播的系统。

当然，有很多学者对此也存在顾虑。大家关心的问题主要集中在"教什么""怎么教"和"谁来教"这几个问题上。

中国非物质文化遗产保护中心于2006年9月14日在中国艺术研究院挂牌成立。2007年，中国艺术研究院开始招收非物质文化遗产保护专业的硕士、博士研究生；2014年开始招收非物质文化遗产保护和传统手工技艺方向的艺术硕士，自此全面拉开非遗保护人才学历教育的序幕。中国艺术研究院非遗专业招生方向主要有两大类：第一类，学术型的研究生，硕士、博士两个学位层次都有，专业方向是"非物质文化遗产保护研究"。主要面向有志从事"非遗"理论研究和保护实践工作的人群。第二类是专业型的研究生，主要面向有志于从事非遗项目传承的人群。通过10年来的探索和努力，中国艺术研究院形成了自己独特的办学理念并积累了经验。

中国艺术研究院目前的基本理念和做法是：开放办学、科学引导，在遵循非遗保护与传承的基本规律和研究生教育的基本规律的基础上，讲理论，教方法，重实践。实行双导师制

对研究生进行实践和理论的培养，即聘请国家级传承人和各领域的大师作为专业导师，指导学生创作；同时，请著名非遗研究专家作为理论导师，指导学生完成论文写作。在系统的课程设置以外，安排大量的名家讲座，建立实践教学基地，定期组织考察、观摩和实践活动，通过多种方式和手段全方位地提升学生的理论与实践能力。综合创作能力和理论研究能力设定学位授予标准，这是中国艺术研究院的一项创举。

20 世纪末，我国提出"做国际社会中负责任大国"的外交理念。近年来，这一提法越来越频繁地出现，尤其在军事、经济等领域发挥重要的指导作用。树立"负责任的大国"形象，文化和教育也责无旁贷。"一带一路"倡议的实施也是在践行这一理念。非物质文化遗产是人类共有的智慧结晶和文明发展轨迹，它的传承与传播能够有效增进不同国家和民族之间的理解、认同。在非物质文化遗产保护人才培养学历教育方面的积极探索和经验分享也将是我国在该领域为世界所做出的贡献之一。

第二辑

"一带一路"
艺术交流、交融与合作

环境开发中的文化遗产保护——风险和机遇

Anna Maria·Lopuska / 波兰华沙市文物局文物保护办公室副主任

19世纪和20世纪为遗产保护主义者提供了理论和工具，有效支持了艺术和建筑保护事业，使其达到了令人难以置信的高标准（Arszyński, 2007; Szmygin, 2015）。此外，遗产保护主义者的教育水平都很高。仅在波兰，便有三所在遗产保护领域颇为著名的学校，提供六年制硕士学位课程，专业包括绘画保护、石材和建筑细节保护、纸张皮革保护和纺织品保护。这些专业的传统可以追溯到1947年，以及波兰艺术历史学家在18世纪、19世纪和20世纪提出的遗产保护思想（Rymaszewski, 1992; Rymaszewski, 2005）。此外，波兰的欧盟成员国身份也使波兰学生能够自由旅行，在其他国家完成学业。

然而，遗产保护领域发展和教育的有利条件，并未充分体现在公众对其意义、重要性和要求的普遍认识中。遗产保护意识仍然仅限一小群专业人士，他们通过多年学习掌握了核心知识。不幸的是，保护问题并不是普通教育计划的一部分，而且也不为普通大众所了解。这个问题可以从保护部门与公众或申请许可证投资者之间关于历史建筑变化的日常交流中得到体现。除了相互矛盾的目标和观点以外，各方之间明显缺乏共同语言。保护对象的具体特征使问题变得更加复杂，需要按照各自价值逐一分析。没有一个简单易行的规定，人们无法知道哪些建筑可以增加上层结构以及增加何种结构。因此，必须以建筑结构、材料、保护状态、历史沿革和来龙去脉的深入分析以及优质设计方案为基础制定决策。历史保护对象和场地的复杂性质使很多人从主观上判断，认为与保护部门合作既浪费时间、耗费资金，结果又难以预料。

华沙市遗产保护部举办了多次活动，试图提高公众认识，促进公众与政府之间的交流。我们举办的项目包括各种会议和活动，旨在提升公众对遗产保护问题和历史建筑的兴趣。我们组织导游陪同公众游览被列入世界遗产名录的华沙老城，我们还邀请公众参观具体的历史建筑，展示遗产保护工程的成果。我们还专门设计了针对儿童的活动项目，如展示性游戏等内容（包括老城历史标志、彩画和五彩拉毛粉饰）（Jagiellak, Świątek, 2015）。我们邀请了投资者、开发商和建筑师参加施工规划和优良工艺的研讨会。同时，通过出版（例如：《如何实现现代主义的现代化》，Jagiellak, Świątek, 2014）和竞赛（例如：组织历史墓地墓碑现代设计竞赛，Wrzeszcz, 2010）引进了相关的杰出实践。

华沙的积极开发，导致开发商对利用历史建筑和商业空间的兴趣增加。这一趋势的主要原因是城市中心地带缺乏可用地块，但是在某些情况下，历史建筑所具有的优秀特质也增加了地产项目的商业价值。最近 Hala Koszyki 市场的部分重建就是一个实例，它的历史可以追溯到 1906—1909 年（Omilanowska，2004）。这次重建使其恢复了生机，被改造成了一个豪华时尚的食品市场和餐厅，并于 2016 年正式开放。该项目完成后，我们又改造了另外一个 Hala Gwardii 市场（1899—1901），计划近期竣工开放。大公司投资老建筑保护或改造项目的目的是，建设高标准酒店（如 Hotel Europejski），或者创造风格独特的写字楼（如 Le Palais）。

如果历史建筑空间、形式和材料不再适应新功能或投资者的新想法，便会出现新老建筑之间的冲突。这些冲突大多由升降电梯和自动扶梯（如购物中心）或历史建筑的上层结构造成。有时，保护问题和经济因素之间的妥协是建筑保护的唯一机会，因为投资者在无法确保未来利润的情况下不会支付保护费用。然后，建筑设计质量决定着项目是否能够被顺利接收。两者妥协的实现要求建筑设计遵循保护原则。另外一类问题源于安全要求的变化。奥斯威辛集中营博物馆就安全问题考虑了多个妥协方案（Juras，2013）。

时代发展不仅催生了建筑改造和老建筑用途的新思路，还衍生了新遗产。战后，波兰人对建筑现代化改造的兴趣明显上升（Świątek，2013）。许多项目已在国家级和市级纪念建筑区域登记注册，并已受到法律保护。新建筑将采用新方案、新材料和新型工艺，遵守新施工方法和方案。

参考文献

1. Arszyński, Marian , Idea-Pamięć-Troska. Rola zabytków w przestrzeni społecznej i formy działań na rzec ich zachowania od starożytności do połowy XX wieku. Malbork.

2. Jagiellak, Anna/Świątek, Paulina （ed.）（2014）: Jak modernizować modernizm？ Zabytki architektury mieszkaniowej modernizmu. Dobre praktyki dla mieszkańców i użytkowników. Warszawa.

3. Jagiellak, Anna/Świątek, Paulina （ed.）（2015）: Szyldy na Starym Mieście w Warszawie. Dobre praktyki dla właścicieli i użytkowników. Warszawa.

4. Jagiellak, Anna/Świątek, Paulina （ed.）（2015）: Polichromie i sgraffita na fasadach ośrodków staromiejskich odbudowanych po 1945 r. Kreacja i konserwacja. Warszawa.

5. Juras, Oliwia/Setkiewicz, Piotr/Łopuska, Anna （2013）: To preserve Authenticity: The Conservation of Two Blocks at the Former KL Auschwitz I. Oświęcim.

6. Omilanowska, Małgorzata （2004）: Świątynie handlu. Warszawska architektura komercyjna doby wielkomiejskiej. Warszawa.

7. Rymaszewski, Bohdan (1992): Klucze ochrony zabytków w Polsce. Warszawa.

8. Rymaszewski, Bohdan (2005): Polska ochrona zabytków. Warszawa.

9. Szmygin, Bogusław (ed.) (2015): Vademecum konserwatora zabytków. Międzynarodowe normy ochrony Dziedzictwa Kultury /edycja 2015/. Warszawa.

10. Świątek, Paulina (ed.) (2013): Modernizm w architekturze Warszawy lat 60. Warszawa.

11. Wrzeszcz, Krzysztof (ed.) (2010): Wzornik współczesnych nagrobków zalecanych dla cmentarzy o charakterze zabytkowym. Warszawa.

从"弦功能"再看亚欧草原的"双声结构"[1]

萧梅 / 上海音乐学院教授

引子：谁的"呼麦"

呼麦或称浩林潮尔（喉音和声），是一种由一位表演者运用多重嗓音发出多样和声的歌唱风格，也包含着由喉音发出的持续低音声部。歌唱家们可以单独表演也可以多人组合。如今在各个国家的蒙古族群中，尤其是中国北部的内蒙古、蒙古国西部以及俄罗斯联邦的图瓦共和国，呼麦非常普及。其传统表演常出现于仪式庆典活动，歌声表达了对大自然、蒙古人的祖先以及良驹的敬意与祈祷。这种表演形式依存于特殊的事件以及群体活动中，例如骑马、射箭、摔跤比赛，大型宴会和献祭仪式。其歌曲的时长和顺序通常有着严格的规定。长期以来，呼麦被认为代表了蒙古文化的核心元素，同时保留了国家或民族认同的强有力象征。作为投射蒙古族族群哲学、美学价值观的一扇窗户，它承担着促进中、蒙、俄三国文化理解和友谊的使命，同时，也作为一种独特的音乐表达吸引着全世界的关注。[2]

有意味的是，联合国教科文组织官方介绍与此不同，在"中国非物质文化遗产"（The intangible cultural heritage in China）网站上的呼麦介绍中，其流传地却为："呼麦主要分

---

[1] 本文第一次以 *Rethinking the Double-sounds Structure in Inner Asia Through Analyzing the Function of Strings* 为题，宣读于德国莱比锡博物馆"东亚音乐与博物馆收藏乐器国际研讨会"（2016 年 10 月 27 日），经过较大幅度修改的中文版发表于《音乐艺术》2018 年第 2 期。

[2] 参见联合国教科文组织"非物质文化遗产代表作'蒙古歌唱艺术，呼麦'"简介。原文：The Mongolian art of singing: Khoomei, or HooliinChor（'throat harmony'），is a style of singing in which a single performer produces a diversified harmony of multiple voice parts, including a continued bass element produced in the throat. These singers may perform alone or in groups. Khoomei is practised today among Mongolian communities in several countries, especially in Inner Mongolia in northern China, western Mongolia and the Tuva Republic of Russia. Traditionally performed on the occasion of ritual ceremonies, songs express respect and praise for the natural world, for the ancestors of the Mongolian people and for great heroes. The form is reserved for special events and group activities such as horse races, archery and wrestling tournaments, large banquets and sacrificial rituals. The timing and order of songs is often strictly regulated. Khoomei has long been regarded as a central element representing Mongolian culture and remains a strong symbol of national or ethnic identity. As a window into the philosophy and aesthetic values of the Mongol people, it has served as a kind of cultural emissary promoting understanding and friendship among China, Mongolia and Russia, and has attracted attention around the world as a unique form of musical expression.

布在内蒙古自治区的锡林郭勒、呼伦贝尔草原及呼和浩特市等地区，新疆维吾尔自治区阿尔泰山一带的蒙古族居住地、蒙古国、俄罗斯图瓦地区也能听到这种方式的歌唱。"[1] 此处"也能听到"的表述，令原呼麦的主要分布地区降为了次要。

国际上，自2009年于阿布扎比召开的联合国教科文组织政府间委员会第四次会议（Fourth Session of the Intergovernmental Committee，28 September to 2 October 2009）通过了以中国申请的非物质文化遗产代表作"呼麦"之后，引发了争论。呼麦究竟是中国的还是俄联邦图瓦共和国或者是蒙古国的？比如，此前国外学者所勾画的亚洲呼麦分布图中中国的缺位。[2]

2015年于哈萨克斯坦国首都阿斯塔纳举办的国际传统音乐学会（ICTM）第43届世界大会上，有两位美国学者组成专题小组，并在论文中重新提及呼麦的归属问题，再次质疑了呼麦的所属地。[3] 与国际争论同时，中国的许多学者，也极尽努力，挖掘出该"声音类型"自古就在中国蒙古族存在的证明，包括类似类型的种种汉字历史文献记载。

笔者初闻呼麦，是在20世纪80年代后期。其时，内蒙古青年学者达·布赫朝鲁刚刚从蒙古国学习呼麦归国，在中国音乐学院师生的一次小型聚会上做了示范。从他获知，呼麦是蒙古人的声音艺术，但在当时的内蒙古并未见传承。然而，作为本文的引子，引述这一争辩并非为了澄清呼麦的归属，因为相关归属的讨论难免伴随政治或意识形态，且无助并有害于我们对这一人类非物质文化遗产自身的理解。透过这一纷争，我们更应该讨论另外一个问题：如果呼麦确实更多地在中国境外流行，那么，为什么伴随呼麦"申遗"的前前后后，这一双声艺术席卷了内蒙古，并成为各类蒙古族乐队（包括哈萨克族乐队）的声音标识，并于国内外不断获奖？相比于蒙古族的另一个"代表作"长调而言，当下的呼麦已然成为另一种族性象征的声音。呼麦到底是谁的？如果呼麦代表了一种在声音符号上的想象和认同，它仅仅是一种对特殊技巧的猎奇和追求，还是说存在着支撑这种认同心态所依据的乐感和审美结构？

一、共享的"双声结构"[4] 与不同在地品种

从形态上看，呼麦歌手尽管可以发出不止两个声部的声音，但人们还是以其主要声态，

---

[1] 参见 http://www.ihchina.cn/4/10412.html。

[2] 该图只标注了西蒙古、图瓦、哈卡斯、卡尔梅克和巴什基尔。参见 Van Mark Tongeren, *Overtone Singing: Physics and Metaphysics of Harmonics in East and West*, 2004[2002], Published by Fusica, Amsterdam, p.118.

[3] 参见 Robert O. Beahres, "Claiming and 'Epicenter' for Cirea-Altai Xöömei: The Politics of Nomadic History, Ethnography, and Ethnic Particularity in Post-Soviet Tuvan Throat-Singing Scenes" 和 Charlotte D.Evelyn, "Conflicts, Coalitions, and Contests: The Inter-Regional cultural Politics of Throat Singing (Xöömei) in Tuva, Mongolia, and Inner Mongolia, 发表于该世界大会 IIC3（Panel）单元。

[4] "双声"的英译较为多样，主要有"double sound""bi-phonic"或"diphonie"。

将其归纳为"双声"。这一乐感和审美结构在内蒙古地区有哪些类似的民间艺术种类？2013年7月，内蒙古大学艺术学院在呼和浩特举办了"中国呼麦暨蒙古族多声音乐学术研讨会"，并将"呼麦"与"蒙古族多声音乐"互为注释，提供了一个思考的切入点。因为，只要我们对内蒙古地区的多声音乐进行过调查，不难发现它们在声部结构上与呼麦相似，都呈现出以持续低音加高音旋律而形成的"双声结构"[1]。

基于中国北方草原从内蒙古至新疆阿勒泰地区较为广泛的调查结果，这一织体存在着"阿勒泰山地"与"内蒙古草原"两大传统区块。[2] 这两大区块的双声结构，有其各自的鲜明特色。"阿勒泰山地双声系统"主要为个体演唱演奏，并以山脉为中心的人声呼麦或浩林潮尔，以及以人声持续喉音低音，同时叠加竖吹苇管发出旋律的图瓦楚兀尔或新疆蒙古族的冒顿潮尔（Modonchoor），还有哈萨克族的斯布孜额（Sibizg）等。而"内蒙古草原双声系统"则主要以"潮尔"（Choor）为前缀词或后缀词，而有由多人演唱的"潮尔道"（Choor'induu 或 Choor in duu[3]），以及演奏时用弓子同时擦奏内外两根弦，在外弦高音弦上按奏出旋律声部，内弦低音弦则保持空弦持续低音的弓弦潮尔[4] 等。

就此蒙古语语境，"潮尔"为其关键词。它的蒙古语语义为"回声""共鸣""和音"，并可视为蒙古人对于"多个声音同时发响"的声音状态描述词。

此外，在上述词汇中，值得注意的另一语音现象是"呼麦类"人声品种称谓的不同发音：

蒙古国：khoomei

图瓦：khoekteer

卡尔梅克：khoom

内蒙古：khogulaiin choor

而这些以 [kho] 为音头的不同叫法，其含义都指向"喉咙"或"嗓子"。[5] 这也是人们将这一声音类型命名为喉音艺术的重要原因。此喉音恰恰也是呼麦本身所具有的多种形态之核心。如果我们以呼麦和潮林道（Choor'induu）做比较，可见它们既指向此类"双声结构"的"声态"，亦指向由人声所体现的"双声结构"并及如何体现，即喉音之发声特征，以及基音叠加分离出的泛音或实音叠加旋律，并呈现为持续低音的声音与织体形态。

---

[1] 我们以双声替代多声，是为了更强调其织体特征，因为即便其声部关系有时候不止于二，但并不改变其持续低音加旋律的基础。

[2] 徐欣在其博士论文《内蒙古地区"潮尔"的声音民族志》中，就双声音乐区内部的多元形式的分类和研究可行性，梳理了有关族群－语言－音乐系统和地缘－文化－音乐传统的分类。见上海音乐学院 2011 年博士论文，第 3-5 页。

[3] Duu 在蒙古语中是歌的意思。Choor'induu 就是"带有潮尔（Choor）的歌"。

[4] 蒙古语又称"乌塔森潮尔"（utasunchoor），utasun 就是弓弦的意思。

[5] 而这个发音与汉语中的"喉"[xəu35] 的发音直接相关，并与汉文古代文献中的"啸"的古代读音非常相似。近年来，在中国有学者专门针对汉文古代文献中的"啸"与呼麦关系展开研究。本文不做展开。

回到上述第一节提出的问题：从蒙古大草原由东往西，尽管有不同的蒙古族支系与部落，包括异于蒙古语族的突厥语民族，这种声音结构是否为其他音乐品种所共享？基于现阶段的调查，可以明确它们分别存在于蒙古、图瓦、哈萨克、柯尔克孜等内亚游牧民族中。进而，从声源（sound resource）及声音激起（initial activation of sound resource）来看可有人声、器声和人—器声兼备三类。而从声部结合情况看，有其丰富性。比如，包括持续低音＋实音旋律，持续低音＋泛音旋律，持续低音＋泛实相间之旋律，以及不带明显旋律但有自然泛音的低音喉音四种类型。（见表1）

表1　亚欧草原"双声结构"分布表[1]

声源 声部结合	人 声	器 声	人声＋器声	参与人数／隶属族群
持续低音＋实音旋律 （不排除有泛音）	潮林道	— — — 托布秀尔 多什不勒[2] 考姆兹	— 冒顿潮尔 斯布孜额 — — —	多人／蒙古 单人／多民族[3] 单人／哈萨克 单或多人／蒙古 单人／图瓦 单或多人／柯尔克孜
持续低音＋泛音旋律	— 呼麦	— —	口簧 — 萨木潮尔	单人／多民族 单人／多民族 单人／蒙古
持续低音＋泛实相间	—	四胡 弓弦潮尔 马头琴 叶克勒 柯亚克 库布孜	— — — — — —	单人／蒙古、图瓦[4] 单人／蒙古 单或多人／蒙古 单人／蒙古、图瓦 单人／柯尔克孜 单人／哈萨克
低音喉音	史诗 藏传佛教诵经	— —		单人／多民族 单或多人／多民族

为了简要说明，笔者再次引用自己曾经撰写过的文字做一个归纳：传统的呼麦包括十多种不同的演唱技法。但最主要的可分为在持续的喉低音上唱出哨子般泛音旋律的伊斯格日

---

[1] 该表格笔者曾于拙文《文明与文化之间：由"呼麦"现象引申的草原音乐之思》初发，文章刊载于《音乐艺术》2014年第1期，第38–50页。本文根据田野资料进行了补充修改，而这张表本应为开放的结构，并留待田野资料的不断丰富。

[2] 多什不勒为图瓦语 doshpluur 对应的汉译。三弦，无品，一般用来为呼麦伴奏。传说源自托布秀尔（topshur），原来的发音是 topshluur。

[3] 此处冒顿潮尔之所以标以多民族，是将图瓦以"绰儿"发音的同类乐器计算在内。

[4] 在图瓦也有四胡类乐器，被称之为 byzaanchy（byzaan 是小牛犊的意思，因为图瓦人认为该乐器的声音很像小牛犊发出的声音，chy 是后缀，即可将一个动物名词转变为一个事物名词）。本文之所以用"四胡类"，是因为这一乐器在图瓦的弦数并不确定，但称谓不变。

（isgeree）和带有气泡音的超低音哈日嘎（hargiga）。在我们对人声形态的分类中，至少可见偏重声部结构中持续低音与实音旋律、持续低音与泛音旋律、高频泛音为主和偏重喉音低音的四类参数。这也导致学者们在讨论双声（潮尔）现象时出现或强调声部，或强调泛音，或强调喉音，而有"双声""泛音歌唱""喉音歌唱"等称谓的部分原因。而这些不同称谓，恰恰构成了该区域"双声结构"之丛结。该表格的第一版曾载笔者《文明与文化之间：由"呼麦"现象引申的草原音乐之思》，本文根据后续田野资料补充修改，因而更体现出其内容的开放性。很显然，"作为音乐核心的'双声结构'为何以及如何在这一广阔的地理范畴内出现"[1]，与认知其形态的多样表征是一对关系。笔者认为，充分认知共享的文化特质与不同在地品种在具体表演形态上的复杂性和多样性，较之孤立的歌唱归属权争议在文化认知上的意义更为重大。[2] 以联系性的方法论，关注其结构的生态分布，关注其自然、族群的历史文化过程，才可能在既相关又区别的现象之中，深入这一人类口头艺术代表作的艺术及文化内涵。笔者在《文明与文化之间：由"呼麦"现象引申的草原音乐之思》一文中曾将这一研究方式以"文明与文化之间"的对话概述之，在这个对话中，"在地知识"的差异性，形成于文化过程，并可从其声态、生态、身态、心态来考察。

二、多重语境中的"差异性建构"

生态语境，主要体现为其声态与自然和社会文化相关。

在蒙古国西部的阿勒泰山地，呼麦的起源更多的是传说而非可溯的历史，也多与其文化当事人所身处的大自然相关。根据卡罗·帕格（Carole Pegg）的描述，在该区域的前德曼苏木，流传着呼麦源于山脉、湖泊、河流和飞鸟的传说。据说那里的人可以收集来自西边的风，并且将这些风保留数小时，甚至数天。这些风从山地吹向东方大湖和草原，风声掠过草地与森林，最后被大湖吸收容纳，于是山与湖泊有了声音的交流。这种山水交流的"回声"，由自然景观生成声音景观，并以"共鸣"的意象，体现于人们的心灵景观。

内蒙古阿巴嘎旗的潮尔手宝日曾说："在我们阿巴嘎，有山有水有沙地，丰富的地貌生长出丰富的声音，这就是为什么我们有潮林道；而生长在那么远（一望无际），那么平坦草原上的乌珠穆沁人能唱最好的长调。"[3]

除了明显的多声，就特殊的唱法形成的蒙古歌唱而言，其单旋律的声态有时也遵从了相

---

[1] 徐欣：《内蒙古地区"潮尔"的声音民族志》，博士学位论文，上海音乐学院，2011年。
[2] 当然，就历史研究而言的品种辨识另当别论。
[3] 出于2013年7月27日在内蒙古阿巴嘎旗的采访笔记。

似的声音观念。我一直认为，长调拖腔的延展与基于元音发声位置而运用不同共鸣腔形成的"诺古拉"相关。而近年来随着对"搓元音"（额格希格·塔末和）的研究，其元音在拖腔过程中的转换，并与不同共鸣腔互动，也形成了拖腔的动力，并呈现出明暗虚实等声音色彩的对比。

因此，即便是广袤草原上的长调，其单旋律中也隐含着回声和呼应。乌珠穆沁的长调老歌手巴德马斯楞在回忆儿时的歌唱时说："夏天我们在大湖边唱歌，水面宽阔的时候歌唱的回声也很大，可以传到很远的对岸，自己听到非常开心。几个人唱歌时仔细听，彼此说'你的声音在那边''我的声音传到这里了'……在山顶上，悬崖峭壁的边上唱歌呼喊又是另外一种声音。山里的回声是一层一层的，我们模仿着唱。有水的话趴在水缸口也试着唱一唱，这个回声也很大。长大一些后，拿着没用的烟囱当喇叭也唱过。就是这样，自然的回声给人的启发很大。"[1]

同样的共鸣和回声观念，却因为自然地理的景观不同，而有不同的声音表达方式。这是地景（landscape）与声景（soundscape）的互动，体现出地方给予人的声态，以及声态给予人的地方感。其中游牧民族如何运用不同的声音定位，如何去拟态化特殊的空间和地景，将其对不同自然生态的感知转化为音高、音色、节奏等声音参数，这与西方人在受到呼麦震撼后所发展起来的、偏重泛音列的歌唱不同。其重要的缘由在于西方音乐传统中，有着将行星运动作为宇宙音乐的隐喻，将泛音作为人类和谐源泉的音乐拟态，比如，基于泛音列纵向叠置的和声为核心。然而，在阿勒泰山地以及草原民族的拟态隐喻中，泛音的表述并非和声，作为人声（voices）的隐喻化表达，它们实实在在的是地景、飞鸟、生物以及与它们共同栖居的神灵之声音体现（sonic embodiment）[2]。可见无论山地还是草原，其多样声态宛若自然生态馈赠了人的无形文化财富。

自然生态之外，社会文化生态亦形塑着不同的声态。为什么在整个内蒙古地区，只有锡林郭勒盟的阿巴嘎地区有潮林道？而潮林道为什么给予人一种神圣和庄严？在传统社会中，它演唱于那达慕大会或王爷府宴会的开始，故其蒙古族原称为"乃日道"（宴会歌）。而潮林道的流布地正是阿巴嘎和阿巴哈纳尔这个本属于元世祖成吉思汗同父异母兄弟别力古台的部落，这也是为何人们将其视为宫廷性的原因。从曲目、表演场合、表演方式和演唱仪轨来看，它有着严格的禁忌和仪式性。其曲体结构为"引子＋歌曲主体＋图日勒格"，在图日勒格之前，歌手需要屈膝歌唱，但到图日勒格的部分，则全体人包括王公贵族们都要起身站立，共同歌唱。蒙古族音乐家莫尔吉胡曾对笔者说，"文革"结束以后，被誉为"草原雄鹰"的哈扎布第一

---

[1] 引自内蒙古艺术学院青年教师乌兰琪琪格博士的采访手记。

[2] Levin, Theodore & Süzükei, Valentina, *Where Rivers & Mountains Sing: Sound, Music, and Nomadism in Tuva and Beyond*, Published by Indiana University Press, 2006, p.91, 77.

次听到潮林道，抑制不住泪水。对他们来说，潮林道象征着一种神圣，象征着黄金家族的历史。这也是为什么当笔者在 1996 年夏天在草原专访哈扎布时，他没有唱长调，却叫来了潮尔手老搭档萨仁格日勒老人，向我们讲述"a""o""u"三个元音如何以持续低音和他一起歌唱《旭日般升腾》。有意思的是，潮林道的曲体结构与大型长调"艾吉木"（aizamurtynduu）是相同的。这种大型长调，主要流布于蒙古国的喀尔喀聚居区，而在当下的内蒙古地区少有流传。"艾吉木"长调在蒙古国也被视为宫廷音乐，笔者曾听过一首题名为《古代的辉煌》（ertnii saikhan）的艾吉木长调，整首曲子的演唱足有半个小时，而蒙古国的学者还将此曲认作成吉思汗年代的国歌（statehood long song）。[1] 就在笔者完成本文写作时，读到中央民族大学崔玲玲关于"青海、甘肃蒙古族传统音乐文化考察研究"的手稿，其中披露在青海和甘肃蒙古族，分别有三首固定的，必须为专人演唱的赞颂性的"长调仪式歌"，这种仪式歌的曲体亦为主—副歌结构，演唱方式也为众人在长调演唱过后必须起立，并与领唱呼应齐唱被称为"拉咳"的副歌（如图日勒格），尽管它们也是单声部歌曲，但该文作者认为其应属于"潮尔"音乐范畴。这些曲体相似、功能相似，但一个是单声部（图日勒格部分亦为齐唱），一个却有双声。在没有文字记载的情况下，如何回答何以是？恐怕只能继续利用平行资料探索其历史文化的踪迹。比如阿巴嘎和阿巴哈纳尔作为别力古台的后裔，曾经远退漠北并在历史上一直与喀尔喀保持千丝万缕的联系；又如，在阿巴嘎地方的口头传说中有着阿勒泰乌梁海人夏来秋返，如候鸟般游徙于阿巴嘎的说法。[2] 甚至有人认为在这些游徙的人中间，有些人留下了，并生活在阿巴嘎的耶和与额尔敦这两个地方。虽然我们无法猜测乌梁海人是否带来了持续低音的喉音唱法或反之[3]，但积累不同的口传资料可以打开研究的思路，即所谓悬置根源（roots）的考证，但求语境中的路径（routes）梳理。而同是喀尔喀部落，其处于蒙古国科布多省的前德曼苏木虽然被认为是呼麦的发源地，但是那里并没有艾吉木长调，面对这艾吉木长调和潮林道两种共同依存于"宫廷性"乃日的声乐体裁，其同与不同，以及生成的历史文化背景，都值得进一步探索。

同一民族，因不同部落及其本地历史和人文生态而产生的区别，也显见于当代萨满的研究。就内蒙古科尔沁和蒙古国喀尔喀部落的萨满仪式歌曲而言，"前者由于享有共同的神灵祖先，因此，不同的萨满对应同一神灵的歌曲是基本相同的，也就是说每一神灵有其固定的萨满歌曲。

---

[1]　艾吉木长调的划分，是根据蒙古学者扎木策·巴德拉（Jamts Badraa）的分类（大型、中型、小型长调）而有的命名。

[2]　潮林道的国家级传承人芒来，曾回忆他的母亲唱过的一首歌，歌词隐含着乌梁海人的游徙（该歌曲采用蒙古语口语记写法，翻译为内蒙古艺术学院硕士研究生包青青）。歌中唱道：Burid-in sire-n gangdasie （有绿洲的丘地干枯了），Bugud olen-ron nugesie （大家集体迁徙吧）；Blg-in xire-n gangdasie （有泉水的丘地干枯了），Boqad hoish-on nugesie （重返北方迁徙吧）；Erzhu hur-en gangdasie （有丰美草地的阳坡干枯了），Erged hoish-on nugesie （再往北方迁徙吧）。

[3]　本文的这个提法，与将呼麦视为潮尔合唱艺术发展和升华的观点，在推测方向上不同。

而喀尔喀萨满的神灵一般为个体萨满所专有，即每一个萨满都有自己专有的一位或多位神灵，其萨满歌曲也与其他萨满演唱的歌曲不同，因而歌曲数量众多"[1]。我们从中亦可辨析出人文与自然之间不同偏重的区别。而相关本文最重要的区别是科尔沁的萨满并不使用呼麦，而喀尔喀的萨满则会在仪式的特定环节使用硬腭或直腭的呼麦与神灵交流。这些差异性，除了历史的原因，也包括了地理环境与其周边民族之间的关系。比如，科尔沁萨满的身体行为区别于喀尔喀萨满仅仅凭借附体的灵魂外显身形，而在舞蹈动作中吸收了大量的东北秧歌步伐。如此等等，皆涉及族群所处生态中的自然与人文接触不同。

"潮林道"和"呼麦"在民间口碑中亦具有不同的功能。在图瓦和蒙古国西部，呼麦的演唱虽然也有禁忌。但在演唱场合或演唱程序上并没有严格的仪轨，它可以用于狩猎、可以在日常生活中哄孩子睡觉或召唤牦牛，也会出现在贵族的宴会与婚宴的乃日。这与"潮林道"在传统社会的禁忌和排他性是不同的。

国际上，虽然有人（包括学者）认为呼麦与藏传佛教低沉的诵经有渊源关系（而蒙古人也将此类诵经声命名为"堪布潮尔"）。从发声而言，僧人运用该特殊喉音的目的之一是为了洁净自我，以诵唱神圣经文。据说从 12 世纪起，西藏格鲁派上密院和下密院的喇嘛就开始为密宗的仪式展演进行这种喉音训练。但从声音形态看，尽管喉音与泛音并存，但它与"呼麦"最大的不同，是该发声法并不追求泛音旋律和声音的不同层次。也有人认为这种喉音的震颤与呈愤怒相的护法力量相关，并探讨它与藏医治疗的相关性（"新时代运动"以来，在西方践行这类声音修行的圈子里，喇嘛的低诵亦被归入泛音歌唱的领域）[2]。而就呼麦和佛教的关系来说，蒙古国西部的田野资料却显示出当地的喇嘛们并不希望也不赞成人们沉迷于这种呼麦表演的世俗活动。[3]

不同的声态及其理解背后都有可追溯的历史叙事，或偏重于声音与自然，或偏重于世俗人文，或偏重于宗教关系等。然而，不论是哪一种历史叙事，其围绕的核心却都与声音发出的过程，也就是对歌唱方法的实践、即基于身体的感知与实践不可分离。这也是形成地方差异性的重要语境：身态惯习。

在民族音乐学的经典论述中，不乏对音乐生成中身体行为相关性的关注。艾伦·梅里亚姆就援例论述了奏（唱）所涉及的技术重要性及其作为提供音乐风格的标准，特殊的体态及其与文化现象的功能性联系、与心理和精神内涵的关系以及与文化史的关联，身体作为有机

---

[1] 温多拉：《蒙古科尔沁与喀尔喀萨满艺术及音乐研究》，博士学位论文，上海音乐学院 2016 年。

[2] 比如，在法国著名的越裔学者陈光海（Tran Quang Hai）主持的"陈光海的泛音歌唱世界"网站上，这类歌唱都囊括在内。

[3] 徐欣：《卡罗·帕格和她的蒙古族音乐研究》，《内蒙古大学艺术学院学报》2009 年第 3 期，第 8-12 页。

体对于音乐的反应等方面。[1] 约翰·布莱金也从人类学的视角讨论身体不同层面的认识和身心互动的多重分析对于人文社科研究的重要性，并将身体的问题与人类情感的品质以及感觉结构、感性、经验和实践问题联系起来。[2] 而蒂莫斯·赖斯则直接以"个体体验"作为其研究保加利亚音乐的重要维度，将身体植入传统音乐的学习、认知、习得、表演与创造，其中既有被研究者如何使用身体作为音乐体验的隐喻，也包括了研究者如何通过这种体验，进入并"存在于"所谓的被研究音乐之中。这种"体验"的维度突破了将身体作为外部行为的观察对象，所谓"意识"和"手指"的同在，是我们讨论音乐的起点。音乐家的唱奏和表演流露出人们把握意义的"惯习"，并定位在"作为世界中介的身体"中。

　　这种定位，包括了文化和历史养成的深度。如同前述，西方人在接触"呼麦"之后，为何大多将注意力聚焦于其泛音列的分离、识别与运用，而少用咽部施压的喉音，并使用"泛音歌唱"命名之？这实际上也已剥离了"呼麦"的"原生"语境，仅取声音形态和歌唱技巧进行以生理—物理为基础的知识性探索与运用。而游牧民之所以能将地景互动为声景，正是建立于其特殊的身体感知及作乐过程。要理解呼麦或潮尔，你需要理解游牧民通过不同的喉音或双声实践，如何将自己的身体定位在特定的景观（这种景观并非一个视觉中心的外在风景，而是一个可以与主体互动的地方）中。如前所述，他们并不在意泛音列的问题，而更多地认为多层次的歌唱之声是同等重要的。

　　不止一次，不仅一人，蒙古族的老歌手告诉我，他们唱歌的时候气息都在肚子里，在内部的腔体里循环回绕，所以他们歌唱的时候喜欢闭着眼睛而且不喜欢张大嘴，通过缠绕的气息吐纳出对生活的感受。这种气息在不同腔体的流动，是一种对话。如同前述，长调的演唱虽然是一个单旋律，但它大量的颤音，如诺古拉，或额格希格的转换形成特殊声态，这些转换与气流和声音所基的共鸣腔之间的运行相关，宛如庄子《齐物论》中之地籁有"窍"。蒙古草原上的弓弦潮尔，其传统的乐器共鸣箱其出音孔之所以在贴近身体的背面，除了客观上琴面的蒙皮不适合开孔之外，却蕴含了认知上的身体相关性。这就是出音孔和肚脐之间体现出的一种"窍"与"窍"的气息流动。蒙古歌手们说，当一个人在旷野的时候，声音如果出去了没有回来，地方感是不存在的。但声音去了又回，你就感觉被这个地方包绕住了。

　　身体与地方互动的定位，是在长期的身体感知和练习中养成的。卡罗·帕格在论述游牧民族通过歌唱和声音感知身体时指出，阿尔泰—萨彦岭地区的人相信多重的人格（personhood）。亦即一个"人"并非是永恒不变，而处于变化的过程中，这一过程中"人"与自然、地方、

[1]　[美] 艾伦·梅里亚姆：《音乐人类学》，穆谦译，人民音乐出版社 2010 年版，第 106-117 页。
[2]　John Blacking, *The Anthropology of the Body*, London: Academic Press, 1977, pp.8-25.

社会等方面发生不同的关系，而身体的感知是这一关系系统的一部分。[1] 她认为，游牧民族不断"协调身体"（tuning the body）创造和发展了喉音歌唱，使自己的身体逐渐成为一件乐器。这种身体定位与协调导致的惯习，既有地方历史养成的群体性，又具个体实践的特殊性。比如，蒙古国西部的呼麦喉音发声位置低于内蒙古的潮尔发声，[2] 蒙古国西部的呼麦基音在一首歌中基音保持不变而图瓦呼麦却有变化，即为群体性的。这是人们（通过感知）与世界接触的关系中不断形成的体化的声音，它也蕴含着文化的意义。卡罗·帕格还以她的田野资料表明，在阿勒泰地区，喉音歌唱中身体与宇宙间具有关联性。阿勒泰地区的人们将宇宙分为上、中、下三个部分，而这三个部分在喉音歌唱中对应着不同的种类和发声位置。例如，运用横膈膜演唱卡基拉（kargyraa）与下层世界联系，运用肚脐到鼻子之间的身体进行演唱的呼麦（khoomei）与中层世界联系，而与上层世界联系的则是运用头腔共鸣的西吉特（sygyt）[3]。当萨满演唱这三种声音时，他便可在宇宙的三个部分之间穿行。

无论是山地还是草原，其"双声结构"的多样声态，我们看来的基音与泛音、稳定与变化的织体关系，或游牧民看来的声音整体，与"腾格里"信仰中相关天地的宇宙观应和。首先，持续低音＋高音部旋律／泛音，是一种虚实相间的回声。这种回声又以"多个声音同时发响"为重，其声状态宛若一片色彩，而非颗粒的音阶之序。美国的民族音乐学家西奥多·莱文（Theodore Levin）与图瓦乐手瓦伦汀娜（Valentina）在《山水何处歌》一书中这样记录自己的采访：

> 我对他说："现在不要演奏别的，只要拉空弦即可，以便于我记录它们的音高。"然而，他同时拉响了叶克勒（igil）的两根弦。我说："不，请分别拉它们，我必须记下这件乐器的定弦。"然而，他还是同时拉响了两根弦。我就这么问了他五次，但是他的反应始终如一。

到底发生了什么呢？莱文和瓦伦汀娜进一步写道：

> ……看来弦的绝对音高对他并无意义。重要的只是两个弦之间的相对音高。……他并不把这些弦作为可区别单个音的音位来听，而是把所有的声音听成为一个部分。……

---

[1] Carole Pegg and Elizaveta Yamaeva, "Sensing 'Place': Performance, Oral Tradition, and Improvisation in the Hidden Temples of Mountain Altai", in *Oral Tradition*, Vol.27, No.2, 2012 pp. 291-318.

[2] 源自笔者主持的上海音乐学院生态音乐学团队采访资料。

[3] 卡基拉即超低喉音唱法的图瓦说法，与前述蒙古哈日嘎（hargiga）相似；西吉特即哨音唱法的图瓦说法，与前述伊斯格日（isgeree）相似。

对他而言，音高服从于音色——某个音调的特殊品质是通过实际存在的、弥漫的和相对丰富的泛音所决定的。……你可以将这种另类聆听，称之为"音色聆听"。[1]

如此泛音共鸣所昭示的特质，可称之"以音色为中心的双声结构"，笔者也曾基于田野资料进行过阐述。[2]无论是史诗《江格尔》中赞誉的以马尾为材料的"九十一根弦的白银胡琴"——"弓弦潮尔族"，还是以气息透过挤压的喉咙，令人声的持续低音与吹管的旋律同时发响——"冒顿潮尔族"，又或是既能以簧片的基音持续，又能以人声持续低音经由口腔各个部位的变化形成实音和泛音交替旋律的"口簧族"，都在乐器材料、发声方法等方面实践这一特殊的整合性声态。这种声音的地方感，不是一个简单的空间概念，它们是在声音表述中经由自然、社会、历史的多重语境化而互向生成的。不同在地传统中的族群，都因他们所操持的品种而有不同的释义。这就好比我们在相关蒙古音乐的文献中，看到"忽儿""忽兀儿""绰儿""抄儿""琥珀""火不思"等，却不一定与当代某件被分类和命名了的乐器严格对应，而更多的是一种相对于乐器之泛称或某类"乐器"的统称。[3]而这些称呼和命名，又往往就是对某种声音来源或声音状态的描摹。可不管如何命名，其背后都蕴蓄着对"多个声音同时发响"的"共鸣"之感、之爱，一种"呼麦—潮尔"的文化当事人建立的一种以喉音、泛音、持续的相对固定低音集合，并津津乐道于彼此呼应、共鸣和回声的整体音色感。

如果我们不再纠缠于"呼麦"之权属，而仔细审视从阿勒泰山地到内蒙古，甚至更为广阔的欧亚大草原，由不同的品种所蕴含的"双声结构"，我们才能更好地通过音乐民族志作业，挖掘其在不同的自然环境、社会语境中形成的声音景观——不同的音乐品种所体现和依托的声音地方感，深入了解并理解局内人是如何不断互动在声音地方感的建构中，于历史语境深化其主体感知、身体行为、发声与聆听，并探讨这片大草原上不同民族，或同一民族不同部落及其不同地域的人们，基于天地万物共生联系的宇宙观。探讨他们相应于声音观念上的特殊共性以及具体表述中的差异性。从而，便得以在声态—生态—身态—心态的环环相扣中，解读"呼麦—潮尔"体系的内涵。

[1] Levin, Theodore & Süzükei, Valentina, *Where Rivers & Mountains Sing: Sound, Music, and Nomadism in Tuva and Beyond*, Published by Indiana University Press, 2006, pp.45, 55.

[2] 萧梅：《文明与文化之间：由"呼麦"现象引申的草原音乐之思》，《音乐艺术》2014 年第 1 期，第 38–50 页。

[3] 比如明代郭勋辑《雍熙乐府》卷七（明嘉靖本）刊载的混合汉语及汉字记蒙古语的最后一首《哨遍·大打围》曲词中即有"……绰儿只持着腔管，火儿赤拔着琵琶"（乌兰杰《蒙古族音乐史》中选用了四部丛刊编本，其中"绰儿只持着腔管"变更为"绰儿只持着羌管"。本人再次查阅《四部丛刊续编》第 510 册中辑录，未见"羌管"，依然是"腔管"）。

三、从"弦功能"看"双声结构"的边界

从历史上看,欧亚草原上的游牧民族及其文化在不断迁徙、征战以及商业贸易的过程中持续着交流和互往。如果"双声结构"作为一种草原音乐文明,它的存在边界可以追溯至多远?或者说从这一结构出发,我们是否还可以探讨它在更大的范围内与不同文化之间的关系?

2013年7月笔者在呼和浩特参加"中国呼麦暨蒙古族多声音乐学术研讨会"时,曾提出新疆维吾尔族具有共鸣弦的乐器是否与这一草原音乐文明现象相关?后又在2014年《文明与文化之间:由"呼麦"现象引申的草原音乐之思》一文中,进一步讨论了该类乐器"主—辅结构"的弦制与"持续低音(+)旋律声部"的草原"双声结构"的关系。其中两个切入点分别是:其一,主奏弦与辅助弦共鸣的性质,是否可与此"双声结构"关联?其二,主奏弦与共鸣弦的关系,基本建立在主弦空弦之基音与其在特定范围内的泛音列(或共鸣弦的定弦与主弦可取音位相应),这种对泛音的追求又是否与"音色为中心的双声结构"相关?包括一些源自波斯或阿拉伯的乐器,转道维吾尔族之后,出现增加共鸣弦以突出泛音,以及抱弹类鲁特改换木制面板为皮膜的现象。

从具体的表演出发,我们不难看到人声和吹奏乐器乃至部分口簧形成的双声,[1] 都是以喉咙发出的低音,伴随着管乐器按孔或其他腔体的改变而形成的(见谱例1);但就弦乐器的双声结构而言,似乎完全依凭其不同的弦功能。

谱例1 图瓦绰尔,演奏者:叶尔德西[2],记谱:孔崇景、萧梅

比如,蒙古族弓弦潮尔是以外弦为旋律弦,内弦为低音空弦,其空弦为持续音的泛音与实音交替,声音特色重在泛音音色的丰富性。而在蒙古国西部或图瓦,被称为叶克勒或弓弦

---

[1] 口簧自身为簧自体之基音与泛音的关系,不同的民族有不同的演奏法,但在北亚,口簧演奏也会伴随着喉音。

[2] 乐曲录自新疆喀纳斯地区的图瓦乐师叶尔德西。

托布秀尔的乐器则反之，常以外弦为低音，内弦为高音。当为呼麦等歌唱伴奏时，以低音外弦为旋律弦，而间奏时又反之，用内弦拉奏旋律。但重要的是，无论哪根弦演奏旋律，另一根弦则以空弦为主，形成互为持续音的形态。这一演奏法，同样体现于哈萨克族的弓弦乐器库布孜以及柯尔克孜族的克亚克传统上。[3]而弹拨乐器托布秀尔，则多半以四度空弦的双音扫弦造成持续音效果（见谱例2）。柯尔克孜的三弦乐器考姆兹，则是以中弦为主要旋律弦，而内、外两弦或用于和音，或以扫弦带来持续音（见谱例3）。

谱例2　托布秀尔乐曲《萨吾尔登》，
演奏者　阿布日冬（卫拉特蒙古），记谱　张舒然[1]

谱例3　柯尔克孜族考姆兹乐曲《铁热斯·凯热克》[2]

[1]　谱例选自上海音乐学院张舒然本科四年级学期论文，指导老师黄婉。

[2]　中央民族学院少数民族文学艺术研究所编：《中国少数民族乐器志》，新世界出版社1986年版，第223页。但曲名在书中为《台尔斯·塔额什》。在实地考察中，我们发现该曲的曲名或有误，应为《铁热斯·凯热克》，意为高难度的曲子，故本文修改了曲名。

[3]　笔者多次在哈萨克斯坦考察库布孜的演奏，可以明显地看到这种互为空弦的演奏法。并且还体现为器乐曲与伴奏歌唱的区别。前者的弦功能更为多样化，后者更强调持续低音。但在泛音的追求上都是一致的。

[4]　杨怡文：《新疆少数民族抱弹类乐器音乐描写与分析》，上海音乐学院音乐学系本科学期论文，2016年7月6日。

我们原来在多声音乐研究中，主要关注不同乐器之间的合奏所体现的声部关系，较少关注被视为演奏某一声部的单件乐器自身存在的多声关系。而这些乐器自身的多声结构形态，比如弦乐器，则有必要通过乐器演奏中的弦功能来发掘和认知。

2015 年秋冬，笔者在指导本科学生的学期论文时，针对新疆少数民族抱弹类乐器表演形式与音位描写进行了梳理。[4] 除上述托布秀尔、考姆兹之外，从锡伯族的东布尔、哈萨克族的冬不拉，以及塔吉克族的赛依吐尔的演奏上，都可以看出其共同特点，即一个主奏弦与其他弦形成四、五度和音。比如，四度定弦的东布尔，奏时右手指尖拨动内外两弦，外弦奏旋律，内弦奏和音（仅偶尔演奏旋律），并形成一种持续低音形态（见谱例 4）。

谱例 4　锡伯族东布尔乐曲《锡伯伯楞》

在资料梳理的过程中，新疆学者段蔷于 2009 年出版的《中国·新疆民族乐器制作图鉴》一书给予了笔者重要帮助。该书刊有丰富的新疆抱弹类乐器，全部资料源于作者 1950 年至 2000 年的田野采录笔记。与以往国内出版的乐器书籍不同，其描写方式采用了类似"单件乐器志"的原则，而非以一类乐器代替一件乐器的概论（或基于一件乐器概述一类乐器）。从书中的乐器名称看，记录了采集地，以及同一个民族的同一件乐器因地区与使用者的不同而有的称谓，也包括每一件乐器的形制、弦数，以及音域等信息。在弦制的描写中则出现了"主奏弦、演奏弦、伴奏弦、共鸣弦"这四种称谓。其中主奏弦和共鸣弦的属性与功能我们并不陌生，然而演奏弦与伴奏弦的区分却使笔者进一步深化了原来以"主—辅结构"进行的思考。[1]所谓演奏弦，即指该弦可以取音，但不以演奏旋律为任务，而只是通过按弦取音形成和弦效果；而伴奏弦，即无取音功能，而仅仅依靠空弦扫弦，获得持续音之弦。[2] 结合前述北方草原民族的弦乐器演奏方式，让笔者认识到应该将研究细化到乐器演奏过程中的"弦功能"考察，而这种考察，是需要在田野中对弦功能及其指法的研究来完成的。也正是在对弦功能的考察中，笔者更加确认了游牧草原以持续低音以及泛音为特点的双声结构之研究，应该继续延伸至新

---

[1]　该著给予不同弦以功能命名，如伴奏、演奏等，但尚未讨论"弦功能"议题及其类型梳理。

[2]　关于这两种弦的使用，该著并没有提及，是笔者通过采访段蔷先生而得知。

[3]　引自阿布杜瓦里论文《乐器弹布尔声音系统的建构原则》（未刊稿）。

疆维吾尔族，以及中亚蒙古语及突厥语族群中使用的弹拨及弓弦乐器群。

　　比如在弓弦乐器上，就有形制为两根五度定弦关系的主奏弦与 6—12 根共鸣弦的哈密艾捷克；以一束马尾弦主奏，另外张 10—12 根钢丝共鸣弦的刀郎艾捷克；一根主奏弦与 9—17 条共鸣弦的萨它尔。这些共鸣弦的调音，实际上遵从以主奏弦基音产生的泛音列原则。因此，演奏者的调音技巧便成为对一个乐手技能出色与否的判断标准之一。此外，弹拨乐器热瓦普和弹布尔等亦都具有相同的"主—辅结构"。有趣的是，在 2016 年 10 月 23 日于上海音乐学院举办的"ICTM 丝绸之路上的抱弹类鲁特国际专题研讨会"上，来自塔吉克斯坦的音乐家阿布杜瓦里·阿布杜拉希多夫（Abduvali Abdurashidov）也在其弹布尔的定弦和声音系统中指出其主奏弦与另外 2 或 3 弦辅助弦是以旋律及其固定低音形成的"双重声音系统"（这与笔者及学生孔崇景于是次会议 10 月 22 日发表的《内亚视角下的陕北琵琶书》一文中讨论的"弦功能"异曲同工）。（图 1）

图 1　塔吉克斯坦弹布尔声音系统的双重结构示意图 [3]

　　根据弦功能的考察，这类乐器的主辅结构，还可以细分为"主奏弦（＋）伴奏弦""主奏弦（＋）演奏弦""主奏弦（＋）演奏弦（＋）伴奏弦""主奏弦（＋）共鸣弦"和"主奏弦（＋）演奏弦（＋）共鸣弦""演奏弦（＋）共鸣弦"六种类型。比如，喀什的五弦热瓦普（主弦：c^1c^1；伴奏弦：gda）和六弦热瓦普（主弦：c^1c^1；伴奏弦：gdAE）等，即为"主奏弦（＋）伴奏弦"类型。且末的五弦热瓦普（主弦：d^1d^1；演奏弦：gg；伴奏弦：d）等，即为"主奏弦（＋）演奏弦（＋）伴奏弦"类型。哈密热瓦普（主弦：aa；演奏弦：BBe；共鸣弦：edBAGED）以及塔吉克族的 Rubap（主弦：d^1；演奏弦：ga^1；共鸣弦：$g^1g^1f^1f^1/e^1e^1d^1d^1c^1c^{1b}b^bbaagg$）等即为"主奏弦（＋）演奏弦（＋）共鸣弦"。而麦盖提的刀郎热瓦普（主弦：cc；共鸣弦：$g^1f^1d^1c^{1b}bgff$）等，即为"主奏弦（＋）共鸣弦"。此外，就两弦或三弦的乐器，如哈萨克族的冬不拉以及柯尔克孜族的考姆兹，则除主奏弦外，其他弦则可在演奏中交替发挥伴奏弦和演奏弦的功能（见表 2）。

表2 新疆部分弹拨乐器弦功能图示 [1]

弦功能类型		乐器名称	总弦数	主奏弦数	演奏弦数	伴奏弦数	共鸣弦数	资料来源《中国·新疆民族乐器制作图鉴》
主奏＋演奏（3种）	1	天生态热瓦普	3	1	2			p.17，1990 采集
	2	牧羊人热瓦普(阔衣奇)	3	1	2			p.18，1990 采集
	3	朗诺热瓦普	4	2	2			p.19，1990 采集
主奏＋演奏＋伴奏（4种）	1	且末热瓦普	5	2	2	1		p.18，1990 采集
	2	安迪尔热瓦普(库夏克)	5	2	2	1		p.19，1990 采集
	3	安集延热瓦普	5	1	2	2		p.24，1953 采集
	4	低音热瓦普	3、4	1	1	1、2		p.24，1953 采集
主奏＋演奏＋共鸣（8种）	1	多郎热瓦普	12	2	2		8	p.20，1950 采集
	2	麦盖提热瓦普	12	2	2		8	p.20，1950 采集
	3	阿瓦提热瓦普	14	2	2		10	p.20，1953 采集
	4	哈密热瓦普	12	2	3		7	p.21，1987 采集
	5	巴楚热瓦普	15	2	2		11	p.21，1953 采集
	6	巴楚热瓦普	15	2	2		12	p.22，1953 采集
	7	鲁巴卜	17	1	2		14	p.26，1953 采集
	8	萨朗济	18	2	2		14	p.40，1950 采集

---

[1] 该表格为笔者梳理段蔷《中国·新疆民族乐器制作图鉴》一书而作。该著 2009 年由新疆美术摄影出版社、新疆电子音像出版社出版。表格中的资料来源一栏中标记的页码为资料所刊页码，年份所指为作者段蔷就该乐器采录资料的时间。其中第六种"演奏＋共鸣"，意为其涉及旋律的四根弦分别定四音，并未细分其主辅，如带有共鸣弦的胡西塔尔。故皆以演奏弦称之。

弦功能类型		乐器名称	总弦数	主奏弦数	演奏弦数	伴奏弦数	共鸣弦数	资料来源《中国·新疆民族乐器制作图鉴》
主奏＋伴奏（17种）	1	喀什五弦热瓦普	5	2		3		p.22，1953 采集
	2	喀什六弦热瓦普	6	2		4		p.23，1953 采集
	3	七弦热瓦普	7	1		6		p.23，1957 采集
	4	九弦热瓦普	9	1		8		p.23，1957 采集
	5	热布普	6、7	2		4、5		p.25，1950-1990 采集
	6	夏希塔尔	6	2		4		p.26，1990 采集
	7	夏希塔尔	6	1		5		p.26，1990 采集
	8	布拉尔孜阔木	7	2		5		p.27，1950-1991 采集
	9	布拉尔孜阔木（改革）	10	2		8		p.27，1950-1991 采集
	10	库木瑞衣	7	2		5		p.27，1990 采集
	11	库木瑞衣（改革）	11	4		7		p.28，1990 采集
	12	古典弹拨尔	5	2		3		p.42，1953 采集
	13	短弹拨尔	5	2		3		p.42，1993-1990 采集
	14	改良弹拨尔	5	2		3		p.42
	15	斯衣塔	5	2		3		p.47，1953-1991 采集
	16	斯衣塔	5	2		3		p.47，1953-1991 采集
	17	塔布拉	5	2		3		p.48，1990 采集

弦功能类型	乐器名称		总弦数	主奏弦数	演奏弦数	伴奏弦数	共鸣弦数	资料来源《中国·新疆民族乐器制作图鉴》
主奏＋共鸣（14种）	1	麦盖提多朗艾捷克	11	1			10	p.30，1950 采集
	2	哈密多朗艾捷克	15	1			14	p.30，1950 采集
	3	龟兹艾捷克	9	1			8	p.31，1950 采集
	4	哈密方首艾捷克	11	2			9	p.31，1953-1994 采集
	5	哈密方首艾捷克	9	2			7	p.32，1953-1994 采集
	6	哈密旋首艾捷克	9	2			7	p.32，1953-1994 采集
	7	哈密旋首艾捷克	9	2			7	p.32，1953-1994 采集
	8	哈密（四弦）艾捷克	9	4			5	p.33，1953-1994 采集
	9	哈密五堡艾捷克	9	2			7	p.33，1953-1994 采集
	10	喀尔扎克	5	2			3	p.40，1950 采集
	11	塞塔尔	19	2			17	p.41，1990 采集
	12	萨塔尔	12			1	11	p.57，1950-1980 采集
	13	古典萨塔尔	13			1	12	p.57，1953 采集
	14	改良萨塔尔	13			1	12	p.58，1990 采集
演奏＋共鸣（1种）	1	胡西塔尔	11		4		7	p.58，1980 采集

　　通过这些表面复杂的类型，我们可以看到"主—辅"弦制所形成的多声追求特质与"双声结构"的关系。在此多声中，其持续低音形态并不是单一的，而是丰富的，包括某些乐器在不同的表演场合中选择高音弦为持续音。即便仅使用空弦音的伴奏弦，其持续低音虽然为固定音，但右手的拨弹方式可在其上形成不同的音色效果。而并不碰触的共鸣弦则依主奏弦的按弦取音而共振发声，并形成泛音列固定而持续的音程关系。有意思的是，这类表述是我们从局外立场出发对客观音响的分析，而在我们的田野访谈中，大部分的乐师表达出相似的意见：那就是优秀的乐手，首先要具备调好共鸣弦的能力，并带有那种激起共振、让人浑身

起鸡皮疙瘩的"共鸣"。并且，共鸣弦的调弦，并不是死的，一成不变的，它们是依凭不同的曲目来调弦的，这也是为什么在民间不同的乐手各有其调弦门道的重要原因。笔者曾在喀什听当地的木卡姆乐师阿迪力江说，胡西塔尔原来也是有共鸣弦的，由于乐队合奏的关系，去掉了共鸣弦。结果"感觉声音干了，不够丰厚"[1]。而有关热瓦普弦制的维吾尔语命名，也充满了对声音状态的形容。比如，zil tar：高音，意为响亮，又细又高的弦。bom tar：低音，低沉、又粗又矮的弦。sada tar：共鸣弦，sada 即回声的意思。由此，我们不难看到在双声结构背后，内含着一种以共鸣、回声为描述，以音响密度为追求的声音感和审美倾向。

丝绸之路上的重镇呼罗珊地区的都塔尔，其旋律音也在高音弦（zir）上演奏，而其低音弦亦被称为 bam，演奏技法也多用右手手指同时扫弹两弦。如此以具有持续音形态的"双声结构"，注重"共鸣"和"回声""声音密度"所建构的音色偏好（或者说是文化丛），在欧亚草原还有更多的实例待发掘。弦功能的讨论之外，也还有乐器材质的变化可以追究。不过就本文而言，仅以新疆维吾尔族和塔吉克族乐器所呈现的主奏弦（+）伴奏（或演奏）弦（+）共鸣弦的乐器类型来说，我们还可以在中亚及南亚次大陆发现其身影，并听到音乐中始终贯穿着的持续音。比如，北印度的西塔尔（Sitar）和萨罗德琴（Sarod）、阿富汗的热巴卜（Rabab）等，都可看到主奏弦（+）共鸣弦，或主奏弦（+）低音弦／类似前述伴奏弦（+）共鸣弦的弦制组合。包括传统的两弦都塔尔（Dutar），也具有主奏与伴奏（间或演奏）的不同弦功能。而弓弦乐器萨朗基，依其诸多的共鸣弦给予文化持有者萦绕心头的回声，则更不在话下。旋律乐器如此，而专门在器乐合奏中扮演持续音角色的坦布拉（Tamboura），以空弦音嗡嗡发响的绵延不绝，提供了乐曲演奏的基本框架和背景衬托，也是印度音乐的一个重要特点。包括后来发展起来的手摆风琴等，都延续着这个传统（反之，手摆风琴之所以能融入南亚次大陆的音乐文化，与其能够发出持续音的功能相关）。关于这种持续音的作用有多种解释，有音乐观念及哲学层面的，也有审美上对声音整体密度的倾向性。它如同内核，贯穿在文化传播和流变中。比如传入马来西亚的印度斯坦加扎勒（Hindustani Ghazal），其手摆风琴的作用虽然在传播的过程中有所变迁，开始演奏一些旋律片段，而不是固定的持续音。但这些旋律片段的使用仍旧保留了类似持续音的作用，包括对某一拉格音阶的提示，填充歌唱乐句间的空隙，以及维持总体的音响密度。[2]

---

[1] 胡西塔尔是 20 世纪 60 年代由吐尔逊依据民间传说制作。据段蔷《中国·新疆民族乐器制作图鉴》，该器原有 7 根共鸣弦。参见该书第 74 页。

[2] 该例由斯里兰卡哥伦布大学 Chinthaka P. Meddegoda 博士在上海音乐学院的讲座内容。讲座题目为《音乐的移居：东南亚的印度斯坦遗产》。时间为 2017 年 5 月 25 日 13:30-15:00，地点：中 605 教室。

四、再谈比较研究

针对笔者所做的联系性讨论，也许有人会质疑如此模糊边界的共性提取，是否覆盖面太广阔？是否又将重蹈比较音乐学时代的共性构拟之错？从学科发展的讨论来看，比较音乐学重构人类音乐史的起源与发展，确实失之于单一标准与价值观。而对世界音乐进行分组和类归，关键在对相同点或不同点的解释，在于是否对音乐体系本身有准确的描述，在于是否有"系统、简练而可靠的比较方式"[1]，而非分组和类归本身的必要与否。在民族音乐学的研究中，围绕音体系内部各单一因素、分类及风格进行的比较是多样性的。如同内特尔所说，反思比较方法，其核心是认识论问题，比如，对比较对象是否认知充分？现象相同意义相左，或内涵一致现象不同，它们如何影响其可比性？而比较赖以生成的基础，就是本土音乐到底该由谁来诠释的问题。因此，该问题怎么看都不是一个局内局外非此即彼的立场问题。

笔者认为，任何比较，任何共性与差异的研究，首先要基于具体的研究目的，界定自己的研究范围，并对研究方法有所自界。所谓"进行这种比较，方法显然必须严谨，相似的事物必须得到比较，而且比较必须切中某一特定问题并成为研究构想整体中的一部分……民族音乐学的目标之一是提供可供比较的资料，而更广泛的目标是对音乐的一种归纳，它最终将适用于全世界范围的音乐"[2]。此外，要认识到与早期的共性构拟不同，当下的共性比较并非向西方音乐特征看齐，而寄望于以他文化为导引，更深入地认知自我文化。比如，就持续低音的功能而言，它是否创造了某种氛围？它是否提供了某种调性中心？它体现了何样的生理心理关系、审美关系以及宇宙观？如此等等，无论是蒙古草原还是阿勒泰山地的"双声结构"研究，都尚未充分讨论。而上述经由游牧民族的"呼麦"或"潮尔"向西、向南追溯至"弦功能"的比较，倒是促使笔者进一步思考：

（1）尽管对以"旋律（+）持续低音"之双声运用的解释有其差异性的文化内涵，但其结构自身，应放置于欧亚草原并扩展至相关地理区域，以及在历史上持续交往互动的"文化中音乐"的考察。比如地理上以中亚、西亚、东亚区划，或者历史族系上的印欧、闪米特、图兰，包括所谓波斯、阿拉伯、突厥、蒙古，乃至汉民族之间的关系。就前引范·通厄仁（Van Mark Tongeren）的"已知亚洲泛音歌唱"地图中显示的阿勒泰山脉与更往西去的乌拉尔山、卡马河、伏尔加河中下游的巴什基尔、卡尔梅克之间，其可供驰骋的广大地理空间蕴蓄着递相兴起的游牧诸族的历史深度。如能在创世神话、族群起源、民间传说的相关性之外，增添

---

[1] ［美］内特尔：《民族音乐学研究：31个论题和概念》，闻涵卿、王辉、刘勇译，上海音乐学院出版社2011年版，第62页。

[2] ［美］艾伦·梅里亚姆：《音乐人类学》，穆谦译，人民音乐出版社2010年版，第106–117页。

音乐的研究维度，则于亚欧草原文化复合性的研究是重要的一环。其中既有从大的历史线条来看的匈奴、突厥到蒙古不断西扩的宏观草原文化史，也有历史细节中不断如回路般出现的游牧政权之错综交杂。比如，中古时期黠戛斯人与回鹘汗国反复于漠北的征战，最终以"必取汝金帐"之势，迫回鹘西迁而最终导致回鹘文化及其音乐特征的变迁。而黠戛斯人又在其后经历自身的兴亡交替，隐没而为今日哈卡斯、柯尔克孜（吉尔吉斯）等民族的先民。类似的历史对于音乐文化的影响，我们的研究几乎是空白的。笔者于2017年12月15日在北京大学人文社会科学研究院以"谁的呼麦：亚欧草原寻踪"为题演讲，讲座中，北大历史系的罗新教授提出他自己的猜想，即呼麦或与黠戛斯人有关。

然而，历史的寻踪需要更多的证据，但从双声结构在今天草原诸族中的普遍存在而言，如此历史的梳理又不可不为。从史料上看，黠戛斯人在9世纪战胜回鹘建立自己的汗国之后，其在地确实与叶尼塞河上游的萨彦岭以南（亦即如今的图瓦地区）重叠。19世纪德国—俄罗斯突厥学创始人拉德洛夫（W. Radloff）也曾指出，阿巴坎鞑靼人（今日的哈卡斯）与吉尔吉斯有着共同的起源。这些关系从有关哈卡斯与吉尔吉斯抱弹类鲁特琴考姆兹的起源神话亦可见一斑。就呼麦而言，可以明确的是哈卡斯人拥有前述低音喉音的哈日嘎或卡基拉类型，并称谓为"Kai"的呼麦，而这一类型，恰恰可以让我们认识以超低喉音为持续低音的发声方法与声音形态是亚欧草原双声结构的重要基石和特征。也是如前述区别于西方人强调泛音歌唱的重要标志。而柯尔克孜的吹奏乐器无论是吹管还是哨类乐器，其称谓中都有"却奥尔"（即choor的汉译，也有写作"乔吾尔"或"绰儿"），则不能不令我们重新思考"绰儿""潮尔"等词汇在突厥语和蒙古语中的彼此关系。笔者于新疆克孜勒苏采访时，当地柯尔克孜族乐手在解释吹管乐器"却归诺却奥尔"时告诉我，在他们的传统中，"却奥尔"有着"从深深的洞上来那样的声音"之意，这与"潮尔"的回声在观念上也是一致的。而从前述范·通厄仁呼麦分布图所示的呼麦分布来看，除阿勒泰山脉蒙古国西部、图瓦和哈卡斯以外，还有更往西去的卡尔梅克与巴什基尔。卡尔梅克与蒙古的关系不言而喻，而巴什基尔人在历史上曾经是成吉思汗帝国的一部分，也曾信仰过腾格里。笔者曾经在哈萨克斯坦接触过来自巴什基尔的音乐家，他们演奏一种在管身底部开指孔、与冒顿潮尔（或"绰尔"）类似的竖吹乐器，然而吹奏者的喉咙并不发出声音。凡此种种，都只能引领我们进一步去探索这片广大的区域存在着的共同遗产。

此外，不可忽视的，还有西亚文明的东传，也在不同的历史阶段为草原民族所吸纳。

回到"谁的呼麦"这个以特殊的发声方式所界定的声音品种而言，本文虽然强调了共享的"双声结构"，但真实意图却重在从其"地方性"差异生发出文明的普遍意义。反之，则是以文明的视角来看待和深入地认知个案。而从"弦功能"出发，正可以从"细节"之处，触及某种结构共性在特定时间和空间之定位与相互关系。有如萨罗德琴曾经在中亚、西亚所经历的辗转，都塔尔在不同时空间发生的变迁，等等。正因如此，当我们转换位置由西塔尔、萨罗德一类乐器再追溯其波斯背景，是否意味着应该更为细致地寻找这一结构共性的多源聚合？并在寻找中仔细辨析其结构和审美偏好的文化意义与历史意义是如何被"在地知识"所不断建构的？此外，同时于共性之外，将差异作为参照并互文比较。这也是笔者提出基于"四态"的"双声结构"研究的根本出发点。换句话说，通过关联的"形式"所呈现的分类及其形态图谱进行比较，"并非为了构拟一个典型的主导特征，而是在差异性建构中，触及形态学意义上的'类型学历史化'"[1]。一方面是希望从存见的、活的音乐演奏中，探讨更多历史阐释的可能性，尤其是依据上述之例，思考以复弦定音、主—辅弦配置、泛音与声音密度为特质，以共鸣之物理、生理、心理多重感知为审美基础，并落实在"音色"偏好的欧亚草原之"双声结构"（文化丛）；思考如何于声态、生态、身态和心态的在地考察中，展开共性与差异性的比较研究。充分于差异中发现关联，发现在漫长的历史中，区域与跨区域宏观场景中的文化流动和变化。不是吗？仅仅以新疆诸族为例，之所以出现如此复杂的乐器弦制，正说明它储存的历史文明是多源头的。

（2）上文提及"草原音乐文明"及其边界，似乎先定了一个"中心"。从笔者的研究历程来看，它是合理的。但是作为本文所讨论的"双声结构"特征而言，去确立这个"中心"却有它潜在的危险性。在更大范围内的研究资料未能深入的情况下，我们完全可以猜测其存在着不同的"中心"。而如此形态的"双声结构"也完全有可能被证明为一个更为普遍而共有的现象。当然，正如前文所述，我们将共性作为理解差异的媒介，一方面是为了更好地认知亚欧草原不同品种分布的多重语境，另一方面是通过差异性，让共性自身的意义彰显出来。而"双声结构"作为文明的流布现象，其共性和差异，恰恰可以成为我们认知草原游牧文化复合性的切入点。

此外，在笔者撰写本文的过程中，亦一直困惑于另外一个问题：如果说文明的本质在其流动性，为何相关蒙古乃至前蒙古时期草原政权的存见音乐文献记录中，尚未见有关呼麦或人声潮尔的文字记载？是因为这类音乐品种过于本土或地方化，所以不见于惜字如金的草原民族先代典籍？还是说，在草原政权的可汗宫廷中，这类品种的"民间属性"难登雅堂？陶克涛在为乌兰杰先生所著《蒙古族音乐史》的序言《书〈蒙古族音乐史〉》一文中，开宗明义就指出了"借外乐以滋润自己曾是游牧人的传统"。通观该著的文献引证，除了具体的歌曲词章之记录，其他记载确实以"借外乐"的记载为重。例如，《魏书》所载拓跋焘攻赫连昌"获古雅乐"，后又通西域，乃"以悦般国鼓舞设于乐署"。《后汉书》又有公元1世纪中，匈

---

[1] 萧梅：《在田野中触摸历史的体温——丝绸之路音乐研究散论》，《音乐研究》2016年第4期，第5-18页。

奴向汉和亲，"并请音乐"。元太祖征用西夏旧乐，灭金而征用其太常遗乐，旭烈兀攻巴格达（报达国），获"七十二弦琵琶"等。可以说，征服或和亲的历史，贯穿为文化交融再生的历史。

文献匮乏之处，今人的研究从何着手？历史的缝隙或只能由传统音乐的遗脉、口承的歌唱以及外族的记述中考掘与收集。然而，摆在我们面前的一个严峻的现实是，亚欧草原历史上的部族联盟、冲突、融合，又一再地本土化，其血缘、语言、文化对我们今天的草原音乐研究而言影响有多深远，我们于此尚未有充分估计。而我们的学者在语言掌握、文史知识、田野范围、跨国或跨族合作等方面的局限性，都时时警醒着我们：太多的调查研究尚待继续和深入！

于阗白衣立佛瑞像研究

——从敦煌壁画中的于阗白衣立佛瑞像图谈起

张小刚 / 敦煌研究院研究员

在敦煌瑞像图中，有一些身着白色袈裟的佛像，可以统称为白衣佛瑞像。这些白衣佛瑞像主要是瑞像原型以白银或白檀香木为材质，或者以弥勒佛或佛影或部分于阗瑞佛等为题材的一些造像，如倚坐佛形象的"天竺白银弥勒瑞像""南天竺弥勒白佛瑞像""张掖郡佛影像"，结跏趺坐佛形象的"迦毕试国银瑞像""弥勒佛随释迦牟尼现瑞像""白衣佛图"，立佛形象的"婆罗痆斯国鹿野苑中瑞像""宝境如来佛像""凉州瑞像""于阗石佛瑞像""从憍赏弥国腾空来住于阗东媲摩城佛像""从汉国腾空而来在于阗坎城住释迦牟尼佛白檀香身真容""于阗海眼寺释迦圣容像""从王舍城腾空而来在于阗海眼寺住释迦牟尼佛白檀身真容""迦叶佛从舍卫国腾空于固城住瑞像""微波施佛从舍卫城腾空来在于阗住瑞像""结迦宋佛从舍卫国来在固城住瑞像""伽你迦牟尼佛从舍卫国来在固城住瑞像"等。本文试图从敦煌壁画中的于阗白衣立佛瑞像图出发，结合今天在和田地区已经发现的相关造像遗存，对于阗白衣佛瑞像的源流做一些探讨，不当之处，敬请方家指正。

一、敦煌壁画中的于阗白衣立佛瑞像图

敦煌壁画中的于阗白衣立佛瑞像图主要包括"于阗石佛瑞像""从憍赏弥国腾空来住于阗东媲摩城佛像""从汉国腾空而来在于阗坎城住释迦牟尼佛白檀香身真容""于阗海眼寺释迦圣容像""从王舍城腾空而来在于阗海眼寺住释迦牟尼佛白檀身真容""迦叶佛从舍卫国腾空于固城住瑞像""微波施佛从舍卫城腾空来在于阗住瑞像""结迦宋佛从舍卫国来在固城住瑞像""伽你迦牟尼佛从舍卫国来在固城住瑞像"等题材，现分别介绍如下。

（一）于阗石佛瑞像

莫高窟中唐第231、237、53、449窟主室龛内北披，绘一身立佛像，右手于胸前结说法印，左手下垂，手把袈裟，身体与袈裟漫成一色，或为蓝色或为绿色，在第231窟内有榜题，"于阗国石瑞像"（图1）。晚唐前期第85窟甬道北披西起第2格内与榆林窟宋代第33窟南壁也绘有这种瑞像。莫高窟唐末第9窟甬道北披西起第8格，第39、45窟甬道北披西起第8格

内五代绘制一身相同姿势的立佛像，身体与袈裟也漫成一色，但颜色均为白色（图2）。莫高窟第340窟甬道北坡西起第8格内晚唐绘制一身相同姿势的立佛像，身体与袈裟及背光均漫成铅灰色，可能是由铅白氧化而成。五代后期第146窟甬道南坡西起第9格也绘一身立佛像，右手垂于体侧，左手于胸前把袈裟，身体与袈裟漫成白色。这些图像可能都是于阗石佛瑞像。伯希和在莫高窟第220窟曾抄出

图1　莫高窟第231窟，于阗石佛瑞像图，中唐

图2　莫高窟第39窟，于阗石佛瑞像图，五代

榜题，"石佛应现于阗国时"[1]，说明此窟内绘制有此种瑞像。敦煌文书P.3352与S.5659均记载有"石佛瑞像记"的文字，指的应该就是这种瑞像。

（二）从憍赏弥国腾空来住于阗东媲摩城佛像

敦煌壁画中有两种不同形式的媲摩城瑞像图。其中，莫高窟中唐第231、236、237窟内绘制的媲摩城瑞像，属于一种装饰佛造像，形象为：一佛侧身而立，所着袈裟表面为土红色，里子为蓝色或绿色，头戴长尾宝冠或圆毡帽，头后系两条长带，分别沿两肩下垂至腰部，戴项圈、臂钏及手镯等饰物，右手结说法印，左手作与愿印或施无畏印，有的有榜题，"于阗媲摩城中雕檀瑞像"（图3）。莫高窟五代后期第146窟甬道南坡西起第7格内，则绘一尊立佛，身着白色袈裟，身体与衣服漫成一色，左手于胸前把袈裟，右手于体侧直垂，掌心朝外，背光中满布小化佛，每身化佛仅象征性地绘出其头光及身光的轮廓线，榜题，"□（憍）赏弥国有瑞佛□（像）□（腾）□（空）来住于阗国"（图4）。伯希和曾在莫高窟第76窟内抄出瑞像榜题，"此像从㤭（？）怕（？）弥国飞往于阗东（？）媲摩城今见在殊灵瑞寺（？）"[2]，我们又从莫高窟第454窟内抄出瑞像榜题："憍赏弥□□瑞佛像现来住于阗国。"莫高窟第98、

[1]　[法]伯希和：《伯希和敦煌石窟笔记》，耿昇、唐健宾译，甘肃人民出版社1993年版，第121页。
[2]　同注[1]，第178页。

图3 莫高窟第231窟，于阗媲摩城中雕檀瑞像图，中唐

图4 莫高窟第146窟，从憍赏弥国腾空来住于阗东媲摩城佛像图，五代

39、45窟甬道南披西起第6格内的白衣立佛瑞像可能也是媲摩城瑞像。敦煌藏经洞出土的文书中有如下记载："此像从憍赏弥国飞往于阗东媲摩城中，今见在，殊灵瑞"（P.3033V）、"此像从憍赏弥国飞往于阗东媲摩城，今见在，殊灵瑞。下，其像承云"（S.2113V-a）、"憍赏弥国佛来住于阗国"（P.3352）、"憍赏弥国佛来住于阗国"（S.5659），这些也都是与洞窟中此种瑞像的榜题密切相关的文字。

（三）从汉国腾空而来在于阗坎城住释迦牟尼佛白檀香身真容

敦煌壁画中也有两种不同形式的坎城瑞像图。其中，莫高窟中唐第231、237、236、449、53窟内绘制的坎城瑞像，用敦煌瑞像图通式的形式表现，形象为：一尊立佛，身着土红色通肩式袈裟，右手于胸前结说法印，左

图5 莫高窟第231窟，于阗坎城瑞像图，中唐

图6 莫高窟第126窟，从汉国腾空而来在于阗坎城住释迦牟尼佛白檀香身真容图，五代

臂下垂，手把袈裟，跣足立于莲花之上，有的有榜题："于阗坎城瑞像"（图5）。莫高窟第126窟甬道北披西起第6格内为五代时所绘的一身立佛像，着白色袈裟，身体与衣服漫成一色，

舟形身光中满布土红色线白描的结跏趺坐形小化佛，榜题："……□□国腾空而来在于阗坎城住"（图6）。伯希和曾在莫高窟第220窟内抄出瑞像榜题："释迦牟尼佛白檀真容从汉国来次（坎?）城住"[1]，我们在莫高窟五代第108窟甬道北披西起第7格内白衣立佛瑞像旁抄出榜题："……佛真容白□香为身从……坎城住。"莫高窟五代第98、39、45窟甬道北披西起第6格及五代第146窟、宋代第454窟甬道北披西起第7格等处所绘的白衣立佛像均可能是此种瑞像。敦煌文书 S.2113V-a 中还记载："释迦牟尼佛真容，白檀香为身，从汉国腾空而来，在于阗坎城住。下，其像手把袈裟。"这些文字也来源于洞窟中瑞像图的榜题。

（四）于阗海眼寺释迦牟尼瑞像

敦煌壁画中有三种不同形式的于阗海眼寺释迦牟尼瑞像。其中，莫高窟中唐第231、237、236窟主室龛内西披中部，绘一身立佛，着白色袈裟，身体与衣服漫成一色，头戴三珠宝冠，头后系带，带两端顺肩下垂至腰，右手于胸前结说法印，左臂下垂，手把袈裟，跣足立于莲花之上，有的有榜题："于阗海眼寺释迦圣容像。"（图7）莫高窟中唐第53窟主室龛内西披南起第10格内的白衣立佛像可能也是此种瑞像。我们按照榜题将这种形式的海眼寺释迦牟尼瑞像称之为"于阗海眼寺释迦圣容像"。

莫高窟第231、237窟主室龛内北披西起第4格内，绘一身立佛，着土红色通肩式袈裟，右手于胸前结说法印，左臂下垂，手把袈裟，跣足立于莲花之上，榜题作："释迦牟尼真容从王舍城腾空住海眼寺"（图8）。莫高窟第236窟主室龛内北披西起第3格内也绘有此种瑞像，晚唐初期第72窟主室龛内西披南起第5格内亦绘此种瑞像，也有榜题："释迦牟尼佛真容从王舍城腾空如（而）来在于阗海眼寺住。"这些海眼寺释迦牟尼瑞像均用敦煌瑞像图通式的形式表现。敦煌文书 P.3352-c 与 S.5659 中均记载："释迦牟尼佛真容从王舍城腾空而来，在于阗国海眼寺住"，这些文字也来源于海眼寺释迦牟尼瑞像图的榜题。

莫高窟第126窟甬道南披西起第6格内五代时绘一立

图7　莫高窟第231窟，于阗海眼寺释迦圣容像图，中唐

---

[1]　[法]伯希和：《伯希和敦煌石窟笔记》，耿昇、唐健宾译，甘肃人民出版社1993年版，第121页。

图8 莫高窟第231窟，释迦牟尼真容从王舍城腾空住海眼寺瑞像图，中唐　　图9 莫高窟第126窟，释迦牟尼真容从王舍城腾空住海眼寺瑞像图，五代

佛像，身着白色袈裟，身体与衣服漫成一色，舟形身光中满布土红色线白描的结跏趺坐形小化佛，榜题："……住海眼寺"（图9）。莫高窟第108窟甬道南披西起第7格内的白衣立佛像可能也是此种瑞像。敦煌文书S.2113V-a中记载："释迦牟尼佛真容，白檀身，从国王舍城腾空而来，在于阗海眼寺住。其像手把袈裟"，明确提到从王舍城腾空而来在于阗海眼寺住的释迦牟尼真容是白檀身像，这与第126窟白衣立佛形海眼寺

释迦牟尼瑞像的形象相符。

白衣立佛形式的"于阗海眼寺释迦圣容像"与红衣立佛形式的"释迦牟尼真容从王舍城腾空住海眼寺"，这两种海眼寺释迦牟尼瑞像的图像同时出现在莫高窟第231、237、236等窟的瑞像群中，说明了在中唐绘制这些洞窟内的瑞像图时，将其当作了两种瑞像，但实际上其原型应该是同一身于阗佛像，也就是从王舍城腾空而来在于阗海眼寺住的释迦牟尼佛白檀身真容像，正是由于其为白檀身，所以第231、237、236窟的"于阗海眼寺释迦圣容像"与第126窟的海眼寺释迦牟尼瑞像均作白衣立佛的形象，从敦煌文书S.2113V-a中更是可以清楚地知道其为白檀身像。第231、237、236、72窟的释迦牟尼佛真容从王舍城腾空而来在于阗海眼寺住瑞像则是用敦煌瑞像图通式形式表现的海眼寺释迦瑞像，不能将其作为否认海眼寺释迦牟尼瑞像为白檀身像的证据。

（五）迦叶佛从舍卫国腾空于固城住瑞像

莫高窟中唐第231、237窟主室龛内西披南起第4格内，绘一尊立佛瑞像，着白色通肩式袈裟，右手于胸前结说法印，左臂下垂，手把袈裟，跣足立于莲花上，在第231窟内有榜题："迦叶佛从舍卫国腾空于固城住瑞像。"（图10）伯希和在莫高窟第76窟曾抄出榜题，"迦

叶佛亦从舍卫国腾空而来于阗国人虚（虔）敬不可思议"[1]，在莫高窟第 220 窟又抄出榜题，"迦叶如来从舍卫国腾空至于阗国"[2]，说明这两窟之内原本也有宋代绘制的此种瑞像。敦煌文书中记载："迦叶佛从舍卫国腾空而来，在于阗国住，国人虔敬，无不遂愿"（S.5659）、"迦叶佛亦从舍卫国腾空而来，住于阗国，人皆虔敬，不可思议。其像亦把袈裟"（S.2113V-a），就是指此种瑞像。

（六）微波施佛从舍卫城腾空来在于阗住瑞像

莫高窟中唐第 231、237、236 窟主室龛内西披中部，绘一身立佛，着白色袈裟，头戴三珠宝冠，头后系带，带两端顺肩下垂至腰，右手于胸前结说法印，左臂下垂，手把袈裟，跣足立于莲花之上，在第 231 窟内有题榜："微波施佛从舍卫城腾空于国城住。"（图 11）伯希和在莫高窟第 76 窟抄出榜题："征波施佛亦从□□□□而同来在于阗□□□□"[3]，说明此窟内原本有宋代的这种瑞像。敦煌文书 S.2113V-a 记载，"徵波陁（施）佛从舍卫国住，腾空而同来，在于阗城住，城人钦敬，不可思议。其下像侧"，亦指此种瑞像。

微波施即毗婆尸，为过去七佛之第一佛。伯希和在莫高窟第 220 窟抄出

图 10　莫高窟第 231 窟，迦叶从舍卫国腾空于国城住瑞像图，中唐

图 11　莫高窟第 231 窟，微波施佛从舍卫城腾空来在于阗住瑞像图，中唐

[1]　[法]伯希和：《伯希和敦煌石窟笔记》，耿昇、唐健宾译，甘肃人民出版社 1993 年版，第 178 页。
[2]　同注 [1]，第 121 页。
[3]　同注 [1]，第 178 页。

榜题："□毗娑（婆）尸佛从舍卫国胜（腾）空至于阗国时"[1]，说明第220窟内原本有宋代的这种瑞像。敦煌文书中亦记载有此种瑞像的榜题文字："毗婆尸佛（从）舍卫国腾空而来，在于阗国住，有人钦仰，不可思议。"（P.3352-c，S.5659）

（七）结迦宋佛亦从舍卫国来在固城住瑞像

莫高窟晚唐第72窟主室龛内西披南起第6格内，绘一身立佛，着白色袈裟，戴三珠宝冠及耳饰，头后系带，带两端沿两肩下垂，右手于胸前结说法印，左臂下垂，手把袈裟，跣足立于莲花上，头光与身光中饰鳞形纹，榜题："结迦宋佛亦从舍卫国来在……"（图12）。

图12 莫高窟第72窟，结迦宋佛亦从舍卫国来在固城住瑞像图，晚唐

瑞像背光中的鳞形纹应该就是抽象化的千佛图案。莫高窟中唐第449窟主室龛内西披南起第7格内戴三珠冠及项饰的白衣立佛可能也是此种瑞像。伯希和在莫高窟第76窟抄出榜题："结（？）迦俦（？）佛（？）亦从舍卫……"[2]说明此窟内原来也有宋代的这种瑞像。敦煌文书S.2113V-a中记载，"结迦宋佛亦从舍卫国来，在固城住。其像手捻袈裟"，即指此种瑞像。

结迦宋可能就是拘留孙[3]，为过去七佛之第四佛。伯希和在莫高窟第220窟抄出榜题，"南（？）无拘留孙佛□□□来住于阗国"[4]，说明第220窟内原有宋代的拘留孙佛来住于阗瑞像。

（八）伽你迦牟尼佛从舍卫国来在固城住瑞像

莫高窟晚唐第72窟主室龛内北披西起第3格内，绘一身坐佛，着偏衫式白色袈裟，结跏趺坐于金刚狮子座上，左手平置于腹前，右手于胸前结印，榜题，

[1] [法]伯希和：《伯希和敦煌石窟笔记》，耿昇、唐健宾译，甘肃人民出版社1993年版，第178页。
[2] 同注[1]。
[3] 张广达、荣新江：《敦煌"瑞像记"、瑞像图及其反映的于阗》，《敦煌吐鲁番文献研究论集》第3辑，北京大学出版社1986年版，第69-147页。
[4] 同注[1]，第121页。

"伽你释迦牟尼佛从舍卫国来在固城"（图13）。同披西起第2格内有一身立像，着白色袈裟，头戴三珠宝冠，头后系带，带两端分别沿两肩下垂，右手于胸前结说法印，左臂下垂，手把袈裟，跣足立于莲花上，榜题："观音菩萨瑞像纪"（图14）。经过我们考证，前一身白衣坐佛可能为迦毕试国银瑞像，后一身白衣立佛很可能才是伽你迦牟尼佛从舍卫国来在固城住瑞像。伽你释迦牟尼应作伽你迦牟尼，为过去七佛之第五佛。敦煌

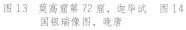

图13　莫高窟第72窟，迦毕试　图14　莫高窟第72窟，伽你迦牟尼
国银瑞像图，晚唐　　　佛从舍卫国腾空于固城住瑞
　　　　　　　　像图，晚唐

文书 S.2113V-a 中记载，"伽你迦牟尼佛从舍卫国腾空而来，在固城住。其像手捻袈裟"，伯希和在莫高窟第76窟抄出榜题，"伽你□□□佛□□□国腾空□□在□□□"[1]，都与伽你迦牟尼佛从舍卫国来在固城住瑞像有关。

　　上述"迦叶佛从舍卫国腾空于固城住瑞像""微波施佛从舍卫城腾空来在于阗住瑞像""结迦宋佛从舍卫国来在固城住瑞像""伽你迦牟尼佛从舍卫国来在固城住瑞像"都是属于从舍卫国腾空来在于阗固城住的过去七佛瑞像。敦煌文书 S.2113V-a 中记载："释迦牟尼佛从舍卫国腾空于固城住""释迦牟尼佛亦从舍卫国腾空同来，在于阗国城住。手把袈裟"，伯希和在莫高窟第76窟抄出榜题："释迦佛亦从舍卫国□空同来在于阗国城□□"[2]，说明敦煌壁画中原来应该还有释迦牟尼佛从舍卫国腾空于固城住瑞像。在这里，释迦牟尼应该是作为过去七佛之第七佛而出现的，这种瑞像很可能也是白衣立佛的形象。在这些固城瑞像图中，有一些还是头戴宝冠及头后系带的装饰佛形象，还有一些则在背光中布满千佛或象征千佛的抽象图案。

　　在敦煌壁画瑞像图中，头戴宝冠及头后垂带的装饰佛形立佛像均是于阗的各种瑞佛像，

[1]　[法]伯希和：《伯希和敦煌石窟笔记》，耿昇、唐健宾译，甘肃人民出版社1993年版，第178页。
[2]　同[1]。

包括上述"媲摩城中雕檀瑞像""海眼寺释迦圣容像""微波施佛从舍卫城腾空来在于阗住瑞像""结迦宋佛亦从舍卫国来在固城住瑞像""伽你迦牟尼佛从舍卫国腾空于固城住瑞像"等，其中除了"媲摩城中雕檀瑞像"着土红色袈裟以外，其余均着白色袈裟。

在敦煌壁画瑞像图中，在背光中布满千佛或象征千佛的抽象图案如鳞形纹等图案的立佛像均是于阗的各种佛瑞像，包括上述"从憍赏弥国腾空来住于阗东媲摩城佛像""从汉国腾空而来在于阗坎城住释迦牟尼佛白檀香身真容""释迦牟尼佛真容白檀香身从王舍城腾空来住于阗海眼寺瑞像""结迦宋佛亦从舍卫国来在固城住瑞像"等。

在敦煌壁画瑞像图中，身体与袈裟乃至背光漫成一色的立佛瑞像绝大多数都是于阗的各种佛瑞像，又可以按照是否身着白色袈裟而细分成两种。其中，着白色袈裟的立佛瑞像有"于阗石佛瑞像"（如莫高窟第9、39、45等窟）、"从憍赏弥国腾空来住于阗东媲摩城佛像""从汉国腾空而来在于阗坎城住释迦牟尼佛白檀香身真容""海眼寺释迦圣容像""释迦牟尼真容白檀香身从王舍城腾空来住于阗海眼寺瑞像""迦叶佛从舍卫国腾空于固城住瑞像""微波施佛从舍卫城腾空来在于阗住瑞像"等。着蓝色或绿色袈裟的立佛瑞像如"于阗石佛瑞像"（如莫高窟第231、237、53、449等窟）、"于阗玉河浴佛瑞像"（莫高窟第72窟）、"从耆山履空而来于阗牛头山瑞像"（如莫高窟第231、237、72窟）。

莫高窟第53窟主室龛内有四身立佛，均着白色袈裟，右手于胸前结说法印，左手下垂把袈裟，分别位于西披南起第10、5格，南、北披西起第3格内，其中第一身为头戴宝冠并系垂带的装饰佛样式，另外三身背光中均饰有鳞形纹，这四身白衣立佛应该均属于阗诸佛瑞像。敦煌石窟中归义军时期（晚唐、五代、宋初）背光中饰千佛或鳞形纹的于阗诸佛瑞像图，现存于莫高窟第85窟甬道南、北西起第9格，第340、9窟甬道南披西起第6格（图15），第401窟甬道南披西起第6格（图16），第397窟甬道北披西起第5格，第45、98、126窟甬道南、北西起第6格，第108、146窟甬道南、北西起第7格，

图15　莫高窟第340窟，于阗佛瑞像图，晚唐

图16　莫高窟第401窟，于阗佛瑞像图，五代

第 454 窟甬道南披西起第 8 格，北披西起第 7 格。榆林窟第 33 窟南壁下排有一尊立佛，袈裟、身体及背光漫成一色，应该也属于于阗诸佛瑞像。从伯希和考察队拍摄的莫高窟第 220 窟的照片来看，该窟南壁上排与中排原来各有一尊立佛，袈裟、身体及背光漫成一色，可能也属于此种瑞像。另外莫高窟第 39 窟甬道南、北披西起第 6 格内各绘一身五代的白衣立佛，形象基本相同，均右手于胸前结说法印，左手下垂把袈裟，背光中虽无千佛或鳞形纹，但无疑与上述诸窟内的于阗诸佛瑞像具有相同的性质，而且极有可能表现的就是白檀香身的"释迦牟尼佛真容从王舍城腾空来住于阗海眼寺瑞像"与"释迦牟尼真容从汉国腾空住坎城瑞像"，因为通过窟内的榜题我们能够确定莫高窟第 126 窟甬道顶两披就有这样两尊白檀香身瑞像。同样根据窟内榜题，我们能够确定第 146 窟甬道南披西起第 7 格内为"从憍赏弥国瑞佛像来住于阗瑞像"，第 108 窟甬道北披西起第 7 格内为"释迦牟尼真容白檀香身从汉国腾空住坎城瑞像"。至于窟内其他形象类似却无榜题的画像，则难以具体一一比定，姑且以诸佛飞来于阗住瑞像统称之。另外，归义军时期的诸佛飞来于阗住瑞像除了延续早期右手于胸前结说法印，左手下垂把袈裟的姿势外，还较多出现双手于胸前结说法印的姿势，如在莫高窟第 45 窟甬道两披上对应的两身白描立佛就分别做这两种姿势，在莫高窟第 39 窟内两尊佛均为前一种姿势，在莫高窟第 454 窟内两尊佛均为后一种姿势，另外在莫高窟第 146 等窟内两尊佛则均为左手于胸前把袈裟，右手直垂于体侧的姿势，这应该是诸佛飞来于阗住瑞像受到了凉州瑞像样式影响的结果。

斯坦因在敦煌藏经洞所获的盛唐后期敦煌绢画 Ch.xxii.0023 上绘制的诸瑞像中，有一尊白衣装饰佛立像（图 17），斯坦因描述道："画的是一尊佛像，右手举起施无畏印，全身环绕在一个椭圆形背光之中，背光中呈放射状画满了小佛像，小佛的姿势与大立佛相同。"[1] "是一尊立佛，右手抬起，张开，施无畏印，左手垂在身侧，拇指、食指、小指伸直。着通肩大衣和僧

图 17　敦煌绢画 Ch.xxii.0023，固城瑞像图，盛唐

[1]　[英] 奥雷尔·斯坦因：《发现藏经洞》，姜波、秦立彦译，广西师范大学出版社 2000 年版，第 200 页。

祇支，均未着色。通肩大衣外有一串项链，饰有精美的雕镂饰物，饰物雕成常见的花草图案。头饰很独特，是一个无花纹、无边的冠，花成三条，越向上越宽，从冠上挂下来一条粉红色纱巾，垂在人物身后，长及脚踝。椭圆形背光包围着整个人物，背光中有许多闪光的小立佛半身像。""右上方有方形题榜，题识已剥落。"他认为这一幅画的所有细节，都与他1901年在和田大哈瓦克—威亚拉（即热瓦克大塔——笔者注）的南墙角发现的两个大泥浮雕像完全相同，甚至连衣褶都相同。他同意富歇的研究结果，认为它们以及犍陀罗浮雕中小得多的类似雕像表现的都是释迦牟尼于舍卫国降服外道[1]。索珀则怀疑其是媲摩城檀像[2]。

在敦煌石窟现存瑞像图中，背光中布满化佛或者头上戴冠系带的立佛瑞像均是诸佛飞来于阗住瑞像，大多数时候这两种特征并不同时出现于一种瑞像身上，目前仅能确定莫高窟第72窟的"结迦宋佛亦从舍卫国来在固城住瑞像"既戴冠系带，背光中又布满象征千佛的鳞形纹。我们可以肯定上述绢画Ch.xxii.0023上立佛像属于诸佛飞来于阗住瑞像，而且可能是其中的飞来固城住瑞像。敦煌瑞像图中目前发现的固城瑞像包括了过去第一佛毗婆尸（微波施）佛、过去第四佛拘留孙（结迦宋）佛、过去第五佛拘那含牟尼（伽你迦牟尼）佛、过去第六佛迦叶佛、过去第七佛释迦牟尼佛，均从舍卫国腾空来住于阗固城。虽然缺少过去第二佛尸弃佛和第三佛毗舍浮佛，但我们认为敦煌固城瑞像是表现过去诸佛"从舍卫国腾空来在于阗固城住"之瑞像，当无太大问题。

二、和田地区出土的白衣立佛瑞像遗存

2002年9-10月，中国社会科学院考古研究所新疆队对和田地区策勒县达玛沟乡南部河岸边的托普鲁克墩1号佛寺遗址进行了抢救性发掘。这处佛寺遗址坐北朝南，平面呈长方形，各个墙面的上部均已毁坏，南墙中间开一门，北壁中央贴壁塑一尊坐佛像，结跏趺坐于莲花座上，其下为金刚方座，主尊左右两侧的北壁壁面上各绘一身立佛像。东墙上主要绘两尊立佛以及胁侍菩萨像。南墙门东侧主要绘一尊天女像。南墙门西侧主要绘一尊神王像。西墙上主要绘两尊立佛像。其中，东墙北侧所绘的一身大立佛，跣足立于覆莲花座上，下为方座，两足之间有一地神，立佛身材高大宽厚，身着白色袈裟，样式不清，上身披挂璎珞，袈裟下面有下摆，衣纹稠叠，有垂感，两腿之间衣纹垂为多重"V"字形，左手垂于胯的前侧，手掌肥厚，中指和无名指内扣。立佛具身光，身光外缘为一圈斜线菱格纹。外圈之内填画白衣小佛，由于拥挤，相互遮掩，小佛仅露胸以上部分或头，每个佛具头光。这个部分基本是直接在白

---

[1] [英]奥雷尔·斯坦因：《西域考古图记》（第2卷），中国社会科学院考古研究所译，广西师范大学出版社1998年版，第490、580、581页。

[2] 索珀：《敦煌的瑞像图》，《亚洲艺术》1964—1965年第27卷第4期。

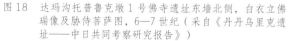

图18　达玛沟托普鲁克墩1号佛寺遗址东墙北侧，白衣立佛瑞像及胁侍菩萨图，6—7世纪（采自《丹丹乌里克遗址——中日共同考察研究报告》）

图19　达玛沟托普鲁克墩1号佛寺遗址东墙北侧，白衣立佛瑞像及右侧菩萨图6—7世纪

色底子上用褐色线条勾绘，只有袈裟披帛外缘以石绿色晕染。大立佛两侧各立有一身菩萨，受空间所限，体形略小，均面朝大佛而立[1]（图18、图19）。

　　从考古发掘报告提供的资料来看，我们可以知道达玛沟托普鲁克墩1号佛寺遗址东墙北侧的这一身佛像，是一尊大立佛，不但身着白色袈裟，而且身后有大背光，身光中布满白描的小化佛，其胸前似乎佩戴有璎珞，可能属于一种装饰佛。上文已经论述，在敦煌瑞像图守护于阗的诸佛瑞像中我们经常可以见到这些特征，所以我们认为这身佛像可能是一身于阗的佛瑞像，在于阗地区流行的这一类佛像应该是敦煌瑞像图中相关的于阗诸佛瑞像图的原型。

　　1900-1901年，英籍匈牙利探险家斯坦因（A. Stein）在我国新疆和田地区进行了盗掘，其结果刊布于《古代和田》一书内。斯坦因在今和田市洛浦县热瓦克佛塔寺院发掘出近百尊浮雕的塑像，其中大部分较真人要大，其中"紧靠寺院的南角，立有两尊巨型雕像（R.xii和R.xiii）[2]，雕像周围环绕着非常大的装饰性的光轮，并且二者非常相似。雕像本身毁坏严重，腰以下部分，发掘后发现已倒塌接近膝部，如插图63、64所示。仔细处理的长袍的衣褶上有深红色颜料的痕迹。椭圆形的身光最宽处足有2.29米，轮边带有菱花装饰。光轮中装饰以相互连接的倾斜排列的小佛像。这些小佛像的姿势、大小和工艺都相似，但如插图所示，因空间所限，长度有所变化。表现到大腿部分的那些约有14英寸长，其余的短些。光轮两边成行

[1] 中国社会科学院考古研究所新疆队：《新疆和田地区策勒县达玛沟佛寺遗址发掘报告》，《考古学报》2007年第4期，第489—525页；收入中国新疆文物考古研究所、日本佛教大学尼雅遗址学术研究机构编著：《丹丹乌里克遗址——中日共同考察研究报告》，文物出版社2009年版，第293—333页；巫新华：《新疆和田达玛沟佛寺考古新发现与研究》，《文物》2009年第8期，第55—68页。

[2] 这座寺院遗址内塑像群的年代一般定在3-4世纪，宫治昭先生认为在5—6世纪。参见[日]宫治昭：《インド仏教美术史论》，东京中央公论美术出版社2010年版，第444页。

图 20　热瓦克佛塔寺院出土，立佛像　　图 21　热瓦克佛塔寺院出土，立佛像（R.xiii），5—6 世纪，采自斯
（R.xii），5—6 世纪，采自　　　　　坦因《古代和田》（第一卷）图版 64
斯坦因《古代和田》（第一卷）
图版 63

排列单个小佛像似乎并不是处处都很对称。这些小佛像实际上被发现粘在墙壁上，全都完全相同，显然出于同一模子。绝大多数此类小浮雕都是如此，在角落里的填沙中也发现有许多这种小浮雕，它们显然是以前从较高处的光轮上脱落的"[1]。在热瓦克佛塔寺院中发现的这两尊佛像，背光中布满千佛（图 20、图 21），与托普鲁克墩 1 号佛寺遗址东墙北侧的那一身佛像具有相同的特征，可能都属于同一种佛教造像题材，根据敦煌瑞像图来看，与守护于阗的某一些瑞佛像也有密切的联系。

新疆拜城县克孜尔石窟第 17 窟时代约为公元 6-7 世纪，窟口方向为南偏东 31°，在此窟东甬道南段（左甬道外侧壁）绘一身立佛，其头光内绘一圈八身小坐佛，身光内绘两三圈小坐佛，立佛身体上分段绘天人菩萨等，两膝盖各绘一法轮[2]（图 22）。有一幅极其相似的立佛像，现藏于德国柏林印度艺术博物馆（MIK Ⅲ 8868）[3]（图 23），被错误地记录成出自第 13 窟，实际上此幅图像原来应该位于第 17 窟右甬道外侧壁[4]。克孜尔石窟第 123 窟，时代约为公元 7 世纪，窟口方向为南偏西 62°，在此窟主室南北两壁各绘一身大立佛，其身光内绘三圈小立佛，

[1] [英] 奥雷尔·斯坦因：《古代和田——中国新疆考古发掘的详细报告》，巫新华等译，山东人民出版社 2009 年版，第535、538、539 页。

[2] 新疆龟兹石窟研究所编著：《克孜尔石窟内容总录》，新疆美术摄影出版社 2000 年版，第 25 页；中国壁画全集编辑委员会编：《中国新疆壁画全集·克孜尔 2》，天津人民美术出版社、新疆美术摄影出版社 1995 年版，图版 37；新疆维吾尔自治区文物管理委员会、拜城县克孜尔千佛洞文物保管所编：《中国石窟·克孜尔石窟（一）》，文物出版社 1989 年版，图版 55。

[3] 中国壁画全集编辑委员会编：《中国新疆壁画全集·克孜尔 1》，天津人民美术出版社、新疆美术摄影出版社 1995 年版，图版 169；新疆维吾尔自治区文物管理委员会、拜城县克孜尔千佛洞文物保管所编：《中国石窟·克孜尔石窟》（三），文物出版社 1997 年版，图版 181；《文物》2009 年第 8 期，第 55-68 页。

[4] 赵莉：《德国柏林印度艺术博物馆馆藏部分克孜尔石窟壁画所出洞窟原位与内容》，《敦煌研究》2004 年第 6 期。

周围有天人、比丘或者执金刚神等，其中北壁的一身立佛左手于胸前握袈裟，右手抬起曲臂前伸似作与愿印（图24），南壁的一身立佛左手下垂把袈裟，右手于胸前作与愿印（图25）；西壁中部门道南北侧壁各绘一身立佛，其头光内绘一圈小坐佛，身光内绘一圈小立佛；南甬道南壁绘两身立佛，西端的立佛头光内圈绘七身小坐佛，外圈绘连续大雁衔环纹，

图22　克孜尔千佛洞第17窟左甬道外侧壁，立佛像，6世纪

图23　克孜尔千佛洞第17窟右甬道外侧壁，立佛像，6世纪，德国柏林印度艺术博物馆藏

身光内圈绘一圈小立佛，外圈绘连续大雁衔环纹，内外圈之间还有一圈纹饰，立佛左侧上方绘一身天人，右侧上方绘一身金刚力士。[1] 在龟兹石窟其他石窟中也有发现这种图像。台台尔石窟第16窟主室侧壁，立佛一手托钵，一手结印，有三圈顶光，三圈身光，顶光与身光中

图24　克孜尔千佛洞第123窟主室北壁，立佛像，7世纪

图25　克孜尔千佛洞第123窟主室南壁，立佛像，7世纪

[1] 新疆龟兹石窟研究所编著：《克孜尔石窟内容总录》，新疆美术摄影出版社2000年版，第153页；中国壁画全集编辑委员会编：《中国新疆壁画全集·克孜尔3》，天津人民美术出版社、新疆美术摄影出版社1995年版，图版33-38、42、43；新疆维吾尔自治区文物管理委员会、拜城县克孜尔千佛洞文物保管所编：《中国石窟·克孜尔石窟》（二），文物出版社1996年版，图版155-160；新疆维吾尔自治区文物管理委员会、拜城县克孜尔千佛洞文物保管所编：《中国石窟·克孜尔石窟》（三），文物出版社1997年版，图版200、201。

都绘化佛，项光中绘四身，身光中绘八至十身不等，化佛的身姿、衣着、印相与立佛相似[1]。玛扎伯哈石窟第9窟左右两侧壁立佛的头光与背光中均绘许多小化佛，左侧壁的立佛保存较好。温巴什石窟第9窟正壁主尊立佛的头光与背光内也绘许多小化佛[2]。需要注意的是，这些在背光中布满小化佛的立佛像都没有身着白色袈裟。

在莫高窟第126、146等窟出现了在甬道顶部两披相对绘出的两身在背光中布满小化佛的于阗白衣立佛瑞像图，热瓦克佛塔寺院出土的大量立佛像中也仅有两身在背光中布满小化佛的立佛像，而且这两身佛像处于一处墙角的两边上，从位置上来说既有紧临的相连关系又有一定对应关系，克孜尔石窟第17窟左右甬道外侧与第123窟主室南北两壁都相对绘出了两身在背光中布满小立佛的立佛像，玛扎伯哈石窟第9窟内也有形象类似且位置相对的两身立佛像，说明在相对的位置绘出两身在背光中布满小化佛的立佛像，这种内容与形式并不是敦煌本地的原创，而是来自西域的于阗、龟兹等地的某一些传统造像的因素。

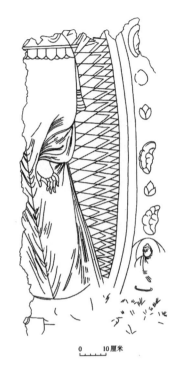

图 26　达玛沟托普鲁克墩 1 号佛寺遗址西墙北侧，装饰形立佛图，6—7 世纪，采自《丹丹乌里克遗址——中日共同考察研究报告》

与托普鲁克墩1号佛寺遗址东墙北侧的白衣大立佛在位置上相对的西墙北侧，所绘的是一尊身着土红色通肩袈裟，肩部罩帷帐式的衣物，左手微前曲，跣足立于莲花座上，两足外撇，足间有地神，具头光与身光，身光分成三个部分，外圈为白色，第二圈为红色，其内为鱼鳞样、横线菱格纹，部分线条晕染成石绿色。从考古发掘报告公布的资料来看，我们还发现在这身佛像残存的左肩上有一条从头后沿肩部垂下的系带（图26）[3]。因此，这尊立佛很可能是一身装饰佛像，其头后下垂的系带也是我们在敦煌石窟于阗诸佛瑞像中常见的特征，所以这类立佛像应该也是敦煌相关瑞像题材的原型之一。托普鲁克墩2号佛寺遗址中出土的罩帷式袈裟立佛（标本06CDF2:002）的头后也有垂带[4]，可能也是类似的于阗装饰佛瑞像。我们认为敦煌绘画中于阗装饰佛瑞像头后的系带应该是受西域尤其是于阗当地以

[1]　新疆维吾尔自治区文物管理委员会、拜城县克孜尔千佛洞文物保管所编：《中国石窟·克孜尔石窟》（一），文物出版社1989年版，图版174-176；中国壁画全集编辑委员会编：《中国新疆壁画全集·克孜尔3》，天津人民美术出版社、新疆美术摄影出版社1995年版，图版191、192。

[2]　李瑞哲：《克孜尔石窟第17、123窟中出现的化佛现象——兼谈小乘佛教的法身问题》，《敦煌研究》2009年第2期。

[3]　中国新疆文物考古研究所、日本佛教大学尼雅遗址学术研究机构编著：《丹丹乌里克遗址——中日共同考察研究报告》，文物出版社2009年版，第298-299页。

[4]　同注[3]，第307页。

国王为代表的世俗贵族的装束的影响而产生的一种地方造像样式[1]。谈到这里，我们再来看看托普鲁克墩 1 号佛寺遗址的造像题材和内容。此遗址北墙前塑一尊结跏趺坐佛，塑像两侧的北壁下部各绘一尊立佛，东墙与西墙均主要各绘两尊立佛，合起来为七尊佛像，可能表现的正是以释迦牟尼为中心的七佛题材[2]。根据我们的研究，敦煌壁画中的于阗固城瑞像主要是从舍卫国而来的过去七佛造像。东墙北侧的白衣大立佛与西墙北侧的装饰佛可能都是以固城瑞像形式表现的过去七佛中的两尊佛像。在遗址中还出土有一些壁画残块，其中一残块上绘一尊坐于狮子座上的倚坐菩萨残像，可能原来位于南墙门的上方，表现的是弥勒菩萨。在洞窟前壁门道上方绘制弥勒菩萨说法图是高昌或龟兹等地的石窟中比较常见的形式。弥勒菩萨与七佛的题材相结合，体现了过去、现在、未来的佛教传承观念。南墙门西侧绘一尊与鹿在一起的夜叉大将散脂，门东侧残存一尊天女的下半身，这两尊神王或天女应该都是于阗国的守护神。在敦煌壁画中可以见到成组的于阗国八大守护神的图像，其中有至少六尊神王与两尊天女，说明于阗的守护神既包括神将形或夜叉形的神王类守护神，也包括天女形的守护神[3]。

另外，1908 年斯坦因在和田东部的法哈特伯克亚伊拉克（Farhad Beg Yailaki，或译为铁提克日木）遗址清理发掘出的两块木板画上均绘制有白衣立佛，编号分别为 F.II.iii.002 与 F.II.iii.4，现皆藏于印度新德里国立博物馆。F.II.iii.002 木板正面绘一尊立佛，肉髻下沿饰一圈连珠纹，身着白色通肩袈裟，左手下垂把袈裟衣角，右手于胸前施无畏印，左腿外侧下方跪有一个供养人；木板反面绘有一位骑骆驼者及一个供养人造像。F.II.iii.4 木板上绘立佛披蓝色白衣袈裟，袈裟下为白边红色内衣，腿后露蓝衣，左手握袈裟，右手结与愿印，蓝发，白色晕染银灰色皮肤。"美国学者威廉斯（J. Williams）夫人将这两尊白衣立佛像归属于于阗瑞像一类[4]，虽然她在文章中没有详细说明这样定性的原因，但很可能是她认为这两尊白衣立佛像在形象上有其特殊性。

三、于阗白衣立佛瑞像的图像来源

敦煌瑞像图中有倚坐佛形象的"天竺白银弥勒瑞像""南天竺弥勒白佛瑞像"，结跏趺坐佛形象的"迦毕试国银瑞像""弥勒佛随释迦牟尼现瑞像""白衣佛图"，立佛形象的"婆

[1] 张小刚：《敦煌壁画中的于阗装饰佛瑞像及其相关问题》，《敦煌研究》2009 年第 2 期。
[2] 陈粟裕：《新疆和田达玛沟托普鲁克墩 1 号佛寺图像研究》，《世界宗教文化》2015 年第 4 期。
[3] 张小刚：《敦煌瑞像图中的于阗护国神王》，《敦煌研究》2015 年第 1 期。
[4] Joanna Williams, "The Iconography of Khotanese Painting", From *East and West*, New Series, Vol.23-Nos.1-2, March-June 1973.（汉译本参见王平先译：《和田绘画的图像学研究》，敦煌研究院敦煌学信息中心编印《信息与参考》2014 年（总第 20 期），第 1-42 页。）

图 27　阿旃陀石窟第 10 窟右侧第 6 号立柱上的白衣佛，5—8 世纪，采自定金计次《アジャンター壁画の研究·图版篇》图版 10—56

罗疭斯国鹿野苑中瑞像""南天竺弥勒白佛瑞像""宝境如来佛像"等，这些瑞像大多作白衣佛的形象，表现的是古印度地区的各种白衣佛造像。著名的阿旃陀（Ajanta）石窟位于今印度德干高原马哈拉施特拉邦奥兰加巴德城以北约 105 公里，瓦格拉河（Waghora R.）将玄武岩山脉切割出一处马蹄形断崖，二十多个大小不等的石窟就开凿于这断崖之上。阿旃陀石窟第 10 窟是一个大型的支提窟，窟内后部造一座窣堵波，左右后三壁前方设倒"U"形排列的廊柱，不少廊柱中上部表面绘制有笈多时期（公元 5 至 6 世纪）的壁画，在壁画上可以见到不少的白衣佛[1]，既有着袒右袈裟的倚坐佛像或结跏趺坐佛像，也有着白色袈裟的侧立佛像。这些白衣立佛像，或着袒右袈裟，或着通肩袈裟，有的袈裟表面无明显衣纹，少数佛像着厚重的通肩袈裟，在袈裟表面有密集而整齐下垂的衣纹线（图 27），与典型的犍陀罗佛陀造像的袈裟衣纹形式极其相似，我们在莫高窟北魏第 254、263 窟，西魏第 288、431、435 窟中心柱后方的主室西壁中央也发现有身着类似形式袈裟的结跏趺坐的白衣佛像[2]。由此可见，在印度本土有绘制白衣佛的传统和遗存。于阗与敦煌两个地区发现的白衣佛造像应该可以追溯到古代印度本土。

背光中布满千佛的造像样式，可能与舍卫国存在一定关系。据佛经记载，释迦牟尼曾在舍卫城现大神变，化现千佛，以降服外道[3]。舍卫城神变故事对佛教造像的影响，可参见日本宫治昭先生的论述[4]，犍陀罗艺术中有这种造像形式的原型，在巴基斯坦白沙瓦博物馆、拉合尔博物馆、卡拉奇博物馆等博物馆中均收藏有千佛化现的浮雕，一般画面均为中间是禅

[1]　[日]定金计次：《アジャンター壁画の研究·图版篇》，东京中央公论美术出版社 2009 年版，第 173-175 页。

[2]　黄庆安：《绘画的演进：从印度阿旃陀白衣佛到敦煌白衣佛》，《艺术评论》2010 年第 10 期；张小刚：《敦煌佛教感通画研究》，甘肃教育出版社 2015 年版，第 34-35 页。

[3]　（唐）义净译：《根本说一切有部毗奈耶杂事》卷 26，《大正藏》第 24 册，第 329-333 页。

[4]　[日]宫治昭：《宇宙主释迦佛——从印度到中亚、中国》，贺小萍译，《敦煌研究》2003 年第 1 期；[日]宫治昭：《インド仏教美术史论》，东京中央公论美术出版社 2010 年版，第 424-458 页。

定而坐的佛陀，两侧呈放射状整齐排列立佛像，左右各四身（图28、图29）。于阗固城瑞像是从舍卫国腾空而来的瑞像，其造像特征中有"千佛化现"的因素是容易理解的，于阗其他诸佛飞来于阗住瑞像中出现千佛特征可能是受到了固城瑞像的影响。值得注意的是，犍陀罗艺术中千佛化现浮雕上主尊佛像背后左右两侧各雕出的四身化佛均为小立佛像，达玛沟托普鲁克墩1号佛寺遗址所见的白衣立佛像与热瓦克佛寺出土的立佛像的背光中的化佛均为小立佛像，克孜尔千佛洞第123窟主室南北壁立佛像的背光中的化佛均为小立佛像，敦煌绢画Ch.xxii.0023上盛唐固城瑞像的背光中的化佛均为小立佛像，而克孜尔千佛洞第17窟左右甬道外侧壁立佛像的背光中的化佛均为小坐佛像，莫高窟第126窟五代时期的"从汉国腾空而来在于阗坎城住释迦牟尼佛白檀香身真容像"与"释迦牟尼真容从王舍城腾空住海眼寺瑞像"以及第401窟甬道南披西起第6格同时期的于阗佛瑞像背光中的化佛则均为小坐佛像，从而说明从犍陀罗艺术到于阗当地艺术再到敦煌唐代前期艺术中相关造像背光中的化佛均为立像，龟兹艺术中相关造像背光中的化佛既有立像也有坐像，敦煌五代前后相关于阗造像背光中的化佛则多为坐像，反映了背光中千佛的形象随着地域与时代的变化而有所变化。

图28　千佛化现浮雕，3—4世纪，采自栗田功编著《犍陀罗艺术》图393，卡拉奇博物馆藏

图29　千佛化现浮雕，3—4世纪，采自栗田功编著《犍陀罗艺术》图390，白沙瓦博物馆藏

上述绢画上的立佛像之所以不是"释迦牟尼于舍卫国降服外道现神变"像，而是于阗的瑞像，除了中唐以后的洞窟中出现的以千佛为背光的各种于阗瑞佛像作为实例之外，我们认为，"从冠上挂下来一条粉红色纱巾"更是敦煌瑞像图中各种于阗装饰佛瑞像特有的标志物。头后垂绢带是于阗国王的装束特征之一，这与敦煌瑞像图中的各种于阗装饰佛瑞像头后的垂带可以

图30　丹丹乌里克出土蚕种西传故事木板画(D.X.4)，约6世纪，采自IDP图片库，英国博物馆藏

图31　莫高窟328窟，龛顶弥勒说法图中戴扇面形头冠的菩萨像，盛唐

相互印证。我们还注意到，敦煌绢画Ch.xxii.0023上背光中布满千佛的那一身立佛，其头顶戴有一种较为特殊的冠帽，其正面的轮廓呈扇面形，分成上中下三层，最下层由不同颜色的方格相间组成，立佛头后圆形头光的内圈也采用了这种形式的装饰图案。这种装饰方格图案的扇面形头冠，在于阗地区发现的绘画中经常可以看到，如斯坦因在丹丹乌里克发现的蚕种西传故事木板画上就绘有戴这种头冠的女性人物（图30），又如近年来在达玛沟托普鲁克墩1号佛寺遗址与喀拉墩1号佛寺遗址出土的菩萨壁画残块上都绘有戴类似头冠的菩萨像。在敦煌壁画中也发现了扇面形且分格装饰的菩萨头冠，如莫高窟第372窟主室南壁初唐阿弥陀经变与第328窟主室西壁龛内顶部盛唐弥勒说法图中的少数菩萨的头冠（图31），这可能是受到西域佛教艺术影响的产物。莫高窟中唐第231、236、237窟内绘制的媲摩城瑞像头戴长尾宝冠或圆形毡帽。传说于阗的勃伽夷城瑞像就是一种头戴宝冠的佛像，据唐代玄奘《大唐西域记》卷12"瞿萨旦那国"条记载：

王城西行三百余里，至勃伽夷城，中有佛坐像，高七尺余，相好允备，威肃嶷然。首戴宝冠，光明时照。闻诸土俗曰：本在迦湿弥罗国，请移至此。昔有罗汉，其沙弥弟子临命终时，求酢米饼。罗汉以天眼观，见瞿萨旦那国有此味焉。运神通力，至此求获。沙弥噉已，愿生其国。果遂宿心，得为王子。既嗣位已，威慑遐迩，遂踰雪山，伐迦湿弥罗国。迦湿弥罗国王整集戎马，欲御边寇。

时阿罗汉谏王："勿斗兵也，我能退之。"寻为瞿萨旦那王说诸法要，王初未信，尚欲兴兵。罗汉遂取此王先身沙弥时衣，而以示之。王既见衣，得宿命智，与迦湿弥罗王谢咎交欢，释兵而返。奉迎沙弥时所供养佛像，随军礼请。像至此地，不可转移，环建伽蓝，式招僧侣，舍宝冠置像顶。今所冠者，即先王所施也。[1]

《大慈恩寺三藏法师传》卷5中也载有类似的文字[2]。通过玄奘的记述我们知道，传说勃伽夷城瑞像之所以头戴宝冠是因为当地国王施舍宝冠置于像顶，这在某种程度上可能暗示了于阗以国王为代表的世俗贵族的装束对当地造像样式的影响。

于阗白衣立佛瑞像一般着通肩袈裟，左手下垂把袈裟或捻袈裟，右手于胸前作说法印或施无畏印。这是印度佛教造像尤其是犍陀罗艺术中常见的形式。在中亚地区出土的一些2—3世纪的舍卫城神变浮雕造像（图32）上，我们可以看到着厚重通肩式袈裟，左手下垂把袈裟衣角，右手于胸前施无畏印，脚下出水，双肩出火的立佛形象。除了舍卫城神变造像以外，犍陀罗艺术中还有一些释迦佛像也做手把袈裟形，而且这种形象的释迦牟尼像也传到了中国新疆地区，如白沙瓦博物馆所藏的2—3世纪的一尊立佛像（图33）与英国博物馆所藏的今和田地区民丰县喀拉萨依村（Karasai）出土的5世纪的立佛像（图34）就十分相似，在和田县买力克阿瓦提与墨玉县库木拉巴特出土的5世纪前后的影塑立佛像也多为这种形象[3]，在云冈石窟第18窟两侧壁各雕造的一身立佛也做左手下垂把袈裟的形式，可见今新疆及其以东地区的手把袈裟形立佛像应该都来源于犍陀罗造像。手把袈裟形立佛像在犍陀罗艺术中具有一定的普遍性，这种形象作为古代印度佛教造像的一种形式又具有一定的权威性，所以瑞像采用左手把袈裟的这种形式是可以理解的。

也就是说，一方面我们认为犍陀罗艺术中手把

图32　舍卫城神变像，2—3世纪，采自田边胜美、前田耕作《世界美术大全集·中亚》图版152，吉美博物馆藏

[1]　（唐）玄奘、辩机著，季羡林等校注：《大唐西域记校注》，中华书局2000年版，第1015—1016页。
[2]　（唐）慧立、彦悰撰，孙毓棠、谢方点校：《大慈恩寺三藏法师传》，中华书局2000年版，第121页。
[3]　贾应逸、祁小山：《佛教东传中国》，上海古籍出版社2006年版，第44、47页，图版46、51。

袈裟的立像与千佛化现的图像相
结合，从而形成了于阗地区背
光中布满千佛且手把袈裟的立佛
像，这种形式继续东传，至迟在
唐代前期已经传播到敦煌及其以
东地区，敦煌绢画 Ch.xxii.0023
上的于阗瑞像即为实例。在龟
兹地区也出现了千佛化现与立
佛相结合的形式，但是已经产生
了一些变化，化现的千佛既有立
像也有坐像，后者继续影响到敦
煌及其以东地区的相关造像，并
成为表现千佛的主要形式，由此
出现的情况是，在敦煌五代前后
的相关于阗造像背光中的千佛均
采用坐像的形式来表现。另一方
面我们认为印度本土绘制白衣佛
的传统传到于阗地区形成了于阗

图 33 佛像，2—3 世纪，采 图 34 民丰县喀拉萨依出土，佛
自田边胜美、前田 像，5 世纪，采自《西域
耕作《世界美术大 美术（大英博物馆藏斯坦
全集·中亚》图版 因收集品）》第 3 册彩色
118，白沙瓦博物馆藏 图版 62

的白衣立佛，除了一般形式的于阗白衣立佛外，又与千佛化现图像相结合，产生了千佛化现
式的于阗白衣立佛造像，这种造像形式继续东传到敦煌及其以东地区，产生了盛唐敦煌绢画
Ch.xxii.0023 上的于阗瑞像，以及经过演变的莫高窟第 126 窟五代时期的"从汉国腾空而来
在于阗坎城住释迦牟尼佛白檀香身真容像"与"释迦牟尼真容从王舍城腾空住海眼寺瑞像"
等瑞像图。另外，于阗一般的白衣立佛像传到敦煌，从而出现莫高窟第 231 窟中唐时期"迦
叶佛从舍卫国腾空于固城住瑞像图"的表现形式，于阗白衣立佛像与于阗国王装饰冠帽及垂
带的形式相结合，从而形成了盛唐敦煌绢画 Ch.xxii.0023 上的于阗瑞像与中唐莫高窟第 231
窟于阗海眼寺释迦圣容像瑞像图的表现形式。

综上所述，敦煌壁画与绢画中有一些于阗白衣立佛瑞像，其中有的为头戴宝冠及头后垂
带的装饰佛形立佛像，有的在背光中布满千佛或象征千佛的抽象图案，和田地区也出土了一
些白衣立佛或装饰佛瑞像遗存，也发现了在背光中布满千佛的立佛塑像或壁画，敦煌的相关
造像来源于于阗地区，于阗地区相关造像的形成与各种特征又可以追溯到古代印度本土佛教
艺术包括犍陀罗艺术的一些造像样式。

敦煌舞的创建与发展

高金荣 / 兰州文理学院驻校专家、国家一级编导、教授

"敦煌舞"是近四十年来一个新兴的舞种。它具有我国西部特色，属于中国古典舞范畴，来自"敦煌艺术"中的壁画舞姿。

"敦煌艺术"是中国西部文化艺术的一朵绚丽奇葩，它承载着我们西北地区所具有的独特风貌，是西部民族的宗教信仰和民俗民风的艺术载体。"敦煌舞"的创立使"敦煌艺术"走出莫高窟。

敦煌是丝绸之路上的一颗耀眼明珠，所指即是著名的敦煌石窟艺术（我们统称为"敦煌艺术"）。当今在"一带一路"倡议视野下，它显得尤为重要，更加辉煌。

"敦煌艺术"中所含乐舞更是一个最大亮点，舞姿独特别致，高雅恬静，千姿百态，异彩纷呈。

敦煌舞来自敦煌壁画舞姿，被誉为人类文化圣地的敦煌石窟艺术中，壁画是主体、是瑰宝。它是敦煌艺术中最大量、最集中、最丰富、最精粹的遗存。最主要的敦煌莫高窟，就有492个洞窟，窟窟有壁画，拼接起来长达45000多平方米，有世界上最大画廊之称。这些壁画中，几乎每幅都有舞蹈形象，如在窟顶、龛楣、藻井遨游的飞天，凭栏上的天宫伎乐，经变画中的娱佛、敬佛的献舞者——伎乐天，出行图中跳着具有浓郁生活气息的世俗乐舞，以及富有舞蹈美感的彩塑菩萨、天王力士等，真是琳琅满目，精妙绝伦。

以莫高窟为主体的敦煌石窟艺术，是建筑、壁画、彩塑三者互相结合而成的。它是一门综合性的学科，涉及面非常广阔。对它的研究主要分为石室文物和莫高窟艺术两大类。我们对其中壁画舞姿的研究，当然是属于后者。

敦煌莫高窟是被列入联合国教科文组织的世界遗产名录的，使这一古丝绸之路上的"咽喉重镇"再度辉煌，响彻全球。但它的价值不在于今日提供鉴赏、审美之用，更为重要的是这些舞蹈形象充分反映了从十六国北朝至元代千余年来不同历史时期的舞蹈服饰、形态、风貌，为我们挖掘、整理、弘扬我国优秀舞蹈传统文化提供了十分珍贵的形象资料。依此创建的"敦煌舞"，虽不是直接的非遗内容，但它是对非遗的研究性、开发性的传承。如何将敦煌舞教学和研创与非遗保护、传承结合起来，也即是把敦煌壁画固态舞姿活化出的具有浓厚敦煌色彩的"敦煌舞"发扬传承，将用心血创造的这一精神财富留给世人和后人，则是我这个创建实践者的心愿！

属于中国古典舞范畴的"敦煌舞"的起源，是中国舞蹈史学家们智慧的发现和设想，建议

甘肃省艺术团体把敦煌乐舞艺术搬上今日的舞台，让伟大的敦煌乐舞艺术在当代民族舞蹈事业中放射出光芒！这一非同一般的建议，得到了甘肃省相关领导的支持并付诸实践。著名的大型民族舞剧《丝路花雨》就是这样产生的。紧接着从教学角度深入研究，开启教学体系的创建，形成新兴舞种，命名为"敦煌舞"。

敦煌舞祥和端庄，古

朴淳厚，风格独特。它既是对传统文化的继承和弘扬，又是当代的新创造。笔者认为，一个舞种或流派的形成，它需具备教材、人才、剧目三大要素，这也正是笔者创研敦煌舞教学的初衷。

由上海音乐出版社出版、再版并拟收入中国舞精品大系之中的《敦煌舞教程》包括三个部分：第一，元素训练三节：呼吸与眼神，肋、胯、膝，肢体曲线。第二，基本动作技术训练十节：手、臂、单脚、脚位、腿、腰、步法、跳跃、旋转、琵琶舞动。第三，性格组合训练七段：思维菩萨、莲花童子、武伎、舞绸伎乐、飞天女神、舞姿组合、反弹琵琶。这是自 1974 年秋后开始，至今已 38 年的研创，在教学实践中不断修订完成的。

下面简单讲四个问题。

一、如何认识壁画舞姿

莫高窟在千年历史长河中随着时代的变迁、社会的变动、风俗习惯的变化以及审美标准的不同，不同时代的壁画、彩塑是有着不同的题材、不同的特点和不同的风貌。其中，敦煌壁画舞姿受西域的影响也随之变化。因此，笔者认为，对敦煌壁画舞姿及彩塑，既不能看作

一个混沌的整体，又不能把不同时代的舞蹈造型截然分开，而应从中找到它们的发展、演变，从发展演变中去研究它们的内在联系。正是这种内在联系使不同时期、不同风格的敦煌壁画舞姿有着一种共同的特色。也就是说，不

管哪个朝代的壁画舞姿，都有其共同的基本格调。如第 272 窟（早期）听法菩萨群中的一个提腕推掌舞姿同第 148 窟（盛唐）经变中的伎乐菩萨相比，前者外来味浓，后者民族味浓，但两者身体倾向手的位置，是基本一致的。类似的比较很多，还有另外一种状态：有些早期洞窟壁画中呈舞态的一排排菩萨造型，第 297 窟北周壁画中供养伎乐造型，同唐代经变画中舞蹈菩萨的造型，虽然三者动作差异很大，但在身韵神情上却依然使人明显感觉有其共同点，一眼即能判定它们是敦煌的东西。这不同中的同，正是敦煌的独特风格，也是应该细心研究、认真掌握的地方。

概括起来，敦煌舞姿的外部特征如下：

1.手的形态丰富多样，纤细秀丽，富有中国的古典美。

2.手臂柔曼、棱角、多弯。

3.赤足而舞，脚的形态为勾、翘、歪，脚的位置也丰富，它是形成特殊舞姿的重要环节。

4.体态多为下沉，出胯冲身形成三道弯，有圆润、直角两种类型（推胯、坐胯所形成），也有多道弯的肢体曲线。

5.使用长绸、腰鼓、琵琶等道具的舞姿。

二、如何将"静"变"动"

因为要建立敦煌特色的舞蹈，创编其训练教材，只有风格掌握准了，才能真正再现敦煌壁画舞蹈艺术。明确它的外部特征，固然是确立风格的重要组成部分，但更重要的是舞姿之间的起承转合（动律），也就是怎样使静止在洞窟里的舞蹈姿态，变成活的舞蹈，在这重要的环节上，笔者的思路是：依据壁画舞姿特点，参照有关舞蹈史料对唐代乐舞的介绍（敦煌壁画舞姿是以唐为核心的）。笔者认为，隋唐时期所制定的九部乐、十部乐中具有三结合特点的《西凉乐》（西域、中原和当地民间相结合的舞乐）在敦煌壁画艺术中得到充分的反映，有敦煌一带的地域特色，也可说是我国的西部特色。因为它是中国古代西部文明的象征，因此，把它确立为"敦煌舞"的主要风格去捕捉，创编会比较准确。

（一）从地理条件和历史条件来看

敦煌莫高窟位于河西走廊的西端。历史上东晋王朝迁徙江南时期，北方先后出现的一些封建政权，其中在甘肃一带的前凉、后凉、北凉三个王朝，曾建都于凉州（今武威），西凉王朝即建都敦煌。当时西凉是内地通往西域的交通孔道。自汉代以来，随着丝绸之路的开拓，西域、印度远至欧洲，各国的商队、使者、学者就在河西一带来往频繁。凉州敦煌就是丝绸之路上的重要城镇。中原文化经过这里向西域、印度传播，西域印度文化也通过这里介绍到中原。《西凉乐》既吸收了汉族乐舞又接受了西域乐舞的影响。这就说明由于当时的地理和历史条件，西凉地方乐舞，很容易接受中原和外来乐舞的影响，经过长期的吸收融合，逐渐形成了具有"三结合"特点的风格独特的《西凉乐》。可以肯定的是，产生在这一带的《西凉乐》（敦煌一带），是一定会反映在敦煌壁画乐舞图中的。因为壁画中的乐舞艺术不是无源之水，无本之木。它虽然服务于佛教，有着很大成分的神奇幻想和艺术夸张，但它仍是以现实和生活为依据的。从几幅大型《出行图》壁画，以当时当地（河西的）现实生活为题材，反映河西一带上层社会的现象，就证明了这一点。敦煌学者史苇湘先生在《丝绸之路上的敦煌与莫高窟》一文中谈道："这一千年中敦煌地方的历史在莫高窟留下了深刻的烙印。离开了河西与敦煌的历史，莫高窟艺术就无从阐述，也无法理解。因而敦煌佛教艺术在历史上也是反映现实的一种形式。"敦煌学家常书鸿先生也曾说：著名的敦煌石窟，是中古时代我国西北各民族地区文化艺术、语言文学、宗教思想的总汇。敦煌，《后汉书·郡国志》引《耆旧记》说它是"华戎所交，一都会也"，说明这个历史名城很早就已是我国西北各族人民聚居、活动和交流的地方。

另外，敦煌乐舞研究家高德祥先生在他的巨著《敦煌乐舞》第29页中也谈道："……值得关注的是曾经在中原风靡一时的'西凉乐'是在吸收了西域龟兹（今新疆库车一带）乐舞的基础上发展而成的。据史书记载'屈友（龟兹）……管弦伎乐，特善诸国'。早在公元 384 年吕光西征东返时就带回了较为完整的龟兹乐舞，并且在河西地区与本地乐舞相互交流融合，进而发展形成的风格独特的'秦汉伎'，即'西凉乐'。"

从莫高窟的创建和所经历的朝代，从它特定的地理条件和历史的发展变化，从"丝绸之路"上中西乐舞的交流，从《西凉乐》的形成，再分析敦煌莫高窟中隋唐时期经变画中的乐舞，就可以看出，敦煌壁画中有《西凉乐》，而且占据一定数量。

（二）从神韵气质上来看

《西凉乐》适宜于表现节奏徐缓，情调优雅，气氛和谐的抒情乐舞。[1]

壁画彩塑主要是宣传佛教思想的，但人类都是按照自己的面貌来造神；封建社会也是按照自己社会的物质生活形象与风俗习惯来制造神的世界。因此可以想见，画工们描绘经变里的舞姿，一定是选择人间舞蹈中最美的造型为模特，以及把生活中妇女美的形象移入佛教图画中，即所谓"菩萨如宫娃"。从这一点来看，安徐、优雅、和谐的乐舞《西凉乐》，是十分适宜于表现"天国"中的舞蹈人的。

（三）从《西凉乐》使用的乐器和壁画中反映的乐器来看

据文献记载《西凉乐》所用的乐器，在莫高窟经变画中是经常出现的。从这种乐队编制以及文献记载来看，它是兼受西域、汉族音乐的影响而形成的一种风格独特、曲调动听的音乐，可想而知其旋律和它的舞蹈一样，一定是非常优美抒情的。

唐代的九部乐、十部乐中所包括的乐器，在敦煌壁画中都有所表现。尽管很难准确地具体分辨哪一幅经变画的乐舞场面是哪一部乐的哪一个舞蹈，但敦煌壁画舞姿中部分反映了《西凉乐》，是可以肯定的。

（四）从舞姿的具体动作和乐舞形式来看

1.《西凉乐》中的主体是民间乐舞，它是在当时西凉（武威）、敦煌一带的地方乐舞的基础上发展起来的。动态（有出胯）、所持道具（莲花）与今日流传的"滚灯"近似。

2.《西凉乐》吸收继承的中原汉族传统舞蹈的成分《巾舞》。

3.《西凉乐》中的西域乐舞成分（印度、龟兹）表现在服饰（袒裸）、赤足、胯部动作、表演形式（中间独舞、周围乐队）。

总之，笔者通过对数百个舞姿的琢磨、比拟，以及研读有关文献资料，采集当地流传的一些民间舞蹈，研究探索敦煌舞主要风格及其内在规律的过程中，深深感到敦煌壁画舞姿是兼有西域舞蹈（主要印度、新疆）、中原舞蹈和民间舞蹈三种成分。古代《西凉乐》就是三

---

[1] 欧阳予倩主编：《唐代舞蹈》，上海文艺出版社 1980 年版，第 69 页。

者合一，最能体现它的风格。

所以在创编基本动作教材过程中，一举一动，一招一式，就完全以壁画舞姿为依据，把重点放在捕捉动作的韵律上，尽力体现"三结合"这个风格特点。因为"三结合"恰恰反映了敦煌莫高窟这个稀世瑰宝的迷人之处，这个迷人之处就在于它是中外交流的产物，是中外文化交流、碰撞而呈现出的火花。如前面所讲：它具有很大的开放性，一定的兼容性，浓厚的民族性和丰富的创造性。这种伟大的敦煌精神，也是我们今天从事敦煌舞研究、教学和创作的指导思想。

三、敦煌舞的风格特色

创编敦煌舞训练教材，是对整个敦煌壁画舞姿特色的提炼与概括，不局限于某个时代，而是对壁画舞姿广采博取，找出各朝代舞姿不同中的相同之处，即敦煌舞的特色。

（一）带有佛教色彩

敦煌莫高窟是佛教圣地，它的艺术是佛教的产物，修凿洞窟的目的是供佛教徒顶礼膜拜，它的壁画彩塑内容显然从属于宣传佛教思想。不论早期壁画中的"天宫伎乐"，还是历代都有的"飞天舞伎"，以及唐代经变画中的"礼佛伎乐"，都是关于弘扬佛教教义和教规。即使是在几幅大型出行图和一些故事画中出现的世俗舞姿，内容依然为宣扬佛法和求佛赐福。这种佛教色彩是无法排除的，正因如此，在国内外，特别是中国台湾地区众多佛教团体，非常热衷敦煌舞蹈，还有一位韩国慈悲艺术团的团长竟然在赠送的礼品上写着"大慈大悲，功德无量"的留言，原因就是看了敦煌舞的表演。笔者尽管主观上总在避免宗教影响，而因敦煌舞来自佛教圣地的壁画舞姿，佛教色彩必然是它的风格特色之一。正如国学大师季羡林先生所讲：石窟中的壁画和雕塑，内容都是佛教的。佛教原产生于印度和尼泊尔，先传入中国，又从中国传入日本，佛教作为一个宗教，我们对它是有我们自己的评价的，但是，佛教对传播文化有很大的功绩，这一点也是无法否认的。

（二）带有西域风格

西域乐舞的输入早在汉代以前即已开始。随着丝绸之路的开通，中原文化西传，西域文化东渐更为频繁密切，隋唐时代达到全盛期。隋置《七部乐》有五部属西域；唐设《十部乐》有七部是西域的，即使《清商乐》也杂以龟兹乐音。在壁画舞姿上，西域风格是十分明显的，如紧身袒露的服饰，佩戴的璎珞串铃，手势的丰富，手臂的棱角，以袒腹、露脐、半裸、体态的S形和直角的三位体式，还有赤足而舞等特征，至今在我国新疆和印度舞蹈中是不乏其形迹的。

（三）带有唐风唐韵

唐代是我国封建社会的鼎盛时期，其乐舞繁荣的局面，形成了我国舞蹈史上的黄金时代，并居于当时世界先进地位。在莫高窟中，唐代壁画数量也最多，在画有伎乐的全部经变中，唐代就占三分之二，舞蹈造型也最为完美。可以说敦煌壁画是以唐为中心的。

唐代舞蹈发达昌盛的主要标志，一是它成为一种独立的表演艺术形式；二是中西乐舞交相融合，但它的民族风格是保持的，是以中原舞蹈文化为主要潮流，接受西域和凉州文化的影响，也即是中原、地方、西域"三结合"的特点。

据此，脱胎于敦煌壁画舞姿，经由当今舞蹈人所创建的敦煌舞，具有鲜明又多元化的独特风格。

四、敦煌舞的审美特征

它的美学特征同敦煌艺术的总体美学特征是一致的：

敦煌舞风格中本土美质的体现是壁画自身所决定，是西部历史文化性所决定。

真、善、美体现了敦煌舞内在丰厚的价值蕴藉和非凡气质。北大艺术学院院长王一川教授在一次讲课中谈道：兴味蕴藉品质（对一艺术品的评价）应具备身心勃兴、含蓄有味、余兴深长三个要素。这恰是敦煌舞的审美核心，也是对审美情趣在精神层面的表达。

"敦煌舞"不是对壁画艺术的简单复制，而是以敦煌壁画舞姿为母体，融合现代追求，凝聚中国自身文化传统的力量创造出来的，承载了中国传统文化追求美善长存的道德理想和本土美质。它的审美特征具体体现在以下几个方面：

（一）充满和谐、宁静的美

和谐从古至今都是美的理想。这一特征在敦煌艺术中体现得尤其明显。因为它是佛教艺术，描绘的是西方净土、天堂美景、极乐世界，没有冲突，没有矛盾，洋溢着一片和谐、宁静、安详、庄严的气氛，当我们走进莫高窟中，就会感受到一种和谐、宁静的美好心情。

（二）充满传神的美

无论壁画彩塑，所塑造的人和物，都很讲究神态，给人以活的动感。例如，佛的涅槃（卧佛）彩塑，因为它并非塑造死亡，而是表现他的永生，所以神态安详，似乎有种内在的喜悦和安慰，同样栩栩如生。其他如坐佛、菩萨、护法神以及舞蹈菩萨等各种性格的人物，都表现不同的内心世界。如佛的向下俯视和半闭目眼神，给人以完全超脱的安宁感；菩萨深情的温和眼神，给人以无限的亲切感；护法神的睁眼瞪目，给人以威武庄严感；而舞蹈菩萨的眼神又是妩媚、恬雅，给人以舞动传神的美感。另外，还有一些听法菩萨的各种神情，充分表现出听法入神和兴奋状态。

（三）充满抒情的美

在千姿百态的舞姿造型中，有的舞姿神情开朗奔放；有的舞姿神情温婉妩媚；有的舞姿造型疾驰矫健；有的舞姿造型轻盈柔曼。而壁画舞姿的基调是优美轻曼的软舞风貌。无论是哪一种形态，都是充分抒发情怀，给人以美的想象和感受。根据这些审美特征，笔者在创编敦煌舞基本训练教材时，从宏观上紧紧把握和谐、宁静、抒情的特点，在微观上十分注意动作的柔曼、温婉和节奏的多种变化，力求使敦煌舞这一新兴的舞蹈能符合并充分体现壁画舞姿本身的审美要求。

在教学中特别重视起承转合之韵律，形态动律的协调一致以及动作风格的独特性。

宏观上注重深沉肃穆、宁静和谐、幽寂含态的气质；微观上掌握舞姿优美不媚，节奏稳而不平，造型动律协调，以追求北魏的古朴浑厚，大唐软舞的温婉恬静，健舞的腾跳飞举以及西夏和元代的矫健豪放，形成中国传统舞风具有的刚健、婀娜兼而有之的气韵特征。

我们传承敦煌舞的同时，即弘扬敦煌舞的核心审美特征。这一核心审美特征，就是内在兴味蕴藉品质。即身心勃兴（内外一致）；含蓄有味（体现真、善、美的内在价值蕴藉）；余兴深长（使人观后持久感发，反复品味）。总之，外在之美出于心灵之美，内外结合方能"美美与共"。

"敦煌舞"能具备这样的核心审美特征，就因为它是来自敦煌的艺术，是民族的、中国的、西部的，蕴含着传统、文明、和谐、美好的思想精神品位。所以，必须保持自己独具的特色，独有的风格。不能打着"发展"的旗号，改变自己，丢失核心，被人同化，一定要发扬敦煌精神：包容一切，不失自我。

"敦煌画派"的核心是"敦煌岩彩"

侯黎明 / 敦煌研究院研究员

一、"敦煌画派"

"敦煌画派"是泛国内外敦煌艺术传承者和艺术创作者的聚合，是以传统敦煌壁画为基础、以丝绸之路沿线风土人情为创作题材、以岩彩画为艺术形式的新创作团体，具有包容、精研、拓展、创新的精神，为体现中华文化精神、反映东方审美，创作思想性、艺术性、观赏性有机统一的优秀作品。

"敦煌画派"是"以敦煌壁画艺术为主要研究对象，弘扬敦煌艺术精神，吸收敦煌艺术元素，学习借鉴敦煌壁画技法，表现敦煌历史、敦煌壁画内容以及现实生活的、具有丝绸之路地域特点和风土人情的开放性美术群体"。敦煌画派已列入中国当代"画派中国"十四个画派之一。

二、敦煌岩彩

"敦煌岩彩"源自敦煌深厚的文化艺术积淀，它是敦煌壁画的延展，是一种具有当代性和国际性的新型绘画。

"敦煌岩彩"以天然矿物颜料为主要绘画材料，有别于工笔重彩，是表现当代多样题材的一种新型架上绘画，具有东方审美艺术特性、鲜明的地域风格、独特的视觉美感及当代绘画的语言和形态。

"敦煌岩彩"可以归属到中国画范围内，加上"敦煌"两个字，明确了它的归属性和标志性。"岩"是指矿物颜料，"彩"指的是色彩，也就是材料的问题。将全国有一定影响的岩彩画及有"敦煌因素"的画家聚合在敦煌岩彩机构之中，形成以岩彩画为主的创作实体，旨在通过壁画的临摹来体味传统的美学、造型、技艺，汲取敦煌艺术元素，然后在掌握矿物颜色的基础上创作，恢复中国传统色彩体系，弘扬中国人的艺术思想、审美观以及新时代的创新精神。

（一）敦煌岩彩的学理

敦煌岩彩秉承的是中国传统壁画和东方色彩体系。通过壁画的临摹来体味传统的美学、造型、技艺等。对矿物颜色的掌握是岩彩画创作的基础，用传统东方色彩和技艺进行现代艺术创作是敦煌岩彩的重要特征。

（二）敦煌岩彩的题材

敦煌岩彩的题材范围应放在既有厚重的历史文化沉淀，又有鲜明的地域和民族特色的丝绸之路沿线。

（三）敦煌岩彩的色彩

敦煌壁画既是古代的岩彩画，现代岩彩画创作就是要恢复传统的东方色彩体系。西方的色彩是在光线下分析与表现的科学色彩体系，而东方的色彩则是唯美的色与色之间、感性与理性相结合的色彩体系，不牵扯光线问题。敦煌岩彩艺术创作力图研究、整理、传承敦煌色彩体系。

三、敦煌岩彩画创作历程

敦煌石窟是中古时期一千年间东西方文明的结晶，是佛教文化的集大成者，是中华文明历史图像的证据，也是中国美术史上 45000 平方米的展览馆。

敦煌研究院自 1944 年成立以来，中心工作就是临摹。通过临摹，向国内外展示和弘扬敦煌文化。至今，敦煌石窟各时代的单幅临摹作品共 2243 幅，整理白描稿 1820 幅，整窟复制共 15 个。因长期临摹敦煌壁画，是"先天占有者"，成为敦煌艺术最权威的研究组织机构，形成了一个比较完整的"临摹学"。

通过临摹研究敦煌壁画，梳理了敦煌文化的传承系统及各个时代的艺术特色与演变；掌握了古代壁画制作的工序、材料和技艺。

从敦煌走出的大家有张大千、董希文、潘絜兹、常书鸿等，他们都是敦煌壁画潜心的临摹者，为以后的创作者提供了重要的启示。20 世纪五六十年代也有一些独立和合作的创作作品，80年代至 90 年代，也进行了一些现代室内外公共艺术的新壁画创作。

20 世纪 90 年代至今，在不断的探索和认知中，我们逐渐形成了"敦煌岩彩"这一理念，并创作了一系列作品。

"敦煌岩彩"是秉承敦煌壁画的传统（不是水墨传统），应用传统壁画岩彩的技艺，是现当代新艺术创作的一种表现形式。

1994 年美术研究所赴新疆写生之后，创作了一百多幅以丝绸之路风土人情为题材、从敦煌壁画里寻找表现技法的作品。时任《美术》杂志主编的夏硕琦先生看后感到很新鲜，主动要求在《美术》发表数幅（1995 年第 1 期）。因为作者相同的经历，在艺术风格上有雷同的问题。但此次创作为以后进行的岩彩画创作奠定了有力的基础和认知。

进入 2000 年以后，随着对传统壁画更深入的学习和体会，对绘制技法的深入研究，以及对矿物颜料在临摹中的广泛运用和熟练掌握，美术研究所的创作人员开始更多地选择岩彩作为主要的表达形式，绘制创作。之所以选择岩彩，首先感到岩彩作为媒介，构建起了古代与现在在精神层面上的对话与连接；从材料的特性上，也表达出了可以代表敦煌艺术的象征性与标志性；同时，也非常契合敦煌艺术的地域特征。在明确了方向后，所有创作人员潜下心来，投入到积极的创作中。

2007 年，在敦煌研究院陈列中心举办了"敦煌壁画艺术继承与创新国际学术研讨会"和"古韵新风——敦煌壁画艺术继承与创新美术作品展"，共展出作品 48 幅，"敦煌壁画艺术继承与创新国际学术研讨会"是敦煌研究院第一次以美术为主的研讨会。同时展出了用科学手段和矿物颜料临摹复制的榆林第 29 窟，在此，我们厘清了传统壁画与现代岩彩画之间的关系。平山郁夫先生对于临摹与创作给予了高度评价。

2008 年在中国美术馆举办"盛世和光"敦煌艺术大展时，范迪安馆长特意提出一定要把岩彩画创作作品加进去，这样才能显示敦煌艺术的生命力。于是，我们的很多创作在中国美术最高的艺术殿堂里得到展示，也受到业界的一致好评。由此，敦煌岩彩进入了中国美术界的视野。

2010 年，在广州美术学院美术馆举办了由馆长王见先生主持的"东方色彩·中国意象——岩彩画展"。展览分为三部分，第一部分是国内五位具有代表性的岩彩画创作艺术家的作品展（侯黎明、陈文光、胡伟、胡明哲、杨景松），确立了岩彩画的概念（象牙塔）；第二部分是敦煌研究院美术研究所、中央美院、广州美院、中国美院的创作作品；第三部分，也是最重要的部分，就是敦煌壁画临摹品的展示。此展首次确定了岩彩画与敦煌艺术的传承学理关系，是全国岩彩画汇集检阅的一次大展。敦煌研究院岩彩画取得了突出的业绩，成为岩彩画界最大的实体。

2011 年 9 月，敦煌研究院举办的"敦煌意象——中日岩彩画展暨敦煌艺术传承与当代岩彩画创作国际学术研讨会"，是首次中国岩彩画与代表日本画最高学府之一的京都艺术大学日本画科教师的艺术交流展。日方确定了日本画的源流是以敦煌艺术为代表的唐文化，同为中日双方新艺术创作所汲取的营养源。通过此次展览，确立了敦煌岩彩创作与敦煌壁画传承的源流关系。

2015 年 11 月 26—28 日，美术研究所举办了"莫高夜话——敦煌岩彩创作发展座谈会"，邀请了全国有一定影响的岩彩画及有"敦煌因素"的画家聚合敦煌，共同探讨敦煌岩彩的创作与发展。基于敦煌研究院美术研究所"临摹、研究、创新"为宗旨的美术研究工作要求，还设立了"敦煌岩彩研究艺术创作中心"，为国内外艺术家学习"敦煌岩彩"艺术搭建切磋交流、研究探索的平台，形成以岩彩画为主的创作实体。

2017 年 8 月 22—26 日，在敦煌莫高窟举办了"2017 敦煌论坛：传承与创新——纪念段文杰先生诞辰 100 周年暨敦煌与丝绸之路国际学术研讨会"，在敦煌会展中心举办了"心灯——段文杰先生诞辰 100 周年纪念展"，为这次展览，除了一些小幅创作作品外，我们还集体创作了三幅大型室内岩彩壁画——《佛教传来》《锦绣丝路》《丝路文明》。这三幅壁画源自我们对丝绸之路的重新认识，也是集合了古代丝绸之路各个国家的图像和新资料，是具有史料价值和文献价值的聚合，是为敦煌画派和敦煌岩彩填充了重大题材的作品。

2017 年 9 月，在法国南部洛代沃市宫殿艺术中心举办了"敦煌岩彩展"，这是敦煌岩彩画第一次在欧洲展出。44 幅岩彩画创作作品被法国艺术界认为是"优雅的、精致的、具有异国情调的优秀作品"。

敦煌研究院美术研究所的"敦煌岩彩研究艺术创作中心"是敦煌画派的核心，这里的艺术家是依据敦煌艺术为背景的长期从事临摹、研究、生活的创作群体。经过多年的探索和实践，研究归纳敦煌岩彩的技法、材料、造型语言，梳理中国传统绘画的发展脉络、风格演变和美学特征，不断拓展新的表现语言，逐步建立了完整的敦煌岩彩画技法体系，也培养了一批在国内独树一帜，有传承、有发展、有规模、有组织专业性的岩彩画创作团队，逐渐形成了一股敦煌艺术传承发展的中坚力量。

张骞凿空之旅：中国文明与希腊文明的第一次接触

侯杨方 / 复旦大学教授

汉武帝刚即位的建元年间，匈奴投降者称几十年前匈奴攻打在祁连山、敦煌一带放牧的月氏（ròu zhī）部落，杀了月氏王，并用他的头骨为饮器，月氏人大部分西逃，号称"大月氏"，仍然留在原地的号称"小月氏"。大月氏痛恨匈奴，但却找不到共同攻打匈奴的合作者。汉武帝听说此言，想与大月氏联合攻打匈奴，但道路被匈奴隔绝，风险很大，因此要招募出使大月氏的使者。

建元三年（前138年）当时任皇帝郎卫（警卫员）的张骞应募，率领一行100人的代表团从位于最西部的陇西郡出发，途经已经被匈奴占领的河西走廊，结果被匈奴俘获扣留了十年，并且娶匈奴妻生子，但张骞仍然持汉节不失。汉节"以竹为主，柄长八尺，以牦牛尾其眊三重"，长约1.8米，代表皇帝与国家，是身份与忠诚的象征，使者因此又称"使节"。最有名的持节不屈人物还不是张骞，而是几十年后汉武帝的另一位警卫员苏武，他竟然在贝加尔湖边持节放羊19年。

匈奴人放松看管了自家的女婿，终于一天有了逃跑的机会，张骞抛妻别子，率领属下不是返回家乡，而是继续西行寻找大月氏，完成使命。

张骞一行向西翻越时称"葱岭"的帕米尔高原，到达位于今天中亚费尔干纳盆地的大宛国首都贵山城（今塔吉克斯坦的苦盏），据张骞观察："其俗土著，耕田，田稻麦。有蒲陶（葡萄）酒。多善马，马汗血，其先天马子也。有城郭屋室，其属邑大小七十余城，众可数十万。其兵弓矛骑射。"虽然位于中亚，但费尔干纳盆地是自然条件非常优越的地方，雨水丰沛，田地肥沃，因此可种植水稻、小麦，还有当时中国没有的葡萄，以及用葡萄酿造的美酒。张骞应该是第一个吃葡萄、喝葡萄酒的中国人。大宛最令人羡慕的物产是汗血宝马，号称"天马之子"，20多年后，酷爱良马、天马的汉武帝为此发动了两次远征大宛之役，汉朝借此控制了西域，丝绸之路最终开通。

"宛"（yuān）是巴利语耶婆那（Yavana）转译，即古代印度对希腊人的主要一支"爱奥尼亚人"的称呼，"大宛"在字义上就是"大爱奥尼亚"，与其南方的"大夏"即"巴克特里亚"（Greco-Bactrian）都是200年前亚历山大远征的结果，亚历山大帝国分裂后在中亚形成的两个希腊人国家，而贵山城很可能就是"最遥远的亚历山大城"（Alexandria Eschate）。

这是中国文明第一次与希腊地中海文明的直接接触，跨越帕米尔高原的握手。

大宛王听说大汉富裕，却无从交往，见到张骞很高兴，问他要去哪里，张骞告之他此行的目的。大宛王为张骞配备了向导和翻译，经过康居（中心区在今乌兹别克斯坦的撒马尔罕一带），渡过妫水（阿姆河，希腊人称为 Oxus）到达了大夏的首都蓝氏城（今阿富汗巴尔赫附近）。

阿富汗（Afghanistan，阿富汗斯坦）位于四战之地，早在张骞到达的 400 多年前，被居鲁士大帝建立的波斯帝国吞并成为巴克特里亚省（Bactria）；在张骞到达的 200 多年前，亚历山大大帝灭亡波斯帝国，又成了亚历山大帝国以及帝国分裂后塞琉西帝国的巴克特里亚省。

在张骞到达阿富汗的 100 多年前，中亚兴起的帕提亚部族南下占领了伊朗高原，建立了安息帝国（Arsacid），又称帕提亚帝国（Parthian），将塞琉西帝国与其东部分割，巴克特里亚的希腊人独立建国，即希腊—巴克特里亚王国（Greco-Bactrian Kingdom），当时中国人称之为"大夏"。

张骞到达大夏之时，正逢大月氏人越过妫水征服希腊人的大夏之际，大月氏女王率领族人攻克了大夏的首都蓝氏城。张骞向女王表达了十年前汉武帝的意旨：汉月两家联合夹攻匈奴。

大夏土地富饶，民众安居乐业，女王率领大月氏人从游牧生活的草原移居高度发达的希腊城市，有宽敞的居所、剧场、浴室、神庙，乐于偏安，已经失去了为丈夫复仇的心思：能否打败匈奴另讲，即使打胜了，也不过重回故乡河西走廊的草原放马放羊，从一线城市回到牧区，这个提议对女王毫无吸引力，张骞"竟不能得月氏要领"——"不得要领"的成语来源即在此。

1961 年，阿富汗国王穆罕默德·萨米尔汗（Mohammed Zahir Shah）打猎时在阿姆河边的阿伊–哈努姆（Ai-khanoum）发现了一些希腊科林斯柱头，后法国 DAFA 考古队发掘出了一座古希腊城市，它就是张骞目睹过的大夏城市，有宙斯神庙，有卫城，有浴室，有剧场，它是高度发达的希腊文明结晶。

留在大夏一年多，"不得要领"的张骞决定回国复命，此时他已经离开长安 12 年了。早在元光二年（公元前 133 年）汉武帝已经与匈奴开战，此时已经涌现了一颗光彩夺目的将星——卫青，他的胜仗一个接一个，大汉正逐渐获得对匈奴作战的优势。张骞启程回国的这一年，卫青因军功封为长平侯，当然远在万里之外、异乡绝域的张骞是不可能知道这些的。

充满探索好奇心的张骞再次翻越时称葱岭的帕米尔高原，他从蓝氏城一路向东，沿着阿富汗巴达赫尚省的科克查河谷走到了妫水上游的喷赤河谷，就进入了俗称的"瓦罕走廊"（强调："瓦罕走廊"在阿富汗，并不在中国境内，虽然很多人，甚至当地政府也这样误认为）。700多年后，一位名叫玄奘的僧人从印度东归也从这条道路走过，这条路线是葱岭东西两侧交流的常规路线，它将是"丝绸之路"的主要干道。

翻越葱岭以后到达莎车绿洲，张骞决定取道昆仑山北麓归国。为了避免再次被匈奴人俘获，他想绕开河西走廊，取道自然条件恶劣的青藏高原羌人地区（羌中）返回长安，结果还是被已经占领了西域的匈奴俘获。

张骞为人坚强有力，武功高强，性格宽大诚信，有很强的人格魅力，匈奴及西域人都很喜欢他，因此即使他再次被俘获，匈奴人不仅没有惩罚他的逃跑行为，而且还将他送回家中，夫妻团聚。这次被扣留了一年多，张骞趁着单于死后匈奴内乱，携带妻儿和他的随从堂邑父一道逃回了长安。堂邑父是胡人，善射，会在食物匮乏时射禽兽食用，他们就这样一路捕猎返回长安。

张骞出使西域的路线
图片来源：根据侯杨方《丝绸之路地理信息系统》（http://silkroad.fudan.edu.cn/）制作。

张骞出发时有100人，13年后的元朔三年（公元前126年），原使团仅有这两人得以生返长安，从未想过竟然还能重逢的汉武帝提拔他为太中大夫。梁启超称赞张骞："坚忍磊落奇男子，世界史开幕第一人。"梁启超的这句话并不是夸张，正是张骞此次的"凿空"之旅，当时的中国人才第一次获得了临洮以西的河西走廊，河西走廊以西的西域，西域最西部的葱岭，葱岭以西的大宛、康居、大月氏、大夏的第一手信息。

如同15世纪末的哥伦布发现"新大陆"，当时正处于文明青春期、奋发进取的中国人也发现了自己的"新大陆"：这是一片充满别样风情的异域，那里很多人金发碧眼白肤，有各种各样当时中国闻所未闻的物产，尤其是汉武帝最心仪的"汗血宝马"。

极具好奇心与开拓精神的汉武帝此时也不过31岁，当年他派遣张骞时才不过18岁。他非常喜欢听张骞讲述自己的传奇探险故事，因而正当盛年、锐意进取的汉武帝将作出改变中国历史乃至世界历史进程的决策，不断向西，向河西走廊、向西域进军，开辟了丝绸之路。

语言、仪式与神话

——走进古代图像乐舞重建的大门

刘建 / 北京舞蹈学院教授

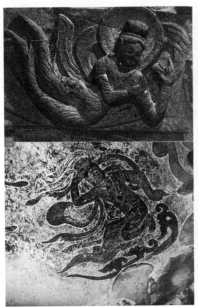

佛教思想是麦积山、云冈、响堂山不同飞天背后的同一推手

至今依旧给我们带来反思的踏破愚昧的湿婆舞

在"长时间、宽视野与远距离"（杨念群语）的研究中，中国古典舞亦属于一种古典学。古典学（Altertumswissenschaft）是近代产生的一门对古代人的文献进行考察研究的历史科学，它是对古代文本的科学探究。但古典学不是古典学术的活的延续，而是一门现代的新兴学科，它并不是企图延续古人关于世界的思维模式和情感模式，而是试图通过对古代知识体系的审理来获得对现代社会生活的真实认识。它实际上是现代人通过对古代人生活和思想的历史性考察而对自身生活和思想的深刻反思。[1] 今天中国的民族文化复兴其实也是这种反思。

[1] 洪汉鼎：《伽达默尔论柏拉图——一篇关于经典诠释学的讲演》，《读书》2017年第2期，第71页。

中国和法国都是传统文化大国，法国学者柯睿格（E. A. Kracke）清晰地观察到：近代法国的改变虽大，基本仍是"在传统中变"（change within tradition）；而中国的巨变，却是名副其实的"在传统之外变"（change beyond tradition）。事实上，无论是打倒古典还是回归古典，是打倒传统还是恢复传统，当代中国古典舞的建设者们都是要抛弃不合自己的旧东西，而发明自己喜爱的新东西，他们都有一个大前提——在现当代的和面对未来的语境中，并非真心想要回到古代，但却又必须在古代的立场上宣誓就职，以确立自己的"古典性"。时至今日，中国古典舞已经不再是一种体制内的自我加冕，因为它要同时面对中华民族文化复兴的纵向的古今对话和横向的与世界对话——"辩证法就是对话"（施莱尔马赫）。这种对话的资本，就是中国古典舞今天所能创造的被不断展现的经典作品。纵向地看，这些超越历史时间的当下存在既是他者又是自身，能相互沟通；横向地看，在世界古典舞之林中，它们会独立地形成一个区别于他者的漫长的身体文化与美学传统，我们可以把这种传统称为中华民族身体文化与审美的标识。

这样，我们首先就要来到古典学的基础——"古代文本的科学探究"中。由于垂直传承的人为断裂，属于艺术门类学中舞蹈学（而非戏曲、书法等）的中国古典舞原始直观的古代文本就应该是图像了，它们直接显现了古舞"原型"，从中国东部的汉画像直到西部龟兹壁画中的图像乐舞。从图像学讲，这些原型的前图像志分析表明它们曾经是活生生的舞蹈，因此，在图像志分析中可以对它们进行有效诠释，从而在后图像志的艺术的"新科学"探索中将其激活，重建复现，并且为中国古典舞的综合创造和重构创新奠定基础。

这种探索的第一步便是语言，因为所有的这些图像分析或

中国古典舞图像原型之一的龟兹乐舞

诠释是通过语言（包括舞蹈身体语言）被"摹本化"而实现的。在语言里，事物获得了一种始终不变的普遍性，如果说事物是原型，语言是摹本，那么事物只有在其摹本里才来到它的真实存在。按照伽达默尔的解释，"存在反映到语言中绝不是意识的活动，而是存在提升自己到无蔽之中"。汉画像中的"长袖舞姿"是事物原型，姿态万千，但只有在古代文献的"以手袖为威仪"的语言摹

千姿百态的汉画像长袖舞

古今一体的婆罗多舞的神圣乐器

本中,它才在普遍的宴乐认知中无蔽地呈现出自身礼乐的又一存在现实;而当我们用《手袖威仪》（北京舞蹈学院刘建导师工作坊"汉画实验演出"剧目之二）的舞蹈身体语言将其以文本方式展示出来时,那么这种表现就不再是一种附属的事情,而是属于它自身存在的东西。

在图像乐舞重建中,每一种这样的表现都是一种存在事件,一起构成了所表现物存在的种类、层级等。原型通过表现好像经历了一种存在的扩充。在这里,思维与语言紧密相连,语言不仅是说话者的语言,而且也是事物同我们进行对话的语言。具体到语言（包括舞蹈身体语言）对原型的摹本化过程,还要通过具体的词汇（动作）、语法（动作连接）、语音（律动风格）来实现,并且是以多模态话语媒介方式（音乐、舞美、服装、道具等）。像《手袖威仪》中"拖袖"与"搭袖"的动作、"天圆地方"的调度、"彬彬有礼"的风格、亚麻质地的长袖服饰,以及"钟磬乐悬"的钟鼓之乐伴奏——它们如同被视为神圣的印度的西塔尔、印尼的伽美兰,不需要西洋乐器来同质化……

按照维柯《新科学》中关于走进古代世界大门的三道门坎——"语言、仪式与神话"的步骤,

汉画舞蹈《手袖威仪》及其出处

汉画舞蹈《手袖威仪》

古代文本原型的摹本化还必须成为一种仪式的叙事流程和神话推动的思想。

与"礼崩乐坏"相对，《手袖威仪》的出场（立舞）→在场（坐舞）→退场（立舞）的叙事流程是由"礼正乐清"的思想所推动，希望以一种巩固仪式展示出一种"礼仪之邦"的身体礼仪方式，从天圆地方的行走路线、中正方圆的身体姿势到降低身体重心的坐舞，再到垂首倒退而下……

于此之中，神话的思想意义才能显现出来——既是直观的图像舞姿转换，也是间接的礼乐思想推理；既是对汉画长袖舞的一种理解，也是对于它们的一种解释：真理概念既包含直观认知要素（noetishe），又包含间接推理或认知要素（diskursive），诠释学真理就其在理解中不必涉及一种逻辑的真理标准而直接地把握，它可以被标志为一种直观认知的经验，从中发现真理的间接推理要素，使与真理的对话可以依赖中介，其条件是对每一陈述作出解释。这一过程是不可封闭的辩证过程。诠释学的这两种古典的技巧，在伽达默尔诠释学中乃是同一过程——理解是解释性的理解，通过解释而来的理解，文本的意义就在于其阅读与观看之中。[1] 中国古代图像乐舞的真理意义也在此。

最终，观众在视觉与知觉中进入了一个有意义的古代舞蹈事件，不仅是中国观众可以由此"寻根述祖"（孙颖先生语），外国观众也可以由此进行古代文本交换——俄罗斯古典芭蕾有其"历史生活舞蹈"的礼仪，中国亦有《手袖威仪》等礼仪相应。不然，我们既对不起列祖列宗，也无资本与世界接轨……

综上所述，我们从古典学开始，以接受理论作结，其间构架了一个以图像为原型的古代文本重建流程：古典学中的古典舞→古典舞中的图像原型→语言（包括舞蹈身体语言）对原型的摹本化→仪式性叙事→神话的真理性→接受→在与世界古典形态的舞蹈对话中自立。

---

[1]　洪汉鼎：《伽达默尔论柏拉图——一篇关于经典诠释学的讲演》，《读书》2017 年第 2 期，第 276-78 页。

"一带一路"文化视野中的中国电影文化辨识度意义

周星 / 北京师范大学教授

一、"一带一路"背景下创新认识电影发展

随着中国国力增强，相匹配的思想创新成果不断展示在世人面前，并且获得全球的认可，这其中，"一带一路"的国家倡议最为令人鼓舞：经过三年多的发展，"一带一路"从中国倡议上升为国际共识，收获了一批重要的早期成果，已经成为各方加强国际合作的重要途径和积极参与推进的重要国际公共产品，成为迄今最受欢迎、前景最好的国际合作平台。[1] 而我们的电影也需要介入这一国家倡议的大布局中加以扩展。中国电影的发展已经超越了最初的阶段，即从固守国内，到期望走出去，再到思考自身优势如何和世界交流认同的阶段。走过模仿之路，走着市场之路，更焦虑如何实现文化艺术的影响之路时，我们迎来呼应国家"一带一路"倡议的好时机。这是一个新的面向世界和提升自身的机会，中国电影的发展需要站在这一基点上来重新审视历史和现实。其实，"一带一路"是一个注重交流而不是主观设定和闭目塞听的路径，面向更多世界寻求认同的文化，正是需要宽阔的视野来实现自身的跨越。

在此背景下来看待，中国电影必须跨出相对自保的路径而进行更为开阔的创造思考，如果说当初为了市场需要而不断屈就现实市场趣味而学习好莱坞、揣摩受众娱乐感知的发展，还有其生存第一的某些权宜合理性，如果说面对技术主义和续集创作不断轰炸的好莱坞创作，大片认同和创造来保持抵御的阵势，也有其时代必须做的追求，如果说为了实现世界第二大市场向世界扩展而力求文化传播的拓展需要，"走出去"一度喧嚣无比，也有壮大影响的需要，那么，多少限于忽略自身文化品质去依赖外在和屈就物质存在与数据的缺憾，就显得难以为继。文化品质来自内在的文化精神，而平等地展示自身与冷静地看待他者，以沟通交流来审视自我的长短处，才是文化自信自立且既不妄自尊大也不妄自菲薄的正确态度。对于近期印度电影《摔跤吧！爸爸》在中国热映的意义，美国外交网站 2017 年 7 月 8 日的文章这样评价："在象征意义的层面，让人们看到印度电影通过与中国交强融合而取得票房成功，也能够推

---

[1] 《"一带一路"三年"五通"走了多远》，《光明日报》2017 年 5 月 13 日。

进中国领导人的外交政策目标。"[1] 于是交流沟通的命题凸显在中国电影发展任务之中。这正是勾连"一带一路"的文化追求中交流高点认识的基础。因为无论是怎样的文化交流，都需要思考兼顾几个因素：自身独特性所在；国际认识认同的基础；可以交流借鉴的沟通话语；高于现有存在的文化追求意愿；等等。这正是我们对于国家倡导"一带一路"给予文化交流的巨大魅力所在。尽管在习总书记提出的"一带一路"倡议中，政治、经济、文化等都具有不可分割性，但文化的影响力却还需要更为开阔的眼界，也必须更扎实地行动。电影在这一方面有许多可以施展的所在，但根本的还是自身基础开始拓宽发展，并且扩大交流，增强借鉴创造所需要的认识。

当我们呼应时代热点，将"一带一路"倡议与电影加以联系时，实际上已经站在互通互联的时代高度上。"一带一路"是为了实现国家倡导的"五通"[2]："政策沟通、设施联通、贸易畅通、资金融通和民心相通"，其中第五可以理解为文化上的互通，也就是关注如何在自己的基点上和沿线—世界串接勾连。这是一个开阔的思路，中国电影撤去简单的防御或者强制性地"走出去"，站在国家战略高点来实施文化的传输和联系，会更好地将中国电影置身在非单一的和好莱坞或者一对一的文化比照上看待的层面。文化交流通达是情感和人际群落的感知，绝非单一性所能概括的。"一带一路"是立足历史传统而创建的现代国际交流途径，汇集世界也得到越来越大的呼应反响，对于文化的"一带一路"思路，则要同时惠及世界和周边，也反过来提升我们的文化视野与扩大眼界。中央对于"一带一路"需要立足中国而影响世界的认知，同样适应中国电影。这里的电影跟进"一带一路"则首要是立足中国电影的现实，但需要有本土意识的升级版，即我们的艺术观念不仅仅是"走出去"，而是要有思考交流的意识，以往的"走出去"带着主观意愿，把自己的作品或者产品试图让异域接受，或者是拿在本土受不受到欢迎来确定人家接不接受，或者拿着人家比如好莱坞的标准来选择和造就具有适应性的作品，甚至急功近利地去取舍，从合作推销到使用人家创作者到联合制片再到《长城》这样的规模化深度合作，招数都有了，似乎都没有奇效。其实"一带一路"的升级版思路就是与周边地域文化影像上知晓、认知、互相理解而获得情感上的交流，比照来看，美国的《速度与激情8》在中国首周3天8.59亿元人民币，远超同期北美票房。放映几天就突飞猛进，最终令人惊讶地实现26.69亿元的收入，占据全球过10亿美元的近一半。显然是其品牌已经为中国年轻人情感所接受，也有影像上的亲近熟稔。回顾历史，当年东南亚华语电影的风行，自然是有情感上的接近和需要。问题在于需要你自有的可以被了解交流的东西，自身没有确立文化的独有性，则未必是可以惠及他国，恐怕是自己的持续发展的尊严都无法树立。

[1] 《中印电影合作可实现双赢》，《参考消息》2017年7月10日。
[2] 同注[1]。

而观照世界的价值是确立自身更扩大沿线影响。只有交流才能看到远比概念深入的实际内容，也只有交流才能看清自身的优劣得失。比如，在对于印度电影的认知上，一般人们都简单地拿以往的概念来认识，"今年5月，巩俐在戛纳电影节上说：中国的电影市场不能像宝莱坞，只顾自娱自乐。这话要是搁在几年前，可能在理。可惜，时过境迁"[1]。但随着"一带一路"沿线尤其是亚洲文化的交流性增强时，我们发现了远非概念所指向的。我们拍《功夫瑜伽》被国人津津乐道的印度电影的载歌载舞获得了心理定式的呼应，但实际上深入了解印度电影时，我们发现了人家坚持自身的独特的载歌载舞的形式，的确也形成了自身的文化吸引力，但《摔跤吧！爸爸》的到来却让我们有了不一样的感受，印度电影固然歌舞还是常态，而未必全老套的优秀创作远超我们的想象。以往所谓印度电影又唱又跳的调侃不再，励志的叙事和坚强的奋斗精神让我们感动，豆瓣评分少有的超过9分的极高评价，与少有的评价高相比，还有票房超高居然接近13亿元人民币。显然这一案例说明，互联互通的价值就在于知晓、了解、理解、认知和获得情感接受，既然印度电影可以如此被重新认知，中国电影既需要更多地为世人知晓，也需要更多地了解世界。正是在这一背景下，中国电影"一带一路"的观念发展需要得到强化。

二、电影需要强化文化辨识度

"一带一路"给予我们的启发是各国都有自身的自有特色，你要保持优势特色而得以传播独特性，也需要具有感染性。而当打开视野来反观中国电影时，一个严肃的问题便凸显而出：你凭借什么来立足世界？以为左顾右盼地仿造好莱坞而期望获取市场显然很失败，以为从类型片中造就出通向世界的影像的企图也成功很少，以为根据粉丝年龄和趣味去俯就的拍摄也难以为继，而东鳞西爪的偷艺拼接的作品，根本得不到人心的认可，至于翻拍题材与借重国外导演来试图走出国门的创作也未必多成功。这时，自己是什么的问题就无法回避。站在什么角度都不如站在真切的自我认知角度来得纯正，自我的犹豫不定、疑惑自身价值、东施效颦的失败率几乎是铁定的。没有自身的一体性，没有本土的精神气质的电影，总不是中国电影的追求目标。越是在国际化的背景和扩大交流的背景下，一个国家的电影就越需要有定力，无论怎样去追随世界潮流，都不可丢弃自己的文化传统的核心部分，也不能丢弃自己的文化细节，由此才能具有文化的辨析度和特色显现而得到尊重。

不妨再换一个亚洲电影来比照。伊朗电影的自足性可以给我们许多启示。比如艺术追求

---

[1] 《〈摔跤吧！爸爸〉战绩神奇 "宝莱坞"成为中国资本追捧的下一座金矿？》，东方财富网2017年5月26日。

的本土性、朴质的创作特色等。从理论上看，作为政治上和西方尤其是美国不对付的伊朗，难以获得西方世界的认可，但在电影上却不然，2017年第89届奥斯卡奖授予伊朗电影《推销员》最佳外语片奖。而导演法尔哈迪是第二次入围奥斯卡最佳外语片奖。此前他执导的《一次别离》曾在2012年获得奥斯卡提名与金熊奖。这时候电影文化品性和个性魅力就凸显而出，人们评价伊朗电影给中国导演上了一课："无论如何，伊朗电影这些年在国际影坛上的表现非常抢眼。除了奥斯卡奖、金球奖等，伊朗电影还是戛纳、柏林、威尼斯三大国际A类电影节的常客，深受各大奖项的青睐。"[1] 作为这些电影节常客就因其具有独特性的吸引魅力，从评论家观察的角度看也许更容易看到问题的关键。评论家陆支羽认为，"他们并不仅仅只是靠题材取胜，而是在剧作、情感、技巧、表演上都极具伊朗特色，且创作能力都非常值得肯定"。同时，伊朗电影也切合目前电影创作的国际潮流。而影评家韩浩月表示，现在影坛在世界范围内都呈现出对商业片的厌恶，而伊朗电影的人文气息很浓。[2] 伊朗特色已经为人所知，人文气息正是伊朗电影本有的一贯追求，事实上这些使得伊朗电影具有不受外界诱惑而令人倾慕的艺术魅力，成为常客就是合理的待遇。民族自信自己的追求，其实是需要恒定的价值观和自然的本土特色的把持，始终在摇摆不定地追风逐浪，以为这就是现行风尚，却不知古人早有邯郸学步、忘乎自己的警示教训。其实没有定律的电影会造就没有定性的观众，似乎奇怪的是印度电影观众是中国的一倍，而银幕才有我们的三分之一，观众拥戴的是形成影响力的自身习惯。人们提及最近关于《功夫瑜伽》《大闹天竺》等的印度元素的凸显，前者显然不错，但也其实意味着我们长于吸纳却也容易趋附而失去自己的本色。但随性而改的观众并非不会欣赏有特色的影像，印度电影《摔跤吧！爸爸》其实必须正视其主流形态的感召力、国家意识的鼓舞精神和对于人的追求不懈情感的认同，因此该片自然大获全胜，在中国居然就获得12.95亿元票房，而其投资据说只相当于9600万元人民币，在全球取得的票房达到3亿美元。就世界角度来看中国电影的影响也许是令人遗憾的："从近两年的数据来看，目前印度的电影出口量仅次于美国，且在北美和英国的影响力高居进口片第一。以2016年的北美市场举例，在票房过100万美元的46部外语片里，印度电影就占到29部，中国电影才只有3部。而在TOP10的榜单上，印度电影更占据了6席，第一名就是目前在国内热映的《摔跤吧！爸爸》，中国票房最高的《美人鱼》也只排在第七位。印度的海外票房已达到了本土票房的10%-13%，而中国平均每年只有5%左右，中印电影的出口差距还是相当明显的。"[3] 在印度电影的出口优势面前，除了语言外，独特性无疑是值得中国电影反思的，事实上，企

[1] 《伊朗电影给中国导演上了一课》，《北京日报》2017年3月3日。
[2] 同注[1]。
[3] 《〈摔跤吧！爸爸〉战绩神奇 "宝莱坞"成为中国资本追捧的下一座金矿？》，东方财富网2017年5月26日。

图按照世界潮流去露脸，混同于一般的所谓世界性，往往是适得其反。

我们需要反思近年中国电影发展是不是一味推重市场而忽略了这应当是建立在艺术文化传统保有基础上的市场适应，是不是过于强化了外在的"适应时代"而降低了内在的强化精神，是不是把向票房高的和观众猎奇推高的不断变化的商业创作当成范本，而忽视了自己的特色和气养所能产生源源不断的新鲜样态，总之，我们一味随波逐流的时候一时得逞却可能长远失去优势。而电影发展的时代命题与受众期望，都聚焦到文化品质上来。千万不要以为追求文化就失去市场，恰恰是良好的市场需要良好的文化来打造。而一个国家的电影必然需要自身的文化辨识度来显示自我的独立价值，只有市场和追随他者随波逐流的电影，不能称作独立性的电影国家。站在这一角度看，中国电影似乎还有许多需要反思的观念。

必须强调，电影都是自身具有某种特质，而得到惊讶的眼光。早期超出国境被世人关注的电影如《渔光曲》自是独特的中国人生活体现。《马路天使》《小城之春》《一江春水向东流》等20世纪30—40年代的创作，在改革开放后得到世界电影节高度的赞誉，称其为意大利新现实主义的先驱，就因为其对于当时人们生活遭际和东方人的情感表现的深度。中华人民共和国成立后的一些创作多得到当时社会主义阵营电影节的肯定，也是因为有其新生活的鲜活性。从电影节大致可以透视文化认知度的高下，在影像文化呈现中，中国电影的被认知是可以得到比照的。一般认为威尼斯、柏林和戛纳电影节是各自有自己的特色取舍，但近一年世界三大电影节主竞赛单元都没有中国电影的踪迹，第67届柏林电影节中国电影完全阙如，第73届威尼斯电影节也只是在主竞赛之外的地平线单元，有王兵的《苦钱》得到最佳剧本奖，最好的也只是第70届戛纳电影节将最佳短片金棕榈给了邱阳的《小城二月》。无论用什么理由来解释，中国电影在世界电影节的不得宠是明显的事实。我们首先要归之于文化显示度的问题。在中国电影规模化走向世界电影节的时代，文化的张扬和个性十分明显，以欧洲三大电影节为主要场域的获奖状况，可以看到我们的辉煌时刻都有其文化激扬的原因。比如20世纪80年代开始接续不断的获奖中，1988年，张艺谋的《红高粱》获第38届西柏林电影节"金熊奖"。1989年，吴子牛的《晚钟》获第39届西柏林国际电影节特别奖"银熊奖"。1990年，谢飞的《本命年》获第40届柏林国际电影节"银熊奖"；张艺谋的《菊豆》获国第43届戛纳电影节"路易斯·布努埃尔特别奖"。1991年，张艺谋的《大红灯笼高高挂》获第48届威尼斯电影节"银狮奖"。1992年，张艺谋的《秋菊打官司》获第49届威尼斯国际电影节"金狮奖"和"最佳女演员奖"。1993年，谢飞的《香魂女》和《喜宴》同获第43届柏林国际电影节"金熊奖"。宁瀛的《找乐》获第43届柏林国际电影节"新电影论坛奖"和"特别荣誉奖"。同年陈凯歌的《霸王别姬》获法国第46届戛纳国际电影节最高奖——"金棕榈奖"和国际影评联盟大奖；张艺谋的《大红灯笼高高挂》获英国影视艺术学院"最佳外语片奖""纽约影评人协会最佳外语片奖""比利时电影评论家协会大奖"。1995 年，李少红的《红粉》获第 45 届柏林国际电影节优秀单项奖视觉效果"银熊奖"；张艺谋的《摇啊摇，摇到外婆桥》获第 48 届戛纳国际电影节"电影技术奖"，被美国全美影评人联盟评为年度格里菲斯电影奖"最佳外语片奖"和获美国第 61 届纽约影评人协会年度电影奖"最佳摄影奖"。1994 年，张艺谋的《活着》男主角葛优获"第 47 届戛纳电影节最佳男演员奖"。1996 年，张艺谋的《摇啊摇，摇到外婆桥》获 68 届奥斯卡摄影奖提名；严浩的《太阳有耳》获 46 届柏林国际电影节"国际电影评论协会奖"和最佳导演"柏林银熊奖"。那样一个国际获奖频仍的年代，中国电影的独特标识高扬在胶片世界，世界重要电影节有没有中国电影加入是值得关注的要事。文化的中国在影像中带着东方世界的文化符号，哪怕是被一些人阐释为伪民俗等，却的确是带着文化和地域的特色洋溢优势。显然，在第五代和一些第四代导演的电影 80-90 年代曾经连续不断地在三大电影节得奖的年代，也是中国电影文化追求显赫的时期，显然当下的电影文化在市场化追求中显得有些偏颇。文化标识不仅是曾经在世界电影中独树一帜的武侠电影，还有诸多发生在中国土地上的生活故事。可惜，市场为大的时代，却被一个潮流带着新的潮流的类型云集，失去了文化风采和个性激荡的特色，这就是中国电影需要警示而改变的要害。

三、民族品性与乡土意识的重要性

关于"一带一路"的文化话题，必然关涉沿线的文化交流，而需要进入我们的视野的是如何感知交流的基础，自然发现越来越多的国家在坚持特色，也需要尊重特色，而交流正是以自己的民族特色和独具一格的本土风情来相互感染。中国电影也理应如此。考察 2016—2017 年的电影中，几部独特的文化呈现的创作让我们关注，似乎中国电影在整体上追风逐浪却姿色平平时，依然有独特的表现创作，一部《师父》将传统中国武侠电影的形态和表现做了新的挖掘，冷兵器时代的心态、决斗和时代暗影交织在一起，折射出特定时代的天津武林的深藏不露的风俗。对于中国电影而言，武侠创作延绵不绝，需要打破某种成规进入更为深邃的境界，《师父》做了新的开拓，但依然是中国的风习和文化气息。而《长江图》的冷静中的诗意，现实化后面的人心高深莫测，冥冥之中的男女心灵推手般的探寻，虚无迷茫却触手可及，一个中国文化指向性的长江，蕴含了历史深处的哲学意味和人际思索，显然是文人性的东方意味的影像投射。《路边野餐》的现实性笼罩一切，但文化上的思索却含蕴其间，孤独与萧索居然可以在寻找的途中形象地抓取你，置身其间的感受难以摆脱，湿漉漉的乡野和湿漉漉的情感充满而来地域土地的质感，电影完全进入人的粗糙的世界和细腻的身心体验混合的境界。《重返·狼群》的故事完全是记录当下人的世态人心，在都市生活的画家，为了挽救一个狼群的遗孤，不惜重返若尔盖草原保护区，使受到保护接近人类的幼狼野化返回狼群，在一个纪录性的故事中，鲜活的情态不仅将人和狼的稀罕影像捕捉到位，也将人和动物世界的复杂关系不动声色地展示出来。中国有识之士对于和谐自然与人家情感的认知，与依然蛮荒残暴的可怕社会一角交织在一起，自然保护与自然伤害的混淆，让电影具有当下鲜灵的状态呈现。许鞍华的主旋律创作令人意外，《明月几时有》的生活情态，使得东方主题具有了稀罕的内地和香港地域的结合，战争与生活的冷静处置，革命与乡土风情的浑融一体，彰显着不同以往的抗战故事风貌。可以说，超越了简单的娱乐欣赏，上述这些电影都具有文化精神的投注，而创作原本就是地域风情与国家文化在内涵中的展现。上述这些近年出色的作品，不能忽略其本土基础的乡土意识，即基于这一块土地上生存的生活遭际、情感波动、记忆思索和真切体验的精神世界。乡土就是自己国家的文化积存，取自于生命成长的环境，眷恋于生活的点点滴滴，汇聚而成思索的艺术聚焦。没有乡土存念的电影就只能是短暂的娱乐游戏和玩闹体验，既不能打动人心，更不会留下记忆的美好存念。

中国电影需要保持自己的独一无二，在题材选择的趋向性、情感展示的东方色彩、故事生存的现实土壤印记、叙事方式的人心亲近性，以及乡土精神的无可替代上，必须发扬自有自信的传统。在越来越多和西方靠拢的太空世界、梦幻玄幻题材的时候，我们的本体文化精神和乡土意识的呈现流离失所状态。没有根的故事，无稽之谈的玄幻固然能满足一时的新鲜感，但得以被世界所吸引的还必然是独特地域的生活景观和精神生活的表现。还是以案例来说明，若干年前日本的获奖影片《入殓师》获得第81届奥斯卡奖最佳外语片奖，就是一个日本刚入道的新人入殓师，在职业的执守精神中，展示了周围美好的情感世界，依然是日本电影的沉静悠缓的风格，却深入表现了人心底的眷恋、爱戴的精神。2016年创下观赏人次纪录的韩国电影《鬼乡》，对于历史上的慰安妇的表现，深深打动人心，真切的历史，不忍回顾的伤害，揭开了日本侵略者的残酷暴行，对于韩国人民心内的痛楚的叩击感同身受。伊朗获得"金熊奖"的《一次别离》，在似乎简单却充满生活艰难矛盾困惑的情境中，展示了伊朗人民生活心理的复杂性，让以为简单至极的宗教信仰的细微之处展示出来。2010年5月，戛纳电影节上寄予厚望的中国电影《日照重庆》未能获得奖项，而泰国电影《能召回前世的布米叔叔》战胜戈达尔、北野武、阿巴斯的电影夺得"金棕榈奖"，影片充满了泰国电影神秘的人与鬼魂相通的气息，也是泰国电影常见的一种表现。导演阿彼察邦·韦拉斯哈致辞说感谢泰国的"文化积淀"将他带到了戛纳，所谓文化积淀也就是泰国的文化习俗。至于2001年获得威尼斯电影节"金狮奖"的印度电影《季风婚宴》，将一个婚宴前后各式人等的复杂心态表现得栩栩如生，印度人际生活中常见的家族关系与不为人知的隐秘都暴露无遗。

比照而论，当下中国电影更需要增强自身的民族文化与乡土意识，在"一带一路"电影文化的行列中凸显我们曾经有过也继续延伸的文化精神。实际上，我们有过多重形态出色的世界感知的影像形象，而民族乡土的世界认知也并不缺乏：在《神女》《渔光曲》《一江春水向东流》等早期创作中，中国人的家庭伦理情感与现实悲剧遭际，构成了人在社会境遇中的悲剧呈现，直击下层人的苦难，掏挖内心凄凉感，而充满人道主义精神渴望的创作，创造了中国悲剧创作的特定生活描摹。而《马路天使》《乌鸦与麻雀》等艰难生活中的小民鲜活的个性展示，深陷不良环境却总能自我排遣的喜剧性表现，构成悲喜剧交织的中国电影描绘现实的一种特色。从《小城之春》到《乡音》《归心似箭》《城南旧事》《边城》《那山那人那狗》等创作，特别凸显出民族诗意内心的特质，注重心理生活，期望美好的散文化诗意，让情感的东方化与人性深处的可望不可求的压抑与自我排遣的升华，构筑出东方性的抒情样式。《刘三姐》《阿诗玛》《五朵金花》等载歌载舞的喜剧形态创作，曾经风行一时，至今仍然让新观众津津乐道，因为即便是在政治压抑的年代，情感表现和时代的巧妙融合，都带着强烈的政治色彩下的大众欢悦接受的特殊性。而中国的现实主义传统电影更是源远流长，从早期电影人的《桃李劫》《渔光曲》到第三代电影人的《林家铺子》再到改革开放开始复苏的《邻居》《野山》《人生》《老井》《背靠背，脸对脸》，以及新一代电影人的《小武》《十七岁的单车》《苏州河》《过年回家》《二十四城记》等，构成中国电影重要创作存在，时代变迁和人心波动的微妙性，为历史留下了难得的一批精神文献存在。而20世纪80年代的《红高粱》横空出世，将中国人开始舒展身心向影像展示生命力的激情，造就了更为开放大度的电影创作局面。80年代以《一个和八个》《黄土地》等开启影像造型世界的中国气势的创作，一度让世界影坛刮目相看，那种面向世界学习影像语言，又极具中国极致化追求的创作，将中国电影语言现代实践推向了新的境界。而中国还有艺术化的少数民族电影，《婼玛的十七岁》《图雅的婚事》《黑骏马》《塔洛》《静静的嘛呢石》等，给世界展示了多样化的民族电影艺术力量。至于在独特的中国制造的主流形态创作中，也有不俗的影像创造，近年的《湄公河行动》等，国家意识与公民生命维护的意义也进入深层把握。有过良好传统的中国电影，也具备着创造世界电影的中国景观的条件，但比起以往一些阶段的整体艺术追求并且形成中国特色潮流而言，近年一些个体的自我创作偶尔露出峥嵘，主流形态的艺术和市场得计的形态，都难以成为具有世界电影文化竞争力的对象，这显然值得思考。

多元形态的中国电影就要打破单一的市场环绕的追逐，千篇一律地赶潮不是良好的创作局面。鼓励各种形态、不同机构尤其是不同民族文化的多样性创作和不同创作者的个性创造，中国电影的多样性光彩才能够呈现。在比照中我们需要注意，比如印度电影其实是一个多样性的存在："印度电影不等于宝莱坞！除此之外还有托莱坞（Tollywood）、考莱坞（Kollywood）、莫莱坞（Mollywood）和桑达坞（Sandalwood），宝莱坞是位于北印度孟买，印度最大的电影生产基地，每年大约占全国票房的 43%，而我们耳熟能详的电影大部分出自于此。但其他的四大电影产业基地均位于南印度，其中考莱坞和托莱坞也各占近 20% 的市场。"[1] 事实上美国电影也不简单等同于好莱坞，而中国电影原本呈现出不一样的创作风采，在上影、北影、长影竞相创作的多样化优势呈现的时候，电影文化的特色就丰富多彩，而西部电影的兴盛一时也是我们叹赏不已的。

无论就市场规模还是文化积存，中国电影的世界形象都应当特色鲜明，中国电影依然需要自然地呈现风貌：包括来自于我们多民族聚合的宽容大度的品性，坚忍不拔的精神，注重人伦情感的优美责任，抒情浪漫的精神气质，与自然相融和谐一体的本性等，都需要更为多样的表现。而注重现实世界的人生描摹的现实表现电影，东方风情的诗意抒情内敛的情感表现电影，柔中带刚的应世态度的创作，尤其需要加以展示。我们不乏题材的多样性，也不缺生活向上的丰富性，文化深处诸多的审美传统取之不竭，现代人生的开放视野越来越大，多民族瑰丽的精神情感差异性更具有表现素材的优势，中国电影的特色和五光十色的创作局面一定会到来。

---

[1] 《〈摔跤吧！爸爸〉战绩神奇 "宝莱坞"成为中国资本追捧的下一座金矿？》，东方财富网 2017 年 5 月 26 日。

丝路背景下的唐代女性衣风

鲁闽 / 清华大学教授

中国唐代时期以长安为起点的丝绸之路，开创了举世闻名的中西方经济与文化交流的局面。丝绸之路开辟了中西方文明的共同进步，在此背景下，经贸、文化、思想、民俗、宗教等相互碰撞，形成了极具特色的丝路文化现象，这样空前的盛况必然影响到当时唐代人们社会生活的方方面面。自古服饰作为人们必备之物，它不仅是避体防寒物品，同时在它的外在形态上也赋予了文化的象征意义。虽然丝路文化的重要载体丝绸是一种商品，但是通过商贸的交易加强了中西人员的社会活动往来，产生了唐代特有的服饰文化以及穿衣风尚。

一、汉人女子服饰

唐代女子服饰主要沿袭前朝的服饰，初唐时期以隋代襦裙为主，短小窄袖上衣，下着长裙，腋下系带，同时又有大袖、衫袄、半臂、胡服等服饰流行。唐代前朝的女子服装多为大袖袍服，这是汉人的服装形制特征，如汉代妇女所穿的绕襟深衣、魏晋杂裾垂髾服等，沿袭传承前朝服装是中国古代服饰发展的特点。

唐代汉人女子多穿襦裙，襦款式为上衣短小窄袖，下为瘦身长裙，裙腰至腋下并系丝绸带，在襦裙外有时穿半袖（半袖衫）加帔帛，这种襦裙是当时女子最为流行的女服。（图1）襦的款式变化主要在领型，如圆领、方领、斜领、直领等，襦裙作为一种日常装，贵妇平民皆穿。

大袖衫也是当时女子的一种服饰为贵族的礼服，多在重要场合穿，如朝参、礼见及出嫁等活动。

虽然唐代女子有大袖宽衣等多种样式的服装，但是唐人女子穿衣的选择空间较大，在传统礼仪活动和日常生活中各种服饰也是必不可少的。盛唐以后胡服流行之势衰落，大袖之服才又开始盛行。

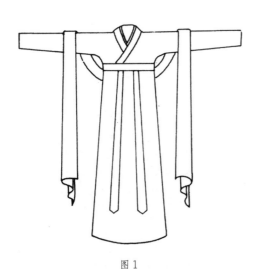

图1

二、胡服风尚

唐朝社会经济文化呈现繁荣昌盛的景象，文化艺术等方面风格多样，尤其在衣冠服饰方面采取兼收并蓄的方式，使这个时期的服饰样式丰富多彩，穿衣方式也不拘束。胡服盛行，胡汉服饰混搭，女子穿男装等的着装形式大放异彩。"胡，是一个经历长期演变的种族文化的概念，1919年，王国维撰《西胡考》和《西胡续考》，对此做了卓越的分析，随后吕思勉撰《胡考》，赞扬王氏博征故籍，断言：先汉之世，匈奴、西域。业已兼被胡称；后汉以降，匈奴浸微，西域遂专胡号；其见卓矣。"[1] 中国古代汉人对北方和西北游牧民族的统称为胡人，唐代所称的胡人包括了西域地区各民族和印度、波斯等域外国家。

服饰的流行时尚是社会在某个阶段发展的表征，它反映出人民的生活方式观念和社会观念。唐开元年间胡服开始盛行，男女皆穿。《新唐书·五行志》记载："天宝初年，贵族及士民好为胡服胡帽，妇人则簪步摇钗，衿袖窄小。"胡服的基本样式为对襟、翻领、窄袖，在领、袖口、门襟均有纹饰简洁的款式，区别于汉人女子的宽衣大袖（图2、图3）。当时女子穿胡服成为流行时尚，宫廷民间皆穿。《新唐书·车服志》也说："中宗后……宫人从驾皆胡冒（帽）乘马，海内效之，至露髻驰骋，而帷帽亦废，有衣男子衣而靴如奚契丹之服。"

唐代胡服的流行与胡舞盛行相关，唐代诗人白居易诗中有："胡旋女，出康居，徒劳东来万里余。中原自有胡旋者，门妙争能尔不如。天宝季年时欲变，臣妾人人学圆转，中有太真外禄山，二人最道能胡旋。"据史料记载，唐玄宗、杨贵妃、安禄山等人都是胡舞表演的高手，皇室宫廷至民间善胡舞者众多，而且得到普及和推广，习胡舞必穿胡服，出现了女为胡服学胡妆的情景。因此，唐代胡服盛行与胡舞风靡有紧密联系。"胡舞在全国流行以后，成了人们日常生活中的主要娱乐方式，民间妇女极力模仿胡女，以胡服、胡妆为美。在陕西西安韦顼墓及乾县永

图2　　　　　　　　　　　图3

[1]　蔡鸿生：《唐代九姓胡与突厥文化》，中华书局1998年版，第1页。

图 4

泰公主墓出土的石刻、陶俑中，有很多穿胡服的妇女形象，通常著锦绣浑脱帽、翻领窄袖袍、条纹小口裤和透空软棉靴，有的还配有蹀躞带，反映了这个时期妇女服饰的典型情况 。"[1]

三、胡汉交融的服饰

胡汉文化生活的交融对当时汉人的着装方式产生了极大的影响，同时唐代社会的开放和文明的进步也促进了人们穿衣的变化。从陕西西安永泰公主墓石椁线刻画中可以看到（图 4）一女子头戴皂纱幞头，穿翻领胡服，腰系蹀躞带，足穿乌皮靴。这是一种混搭的穿着方式，女子穿男子胡服，胡汉服装相互搭配的着装体现女性男装化的风尚，也反映出唐代社会的开放特征。

在唐代穿胡服戴幞头的形象是胡汉服饰结合的体现，中国古代自周建立服制以来，着装以规制遵礼法，上至天子下至庶民均以章而循。唐代出现着异族服饰配以汉人帽，这种形态的装束与礼法相悖，但是又从另一方面表现出中外交流的广泛性和深入人心的特点。

唐代女子服装多为襦裙，穿着襦裙需配帔帛（围巾），从唐代的绘画和石刻中都可以看到女子帔帛的形象。《旧唐书·波斯传》："其丈夫……衣不开襟，并有巾帔。多用苏方青白色为之，两边缘以织成锦。妇人亦巾帔裙衫，辫发垂后。"从波斯萨珊王朝银瓶人物画上，所见女装也有帔巾，与唐代帔帛形式略同。又新疆丹丹乌里克出土的早期木板佛画也有帔帛，可知帔帛是通过丝绸之路传入中国的西亚文化，与中国当时服装发展的内因相结合而流行开来的一种"时世妆"的形式 。[2]

唐朝之前女子均无帔帛，帔帛在唐代女子中的广泛流行是随着丝绸之路传入形成的一种时尚。唐代除莫高窟壁画之外，从陕西乾县唐中宗神龙二年（706 年）入葬的永泰公主墓壁画及石椁线刻画宫女图，周昉《簪花仕女图》、张萱《虢国夫人游春图》《唐人宫乐图》，都

[1] 周汛、高春明：《中国历代服饰》，学林出版社 1984 年版，第 111 页。
[2] 黄能馥、陈娟娟：《中国服装史》，中国旅游出版社 1995 年版，第 162 页。

有帔帛。帔帛作为服饰品一种样式起到装
饰作用，唐女子多穿窄袖襦裙，有袒胸、
露臂样式，采用帔帛垂挂前胸缠绕在手臂
既可用于日常也可用于舞蹈，"敦煌莫高
窟第431窟，年代为初唐时期。舞伎右腿
直立于毯上，左腿弯曲。穿紧身裙，腹部
似裸。头戴项圈，裸臂佩剑。左手略微上曲，
握长巾；右手垂于腹下，握长巾。长巾呈
旋转状，绕于头腿之上数匝"[1]（图5）。
起到装饰着装后的装饰效果，丰富唐女子
的服饰。

图 5

　　唐代穿胡服腰间必系革带，这种革带
称为蹀躞带，沈括《梦溪笔谈》中载："中
国衣冠，自北齐以来，乃全用胡服。……
所垂蹀躞，盖欲佩带弓箭、帉帨、算囊、刀砺之类。" 到
唐代时是男子服饰中的必备之物。"中原革带形制在这段
时期，无论是从功能结构角度，还是从相应的服用礼制制
度方面而言，都已发育得极为成熟了。在鼎盛时，中原革
带上的一些装饰要素，已经开始反过来对西域和北方的革
带形制产生影响，这种互动保证了交流的质量和深度。"[2]

　　女子穿胡服系蹀躞带是一种标配，这种时尚流行的装
束在唐代风靡很长时间，尤其在盛唐之前。唐代女子曾流行
穿男装，这种穿着方式从宫廷到民间都一度形成风尚。所谓
男装是唐代男子的圆领窄袖袍，在唐人张萱所绘《虢国夫人
游春图》中有着男装的女子形象，另永泰公主墓石椁线刻画
中也有女穿男装的形象（图6），从图中可看到此人的腰带
不是汉人常系的带，而是蹀躞带，汉服腰系胡人革带这种装
束足以证明胡风的影响之深，同时也有女穿男装系异族腰饰
的混搭穿衣方式，在唐代是别开生面的服饰形态。

图 6

────────────────

[1]　罗丰：《胡汉之间——"丝绸之路"与西北历史考古》，文物出版社2004年版，第294页。
[2]　马冬：《西北地区古代服饰钮系件研究》，四川美术出版社2009年版，第146页。

初唐形成的胡服盛装风习从贵族至平民皆广受推崇，从胡帽、胡衣、胡革带、胡鞋等服饰无不穿戴，这种全民崇尚胡人生活方式的现象，可以看到胡汉交融的深入，这种胡风时尚是在唐代极其特殊的社会背景下形成的风貌，在中国服装历史上是辉煌的一页。

四、结语

开放的唐代社会形成兼收并蓄的服饰风格，以丝绸之路为背景发展的唐代胡汉风尚改变了当时沿袭汉服的现象，在古代服装发展史上是独树一帜的形态。

胡汉融合的社会现象形成了唐代女子的穿衣风尚，女子穿衣与传统汉服有明显区别，胡帽、胡衣、胡鞋等服饰品依胡人而装扮，这种风尚集中反映出胡汉文化交融的特性，是唐代人们生活方式变化的一种体现。唐代女子一方面照搬胡人衣装，另一方面又采用汉服胡饰混搭的穿衣方式，这种着装方式在历代服饰中独一无二。蹀躞带与汉人圆领窄袍相搭，帔帛与襦裙相配等构成了中西服饰混搭的多彩样式。

丝绸之路所形成的中外多民族思想、文化、习俗、经济等交流与碰撞，促进了唐代文化的繁荣，从而影响了中国古代服饰的发展历史。

敦煌女性观音图像叙事与民间传说叙事的互动与文化传播

——兼谈我国观音信仰的本土化与女性化

邢莉 / 中央民族大学教授

在沟通中西文化名垂历史的丝绸之路上，无论是北路还是南路，敦煌都是必经之路。被称为"东方卢浮宫"的敦煌石窟就是丝绸之路上的佛教文化东传的文化记忆，也是佛教中土化的文化记忆。佛教是"像教"，敦煌石窟的造像、壁画以及藏经洞保存的纸画、绢画都有观音的形象。

观音形象到底为男为女？佛教的教义里谈到的是"涅槃无相""无有定相"，佛教徒最后修行成"虚无之身，无极之体"，也就是说没有世俗世界的男女性别之分了。在佛教的教义里，观音可以显像，显示出男性、女性或中性的形象。在敦煌石窟中有留着胡须的典型的男性形象，也有大量的女性造像。观音造像的确有一个从男性或中性到女性化的过程，这个性别改变具有多重文化意义。印度的观音往往显示男性，而中国人称观音为"观音娘娘""观音妈"。这样鲜明的性别区别符号，既表明了我国是一个文化包容的国度，吸收了舶来的佛教，又表明我国在包容和吸纳印度佛教文化的同时，改造佛教，把佛教化为自己的传统文化的重要组成部分，表现了中国人的文化精神和文化品格。

一、敦煌观音信仰图像叙事的本土化和女性化

近年来，我国兴起了一门新的学科——图像学。敦煌石窟的造像研究成为我国图像学的一个辉煌的亮点。在敦煌图像的研究中，观音造像为我们提供了研究观音在中国女性化、本土化的宝贵资料，这是佛教中国化的重要标志。

（一）敦煌女性观音造像的丰富性和多元性

作为世界遗产的文化瑰宝，敦煌石窟出现了众多的女性观音造像，其女性观音呈现了多元的丰富的色彩。其中包括：

1. 观音经变图。观世音的信仰，随着《观音经》及鸠摩罗什译出的《妙法莲华经》的流传，观音信仰更加深入人心。《观世音菩萨普门品》的出现促进了观音经变壁画的出现。在属于盛唐时期的第444、45、236、126等窟，属于中唐时期的第112、185、472等窟，属于晚唐

时期的第 14、128 窟，属于五代时期的第 342 等窟都有观音经变的内容。[1] 表现内容为说法图、救难图、化现图等。

2. 千手千眼观音造像。千手千眼观音亦称大悲观音。属于密教的范畴。则当是现存最早的千手千眼观音像了。敦煌石窟是我国存有千手千眼观音造像最多的石窟，共有盛唐至元代的千手千眼观音画像 70 余铺。[2] 千手千眼观音有多种经轨。例如：《千手千眼观世音菩萨大悲心陀罗尼经》《金刚顶瑜伽千手千眼观自在菩萨修行仪轨经》《大悲心陀罗尼修行念诵略仪》等。其造像的特征是多面、多目、多臂。敦煌画中有十一面观音的形象。有的千手千眼观音为双目，更多的为三目。千手千眼观音有一面二臂、十一面八臂、五十一面千臂等形象，其造像流行的是 40 只手。手中各有持物，每种持物不一，表示其救助的法力。

3. 水月观音。全称为"世间所绘观水中月之观音"。水月观音是佛教的三十三观音之一。也有学者认为，"水月观音是千手千眼的诸种形象之一，后来逐渐脱离了《千手经》体系，成为世人信奉的三十三观音之一"。[3] 现存有《水月观音经》，但不见佛教经典的记载。《历代名画记》卷十载："周昉创水月观音之体。"可惜，他创造的水月观音原创已经遗失。学术界认为这是民间信仰之推动所致。在不同时期的敦煌壁画保留有 27 幅水月观音图，在藏经洞中有 5 幅纸绢画。这足以说明周昉创造的影响力。水月观音被学术界公认为是女性形象。唐代的水月观音完全脱离了北魏时期观音造像的秀骨清相，显示出丰满雍容、妩媚洒脱的色彩。观音的服饰和装饰一如唐代的贵族妇女。是时流传有"宫娃如菩萨"的说法。水月菩萨背后有一圆光，这代表月亮，是水月观音的标识。与其他观音造像不同，水月观音像有背景。其背景或水波，或山石，或秀林茂竹，或湖中莲花。这样的背景似我国特有的山水画，但其寓意属于佛教寓意的范畴，与山水画的寓意不同。

（二）敦煌女性观音造像是神圣与世俗的合璧

观音在佛教里处于菩萨的地位，在四大菩萨中，观音主悲，菩萨的职责就是帮助佛，用佛教的宗旨和教义，救度在水深火热中啼饥号寒的芸芸众生。菩萨必须修行，以达到佛的地位。《大般若波罗蜜多经·菩萨品》说："菩提不生，萨埵非有，萨埵者，她施之意，言以善施为事。"在中国人的信仰中，观音之所以有各种各样的造像，与民间传说的各种感应故事相联系。因为《观世音菩萨普门品》中救济的内容是"济七难、离三毒，应二求"。于是在一些千手千眼观音造像中，除了伸出千手救助民众的形象之外，还有现实中贫苦的饿鬼、贫儿形象。松本附图 174 图中，画有贫民衣不遮体、食不果腹希望得到观音布施的甘露。《千手千眼观音

[1] 张景峰：《图像角色的转换与形成——以敦煌石窟观音经变为中心》，《石河子大学学报》2016 年第 5 期。
[2] 王惠民：《敦煌千手千眼观音像》，《敦煌学辑刊》1994 年第 1 期。
[3] 王惠民：《敦煌写本〈水月观音经〉研究》，《敦煌研究》1992 年第 3 期。

陀罗尼经》号称"威神之力不可思议"，"若诸人诵持《大悲心咒》者，得十五种善生、不受十五种恶死"。十五恶死的第一条就是"饥饿困苦死"，十五善生的第九、第十二条是"资具财食，常得丰足"和"意欲所求，皆悉称遂"。可以看出敦煌女性观音的圣像与世俗的民众组合在一起，这已经不是外来佛教的"佛土"论，而是经过"中国化"的、中土意识的产物。

观音信仰有造像和祈愿的习俗，通过捐赠观音的造像而祈愿，而这种祈愿的内容是与世俗生活的愿望联系在一起的。比如期望普降甘霖、期望家庭幸福、期望病情疗愈、期望得生儿子、期望悼念亡人等。捐赠造像的有达官贵人，也有平民百姓。不论是何种社会身份，其祈愿都是世俗生活的内容。敦煌存有在开元年间（968 年）曹元忠妻绘制的观音像。曹元忠为河西地方的节度使。画像是为其子延瑞妇难月功德而作。其上有供养人像四，女像三，男像一。考男像为延瑞、女像为元忠妻及子妇，而无元忠。[1] 今藏于法国吉美博物馆的敦煌藏经洞纸绢画有一幅水月观音像，据其题记看，是节度押衙马千进在943 年为其亡姬追福而画。又过15 年，翟奉达为亡妻抄《水月观音经》题记云："敬画大悲观世音菩萨一躯体并侍从，又画水月观音一躯。二铺观音，救民护国，济拔沉沦。"[2] 从观音图像的题记看，与世俗世界非常贴近，不仅有对于个体以及家庭的祈愿，而且在唐代观音还成为护国佑民的象征。

（三）敦煌观音造像的中土化特征

在印度传入的佛教中，观世音的身份是阿弥陀佛的胁侍，她与阿弥陀佛、大势至共同组成西方净土的接引佛。在中国佛教净土思想的发展中，"净土观音"占据重要的地位。敦煌魏晋南北朝时期观音造像多有"西方三圣"的形象，主尊是阿弥陀佛，左侧为观音菩萨，左手当胸持莲花，右手下垂结施与印，右侧为大势至菩萨，左手下垂结施与印，右手当胸持莲花。而唐代以后的观音菩萨以单独的形象出现。魏晋南北朝时期的观音形象，多为胁侍的身份，而唐代观音却以单独的形象出现。唐以前观音的形象多为男性，而从唐代开始，观音的形象逐渐变为以女性为主。唐以前的观音威严庄重，而唐以后的观音则温婉妩媚，日益走向世俗化、人间化。莫高窟盛唐时期的第 320 窟、中唐时期的第 194 窟和第159 窟的观音都显示出女性形象。第 159 窟的观音微启双目，面目显示出无限的善意和同情他人的情怀。她赤祖上身，下着石榴长裙。南侧者，上身着如同今日所见的圆领汗衫，短袖，式样新颖入时，下着红色石榴裙，恰合其身。是她那肩覆长巾，给人以俊美飘逸之感，给人留下了无穷的美好回味。[3]

---

[1] 王国维：《曹夫人绘观音菩萨像跋》，《观堂集林》卷二○，中华书局 1984 年版；姜亮夫：《莫高窟年表》，上海古籍出版社 1985 年版，第 562—565 页。
[2] 王惠民：《敦煌写本〈水月观音经〉研究》，《敦煌研究》1992 年第 3 期。
[3] 孙修身、孙晓岗：《从观音造型谈佛教的中国化》，《敦煌研究》1995 年第 1 期。

观音造像中土化的标志之一菩萨是人间化、世俗化。唐初律宗的创始人道宣,感慨女性观音造像的出现,"造像梵相,宋齐间唇厚,鼻隆,长目,颐丰,挺然丈夫之相。至唐以来,笔工皆端严柔弱,似伎女之貌,故今人夸宫娃如菩萨也……人随情而造,不追本实,得在敬信,失在法式。"[1] 好个"失在法式",也就是说民间工匠有时会脱离佛教造型法式的束缚。敦煌石窟现存的数十铺十一面观音经变中,其姿势有结跏趺坐式、有站立式,还有游戏坐式。因为四部汉译本《十一面观世音经》中没有记载十一面观音的仪态,这就给了民间画驰骋想象的自由。民间工匠塑造的图像是一个社会集体无意识的文本,其一方面表现了画家个体的信仰,另一方面融合了民间的集体智慧。他们把自己的观音信仰、人生经验、向往追求凝聚在观音造像上,所以我们看到的观音造像千姿百态、绝不雷同。

二、女性观音的文本叙事:妙善公主的传说

自魏晋南北朝初见端倪之后,至于隋唐以至于宋代,从宋以至于明清,以至于今,观音的造像持续地、多样地呈现女性形象。观音女性形象的生成机制除了在大量的造像上出现外,还表现在文本叙事和民间叙事之中。其中在各个地域广为流传的妙善公主的传说是观音女性化的标志性的记载。

妙善公主的传说笔者认为是中国观音的本生传说。妙善公主的传说在我国各地广泛,民间尚存有各种手抄本。现存在河南平顶山的《大悲菩萨传》碑文记载得甚详。这篇是宋碑记载的是唐代道宣律师揭示传世、蒋之奇润色、蔡京书丹的一篇关于观音本生故事的传说经典文本。这是世界上现存最早的妙善传说的文本。[2] 碑刻文物河南平顶山的《大悲菩萨传》描述了观音的诞生而后由俗身得道修成正果成为观音菩萨的这一艰难的历程。妙善公主以文本叙事是中国佛教传说,其叙事线索与佛经所说的价值观、道德观、理想观相契合。

(一)妙善誓志皈依于佛教

妙善誓志皈依于佛教,而拒绝俗世结婚生子的人生轨迹:她说:"儿誓不嫁,□□世人坠于此苦,若欲免者,有佛门志愿出家□修行得果……"[3] 佛教认为,一是人生易老;二是人老易病;三是人生无常。这就是"五取蕴苦"[4]。妙善离世出家是其接受了佛教的人生观和价值观的结果。《佛说无量寿经》中说:"彼佛国(指西方极乐世界)中……有二菩萨,最尊

---

[1] (宋)李昉等编:《太平广记》,中华书局1961年版,第1285页。

[2] 于君方:《观音——菩萨中国化的演变》,商务印书馆2012年版,第494页。

[3] 此处及后面的不另注释的碑文均出现存于河南平顶山的宋碑《大悲菩萨传》,于君方:《观音——菩萨中国化的演变》,商务印书馆2012年版,第493—498页。

[4] 五取蕴苦被认为是一切苦的汇集。方立天:《佛教哲学》,中国人民大学出版社1986年版,第63—65页。

第一，威神光明普照三千世界。……一名观世音，二名大势至，是二菩萨于此国土修菩萨行，命终转生彼佛国。"[1]妙善的理想境界即是佛教观音经典中所描述的境界。

（二）妙善公主持佛教的人生理念

妙善公主持佛教的人生理念，也完全以实践佛教的修行为终极目标。她在山顶"茸宇修行，草衣木食，莫□知已三年矣"。她在人间修行的目的是把众生度到西方的极乐世界。为了皈依佛教，她离开家庭父母，直面父母的指责和姐妹的规劝。佛教讲究因果论、缘起论。缘起论追究世界上的一切事物生成的原因，因缘和合而生，互为因果。因果论重在劝人畏因，妙庄王的病是由于前世造孽，迫害皈依佛教的妙善，以致疾病遍于肤体，众莫能救。妙善公主作为中国观音起源的原型是与佛教的哲理相契合的，但是中国观音的起源具有中国本土文化的特色。

（三）妙善公主秉承大乘佛教的理念

妙善公主秉承大乘佛教的理念，印度佛教认为，观音是远古时代的一佛，名叫正法明如来，因见我们所生活的这个娑婆世界苦难深重，所以投身人世救苦救难。[2]"死后往生净土的阿弥陀佛信仰，生前救苦救难的观世音菩萨信仰，构成了大乘佛教他力易行道不可或缺的两个组成部分。二者充分地把大乘佛教普度众生的悲愿精神，形象地表达了出来，我想这也是大乘佛教在一般民众中最具吸引力之处。"[3]

妙善公主文本的叙述一方面在内容上完全遵循佛教的原理，与佛经的论道一致。另一方面它又完全本土化、世俗化了，妙善公主完成了女性观音的形象的塑造。妙善的故事固然可以从《妙法莲华经》中找到依据，是佛教观音的隐喻，但是一个民族在接受外来文化的时候，不会全盘接受，必然会用自己原有的本土文化改变它，中国民众接受了舶来的观音文化，同时也改造了观音文化，妙善的传说具有鲜明的中国文化因子。

1.观音的身份已经完全脱离了婆罗门教有关双马童神的记载，也脱离了阿弥陀佛之子的名分，成为庄王的公主（一说为妙庄王，一说为楚庄，尚需考证）。她诞生于凡间，食人间烟火，她有家庭即父母姐妹亲族，她名为妙善，其姐妙音、妙颜，完全是按照中国的起名方式排序的。她"志求出家修行学道成佛菩提，报父母恩，拔众生苦"。故事作者从《法华经》借用"妙音"，且从其他文献取用"妙颜""妙善"等名字，借此法组成一个"中国式"的"妙"氏家族（虽然运用了杜撰的文字学）。她又让故事中的菩萨牺牲自己的双手双眼，使得她最后能够化身

---

[1] 《大正藏》第12册，第273页。

[2] 《千手千眼无碍大悲心陀罗尼经》，《大正藏》第20册，第110页。

[3] 楼宇烈：《〈法华经〉与观世音信仰》，《世界宗教研究》1998年第2期，第64—68页。

为香山著名的大悲观音像。[1]

2.妙善传说的产生与儒家的孝亲观念天衣无缝地弥合在一起。碑文记载，妙善为说服父亲发心归向三宝[2]，为"上报王恩"，"以刀自抉两眼，复令使臣断其两手"给父亲治病。在佛教传入之前，中国社会就存在以儒家为代表的血缘第一、家庭本位的道德观念。孝亲观是这种基本理论道德观念的核心。《孝经》把孝行提高到人生最高行为标准的地位。妙善公主舍双臂双眼救父的传说，佛教具有慈悲观，把世界万物视为我的同类的平等观念，与儒家的伦理道德孝慈观以至于治国平天下的治国方略有很大的区别。在父母与子女的关系上，佛教相信六道轮回，怨亲平等，无分亲疏，一切众生在六道中互为父子，与儒家把血缘关系置于至上的体系有很大的不同。但是"在佛教中国化的过程中，其伦理道德观与宗法思想为佛教所认同和摄取，由此成为中国佛教道德的主要特征"[3]。妙善公主的善行体现了这个特征。

3.碑文《香山大悲菩萨传》描述了妙善公主显化为千手千眼大悲观音的历程，显示了中国本土的观音特色。当王与夫人发愿祈祷天地神灵使得其亲生儿女枯眼复明、断臂重生的时候，妙善公主忽然不见，只听得："天地震动，光明晃耀，祥云周覆，天乐发响，（乃）见千手千眼大悲观音身相端严，光明晃耀，巍巍堂堂如星中月。"[4]关于千手千眼观音的来历，佛教有两种说法，一是印度的去毗婆尸佛曾经现出千手千眼大降魔身："于千手千眼中各显化出一佛，不同贤劫千佛等出现故。世尊，菩萨降魔身中此身为最为上。"[5]二是观音"即发誓言，若我将来堪能利益安乐一切众生者，令我实时身生千手千眼具足。发誓愿已，应时身上千手千眼悉皆具足"[6]。这一情节把大乘佛教普度众生的悲愿精神，发挥到极致，又符合中国的传统道德，这篇记载完成了观音女性化的转变。

三、女性观音的图文互释与文化传播

从审美艺术的角度来说，敦煌女性观音造像是一种视觉艺术，从叙事学的角度来说，其与世俗艺术不同，她是一种佛教图像的宗教叙事。以往的叙事学，研究的是文本的线性叙事，敦煌女性观音造像形象属于空间叙事的范畴。从观音图像的空间叙事如何认知时间的流动？

---

[1] 杜德桥：《妙善传说：观音菩萨缘起考》，李文彬等译，台北巨流出版社1990年版，第78页。
[2] 佛教信仰三宝：（1）佛宝——二千五百年前出生在印度的一位王子，出家修行，开悟了的那个称为佛陀的历史人物。（2）法宝——由成佛的印度王子，把他开悟的方法以及用他的智慧观察到宇宙人生的真理，讲述出来，开悟大家。（3）僧宝——能负起修行佛法并且传播佛教的责任的佛教徒。
[3] 魏承思：《中国佛教文化论稿》，上海人民出版社1991年版，第95页。
[4] 于君方：《观音——菩萨中国化的演变》，商务印书馆2012年版，第497页。
[5] （唐）菩提流志译：《千手千眼观世音菩萨姥陀罗尼身经》，《中华藏》第19册，第763页。
[6] （唐）伽梵达摩译：《千手千眼观世音菩萨广大圆满无碍大悲心陀罗尼经》，《中华藏》第19册，第773页。

一方面依赖文物学家的考证，另一方面参照口头故事、传说、文人笔记回溯时间，口头传说与特定的时间和空间联系在一起，形成了一个逻辑的记忆系统。

线性的叙事可以通过口头或者文本进行文化传播，而敦煌女性观音造像也是一个文化记忆系统和传播系统。其包括深刻的佛教教义和教理。敦煌观音的女性图像不是简单的呈现，而是在呈现之后告知你隐喻的含义。格尔茨指出："把人看成一种符号化、概念化、寻求意义的动物的观点，在过去几年内在社会科学与哲学中变得越来越流行。"[1] 观音的造像也是在符号背后寻求意义。伯希和曾经盗走两幅水月观音。其左腿搭在右腿上，右腿自然下垂到水中的莲花上，身体后仰，做抬头望月的姿势。身旁有二笋一竹及其他树木花卉。[2]《华严经》中说："一切诸法，如幻，如焰，如水中月。如梦，如影，如响，如像。"在传自禅门的署名永嘉玄觉的《永嘉证道歌》也有："一性圆通一切性，一法遍含一切法，一月普现一切水，一切水月一月摄。"这是一种隐喻的说法，表示一切都是虚空的无实际存在的境界。千手千眼观音更是一个重要的象征符号。在大乘佛教中观音作为菩萨的标志是上求般若智慧，下化无边众生。在千手千眼观音妙相庄严，眼睛向下，折射出大慈即拔除众生的痛苦，大悲即给众生以快乐的情怀。其重要的手持物是杨柳枝，杨柳枝有神功妙用，表现佛法的威力。

佛教是像教，人们的信仰通过膜拜造像和诵念经文的形式表现出来，膜拜的行为同样是一种象征行为，其行为与造像之间产生感应。"胡塞尔在《逻辑研究》中把'图像意识'看作一种想象行为，甚至把整个想象都称作广义上的'图像意识'，因为西文中的'想象'，实际上更应当译作'想象'（magination）。这里的'像'（image），或者是指一种纯粹的精神图像……"[3]北魏月婆首那译《大宝积经》"大精进菩萨本生"故事云："尔时大精进菩萨持画氎像，入于深山寂静无人禽兽之间。开现画像，取草为坐，在画像前结跏趺坐。正身正念，观于如来。谛观察已，作如是念：如来如是，希有微妙，画像尚尔，端严微妙，况复如来正遍知身？复作是念：云何观佛？尔时林神知彼菩萨心之所念，白菩萨言：'善男子，汝如是念，云何观佛？若欲观佛，当观画像，观此画像，不异如来，是名观佛。如是观者，名为善观。'时大精进作如是念：我今云何观此画像与如来等？复作是念：如来像者，非觉非知，一切诸法亦复如是，非觉非知。……如来身相亦复如是。菩萨如是观如来身，结加趺坐，经于日夜，成就五通. 具足无量，得无碍辩，得普光三昧。"[4]

佛教作为"像教"讲"谛观""善观"，就是对观音造像的凝视。根据福柯的"凝视"

---

[1] [美]克利福德·格尔茨：《文化的解释》，韩莉译，译林出版社1999年版，第72页。
[2] 王惠民：《敦煌水月观音像》，《敦煌研究》1987年第1期。
[3] 倪梁康：《图像意识的现象学》，载许江主编：《人文视野》，中国美术学院出版社2002年版，第17页。
[4] [日]高楠顺次郎、渡边海旭主编：《大正新修大藏经》第11册，台北新文丰出版股份有限公司1996年影印本，第513页。

理论，凝视是单向的，凝视主体对被凝视对象拥有一种隐性的权力。在厄里的"游客凝视"中，凝视变成了双向的。[1]笔者认为，"谛观"不是单向的，而是双向的，因为观者在于图像交流，而图像的显示不只于眼前的形象，而是有观者的想象甚至臆想。其主客观之间构成同构、互生互诠的关系。《谈薮》记载薛道衡的逸事："隋吏部侍郎薛道衡尝游钟山开善寺，谓小僧曰：'金刚何为努目，菩萨何为低眉？'小僧答曰：'金刚努目，所以降伏四魔鬼，菩萨低眉，所以慈悲六道。'"观音"慈悲六道"的文化精神和文化品格正是通过造像表达和传播的。敦煌的女性观音图像是一种精神表征。因为"视觉形象的意义存在于看与被看之间，形象与对形象的阐释之间，以及文字语言与形象语言的缝合之处"[2]。而正在这个交流的过程中，其无数信仰者的"谛观"膜拜造成了时间流的叙事。

敦煌及全国各地的女性观音造像在我国广泛传播的同时，女性观音妙善公主的传说也在我国广泛传播。其中包括文本叙事的传播、口头语言的传播，二者都属于语言传播的范畴，还有一种就是非语言传播。就文本叙事来说，自妙善公主的叙事是一种文化传播，文本叙事同样是一种文化传播。据调查妙善公主的传说在我国广为流传，其形态包括：（1）古代碑帖的记载。（2）佛教人士的传播。例如，在祖琇《隆兴佛教编年通论》中记载了完整的妙善公主的传说。在《销释金刚科仪会要注释》也有所记载。（3）文人的记载，如元人管道升的《观世音菩萨传略》。（4）俗文学的记载，如《香山宝卷》《妙英宝卷》等。（5）民间大量的根据妙善公主传说改编的简易本或者演义本。

再有给力就是信仰民众的口语传播，观音信仰在我国流传了近两千年，妙善公主化为大悲观音的故事口口相传，如永不停止的风一样从这人到那人，从这地到那地，"张口即到、耳张即人"，无翼而飞，无胫而走。特别是这种传播可能出现在"在口头传统中存在着某种叙事的模式，围绕着这种核心模式的故事会千变万化，但是这种模式仍具有伟大的生命力。它在口头故事的文本的创作和传递过程中起到组织的功能"[3]。口语传播速度快，特别是在传统的乡土社会传播范围广，更为重要的是有多少信仰者，就有多少观音，随着百姓的生活和"信则灵"的赋予当地乡土的特色的妙善公主的故事，加之口语的民俗化、地方化以及讲述者的心境、手势的表演而增加其真实性和可信性，其比较书面语有更灵活的魅力。

与口语传播相配合的是信仰者的行为传播，对于中国本土化的千手千眼观音的崇信还通过信奉者的膜拜、烧香等系列的肢体语言在各种仪式上表达出来。《千手经》说："观音曾

---

[1] 魏美仙：《他者凝视中的艺术生成：沐村旅游展演艺术建构的人类学考察》，《广西民族大学学报》2009年，第1期。
[2] 陈永国主编：《视觉文化研究读本·前言》，北京大学出版社2009年版，第9页。
[3] 尹虎彬：《古代经典与口头传统》，中国社会科学出版社2002年版，第159页。

向佛表示：'我有《大悲心陀罗尼咒》，先当从我发如是愿……'"[1] 发愿、诵咒都有肢体行为的配合，肢体表达是中国观音信仰传播的另一象征体系。在这样的象征体系中，一方面，是人与神的交流，是人与人的对话，是社会关系的协调，另一方面，也是观音信仰中土化、世俗化传播的过程。"观音世俗文化中的哲学内容是观音法门中般若思想普及化、世俗化的结果，对中国古代哲学产生了深刻的影响。观音世俗文化中的伦理思想主要来自观音法门中的福德积善的说教，福德的积累在观音法门中主要有两个作用：一是解决当世之苦或求的来世之福，二是种下善根从而为证得般若圣智、实现最高解脱打下基础。"[2] 观音信仰的传播为佛教中国化做出了贡献。

观音文化既存在图像叙事，又存在语言叙事和非语言叙事，这两种叙事并非是并行不悖的，而是存在互相关联的关系。学术界把这种机制称为"语图互仿"，笔者理解的"语图互仿"不仅是图像模仿语言、语言模仿图像的表现样式，更为重要的是，无论从传播者还是接受者的角度看，其主体都是人，人的信仰意识起着关键作用。图像与语言是在传播者和接受者心里的互相对话、互相转化，互相同构、互相诠释，二者形成的过程和传播的过程使得佛教中土化和观音女性化。

四、结语

敦煌图像中的女性观音叙事与民间妙善公主的传说相契合，充分显示了在我国古代丝绸之路上敦煌石窟在佛教文化传播中的重要地位，特别是敦煌观音不仅仅造像显示了中国民众接受了观音文化信仰，又改变了观音文化的智慧，表现了中国传统文化包容性、独特性的特征。目前我国正在实行"一带一路"倡议，我们将在历史丝绸之路的基础上，尊重世界各个民族文化的差异性，并寻觅世界各个民族文化的共生性，在互相交流和互相借鉴中，创造人类的未来。

---

[1]　《大正藏》第 20 册，第 105 页。
[2]　李利安：《中国观音文化基本结构解析》，《哲学研究》2000 年第 4 期。

敦煌"经变乐舞"之审美论

黄惠民 / 上海音乐出版社编审

笔者责编的《敦煌乐舞·经变乐舞》是我国著名敦煌学专家高德祥的著作,此书可谓"十年磨一剑"。因此,在上海2017年的书展上《敦煌乐舞·经变乐舞》犹如上古十大神剑惊艳于世。

敦煌乐舞的历史悠久,以汉代发端迄今两千余年。敦煌乐舞由"本土乐舞、中原传统乐舞和西域各少数民族乐舞"三部分构成。其经变乐舞是敦煌乐舞壁画中最为重要的部分,现存于莫高窟的经变画就有33种之多。一般来说,绘述释迦佛祖所宣讲佛经的图画为经变乐舞壁画。此壁画如果从艺术视角去审视的话,就是把佛教视为乐舞表现的题材与内容。这种以大型乐舞场面反映佛经内容的经变画,也可以称为"敦煌变相画"。所谓变相(像)有两种:"一是将文字或口传所记述的佛及诸神的形象,用造型的方法变显(塑造)出来,这些形象一般是不带情节的;二是有情节、有过程的事迹,如佛传故事、本身故事和经传故事等,由此改变为'连环画'或'组画'。"经变乐舞属于后一种。经变乐舞自唐代出现便一直延续至宋之后的西夏,如从经变乐舞的名称上来看,有"降魔经变、涅槃经变、米勒经变、维摩诘经变、宝雨经变、阿弥陀经变、药师经变、观无量寿经变、金光明经变、净土经变"等;如果从经变乐舞的排列形式来看,有"单层经变乐舞""单层多组乐队经变乐舞""双层经变乐舞""多层经变乐舞",以及单排、双排和三排式的经变乐舞。按照历史轨迹探究发现每个时期的经变乐舞都有自己的特点,初唐时期的经变乐舞的特点是"一壁一画"。如第220窟北壁有药师经变壁画,画中的一组乐舞是壁画中最早出现的经变乐舞之一,其中舞蹈是单组经变乐舞中舞伎人数最多、形式最独特的;而南壁有阿弥陀经变壁画,其尤为精彩的是两位舞伎的动态、神态皆是当时西域现实生活中流行的胡旋舞的真实再现。盛唐时期的经变乐舞形式的最大特点是"大型多层",从乐舞的表演形式来看,盛唐有新的突破。如莫高窟第172窟观无量寿经变乐舞壁画,一位舞伎表演腰鼓舞,另一位则表演反弹琵琶之舞。这种别出心裁的舞姿是盛唐经变乐舞中的经典。中唐时期的经变乐舞壁画又有变化,如果说,初、盛唐时期的"一壁只有一铺经变",而中唐时期则是"一壁多铺经变",如莫高窟第112窟中的报恩经变壁画亦如是。而从榆林窟第25窟观无量寿经变壁画中的迦陵频伽、共命鸟、仙鹤、孔雀的表演及神韵来看,此经变壁画是当时的精品之作。晚唐时期的经变乐舞壁画也有所创新,如第12窟观无量寿经变中的乐舞形式较为新颖,"上层是一大型的乐舞表演,下层围绕塔楼是翩翩起舞的迦陵频伽，组合形式新颖别致，形成上下互动的演出效果"。五代时期的经变乐舞壁画的特点是形式多样化，但内容多为"腰鼓舞"，而最受青睐的是"胸鼓舞"，如榆林第19窟的药师经变乐舞壁画中一位舞伎就是击胸鼓而舞，其舞姿与神态引人注目。宋代时期的经变壁画中乐舞内容极少，这与当时战乱频繁的社会生态有关系。但也有鲜为人知的经变表现形式，如莫高窟第55窟的金光明经变壁画，其舞伎是在写满文字的牌匾下舞蹈的。西夏时期的经变画尤其是经变乐舞壁画与之前朝代相比便是"凤毛麟角"，即使有乐舞表演的经变壁画，其舞伎的姿态与以前有所不同，如榆林窟第3窟中的观无量寿经变乐舞。

以上各历代时期的经变乐舞为什么至今依然铭记于世人的心目之中，究其原因除佛教"普度众生"的故事外，笔者认为是经变乐舞壁画呈现的形式"变相"，其作用使得佛教经文通俗且形象化，从而为大众所接受且虔诚膜拜。而这种"变相"之美，笔者认为是源于"岩画"之美。作为远古文化遗存的岩画至今四万余年，这种印记着古人类生态的图像，让身处高科技时代的我们依旧清晰地看到远古祖先是如何在自然中劳作且生存的。如果说屈原在《天问》中追问人类的起源："女娲有体，孰制匠之？"那么，英国学者、进化论的创始人达尔文在其《物种起源》《人类起源与性的选择》中指出了人类是起源于动物且古猿进化而来。尤其是法国马德莱纳遗址出土的线刻《长毛象》为人类史前艺术提供了有力的物证，它说明人类在旧石器时代就有艺术观念的表现了。因此，可以认为，岩画就是人类早期的主要艺术形式，也是文字产生之前的艺术品。如西班牙阿尔塔米拉洞窟崖壁画《窟顶大壁画》、法国乌非那克洞窟崖壁画《动物》。当然，我国也是世界上岩画最多的国家之一，如1991年10月在宁夏银川召开的国际岩画学研讨会上，反映我国原始社会千姿百态的岩画震惊世界。因为云、贵、川等省的赭绘岩画，集中反映了原始农耕民族的生产与宗教信仰等生活风貌。而东南沿海各省的岩刻，则是农耕文化与海洋文化结合的展现；北方、西北和草原的岩画，主要代表着草原文化；等等。这些反映着远古先民物质与精神的岩画是当时生活的真实写照，也是先民的心灵写照，因而这种感人心、动人情的岩画艺术："要比人对现实的审美关系来得更典型，更理想，更强烈，更深刻。"笔者认为，岩画艺术魅力就在于"生活情景"的展现，生活情景是人们劳动生活的显现，这种引起愉悦之美的劳动，正如马克思所说："劳动创作了美。"因此，具有"岩画之美""天人合一"且"真善美"情怀的敦煌"变相"之经变乐舞亦如此。比如第12窟观无量寿经变中的乐舞就是当时表演情景的如实再现，就像现代媒介实况转播现场情景时依然能够感动荧屏前观赏者的心灵。再如，榆林窟第25窟观无量寿经变壁画中迦陵频伽、共命鸟、仙鹤、孔雀的拟人化表演皆具有现实美与艺术美，即生活情景之美与情感想象之美的融合。所以，这样的作品一定是光彩照人、扣人心弦。另外笔者认为，敦煌的经变乐舞之美不仅是再现与表现的结合，还在于"以形画神"，即从形似达到神似。榆林窟第25窟观无量寿经变壁画就是这样完美的神品之作。此壁画让笔者想起武术中的形意拳，此拳起源可追溯至宋代，也有说是民族英雄岳飞所创。形意拳与太极拳、八卦掌皆被誉为中国内家拳的三大拳种之一。形意拳的动作源于四个字：象形取意。其十二种动物（龙、蛇、虎、马、猴、熊、燕、鹞、鸡、鹰、鼍、骀）的动作套路皆形神皆备，如"龙形"中有"青龙探爪、乌龙戏水、青龙布云、金龙抖鳞"等动作，又如"马形"中有"烈马奔走、野马分鬃、独马饮泉"等动作。由此"情景"让我们看到"形意拳是以意行事，以意领气，以气催力，化拙为巧，易僵为灵，刚柔相济，阴阳相伴，虚实皆备"。另外，"形意拳要求五灵沉着（五灵在物为麒麟、凤凰、龟、龙、白虎。五灵在人为心、眼、耳、手、足）、气归丹田（下）、内气充足、真劲长存"。这些都是形意拳技击的支撑点，在物质匮乏、杀戮四起、生存飘摇的远古，先民们是逐渐学会且掌握攻防技能的。如果从艺术发展史的角度来探究，这种生存技能使"武"与"舞"建立了异质同构关系。如远古神话《山海经·海外西经》说："刑天与帝至此争神，帝断其首，葬之常羊之山。乃以乳为目，以脐为口，操干戚以舞。"此神话点出了武舞是"同源同体"。又如，夏商时期的《六代舞》、汉代的《巴渝舞》、唐代的《剑器舞》、宋代的《斫刀》、元代以后的《狮舞》《龙舞》和清代的《扬烈舞》等都一一展现着"武形舞韵"的神采。为此，我认为敦煌的经变乐舞之美，除了岩画的"情景再现"之美，亦有武术形意拳"象形取意"（如：榆林窟第25窟观无量寿经变壁画中迦陵频伽、共命鸟、仙鹤、孔雀等的拟人化表演）、"武形舞韵"（如：中唐莫高窟第201窟"软舞表演"等）之美。因此，敦煌的经变乐舞之美，具有"和谐的形式之美、传神的灵性之美、气韵的自由之美、意境的超越之美"。这种之美是中国非遗之瑰宝，敦煌在中国，因而世界非遗的聚焦点在中国，在中国敦煌具有诸多美的经变乐舞之上。

各位与会领导、专家学者，今天会议的主题是"文明共享共融背景下的'一带一路'文化艺术交流合作新视野"，而分议题中的三个至关重要的指示，点明了我今后学习工作的方向之灯。

笔者经历四十余年编辑生涯，虽然被业界誉为中国舞蹈出版第一编辑，但面对绚丽多姿的敦煌乐舞，笔者惭愧于自己的编辑出版工作远远不够……因为笔者只编辑出版过著名敦煌舞学者、舞蹈教育家高金荣的《敦煌舞教程》和著名敦煌乐舞专家高德祥的《敦煌乐舞·经变乐舞》。所以，笔者将继续以国际视野策划、编辑出版敦煌学的学术性及普及性的读物，为"一带一路"艺术交流、文化对话，在全球化时代背景下为敦煌文化创新与发展进一步"惠民"做贡献。

参考文献

1. 高德祥：《敦煌乐舞·经变乐舞》，上海音乐出版社 2016 年版。

2. 易存国：《敦煌艺术美学》，上海人民出版社 2005 年版。

3. 于向东：《敦煌变相与变文研究》，甘肃教育出版社 2009 年版。

4. 丁枫编著：《美学浅谈》，辽宁人民出版社 1981 年版。

5. 苏北海：《新疆岩画》，新疆美术摄影出版社 1994 年版。

6. 陈兆复、邢琏：《外国岩画发现史》，上海人民出版社 1993 年版。

7. 曹志清编著：《形意拳理论研究》，人民体育出版社 1993 年版。

8. 胡伟：《舞蹈的"艺"蕴》，上海音乐出版社 2016 年版。

格里格："北欧的斯诺"及其眼里的梅兰芳与中国戏曲

刘祯 / 中国艺术研究院研究员

一、缘起：从易德波到格里格

履职梅兰芳纪念馆，自己的工作和研究有重要转变，包括一些远近的朋友，也不知不觉开始对梅兰芳加以关注。北欧学者易德波（Vibeke Bordahl）是研究现代作家秦兆阳的专家，后又致力于扬州评话研究，曾数次赴扬州走近扬州评话、评话艺人，可以用扬州方言说评话，出版多部著作。笔者与她的认识是 1999 年在广西南宁民歌节民族民间文化国际研讨会上，算来有近 20 年的友谊，她是欧美"扬州俱乐部"的召集人，曾在苏黎世大学召开有关扬州文化的国际学术研讨会。她之向中国社会科学院图书馆捐赠扬州评话录音文献、向中国现代文学馆捐赠秦兆阳文献，笔者都是见证人。她多年在丹麦做研究工作，近年随丈夫回到挪威。

2017 年 4 月 9 日，她率领一个由丹麦人和挪威人组成的团访问梅兰芳纪念馆。除了叙旧，此次见面易德波教授认为还有两件重要事情，一是她此行带了儿子让我们认识，约定将来她在中国收获的扬州评话等文献由她或者儿子（如果她有意外）通过笔者捐赠中国方面。二是她此次还带给笔者一份与梅兰芳有关的文献。这是一份复制挪威文文献，她小心取出交给笔者，并告诉笔者这是特意给我准备的，文献是用最好的纸张打印的，另纸有她丈夫打印的对文献作者的介绍。笔者很感谢易德波教授和笔者的友谊与信任。她赠送笔者的就是 20 世纪挪威著名记者、作家、爱国者和民族英雄诺达尔·格里格（Nordahl Grieg）的一份与梅兰芳有关的文献，内文共计 14 页，其中两张照片，一为梅兰芳便装照，一为梅兰芳剧照。

格里格撰挪威文《梅兰芳》首页书影

该文献引起笔者浓厚的兴趣，梅兰芳在 20 世纪世界的影响是大家所公认的，他访日、访美、访苏都成为那时戏剧界的重要事件，然他与挪威这样北欧国家的联系则是我们所未知的。但挪威文又成为一种交流障碍，笔者请易德波教授代为物色可以胜任的翻译者。很快易德波教授就给笔者回信，她推荐的译者是北欧文学著名的学者、曾多年在我国驻北欧国家使馆工作的石琴娥女士。不久笔者接到石女士邮件，富有戏剧性的是，石女士的丈夫王建兴三十年前曾将《梅兰芳》由挪威文译为中文，后发表于由石女士主编的《当代北欧短篇小说集》（上海译文出版社 1986 年版）。王建兴，笔名斯文，曾任我国驻冰岛国特命全权大使，在外交战线奋斗了整

《当代北欧短篇小说集》刊登《梅兰芳》

整四十个年头。石女士在邮件中讲："这篇文章不属于短篇小说，但是我非常喜欢这篇作品，一来这篇作品在挪威很有影响，二来写的是关于我国的戏剧大师，而且文章的作者本人不是一般记者，而是挪威人民引以为荣的反法西斯斗士，在'二战'的一次空战中壮烈牺牲，因此我觉得十分有意义。"（5 月 2 日）不久，她将经自己之手审校过的译文寄给了笔者。这对夫妻，一生中有四十年基本上是在北欧诸国工作与生活，不但为我国和北欧诸国的关系发展做出了积极贡献，也为传播北欧文化、历史和文学默默地耕耘。

挪威文《梅兰芳》的作者诺达尔·格里格（Nordahl Grieg，1902-1943）在挪威是一个响亮的名字。他出生于卑尔根，挪威文学史称他为"卑尔根诗人"。他是一位诗人，1922 年出版诗作《在好望角的周围》，成名作是 1929 年出版的诗集《挪威在我们心中》，赞美挪威的山川湖海，歌颂纯朴的人民。他还是小说家、剧作家，他的剧作有力地揭露了资本主义的罪恶，如《我们的力量和光荣》。1937 年创作的剧作《失败》以巴黎公社为背景，具有积极的乐观主义精神，描绘从那次失败中诞生的未来，将会是一个更加美好的世界。这是他最杰出也是最受欢迎的作品。

格里格是挪威的民族英雄。他的远祖是 1772 年诞生的挪威国歌的作者。20 世纪 40 年代，他曾投笔从戎，在反法西战争中担任挪威的号角和旗手，亲手拿起武器参加抵抗组织，也曾在英

诺达尔·格里格

国以他慷慨激昂的声音播出自己撰写的诗歌，鼓舞和激励挪威人民的战斗和信心。1943 年 12 月 8 日，他以记者身份乘坐轰炸机飞临柏林上空，亲眼目睹和感受纳粹末日的来临，不幸飞机被击中，壮烈牺牲。

格里格对中国人民怀有深厚的感情，他 1927 年以记者身份来到中国，先后到过北京、沈阳、上海、武汉、南京、广州等大半个中国，访问过张作霖、张学良，见过第三国际代表鲍罗廷，并与宋庆龄有交往。在挪威人眼里，格里格的中国之行是为了寻找真理。他 1927 年发表的《在中国的日子里》我们可以看到这位"追求真理者"一颗火热和滚烫的心，对于中国人民深陷的苦难，他感同身受，对帝国主义与军阀挟朋树党、作威作福，表现出强烈的愤慨。而对宋庆龄则无限尊敬，认为"孙中山去世后，她成为国民党的灵魂"。他认为世界上最需要妇女运动的地方就是中国，而宋庆龄是这一运动的倡导者。也因此，格里格被萧乾誉为"北欧的斯诺"。[1]

在北平期间，格里格曾在一位中国女性军人那迪内（Nadine）陪同下步入剧场，观看了梅兰芳的演出，为此，他专门撰写了《梅兰芳》一文。其实，这不是严格意义上的小说，而是"一篇出色的报道体散文"[2]，但这部作品在挪威极有影响，文章所写的是中国的戏剧大师，而格里格又是挪威人民引以为荣的反法西斯斗士，是挪威家喻户晓的人物，这是主编石琴娥女士不能割爱，而将它收入《当代北欧短篇小说集》的特殊原因。也可能这个原因，该文虽然于 20 世纪 80 年代即翻译中文出版，但似乎既没有引起小说界、文学界很强的关注，也没有引起戏曲界的留意。有意思的是，格里格的戏剧创作也是从 1927 年开始的，这一年他创作了《一位年轻男子的爱》《巴拉巴》，不知他的戏剧创作生涯开始与在北京这场梅兰芳京剧的观摩是否有某种联系。

格里格创作《梅兰芳》迄今已整整九十年，虽然挪威人对于中国戏曲不甚熟悉，毕竟它与西方戏剧分属不同的表演体系，但"梅兰芳"这个响亮的名字是刻印在挪威人心中的，而这又是与"格里格"这个响亮的名字联系起来的。

---

[1] 《萧乾散文随笔选集：旅人行踪》，中央编译出版社 2010 年版，第 147 页。
[2] 石琴娥：《谈北欧小说》，《当代北欧短篇小说集》，上海译文出版社 1986 年版，第 17 页。

二、《梅兰芳》纪实般的北平剧场与习俗

从西方读者视角来看，格里格笔下的北平文化，特别是独具东方特色的京剧文化无疑是别开生面的，虽然不似格里格般的亲历，但格里格的眼光和细致描写，以及他对中国文化一定程度的熟悉，也会深深抓住和打动挪威的读者。而站在中国视角来看，这部作品的专业和文献价值还未被学界认识，甚至未被开垦，于是，愈益显示出它的价值和意义来。

我更喜欢、更愿意把它视为格里格北平看戏纪实。进入 20 世纪，京剧生行表演艺术基本风格奠定，复又以梅兰芳为代表的旦行表演艺术异军突起，大放异彩，京剧艺术的发展势不可当，如日中天。20 年代也是梅兰芳表演艺术达到鼎盛的时期。就这样，格里格走入一个与易卜生剧场完全不同的东方剧场，他对剧场的看客有这样的叙述：

> 看客大多是穿着绸缎长袍，外罩橄榄色马褂的老年绅士。也有不少丽姝淑女，她们手上戴着白玉或翡翠的镯子，坐在那里不停地扇扇子，象牙扇每扇一下便划出一个圆弧，空气中会飘来一股沁人心脾的凉快。场里也有一些年轻男人，角质的眼镜后露出聪颖而目空一切的眼睛。看客们时常交谈，并向前后左右的熟人点头招呼，年轻人看到长辈必须站起身来深深弯腰三鞠躬以示敬意。不过有一点所有的观众都是一样的：不管怎样精神分散，他们的心思还是在舞台正在进行的演出上。

由此可以看出剧场一般"看客"的身份、性别、年龄和习俗来，那时看客对于京剧的痴迷，连格里格这样一位外国人也感受到了，就是在一出戏结束后短暂的换场中，这些看客互相有交流交谈，"不过有一点所有的观众都是一样的：不管怎样精神分散，他们的心思还是在舞台正在进行的演出上"。这也是那个年代京剧的魅力所在。

那时的剧场生态、剧场习俗是与格里格熟悉的剧场完全不同的。在中国，看戏是艺术，更是文化，这种剧场文化不仅昔日的老外看到会惊讶无比、瞠目结舌，就是今天的戏迷，也多不知其详。当步入剧场，格里格还没有从"各种陌生的乐器发出了聒耳的铿铿锵锵的尖吼"中回过神来：

> 看那边！一颗白色的彗星突然从我们头顶上呼啸飞过，黑暗中竖起一只手来，噗的一声将它接住。原来是条毛巾。那是花楼顶层一口大锅旁边有个男予瞄准得绝对正确地投向池座里的每个目标。此人居高临下，随时用他那必须精确容不得出半点差错的技艺向所有要擦把脸使头脑清醒清醒的观众飞速奉献上热气腾腾的湿毛巾。

格里格具有西方人的幽默感，却看到了中国剧场文化的特征。"一颗白色的彗星突然从我们头顶上呼啸飞过"的，是一块看客所需要的毛巾，描写得何其生动，何其有诙谐！这成为中国剧场的一景，当时就曾有许多外国人评价"中国戏不但舞台上的伶人能演，就连满园里茶役们也都能打出手呢"[1]。喝茶、嗑瓜子、抽烟、扔毛巾、小买小卖、喧闹、杂乱等，在格里格的笔下，被描写为"彗星呼啸飞过"，徐慕云曾批评这种剧场现象是"楼上楼下满园手巾把子飞舞的怪状"[2]，历来遭到知识精英的诟病，但同时他们却也忽略了它与中国戏曲演出与生俱来的源生性，以及剧场演出的生态文化，民众对其文化的认知、选择与参与。格里格具有专业眼光，尽管对中国的剧场氛围不太适应，仍接纳并认同，他认为西方剧场也曾经历过同样的过程，也有为娱乐而服务的剧场，而中国舞台特有的演出形式，始终伴随着民众的日常生活而产生、传承、演变，是"差序格局"中民众生活的一种方式，并带有世俗化的娱乐性质，观演过程中，不仅具有艺术观赏性，也可进行人情交往，是市民群体生活的一部分。在特定的文化氛围中，戏曲文化经千年的演变发展，有其厚重的历史积淀，因而格里格对中国舞台是心存敬仰的。

京剧表演走向成熟，京剧演出规制与习俗也逐渐形成。梅兰芳出场压轴曲终奏雅，自不必说。一场演出从"武戏"开锣，接着是一出公案剧，然后是宫廷爱情剧、神祇剧，在中国陪同的帮助下，格里格对剧情都能够了然。他对第一出武将的装扮和表演动作记述得非常细致生动：

> 他威仪堂堂，昂首阔步，好像一头羽翮遍体、色彩斑斓的雷鸟。斜插在背上的四面三角小旗分列在他脑袋两边。头上戴着一顶中间耸立着枪尖、四周镶有珠宝璎珞的王冠，像是在乌黑的头发上扣了一个粗大的巨轮。手里握着一根巨大的长枪。他身上穿的是一件红、黄、紫三色的战袍。
>
> 他像一阵狂飙似的旋进舞台，然后按照一种古怪的、巴洛克时代的旋律往后连连倒退。他又朝前交叉移动双腿，似乎正在走一条仅仅靠他的英勇的男子汉气概才得以跋涉而过的险路。他站停了片刻，引吭高歌一曲表明他的必胜信念的战歌，接着提起一条腿横跨一根马鬃做的鞭子，跨过去，然后重新猛如风暴地朝舞台背后冲过去。

作为一位第一次观摩中国戏曲的外国观众，能够如此详细地加以描绘，可见格里格对艺术的欣赏和感悟力。他对武将的描述，虽然没有采用戏曲的专业术语，但我们不难从字里行

---

[1] 徐慕云：《梨园外纪》，生活·读书·新知三联书店 2006 年版，第 136 页。
[2] 同注 [1]。

间看到武将的英武和气概。中国戏曲之妙，在于它的表演不是写实、生活的，而是对生活的提炼，虚拟和程式化表演动作是艺术的积淀积累，最终成为美化的身段、动作。而理解戏曲的一招一式、一颦一笑，是需要观剧经验的。格里格能够这么理解中国戏曲的表演，十分难得。

演出期间有个插曲，公案剧演员表演出错，"突然之间整个场子陷入了令人发抖的静寂，然后爆发出一阵气愤的、带有兽性的尖声哄叫。人人脸上都露出了怒不可遏的神情，整个剧场像开了锅一样，狂暴的谩骂此起彼伏、不绝于耳"。那迪内告诉格里格是那个演员走错了一个步伐，连格里格都知道，这对于中国戏曲表演是不可原谅的，"中国的剧院和观众就是这么一丝不苟、这么严格讲究，演员一举一动，在舞台上走多少步，诸如此类的表演程式都有千年来破坏不得的一定之规"。格里格并不是一位中国戏曲的研究者，但能够对中国戏曲有如此认识，可见他的艺术领悟能力。京剧艺术进入 20 世纪是发展的鼎盛时期，是天时地利人和综合作用的结果。京剧是当时脍炙人口的时尚艺术，也是市场化选择的艺术形态，好的演员票房价值就高，同时无形之中也约束着表演的质量，在观演的互动中，演员从反求诸身中重获艺术的表演经验，促成表演的严格讲究和一丝不苟，而观众的懂戏懂行，也极大地促进了演员表演臻于炉火纯青。台上的任何疏忽、纰漏都瞒不过观众的眼睛和耳朵，演员一旦出现失误，观众便"怒不可遏"，甚至不为演出买账，以看不见的手，将演员赶出梨园行。这样的例子很多，由此也可以看出当时观众的赏戏水平，艺术审美眼光之"毒"，对演员是极大的监督和鞭策，所以，那时京剧发展也是最为符合艺术规律的，台上与台下，演员与观众形成了一种互相理解和默契的互动关系。

格里格也注意到了中国戏曲"技艺上的准确性"，他谈到这样一个传闻："有位大表演家双目失明了，但仍能在舞台上像过去一样轻松自如地演出最剧烈的武打场面，因为他已经把自己的、别人的位置都丝毫不差地牢记在心了。"京剧史上这样的例子应该不是一个两个，而是有很多。比如民国初年京剧名伶"四大怪"之一的老生双阔亭，艺宗孙菊仙，善于刻画人物性格，后患眼疾，双目失明，不仅没有放弃舞台，甚至更加勤奋苦练，尽管在生活中步履不稳，一上台便判若两人。《捉放曹》一剧，拾鞭挥鞭，上马跨腿，他泰然自若，有条不紊，赢得观众满堂彩。对于格里格，这样的传闻只是"听说"，而由"听说"传递的信息，不难体会到中国戏曲"技艺上的准确性"，也可见他对中国戏曲特征的把握还是比较深入的，所谓透过现象看本质，不是停留于表面的技艺和好奇。

三、格里格眼里梅兰芳的诗意表演

格里格对梅兰芳的钦佩，从他作品命名即可见一斑。其实，一个外来的记者，对戏曲对梅兰芳又能够有多少接触呢！但从他的景仰（可能来自于那迪内的介绍）也折射出中国人对梅兰芳的"粉丝"情结。梅兰芳那时影响巨大，外宾来北平有必做三件事之说，即有登长城、逛故宫和看梅戏（或曰访梅兰芳）之说。所以，这场演出于格里格也是极其期待的，以致一有女主角上场，便迫不及待地误以为是梅兰芳。那时梅兰芳"伟大"到什么程度？不仅舞台上梅兰芳被密切关注，就连他的心情好坏也成了观众的喜恶。

格里格经历了五个小时的漫长等待，在"打雷般敲响"的鼓吹喧阗中，以及像根红线一样整个晚上都粘在人神经上的"二根弦的中国小提琴"的声音中，嘈杂的氛围难免有些"煎熬"，甚至觉得"像这样呆坐着一出接一出没完没了地看戏，真是一种叫人肉体上受不了的疲劳战"，这时，梅兰芳终于出场了。梅兰芳的出场，观众的反应格里格是这样记载的：

> 可是当梅兰芳一出场，所有人的疲容立时一扫而光，人人脸上露出了抖擞的精神和充满了刚刚迸发出来的期望。大家都坐得像蜡烛一般笔直，眼睛是年轻的、炯炯发光的。

这就是梅兰芳的魅力，京剧的魅力！历经五个多小时的等待，那一张张灰白的、慵倦的、睡眼惺忪的脸立刻灿烂起来，"眼睛是年轻的、炯炯发光的"。梅兰芳现场表演的艺术效应，引发观众心里期待获得满足与认同，从而得到的精神力量，也让人的慵倦不堪的面貌发生如此巨变！

此日梅兰芳演出的是《西厢记》，对于梅兰芳出场的表演和观众反响格里格描写道：

> 就像一团裹在白色绸缎里的絮云，梅兰芳轻轻柔柔地出现在舞台上。人们看不清楚他做了什么动作，仿佛他没有挪动脚步人已经袅袅娜娜地飘荡过来，仿佛他的双手徐徐卷舒出一层朦胧的轻纱。
>
> 他抬起了手臂，连一个外国人，一个对此道一窍不通的门外汉都可以看出来，他的这个动作美极了，姿势既优雅，神韵又端庄。就在这个时候，整个剧场像是点燃了熊熊的火焰。观众们站立起来，他们高声呼喊："好！""好啊！"观众们为能一饱眼福而欣喜若狂。他们准确地知道这个抬起手臂的动作是多么优美，多么难得。

他的出场赢得了满堂彩，这是梅兰芳效应！显然格里格也完全沉浸其间，惊叹道："他的这个动作美极了，姿势既优雅，神韵又端庄。"实际上，格里格并不十分了解中国戏曲，但因为《西厢记》借由申茨·胡恩德豪生翻译成德文，所以成为格里格唯一看过的中国剧本，对故事情节也比较熟悉。尽管演出的不是全本，但不影响格里格对剧作和人物的理解，他对梅兰芳表演的描写充满了诗情画意，美轮美奂：

Mei-Lan-Fang som Ping-ping.

挪威文《梅兰芳》所配剧照，图下文字说梅兰芳饰萍萍（莺莺），该图实为梅兰芳《太真外传》

可是一轮皓洁的明月照映着寺院！淡淡的清辉投洒在高大的圆柱之间，分外地令人销魂和勾人悲思。那个年轻人恍惚之中似乎看到自己心上人变成了朦胧迷人的、似真似假的月光，飘然而至。这就是梅兰芳的演技，来的不是萍萍，不是一个女郎，而是中国之夜的迷人的月光！这个心上人充满了温柔和疼爱，在张的面前徘徊。她的脸部表情、声调和音韵都倾吐出对他的脉脉柔情。他将信将疑地挣扎着抬起身来，向地板上骤然腾起和正在逼近的这团光焰四射、响声隆隆的爱情之火迎了过去。还有海誓山盟！萍萍歌唱了不可思议的爱情之夜，她怯生生地朝他移动了身躯。月亮洒下了光芒，洒下了光芒。他竖起身来朝她伸出双臂，他的双唇像烈焰似的燃烧！

　　格里格对梅兰芳表演所构筑的艺术世界，通过现场的体验来领会，又对其做了生动细腻的现象学描述，从而激活了读者的艺术感受。也就是在观看梅兰芳表演的这一年，即1927年，格里格开启了自己的戏剧创作，我们并不能直接判断是受梅兰芳的影响，但某种程度上看，也可能是一种巧合。可惜我们不懂挪威文，并不能直接阅读格里格的剧作，将其与中国戏曲的剧作风格相互对比，不过，这是一个有趣的课题，有待今后研究的继续展开。
　　《西厢记》这部剧的蕴藉之处在于，崔莺莺这一千金小姐丰富、复杂的内心世界。她对张君瑞"临去秋波那一转"，普救寺两人一见钟情，但也顾虑重重、若即若离。在经历了孙飞虎之欲劫掠后，以为老夫人曾亲口许诺，两人好事在即。孰料老夫人一句"拜了哥哥"，让两人重坠深渊。一波未平一波又起，既有外界环境的阻挠和顾忌，亦多自己内心的思绪和犹疑，结果让张君瑞爱恨交织，七上八下，苦不堪言。这是一出爱情名剧，亦有复杂、深刻的内心纠葛和反复。被"折腾"的不仅是张君瑞，应该还有观众，特别是作为一位外国观众，他能够理解吗？能够看懂梅兰芳的表演吗？格里格做了这样的回答：

> 梅兰芳演的这出戏描述了一个既有相思成疾、又有爱情追求的月夜。在他的千姿百态的表演里闪烁着神奇的光采，忽而是倾吐爱情的温柔，忽而是反唇相讥，忽而是冷漠无情；像是游移在寒夜中捉摸不住的星星磷火，像是碧绿似冰的晶莹美玉，像是纯洁无瑕的坚硬大理石，像是金星迸溅的爱情流火。月亮和梅兰芳就这样交相辉映着……

剧中人物思想不是单一的，而是不断发展变化的，格里格用诗一样的语言表达的是一种赞赏，一种理解，一种钦佩，《西厢记》也因此鲜活起来了。

四、格里格与《梅兰芳》的谜和疑问

不过，这场深受格里格喜爱的演出也给我们留下一些疑惑和问题，是梅兰芳演出的《西厢记》。我们知道《西厢记》是梅兰芳所擅演的一个昆曲剧目，特别是早期，演出较多。梅兰芳在《舞台生活四十年》第二集第三章里提到，1915年（民国四年）4月到1916年（民国五年）9月"十八个月中的工作状况"，这是他"业务上一个最紧张的时期"，[1]排演了各种形式的新戏，同时演出了好几出昆曲戏，其中专门一节讲昆曲"佳期拷红"。《佳期》《拷红》是《西厢记》中的两出戏，也是梅兰芳演出本的核心情节。关于《西厢记》的故事可谓家喻户晓，不必饶舌，包括并不专门研究中国戏曲的格里格对《西厢记》也十分熟悉。问题在于，《西厢记》的女主人公崔莺莺，是张君瑞的恋爱对象，而红娘是个助人为乐的婢女、配角。梅兰芳的演出本，主角不是崔莺莺，而是红娘，这是梅兰芳演出本与《西厢记》全本最大的差异。

梅兰芳认为，在《佳期》《拷红》的表演中，"红娘是一个具有正义感，肯用全力来打破旧礼教，争取婚姻自主的典型人物"。梅兰芳对该剧的加工和处理，全部之力也用在了红娘这一人物的塑造上。梅兰芳始终扮演红娘，其他人物"李寿峰的崔母演得最好，把这种矛盾的心理，

---

[1] 梅兰芳述，许姬传、许源来、朱家溍记：《舞台生活四十年》，团结出版社2006年版，第235页。

很有层次地表达出来。李寿峰的弟弟李寿
山，和乔先生的儿子乔玉林，也都陪我演
过。张生和莺莺，始终是由姜妙香和姚玉
芙扮的"。[1] 傅惜华说《佳期》演张君瑞
与崔莺莺爱情私合事，"剧中以红娘一角
最重，乃六旦（贴旦）色之'五毒'（凡
昆剧中最重要之角色曰'五毒'，亦谓之'正
场'）"[2]。过去四大徽班中，擅演红娘者，
四喜班有周芷茵、陈桂寿，三庆班有诸桂
枝、仲瑞生、刘桂凤等。"至于今日演此
而称杰作者，唯韩世昌、梅兰芳二人耳。"[3]

从现存演出剧照来看，梅兰芳扮演
的角色也均为红娘。另外，在格里格挪
威发表的文章里，附了两张梅兰芳照片，
一张是梅兰芳生活便装照，一张是《太
真外传》所饰杨贵妃的试装照。照片显

《佳期·拷红》中梅兰芳饰红娘

然不是格里格剧场现场拍摄，而是文章发表时所配。据格里格所述，他当时不仅看了梅兰芳戏，
还于当日到梅兰芳府上登门拜访。我们知道，1927 年是梅兰芳接待外宾特别频繁的一年，包
括克伯屈博士夫妇、英国驻华公使蓝博森夫妇、美国驻华公使马克谟、日本天皇去的那座"精
致而古老的公馆"，应该就是此居。他们一起谈到易卜生，梅兰芳以西方戏剧为参照，阐述
了中国戏曲具有"梦幻和美的意境"。而格里格文中所叙述梅兰芳扮演的应该是崔莺莺，那么，
是格里格之误，还是梅兰芳跨行，还是根本就不是《西厢记》呢？直接质疑格里格观看的不是《西
厢记》，似乎有点武断，一场正式的商演也应该不会跨行，如果是跨行，那么这会成为此次
演出的一个热点，以那迪内的懂戏和热情，应该在格里格面前不会忽略，那么，会是格里格
的想象梦幻？这是一个比较具有颠覆性的质疑和话题，我们已经不能去问格里格本人了。

还有一个关乎当时戏曲演出时长习俗的问题，据格里格描述，这场演出于当晚十二点，
已经演出了五个钟头，仍不见梅兰芳影子，观众已经非常疲劳。也就是说演出是从晚上七点

---

[1] 梅兰芳述，许姬传、许源来、朱家溍记：《舞台生活四十年》，团结出版社 2006 年版，第 333 页。

[2] 《〈西厢记〉之〈佳期〉》，《国剧画报》民国二十一年二月第五期，见《傅惜华戏曲论丛》，文化艺术出版社 2007 年版，
第 75 页。

[3] 同注 [2]。

开始的，直到"清晨四点钟，梅兰芳终于出来了"。当格里格看完戏，"不过外面太阳升得老高。我们走出剧院，驱车经过行人川流不息的街道时，已经是骄阳似火的大白天了"。如确如是，那么这是都市里的"两头红"。过去在一些乡村演出祭祀戏剧，如安徽、江苏等地的目连戏、傩戏，从日落演到次日日出，被称为"两头红"。但都市演出京剧特别是北京这样的都市演出京剧，前后达10多个小时，尚未所闻。旧时京剧演出一场戏往往是六个小时左右，剧目少则七八个，多则十几个，只有一些重要的堂会戏会从下午一直演到次日凌晨，偶或也有唱到天亮的。一般办堂会的自己家有戏台，有大的房子院落。没有戏台的会选择有戏台的饭庄办堂会，或者有戏台的大院落办堂会。而格里格看戏的地方不是家庭堂会，也不是饭庄，而是剧院。也有在剧院办堂会的，这种人多为新贵，但尚未听到剧院堂会演出有持续到天亮的。那么，是恰巧格里格赶上演到天明的那类堂会戏，还是格里格因看戏过于漫长煎熬的一种误记，要么就是一种对东方好奇的夸张，而非纪实。

关于这两个问题，我专门致函石琴娥女士和易德波教授，希望她们能够帮助予以回答和解决。两位先生非常热情。石琴娥女士刚从医院住院回家，即回复邮件："我们在翻译时商谈过，觉得文章中的有些情节似乎同实际情况有出入，但原文是如此，我们只能按照原文去翻译。但决定在介绍作家的文章中加上一小段，我们当时是这么加的：'《梅兰芳》记述了作者第一次看我国京戏的体会，因为他对京戏不熟悉，所记可能有不准确之处，但从中可以看到他对我国戏剧的喜爱，对我国戏剧大师梅兰芳的尊敬。'我个人认为，这篇作品基本上还应该算是纪实作品，由于作者是个西方人，对京剧，对当时的上海不熟悉，再加上中间还通过翻译，另外，估计这篇作品作者不是在上海写的，过了一段时日再撰写的，难免会出现偏离实际的情况。这是我个人的猜测，不一定正确，仅供参考。"

易德波教授又到了丹麦，在看到我的邮件后回复道："你的关于梅兰芳和格里格的问题，我没有办法回答。真的奇怪！要是格里格的'写实'的报告不跟当时的具体情况符合，我们可以问很多问题：格里格是不是并不写他自己所经验的事实？他是不是根据别人写的东西自己比较随便地创造了一个'机会'，但是既然他不是专家，没有什么知识，所以他的'报告'就有很多错误。我希望不是这种情况。我觉得格里格的描写和理解好像是特别聪明的，好像他特别理解中国戏曲。目前我就不能不问我自己：这个理解，这个聪明，可能不是格里格的，可能是借别人的作品，写一个假的报告。目前我不多写！以后再说！"

格里格的《梅兰芳》有它的文献价值，无论对挪威人还是对中国人、中国戏曲学者，都能从字里行间的描述中，感受到九十年前梅兰芳演出的真实场景。但同时，这篇文章也留给我们许多疑问和谜团。易德波教授的回复，让我觉得她对此文不是没有关注过，她认为格里格的描写和理解好像是特别聪明的，似乎他特别理解中国戏曲，而这个理解、这个聪明又不是格里格的。一谜未解，悠然一袭轻纱似又笼罩过来……

曲艺研究在敦煌学中的地位

吴文科 / 中国艺术研究院研究员

众所周知，敦煌学是一门以地名学的学问或者说综合性的学科集群。自 1900 年 6 月 22 日（清光绪二十六年农历五月二十六日。一说为 1899 年）莫高窟第 16 窟的藏经洞（今编号为第 17 窟）被偶然打开以来的百余年间，围绕"敦煌遗书"所展开的各种学术研究，包括延展至莫高窟建筑及其壁画艺术等的种种研究，已使这个由考古学和文献学所支撑，并涉及历史学、地理学、社会学、艺术学、文学等相关内容而兴起的具有较强广泛性和交叉性的学科集群，成为一种长盛不衰的国际性"显学"。从而在为古丝绸之路上的文化交流重镇敦煌赋予更为丰富和厚重的历史文化内涵的同时，也为古今中外文化交流的学术研究，提供了十分广阔而又细密的持续探索空间。其间，曲艺研究或者说曲艺学及其在敦煌学中的价值与地位，同样值得特别予以关切和瞩目。

这是由于，一直以来被主要是作为文学进行研究的变文、话本、词文、故事赋、曲子词等"敦煌遗书"中包含了相关写本，事实上或者说原本就是作为隋唐五代以至宋代曲艺的转变、说话、俗赋、曲子等曲种的表演脚本或者说曲本。换句话说，变文、话本、词文、故事赋、曲子词之类的文学性文献，同时又属于这些曲种的艺术构成材料即曲艺学的研究对象与范畴。进言之，作为艺术学重要组成部分的曲艺学与敦煌学以及其中的文学研究，具有高度的叠合性。

然而，由于变文、话本、词文、故事赋、曲子词等被发现时，是以脚本写本或者说不同曲本的文学形态存在的。所以，对于它们的研究，便首先主要集中并体现在文学方面，包括对各类写本的整理研究、题材内容的观照分析、语言运用的特点梳理、创作技巧的不同探究，等等。如果简要地加以回顾，应当说，成就还是不小的：既有《敦煌曲子集》（王重民编，商务印书馆 1950 年版，1956 年修订）、《敦煌变文集》（王重民、王庆菽、向达、周一良、启功、曾毅公等编校，人民文学出版社 1957 年版）、《敦煌变文集补编》（周绍良、白化文、李鼎霞编，北京大学出版社 1989 年版）、《敦煌曲校录》（任二北辑录，上海文艺联合出版社 1955 年版）和《敦煌歌辞总编》（任半塘编，上海古籍出版社 1987 年版）等的文献整理；又有《敦煌曲初探》（任二北著，上海文艺联合出版社 1954 年版）、《敦煌变文论文录》（周绍良、白化文编，上海古籍出版社 1982 年版）、《敦煌说唱文学概论》（张鸿勋著，新文丰出版公司 1993 年版）和《敦煌俗文学研究》（张鸿勋著，甘肃教育出版社 2002 年版）等的文学探究；也有《敦煌话本词文俗赋导论》（张鸿勋著，新文丰出版公司 1993 年版）、《隋唐五代燕乐杂言歌辞研究》（王昆吾著，中华书局 1996 年版）和《敦煌变文研究》（陆永峰著，巴蜀书社 2000 年版）等的专题考察。

但也毋庸讳言，由于缺少交流和疏于参照，这些对于变文、话本、词文、故事赋、曲子词等的文学性研究，较少与转变、说话、俗赋、曲子等作为表演艺术的曲艺曲种之研究有机地结合起来，致使考察的视角和阐释的观点不免单一乃至片面。而此类艺术文化事象的形态特征，恰恰是"横看成岭侧成峰，远近高低各不同"，非得运用多维视角进行观察，方能窥得全貌、把握关联。从这个意义上说，同时引入曲艺学的概念，站在曲艺学的角度，借助曲艺学的方法，吸收曲艺学的成果，以之进行更为综合立体的观照，使之打通乃至融通，无疑会更好地丰富敦煌学研究的内涵，也推进其文学性研究的深入。

这是因为，变文、话本、词文、故事赋、曲子词等的文学样式，作为转变、说话、俗赋、曲子等曲艺曲种的表演脚本，对其进行学术性的探究，不只是文学（曲本）、文献学、语言学等的任务，同时还应有比表演（"说唱"）、音乐（唱腔、伴奏）、舞美（化妆、道具等），等等，更为丰富多样的考察内容。否则，无法研究清楚其作为文学写本、文献遗存和语言材料的构成机理、功能价值与来龙去脉，从而达致"知其然"又"知其所以然"的学理追求。

可问题的症结也恰恰就在这里。尽管文学研究界也有对"敦煌说唱技艺的搬演"之讨论（张鸿勋《敦煌说唱文学概论》中的一章）以及《敦煌讲唱文学的体制及类型初探》（张鸿勋撰，《文学遗产》1982 年第 2 期）和《敦煌文学：雅俗文化交织中的仪式呈现》（伏俊琏撰，《中国社会科学报》2010 年 4 月 30 日）等事实上涉及曲艺学范畴的少量成果，但长期以来，由于种种原因，敦煌学的相关研究，总体上由于较少引入曲艺学的视角和范畴，缺乏曲艺学的方法与范式，存在着就事论事的局限乃至"知其然而不知其所以然"的困惑。而这种未能在曲艺学意义上将此等文学类遗书作为曲艺表演的不同脚本进行观照的结果，就是使得相关的考察缺乏相应全面的生态性考量和多维立体的关联性把握，从而令研究的视野比较狭窄，方法和手段趋于简单。

而之所以出现并存在此等缺陷，究其原因，既有曲艺学研究相对薄弱，特别是曲艺的研究成果由于缺少专业性的传播阵地而极大地影响交流绩效并较难加入敦煌学研究"大合唱"的因素 [1]，也与敦煌学及其文学的相关研究，较少关注曲艺学的研究成果而未能做到积极借

---

[1] 曲艺学术成果的刊发和交流，一直以来面临困境。中国迄今没有一种专门刊载曲艺研究成果的专门性学术刊物。仅有的一份公开出版的《曲艺》月刊，为中国曲艺家协会的机关刊，刊发内容包括曲艺活动的综合报道和比较短小的新创曲本，兼及一些问题探讨、人物述评和创演评论。无法承担专业性的学术交流任务。1980 年代曾由原中国曲艺出版社编辑出版过一本名为《曲艺艺术论丛》的辑刊，但随着该出版社 1989 年后的被合并，仅仅印行十辑的该刊也宣告消亡。地方性的曲艺交流刊物，曾有断续公开出版过的《评弹艺术》，后因各种困难而改为不定期的内部交流资料。香港出版有一种《粤剧曲艺月刊》，刊发一些曲艺报道和评论，也非专门的学术性刊物。

鉴或及时吸纳有关。

为了更好地说明这些问题，有必要简单地介绍一下曲艺及曲艺学，及其与文学的关联和区别。

"曲艺"作为一个语词及概念，早在东汉成书的《礼记》中就已出现，指的是"小技能"；作为一个文化类属概念，至迟在 20 世纪上半叶已被使用，指的是"说、唱、变、练"等诸般的营生与技艺，涵括了今之曲艺、杂技、体育、游戏等不同的艺术文化门类。而由于两岸分治的原因，至今海峡对岸的台湾学术界，仍然沿用这个概念[1]；而"曲艺"被作为一个表演艺术的门类进行指称，则是 1953 年 9 月之后的事情，即随着中国曲艺家协会的前身"中国曲艺研究会"在当时的成立，曲艺遂成为一个独立的艺术门类和行业。

而对"曲艺"作为一个艺术门类的定义，在过去的近半个世纪以来，也经历了由"各种说唱艺术的总称"[2]到"通过说说唱唱来讲故事的艺术"[3] /"用口语'说唱'叙事的表演艺术"[4]再到演员以本色身份"以口头语言'说唱'叙述的表演艺术"[5]之演进。

"曲艺学"作为一门专门研究曲艺的学问，其形成自然不会比曲艺的形成早。但现代意义上真正较为自觉地涉及曲艺的学术性研究，尚不足百年，应从 1920 年代鲁迅出版《中国小说史略》并论述宋元话本对章回体白话小说的形成之影响算起[6]。

古今中外、世界各地都有各自时代和地域的曲艺形式。从古希腊"荷马史诗"的游吟到作为"中国三大少数民族英雄史诗"即《格萨尔》《江格尔》和《玛纳斯》表演载体的"岭仲""陶力"和"柯尔克孜达斯坦"，从当今日本的浪曲、漫才，到土耳其的"麦达赫"、菲律宾的"达兰根"和韩国的"盘索里"，再到中国成百上千的各种说书、唱曲与谐趣形式，曲艺的艺术传统千百年来在世界范围内从未间断。但唯有中国的曲艺，数量最为众多，传统最为深厚。

中国的曲艺学研究虽然相对薄弱，但却自成体系、卓然自立，在世界范围内独一无二、首屈一指！国外仅见有对具体曲艺形式的单独研究，却尚未见有对于曲艺门类的整体建构及融通研究。所以，迄今尚未见到有与中国的"曲艺"及"曲艺学"相对应的外语词汇。"曲艺"作为艺术门类概念的对外翻译，因而应以汉语拼音式即"Quyi"来译为宜。

---

[1] 比如台湾一种名为《民俗曲艺》的学术刊物，所刊文章就涵括了诸多的民俗表演和民间游艺。大陆所谓"曲艺"的研究内容，在其中占据的比重极小。

[2] 《辞海》编辑委员会：《辞海》缩印本，上海辞书出版社 1979 年版，第 1381 页。

[3] 中国艺术研究院曲艺研究所编：《说唱艺术简史》，文化艺术出版社 1988 年版，第 1 页。

[4] 姜昆、戴宏森主编：《中国曲艺概论》，人民文学出版社 2005 年版，第 12 页。

[5] 吴文科：《曲艺综论》，北京时代华文书局 2015 年版，第 3—6 页。

[6] 鲁迅不仅在大学讲坛和学术著作中关心并研究曲艺，而且在理念和实践上注重并扶持曲艺。他在 1930 年代与"第三种人"的论战中，曾不无豪迈地宣称："而且我相信，从唱本说书里是可以产生托尔斯泰、弗罗培尔的。"见鲁迅：《南腔北调集·论"第三种人"》。90 后莫言领取诺贝尔文学奖时的演讲《讲故事的人》中，述及自己的文学启蒙，即是"从说书人那里听来的故事"开始的。可谓鲁迅"预言"的一个实证。

正因为"曲艺是演员以本色身份采用口头语言'说唱'叙述的表演艺术",所以,其所综合运用的语言、文学、表演、音乐、舞美、特技等诸般构成要素,均属曲艺进行本体研究的基本范畴或者说分支学科。换言之,作为内容基础即表演脚本的文学曲本,仅是曲艺的主要艺术构成要素之一,而不是曲艺艺术的全部。

所以,对于作为转变、说话、俗赋、曲子等曲艺曲种表演脚本的变文、话本、故事赋、曲子词等的文学写本进行研究,便不单纯地属于文学研究的范畴,同时应当置于曲艺研究的框范。

也正因为曲艺学与文学既有关联又有区别,所以,按照曲艺学的视角去观察,则既往有关变文、话本、词文、故事赋、曲子词等的"文学性研究",就会存在这样或那样的问题与局限。

比如,由于没和曲艺学实现关联与对接,故在概念使用、术语厘定和话语表达方面,存在着理解与认知上的某种隔阂。客观上影响了学科融通与知识流通。诸如"敦煌说唱",由于语义含混,不能替代"敦煌曲艺"的概念;"伎艺搬演",因为表达泛泛,也无法直指"曲艺表演"的现象;至于这些文学样式由于是属表演艺术的脚本,故而与一般纯案头书面化的文学创作,在事实上存在着立体与平面、口头与书面、重语言轻忽文字等的不同。不从作为表演艺术的曲艺立场和角度进行阐释与解析,是较难抓住这些特点和解答相关难点的。

再如,文学主要是供阅读的,曲艺则是用来观演的。作为曲艺演出脚本的变文、话本、词文、故事赋、曲子词等曲本,即在体裁样式上,具有自身独特的结构特征及话语体系。包括单从文学角度去审视,可能是属"败笔"的诸多程式性结构与重复性套语,若从曲艺学的角度去衡量,恰恰是形态鲜明且适宜观演的特色与优长。好比衡量男女性别的气质,阳刚与阴柔各有所属,但如不加区分,难免就会失当。也就是说,对同一研究对象所进行的相关价值判断,会因为学科立场的不同而存在或出现某些偏差。

又如,变文、话本、词文、故事赋、曲子词等文学写本,由于是属演出的脚本,故而在功能上,便不只是提供文学性的内容,同时还有表演性的提示,以及音乐性的标注。就像变文中存在的"从此一铺,便是变初"[1]"上卷立铺毕,此入下卷"[2](按:为以图画辅助说唱叙述的表演提示)和"悲喜交集处,若为陈(说)"[3](按:为由说转唱的过阶语式表演提示),等等,如果没有曲艺学的相关知识和对之作为表演艺术的相应认知,势必会带来困惑,出现误读与误解。而若引入曲艺学的视角,融汇曲艺学的范畴,则散见于这些脚本之中的关乎叙述与表演、文学与音乐、唱词与唱腔、演唱与伴奏、仪式与道具等的表达与标示,即可触类旁通、迎刃而解。

---

[1] 《汉将王陵变》写本,第 3627 页。
[2] 拟名《王昭君变文》的写本,第 2533 页。
[3] 《降魔变文》写本,第 4524 页。

否则，许多仅从文学角度观察而感觉有些怪异的问题，便无法于此得以正确的理解。

好在如前所述，张鸿勋和伏俊琏等先生对于变文、话本、词文、故事赋、曲子词等文学写本的相关研究，已然引入了曲艺学的视角，并取得了独步一时的成果。相信他们的方法和理念，会为其他更多的学者所采用。

这就告诉我们，曲艺研究或者说曲艺学在敦煌学及其变文、话本、词文、故事赋、曲子词等的研究中，具有十分重要的价值、地位和作用。敦煌学研究虽然已经取得了举世瞩目的辉煌成就，但若再能注重并强化曲艺学意义的关切和引入，则其研究的视野无疑会更加开阔，角度会更加精准，方法会更加切实，效果也会更加显著。

同时也启示我们，进一步加强不同学科之间的学术交流，注重并强化曲艺研究在敦煌学中的运用和地位，是使敦煌学的内涵更趋丰富和坚实、研究更加深入和融通、成果更为丰硕和盛大（亦"敦煌"的本义）的必要前提，也是通过相关不同学科之间的学术互鉴和成果共享，实现敦煌学及其文学研究和曲艺学研究共同发展的重要保证。

实相与慈悲

——关于"双头分身瑞像"的命名

喻 静 / 中国艺术研究院研究员

一、"双头瑞像"还是"分身瑞像"

俄罗斯冬宫博物馆藏 X.2296 是一尊立佛造型彩塑，通高 62 厘米，"泥制彩绘并镀金，帖螺型肉髻，眉间有小圆坑白毫，身着偏衫袈裟，双头四臂，两头及颈在两肩中间左右分开呈倒八字形，微俯下视，自肩以下为一具身躯，两手于胸前合掌，另两臂微屈肘分垂于体侧，右手掌心朝外，手指均残，左小臂已毁"[1]。

这尊彩塑 1909 年由俄探险家科兹洛夫出土于黑水城遗址一座大佛塔。黑水城遗址位于今内蒙古额济纳旗，是西夏王朝的北部重镇，也是连接河套和中亚地区的交通要道。佛塔中的文物广大丰赡、无以形容，科兹洛夫名之"伟大的塔""辉煌的塔"。

这是中国境内出现的数例"双头佛像"中的一例，且是以彩塑形式出现的唯一一例。这类佛像的显著特征是"双头四臂"或"双头二臂"，为了在本来安置一个头的空间安置两个头，佛像双头分别向两侧略倾，目光柔和，等视世间众生，在视觉上给人强烈的惊奇感。

佛教又作"像教"，传入中国后，为中国文化贡献了庞大的造像系统。作为重要辅教手段，中国历朝历代造像无算，造像之形制亦渐渐固定。不仅石窟、壁画、寺院彩塑，甚或许多单尊佛像，背后都有佛典作为形象的出处和义理的支撑，佛的各种形象的流布和佛经的流布相辅相成，"佛之教导"——狭义的"佛教"，也渐渐深入人心，为中国人耳熟能详。然而"双头佛像"却在大多数中国人的视野之外。中国境内已发现的"双头佛像"遗存寥寥可数，列图统计如下：

---

[1] 张小刚、郭俊叶：《黑水城与东千佛洞石窟同类佛教造像题材浅析》，《西藏研究》2013 年第 5 期，第 65 页。

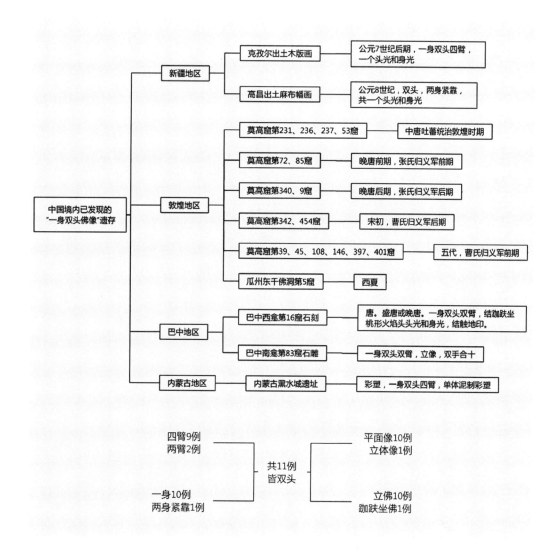

上图中，四川巴中地区的双头佛像皆为两臂，其中一例为唯一坐像。又敦煌莫高窟中唐第237窟西龛盝顶西披题记："分身瑞像者乩陁逻国贫者二人出钱画像其功至已一身二头"；五代第72窟西龛盝顶西披题记："分身瑞像者胸上分现胸下（合）体其像遂为变形"；第231窟题记与第72窟大致相同。

关于双头佛像的文献记载主要有以下几条：

1. 唐玄奘《大唐西域记》卷二记述健驮逻（即犍陀罗）国情形的部分，其中云："大窣堵波石陛南面有画佛像，高一丈六尺。自胸以上，分现两身；从胸以下，合为一体。闻诸先志曰：初有贫士，佣力自济，得一金钱，愿造佛像。至窣堵波所，谓画工曰：'我今欲图如来妙相，有一金钱，酬功尚少，宿心忧负，迫于贫乏。'时彼画工鉴其至诚，无云价值，许为成功。复有一人事同前迹，持一金钱求画佛像。画工是时受二人钱，求妙丹青，共画一像。二人同日俱来礼敬，画工乃同指一像示彼二人，而谓之曰：'此是汝所做之佛像也。'二人相视，若有所怀。画工心知其疑也，谓二人曰：'何思虑之久乎？凡所受物，毫厘不亏。斯言不谬，像必神变。'言声未静，像现灵异，分身交影，光相照著。二人悦服，心信欢喜。"[1]

2.《三宝感应要略录》卷一《第八犍陀罗国二贫人各一金钱共画一像感应（出西域记）》："犍陀罗国有画佛像，高一丈六尺。自胸以上分现两身，从胸以下合为一体。闻之者旧曰：初有贫士佣力自济，得一金钱愿造佛像。谓画工曰：'我今欲图如来妙相。有一金钱，酬功尚少，宿心忧贫，迫于贫乏。'时彼画工鉴其至诚，无云价直许为成功。复有一人事同前迹，持一金钱求画佛像。画士是时受二人钱求妙丹青，共画一像。二人同日俱来礼敬。画工同指一像示彼二人，而谓之曰：'此是汝之佛像也。'二人相视，若有所怀。画工心知其疑也，谓二人曰：'何思虑之久乎？凡所受物，毫厘不亏。斯言不谬，像必神变。'言声未静，像现灵异，分身交影，光相照者。二人悦服，心信欢喜矣。"[2]

3.《释迦方志》提及"健陀逻国"部分："又于南面石陛，画佛丈六之形。昔有二贫人，各施一金钱，共画一像，请现神变。像即现胸以上分为两身，下合为一。"[3]

4.《敦煌遗书·诸佛瑞像记》S.5659 记："分身像者，胸上分身现，胸下合体，其像遂为变形。"S.2113v 记："分身像者，中印度境犍还叫国东大寨堵波所，有画像一丈，胸上分现，胸下合体。有一贫女将金钱一文，谓曰：'我今图如来妙相。'匠切取钱，捐前施主像示，其像遂为变形。"P.3352 记："分身像者，胸上分现，胸下合体，其像遂为变形。"

5.《佛说菩萨本行经》卷下："于是世尊自说：'前世宿行所作，结于誓愿今皆得之。今我以此正真之教，除去一切众生灾祸。'时，佛便自化身作两头，一头看毗舍离国，一头看摩羯国，疫鬼尽去，还于大海；人民众病，皆悉除瘥。五谷丰熟，人民安乐，以法广化，并使意中诸欲之病，悉得清净。立之于道，一切人民皆大欢喜。于是诸比丘异口同音赞叹：'如来无量功德，甚奇甚特不可思议。'"[4]

总结以上，双头佛像的文献来源大致有三种：

1.《大唐西域记》。玄奘西行时于犍陀罗国的大窣堵波亲见双头佛像，其为画像，胸上分现，胸下合体。

2.《敦煌遗书》收录的灵异事迹。但情节与《大唐西域记》并不相同：《大唐西域记》记为二贫士施钱，画匠共画一像；《敦煌遗书》记为一贫女施钱，画匠捐前施主像给她。两种

---

[1] （唐）玄奘：《大唐西域记》，《大正藏》第 51 册，第 880 页。

[2] （宋）非浊集：《三宝感应要略录》，《大正藏》第 51 册，第 830 页。

[3] （唐）道宣：《释迦方志》，《大正藏》第 51 册，第 954 页。

[4] 《佛说菩萨本行经》，《大正藏》第 3 册，第 119 页。

记录都没有描述佛像的坐立姿势。

3.《大正藏》收录的《佛说菩萨本行经》。此经属佛（菩萨）本生谭，所述未云分身，只说化身作两头。

如何命名这种形制的佛像，一直有争议。孙修身以直观所得，先名之"双头瑞像"[1]；宁强以为"双头瑞像"不妥，应该叫"分身瑞像"[2]。宁强的理由是：首先，此像不仅头颈二分，双手也二分为四；其次，此像表现的是"分身交影"的瞬间而不是表现"双头"；最后，《大唐西域记》《敦煌遗书》等文献中都有明确的"分身"提法，而无"双头"一说。如以《大唐西域记》为依据的莫高窟第 237 窟，题记为"分身瑞像者乾陁逻国贫者二人出钱画像其功至已一身二头"；第 72、231 窟的题记"分身瑞像者胸上分现胸下（合）体其像遂为变形"，与《敦煌遗书》S.5659 与 P.3352 的内容相同。敦煌遗书《诸佛瑞像记》是很多敦煌壁画的题记底稿，这两窟的题记很可能也来自敦煌遗书。张小刚则采取兼收并纳的折中态度："分身瑞像，又被称为双身瑞像、双头瑞像，是一种造型奇特的佛教造像……"[3]

这些讨论都限于佛教造像的艺术视角，而没有触及佛教造像的义理依据和佛教造像的现实功用。在中国传统社会，对通达佛教义理的教内外知识分子而言，佛教造像是表法的符号；对广大平民信众而言，佛教造像是神佛的替身和膜拜的对象。前者要求佛教造像和仪轨、合度量，能准确传递佛的甚深之教；后者要求佛教造像有灵性灵验、能感通赐福。造像的艺术特征并不是最重要的，甚至可以被忽略。所以，"分身"也好，"双头"也罢，任何一种命名都必须厘清"向上一路"的义理渊源，辨析"向下一路"的发用机制。事实上，就这种形制的佛造像而言，通达"向上一路"的关键词是"分身"，关涉大乘佛教佛陀观、法身观；通达"向下一路"的关键词是"瑞像"，关涉大乘佛教神通观。而大乘佛教法身观和大乘佛教神通观，又和大乘佛教根本精神——"智慧"和"慈悲"相应。法身即实相，瑞像行慈悲。

二、何谓"分身"：从"二佛并坐像"说起

"分身"关涉大乘佛教的核心义理，如大乘佛教佛陀观、法身观和神通观等，甚或可以作为区别大小乘的分际线。为大乘佛教"分身"概念表法的图像，与其说是上述十一例双头佛像，不如拈出中土更为常见的"二佛并坐像"更为恰当。

"二佛并坐像"即"释迦、多宝二佛并坐说法图像"，典出《妙法莲华经·见宝塔品》。

---

[1] 孙修身：《莫高窟佛教史迹故事画介绍（一）》，见《敦煌研究文集》，甘肃人民出版社 1982 年版，第 332—353 页。
[2] 宁强：《巴中摩崖造像中的佛教史迹故事初探》，《四川文物》1987 年第 3 期。
[3] 张小刚：《敦煌佛教感通画研究》，甘肃教育出版社 2015 年版，第 427 页。

"二佛并坐像"分布在从敦煌莫高窟到永靖炳灵寺，从大同云冈石窟到洛阳龙门石窟的众多北朝石窟中，甚至在南朝石窟的罕见遗存——南京栖霞山石窟中亦有发现。目前所知，最早的二佛并坐像为十六国时北燕太平二年的作品。[1] 北燕地处辽宁省，"二佛并坐像"在中国境内分布之广可见一斑。

《法华经·见宝塔品》中，多宝佛是东方宝净世界的教主，久远之前已灭度成佛。他在因地时曾立下誓愿：成佛后，凡十方世界有佛宣说《法华经》之处，多宝塔必定从地涌出，他必定亲临现场，以证明法华甚深之义的真实不虚。释迦佛在灵鹫山宣说《法华经》时，大乐说菩萨趁机提出要拜见多宝佛。释尊告诉大乐说菩萨，根据多宝佛的誓愿，多宝佛及其宝塔在四众面前示现，还要满足这样一个条件：宣说法华奥义的佛，必须把那些在十方世界说法的自己的"分身"，都召集回说法现场，然后多宝佛才会出现：

> 佛告大乐说菩萨摩诃萨："是多宝佛，有深重愿：'若我宝塔，为听法华经故，出于诸佛前时，其有欲以我身示四众者，彼佛分身诸佛——在于十方世界说法，尽还集一处，然后我身乃出现耳。'大乐说！我分身诸佛——在于十方世界说法者，今应当集。"[2]

大乐说菩萨立即表示，很想见到释迦佛的诸多分身佛，并礼拜供养。于是释迦佛"三变土田"，分三次对娑婆世界进行净化，把八方国土变成庄严净土。佛从眉间放出白毫相光，照见十方世界的分身佛各自都在说法。他们告诉听法众生："我现在要前往娑婆世界的释迦佛处，供养多宝佛的宝塔。"

分身佛各带一位菩萨来到释迦佛讲法处，在宝树下的师子座上结跏趺坐，又各自派遣自己的侍者，满掬宝花，去灵鹫山问候释迦牟尼佛。分身佛们各自叮嘱侍者，见到释迦佛，要做如是问候，问候毕，把宝花散在佛身上以作供养，并表达诸分身佛想要打开宝塔见到多宝佛的心愿。

释迦佛召集十方分身佛毕，升入虚空，用右手指打开多宝佛的宝塔之门。巨大声响过后，众人但见塔中多宝佛安坐师子座中，全身不散，如入禅定，又听多宝佛说："善哉，善哉！释迦牟尼佛！快说是《法华经》，我为听是经故而来至此！"

四众见"过去无量千万亿劫灭度佛"如是说，叹未曾有。这时《法华经》中最经典、最戏剧性的一幕出现了：

---

[1] 日本小川私人收藏的李普为父母造的释迦多宝二佛并坐小铜像，参见大村西崖：《中国美术史雕塑篇》，东京国书刊行会1980年版，第174页。

[2] （姚秦）鸠摩罗什译：《妙法莲华经》，《大正藏》第9册，第32页。

尔时多宝佛，于宝塔中分半座与释迦牟尼佛，而作是言："释迦牟尼佛！可就此座。"
尔时释迦牟尼佛入其塔中，坐其半座，结跏趺坐。尔时，大众见二如来在七宝塔中师子座上、
结跏趺坐，各作是念："佛座高远，唯愿如来以神通力，令我等辈俱处虚空。"尔时释
迦牟尼佛以神通力，接诸大众皆在虚空，以大音声普告四众："谁能于此娑婆国土广说《妙
法华经》，今正是时。如来不久当入涅槃，佛欲以此《妙法华经》付嘱有在。"[1]

这就是释迦多宝"二佛并坐像"的出处。《法华经》凡八万言，二十八品，经中许多故事和
场景流传广泛，敦煌壁画中就有一系列"法华经变画"。但唯有依据《见宝塔品》的"二佛并坐
像"，两晋南北朝后，历代皆以之为"法华信仰"和"法华思想"的标志性表法符号，为《法华经》
所特有。何以故？可以说，奥妙就在"分身"和"并坐"这两个佛示现神通力的"神变"瞬间。

《法华经》是初期大乘佛教的重要经典。西晋太康七年（286 年），"敦煌菩萨"竺法护
于长安译出《正法华经》，"法华思想"传入中土。后秦弘始八年（406 年），鸠摩罗什再译
《妙法莲华经》。罗什与门下诸生俱重此经，时常演说弘扬、注疏发明，"法华思想"遂成"关
河义学"的重要成就。

鸠摩罗什的弟子、"关河义学"重镇僧叡，协助罗什翻译了《妙法莲华经》。他在《法
华经后序》中指出，此经传来中国已近百年，而译经人及讲经人皆未抓住本经重点，一直到
鸠摩罗什重译后方见分晓。则此经重点何在？僧叡曰：

> 云佛寿无量，永劫未足以明其久也；分身无数，万形不足以异其体也。然则寿量定
> 其非数，分身明其无实，普贤显其无成，多宝照其不灭。夫迈玄古以期今，则万世同一日；
> 即百化以悟玄，则千途无异辙。夫如是者，则生生未足以期存，永寂亦未可言其灭矣！[2]

僧叡为法华奥义总结出了四个关键词，分别是"寿量""分身""普贤"和"多宝"。
这四个关键词虽为什译《法华经》所特有，然而僧叡借此阐发了整个大乘佛学的核心义理，
尤其是大乘的"佛陀观"和"法身观"。僧叡指出，佛寿无量，虽然像"永劫"这样的极致
的时间长度都不足以形容其久远，但是佛寿恰恰不能被称为"时间久远"，因为佛的寿量不
能落在"时间"的规定中；释迦虽然分身无数，但是无数分身不会与其本体有任何差别，因
为分身不能落在"有无"这样的"空间"的规定中。普贤菩萨成就广大行愿，但实无所成；
多宝佛虽然已灭度，但常住不灭。佛的法身境界不落在包括时空在内的任何规定中，"不生

---

[1] （姚秦）鸠摩罗什译：《妙法莲华经》，《大正藏》第 9 册，第 33 页。
[2] （梁）僧祐：《出三藏记集》，《大正藏》第 55 卷，第 57 页。

不灭，不垢不净，不增不减"。"非数"和"无实"，这是"有而非有"，"无成"和"不灭"，这是"无而非无"。

大乘和小乘的教义分歧，正体现在"佛陀观"上。大乘佛教佛陀观，最为核心的是"法身""报身"和"应身"的"三身论"。印顺在《初期大乘佛教之起源与开展》《印度之佛教》《印度佛教思想史》等著作中指出，"佛法"何以演进到"大乘佛法"，虽资料甚少，不明所以，然有一因素必不可忽视，即"佛般涅槃引起的，佛弟子对于佛的永恒怀念"。佛入涅槃，从教义角度，是佛证得究竟圆满，本无所哀。但佛所教化的人间弟子却不可避免地陷入情感的无限悲哀和无限空虚中，他们建塔供奉舍利、礼敬佛之行迹、传诵佛一生的事迹，更从这一生的事迹而追溯到过去一生中修行的事迹，"三藏十二部教"中的"本生""譬喻""因缘"，就是佛在因地修行故事的集成。

"三世佛"是佛教一开始就有的信念，无论原始佛教、小乘佛教还是大乘佛教都无有异议。从佛教在印度的历史看，释迦牟尼佛是历史上真实存在的、现实人间的佛。释迦佛之前早有多佛出世，如"过去七佛"，释迦后亦有弥勒菩萨作为"未来佛""候补佛"。而"多佛说"的兴起，是佛法进入大乘佛法的标志之一，这意味着，佛世界扩大到十方无限，修行的法门也扩大到无限。无量世界有无量多佛，那些因释迦牟尼涅槃而倍感无依的信者，可以生其他佛土去。[1]

然而，部派佛教的说一切有部细究佛的"圆满果报"而提出"九种罪报"的疑问。有部以为，佛是人，不是神；佛生前虽有神通，但神通力也不如无常力大，佛生身有漏，也要被无常所坏。这种"人间佛陀"的形象，在"四阿含"（长阿含、中阿含、杂阿含和增一阿含）中随处可见。

《大智度论》中的回答是佛之生身有"法性生身"和"父母生身"，从法性的角度，生身是无漏的，从父母生的角度，生身是有漏的，后者只是前者的"方便"示现，佛为方便度化十方众生故，才示现生老病死烦恼忧愁，虽在这一世承受不圆满的果报，并不能以此往上推导出佛在过去世植下不圆满的"罪"因。佛实际还是圆满法身，为度众生，才示现有漏父母生身。示现有漏，正是佛的慈悲。

小乘和大乘的佛陀观在此分道扬镳：小乘以为，父母生身佛是有漏的，这一世的佛业已入灭，已证涅槃；修行者只有证得佛所证得的空寂法性，方可见法身佛。大乘以为，这一世的佛既是法身佛也是父母生身佛。佛在过去无量劫中以种种善行而种下种种善因，这一世的佛便是过去世修行的圆满果报。然佛以慈悲方便故，才示现出有漏色身。为佛法故，要布施、忍辱；为戒律故，要示病、吃药。佛有大智、有大慈、有大悲，视众生如己子，方有如此方便垂教。

---

[1]　释印顺：《初期大乘佛教之起源与开展》，中华书局2009年版，第131—137页。

通过对小乘的弹斥，大乘认为：其一，若论时间，佛是累世修行而成，若论方所，十方三世皆有佛。其二，佛是修成，佛佛平等。其三，佛在每一世都以方便示现其慈悲和智慧，佛之法身常在。其四，通过信仰佛陀和累世修行，众生皆可成佛，且皆可与十方佛感通，在十方世界成佛，如同佛的分身示现，而法身无异。

鸠摩罗什又一弟子道生的《妙法莲华经疏》是现存《法华经》最早注释。关于二佛并坐，道生云："所以分半座共坐者，表亡不必亡，存不必存。存亡之异，出自群品。岂圣然耶。亦示泥洹不久相也，使企法情切矣。以神通力接诸大众皆在虚空，所以接之者，欲明众生大悟之分皆成乎佛，示此相耳。"[1]"存"和"亡"这种相对立的二分法，只是"群品"亦即未开悟众生的执着；成佛，就是证悟般若空性，就是对时空中一切对立的超越，安住于不生不灭的涅槃。涅槃不可说，法身不可思议。而佛的慈悲，在于佛能以千万分身示现，能以过去现在共于一座的方式示现，以此方便接引未证般若的广大众生；在于能以神通力把众生接到虚空，用不可思议的方式赋予众生自信，并为众生授记：将来必定成佛。

三论宗吉藏在《法华玄论》中提出了"身真实"（本身）和"身方便"（迹身）这两个概念：生灭为迹，无生灭为本；迹身为多，本身为一；法身为本，迹身为方便；十方佛同一法身，此一法身垂迹的一切身为迹身。《法华经》中释迦久远成佛的思想，又被归纳成"开近显远"（示释迦应身寿命之近，显释迦法身寿量之远）、"开迹显本"（开释迦应身及其说法之迹，显释迦法身实相之理）。

从《见宝塔品》可知，"二佛并坐"这一场景的出现是有前提的，即释迦佛的十方分身佛皆到场（当下）。多宝佛是久已灭度的过去佛，分身佛是分布在不同空间的释迦佛，"二佛并坐像"无非记载了时间统一、空间统一的神奇一瞬。"二佛并坐像"实际包含两个场景："并坐"和"分身"。这是佛的法身向尘劳众生开放的一瞬，也是尘劳众生见证佛所开显的实相的一瞬。从这个意义上说，"二佛并坐像"这种造像形式，是大乘佛教佛陀观（包括法身报身应身"三身观"）的表法符号，也是大乘佛教核心义理的表法符号。

三、何谓"瑞像"："灵瑞的瞬间"和"灵瑞的发用"

如何定义"瑞像"，近代以来的学术界一直有争论。以下简要罗列几种主要观点。

丁福保《佛学大辞典》："（图像）优填王始以游檀作释迦佛之形像，瑞相圆满，故名瑞像。西域记五曰：'城内故宫中有大精舍，高六十余尺，有刻檀佛像，上悬石盖，邬陀衍那王之

---

[1]　（晋宋）释道生：《法华经疏》卷下，《卍续藏》第150册，第823—824页。

所作也。灵相间起，神光时照，诸国君王恃力欲举，虽多人数莫能转移。遂图供养，俱言得真，语其源迹，即此像也。初如来成正觉已，上升天宫为母说法，三月不还。其王思慕愿图形像，乃请尊者没特迦罗子，以神通力接工人上天宫，亲观妙相雕刻旃檀，如来自天宫还也。刻檀之像起迎世尊，世尊慰曰：教化劳耶？开导末世。'"[1]

丁福保以为瑞像专指"优填王像"即"旃檀像"。玄奘《大唐西域记》记载，释迦如来觉悟后，赴切利天宫为母说法。优填王极端思念如来，请人用神力接工匠上天。工匠遂完全按照如来的形象雕刻了一尊檀木像。这尊檀木像回到人间，替如来说法教化众生。如来从切利天宫返回，旃檀像起身迎接如来。如来致以慰问："开导教化末法时代的众生，是不是很辛苦？"这尊旃檀像在形貌上和如来没有任何区别；如来不在时，可替代如来行教化之职责，可见在功德上也与如来无二无别。玄奘和丁福保都是佛教信徒，以上记载，在非信仰者看来是神话叙事，在信仰者看来，则是一种"真实"叙事。旃檀像，虽名之"像"，实际上是释尊的分身，只不过假优填王之手而以"旃檀像"的方式契机示现。

荣新江、朱丽双："瑞像指和释迦牟尼或其他神佛、高僧的灵迹联系在一起的一种佛像。它最早产生于印度，而后流传四方。瑞像一般恪守固定的原型，力图模拟圣容，表现灵瑞的瞬间，并因其灵瑞而具有护持佛法长住久安的功能。"[2]

这个定义能充分涵盖历代佛典中关于"瑞像"的记载，是用现代佛教学术研究的方法对"瑞像"所做的理性化的概括和描述，关键词是"灵瑞"。"瑞像"从形式上看，虽然是"灵瑞瞬间"的凝固，从功能上看，则能持续发挥"灵瑞"功能。换句话说，"瑞像"看起来仅仅是一种物质形态的佛的造像，本质上却在不间断"护持佛法长住久安"，发挥灵异功能。而承认这种灵异功能的同时，事实上已进入信仰者角度的"真实叙事"。也就是说，这个定义中存在信仰者的"真实"和非信仰者的"真实"之间的紧张存在着"灵瑞瞬间"的物质化凝固和"灵瑞发用"的超时空持续之间的紧张。

孙修身："（瑞像图是）佛教图像之一，……凡能显神异、表征凶吉者，即称瑞像。"[3]这是季羡林主编的《敦煌学大辞典》中的词条，可见其所云"瑞像图"专指敦煌石窟中的壁画。这个定义实际上用了"瑞像"和"瑞像图"两种提法，但并没有对这两种提法进行区分。

巫鸿："从本质上说，瑞像图是一种'图像的图像'，一种'对经典表现的再表现'。……一组直接表现神灵，因而能够接受崇拜者的礼敬，另一组则表现'神灵的像'。"[4]"瑞像"

[1] 丁福保：《佛学大辞典》，CEBTA 电子版。
[2] 荣新江、朱丽双：《于阗与敦煌》，甘肃教育出版社 2013 年版，第 245 页。
[3] 季羡林主编：《敦煌学大辞典》，上海辞书出版社 1998 年版，第 156 页。
[4] 巫鸿：《礼仪中的美术——巫鸿中国古代美术史文编》，生活·读书·新知三联书店 2005 年版，第 445 页。

和"瑞像图"在这个定义里得到了区分。巫鸿的意思是说，"瑞像"是对"神灵"的直接表现，有灵瑞功能；"瑞像图"是对有灵瑞功能的"瑞像"的描摹。巫鸿谨慎地使用了"表现"这个词，来回避本文前面所描述的"紧张"。

肥田路美："所谓瑞像，不单指有瑞相的释迦，也不是指著名的优填王所造的檀木释迦像，其定义本身就是一个棘手的研究课题，在这里无法列举大量事列来验证。但是，如果只是从如来生前的形姿描写、奇迹般的出现等特异性，或者从神变像显现变化莫测的奇瑞功能来理解瑞像和瑞像信仰的话，我认为是很不充分的。或许正是因为具有这种肉身的特性，才是瑞像能够被重视的必要条件。"[1] 这个定义敏锐地捕捉到了对"瑞像"进行研究的"棘手"之处。这个"棘手"之处，其实也是佛教研究经常要面临的"棘手"之处：在理性主义和科学主义的语境下，在中立客观的学术传统中，如何处理佛教文献中的不能用科学方法论证、不能用逻辑方法推导的"神秘主义"部分，比如"神通"。

如本文第一部分的图表所示，十一例双头佛像又可分成两大类。第一类九例，皆双头两身四臂，分布在丝绸之路沿线。依据《大唐西域记》和《敦煌遗书》，造像凝固了佛以分身的神变力安慰贫士或贫女的瞬间。贫寒之人无力支付为佛造像的佣金，技师用两人的钱造出一尊佛像。两个贫人为如何分享同一尊佛像而困惑时，佛瞬间分身，一分为二。佛总是满足众生的美好心愿，不论贫富。贫者亦得大安慰，这是佛的慈悲，是佛教平等精神的深刻示现。第二类两例，双头一身两臂，都出现在巴中石窟。这个情形更可能来自《佛说菩萨本行经》。佛在毗舍离国说法，摩羯国就被鬼魅所扰；佛回到摩羯国，鬼魅就到毗舍离国作乱，如是七回。佛自述自己在因地发下的誓愿：要护佑一切众生，令除"身病"和"意病"，瞬间化身作两头，一头看毗舍离国，一头看摩羯国。于是鬼魅悉返大海，疾病尽除，五谷丰登，皆大欢喜。这也是佛菩萨的慈悲，是佛教济度精神的深刻示现。

大乘佛教慈悲精神的第一义，在于佛以各种方便善巧的方式满足众生的心愿、令众生安隐无烦恼。《法华经·见宝塔品》中，当十方分身佛来集，他们各自遣使向释迦佛转达问候："少病、少恼，气力安乐，及菩萨、声闻众悉安隐不？"前文提到，释迦佛到切利天宫为母说法，优填王遣工匠上天，造出一尊与释迦佛尊容无二的旃檀佛像，代替释迦佛在人间说法。释迦佛返回人间时，也是如是问候旃檀佛像："教化劳耶？开导末世。"只不过《法华经》中问候释迦佛同时也问候了菩萨和声闻众，这是《法华经》独有的"会三归一"、融合大小乘分歧的"一乘"思想。佛既为医王，始终牵挂着教化末世众生；因地菩萨的成佛即自觉承担菩萨道教化使命，以布施、持戒、忍辱、精进、禅定、般若之六度实践与众生休戚与共，以布施、

---

[1]　蒋家华：《中国佛教瑞像崇拜研究》，齐鲁书社 2016 年版，第 38 页。

爱语、利行、同事之四摄方便引导众生。佛也有病恼，不过是以众生之病为病，以众生之恼为恼。佛佛之间的问候，唯令众生感到神秘而亲切。是故瑞像之"瑞"，大体就是佛之功德圆满、福德普覆。

汤用彤先生在《汉魏两晋南北朝佛教史》后记中有一个著名的论断：

> 中国佛教史未易言也。佛法，亦宗教，亦哲学。宗教情绪，深存人心，往往以莫须有之史实为象征，发挥神妙之作用。故如仅凭陈迹之搜讨，而无同情之默应，必不能得其真。哲学精微，悟入实相。古哲慧发天真，慎思明辨，往往言约旨远，取譬虽近，而见道弘深。故如徒于文字考证上寻求，而乏心性之体会，则所获者其糟粕而已。[1]

佛教研究不是以佛教为题材的历史研究，"莫须有"未必非真，"神妙"未必非真，汤先生指出，佛教研究的关键在于"同情之默应"，在于"执其中道"，否则不能迫近"真实"。"神妙之作用"，即佛教典籍中随处可见的"神通"，正是悟入"实相"亦即"宇宙人生真相"的途径。通过"心性之体会"，默应"神妙之作用"，悟入"精微之实相"，从而"见其道，得其真"。从这个意义上，我们不妨如实承认，"瑞像"就是佛的神通示现，佛借助这种"神变"，令众生"开、示、悟、入佛之知见"，引导众生实现领悟真理、解脱成佛的终极目的。

四、如何命名：从"双头瑞像""分身瑞像"到"双头分身瑞像"

"佛教神通"通常指"六神通"："神足通""他心通""宿命通""天眼通""天耳通"和"漏尽通"。其中，神足通包括"能到"（神足）与"转变"（变化）两类功能，"神足"意谓能飞行虚空、穿山越岩、透壁通垣、入地履水，或手扪日月、身至梵天等，"转变"意谓能随意变化自己的身形，或变化一身为无数身，或以无数身合为一身；也能自身放出烟焰如大火燃薪般猛烈。本文讨论的"分身"，当属于"神足通"中"转变"一类。

狭义的"佛教"指"佛的教导"，即佛把"定中所见"教导给众生。释迦牟尼的正觉成佛，就是来自深邃的禅定实践。在觉悟之前，释迦牟尼树下入定，次第进入初禅、二禅、三禅和四禅。进入四禅后，他一一发起神足、宿命、天眼、他心、天耳五种神通。最后，在证入第六神通——"漏尽通"后，断尽烦恼而得解脱。所谓开悟成佛，就是指佛陀以禅定力进入神通，最后了知宇宙人生的实相。最大的神通，就是了悟缘起性空的实相，以建立在般若

---

[1] 汤用彤：《汉魏两晋南北朝佛教史》，武汉大学出版社 2008 年版，第 604 页。

空观基础上的彻底的平等心，行慈悲化度的菩萨行。如来"如是灭度无量无数无边众生，实无众生得灭度者"。

在原始佛教、部派佛教及大乘佛教经典中，佛教神通观往往蕴含在故事的形式中。本文涉及的"双头佛像"和"二佛并坐像"，共同特征都是"分身"——双头佛像的"双头"就是"分身"的一种形式，无论双头四手型还是双头二手型。"二佛并坐像"的"分身"蕴含在两个场景中："十方分身佛齐聚"场景和"二佛并坐"场景，前一场景虽然并没有从图像上得到直接表达，却是后一场景得以实现的必要条件，不可或缺。无论十方分身佛齐聚还是过去佛现在佛二佛并坐，都是法身佛相应众生根机的"神通示现"。

综上所述，"二佛并坐像"表"智慧""实相"和"般若"，"双头佛像"表"慈悲""利他"和"平等心"。所有相关"分身"的佛造像，皆可视为佛教神通观尤其"神足通"的图像表达，是大乘佛教根本精神"悲智双运"的表法符号，和佛教经典中的神通故事异曲同工。可以说，所有和分身神通有关的瑞像，都是"分身瑞像"，双头佛像只是分身神通的示现形式之一种，也是"分身瑞像"之一种。故对这种形制的佛像的命名，不必为古代文献的提法所囿，更不必盲从敦煌壁画的"榜题"。"分身瑞像"是个全称，对双头佛像的命名不宜占用全称而应有所限制。显然，"双头分身瑞像"这个命名，既关照了双头佛像的实际创作情形，又符合大乘佛教甚深义理，比"双头瑞像""双身瑞像"和"分身瑞像"等数个曾经有过的命名都更为恰切妥当。

壁画的线与色

林若熹 / 中国艺术研究院教授

唐代（618-907）是中国历史的黄金时代，唐王朝是当时世界上最文明最富强的国家之一。其在壁画上同样有不朽的表现，是弧线锻造及色彩表现最辉煌的时期。《历代名画记》《唐朝名画录》《寺塔记》等书所载录的二百多名唐代画家中，就有过半人参与壁画创作活动，其中有著名画家阎立本、吴道子、周昉、王维、韩幹等。如果说石窟壁画、寺观壁画，更多地受到佛教影响的话，那么墓室壁画则是本土文化基因式的延续。我们的论述就是从墓室壁画与石窟壁画、寺观壁画两方面进行。

曹吴两体代表了当时两种造型观念，"曹衣出水"型是"自然"审美时代的总结，"吴带当风"是一种新的造型形态的开始，可以这样说，整个唐墓室壁画，其线条就是"吴带当风"的演绎，尽管有"周家样"等各种各样的线体出现，但造型形态却基本是清一色的"吴带当风"。当然，唐以后的墓室壁画的自然造型形态还是继续存在着，就像唐以前的墓室壁画的笔线也同样是自然造型形态的弧形，只是其主流地位让位于新的造型形态。具体地说，新的造型形态的产生，指的是此造型形态成熟，及自觉运用并成为审美的主流。其先前只是不成熟及不自觉的存在。因为我们在唐以前的墓室壁画看到这种造型，例如早在东汉的望都墓室壁画[1]。最具有说服力的是西壁上部六人，由北至南依次为：门下功曹、门下游徼、门下贼曹、门下史、追（槌）鼓掾、□□掾。其人物笔线有细笔也有阔笔，细笔塑造人物结构形态，阔笔强调人物衣物质感态势，细笔阔笔都简练流畅，都不是质形，而是神形，特别是阔笔的写性，总有写意的气韵，但都为圆转弧形。

唐前唐后，主流非主流，其墓室壁画的共同点是整体笔线的弧形。而唐墓室壁画是由韧性、流转有致的"吴带当风"式笔线所统摄。这又难怪，吴道子毕生之迹在"寺观之中，图绘墙壁，凡三百余间"。近人把被认为是吴氏的"莼菜条"[2]"兰叶描"描述为是纯正中锋

---

[1] 1952年，河北省望都县城东1公里处，发掘出一座东汉晚期的大型砖券多室墓，该墓由墓道、墓门、前室及东西耳室、中室及东西侧室、后室及北壁小龛组成。墓室长20米。壁画集中在前室四壁和通中室的券门上。

[2] 宋代米芾的《画史》记载："行笔磊落，挥霍如莼菜条。"元代汤垕《画鉴》记载："吴道子笔法超妙，为百代画圣，早年行笔差细，中锋行笔磊落挥霍入莼菜条。"有学者认为"蕈"即"蒲"，蒲似放大的兰叶。依此看来，"莼菜条"与"兰叶描"没有太大区别，不必多个叫法。"莼""蒲"二字古代互用，"蕈"只是"莼"的异写，这样才有必要存在"莼""兰"明显不同两法。

粗笔的铁线描式的圆钝笔线，及中锋用笔有提按飘举笔线。几乎所有史评家都一致认为传为吴氏的《送子天王图》的用笔是"兰叶描"体。从实证来看，该图属于卷轴画范畴，不适合用中锋粗笔"莼菜条"。确是可直观得到的"兰叶描"笔线，但"兰叶描"跟先辈张彦远的"春蚕吐丝"，及同为样板的"张家样"（张僧繇）、"曹家样"（曹仲达）、"周家样"（周昉）的笔线比，"兰叶描"还是粗笔，是有粗有细的粗笔。这里无意考证《送子天王图》的真伪，只是想说明吴氏的粗笔更适合图壁。另一现存元永乐宫三清殿壁画《朝元图》，几乎所有史评家都认为：其笔线是"吴家样"的脉络真传。《朝元图》飘举弧线是地道的中锋粗笔形式，尽管制作时不是一挥而就，但成画是一挥而就样[1]。吴道子主要身份是壁画家。吴氏画壁三百余间寺观，由于历史久远，荡然无存，但作为粗笔样板，也就是壁画样板的"吴家样"却存在于其他壁画形态中，这里不存在脉络真传，而是时代典范的延展。我们从封存于地下的唐墓室壁画可以得到印证。如果汉是弧线修炼的第一个浪潮，那么唐就是弧线锻造的第二个浪潮。吴道子就是其潮汐浪头。

　　随着隋唐的统一，华夏文化出现新格局。南北绘画的融合，使北朝拙朴的质线与南朝纤细的文线交融出沉稳均匀、精练而富有韧性弧形的"铁线描"。从同属昭陵陪葬墓的杨温墓（埋葬于640年）壁画与杨温外甥女燕妃墓（埋葬于672年）壁画，前后相隔约三十年，看其笔线造型的变化。杨温墓壁画笔线还是属于顾恺之的"春蚕吐丝"样，谨细古拙，弧形线内敛单纯，线造型简单、概念、没动感。三年后的长乐公主墓壁画，人物线造型却有着难以想象的变化。同样是细线，但弧线造型与人物形态结合已相当完美。很遗憾，这应属于卷轴画的造型形态，用壁画距离观之，笔线显得极为纤弱。而壁画的造型形态却是在四年后的李思摩墓壁画中产生的，该壁画笔线造型与杨温墓壁画的笔线造型相若。但其较粗的笔线已区别于"春蚕吐丝"样。尽管也有接近长乐公主墓壁画的造型形态，也同样是用较粗的笔线，只是属于卷轴画的细微变化，用粗线条表达，显得赘杂，弧形成为诟病。壁画与卷轴画之差别，主要是欣赏距离不同。壁画相对于卷轴画要大，且多是群画组画，气势恢宏，要有一定距离才能观赏，一般是平视或仰视，但都为远观。远距离是看不出具体细节的微妙讲究，因而用笔轻细、深浅变化对最终效果意义不大，反之整体宏观的把握，宽笔浓墨的弧形笔线更有视觉冲击力；卷轴画相对于壁画小，尽管可以挂在壁面陶心养性，但更多是开卷摆在案面观赏，甚或于提着雅鉴，这就要求有精湛的笔墨技艺与染功，它们一般是被平视或俯视，都是近距离观看。

　　较粗笔线做到弧形纯畅自然的造型形态，是二十年后的韦贵妃墓壁画的造型形态。在昭陵唐墓壁画中达到自由畅快的弧线的是燕妃墓壁画，即已是"莼菜条"样的境界了，壁面中

---

[1]　该图是古代中国重彩壁画的典范。唐以前，是淡彩，或重彩轻上色，唐及唐以后才有真正意义的重彩重上色。关系"一挥而就"样下文有论。

的《十二屏画》的笔线更是有飘举的样态。笔线的飘举，是用笔造型的自觉，是对对象形体的深刻了解的洒脱弧转。如果《十二屏画》的笔线飘举，还是显得概念、平简，而趋单一的话。武周时期的李重润墓和李仙蕙墓壁画已开始寻求解决问题。用女性摆动的"S"状姿态带动线条的飘动。"S"形并非观念的"S"形平面，而是立体的转动，因而虚实相生的线条在实的前提下，才有虚线飘举的浪漫情怀。"S"形从人物形体来，却造就了线形态的弧线造型语言。这就告诉我们，弧线主动的运用，是要有意味的塑造形体，有意味的形体才能使弧线借势飘转。玄宗时期的韦洞墓壁画和薛氏墓壁画的弧线就是根据人物势态、柔软丰肥，而有方圆粗细，聚合离散，运转随意飞动。苏思勖墓壁画的"焦墨薄彩"更专注于体用线条，至此粗线条笔线已灿然备至。吴道子是对"莼菜条"和"兰叶描"的总结发扬，使其成为壁画意义的造型形态而造就时代的风貌"吴带当风"。至于高元珪墓壁画所谓的"周家样"，即是卷轴画造型形态壁画化。

当然并不是所有的细线都是如此。"吴带当风"是重笔线轻色，但壁画也有一路重色轻笔线。强烈色彩对比之间的线可有可无，有使色与色之间有过渡，无显色与色反差强烈（线感亦自出）。张彦远的"具其彩色，则失其笔法"[1]可以从两方面理解：一方面是色弱化线，另一方面是色盖线（矿物颜料覆盖力强）。五代曲阳王处直墓[2]壁画，完全是晚唐"绮罗人物"，其艳丽色彩在视觉上使本有的笔线淹没于界线。这并不是说墓室壁画因此而不重线样，相反尊重色彩的细线的发展有"琴丝线"样。也就是说，重色一路壁画的线样，其个性的发挥必须在思考色彩的前提下。正是这种思考，重彩才有长足的发展。重彩壁画在石窟及寺观壁有更好的发挥。这跟壁画线造型语言的成熟密切相关。壁画线造型语言的成熟培育着色彩的表现，色彩在线的框架内成长，色彩造型反过来制约调整着线走向造型的纯粹。

中国画的主要工具是毛笔，毛笔的技术表现被毛笔的构造先决，毛笔功能有中锋用笔，侧、卧用笔，中国画的历史可简称为毛笔不同时期功能表现的演变史。中锋用笔最先被入手，其表现最先被审美所肯定。中锋骨线用笔主要应用在人物画描摹，描摹是人物画形象的真正需要。当侧笔的皴擦时，山水画产生，当卧笔的破撞时，写意花鸟产生，当握的这支毛笔从紧的中锋到松的侧卧，再到不用笔的肌理时，现代没骨产生。毋庸置疑谢赫六法论的"骨法用笔"既是中国画的灵魂，又是中国画的基本。宗炳的"以形写形""以色貌色"，及六法论的"应物象形""随类赋彩"又告诉我们：中国画的形与色可分可合，这跟西画明显不同，西画形色难以分离，但中国画的分都被中国画的"骨"所统摄。六法论的"传移模写"，模写的是

---

[1] （唐）张彦远：《历代名画记》，《中国美术论著丛刊》，人民美术出版社1964年版，第15页。
[2] 该墓位于曲阳县灵山镇西燕川村。自墓门至后室全长12.5米。整个墓室壁画皆彩绘，面积达100平方米。内室有人物、花鸟、山水。

骨线用笔与类色的执笔之法。作为造型能力的培养训练，在不断的描摹中使心手笔合一，这种临摹训练造型能力，与西方的写生造型能力的训练方法完全不同，但都同样能获得造型能力。作为中国画家，只有中国画方法的造型能力不成问题，只有西方造型能力就成问题了，两者兼有便进入现代中国画。古代中国画也有写生一说，与西画写生不尽相同，是写生命的节律安排，强与弱的动感调控，画面形成气势韵态的意味营造。写生的骨线，形与色通过传习，锻造造型能力，应用于造型语言经营表现。

那么，中国画的写生是怎样处理色形关系呢？形与色是造型内部问题，"形是一切"，色也是形，形色分合的关系随着时空变化发展而有不同的解读。画古时着色，且以石色为主，文人画起尚墨抑色，沿文人画道路前行，色也是墨主色副。对于色彩，中国画色彩应作何观？检视中国画色彩首先是源头，其次是流，流可分传统与现代，我们就源头、传统与现代这三方面观之。唐以前中国画是以色彩为主，没有写意（后来概念），倒是有没骨。色彩分勾染的工笔与点染的没骨，工笔有白描、淡彩、重彩。没骨有没骨花、青绿。中国画的色彩有矿物颜料与植物颜料两种。张彦远《历代名画记》有记曰：

> 武陵水井之丹，磨嵯之沙，越隽之空青，蔚之曾青，武昌之扁青（上品石绿），蜀郡之铅华（黄丹也，出本草），始兴之解锡（胡粉），研炼澄汰，深浅轻重，精粗林邑。昆仑之黄（雄黄也，忌胡同用），南海之蚁铆（紫铆也，造粉、胭脂，吴绿，谓之赤胶也），云中之鹿胶，吴中之鳔胶，东阿之牛胶（采章之用也），漆姑汁炼煎，并为重采，郁而用之（古画皆用漆姑汁，若炼煎，谓之郁色，于绿色上重用之）。古画不用头绿、大青（画家呼粗绿为头绿，粗青为大青），取其精华接而用之。

矿物颜料（石色）需要与胶调用，石色与胶好坏直接影响画的表现效果。从张氏对色、胶品质产地的讲究，可以看出至少在张氏时代色胶应用已相当成熟，更窥视到中国画色彩的本源。胶于石色是黏合剂作用，但胶是把双刃剑，好胶较透明，胶量多透明度减弱，若用上等胶且胶量恰到好处，并具有最高技能，那么石色晶体亮丽的程度便能最大限度地呈现。[1]

总之，石色的第一个特点是亮丽。之所以亮丽是其物理结构结晶体所致，结晶体特性是尽管石色已研磨成粉状，其微细颗粒照样是结晶体，亮丽结晶体但不能溶于水[2]，当然也不能相溶于他色，只能与他色相并合，不能相溶也就不能渐变，渐变能构成立体的错觉。因此，石色只能朝着自己所能，走向第二个特点——平面。亮丽与平面是石色两大特点。如何驾驭

---

[1] 设石色重彩故一般要把纸、绢矾熟。其矾法："春秋胶停，夏月胶多矾少，冬天矾多胶少。"（元代黄公望《写山水诀》）

[2] 溶于水是相对的，植物颜料也是微细颗粒，只是矿物颜料相对粗，若再研磨细也是可相对溶于水的，但丢失其亮丽。

亮丽与平面是中国画色彩要解决的问题。植物颜料与墨使石色一方面有灰色（间色与复色）及黑白互补，另一方面又能色彩渐变，墨分五彩，这是接下来要论及的流。然，石色的亮丽及平面始终是中国画色彩的灵魂，这正是为什么有着同西方色彩一样性能的植物颜料没有采用调色方法，追求微妙渐变的色彩表现，甚至是与西方色彩应用相反，向色彩亮丽平面的纯粹特质发展。植物颜料及墨的规约与发挥完全是尊重灵魂石色，从而并合相和。遗憾的是，中国画在其色彩还未成熟的青少年期，便进入壮年的文人画。

首先有必要厘清一下概念，中国色彩学与中国画色彩学尽管相互联系，甚或说同是中国文化的组成部分，但是两者不能等同，若要合二为一，那也只能存在于内形的道。中国古代色彩所涉深且广，与中国礼学同根同源，其可比为是礼学的衣裳。中国色彩学于此属于他论，无须多言，之所以言及只是为指出中国色彩学的发达不等于中国画色彩学的发达。不但如此，作为中国画色彩学还未曾完全展开。所谓的中国画五色论不是其本言，从表现的角度，它是功能性的，其语言还处于借用寄生的阶段。尽管谢赫的六法论被公认为中国画不刊法则。《画品》还是存在品人品道德功用之嫌，其形表人神比色重要，即使是到张彦远《历代名画记》，在"论画六法"时，色的地位也不高。但张氏认为气韵骨气归乎用笔，而用笔造型乃于形与色。张氏又认为"上古之画，迹简意澹而雅正……中古之画细密精致而臻丽……近代之画焕烂而求备"，形与色造型越古越简，越今越繁，张氏崇古之古"纯"且"法"。色彩中最单纯的色是红、黄、蓝、黑、白，人类先入为主是对黑白的应用，黑白便是色彩的代名词。黑白就像骨线一样进入中国绘画，成为造型语言的词根，熔铸最原始之色彩法，亮丽与平面。

宋后，文人从毛笔书写的笔墨路径进入绘画，中国画从此有他途，说他途是从线色的主干重开新路，说新路是卸色就线原路的方向，说方向是只要中国画的形、色精神，说形、色精神是指内形的意境、色彩代名词的黑白。于是乎，中国画的他途——文人画的外形、色彩是比原路差。本来有好的内在，没有物的依托也难以为然，然，文人画轻物形重笔墨形，使笔墨形触及造型语言本质特性的抽象性。笔墨造型语言完全可以纯抽象的表现，但顾及中国画原有的造型语言（原路的约定俗成），便成就抽象的笔墨对原有造型语言的借代形式——意象。一开始文人画对借形尽其努力也只能是大概、约略的，随着自身笔墨造型语言的发展，新的约定俗成与原有的约定俗成便交集相融。在精神层面，纯粹的色彩从黑白进入原色红黄蓝，再进入复色、间色，即从矿物颜料的纯粹进入植物颜料的变化。从笔墨意象形进入具象形，即从笔墨造型到笔墨造形，表面看是倒退，实是技艺锻造的必要过程。同样是技的原因，技熟生巧，巧生技，终于矿物颜料与植物颜料的两条路线因撞水撞粉之技而有交通，这是后话不提。

亮丽跟石色晶体折射光的特质有关系，石色晶体的不可调色必然是平面，而着色平面的合理性是"S"形后弧线造型语言的落实。规整有法度的线之间只有平面色彩才不会有歧义的视觉，反过来看，不可渐变的平面色彩也只有规整有法度的线才不会干涉色彩的纯粹。古代中国画色彩的自觉在青绿山水中得以表现，而青绿山水的石色色彩几乎贯穿壁画史。青绿最早期的运用是在古代壁画的山水，据说是从印度的凹凸花引用过来的。中国在汉以前的绘画中很少使用石青、石绿色，即使偶尔有之，也只是表现自然界的色彩，没有象征含义。汉以前的色彩为文化色彩观五行色服务，画面多施以纯净的色彩，很少有间色和复色，这是中国画受中国文化独特的宇宙观所决定的。石青、石绿在印度象征色情、艳姿、性感，在印度最古老的寺庙里就可得知。青绿到了中国后，其原本含义被中国文化过滤掉了。青绿山水的形成是源于对一种表现的学习。

从现有的文物资料看，汉、魏晋用石色的方法基本是一笔地写或一笔地染，还未形成多次染的技法[1]，随着印度石色的传入，多次染法才逐渐形成，这在克孜尔壁画、敦煌壁画得到验证。[2]多次染法是基于凹凸的表现，凹凸的表现最终成就了中国画的高、低染法，此两法沿用至今。

佛教传入对中国绘画的影响不仅表现在丰富了中国画的色彩，直接冲击了中国原有的以黑、红、黄为主的色调体系，掺入运用明度不大、纯度高、视觉冲击力强的石青、石绿为主的色彩，因而在山水画萌芽期得到普遍青睐。山水画从萌芽时代起就显示了青绿山水发展的优越性。六朝时期的山水题材多以青绿的方式表现。到了隋唐，传世作品仍以更加完善的青绿作品为多。在这一时期，青绿画法日趋成熟，很快发展到顶峰，其中展子虔的《游春图》和王希孟的《千里江山图卷》可谓是青绿山水的典范。青绿山水从壁画背景进入主体的人物，直至整个壁面。

白描的产生跟形色可分离有关，白描的形成与壁画线体的演进有千丝万缕的联系。壁画随着时代审美的变化而变化，但也受地域差异的影响，而面对彼此的差异，其造型风格在接受、适应、本地化的演变中发展。这就形成了各地壁画发展各不相同。我们论述的重点不是在发展结果的差异，而是在发展过程中的表现变化。从敦煌维摩诘像的粉本可以看到这种变化[3]，也

---

[1] 魏晋绘画延续着汉的风格，出入不大，特别是边远地区。被认为是东汉克孜尔第8、17、69窟等与西晋敦煌佛爷庙湾墓群的画像砖可说明一点。敦煌佛爷庙湾中位于墓葬甬处的《莲花图》长38.3cm、宽38cm，白粉底，用朱砂擦染莲瓣，从外向内渐次深浅。位于墓葬照墙处，《中矢虎图》长31cm、宽15.8cm，虎白粉底，用墨写形，右边树林前黄向后渐灰，用白色粗点点写树叶，由浓墨平行竖写树干，不论是用墨还是用色皆一笔写、染完成。

[2] 克孜尔石窟壁画因佛教关系，一笔写、染还没有那么明显有深浅的写与复笔的染（见上注），魏晋时期莫高窟第249、18、275、285窟等，深浅与复笔就已成定法。

[3] 敦煌的《维摩诘》像共有六十八铺，始于隋唐，兴盛于唐宋。我们从下列列举的图中既可以看到顾恺之的笔线图式的粉本。也可看到历代：隋莫高窟《维摩诘经变》（第420窟）、初唐莫高窟《维摩诘经变》（第203窟）、莫高窟《维摩诘经变》（第220窟）、莫高窟《维摩变》（第235窟）、盛唐莫高窟《维摩诘经变》（最能体现顾恺之的"清羸示病隐几忘言"）（第103窟）、中唐莫高窟《维摩诘经变》（第159窟）、五代莫高窟《维摩诘经变》（第98窟）粉本演变的痕迹。可参见林若熹：《中国画·线意志》，中国人民大学出版社2008年版，第176页。

可以从那些《经变图》的粉本看到这种演进[1]。粉本随时代发展不断地调整，就是为了适应时代审美及地域性的造型风格。粉本演变的同时，造型也在每一次描绘中修正提升、纯化。关于粉本，拙著《中国画·线意志》有专论，以下从三个方面的事实加以说明。一是起稿线与定型线不一，从敦煌早期壁画看出，土红色的起稿线来自粉本，浓墨线或朱砂线是发挥后的定型线。它们并非完全重合于一起，这是一个定型的调整过程。调整是要解决用线造型美的问题，并不在意用笔本身的变化。二是定型线并非一挥而就，而是由矿物颜彩填色，覆盖修改而成。敦煌壁画的笔线，到处都可以看到赋彩时不断修改的痕迹。永乐宫壁画的长线粗犷、有着游刃的弹性，同样可以看出其填补的痕迹。两到三米的长线怎能一挥而就？但最终的效果给观者的感觉是一挥而就。三是每一线条本身，只作整体的一个组成部分，无须强调每一笔的个性，而是整体节奏的把握，这是所有壁画都可看出的。壁画线体的调整修改，达到合乎目的的婉转流畅而又有整体力感的笔线，用笔就落实在中锋上，力量均匀单纯，墨迹自始至终粗细基本一致，使要解决的线体造型美问题清晰纯粹，而又不夺色。

　　壁画中飞天的形象是美的典范，壁画飞天的演变向线体造型美的发展是最有说服力的，更是"S"形演变形成的实例。壁画飞天的演进可分为四个阶段。第一阶段为"一"字形。飞天的原始粉本是人的形象，早期的飞天受人的属性左右。中国石窟壁画的飞天形象早在东汉时期的龟兹石窟就已出现，飞天动态僵硬可以概括为"一"字形，飞的感觉是在人形背上加一对翅膀，后来演变为飘带，中间出现似翅膀的简单飘带。再用小腿交叉以显示轻灵。"一"字形有直立的、斜摆的、横放的。斜摆的有动感，但飞不起来，横放有飘浮感，却缺乏飞的动力。斜摆与横放相加就产生第二阶段的"V"字形，这一阶段从南北朝开始。此时人物上半身依然是"一"字形裸露的延续，由于要顾及人体结构，所以整体来看其描绘生硬，加上笔线粗拙，下半身着装简单，较流畅的纹理笔线造型形成重、轻不协调情形（下半身有的用没骨的笔色，也同样不协调），但也确实有了飞动的感觉。如果从人的属性看，下半身飘扬的感觉是以消解人的肢体为代价的，从小腿的交叉发展到两腿的交叉点在臀部位置，比这两腿交叉大摆出位更绝的是干脆把臀部去掉，使整个下半身飘若无物。如果从飞天的属性看，却是设计飞天图式关键性的一步。尽管

---

[1] 以《维摩诘经变》图为例：北魏麦积山石窟（第127窟）《维摩诘经变》、东魏武定元年（543年，佛碑像中之《文殊问疾碑刻》）（纽约大都会博物馆藏）。关于唐代的《维摩诘经变》图请参阅读前注释，宋人在纸本的质材上的维摩诘像同样可以看到顾恺之的粉本演变的痕迹：北宋大乘经典中维摩经文之扉页图像（纽约大都会博物馆藏）、宋人的《维摩诘图》（北京故宫博物院藏）、南宋张胜温的大理国梵像卷上的《文殊问疾图》。宋的维摩诘像中，要算李公麟的《维摩诘女图》（日本东福寺藏）最能符合顾恺之所描述的"清羸示病，隐几忘言"这一图式粉本在以后朝代一直有演变下去，例如，元朝王振鹏的《维摩不二》（纽约大都会博物馆藏）是以金国画家马云卿（13世纪中叶）维摩为粉本，而马氏又以李公麟的维摩为粉本……

飞天以人为粉本，但毕竟不是人而是仙，这样看来，上半身保留人太多的属性，倒成为飞的障碍了。其实问题不在于人或仙，而在于处理手法不当。南北朝后期，飞天的上下两段开始统一在一弧形中，即"V"形演进成"C"形，进入飞天的第三阶段，也就是飞天的成熟阶段。此时的飞天造型呈弧形，就是绘制的笔线也随着造型的演变成熟为具有游刃弹性的弧形，造型成熟是笔线成熟的前提，我们可以看出这个时期飞天比例协调、动态自然、舒展，飞天弧形的笔线，在环绕其身的飘带表现上被强调，特征鲜明。对飘带于飞天所带来的飘飞效果的认识，使飘带成为了飞天不可缺少的组成部分，也使飘带自身飘扬开来，舒卷自如，舞动随意，且渐成飞天的主导符号。弧形回转的用笔，飘动洒脱流畅，与其说是缠绕飞天的白云，不如说是风、是天空的象征。飘带飘动的力与飘带柔韧的完美表现，是弧线用笔张缩、回转自如的高妙境界的挥毫，它象征着飞天辉煌的阶段。唐代呈"S"形为第四阶段。"S"形包含有"C"形的任意型。从"一"字形到弧形的形成，再从弧形的自由应用，是实践所经历的形的演变过程，也是技巧的演进过程，无论曹仲达的"曹衣出水"，还是吴道子的"吴带当风"，在这个时期的壁画都能看到其影子，其描法的确立，说明弧线的造型美已从技而进乎道。

唐末至北宋这段时间，壁画被认为是衰退期。从创新的角度看，此说法是有道理的，可能是由于当时社会动荡不安，造成人们对美好社会形态的怀念，继而出现复古的现象，合乎情理。另外，此时经济和文化重心南移，北方盛极的壁画也随之冷淡，也不无道理。但主要原因应是文人士大夫切入绘画，渐成领导地位，把壁画视为画工所作为而故意回避这种创作形式。文人士大夫是不愿接近工匠工作的，这样会降低其社会地位。"非不能也，盖实矫之，恐其或近众工之事。"[1]北宋以后的画史、画论著作，对壁画极少涉及，以至乌有。但壁画毕竟成为大众艺术，有它生存的空间。文人士大夫参与绘画者越来越多，越来越不愿作不易表现个性、耗费体力的壁画，他们热衷于创作卷轴画。职业画工为了生存，所关心的是如何迎合贵族们的意图，个性被动蛰伏而图壁。文人画家与职业画工身份指称越来越分明，有民间画工、宫廷画师和士大夫画家三大类。这时期壁画看似暂停不前，恰恰是锻造飞天线造型语言所不可或缺的，飞天线造型语言为未来线造型的发展奠定语言的基础。

卷轴画从壁画演变一路经历了壁画屏风屏障中堂的过程。唐末至北宋虽然壁画衰退，这段时间的壁画还是由士大夫画家、宫廷画师和民间画工三者共同参与完成。一般文人士大夫画线，工人成色（《历代名画记》有明确的数字记录）。这也是中国画色彩衰微、笔线造型有个性的开始。宋以后，文人士大夫画家才逐渐退出，专门从事卷轴画的创作。历代留下丰

---

[1]　（宋）邓椿：《画继》卷九，转引自俞剑华：《中国古代画论类编》，人民美术出版社 1998 年版，第 77 页。

富的粉本[1]，画工们默默无闻，一点点地在这些粉本上演绎造型，对线的内外修炼此时备受关注，内修神、理，外炼形、质。壁画线条自身变化锻造的同时，还有形态的创新。如苏州瑞光塔发现宋大中祥符六年《珍珠舍利塔宝幢》内含上的《四天王像》，衣纹用笔随着弧形变化以及用笔转折，有异于盛唐以前佛教壁画基本是弧线力均用笔，转接有形无笔的状态。其实敦煌石窟壁画自晚唐以来，各种形态的描法线体已逐渐出现，只是没有同时出现于同一画面，且技艺不精，如莫高窟第17窟北壁、莫高窟第36窟前室西壁、莫高窟第327窟西壁、榆林窟第3窟西壁、莫高窟第95窟南壁，当然也有笔线同样具有形质神理、描法多形态，且自然生动的莫高窟压卷之作，元代晚期第3窟。这种锻造提炼同样存在寺观壁画的创作，永乐宫壁画[2]是现存笔线造型形质神理并有的最完美典范。它不是以每根线自身的变化打动观者，而是以整体的节奏变化震撼观者，更是以"S"形成熟后的造型语言联通观者。永乐宫壁画与其说是线的成就，不如说是线造就色彩的辉煌。

　　壁画与卷轴画的相互影响有目共睹。自从画院画师、文人士大夫画家退出壁画行列，壁画日见衰微，在中原、西蜀与南方已成为事实。而在北方的辽国，据出土的壁画与卷轴画作品考察，尚未发现受晚唐发展起来的写意画的冲击，但受其影响。1974年出土于辽宁法库叶茂台第七号辽墓中两轴画，其中之一《竹雀双兔图》（原画轴无题名，现藏于辽宁博物馆），竹基本是白描双钩，麻雀、兔打粉底轻彩，野花没骨重彩。此画包含了花鸟画在发展中逐渐形成的淡彩、重彩、水墨、白描。而最为显眼的是竹所写的用笔力度不均，显得潦草，造型重叠不顾层次，实有行画之嫌。不论是开封画店商品也好，还是专为贵族人家殉葬的冥画也好，抑或是出自辽

［1］ 仅唐裴孝源《贞观公私画录》记载就有四十七处名迹。可以想象历代粉本有多少。四十七处名迹是：1.江宁晋瓦官寺有顾恺之、张僧繇画壁。2.永嘉宋法王寺顾骏之画。3.江陵晋龙宽寺史道硕画。4.郏中晋本纪寺史道硕画。5.会稽齐王观寺沈标画。6.汝州魏白雀寺董伯仁画。7.郏中魏北宣寺杨子华画。8.江宁梁定林寺解倩画。9.江陵梁惠寨寺张僧繇画。10.江陵梁延祚寺张僧繇画。11.江陵梁长庆寺江僧宝画。12.江宁梁何后寺陆整画。13.江陵梁光相寺丁光画。14.江陵梁陟屺寺张善果画。15.江宁梁高座寺张僧繇画。16.江宁梁景公寺江僧宝画。17.江宁梁开善寺张僧繇画。18.江宁梁草堂寺焦宝颙愿画。19.会稽梁报恩寺张儒童画。20.延陵梁资德寺解倩画。21.江陵梁天皇寺张僧繇、解倩画。22.郏中北齐大定寺刘杀鬼画。23.固州周海宽寺董伯仁、郑法士画。24.江宁陈栖霞寺张善果画。25.江都陈兴圣寺张儒童画。26.江都陈逮善寺陆整画。27.江都陈静乐寺张善果画。28.江都陈东安寺张儒童、展子虔画。29.江陵陈终圣寺董伯仁画。30.长安隋西禅寺孙尚子画。31.长安隋东禅寺郑德文画。32.江都隋惠日寺张善果画。33.长安隋永福寺杨子华画。34.长安隋灵宝寺展子虔、郑法士画。35.长安隋光明寺田僧亮、展子虔、郑法士、杨契丹画。36.洛阳隋敬爱寺孙尚子画。37.洛阳隋天女寺展子虔画。38.洛阳隋云花寺展子虔画。39.长安隋清禅寺陈善见画。40.洛阳隋发寺董伯仁画。41.长安隋兴善寺刘乌画。42.长安隋皈依寺田僧亮画。43.长安隋净城寺张僧繇画自外江移来，亦有孙尚子画。44.洛阳隋恩觉寺袁子昂画。45.长安隋空观寺袁子昂画。46.长安隋隆法寺范长寿、张孝师画。47.长安隋宝刹寺郑法士、杨契丹画。
［2］ 原址位于山西晋南永济县城南约20公里处的永乐镇上。元代山西寺观壁画在中国绘画史上占有重要的地位，特别是山西芮城永乐宫壁画。壁面重彩画，总面积近1000平方米，是中国古代最大规模的寺观壁画。三清殿是永乐宫主殿，殿堂内壁面以道教为题材，人物形象多达286个，其中《朝元图》展现的是浩大的朝圣队列，表现着端庄的道教仪轨。构图借用荆浩的高远法，以传统夸大"帝王"形象的创作模式，夸张或夸大八个主神，分段统领全局，众神分层叠加，高潮波澜起伏。粗体均匀的笔线，在疏密节奏中求变化。单线条飘逸的动感，规范于整体划一的弧形中。《朝元图》不偏不倚、严格尊重全局的线体，历来被批评为匠气之作。是的，独具匠心的线体弧形，却铸造出飘逸、恢宏、瑰丽的庄重。但用笔再精彩也受壁画的局限，且没有墨色变化。注重笔墨微妙变化，对笔法创新，是卷轴画的特征。正因为纯粹、简约，才显其高超的功力，之所以成为语言的秩序与规范。

国画师之手也好，都能说明辽画受唐宋画之影响。这种影响同样从辽代几处主要的壁画可以看出：内蒙古地区庆陵壁画，原陵已毁，其中壁画幸有专著中保存的彩色图版可资查考；克什克腾旗二八地辽墓石棺上的壁画；哲里木盟库伦旗一号辽墓壁画；辽宁境内的北票县小塔乡莲花大队耶律仁先家族墓三座中的辽代壁画；义县奉国寺大雄宝殿中壁画为元代以后所补，但殿顶梁柱上仍保留有辽代壁画；河北境内的赵德钧墓室壁画；宣化张世卿墓室壁画。如果说从辽壁画看出除了人物造型能看出辽人形象外，辽的笔线造型基本汉化，那么从金代壁画看出的就是完全汉化了的笔线。如：王逵《繁峙县岩山寺壁画佛传故事图》，山西绛县金墓室壁画，朝阳城南金墓室壁画。金代壁画笔线造型的成就，除了时代的锤炼，主要原因还是金俘掠了一些北宋画院画家，而北宋画家没有逃离北方的也不少。王振鹏临马云卿的《维摩不二图》白描卷，呈现出来的具有装饰美的笔线造型，形雅神逸，可以感受到原作的艺术造诣，也可以感知金人高超的笔线技巧。那些被鉴藏家认为是宋人所为的无名白描作品，让人怀疑应是金人手笔，在此可得到旁证。北方绘画被说成是慢半拍，后续发展则是壁画吸收宋卷轴画营养的大好时机，这正是永乐宫壁画辉煌的必要养分。本来壁画是有机会在完成线的审美的同时，对笔进行锻造与提升的。但由于印刷的广泛应用，文人士夫、画院画师忌讳壁画，尽管有些画工已开始这种尝试，但最终还是被文人士大夫参与的版画取代，版画接替壁画延展着线的意志与平面、亮丽的色彩。从画面的依托物角度看壁画与木板面都是硬性的，可以把版画看作泛壁画。从技法的角度看，笔和刀都讲法，都承载着精神的层面，因此，版画也可视为是卷轴画的外延。特别是白描卷轴画跟线刻木版画几乎是异质同体，陈洪绶的木刻本《水浒叶子》就是有力的说明。白描画，线笔功能凸显，就像书法跟毛笔那样关系单纯。赵孟頫把白描画的用笔与书法的用笔联系起来，而董其昌则视为普遍规律，具有"士气"的标准。一方面，水墨技法的"写"激起笔的纵锋逸势。另一方面，板面接替壁面，把感性的线用在壁面理性的修饰，把握那份激情尽可能自然地流露，把笔的豪情理性地进行雕饰而归结于板面。可惜明清版画用刀雕刻成的笔的审美，没有使白描画进入光辉时代。

版画始于何时，说法不一，但迟于隋代是公认的，明代万历时达到高峰。宋的版画除佛教题材外，科技、文艺门类也有大量雕印。版画之所以接替壁画，主要因素是：宗教转向世俗，当然壁画也有这种转向的趋势，从石窟壁画供养人的分量的增多，便可说明这一点，但它最终没能转向，而版画做到了，如金代《随朝窈窕呈倾国之芳容》[1]。题目本身就很世俗化，

[1] 《随朝窈窕呈倾国之芳容》取材于汉李延年歌词："北方有佳人，绝世而独立，一顾倾人城，再顾倾人国。宁不知倾城倾国，佳人难再得。"所画四美人是汉之王昭君、班姬、赵飞燕、晋之绿珠。"这幅版画杰作，人物画的都很丰满美丽，雍容华贵，典雅不俗。背景石栏牡丹点景，笔笔落实，绝非可有可无之物。镌刻严肃认真，笔行刀随，韵味无穷。这幅作品，与唐周昉仕女图轴、宋武宗元《八十七神仙卷》可相媲美，异曲同工。"《中国美术全集·绘画编·版画》，上海人民美术出版社1988年版，第24页。

人物造型，衣纹走势，明显是从壁画的道、佛画粉本中脱胎。元曲的产生，以及小说、传记等通俗文学大量出现，插图版画也随之入俗。明永乐迁都北京，官方参与刻书，时全国两京十三省皆设刻书场，清官方更是有"殿版版画"。明清出书的风尚，在市场效应的影响下，竞争促使版画艺术迅速发展，明清版画显然是弧线提炼的第三个浪潮。

白描画反而使版画进入光辉时代。白描画可以直接绘稿刻印，尽管中国古代版画，开始是以一种实用美术而行世。但后来由于文人士大夫的介入，因为古代绘与刻分工，当然也有绘、刻一人完成的。制作过程既可直接由画家画于雕刻木板，也可以画成粉本，甚至干脆拿白描画作稿，工人虽是以忠实于原稿为目的，然刀与木板毕竟不是毛笔与绢纸。版画的制作既左右着粉本的笔线，也使自身的刀法随之生成、发展。版画比卷轴画小，比壁画更小。壁画的大，使线自身的整体造型及线的构成成为关键问题。而版画的小，使线笔的密度与精度具有高质化。刀与小平面木板的特性，不但使用笔造型精微，也使用笔造型模式化。中国版画的弧线审美、精神圆逸是建立在用刀理性的基础上。版画用刀的棱角比照出笔线转折自如放逸。但转折处像"折钗股"那样，具有弧的韧性。在交叉组织、线的编排上，使其程式化而又不失朴实与自然。版画的黑白对线的疏密在构图中的节奏控制于传统留白，更显示线的表现力。版画入俗，更是中国画线的造型语言入俗[1]，因而线依然具有当代性。

当下的卷轴画，孰是孰非很难定论，但技术性及低级的错误还是清楚了然，例如壁画与卷轴画之关系。当今之中国画界，时髦画大画，特别是工笔画。本来画大画并没有错，错在哪？如果我们把宋画小品放大至2米上下，那是什么样的效果？如果造型放大了，笔线没有放大，只是拉长，那又是什么效果？错就在用画卷轴画的笔线，全然没有壁画视觉要求所构成的色彩与笔线。更为甚者，用文人画虚淡的笔墨观取代中国画亮丽平面的色彩。

---

[1] 插图版画发展成为当代插图，只在线的疏密节奏于构图中的有些微发展。而对毛笔的笔线，却虚略不顾。特别是"文化大革命"时期，对知识分子鄙弃的同时，也鄙弃了精神圆逸；对政治功能的强调，也使传统的弧线审美用笔被削弱，却成就了白描的另一种样式连环画。连环画的普及广度有如中国样板戏被七亿人民齐声高唱那样。这是线描在文学领域的伟大贡献，但传统的白描画却销声匿迹。十几年前由多家权威单位主办了"百年中国画展"，并由人民美术出版社出版了《百年中国画集（1901-2000）》，百年里共选取550幅代表作。而白描画只有二幅：陈子奋的《白描花卉卷》（1953年，中国美术馆藏）、陈振国的《詹天佑》（1984年，中国美术馆藏）。"文化大革命"后恢复全国美展，我们把六届至九届全国美展的白描画作统计，情况如下：第六届全国美展参展作品567幅，白描作品5幅：叶浅予《维吾尔人》，陈振国《詹天佑》，张宏寅《老舍》，沈涛《洪秀全造像》，王孟奇、张友宪《三口之家》。第七届全国美展参展作品490幅，白描作品2幅：杨悦浦《五主席图》，欧治渝《七君子》，还有施淡彩的黄耿辛《高原盛会》，贺宣华《群仙迎春》。第八届全国美展中国画也在各省展出，获奖作品才在京展出，白描画获奖作品：冯远《屈赋辞意图》，岳海波、卢冰《齐鲁名贤图》。第九届全国美展参展作品614幅，白描作品2幅：马自强《青玉米》，刘正洪《我们万众一心》，还有施淡彩的黄柔昌《爱心》，宋丰光、张锦平《绿野》，于友善《九九春运图》。以上的白描部分可以看出还是当代插图及连环画的范式。白描画发展之惨淡十分明显。近年来看似对白描有所重视，有大量冠以白描画、线描的技法及画册出版，然都是些写生稿，是些工整的写生稿，与其说是白描画，不如归为标本画或创作素材。

西南丝绸之路滇藏川黔交界地区的基督宗教音乐文化遗产

孙晨荟 / 中国艺术研究院副研究员

基督宗教在滇藏川黔四省区已有四百多年的传播历史，这片区域生活着几十个少数民族，有原始宗教、天主教、基督教、藏传佛教、苯教、伊斯兰教等多种宗教文化，多地仍是一百多年前"交通靠走、联系靠吼、取暖靠抖、安全靠狗"的生活状态。这里是西南丝绸之路也是茶马古道的属地，交界区域更是重合着藏彝走廊、大香格里拉以及康巴藏区等多生态人文的文化富矿。基督宗教在这片区域的本土化生存和发展，有着非常特殊和珍贵的音乐文化遗产。从文本资料和艺术水准的角度而言，最具代表性的是藏族的天主教音乐文化、傈僳族的基督教音乐文化和苗族（大花苗）的基督教音乐文化。

一、藏族天主教音乐文化

2008—2010 年，笔者对天主教在藏区的历史遗存进行了较全面的田野调研。罗马天主教会开辟西藏的历史上溯 17 世纪早期，下至 20 世纪 50 年代，可分三阶段：第一阶段 17 世纪早期至 18 世纪中期，是对西藏腹地传教的探索；第二阶段 19 世纪中期至 20 世纪初期，由西藏腹地转向云南和四川交界的边藏地区稳定战果；第三阶段 20 世纪初至 50 年代，边藏教区的逐步发展至强行结束。

如今，在云南、西藏和四川三省交界的边藏地区（康巴藏区）仍保留有 20 余座藏族人的天主教堂，主要集中在西藏芒康县上盐井村、云南怒江傈僳族自治州贡山独龙族怒族自治县、云南迪庆藏族自治州维西县和德钦县，以及四川甘孜藏族自治州康定县和阿坝藏族自治州小金县境内，教徒中还有一些傈僳族、怒族、白族、纳西族、普米族和汉族人。

在调研期间，笔者接触到了一些珍贵的文本、书籍和信件等，这些历经浩劫的残存资料大多具有一百多年的历史。笔者曾有幸参与短暂的整理工作，简单梳理出部分音乐谱本资料。其中，一部分是 19 世纪欧洲出版的拉丁文圣歌谱本，内容为教会礼仪用乐和格里高利圣咏。另一部分是 20 世纪初中国本土出版的格里高利圣咏歌本，最特殊的是一本 1894 年法国出版的藏文天主教圣歌谱本，至今仍在藏区的天主教堂中使用。

（一）音乐谱本：拉丁文圣歌谱本

在四川康定的调研中，笔者接触到一些 19 世纪末至 20 世纪初拉丁文和法文版的拉丁文圣歌谱本，以及一些带有歌谱的天主教礼仪用书，主要由法国、罗马和比利时印刷出版。这些谱本的原本装帧精美，如今大部分破损严重。因涉及拉丁文、法文及诸多专业宗教术语，仅将部分谱本及礼仪用书按出版年代排序后，做书名翻译并附简介。

编号	书名	译名	出版	年份
No.1	PONTIFICALE ROMANUM-SUMMORUM PONTIFICUM BENEDICTOXIV. PONT. MAX.	《罗马宗座》；本笃十四世礼仪用书；钦准版	SUMMI PONTIFICIS, S.CONGREGATIONIS DE PROPAGANDA FIDE 罗马传信部；MECHLINIAE 比利时马利内出版	1855
No.2	L' OFFICE PAROISSIAL ROMAIN LES MESSES ET lES VÉPRES	《堂区日课》 素歌；罗马弥撒和晚祷：包括主日与所有圣人的瞻礼、晨祷、早祷、圣诞节、圣周及葬礼等	RENNES, DE L' LMPRIMERIE DE H.VATAR 法国 H.VATAR 教区 RENNES 雷恩出版	1863
No.3	OFFICES DE LA SEMAINE SAINTE ET DES FÊTES DE PAQUES	《日课：圣周及复活节瞻礼》遵罗马礼仪；新版；法国马赛主教准印	MARSEILLE 法国马赛 CHEZ. J. MINGARDON 书店出版社	1869
No.4	RITUALE ROMANUM PAULI V PONTIFICIS MAXIMI ET A BENEDICTO XI V	教宗保禄五世及本笃十四世《罗马礼典 / 礼仪手册》（圣事礼典 / 礼节本）；增祝福指引；钦准版；德国里根斯堡首版；罗马礼仪部准印	S.SEDIS APOST. ET SACR.RITUUM CONGREGATIONS TYPOGRAPHI. 罗马礼仪部；PARISIIS 巴黎、LONDINI 伦敦、TORNACI 比利时图尔奈出版	1872
No.5	GRADUALE ROMANUM	《罗马阶台经 / 升阶经》（答唱咏）；包括弥撒及主日所有时辰祈祷；根据最古老的手抄本修订；新版；法国巴黎教区主教准印	LECOFFRE FILIO ET SOCIIS, SUCCESSORIBUS; PARISIIS; LUGDUNI 法国巴黎、里昂 LECOFFRE FILIO ET SOCIIS 出版	1875
No.6	GRADUEL ROMAIN	《罗马阶台经 / 升阶经》（答唱咏）；包括弥撒和第三时课、主日和全年瞻礼、平安夜的日课以及主要游行；REMIS 里姆斯和 CAMBRAI 甘勃来教区根据最古老的手抄本修订；法国亚眠教区主教准印	法国巴黎 VICTOR LECOFFRE 书店出版	1881

编号	书名	译名	出版	年份
No.7	OFFICIA PROPRIA	《通用日课》；圣人补充；部分；圣 IRENAEI 修道院准用；里昂；赛诺玛尼副主教准印	法国索莱姆修院出版	1888
No.8	CANTUS VAR Ⅱ	《多种圣歌Ⅱ》；选自《罗马对唱经本》；为小唱经班搜集；圣若瑟与圣母玛利亚的敬礼；新版及增订版；重庆代牧区主教准印	CHA-PIN-PA, TYPIS MISSIONIS TCHOUAN-TONG 沙坪坝；东川府传教（今云南会泽）出版	1894
No.9	ANTIPHONARIUM ROMANUM	《罗马对唱经本》；包括所有年份的主日及瞻礼庆日；包括主日、瞻礼、复活节及葬礼的夜祷；按最古老的手抄本修订； REMIS 里姆斯和 CAMBRAI 甘勃来教区	法国巴黎 VICTOREM LECOFFRE 书店出版	1899
No.10	HYMNORUM SERIES	《圣歌系列荟萃》；包括光荣神、赞美圣母与圣人；巴黎外方传教会	HONGKONG NAZARETH 香港纳匝勒静院出版	1907
No.11	CENT MORREAUR DIBERS	《一百首歌曲选集》；纪念殉道圣人；家庭纪念版	MISSIONS ÉTRANGÈRES 法国巴黎外方传教会出版	1910
No.12	VESPERALE	《晚祷》（晚课经）；至圣罗马教会；教宗庇护十世修订版；梵蒂冈对唱经本	SUMMI PONTIFICIS, SS. CONGREGATIONUM RITUUM ET DE PROPAGANDA FIDE 罗马礼仪部传信部；MEDHLINIAE 比利时马利内出版	1913
No.13	《大弥撒及圣体降福经歌摘要》	《大弥撒及圣体降福经歌摘要》；河间府主教准印	HOKIENFU, TYPIS MISSIONIS CATHOLICAE 河间府（今河北献县）教区出版	1913
No.14	LIBER USUALIS	《常用歌咏集》；弥撒与日课；主日及第一或第二台瞻礼和额我略圣歌；自梵蒂冈版；附索莱姆修士的节奏说明	S.SEDIS APOSTOLICAE ET S.RITUUM CONGREGATIONIS TYPOGRAPHI 圣座及罗马礼仪部；ROMAE 罗马、TORNACI 比利时图尔奈出版	1923
No.15	CANTUS VAR Ⅱ	《多种圣歌Ⅱ》		不详

在云南迪庆藏族自治州德钦县图书馆中，现存七百多册原康定教区云南总铎区所在地——茨中天主堂的外文藏书。2009 年 12 月，笔者专赴县图书馆查阅相关数据，馆内刚请一位法文老师翻译出大部分的书目名称，但因其不懂拉丁文，因此，在拉丁译文及宗教术语上有不少错误。笔者查阅到数十本相关礼仪及圣歌的书目，现翻译如下：

1879 年比利时版《罗马弥撒经本》大开本

1888 年巴黎版《罗马阶台经 / 升阶经》（答唱咏）

1891 年巴黎版《罗马对唱经本》

1899 年巴黎版《罗马对唱经本》

1904 年比利时版《罗马礼典 / 礼仪手册》（圣事礼典 / 礼节本）

1904 年比利时版《罗马日课经》

1905 年罗马版《罗马日课经》

1907 年比利时版《罗马弥撒经本》大开本

1907 年香港版《1908 年礼仪历书》

1908 年梵蒂冈版大本的《对唱经本》

1910 年比利时版大本《罗马弥撒经本》

1916 年 Turonibus 版《罗马日课经》

1923 年香港纳匝勒印刷版《圣歌集》

1923 年比利时版《罗马弥撒晚祷》

1926 年法国版《礼仪规则》

1931 年巴黎版《神圣时辰》

1932 年意大利版《对唱经本书》

该馆很幸运地保存有用于摆放在教堂祭台的大开本拉丁文《罗马弥撒经本》及《对唱经本》，其中《罗马弥撒经本》外皮包有精美红色布绣的外套，仙鹤、仙桃、小鹿、大钟等图案五彩纷呈。

这批书目的出版时间自 19 世纪中叶至 20 世纪初期，正值欧洲礼仪改革运动初露端倪期间，同时也是天主教和新教教会全球殖民及大宣教期间，这些古老的教会音乐谱本在尊重传统的学术研究中复兴重整，以上列出的每一书目的版本，其所涵盖信息都反映出欧洲这一影响深远之运动的演变历程。

（二）音乐谱本：藏文圣歌谱本 Chants Religieux Thibétains

笔者在滇藏交界地区天主教的考察中，发现一种藏文圣歌谱本 Chants Religieux Thibétains，所到之处的每处藏族和会说藏语的其他民族之天主教人家都会颂唱其中的圣歌。该书 1894 年印刷出版，64 开本，有藏青、红等几种封皮颜色。尚不清楚该谱本当年的发行量，但现今教徒实际的拥有量寥寥无几。西藏的一位教徒告诉笔者，"文化大革命"时期，四川康定教区将剩余不多的谱本装进木箱埋入地底，逃过一劫保存至今，宗教政策落实后，存留谱本全数运到西藏盐井天主堂。而康定教堂的某负责人则告之，"文化大革命"期间教堂被抄，没收书籍堆置于县文化馆，由于看不懂文字，县文化馆负责人将存留余下的部分返还康定天主堂，其中就有一批藏文圣歌谱本，20世纪80年代西藏盐井教堂原神父祝圣时，这批歌谱连同其他藏文资料被送给盐井教堂以供藏族教徒使用。不过教徒的手中鲜有保存这种谱本，如今云南贡山县天主教两会拥有一本，丙中洛乡各教堂的老教徒有数本，云南茨中教堂片区的老教徒有几本，西藏盐井教堂拥有的数量最多，每位教徒几乎人手一本，但总共不过百本左右。人们知道其宝贵，轻易不拿出手，笔者见到每本均有泛黄霉点，不过印刷质量上乘，但凡存留至今的，除虫鼠咬痕，纸张基本无破损霉变，字迹清晰无消匿。西藏盐井天主堂的教徒送给笔者一原书，其中的黄变水印丝毫不影响阅读，打开封皮还掉出些许土渣。

藏文圣歌谱本全书共22首，一百多页的小册子汇集三种语言：封皮封里标注法文，每首圣歌的标题为拉丁文和法文，乐谱为标准的罗马天主教四线纽姆谱，歌词是拼音式藏文。对今天的学者而言，掌握这三种晦涩的文字绝非易事。历史中，在滇藏川交界地区的传教士需掌握汉语、藏语以及其传教区域的少数民族方言，因此，编撰各语言之间的对照字典是打开

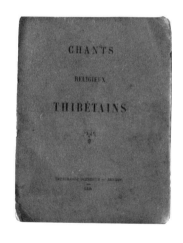

（1894年出版的藏文圣歌谱本，封皮）
封皮：
Chants 圣歌
Religieux 宗教的
Thibétains 西藏的
Imprimerie 出版
oberthur-rennes 欧贝特-雷恩 1894年

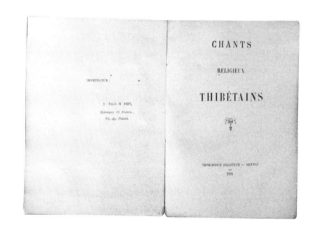

（1894年出版的藏文圣歌谱本，封里）
封里：
Imprimatur（天主教会对出版物的）出版许可
Felix M.Biet 毕天荣 [1]
Episcopus tit. Dianen.,——主教 Dianen.
Vic.Ap.Thibeti.——Vicarius apostolicus Thibeti——西藏宗座代牧区

---

[1] 毕天荣，曾任西藏宗座代牧区主教，1878-1901年在任，本书由他许可准印。

传教之路的重要工具，这也直接地促进了文化交流。在此略举两例：香港 1899 年出版法国传教士编写《藏文拉丁文法文字典》、1902 年直隶河间府出版法国传教士编写《法文英文拉丁文汉文对照词典》，这些是西人传教的附带结果，至今国内的学术界及出版社尚无人涉及这些领域。关于这本藏文圣歌谱本的印刷出处，老教徒告诉笔者，由于条件所限，此书当年由法国传教士送到香港印刷。

　　藏文圣歌谱本共计 22 首，由于四线谱采用首调唱名法，经笔者努力将四线谱和藏文歌词全数翻译成五线谱和中文歌词逐一剖析，并整理出原文与中文对照的目录，具体的详解可参考笔者的相关专著。

编号	曲名	译文
No.1	Asperges me	（拉）复活期外洒圣水
No.2	Veni Creator	（拉）求造物主圣神降临
No.3	Ave Maris Stella	（拉）万福光耀海星
No.4	Ave verum	（拉）圣体颂
No.5	Cantique au Sacré -Cœur	（法）耶稣圣心赞歌
No.6	Miserere	（拉）主啊，怜悯我—圣咏 51 篇
No.7	Dies irae	（拉）公审判词
No.8	De Profundis	（拉）哀悼经 / 自深处—圣咏 130 篇
No.9	Adoro te	（拉）我今虔诚朝拜你
No.10	Adoremus in aeternum	（拉）永远朝拜
No.11	Te Deum	（拉）感恩赞
No.12	Cantique de Noël	（法）耶稣圣诞歌
No.13	Ofilii et filiae	（拉）耶稣复活歌
No.14	Magnificat	（拉）圣母尊主颂
No.15	Ogloriosa Virginum	（拉）吁圣母童贞之光荣
No.16	OMisèricordieuse mère- invocationordinaire	（法）慈悲圣母
No.17	Regina caeli laetare	（拉）天后喜乐

编号	曲名	译文
No.18	Stabat mater	（拉）圣母痛苦 / 圣母悼歌
No.19	Litanies du St. nom de Jésus	（法）耶稣圣名祷文
No.20	Litanies de La Ste. Vierge	（法）圣母德叙祷文
No.21	Litanies de St. Joseph	（法）圣若瑟祷文
No.22	Litanies du Sacré -Cœur	（法）耶稣圣心祷文

（三）本土化的仪式与音乐

除了固态的历史文本资料，活态传承的藏族天主教仪式与音乐也是独一无二的文化遗产，已经本土化的教会礼仪、人生礼仪和大瞻礼的歌舞，均反映出欧洲天主教文化和藏族文化的文化融合路径。下表是在大量的田野实例分析后的总结，根据仪式中程序的调整、仪式中音乐的变化和仪式的本土特点三部分，反映从清末至 1950 年代→1950 至 1980 年代→1980 年代至现在的藏族天主教教会礼仪与音乐的变化。

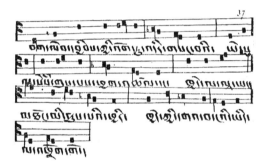

藏文圣歌 "Adoro te 虔诚朝拜" 首段，每段相同。
Chants Religieux Thibétains, Imprimerie oberthur rennes, 1894 年，第 37 页。盐井天主堂提供影印本

时 间	仪式中程序的调整	仪式中音乐的变化	仪式的本土特点
第一阶段： 清末至 1950 年 ① 1846 年至 1890 年 ② 1890 年至 1950 年	拉丁文仪式 藏文祈祷词	藏文圣歌-普通教徒 拉丁圣歌-神职人员	藏文祈祷词 藏文圣歌
第二阶段： 1950 至 1980 年	销匿	销匿	销匿
第三阶段： 1980 年至现在	汉文仪式 汉文祈祷词 藏文祈祷词（少量）	汉文圣歌-全体人员 藏文圣歌-普通教徒	汉文圣歌 汉文祈祷词 藏文圣歌（少量） 藏文祈祷词（少量）

教会礼仪是圣俗世界的分别，这种延续了一千多年的拉丁礼仪的宗教气氛是对神圣教会和至高精神世界的认同与回馈，而中文礼仪只是一种纯粹的仪式改革，没有触及日常生活，没有改变生活伦理。如今，藏区长期缺乏神职人员的状况使当地的基本宗教生活保障都处于举步维艰的现实，对于那些受益于旧时教会恩泽的老教徒而言，人们必然对现状不满而心怀留恋；对于中年教徒而言，他们对教会的情感是延续自老辈的传统；对于青年教徒而言，教会生活更不具备吸引力，不过人们仍然保留对家族和传统的尊重和维持。于是事情变成：人们持续传统教会的思想教导即教堂是圣殿，世俗之事不可进入，应念经祈祷和唱圣歌。而步出教堂后，大门随即锁上，神圣世界就此结束。即便是宗教大瞻礼节日的庆贺除宗教仪式其余均在教堂之外举行，欢庆的内容与宗教无甚关系，教堂大门成为圣俗世界二分的标签——换种方式说明即教徒们进教堂唱圣歌，出教堂唱与常人无异的歌曲。在行为上除了周日上教堂念经，有些地方在平日的早晚期间进堂或在家中念经，饭前有谢饭经（并不是每个人都遵守）等之外，很难看出教堂之外的教徒与非天主教徒有任何区别。在笔者看来，这些教会礼仪更多层面上是一个标志，分别圣俗世界的标志。

藏族天主教的人生礼仪同样是混杂了欧洲、中式以及本土多民族文化的仪式，不过它的主题仍然是西方的天主教文化，这是圣俗群体的混融，这是开放的仪式。作为教徒和非教徒共同参与的礼仪，实质上是传统伦理占据主导地位。这些仪式中，即使有神职人员的主持或参与，其边缘化状态也是中国天主教的特征。传统的家族制度、血缘观念、村庄共同体等没有改变。圣俗群体在开放的人生仪式中仍然延续他们本有的习俗并和睦相处混融一体，彼此不同的宗教信仰并不成为妨碍。

大瞻礼（天主教节日）的歌舞是藏族天主教最有特色的展现，在传统的天主教节日中，教徒用藏族传统的锅庄舞和弦子舞欢庆，以至于笔者在藏族教堂过圣诞节，不知道他们究竟在过什么节日？这是圣俗身份的联结，这些歌舞虽与宗教仪式无关，但其发生的时间地点均有特殊性。这些民间歌舞原本出现于农闲、春节、佛教节日、婚礼中及乡民自娱自乐时，滇藏川交界地区的天主教徒与该地区其他人的区别是信仰不同，因此，民俗中民间歌舞的成分原样保留，佛教节日中的歌舞类别取消。在举行天主教四大瞻礼庆日时，教堂内宗教仪式结束之后，人们聚集在教堂外的广场中围圈歌舞欢庆，这些舞蹈是民俗性的藏族弦子舞和锅庄舞以及傈僳族、怒族的民间歌舞种类，原有民俗中与藏川佛教或原始宗教相关的内容被小心剔除。这些歌舞除在春节、婚礼和自娱时间以外，固定在天主教四大瞻礼庆日的宗教仪式结束之后欢庆，百年沿袭下来构成该地区独具特色的宗教及文化特征，亦是天主教在该地区本土化的显著之处。作为一名天主教徒，进堂之时是面向天主的神圣身份时刻，出教堂之后与大家欢庆传统歌舞是与俗世人群身份无异的时刻，教堂外的民间歌舞成为藏区天主教徒圣俗身份的联结点。

歌词大意是：

> 有了共产党人民得解放
>
> 人民得解放五谷丰登
>
> 五谷丰登酿造美酒洒下
>
> 甜曲

弦子舞5（茨开）

孙晨荟记谱

例如，这首传统的藏族民间弦子舞在云南藏区的天主教会中人人会唱，内容与天主教没有任何关系，但在天主教的四大瞻礼活动中却是必唱必跳的歌舞。云南怒江傈僳族自治州贡山独龙族怒族自治县文化部门自行录制 VCD《怒江八大民族舞》，将这首弦子舞略加改编，作为当地藏族民间舞的代表录入其中，由怒江州民族歌舞团表演。教堂区域只有在这样歌舞欢庆之时，各种信仰的人们才可以手拉手毫无拘束地在天主教堂门口高歌欢舞，此举常引来很多人驻足围观并参与，简单易学的藏族圆圈舞亦成为跨越民族与宗教的良好沟通方式。

二、傈僳族和苗族（大花苗）基督教音乐文化

（一）傈僳族和大花苗的四声部合唱音乐

在中国西南边陲的云南西北部怒江州和贵州西北部毕节地区，有一道奇特的风景线——傈僳族和苗族（大花苗）的四声部合唱为世人展示了天籁般的灵魂之歌，这个文化遗产承载着一段沉寂的历史如同山谷中的百合花一般洁白、纯净而芳香，飘逸在深山峡谷里，惊艳震撼着每一位到访者。

作为傈僳族和苗族最普通的农民，却演绎着高水准的西方四声部合唱音乐，这样的歌声已代代传承了一百多年。他们日常歌唱最多的是 19—20 世纪的欧美四声部赞美诗，曲目有一二百首之多，亨德尔清唱剧《弥赛亚》、贝多芬《欢乐颂》、舒曼《茨冈》、莫扎特《荣耀颂》以及巴赫的宗教音乐作品等西方经典也是他们的必唱曲目，这种音乐素养在中国通常只有一二线城市的专业音乐团体才可能具备。

傈僳族是一个不为人熟知的西南少数民族，甚至连"傈僳"这两个字的发音也令人陌生，他们跨越国境，主要聚居在中国、印度、泰国、缅甸、新加坡、马来西亚、菲律宾、老挝和越南等国，少量聚居在俄罗斯、美国和德国。傈僳族在中国境内主要聚居于云南省怒江傈僳族自治州的泸水县、福贡县、贡山独龙族怒族自治县和兰坪县，丽江市辖多县以

及迪庆藏族自治州的维西傈僳族自治县。云南省其他部分州县以及四川省部分州县也有散居的傈僳族，他（她）们与其他各民族混居，形成大杂居、小聚居的分布特点。傈僳人的宗教信仰主要是原始宗教和基督教，少部分人信仰天主教和藏传佛教。1908年基督教传入云南腾冲傈僳族村寨，20世纪20年代之后怒江州多数傈僳人皈依基督教。傈僳族能歌善舞，歌舞围绕日常生活的每一部分。云南保山和德宏地区的傈僳族流行歌舞乐结合、欢快跳跃的踏歌，代表形式为三弦歌舞"斯布厄瓜且"。民歌有单声部和多声部两种，代表性曲调有叙事歌"木刮"、抒情歌"摆时"和叙事性小调"优叶"等。"摆时"多为对唱，由多人挽手围成圆圈，边唱边摆动身体，缓慢移动，领唱两句，合唱两句，合唱多为支声二声部，也有支声三或四声部。怒江地区的傈僳族演唱民歌时，常用喉部颤音润腔，形成一种特有的演唱风格。不过傈僳人并未将这些民间音乐传统运用在四声部合唱当中，但他们却保留了自己原生态的嗓音用以演绎西方作品，这却是十分具有特色的。傈僳族主要传统节日有阔时节（新年）、澡塘会、刀杆节、畜牧节和情人节等。在云南省怒江傈僳族自治州，阳历12月20日被当地政府法定阔时节假期，12月24-26日是三天圣诞节活动，因此，每年从12月20日开始一直到12月27日左右，整个怒江州都沉浸在节日的氛围里，此时正逢旱季，也是前往该地区旅游的好时期。

苗族是一个发源于中国的国际性民族，人口遍及中国31个省、自治区、直辖市及亚洲、欧洲和美洲各国。他们按服饰或发型等划分诸多的分支，如大花苗、小花苗、青苗、白苗、红苗、黑苗、长角苗、短角苗、歪梳苗和短裙苗等。擅长演唱西方四声部合唱音乐的大花苗，现今分布在川滇黔三省毗邻地带，主要生活在贵州省境内的威宁彝族、回族、苗族自治县和赫章县以及云南省境内的昆明市郊、曲靖市、楚雄彝族自治州和昭通地区等。他们自称"大花苗"，苗语称"阿卯"，语言为苗语川黔滇方言滇东北次方言，服饰为乌蒙山型威宁式、武定式。苗族的歌舞丰富多样，最主要的是民歌和芦笙调。代表性民歌有长者演唱的古歌及年轻人喜爱的情歌等，芦笙调有舞曲和祭祀曲等类型。苗族最重要的节日是5月至8月的花山节，节庆上的歌舞大戏必有芦笙舞和民歌演唱。今日的花山节已是苗族同胞交流聚会的最佳庆典，成为集民族传统文化和体育活动于一体的综合性节日活动。苗族的传统信仰是以巫文化为主的原始宗教，敬拜祖神、自然神、魔鬼、神山、神石和神树等诸多鬼神，其中祖先崇拜占据重要的位置，祭祖也是苗族原始宗教中最隆重的祭祀仪式，19世纪末20世纪初乌蒙山和川滇黔三省毗邻地带的大花苗皈依基督教。

当一百多年前西方文明进入傈僳族和苗族地区之后，曾为少数民族的卫生文化和教育带来了很大的改变，四声部合唱是由当时保留至今最典型的西方文化展现。经过一百多年的延续，傈僳族和大花苗的西方合唱音乐结合了本民族的传统，形成极富特色的少数民族音乐文化遗产，成为西方文化与少数民族本土文化结合的范例。

在不少传教士的回忆录中记载，教汉人学西方音乐的难处是节拍、和声和识谱等基础问题。西方人训练的演唱法多是美声及合唱训练法，这成为中国合唱音乐最重要的源头。汉人学习美声和西方合唱，至今仍处于学习和模仿阶段，大花苗和傈僳族却带来了令人意外的文化结合。大花苗的美声唱法和合唱音质如同在血液里生存一般，一百多年来祖祖辈辈继承着纯正的西方音乐传统又不失本族特色。而傈僳族已然将四部合唱的美声唱法传统彻底转变为本民族的原生态唱法，诠释出傈僳族文化中的西方音乐传统，这是另一种迥异而令人震撼的声响。

是什么缘由造就了这样优异的混融文化？首先，昔日传播者自身的音乐素养奠定了百年前山民的西方音乐基础。20 世纪初在傈僳族地区，有一位兼备钢琴家身份的英国传教士富能仁。当他来到云南时，钢琴音乐仍是他魂牵梦萦的念想，在漫长的山路中，他自有独特的排解方法。"短小精壮的麦卡悌和瘦削颀长的富能仁，就从缅甸骑着骡子翻山越岭进入云南。那些骡子行在山道上，步子很稳。能仁和他的朋友，一边骑着骡子，一边看书或读中文报。能仁还养成了一个习惯，拿出莫扎特的前奏曲和肖邦序曲的乐谱，骑在骡背上'欣赏音乐'。那时候是没有录音带可携带的。"当时西方人可携带到中国的多为便捷且费用较低的乐器，如可拆卸的脚踏风琴或手风琴、六角风琴、口琴等。由于交通的障碍，运输风琴进入怒江大峡谷已是较晚的事情。但在交通便利的城市的中转站里通常都会有一架风琴，每当富氏遇到这些乐器，便如见挚友，必须亲自演奏过瘾。同行的西人后来回忆当时富能仁来到时的情形：他灰尘满身，和他们打个招呼，就直奔到风琴前，沉醉在音乐里，弹奏着巴哈、贝多芬、舒曼和肖邦等人的曲子，没有曲谱，常常一弹就是几小时，不能去催他喝茶用饭。他这一种的饥饿必须得到满足。当富氏前往上海治病疗养时，他的钢琴激情终于得到机会释放。在上海的内地会总部，富氏举办了几次小型的钢琴演奏会，以缓解自己对音乐的思慕之情。除了富能仁之外，生活在傈僳族地区的美国传教士杨思慧也是美国某管弦乐团的小提琴手。

在大花苗地区，英国传教士伯格理却与大部分在华的西方人不同，他对中国民间音乐有着深厚的理解和情感。二胡和笛子这两种乐器具有广泛的民众基础，会吹奏笛子的伯格理曾与会拉胡琴的汉人一起，在彝族罗罗人的聚居区自行组织一个业余的民间乐队传教，很受彝族人欢迎，甚至当地土司都不对此行为加以阻止。伯格理在沿长江而行时，曾一路听见胡琴声和民间歌曲，他充满深情地解说了这种民间音乐的文化内涵和生命力量，也道出了欧洲人并不喜欢也看不起这种音乐的真实感受。

当然，除了传播者自身的音乐素养之外，少数民族的音乐天赋曾得到了西方人的一致认可。在传教士的回忆录里曾记录到："少数民族和汉人还有一样不同之处，少数民族几乎人人能歌善唱，他们学起基督教诗歌来非常的容易……傈僳人爱唱歌，他们有音乐天赋，很快学会了四声部合唱。"这种观念至今我们仍承认，少数民族的音乐天赋似乎确实要高于汉人。

（二）傈僳族和大花苗四声部合唱的发声法

正宗的师承和自身的天赋，经过山野峡谷里封闭式的世代传承，这样的音乐文化逐渐被岁月积淀沉积。一百多年过去了，如今我们听到的傈僳族和大花苗四声部合唱音乐的歌曲内容、演唱形式和演唱法，同样令专业音乐人士惊异。傈僳族用原生态唱法展示无伴奏四声部合唱，这种大白嗓的声音演绎西方古典音乐正是专业合唱训练的禁忌，但是傈僳人的合唱却没有刺耳，只有合一，而几乎任何录音录像都很难真实还原现场那种排山倒海般的震撼力，从发声法的角度来说，几乎可以媲美享誉世界的同样用原生态嗓音演唱的保加利亚女声合唱团。大花苗的四声部合唱是用美声唱法演唱，声音和谐纯美，演唱者都是自学代代相传，音准、和声以及团体配合能力媲美专业音乐团体。傈僳族和大花苗演绎四声部合唱的发声法完全不同，西方合唱传统是以美声唱法为基础的合唱，流传至大花苗便承袭了这种传统发声法，而流传至傈僳族群却保留了本民族的原生态唱法。两个民族在基本类似的社会文化背景下，发展出风格截然不同却同样水平很高的四声部合唱音乐，这个现象令人关注。

大花苗的美声合唱采用胸腹式联合呼吸法使声音有支点，发声的喉头位置状态良好，腔体打开状态较佳，音色圆润通透，声部和谐平衡，气息控制较为自如，真假声混融，上下声区统一，男女高声部掌握面罩共鸣的技巧，能获得很漂亮的头声高位置，无论苗语或汉语咬字发音的位置均靠后，因此汉字的演唱并不清晰。此类专业术语的评价鲜有苗人能够明白，这些从未受过专业美声训练的歌者依靠的是代代源于父辈的模仿和毕生宗族文化的浸淫，因而延续了西方人最初传给他们的声音。云南和贵州的苗人在美声唱法的演绎上略有差异，在田野调查中，笔者发现云南苗人的美声唱法较贵州的更为突出，风格更为浓郁，具体体现在演唱时口腔腔体的开立状态更明显，声音的柱状感更圆润、更大而空，音色的平衡感更强，高中低音区的音色更为统一，通俗地说云南苗人的美声更为洋范儿。贵州苗人在歌唱部分曲目时介于美声和自然声混合的状态，在歌唱苗语诗歌时进一步倾向于自然声状态，但这与大花苗传统的民歌演唱又存在很大差异，这种现象在云南苗人里却亦然鲜见。在调查中发现，苗人无论是使用美声、自然声或是两种混合状态的演唱法，实际都处于一种天然流露的状态，并非刻意区分某种演唱法。绝大部分成员并不知道自己的声音属于声乐领域中的何种唱法界定，但却无一例外地选择高位置、大共鸣、深气息的声音和浓厚的美声音色审美倾向，并避免紧、尖而亮的发声方法，这也使大花苗的合唱音色和谐统一。最突出的一点是，与城市学院派美声训练的合唱不同，大花苗的美声合唱音色十分自然，并非院室内刻意训练的后天成果，而是天然的声音状态，演唱的声音弊病较少，使听者感到舒适和优美。

傈僳族则无一例外使用原生态演唱法演绎四声部合唱，让每一位听众感受到纯粹而震撼的声响组合，虽然西方人教授的都是美声唱法，但傈僳人却选择保留了自己本原的声音来演绎西方音乐，这与大花苗的美声合唱形成了截然不同的两种效果。傈僳人的原生态唱法发声位置靠前，上下声区统一为真声，头声位置点高，音色高昂脆亮，无换声点痕迹，在合唱中男女高声部尤其喜欢秀出漂亮的高音和刚强的低音，声音透亮有力，四声部音色统一，高音尖脆、低音厚重，类似享誉世界的保加利亚女声民歌多声部合唱团的音色和风格，带给笔者的直观感受是这种声音犹如一把立体雕刻的锋利剑柄穿透屋顶徘徊于深山峡谷之中。傈僳族传统民歌中有一种以纵向支声部发展为主的多声部无伴奏合唱"摆时"，不过这与四声部合唱是完全不同的音乐传统，部分发表的文章曾认定二者之间有借鉴或参考，但这两种合唱在曲式结构、演唱风格、歌曲内容和演唱方式上没有任何的重合点，也谈不上互相参考，傈僳教徒不过传统节日和不唱民歌等教规和传统，也使得这两种合唱音乐之间从来都是独立发展和毫无关联。四声部合唱和"摆时"这两种音乐形式之间唯一的共同之处，是使用同样的原生态发声法，不过在四声部合唱中，傈僳人抛弃了傈僳民歌传统中最有特色的韵腔和抖喉颤音风格，从而不具备任何傈僳传统音乐的风格。

为什么大花苗会抛弃原有的自然声音选择模仿西方的美声，而傈僳族却并非如此？经过深入了解，笔者发现苗人好模仿并积极地学习外来文化的现象，是基于一个摆脱本族地位低下的心态。如今的苗人基本上都使用汉字、学习汉文化、喜唱汉语歌曲，而苗文的传承就成了当务之急的事情。大花苗教师朱明富告诉笔者，大花苗的学习精神很强、领悟力高，最初的美声唱法一听就会，并且模仿得很像，因此，其他地区的苗人纷纷过来一同学习。从另一点来说，苗语的发音也与美声发音有着些许相通之处，可能上述原因是造成大花苗四声部合唱用美声演唱法传承的原因。而傈僳人的不同选择，是和本族文字的传承情况有关。傈僳人自开始掌握傈僳文之后就一直使用至今，并影响到怒族和独龙族。地域的生态环境和闭塞的交通使得族人不便也无法与外界交流，至今傈僳人仍极少演唱汉语歌曲，即便演唱也是将其翻译成傈僳文，这种情况是与大花苗完全不同的。如果说大花苗的美声四声部合唱通透、和谐而空灵，傈僳族的原生态四声部合唱就如同人类本真的纯粹声响——原始震撼而刺骨合一，两个民族的演绎均是西方合唱音乐在中国少数民族地区本土化发展的经典和高水平的文化代表。

（三）傈僳族和大花苗的赞美诗乐谱

在这个动听的文化遗产中，同样具有历史内涵并值得研究的，是同时期流传并沿用至今的傈僳族和大花苗的赞美诗乐谱。这是十分独特的乐谱体系，传世已有一百多年，更多的珍本和原本乐谱至今只能在美国耶鲁大学的图书馆参阅。五线谱、简谱和 sol-fa 谱最初都曾在大花苗和傈僳族地区使用，而20世纪初创立的苗文字母谱、傈僳文字谱和改良简谱最终在这两个民族中扎根。

苗文字母谱是变体字母谱类的坡拉苗文字母谱体系，是由英国传教士伯格理等人创建的音乐乐谱，这种独特的苗文字母谱影响到滇中地区的大花苗、彝族以及傈僳族等多个少数民族的音乐谱式。杨民康在《云南少数民族基督教仪式音乐研究》一书中，将苗文记谱法与西方梭发（sol-fa）记谱法进行比较，得出前者是受后者启发创制并有可能受到李提摩太夫人改造工尺谱这类事例的启发。这个结论无疑是正确的，笔者在此特别证实的是苗文记谱法不仅是受sol-fa记谱法启发创制之类的推测，而是sol-fa记谱法未经改造的苗文字版，换句话说，即是伯格理等人将西方sol-fa谱完全未经变动，只是将拉丁字母改成了他们创制的苗文字母。

傈僳族改良简谱系统是英国传教士富能仁等人在云南怒江傈僳族以及思茅、临沧等地的拉祜族、佤族等多民族中使用的音乐谱式。傈僳文四声部合唱的歌词是富氏等人创制的拉丁文倒置的拼音文字体系傈僳文，歌谱是根据简谱改的谱式。改良简谱的主要特点在于节奏的改变，即将每音的时值均拉长一倍，取消短时值音符，最小音符时值变为四分音符，如此改良的目的是为了让信徒们容易掌握。傈僳族改良简谱的具体方式如下：

傈僳简谱唱名：体 尼 三 利 旺 求 史（傈僳语数字的汉字音译）

（简谱唱名： dol re mi fa sol la si）

高八度：1' 2' 3' 4' 5' 6' 7'（源于sol-fa谱）

低八度：1, 2, 3, 4, 5, 6, 7,（源于sol-fa谱）

休止符（.）

一拍（一）

1/2拍（-）

附点音符＝简谱

全音符 1-1-1-1-＝（简谱）1---

二分音符 1-1-＝（简谱）1-

四分音符 1-＝（简谱）1

八分音符 1＝（简谱）

十六分音符被取消

傈僳族改良简谱是结合了简谱和sol-fa谱两种谱式的特征改良而成的，这种谱式配合简单易学的傈僳文组合成的四声部合唱，一直是傈僳青年男女喜爱的艺术形式。傈僳人称四声部合唱为一、二、三、四音，一音（女高声部）由青年女性担任，二音（女低声部）由中老年女性担任，三音（男高声部）由青年男性担任，四音（男低声部）由中老年男性担任。无论是大花苗的坡拉苗文字母谱还是傈僳族的改良简谱，都受到sol-fa记谱法的影响，而坡拉苗文字母谱直接就是sol-fa谱的异国文化产物。

1985年苗文《颂主圣歌》，孙晨荟摄

独特的乐谱、高水平的合唱、西方古典音乐作品，这样的结合使今日的傈僳族和大花苗，经过近一百年时间的异质文化传承融合，以不一样的形式向世人展示了民族文化的魅力。

（四）音乐文化的当代发展

如今随着时代变迁，这种文化传统在全球化和现代化的浪潮中，也正悄然发生改变。从20世纪初至今的一个世纪多时间里，音乐在傈僳族和大花苗地区的传播媒介，也经历了由纸质印刷品到现代电子科技产品一系列现代科技的本质转变。20世纪上半叶的傈僳族和大花苗地区地处战乱中国的边缘地带，土著民族之间的内部政治争斗激烈，而西方人的到来直接造就了民族文化和西方文化融合的产物。中华人民共和国成立后，国家对少数民族地区的帮助，主要是国家扶贫的农村经济建设和国家资源开发，包括物产、能源和旅游等方面，为当地带来实际福利和本土文化的改变。人们的物质生活与20世纪上半叶相比天差地别，这一切对传统文化而言亦是双刃剑。

地处怒江大峡谷的怒江傈僳族自治州，与外界交流的最大障碍首推交通，传统上人们依靠溜索、竹筏和猪槽过河渡江，要想看一看外面的世界就需要翻山越岭或依靠马帮。20世纪50年代开始，国家修建了怒江州第一条公路，近20年以来，更是大力改善当地以交通为代表

2005年简谱版傈僳文《颂主圣歌》，孙晨荟供稿

的基础设施建设，跨江大桥和二级公路年年处处兴建。笔者自 2009 年实地考察至今，眼见全州各处时时修路搭桥，人们更是在口头上念叨着"路快通了"，期待着未来的改变。随之而来的广播电视村村通工程，为当地居民的精神文化生活带来了明显转变。虽然这项工程在当地的实施难度较大，但仍完成了最偏远的独龙江乡的技术覆盖任务，"北京的声音"可以每天直通原本遥不可及的大山深处的异乡异族。山外面的音乐、文化和娱乐通过广播电视为村民的精神生活带来了巨大的变化，人们开始及时了解山外的世界，和外来者之间的沟通距离也越发缩小。政府主导了各项文化惠民助农工程，如建设文化馆站、农家书屋、信息共享以及文化活动广场等，并组建业余文艺队和群众文化活动示范点举办乡级农民文艺会演。同时还有露天电影播放，红歌进乡村、学校、社区和教堂，以及免费的傈僳文版怒江报赠阅乡村和教堂等活动，这些都充分构建了国家主流文化在偏远乡村的安全防线。对于这些惠民行为，某报媒体采访乡民的一段话意味深长："福贡县布拉底村的信教群众高兴地说：过去我们把精神寄托在教堂里，现在搞了村村通，广播电视节目进家里来了，让我们眼睛有看头，耳朵有听头，种养有学头，生活有奔头，与其拜神念经，不如多在家看电视听广播。有的信教村民们很形象地说：上帝在天上，而共产党就在我们身边。"作为标签式的民族文化传统，傈僳族阔时节是民族文化、宗教文化和现代文化交融的最典型代表，这是在政府主导意识形态下的民族文化新风貌，并在传统节日含义上增添了"文化搭台、经济唱戏"的主要思路。傈僳族的阔时节是怒江州合并三江并流世界自然遗产等重点打造的州生态旅游品牌精品文化形象，其中多样化的民族歌舞和服饰是与外界文化交流的主要内容，而怒江州还利用独特的地理优势举办了首届中国怒江皮划艇野水国际公开赛等大型系列文化活动。每年 12 月底便是怒江州的旅游旺季，此时正逢傈僳族传统新年阔时节和傈僳族教会圣诞节之际，傈僳族传统的露天"澡塘会"、祭祀活动"上刀山下火海"与怒江漂流、过溜索、喝同心酒、沙滩埋情人和手抓饭等活动被打包成为配套的阔时节旅游产品，而基督教的傈僳族四声部合唱也一并被列入其中，成为特色之一。这种传统与文化、特色与创新以及系列化节庆旅游思路，正是使旅游业成为云南省支柱性产业的主因。但是，发展的同时也带来了诸多问题，如今这种令人惊艳的傈僳族四声部合唱音乐也面临着退化的局面，前行怒江只能越来越进入深山探寻，才能听到更高水平的歌声。

擅长四声部合唱的大花苗，主要聚居地是贵州省乌蒙山区的威宁县和赫章县以及云南昭通等地区。这些区域都是经济发展落后、贫困人口集中的多民族聚集区，其中威宁县还是国家扶贫开发工作重点县以及国务院确定的连片特困地区县，近年来，矿产和物产资源、绿色能源和旅游资源的开发成为这些地区脱贫致富的主要手段。威宁及赫章县地处贵州省进滇入川的要道，距离滇黔川三省的首府交通便利，因此大花苗相比傈僳族而言，与外界和汉族的交流要密切得多，汉化程度也高得多。近年来，由于政府开发和外出务工带来的文化交流，电视、影碟机、手机、电脑等电子产品在贫困的大花苗人家中时常可以见到。因此与傈僳族不同的是，由于交通相对便利，大花苗的合唱音乐传播更多地依靠与外界的文化交流而不是依赖现代电子产品，同样大花苗合唱团体在媒体上露面和参与社会大众文化的程度也比傈僳族高得多。虽然是"少数民族中的少数派"，但具有代表性的云南富民县小水井村大花苗农民合唱团的主要履历，不仅证明了其音乐能力，更显示了他们渴求融入社会的和谐之声：2003 年 10 月中国首届合唱节第一名；2005 年 9 月聂耳合唱节一等奖；2007 年 5 月全国首届新农村合唱节第一名；2011 年 9 月参加联合国教科文组织国际颁奖晚会；2015 年 5 月在上海音乐厅举办"中国记忆·云南美妙原声 ——小水井大花苗合唱团音乐会"。

虽然传统和变化并存，但隐藏在深山峡谷里傈僳族和大花苗的西方古典合唱音乐，每每被外人听到，无不誉为天籁。这种奇异结合造成的文化反差为听者和观者带来了强烈的冲击力：为什么资源贫乏的边远少数民族能吸收西方文化的音乐精粹？而他们所表达的正是当代许多城市居民崇尚向往并为之付出努力的。是什么样的机遇光顾了这里？更令人惊异的是，这些乡民似乎天生就具备绝好的乐感和西方合唱音乐的素养，这和辛苦培养下一代具备西方音乐素养的汉族城市居民形成鲜明的对比。大花苗美声四部合唱的音质浓郁醇厚，可将听者带入圣殿静思凝心，抬头闭目浸淫于圣洁之光，其通透和谐的嗓音和均衡流动的声部没有经过专业培训，而是民族内部学习或世代传承的结果。傈僳族用原生态发声法合唱西方四声部的形式更是鲜见，此种歌声是山民吼叫式平地起雷般透亮直脆，伴随精准和谐的四部和声刺破峡谷，如山间湍流般轰鸣，如高原天堂般纯粹，撼人心扉绕梁终日不绝于耳，这种演绎方式实在令人过耳难忘、抖颤心房。之所以接触他们，是缘于这种音乐音响所带来的震荡撼动，更是由于刺眼的文化差异形成的时空扭结式的奇异美感，为我们这些久居钢筋水泥森林、困顿享乐于电子高科技的城市族群，带来了对他人、对自身的深层触及和探究。如果有机会去当地，就应该避开喧闹的旅游景点，走入峡谷山野，去探寻这些真正纯净美妙的文化遗产和灵魂之声。

参考文献

1. 孙晨荟：《雪域圣咏——滇藏川交界地区天主教礼仪音乐研究》，香港中文大学天主教研究中心 2010 年版。
2. 孙晨荟：《谷中百合——傈僳族与大花苗基督教音乐文化研究》，台北花木兰文化出版社 2015 年版。
3. 孙晨荟：《雪域圣咏——滇藏川交界地区天主教仪式与音乐研究》（增订版），台北花木兰文化出版社 2016 年版。

孔子图像的传播

孔德平 / 中国艺术研究院副研究员

以"仁""礼"为主体的儒家思想，经过历代补充和改造，成为中国传统社会的精神支柱、文化正统和思想基础，孔子（前551—前479）亦日益受到尊崇。与之相伴随，产生了大量以孔子形象和事迹为题材的孔子图像。孔子图像类型众多，主要分布在中原地区，尤其集中在山东曲阜及周边地区。这些图像经由各种途径，传播至全国各地乃至东南亚地区。孔子图像传布之广，几与佛教造像相媲美。

本文拟以汉晋时期成都周公礼殿之孔子像、明代张楷之《孔子圣迹图》、河南内乡文庙之明代《宣圣遗像》和台南文庙之清代《至圣先师像》等不同时期的孔像为例，探讨孔子图像的历时性、异地性传播方式。

一、周公礼殿孔子像考

汉代蜀郡的成都学官，多见于典籍。学官内的孔子像，亦载于多种文献，但该孔子像始画于何时，出于何人之手，却多有不辨乃至误识。

《孔子像·衍圣公及夫人像》"前言"这样写道："西汉景帝时，文翁任蜀郡太守，修学官，作石室，刻孔子坐像。"[1] 这似乎是说西汉景帝时（前156—前141）成都学官即有孔子造像。至于"西汉景帝时蜀郡太守文翁建学宫时曾绘孔子与众弟子像于壁上"[2]"汉景帝时蜀郡太守文翁刻立孔子像"[3] 等说法，则明确肯定了这一点。上述"前言"所论，可能源于元代的司居敬，其《元尼山圣像记》载：

> 设像事神非古也，其尸礼既废之后乎？汉文翁立学宫成都。蜀有文翁石室，设孔子

---

[1] 山东省曲阜市文物管理委员会：《孔子像·衍圣公及夫人像》前言，山东友谊书社1987年版。沈津：《〈圣迹图〉版本初探》，《孔子研究》2003年第1期，第100—109页。亦曰："据文献记载，西汉景帝时，文翁任蜀郡太守，修学官，作石室，刻孔子坐像。"

[2] 孔祥胜、上官茂峰：《〈圣迹之图〉考析》，《荣宝斋》2006年第3期，第213页。

[3] 周洪才：《孔子文献类型探析》，《孔子研究》2006年第3期，第78页。

坐像，其坐敛跖向后，屈膝当前。[1]

虽然"蜀有文翁石室"，但"设孔子坐像"是否就在文翁任蜀郡守之时，司居敬所说比较含糊。查考史籍，东汉班固《汉书》记载，西汉景帝末年，"仁爱好教化"的文翁在蜀郡任太守，有感于"蜀地僻陋有蛮夷风""欲诱进之"，便选派一些聪明有才的小吏到京城学习，"受业博士，或学律令"。几年后，他"又修起学官于成都市中，招下县子弟以为学官弟子"[2]。北魏的郦道元也记载说：

> 始文翁为蜀守，立讲堂，作石室于南城。[3]

但两书均未提到有孔子造像。关于成都学官内的孔子像，见载于唐颜有意《周公礼殿记》或《益州学馆记》，宋代文献多有引述：

> 昔庐江文翁治蜀，初立学成都，作讲堂石室，开二堂，左温故，右时习。复作周公礼殿，画孔子像。盖古者以周公为先圣，孔子为先师，故学必祀周公，以孔子配之。[4]
>
> 颜有意《益州学馆记》华阳国志：文翁为蜀郡守，造讲堂石室，一名玉堂。安帝永初间，烈火为灾，惟石室独存。至献帝兴平元年，太守高朕于玉堂东复造一石室，为周公礼殿。[5]
>
> 《益州学馆记》云："献帝兴平元年，陈留高朕为益州太守，更葺成都玉堂石室，东别创一石室，自为周公礼殿。其壁上图画上古、盘古、李老等神及历代帝王之像。梁上又画仲尼七十二弟子三皇以来名臣。"耆旧云："西晋太康中，益州刺史张收笔。"[6]

由此可知，在周公礼殿的梁上曾画有孔子像。周公礼殿是玉堂东面的一座石室，由当时的太守高朕建造于东汉献帝兴平元年（194 年），其梁上的孔子画像是西晋太康年间（280—289 年）益州刺史张收所画。

齐永明十年（492 年），成都刺史刘悛再次修葺此殿，其弟刘瑱于其壁上画《仲尼四科

[1] （清）岳浚等：《山东通志》卷十一，《文渊阁四库全书》电子版，上海人民出版社、香港迪志文化出版有限公司1999年版。（注：以下凡用此版本者，版本项从略。）
[2] （东汉）班固：《汉书》卷八十九，中华书局1962年版，第3625、3626页。
[3] （北魏）郦道元：《水经注》卷三十三。
[4] （宋）董逌《广川书跋》卷五"周公礼殿记"，见卢辅圣主编：《中国书画全书》第一册，上海书画出版社1993年版，第782页。清倪涛《六艺之一录》卷三十五也有转载。
[5] （宋）王应麟：《玉海》卷一百六十一。此书还引述《集古录》说：有《汉文翁石柱记》云：汉初平五年修周公礼殿。
[6] （宋）黄休复：《益州名画录》卷下，人民美术出版社1964年版，第61页。

十哲像》。到黄休复写作《益州名画录》的宋真宗景德三年（1006年）前后，又"已重妆别画，无旧踪矣"[1]。宋嘉祐年间（1056—1063），王素曾命摹写，连同本殿其他画像，称为《成都礼殿圣贤图》；南宋绍兴时（1131—1162），席益又摹写于石经堂，均已非刘琪所画。明代时，"学宫唯存孔子及七十二子像，又摹宋本而重刻云"[2]，这时可能已不再是画像了。至于何时"又摹宋本而重刻"，从司居敬所记"设孔子坐像，其坐敛跗向后，屈膝当前"的描述来看，至迟是在元代。

二、孔子图像传播三例

（一）明代张楷的《孔子圣迹图》

表现孔子生平事迹的连环图画《孔子圣迹图》，现存40多个版本，各版本之间的关系，有的清晰，有的则含混未明。多个版本的《孔子圣迹图》，都提到与明代的张楷（1398—1460）[3]有关。

明正统九年甲子（1444年），张楷取《史记·孔子世家》等书内容，辑成《圣迹图》29幅图画，其中取《史记·孔子世家》者27幅，取《孔子家语》"尼山致祷"者一幅，取《孔丛子》"夫子泣麟"者一幅。每图撰有内容说明和赞诗。后经补充，该"圣迹图"增加到三十八幅，所增图幅有说明而无赞诗。郑振铎曾藏一套《圣迹图》，存图38幅，卷首《史记·孔子世家》后有跋，末署"正统甲子秋七月望日四明张楷式之盥手谨书于西台公署"。郑振铎曾据此跋，认为该本即正统刻本，"为诸本之祖"，并誉之为"在中国版画史上是一部珍奇的伟大作品"。[4]该本后被确认为正统本的翻刻本，为明嘉靖二十七年（1548年）沈藩宪王朱胤栘（？—1549）所翻刻。

由于我们无法据张楷书于正统年间的跋文而确定其《圣迹图》的形制，正统刻本究竟是张楷所辑之原本，还是依绘本而刻制，因而便无法确定。从现存朱胤栘翻刻本的画幅刻绘情况来看，即使不讨论后增的数幅，只论原来的图幅，从经营位置的疏密到刻绘刀法的精粗，

[1] （宋）黄休复：《益州名画录》卷下，人民美术出版社1964年版，第61页。《益州名画录》的写作时间，见同书所附《益州名画录简介》，第5页。

[2] （明）曹学佺：《蜀中广记》卷一百五。宋中兴馆阁曾储藏"石室礼殿古贤图三"轴（宋杨玉休《宋中兴馆阁储藏各画记》，载邓实、黄宾虹编：《美术丛书》四集第五辑，第208页），应为成都周公礼殿壁画之摹本或临仿本。谢巍考证，是书所记为"南宋高宗至光宗间（1127—1194）所搜集前代之画，原由内府所藏而后交付秘书省鉴藏者"。（谢巍：《中国画学著作考录》，上海书画出版社1998年版，第191页。）未知此三轴"石室礼殿古贤图"中是否有孔子像，以及与嘉祐时王素命摹写之作之间的关系。

[3] 张楷字式之，浙江慈溪人，传见《宪征录》和清雍正《浙江通志》。

[4] 郑振铎：《西谛书跋》，吴晓铃整理，文物出版社1988年版，第42页。

均未能较好地显出统一性。由此可以推测，张楷可能只是该图的辑成者，图画的完成或出自多人之手。[1]

中国国家图书馆所藏《至圣文宣先师周流之图》拓片，原石刻于清康熙二十一年（1682年）。根据图前蔺友芳的长跋可知，张楷所镌《孔子圣迹图像》，曾由其孙张九德携至松江，与同郡倪甫英一起重勒于石。该石刻《孔子圣迹图像》于"四壁架列""笔力遒老"。至蔺友芳见到之时，已经"间多磨灭"。鉴于图像磨灭较多，蔺友芳"因矢愿更张，捐月俸，选砺而润色之。时邑生陈尹，以彬雅士工丹青，廉知为近今名手，进与商榷写图授镌，易三寒暑始就"[2]。

另据清光绪《青浦县志》记载：

> 先是，松郡治河于东郊，得古碑，高六尺余，视之乃唐吴道子所绘圣像，敬輋置宅中。张中丞又以先世所藏《圣迹图》勒石陷壁，邑人方正范曾修补之，至今尚在。[3]

这里所记青浦县城以北九里孔宅"圣殿"中的《孔子圣迹图》，则已是清康熙二十一年蔺友芳等人重摹镌刻的图像了。

此外，与张楷有关联的《孔子圣迹图》还有：北京大学图书馆所藏明正德元年（1506年）刻印《圣迹图》散页，后重装成一册，有图42幅，其首为"先圣小像"，图末有张楷正统九年跋。[4]清代刻拓本《孔子圣迹图并赞》，也是据明张楷撰赞《圣迹图》刻成，共图29幅，内容大致与明嘉靖沈藩刻本《圣迹图》同，金石所在地已不可知。[5]国家图书馆也藏有署名张楷所撰的明刻本《圣迹图》一卷。[6]

（二）河南内乡文庙《宣圣遗像》

河南内乡县城内的文庙，始建于元代，后经续修、扩建或重修，保存至今。文庙大成殿内有孔子画像石碑，碑高两米多，上刻孔子立像，像高一米半有余。碑首刻"宣圣遗像"四篆字，右侧中上部刻楷书小字跋文两行：

> 古传，昔有执政者过烟驿梁，其马嘶伏，策而不进，遂得此石像于桥之下，乃唐吴道子笔也。至正辛巳（1341），广东宣尉督元帅僧家奴摩刻于广州学库，历传已久。

---

[1] 曲阜石刻《圣迹之图》对绘刻分工和绘刻过程有明确说明，其他多个版本亦留有相似信息，可以作为这一推测的旁证。
[2] （清）蔺友芳：《至圣文宣先师周流之图·跋》，《北京图书馆藏画像拓本汇编》第1册，书目文献出版社1993年版，第126页。
[3] （清）佚名：《青浦县志》卷十一，清光绪五年（1879年）刻本。
[4] 沈津：《〈圣迹图〉版本初探》，《孔子研究》2003年第1期，第104—105页。
[5] 李云：《孔子"圣迹图"绘刻与收藏初探——记北京大学图书馆藏"圣迹图"》，《长沙大学学报》2005年第1期，第55页。
[6] 同注[5]，第105页。

据该碑左侧中下部明代内乡进士李衮的落款，可知该碑刻立于明万历丁亥（1587 年）冬。

内乡文庙《宣圣遗像》跋文所言"昔有执政者"得吴道子笔孔子像石刻，元至正年间"广东宣尉督元帅僧家奴摩刻于广州学庠"云云，亦见于《宣统南海县志》之《宣圣遗像记》：

> 宣圣遗像。前景陵簿靳氏传云：昔埋驿梁有执政者过之，其马嘶伏，策亦不进，遂得此石刻于桥之下，乃唐吴道子笔也。寻摹郡之崇文阁。予时都运山东计府使，得兹本藏之。岁在甲申，调官宣帅东广，亲政之暇，出是刻及所绘尼山、孔林二图，示掾刘从龙摹临，将立石郡庠，以新士人之瞻。……乃命广庠文学陈元谦伐越山之石，镌碑三，居圣像于中，左山右林，立于文庙云章之阁。俾郡之士人君子、荒服岛夷，崇仰圣人高坚前后之凤，河岳光霾之辉，庙林文蔚之气，如在邹鲁之邦，岂有不助于风化也欤？！至正五年岁次乙酉正月望日奉大夫广东道宣尉使督元帅僧家奴记。[1]

此处所记"立于文庙云章之阁"的《宣圣遗像》碑，于 1963 年移置越秀山广州博物馆碑廊，在镇海楼前北廊，保存至今。像左上方篆书题"宣圣遗像"，上《记》四百余字以隶书数行列于像碑右侧。

由《宣圣遗像记》可知，广州《宣圣遗像》是时任广东道宣尉使督元帅的僧家奴[2]，于元至正五年（1345 年），命陈元谦采伐当地越山之石制碑，由刘从龙依据僧家奴"都运山东计府使"时所得"埋驿梁"古刻画像的拓本进行描摹，然后上石刻制而成，"像作敛手立形"[3]。

比较前述两碑跋文和记载，并比对两碑图像可知，内乡文庙万历十五年丁亥之《宣圣遗像》，与广州《宣圣遗像》存在关联，内乡像或摹自广州像。至于内江李衮所记"至正辛巳（1341 年）"，应是对僧家奴广州像所记"岁在甲申"（1344 年）或"至正五年岁次乙酉"（1345 年）的误记。

然两碑相关跋文或记载，均对楚僧家奴拓本之原石——所传"埋驿梁"（或"烟驿梁"）桥石画像的情况语焉未详。《全元文》辑入民国《湖北通志》卷一〇六所录元代陈澔（1261—1341）《夫子石刻象记》一文：

> 癸亥仲春，沔阳景陵簿靳叔良以公务抵江陵，游玄妙观，观唐吴道子图形砖，笔劲而古，貌恭而安，摩挲审视，知为先圣燕居之像，询其由，黄冠曰："近有当道罗封者，过水梁，

---

[1] （清）张凤喈等修，桂坫等纂：《宣统南海县志》卷十二，《中国地方志集成·广东府县志辑》第 30 册，上海书店出版社 2003 年版，第 279 页。

[2] 僧家奴钧，蒙古完颜氏。曾任平阳府同知，权右监军代镇河东，河北道廉访副使。至元三年（1266 年），任卫辉郡守。至顺二年（1331 年），任河南廉访使。至正年间（1341-1370），任广东宣尉都元帅。著有《嶂山诗集》。

[3] 同注 [1]。

马嘶伏不进，鞭策数四，逾退却，命隶视之，报梁石有像，遂致于此。"靳归，以告僚属，僚佐陶景山，力请移文，取置江陵崇文阁，任回打碑像以归。越四岁，丙寅秋，予寓梅庠，陶君言事之本末甚悉。一日，于李和甫家塾得其像，呈令尹。景山、李君跃然以喜，而感亦随之，曰："仲尼，日月也，孰得而逾焉？吴生，神笔也，千载陆沉，复见今日。仰先圣之灵，昭昭赫赫，遗像所在，自有神物守护而搞呵，隋文镇石之语，亦固甚矣。"于是捐俸钱，命工勒像于石，俾人人瞻仰乎申申天天之容，如获亲炙之者焉。噫，盛哉！周宣岐阳石鼓，复见于凤翔之宣庙，余庆之力也；今景山勒石之心，余庆之心也。澔谨序其事而为之记。[1]

据该文可知，前文所谓"执政者"罗封，在过水梁时得吴道子所画之孔子像（"先圣燕居之像"）石[2]，遂移至江陵（今湖北荆州一带）玄妙观内。元英宗至治三年癸亥（1323 年）仲春，沔阳景陵簿靳叔良游玄妙观后，在陶景山力请下，将该像移置江陵崇文阁。陶氏在卸任回乡时，带回该画像的拓本。数年后的泰定三年丙寅（1326 年）秋，陈澔寓居黄梅学庠时，从陶氏口中得悉画像始末，后在李和甫家塾得其像拓本。其后，出资延请工匠将该画像摹勒刻石，置于白鹿洞礼圣殿供人瞻仰。

综上可知，陶景山和僧家奴拓本均来自已移置江陵崇文阁的桥石画像石，崇文阁桥石画像是陈澔白鹿洞礼圣殿像和广州《宣圣遗像》的母本。而崇文阁桥石画像，则可能摹自当时衢州孔庙所藏《孔子佩剑图》或孔端友所刻《先圣遗像》碑。[3]

（三）台南文庙《至圣先师像》

台南文庙大成殿西侧乐器库入口处，陈列着一块孔子像碑，碑刻孔子佩剑立像。像上方篆额题刻"至圣先师像"，像左下方刻两行小楷书跋文：

道光辛巳仕曲阜时珍藏。甲申官泰安，敬刊岱顶。后守蜀，复抚立阆中郡学。戊申奉拓本渡台，授石生耀祖，敬谨重镌，与海外人士共瞻仰之。江南通州徐宗幹谨记。

---

[1] 李修生主编：《全元文》卷六九八第二十二册，江苏古籍出版社 2001 年版，第 379—380 页。《全元文》另辑入源自清嘉庆元年《湖广图经志书》卷四之陈可大《宣圣遗像碑记》一文，见李修生主编：《全元文》卷一六七三第五十四册，凤凰出版社 2004 年版，第 592—593 页。陈澔字可大，两处所记虽有数字之异，实则为同一人之同一文。该文还可见于王士禛《皇华纪闻》卷四《圣像》。三文之考校可参见苏成爱《〈全元文〉所见重出陈澔佚文考校》，《文教资料》2008 年第 29 期，第 74—75 页。

[2] 从《夫子石刻象记》所记"梁石有像，遂致于此"来看，前文所谓"唐吴道子图形砖"，可能是石而非砖。《湖广图经志书》之陈可大《宣圣遗像碑记》和王士禛《皇华纪闻》卷四《圣像》引陈澔《记略》，均记作"图形碑"。分别见李修生主编：《全元文》卷一六七三第五十四册，凤凰出版社 2004 年版，第 592 页；（清）王士禛：《皇华纪闻》卷四，《丛书集成三编》第五册，台北新文丰出版公司 1997 年版，第 478 页。

[3] 孔德平：《孔子造像研究》，山东友谊出版社 2015 年版，第 86—92 页。

这段简短的题跋，记录了孔子像从曲阜到泰安，经阆中，至福建，最后落户台南的传播路径。

徐宗幹（1796-1866）传见《清史列传》《清史稿》。[1] 他是江苏通州人，字树人。清嘉庆二十五年（1820年）进士。历知曲阜、泰安两县。道光十八年（1838年），由高唐知州升兖州府知事兼济宁知州。二十二年（1842年），擢四川保宁知府，兼署川北道。将孔子像"橅立阆中郡学"，当在此时。二十三年（1843年）"四月，擢福建汀漳龙道"。"二十五年，丁母忧。二十七年，服阕，在籍授福建台湾道"[2]。台南像碑跋文所言"戊申"，即是在其任职福建台湾道的第二年——道光二十八年（1848年）。该年，徐宗幹以他从大陆带来的孔子像拓本为原本，交由石耀祖进行重刻。

由于跋文所记简略，我们无法从中了解更多关于该像碑刻制的具体情况；同时，作为该重刻像碑的母本，到底是"道光辛巳仕曲阜时珍藏"之拓本，还是后来在泰山之顶孔像之拓本，抑或是四川阆中郡学复摹像之拓本，均不能依此断定。

另据徐宗幹《斯未信斋杂录》记载，徐氏赴台后，"尝以泰山顶所刊阙里先师及亚圣像拓本授学官，敬藏学官。有石生耀祖，请再摹刻。至厦门，取将乐（县名）石镌完航海而归，谨揭以授书院习经诸幼童，各奉安以塾。庚戌八月初八上丁前一日，诸生备乐器齐集，以彩舆二，恭请石像迎入学，供奉于崇圣祠东殿"[3]。这段文字对台南文庙孔子像的来源做了较详细记载。徐氏曾将泰山顶孔庙孔子像进行传拓，授予学官，藏在学官，后到台湾，应石耀祖之请，再次摹刻该像，于清道光三十年"庚戌（1850年）八月初八上丁前一日"供奉在台湾府学（今台南文庙）崇圣祠东殿。这次的"再摹刻"之像，应是泰山顶所刊孔子像的拓本。

泰山孔庙始建于明万历年间，万历十四年（1586年）"于殿内设立孔子铜像，正中南向"，清初孔庙重建，孔子像由铜像改为石像。[4] 据前引台南文庙《至圣先师像》跋文，徐宗幹于道光四年甲申（1824年）"官泰安"时，将"道光辛巳仕曲阜时珍藏"的孔子像拓本"敬刊岱顶"。该像原在泰山顶孔庙东壁，20世纪五六十年代，像不知所踪，2006年于碧霞祠大殿后重新发现，置于孔庙之壁。该像曾由日本学者马场春吉拍照，收录于其《孔孟圣迹图鉴》[5]一书中。据该像跋文：

[1] 王锺翰点校：《清史列传》卷四九，中华书局1987年版，第3891—3896页；赵尔巽等：《清史稿》卷二百四、卷四百二十六，中华书局1976、1977年版，第7859、7861—7863、7865、12248—12249页。
[2] 王锺翰点校：《清史列传》卷四九，中华书局1987年版，第3893页。
[3] （清）徐宗幹：《斯未信斋杂录》卷四，见沈云龙主编：《近代中国史料丛刊续编》第98辑第974册，台北文海出版社有限公司1982年版，第53—54页。
[4] 乔显佳：《泰山孔庙：全国唯一高山孔庙》，《齐鲁晚报》2013年10月31日。
[5] [日本]马场春吉编：《孔孟圣迹图鉴》，山东文化研究所1940年版。

道光辛巳岁，摄篆阙里，得宋米芾所绘圣像一幅，敬谨重勒于岱顶之殿壁间，以永仰止之思云。

可知徐氏于道光元年辛巳（1821年）在曲阜所得孔子像拓本是"宋米芾所绘圣像"。该"宋米芾所绘圣像"即《米芾赞孔子行教像》，像碑右侧刻篆书三行《米芾孔子赞记》。像碑现在曲阜孔庙圣迹殿西侧北起第二石。

无论内乡文庙明代《宣圣遗像》和台南文庙清代《至圣先师像》，还是清代蔺友芳《至圣文宣先师周流之图》，都是用原有的孔子图像为底本进行摹绘（刻）或重新绘刻。在新图像的绘刻中，原图像起到粉本的作用。以粉本摹绘（刻）或重新绘刻新图像，是中国古代图像传播的重要手段，也是孔子图像传播的重要方式。蔺友芳《至圣文宣先师周流之图》、张九德松江《孔子圣迹图像》以及朱胤栘翻刻本《圣迹图》所据之张楷《孔子圣迹图》，内乡文庙、广州学庠和陈澔白鹿洞礼圣殿《宣圣遗像》所据之崇文阁桥石画像，台南孔庙、阆中郡学和泰山孔庙孔子像所据之原本——曲阜《米芾赞孔子行教像》，均在图像传播过程中起到图像粉本的作用。

应该承认，孔子图像的传播，方式不同，途径各异，由于相关资料的阙如，大量图像的传播途径尚无法确知。以上所举数例，或对思考其他更多孔像的传播起到启示作用。

三、孔子图像的文化意涵

汉光和元年（178年），灵帝刘宏置鸿都门学，并画《孔子及七十二弟子像》。[1]鸿都门学的设立，源自教化民众的现实需求。[2]鸿都门学画《孔子及七十二弟子像》，亦出于教化之目的。周公礼殿所画《孔子像》，如董逌所说，"盖古者以周公为先圣，孔子为先师，故学必祀周公，以孔子配之"，在满足祭祀需要的同时，同样也包含着"以劝学为本"[3]，对民众施以教化的意图。

利用图画进行教化，是中华文化历来之传统。夏朝时"铸鼎象物""使民之神奸"[4]，说明那个时候已注意到青铜器纹饰的教化作用。孔子生活的春秋时代，在明堂四壁绘尧、舜、桀、

[1]（南朝宋）范晔：《后汉书》卷六十，中华书局1965年版，第1998页。

[2] 同注[1]。

[3]（宋）董逌：《广川书跋》卷五，见卢辅圣主编：《中国书画全书》第1册，上海书画出版社1993年版，第782页。

[4]（春秋）左丘明撰，（晋）杜预注，（唐）孔颖达疏：《春秋左传注疏》卷二十一。

纣、周公辅成王等像，以宣教化，连孔子看了都感慨不已。[1] 汉代时图画汉烈士，以明其贤，[2] 对图画圣贤像的教化作用更加注重。"及吴、魏、晋、宋，世多奇人，皆心目相授，斯道始兴。其于忠臣、孝子、贤愚、美恶，莫不图之屋壁，以训将来，或想功烈于千年，聆英威于百代。乃心存懿迹，默匠仪形。"[3]

在重视制像教化的文化传统中，孔子图像的大量产生并广泛传布，对宣传孔子学说，弘扬儒家思想，教化民众，起到积极而重要的推动作用。陶景山等人见孔子像，"跃然以喜，而感亦随之"，认为"仰先圣之灵，昭昭赫赫，遗像所在，自有神物守护而摄呵""俾人人瞻仰乎申申夭夭之容，如获亲炙者"。僧家奴立孔子像于文庙，"俾郡之士人君子、荒服岛夷，崇仰圣人高坚前后之风，河岳光璺之辉，庙林文蔚之气，如在邹鲁之邦"，直呼"岂有不助于风化也欤"。徐宗幹敬刊孔子像于泰山顶，"以永仰止之思"；摹勒孔子像于台南文庙，"与海外人士共瞻仰之"，并"揭以授书院习经诸幼童，各奉安以塾"，对儒学在该地区的播扬起到促进作用，使"海外彬彬邹鲁之风，且胜于中邦。惜乎官斯土者，皆视为互乡耳"。[4]

孔子像的产生与广播，一方面因应了统治阶层治理国家，引导思想，维护道统的现实需要；另一方面也契合了广大民众明伦纪，辨名分，正人心，端风俗的理想诉求。

---

[1]　（魏）王肃注：《孔子家语》卷三，《丛书集成续编》第 37 册，台北新文丰出版公司 1989 年版，第 481 页。

[2]　（东汉）王充：《论衡》卷二十。

[3]　（唐）裴孝源：《贞观公私画史》序，卢辅圣主编：《中国书画全书》第 1 册，上海书画出版社 1993 年版，第 170 页。

[4]　[清] 徐宗幹：《斯未信斋杂录》卷四，沈云龙主编：《近代中国史料丛刊续编》第 98 辑第 974 册，台北文海出版社有限公司 1982 年版，第 54 页。

丝绸之路上的陶瓷贸易与艺术交流

——以适应海外市场需求的明清景德镇瓷器为例

牟晓林 / 中国艺术研究院助理研究员

陶瓷生产和应用在中国具有悠久的历史，中国古陶瓷的外销和以陶瓷为载体的艺术与文化的交流与传播同样源远流长。考古资料显示，早在汉代时，中国古陶瓷已传入邻近国家，"但是陶瓷以商品面目出现则始于唐代"[1]。景德镇瓷器的对外贸易应始于宋代。宋朝政府为鼓励对外贸易和经济发展，先后在广州、杭州、明州（今浙江宁波）、泉州、密州（今山东诸城）设立市舶司（图1）。市舶司的设立，促进了包括景德镇青白瓷在内的全国各窑口陶瓷器的外销。在东亚的日本和北非的埃及都发现了宋代景德镇青白瓷，

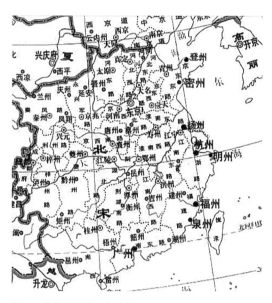

图1 宋代沿海港口分布图

为元代及后来明清景德镇瓷器的外销奠定了基础。元代景德镇青花瓷异军突起，深受海外市场——尤其是西亚、东南亚和北非等阿拉伯国家和地区的欢迎。宋代以来，景德镇各类瓷器的外销，初步拓展了海外市场，可视为明清景德镇大规模海外陶瓷贸易的先声。

明朝永宣年间，郑和七次下西洋（图2），在加强与亚非各国政治和文化往来的同时，也进一步巩固和拓展了海上"陶瓷之路"贸易航线的重要地位。郑和下西洋之后，中国人的海上活动基本上不再超出马六甲海峡（Strait of Malacca）。这一时期景德镇瓷器对外贸易量有所下降，以官方主导的朝贡贸易和小规模的私人贸易为主。明朝中后期，随着资本主义萌芽的出现和社会分工的不断扩大，商品流通速度随之加快，流通范围更加广阔。国内运输瓷器的水陆交通和商业网络应运而生，官窑瓷器"查明初陶厂皆有水运达京"，民窑更依赖水运，自昌江到

---

[1] 冯先铭：《中国古陶瓷的对外传播》，《故宫博物院院刊》1990 年第 2 期。

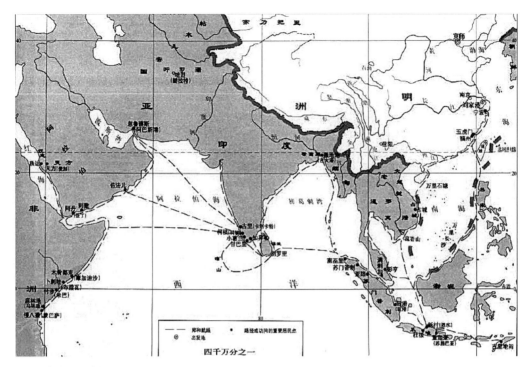

图 2　郑和下西洋路线图

鄱阳湖进赣江顺水至大庾岭，转陆路至北江，后顺北江而下到广州；或自昌江入鄱阳湖到九江转长江至宁波等港口城市。国内水陆交通的发展便利为景德镇瓷器外销和海外市场的拓展提供了重要保障。合理的分工使景德镇制瓷业成为一个高效有序的有机体，在完整的生产与销售系统之中，长久保持着陶瓷产品的高品质、高产出和创新能力。在政局不稳的明代后期，国内陶瓷市场购买力衰退的情况下，拓展海外陶瓷市场成为明末景德镇制瓷业的迫切要求。新航路的开辟使以葡萄牙和西班牙为先锋的欧洲国家纷纷东来，他们努力试图与中国建立正常的贸易关系。随着明朝政府于隆庆元年（1567 年）废弛海禁，中国出海经商的船只不断增多。明代诗人缪宗周所作《咏景德镇兀然亭》，描写的就是这一时期景德镇瓷器外销的情景，"陶舍重重倚岸开，舟帆日日蔽江来。工人莫献天机巧，此器能输郡国材"[1]。与此同时，景德镇瓷器海外市场的重心开始发生重要转向，即由原来主要外销至西亚、非洲和阿拉伯地区以及东亚、东南亚等周边国家，转向欧洲和后来的美洲等地区。这一转向的逐渐形成是欧洲人海上新航路的开辟和欧洲资本扩张的直接体现。明清朝代更替在一定程度上影响了景德镇瓷器的外销，及至清康熙二十三年（1684 年），国内政局稳定，海禁重开，瓷器外销贸易又重回正轨，对外销量日趋增长。直至 18 世纪末叶，欧洲瓷业生产基本上能自给自足，景德镇瓷器外销的重心又转向美洲。

---

[1]　龚农民、谢景星、童光侠编注：《景德镇历代诗选》，中州古籍出版社 1994 年版，第 41 页。

一、市场的形成

本文所探讨的丝绸之路所串联的西亚、非洲和阿拉伯国家，泛指西方的伊斯兰世界（不包括东南亚信仰伊斯兰教的国家），具体是指信仰伊斯兰教为主体的阿联酋、阿曼、也门、沙特阿拉伯、科威特、巴林、卡塔尔、伊拉克、约旦、黎巴嫩、叙利亚、巴勒斯坦，非洲的埃及、利比亚、突尼斯、阿尔及利亚、摩洛哥、毛里塔尼亚、苏丹、索马里、吉布提、西撒哈拉、南非，以及土耳其、伊朗等国家和地区。由于和亚洲接壤的优越地理位置，非洲可能是在亚洲之外与中国最早建立政治、经贸和文化往来的地区。而且非洲国家与西亚和阿拉伯国家有相似的文化属性，即都信仰伊斯兰教、都以《古兰经》为教义、相信安拉是唯一的真主，这种文化属性反映于景德镇瓷器上的艺术特色有明显的"伊斯兰"风格，因而可以将西亚、非洲和阿拉伯国家归类为一个海外市场。在西亚、非洲和阿拉伯国家及地区的多处考古发掘过程中，发现了种类丰富、数量惊人的景德镇瓷器，而且遍布范围广阔，延续时间较长。

伊斯兰教创始人穆罕默德（570—632）曾对信众们说："学问虽远在中国，亦当求之。"这句话在自此之后中国与伊斯兰世界的交往中产生了深远的影响。"丝绸之路"是汉朝与中亚、西亚、北非乃至欧洲往来的通路和见证，之后几乎每一个时期，中国与伊斯兰世界都有政治、经济和文化间的交流和往来。自中晚唐以来，中国与西亚、非洲和阿拉伯国家人员往来频繁，包括陶瓷在内的商品流通数量巨大。唐代长沙窑釉下彩瓷、巩县窑三彩陶器以及黄堡窑青瓷是这一时期销往西亚、非洲和阿拉伯国家的主要陶瓷产品，且在陶瓷器形和装饰上反映出受伊斯兰风格影响的痕迹；宋代南北方窑场生产的青瓷和白瓷也有少量伊斯兰风格的瓷器出现；及至元代，为满足西亚、非洲和阿拉伯国家对我国陶瓷产品的需要，景德镇青花瓷生产渐成规模，在西亚、非洲和阿拉伯国家都有出土和收藏，其中以土耳其和伊朗两国的收藏最具规模和代表性。上述陶瓷器的外销和与西亚、非洲阿拉伯国家的商贸往来，为明清景德镇外销瓷奠定了重要的经济基础。而元青花的出现，更为明清两代景德镇瓷业生产提供了已经受海外市场考验的、成熟的外销瓷品类。

明朝建立初期，太祖朱元璋即与帖木儿帝国建立了正常的朝贡关系。当时西班牙使臣、著名旅行家克拉维约在他的游记中记载了出使帖木儿帝国首都撒马尔罕时，看到的来自中国的由800头骆驼组成的商队载运大量商品耗时6个月从中国来到撒马尔罕[1]，这支商队在返回时也应载满了伊斯兰地区的商品。据史料记载，在永乐年间（1403—1424），约有来自撒

---

[1] [西]克拉维约：《克拉维约东使记》，[土]奥玛·李查、杨兆钧译，商务印书馆1985年版，第159页。

马尔罕、哈烈（今阿富汗赫拉特）和中亚其他诸国的三十多个使团到达中国，而西亚和阿拉伯国家的使团应该更多。明政府对于外国使团人数进行了详细的规定，允许每个使节团依据国家大小随从 50 至 500 名商人，许多超编的商人谎称是使臣的侍从而随行，他们来到中国的目的只是为了从事贸易。明政府也默许这种"私下交易"的存在，这可说是明清时期政府长期实行的外交政策——"朝贡贸易"的组成部分。在一些西亚、非洲和阿拉伯国家，富商们定期向国王进贡，以便获得加入使团进行朝贡贸易的特权[1]；而作为回报，国王有时也为这些商人提前数年垫付资本。总之，权力和利益的结合共同形成一股对包括景德镇瓷器在内的中国物产外销的强大合力，刺激丝绸之路上商人们随着使团携带大量商品，在明清两朝长期往返于中国和西亚、非洲地区。

明清两朝瓷器的运输基本沿袭元代路线分陆路和海路两条线，陆路是先将景德镇瓷器从内河航运至北京，然后自北京向西行经宣化，抵大同，再西去至宁夏府（银川），到甘州（张掖）；南去过冀宁（太原）、晋宁（临汾）抵达西安；再向西或西南行分别到哈密、阿力麻里（霍城），再到喀什；西行至撒马尔罕、塔什干、塔剌思（江布尔）以及巴里黑（阿富汗瓦齐拉巴德）。从撒马尔罕南行达波斯故都伊斯法罕、阿拉伯故都八吉达（伊拉克的巴格达）和叙利亚的大马士革；东行到阿富汗的可不里（喀布尔）、巴基斯坦的白沙瓦和印度新德里。由波斯西北行经哈马丹、苏丹尼耶、大不里士，北去可达君士坦丁堡（伊斯坦布尔）和苦法（土耳其的乌尔法），以及埃及的亚历山大、沙特阿拉伯的麦加。土耳其的伊斯坦布尔是西亚的终点，大部分景德镇瓷器由商队经过商路流入。而今伊斯坦布尔的托普卡帕皇宫博物馆还保存着元、明、清时期的青瓷、青花瓷和彩瓷计有一万多件。伊朗阿迪比尔寺也藏有永乐、宣德青花瓷器多件。

海路是将景德镇瓷器由陆路和内河运抵泉州、广州两港口，再装大船向西南行，至大越、占城，沿海岸西行，至真腊、罗斛，南航至吉兰丹、彭坑，过东、西竺（马来西亚奥尔岛），南至三佛齐和爪哇；自东、西竺向西航行，渡马六甲海峡，至苏门答腊；自南巫里向北至缅甸勃固、孟加拉；再沿印度东海岸航行，向南渡海峡至斯里兰卡；自南巫里西航横渡东印度洋，抵科伦坡；沿印度西北海岸西北行，直抵波斯湾的忽里模子（伊朗阿巴斯港附近）和波斯湾（伊拉克的巴士拉）；或自忽里模子向南行，经祖法儿，向西至亚丁湾，入红海到麦加和埃及，向南航行可达坦桑尼亚和马达加斯加。这就是驰名世界的"陶瓷之路"。北非的埃及地处亚、欧、非三大洲交界的要冲，是伊斯兰世界的财富中心，东非盛产中国特需的高质量的香料、象牙等奇货，而中国的瓷器和丝绸等产品又深受东非市场的欢迎，因此，两地间贸易和往来

---

[1] ［法］阿里·玛扎海里；《丝绸之路：中国—波斯文化交流史》，耿昇译，新疆人民出版社 2006 年版，第 11 页。

频繁。非洲地区由此成为与西亚紧密相连的明中期之前景德镇瓷器外销的重要市场。阿拉伯人和波斯人一向具有航海和贸易传统，当大批阿拉伯和波斯移民来到非洲之后，不可避免地将阿拉伯世界和波斯与中国早已存在的交通和贸易密切关系扩展到非洲，这也是包括景德镇瓷器在内的大量中国瓷品涌进非洲的重要原因。考古发现的大量中国瓷器证明，10—15世纪是大部分非洲城邦的兴盛期，也正是以景德镇瓷器为主的中国瓷品大量出口到非洲的鼎盛期。在中国瓷器外销的这一漫长的历史过程中，阿拉伯和波斯商人在其中发挥了重要的经贸往来的推动作用。而自明弘治十一年（1498年）达·伽马船队到达非洲之后，大量景德镇瓷器则是通过西方列强的船队及当地船只输入非洲各国。由欧洲商人作为中介的这种中非之间的间接瓷器贸易形式一直持续至19世纪中叶才逐渐停止。

明永宣年间郑和下西洋及陈诚出使西域，是从海陆两途对元代已建立的与西亚、非洲和阿拉伯国家的经贸关系的巩固与拓展，不仅为景德镇瓷器外销至这些国家和地区重新奠定了政治和经济基础，更推动了这一海外市场的全面形成和明清景德镇瓷器的大规模销往阿拉伯世界。景德镇瓷器输入西亚、非洲和阿拉伯国家的途径由陆路向海路转变的形成，一方面是因为陆路运输路线在明中期之后被垄断和阻隔，另一方面是由于航海和造船技术的迅速发展，以及瓷器由海路运输的破损率更低。而16世纪欧洲国家陆续东来，在开辟海上新航路的同时，也相继与中国建立了持久的陶瓷贸易关系，进而抢夺了西亚、非洲和阿拉伯国家的景德镇瓷器外销目的地的重要地位。

（一）满足聚餐之用的实用需求

中国陶瓷输入阿拉伯世界的历史虽然悠久，但数量一直不大。因而作为商品输入西亚、非洲和阿拉伯国家的景德镇瓷器在这些地区备受珍视，只有皇室、贵族、高官等上层阶级才能享用，平民百姓无缘问津。法国东方学家安东尼·加朗（Antoine Galland，1646—1715）在他的著作中如此描述奥斯曼帝国的人们对于景德镇瓷器的珍爱："相信皇帝拥有一套以这种陶土烧制的餐具，价值八千库如许（货币单位）。首相不久前也花了三百库如许买来一套试用。豪门巨室无不以拥有几件这类盘子为荣……" [1] 由此可见，包括景德镇瓷器在内的中国瓷品不仅价格不菲，而且在穆斯林的日常生活中占有很高的地位。他们认为，中国瓷器有三种除玉器之外的其他任何珍贵物品都没有的特征：其一是能使斟入其内的任何饮料中的污垢都很快落底沉淀，对饮料起到很好的过滤作用；其二是永不会被轻易磨损以变陈旧；其三是除了金刚钻之外的其他任何物品都不能于其上划痕，因为阿拉伯人恰恰是在瓷器片上试金刚石的硬度。此外，他们还认为用中国瓷器吃饭或喝酒会增加食欲，使酒和饭更加可口。[2] 上述对于以

---

[1]　[法]安东尼·加朗：《伊斯坦布尔日记1672—1673》，N.S. Öik译，安卡拉1973年版，第76页。
[2]　[法]阿里·玛扎海里：《丝绸之路：中国—波斯文化交流史》，耿昇译，新疆人民出版社2006年版，第211页。

图3 首相在托普卡帕官的议政堂设宴款待欧洲使节，图片来源于土耳其外交部，《伊斯坦布尔的中国宝藏》，第125页

图4 庆典实录4，图片来源于土耳其外交部，《伊斯坦布尔的中国宝藏》，第114页

景德镇瓷器为主的中国瓷品的质性特征的认知和传播，使当地穆斯林充分认识到瓷器可以在他们日常生活中发挥重要作用，进而加强了中国瓷器在穆斯林中的高贵地位和受追捧的程度。为了满足西亚、非洲和阿拉伯国家对于包括景德镇瓷器在内的中国商品的需求和向往，源源不断的使节和商队往返于两地，将大量瓷器运往伊斯兰世界，以满足当地穆斯林对瓷器的实用需求。

明朝初年，中国与伊斯兰世界的文化交流达到了前所未有的繁荣。郑和于永宣年间七次下西洋，带回了优质青花料苏麻离青，使明代景德镇以青花瓷为主的外销瓷生产，在满足西亚、非洲和阿拉伯国家实用需求的基础上，也拓展了景德镇瓷器的海外市场，主要表现在景德镇瓷器在器形、纹饰和生产技法上都不同程度地吸收了伊斯兰器物的造型和装饰手法，使这一时期一大批"伊斯兰风格"青花瓷脱颖而出。其中，尺寸巨大的瓷碗和瓷盘（图3）是为适应伊斯兰教国家流行多人分享一盘菜的饮食习惯而烧制的，盘子造型阔而浅，便于用来盛载炖肉、炖菜、烩肉饭、水果和甜点；这里的人饮食不用刀叉和筷子，而以手从大盘或大碗中取食食物（图4），饭前饭后都要洗手。因此，外销西亚、非洲和阿拉伯国家的把壶和盆大都是作为净手器使用。用完主食之后，主人通常还会为客人准备饮品。旅行家特维诺的著作中

图 5　17 世纪中期不同品类的玫瑰水瓶，英国维多利亚和阿尔伯特博物馆藏

对饭后饮品的先后顺序有记载："土耳其人先向客人奉上一杯咖啡，然后是冷杂饮，接着是玫瑰水。用这三样东西奉客被视为是很大的礼遇。"[1] 因此，在这一地区发现了大量的明清时期来自景德镇或中国其他窑口，专门为此饮食需要而烧制的咖啡杯、冷杂饮杯和玫瑰水瓶（图5）等器物。瓷器在这一地区的日常生活中不仅作为饮食器用，还是财富和身份的象征，只有权贵和富人才有能力消费和享用。旅行家阿卜杜拉齐兹曾引述一首更夫在斋月天亮前唱的四行诗，歌词正是瓷器在当时穆斯林贵族生活中地位的写照："我的念珠一头是珊瑚，没人见识过他这般人才；我们老爷品尝着咖啡，手里拿着可是中国瓷杯。"[2] "物以稀为贵"虽然能产生并强化瓷器的阶层特权和政治符号的功能，但销往西亚、非洲和阿拉伯国家的景德镇瓷器，首先还是为满足这一地区人们的实用需求而制。如在土耳其托普卡帕宫所收藏的一件景德镇青花瓷盘底部，以墨汁书写阿拉伯文的"烤鸡肉串"，另有三件瓷器底部写着"柑橘类"字样。而在托普卡帕皇宫档案文件中，大多数中国瓷器的名称旁边都有附注，说明是盛泉水的碗盘、玫瑰水壶、咖啡壶、茶壶、冷杂饮杯、炖果茸碗、玫瑰果酱盘、羔羊盘、酸奶酪碗等，这些

[1]　Thevenot：《1655—1656 年的土耳其》，伊斯坦布尔翻译出版社 1978 年版，第 92 页。
[2]　[土]苏拉雅·法罗齐：《奥斯曼文化与日常生活——从中古时代到二十世纪》，《伊斯坦布尔历史基金会国家丛书》1997 年版，第 260 页。

附注标明了每种器物类型的实际用途[1]。对每件器物的用途做如此详细的标注，不仅表明皇宫中对中国瓷器的珍视，便于归类、管理和保藏，而且向我们展示了造型各异的景德镇瓷器在穆斯林的日常生活中所发挥的具体的实用性功效。正是阿拉伯世界的日用需求、饮食品类及习惯的地域性和特殊性，造就了具有显著异域文化特色的器物的形成，并通过市场需求传递到景德镇，从而赋予了景德镇瓷器伊斯兰文化特色，充分体现出以瓷器的物质形态所凝聚的文化交流的结晶。

和上述西亚一些国家一样，非洲的以伊斯兰教为主要宗教信仰的国家也对以景德镇瓷器为主的中国瓷品有大量实用需求。例如，通过对非洲地区多处遗址的考察发现，非洲各国几乎都有碗、盘、瓶、罐等景德镇日用瓷器或残片出土，可以说，包括景德镇瓷器在内的中国瓷品遍布非洲。除此之外，在非洲发现景德镇瓷器较多的遗址所在地多数是伊斯兰城邦，这些城邦都是商业性城邦，商业是它们赖以安身立命和繁荣的基础。非洲所发现的大量景德镇瓷器，主要都是通过这些城邦的商业活动所取得。在对亚、非中国瓷器遗存做了大量考察研究之后，日本古陶瓷专家三上次男指出：“国外发现的中国陶瓷，当然是通过贸易形式运到那里的。虽然其中有一些，也可能是中国政府对外国国王或显贵们的馈赠，但是这种数量是极其有限的，更何况馈赠实际上也是一种贸易的形式。”[2]非洲地区以商业为主导的瓷器贸易，决定了市场需要的突出地位以及为满足消费者最基本的实用需求的初级商业形态。考察发现，明清销往非洲的景德镇瓷器以碗、盘、杯、碟、罐、盒等日用器形为主，这些瓷器上的装饰题材大都是花鸟虫鱼、山石小景、仕女婴戏等景德镇传统纹饰。据乔格所著《瓷器与荷兰东印度公司》一书记载，毛里求斯“在1655年曾向巴达维亚（雅加达）订购了100件中国粗瓷盘，50件瓷碟，50件大瓷碗，50件小瓷杯”[3]，这与在非洲地区所发现的景德镇瓷器多以日用瓷为主的情况相符。

景德镇瓷器生产在保持传统造型和中华民族传统文化内涵的基础上，为满足西亚、非洲和阿拉伯国家实用的需要，在外销瓷造型上做出了适应性调整，或者吸收阿拉伯国家器物造型因素进行仿制以增加适销对路的产品种类。这种出于商业利益、政治交往和文化交流的需要，在瓷器造型、装饰等艺术特色的相互融合与创新的艺术发展方式，在明代后期至清代景德镇瓷业生产市场化和陶瓷艺术多元化过程中长期发挥着主导作用。一方面是永宣时期的政治交往目的及可观的经济利益驱动，另一方面是正德皇帝对伊斯兰文化的喜好[4]，多方面原因促使

[1] N. Erbahar：《托普卡帕宫博物馆藏中国瓷器的非中文符号和铭文》第一册，伦敦1986年版，第125—138页。
[2] [日]三上次男：《陶瓷之路——东西文明接触点的探索》，胡德芬译，天津人民出版社1983年版，第239页。
[3] C. J. A. Jorg, *Porcelain and the Dutch China Trade*, The Hague, 1982, p.94.
[4] 刘伟：《正德时期受伊斯兰文化影响的宫廷瓷器》，《故宫博物院院刊》2010年第2期。

具有伊斯兰造型和装饰风格的瓷器在明代一段时期内大量出现，并对景德镇瓷业生产和装饰风格产生了一定影响。

（二）满足典礼和丧葬之用的仪礼需求

西亚、非洲和阿拉伯国家突出的宗教信仰，使穆斯林形成了与伊斯兰教紧密相关的日常生活和精神世界。因而对于景德镇瓷器的需求，除满足日常生活的实用需求之外，与宗教信仰和精神世界相关的仪礼需求，也成为作用于销往这一地区的景德镇瓷器生产和艺术形制上的显著因素。

在明朝时期，波斯和伊朗毗邻地区的人们举行宗教仪式——特别是殡葬仪式上普遍使用景德镇青花瓷，这种仪礼需求，是明代景德镇以青花瓷为主的外销瓷，在西亚等阿拉伯地区市场扩大的另一重要原因。在15世纪以前的波斯地区，当"为第一等人举行葬礼"时，或是在1月和9月的宗教节日里，当地穆斯林常会模仿为14世纪之前的王公贵族所举行的丰盛的宴席，在桌子上或地上铺设宽大的台布，在台布上陈设数件体积硕大的瓷盘、瓷碗和杯子等陶瓷器，并以三十段《古兰经》经文置于四周。这些陶瓷器通常由当地承办葬礼的专门人士——"殡葬仪礼的承包人"租用而来，其中有明代景德镇或龙泉窑等窑口烧制的精美瓷品，也有伊朗本地仿明瓷烧制的陶器。宴会期间，人们不会真正使用这些陶瓷器，而仅以此作为陈设，以凸显宴会的高档和主人的富有。由于明代中国瓷品珍贵难得，17世纪之后，这一地区举行此类仪式时，开始逐渐使用清代景德镇烧制的绿釉瓷和青花瓷来取代明瓷。直至今天，在西亚的一些地区，还会在达官显贵的殡葬仪式中奉献盛在来自景德镇的清代绿釉瓷或青花瓷餐具中的祭祀用品。因此，即使到了清代，景德镇瓷器贸易和海外市场的重心已经向欧洲转移，景德镇陶工仍继续为西亚、非洲和阿拉伯国家生产与他们的宗教传统风俗相适应的瓷器。而这一宗教性传统也使景德镇对这一地区的瓷器外销在明清两代持续下来。

与仪式上应用中国瓷品稍有不同，在非洲的伊斯兰教国家和地区，以景德镇瓷器为主的中国瓷品常被用来装饰清真寺和柱墓（图6），同样体现了中国瓷品在这些地区无上珍贵的地位和特殊作用。明

图6 肯尼亚马林迪一座清真寺内保存的两座柱墓、小龛及龛内镶嵌的龙泉青瓷

清时期的东非海岸,伊斯兰教占统治地位,信教者众多,清真寺星罗棋布。根据伊斯兰教的教义,崇拜偶像是被禁止的,《古兰经》中也明确规定了禁止用人像和动物的形象作为装饰,所以在信仰伊斯兰教国家的清真寺中,多以植物和几何纹样所组成的装饰性极强的图案式花砖进行装饰。非洲大多数信仰伊斯兰教国家和地区窑业落后,无法烧制出装饰清真寺所需的陶砖或瓷砖,因而他们只能大量进口以景德镇瓷器为主的中国瓷品来作为建筑物内外的装饰元素。即使在后来花砖烧制能够自给自足的情况下,用中国瓷器装饰清真寺的习俗也保存了下来。因此,明清时期东非海岸清真寺遗址中,用瓷器作装饰者比比皆是。按其装饰部位大致可分为四种情况。其一,用瓷器装饰大殿的密哈拉布是最普遍的装饰形式。密哈拉布是礼拜龛的意思,也译为凹室。它位于大殿最重要的部位,阿訇在此带领教徒礼拜,因此是很庄严的地方。在肯尼亚的给地、安哥瓦纳、木恩芝、坦桑尼亚中部海岸的马福依、朱安尼岛上的库阿、奔巴岛上的什瓦克及帕塔岛上吞德瓦等地的清真寺,均用中国瓷器装饰密哈拉布。其二,用瓷器装饰清真寺侧室的天花板,如安哥瓦纳清真寺遗址。其三,用瓷器装饰清真寺门道建筑,如给地大清真寺门道上面的三角拱腹上镶嵌一件明代葡萄缠枝青花碗。其他如奔巴岛上的昌巴尼坦干尼及基丸尼岛的清真寺遗址也有类似现象。其四,用瓷器装饰清真寺的附属建筑。如给地大清真寺和坦桑尼亚的姆吉姆维马清真寺水池的底部都镶嵌有中国瓷碗。贮水池是为信徒礼拜前洗漱而设,据卡洛琳·萨松的研究,由于东非蚊子较多,一般多在池中养鱼以消灭蚊子的幼虫,而池底的瓷碗也可在池水很少时使小鱼亦能生活下去。贮水池中镶嵌的中国瓷碗在此产生了实用和装饰的双重效用[1]。以景德镇烧制的植物图案青花瓷器,按照上述四种方式为清真寺作装饰,既符合伊斯兰教教义的需要,又与清真寺总体装饰风格和色调相契合,起到了相映成趣的装饰效果。而用景德镇瓷器为主的中国瓷品装饰在穆斯林日常生活和信仰世界中占重要地位的清真寺,使穆斯林信众每逢做礼拜的庄严时刻,都能观赏、体验到中国瓷器所带来的视觉美感和文化形象,成为组成当地穆斯林信众宗教信仰的一部分。这种在非洲地区普遍流行的以中国瓷器装饰清真寺的做法,是以瓷器为媒介的艺术与文化的交融的重要形式,也足以体现明清景德镇瓷器在这一地区人们心中的重要地位。

之所以说以明清景德镇瓷器为主的中国瓷品在这一时期穆斯林信仰世界中占据着重要位置,是因为它不仅作用于生者,也同样服务于死者。如在埃塞俄比亚西北部里马岛上的一座教堂内,保存着一件精致的明代瓷罐,罐内封装着顿加尔王的内脏。瓷器密封性好的质性特征便于长久储存先人遗物供后人祭拜。除此之外,明清时期东非穆斯林柱墓以中国古瓷作为装饰的风尚也是服务于死者的最好体现。东非穆斯林用中国古瓷装饰柱墓可能始于 14 或 15

---

[1] 马文宽、孟凡人:《中国古瓷在非洲的发现》,紫禁城出版社 1987 年版,第 60—61 页。

世纪，所谓柱墓是指这一时期东非穆斯林中，很多人在墓前用石头砌成的巨大石柱作为墓标之用。柱墓一般由墓外的围墙和墓前的石柱两部分构成。墓柱通常高三至九米左右，形制有方形、六角形、八角形、十角形和圆锥形，有的带沟槽（图7）等数种。用中国古瓷装饰的柱墓分布地域大致从索马里到坦桑尼亚沿海地区，成为当地丧葬习俗中的一个组成部分。伊斯兰教义倡导简洁的葬礼，并严禁陪葬物。富有的穆斯林就以大肆修葺壮观的柱墓的方式突显其地位、财富及对死者的敬重，并用中国古瓷——尤其是精美的明清景德镇瓷器来装饰柱墓以增强其奢华程度。如马林迪一座柱墓上以明初精美的青花瓷作装饰，另一座柱墓上镶嵌的瓷器数量竟达 48 件之多；给地柱墓旁出土的元代釉里红瓷瓶，

图 7　肯尼亚曼布鲁伊一座柱墓上镶嵌的青花瓷

也属少有的上乘之作；基尔普瓦柱墓旁出土的青花龙纹瓶，具有 14 世纪早期青花瓷特点。但是，该墓是 16 世纪的墓葬。这表明墓主人的家属不惜把珍藏近二百年的景德镇瓷器精品用作墓葬装饰。可见在当时东非人的心目中，用以景德镇瓷器为主的中国古瓷装饰墓葬是非常奢华和重要的事。东非柱墓以中国古瓷装饰的部位大体有三种情况。第一种，在墓柱顶端安放一件中国瓷罐，如索马里的库拉、肯尼亚的乌丸尼、安哥瓦纳、曼布鲁伊等地的柱墓。第二种，在墓柱柱身上嵌中国瓷盘或瓷碗，如坦桑尼亚考尔柱墓的柱身上镶嵌 5 件 14 世纪的龙泉青瓷碗。第三种，在墓柱近顶部的眉腰处装饰中国瓷盘或瓷碗，如肯尼亚马林迪柱墓、坦桑尼亚的乌通德韦柱墓等都是这种装饰形式。有的墓葬还应用不止一种装饰形式，如在肯尼亚的曼布鲁伊有一座残柱墓，柱顶置有一件绿釉瓷罐，柱顶下的凹槽内镶嵌 5 件万历时期的青花瓷盘和 5 件同时期的青花瓷碗。有一种观点认为，用青花瓷装饰的柱墓是 15 世纪下西洋的中国船员所建，后来成为当地的习俗。因为木质的柱墓至今仍可在印度洋东岸沙捞越（今马来西亚东部）见到。[1] 此习俗很有可能由往来于两地的船员或商人从东南亚带入东非沿岸地区，形

---

[1]　沈福伟：《十四至十五世纪中国帆船的非洲航程》，《历史研究》2005 年第 6 期。

成一种延续四五百年之久的丧葬习俗。到 19 世纪，中国瓷器输往东非已近尾声，欧洲瓷器则取而代之。坦桑尼亚的马隆吉、乌尚果姆托尼、昆杜奇等 19 世纪的墓葬，出现了用中国瓷器，同时也用英国瓷器装饰柱墓的现象。

基于上述有景德镇瓷器参与的反映非洲地区日常生活和宗教信仰等方面的物质文化表征，有学者指出，东非海岸文化是"以碎石建筑的房屋、清真寺和墓葬为标志，也以应用进口瓷器和釉陶为标志"，"非常大量地镶嵌陶瓷作为建筑装饰是海岸文化所特有的"。[1] 以景德镇瓷器为主的中国瓷品在长期地大规模输入非洲各国的过程中，不断融入当地人的生活、习俗、信仰等基本的文化建构之中，成为非洲地区伊斯兰物质文明的组成部分。正是由于以景德镇青花瓷为主的中国瓷品在阿拉伯人宗教传统和日常生活中的重要地位，使得他们对中国烧制的瓷器的观念认识由珍视而"神化"。如伊朗诗人萨阿迪把中国瓷工用来完成一件瓷器的时间估计为"40 天"，在他的诗词作品《玫瑰园》中，对于景德镇青花瓷有如下描述："我风闻在远东要用 40 天，才能完成一件中国瓷杯。但在西方，他们一日间可以制作百余件。我们由此而看到了价格之巨差。"[2] 由此可以认识到，中国瓷器和伊斯兰陶器在质量和价格之间的巨大差异。萨阿迪把上述差异的原因归结为生产耗时的长短，但其实更重要的原因可能是远道而来的中国瓷器的运输方式和里程。正如克拉维约在他的游记中所记载的，从中国到达帖木儿帝国需要 6 个月左右的时间。在长达半年的陆路运输期间，商人主要用骆驼队作为运输工具。一支骆驼队运载瓷器的数量远少于一支船队，因此，对于所运载的陶瓷器要经过反复挑选和测试才能启运。《万历野获编》卷三十《外国·夷人市瓷器》中记载着陆路运输瓷器的情况："余于京师，见北馆畔馆夫装车，其高至三丈余，皆靻靰、女真诸虏及天方诸国贡夷归装所载，他物不论，即瓷器一项，多至数十车。予初怪其轻脆，何以陆行万里？即细叩之，则初买时，每一器内纳沙土及豆麦少许，迭数十个，辄牢缚成一片，置之湿地，频洒以水。久之，则豆麦生芽，缠绕胶固，试投之荦确之地，不损破者始以登车，临装驾时，又从车上掷下数番，且坚韧如故者，始载以往，其价比常加十倍。"[3] 经过这样精挑细选过的瓷器，加上长途跋涉运抵西亚地区，其质量和价格自然要高，当地人珍视并"神化"之也就可以理解了。

虽然陆路运输瓷器耗时长、运输量不大且易碎，但从丝绸之路向西亚、非洲和阿拉伯国家运输瓷器，并没有因为葡萄牙人开辟了海上新航路而骤然消失。相反地，两条航路曾在长时间内并存，它们在明清大部分时期仍互为补充。直至 18 世纪末，波斯国王纳迪尔向乾隆皇帝派遣使节可能是西亚与中国在丝绸之路上的最后一次外交事件。随着德国迈森、法国里摩日、

[1] 马文宽、孟凡人：《中国古瓷在非洲的发现》，紫禁城出版社 1987 年版，第 62 页。
[2] [伊朗] 萨阿迪：《蔷薇园》，水建馥译，人民文学出版社 1980 年版，第 179 页。
[3] （明）沈德符：《敝帚剩语轩》，转引自熊寥：《中国陶瓷古籍集成》注释本，江西科学技术出版社 1999 年版。

荷兰代尔夫特及英国斯坦福德郡等欧洲诸瓷厂的建立，制瓷技术在 18 世纪后期的欧洲发展迅速，后来制瓷业中机器大工业生产的运用大幅度降低了欧洲瓷器的生产成本。至 19 世纪初期，欧洲瓷器开始逐渐取代来自中国的传统产品，阿拉伯商人也不再从中国而是从德国、法国、荷兰和英国等欧洲国家购买瓷器了。

总之，自 9、10 世纪到 19 世纪中叶，以景德镇瓷器为主的中国瓷品在长期销往西亚、非洲和阿拉伯国家和地区的过程中，不断地接受市场反馈，并在此基础上按照实用和仪礼方面的需求进行适应性调整，以充分满足这一地区的市场需求。不仅如此，以景德镇瓷器为主的中国瓷品逐渐与当地穆斯林们的日常社会生活和意识形态紧密地交融，从而形成这一地区伊斯兰文明的传统和重要特征。而其中的文化传统和艺术特征又通过市场需求的形式在明清景德镇瓷器上得以充分表现。

二、适应市场需要的陶瓷生产

亚当·斯密的《国富论》中提到，经济发展的动力是劳动分工及生产专业化所带来的较高的生产率。劳动分工受市场大小所限，市场扩大，给经济成长提供的机会也随之增加。这就是亚当·斯密所指出的经济成长动力原理——经济学中著名的"斯密型动力"理论。它充分说明了明清时期海外市场不断扩大及其对景德镇瓷器的旺盛需求，给景德镇瓷业生产和经济发展所带来的充足的动力。其中，海外市场对于景德镇瓷器的需求最显著的特征为庞大的数量需求和为满足不同海外市场的专业化生产，而分工的细化不仅提高了生产效率，还达到了提高质量和专业化生产的需求，成为景德镇瓷业生产和陶瓷艺术发展的重要环节。

为满足宫廷用瓷需要，以及朝廷对内、对外赏赐和交换，政府自明朝初年就开始在景德镇设立御器厂。御器厂的设置使景德镇制瓷技艺发展迅速。生产的进步表现在具体的工艺环节上，即在分工的细化和各工序间的相互配合上都有显著改善和集中要求。据清代文人程廷济撰《浮梁县志·陶政》记载，御器厂内的分工有 23 作："大碗作、酒钟作、碟作、盘作、钟（盅）作、印作、锥龙作、画作、写字作、色作、匣作、泥水作、大木作、小木作、船木作、铁作、竹作、漆作、索作、桶作、染作、东碓作、西碓作"[1]。如此细致的分工使明代景德镇官窑瓷器的生产出现了近乎近代工业生产组织形式，这种生产模式本身蕴含了精益求精、"效率机制"及"利益最大化"的内在需求，在满足宫廷对瓷器苛刻要求的同时，也暗合了商品生产的某些特征。不仅如此，官窑的生产模式启发并影响了民窑的生产组织和管理形式，瓷

---

[1] （清）程廷济：《浮梁县志》，江西省图书馆 1960 年油印本。

器烧造更趋专业化，大大地提高了景德镇瓷器的质量与产量。有利于更好地降低单位交易成本，刺激景德镇瓷器的生产、运输和外销规模的进一步扩大，大力推进了景德镇瓷业生产高度商品化进程，提高了景德镇制瓷业的整体生产效率和工艺水平。这使得景德镇制瓷业在中国瓷业发展史上经历了宋代的百花争艳，及元代的发展过渡，最终步入了明清独占鳌头的盛世的局面。

明中期以后，徭役制度的变革提升了景德镇陶工的社会地位，极大地激发了他们的生产积极性，"纳银代役"使许多陶工渐渐脱离官府的约束，有权利自行选择雇主。他们可以受雇于景德镇的民窑业主，专门生产包括外销瓷在内的满足国内外市场需要的瓷器。最晚从 15 世纪末开始，这些民窑已能同时供应国内和国外的需求。国家权力对于地方经济控制的松弛，使景德镇民窑瓷器生产迎来了一个全新的时代。对于外销瓷烧造主体的民窑来说，民窑的私人工场和作坊不可能像御器厂一样设置如此全面的制瓷机构。只是单独的一个民窑生产单位无法集成官窑的生产规模，而是效仿官窑生产组织中的某一生产单位，并把自己的作坊做大、产业做精。整体上看，"景德镇陶瓷，原料出于一地，其坯户、红店、窑户三行各执一事，各分一帮，其业之精者仅传本帮而世守其业，心既专，手乃一。……其人守职之专，世代相承，至以族姓著称"[1]。上述三行又可以细分为很多小的行业。除这三大行之外，还有陶瓷原料业、匣钵业、包装搬运业、下脚修补业、陶瓷工具业、陶瓷服务业、陶瓷销售业等为陶瓷生产服务的副业，这些瓷器烧造的各行业，从原材料、燃料供应到坯作、施釉、画工红店到窑户烧制，再由瓷行和瓷商销售、运输至国内各地及各沿海港口输出海外，形成一个连续而统一的完整环节。正如《景德镇陶录》所载："陶有窑，窑有户，工有作，作有家，陶所资各户。"[2] 不仅如此，各行业间还具有高度的依存性，为适应商品贸易和市场要求，各个环节的生产也是按照标准化方式生产。每个私人作坊只从事陶瓷生产中的某一个或几个技术环节。如清代学者龚鉽在其《陶歌》第二十首中所提到的，"魏氏家传大结窑，曾经苦役应前朝。可知事业辛勤得，一样儿孙胜珥貂"[3]。说的是景德镇当地的魏姓家族，自元明以来，世代结窑。在长期的结窑实践中总结出一套行之有效的结窑方法。《景德镇陶录》："结砌窑巢，昔不可考，自元明来，镇土著魏姓世其业。"魏氏绝技系世代辛勤劳作，认真总结而得，其儿孙承家传操结窑之事，在制瓷业中地位显赫、备受重视。《景德镇陶录》记载"魏族实有师法薪传，……其排砌砖也，一手挨粘砌，每粘一砖，只试三下，即紧粘不动。其排泥也，双手合舀一拱泥，向排砌一层砖中间两分之，则泥自靠结砖两路流至脚，砌砖者又一一执砖排粘，其制泥稠如

[1] 方李莉：《景德镇民窑》，人民美术出版社 2002 年版，第 145 页。
[2] 傅振伦：《〈景德镇陶录详注〉》，书目文献出版社 1993 年版，第 34-36 页。
[3] 龚农民、谢景星、童光侠编注：《景德镇历代诗选》，中州古籍出版社 1994 年版，第 157 页。

糖浆，亦不同泥水工所用者"[1]。由此可见，每一个民窑工场和作坊及其相关行业，都由技艺精湛的陶工从事整个陶瓷生产中的一个或几个工艺流程，他们都掌握着专门的技能，不同民窑工场或作坊的从业者专攻某项特定的技术环节，一名陶工只负责完成生产过程中的一个步骤，一个专门的工场或作坊则完成陶瓷生产中的一项。所有陶工同时通力合作，在熟练而顺利地完成制瓷业整个生产过程的同时，也大大提高了生产效率。

　　法国传教士殷弘绪在清康熙五十一年（1712 年）的一封信件里描述了他在景德镇制瓷工场中所看到的流水作业的情况："绘画工作是由许多画工在同一个工场里分工完成的。一个画工只负责在瓷器边缘涂上人们可看到的第一个彩色的圈，另一个人画上花卉，第三个上颜色；有的专画山水，有的专画鸟和其他动物。"[2] 这仅仅是画工的分工情况，一件瓷器上的装饰纹样绘制完成，已经过了数人之手。画人物的只画人物，画山水的只画山水，勾线的不染色，染色的不勾线。一切分工井然有序。蓝浦的《景德镇陶录·画坯》中载有"青花画坯，圆琢器皆有之。一器动累什百，画者则画而不染，染者则染而不画，所以一其手，而不分其心也。……幅中画染分处，以为画一"[3]。每一个制作环节又被细化成更小的步骤，以便于陶工在每一个生产操作中能很快地熟练完成，从而实现最高的生产效率和最熟练的制作技艺。在每一个分工环节都形成如此高效而有机的生产模式的时候，所生产的陶瓷产品的质量和效率自然得到保证。据《江西省大志》记载万历年间景德镇一个大型窑口的工匠组成情况，包括：4 位匠师带 39 名助手，16 位陶工师傅带 86 名助手，4 位画师带 19 名助手，3 位上釉师傅带 3 名助手，5 名工匠题写年款，3 位师傅带 24 名助手制作匣钵，还有一群壮丁跟着一位师傅和泥。[4] 分工的细化从某种程度上说改变了明代景德镇瓷器的生产模式，使其逐渐发挥出巨大的生产能力。明代史料记载，明正统元年（1436 年），景德镇的一个民窑户一次进贡瓷器的数量就达五万余件，说明分工的细化带来了民窑生产效率和产量的极大提高，这一时期景德镇民窑业已发展至相当高的水平。及至明代晚期，朝廷加之于景德镇瓷器产业的负担和束缚松弛以后，景德镇民窑瓷器的生产迎来了它历史上的第一个全盛期，数量众多的精美瓷器不仅"行于九州"，还大量销往海外，正所谓："遍国中以至海外夷方，凡舟车所到，无非饶器也。"[5]

　　景德镇瓷业工场和作坊的布局根据不同职业的工作性质和便利需求，集中分布于景德镇不同的街区和位置。"手艺人和工匠住在指定的街道上，除了同职业和行当，别人不得跟他

[1] 傅振伦：《〈景德镇陶录详注〉》，书目文献出版社 1993 年版，第 55 页。
[2] ［法］杜赫德编：《耶稣会士中国书简集：中国回忆录》（第二卷），郑德弟，朱静等译，大象出版社 2001 年版，第 98 页。
[3] 同注 [1]，第 19 页。
[4] ［英］麦德利：《16 世纪景德镇的组织和生产》，伦敦 1993 年版。
[5] ［明］王士性：《广志绎》卷四，中华书局 1981 年版。

们住在一起，乃至如你来到街头，看到那里的行业，就可以知道整条街都是同一工种。"[1] 如在瓷器焙烧时常用到的匣钵，是为避免瓷器焙烧时与火焰直接接触及砂土、杂质的污染而制成的匣状窑具，匣钵是以耐火黏土制成。而景德镇的耐火黏土分布在大岭、毕家岭、马鞍山、官庄一带。因此，官庄等地在明清代就专门成为生产匣钵的基地。清代龚鉽在其所做的《陶歌》中提到："滩过鹅颈是官庄，沿岸人家不种桑。手搏砂泥烧匣钵，笑他盆子满桑郎。"[2] 诗的注云："官庄在镇之下游，皆烧匣钵。"这些分工细致的陶工共同组成了景德镇在明清时期完整而高效的瓷业生产流水线，只有这样才能满足海内外陶瓷市场日益增长的数量需求。这种分工的细化和高度集约化的生产组织形式，已经具备了现代工业生产的某些特征和模式。正是这种高效的生产方式使景德镇陶瓷产业能够在明清时期参与到全球化贸易中，在很长一段时间内成为主导世界贸易发展的重要组成部分。

陶工依照既定的组织形式长年劳作，他们每一天及每一年的工作时间是确定的，如按照《景德镇陶业纪事》的记载："春分至秋分每日午前六时起，午后五时止。夜工以十时为限。秋分至春分每日午前七时起，午后六时止，夜工以十一时为限，夏秋之间午后可以休息片刻，但这也只限于坯工、画工，而窑工烧窑日夜不息，只是更班替代，平时也无所谓例息时间（即星期日）。"[3] 每年从农历三月初一起开始劳作至年终腊月十三日止，一年中除了五月端午节、七月中元节、八月中秋节和十月国庆节四个节日休息之外，整年工作不辍。在固定的期限内陶工必须完成定量的产品。如景德镇的坯工每天的生产量取决于器皿的大小。如果是大件瓷器，陶工每天必须拉坯制成 10 件；如果是专制小件瓷器的陶工，每天可做出 50 件；如果是碗和盘碟，每天必须达到 100 件的速率。这种精确量化的生产模式有利于按时完成订单和安排生产。

工场和作坊中通常是师傅带徒弟和"子承父业"的技艺传承关系，千百年来景德镇瓷业生产的精湛技艺就是在世代相传的师傅对徒弟或父亲对儿子的口传身教中传承下来的。因此，每个行业师傅带徒弟的数量和教学时间也有严格的限制。如在红店行业中，大店每次收徒可多达十余人，小店收徒至少两三人，学徒期至少三年，由师傅认可才能出师。带徒弟一般也不允许跨行，这便于固定劳力人数和技艺的传承；而在景德镇瓷业生产千百年来的技艺传承上，"子承父业"不仅成了行业习俗，在历史上还常常"有法令和律文规定说，子要继承父业，未经法律允许不得干别的工作……干某行的人，从小就干它，就成为他那一行的名师巧匠"。

合理的分工和技艺传承方式既保证了高效的生产和订单的完成，又在实践中很好地完成了技艺的传承和教学过程。与分工的细化联系紧密的瓷器生产现象是成套餐具的出现。成套

[1]　[西] 门多萨：《中华大帝国史》，何高济译，中华书局 1998 年版，第 33 页。
[2]　龚农民、谢景星、童光侠编注：《景德镇历代诗选》，中州古籍出版社 1994 年版，第 155 页。
[3]　方李莉：《景德镇民窑》，人民美术出版社 2002 年版，第 218 页。

餐具的制作与使用在中国由来已久。商代的青铜器、汉代的漆器、宋代以来的陶瓷器，常成套生产和使用。餐具的成套使用强调了饮食作为一种社会活动的性质，在此基础上也有益于培养出一种整齐划一的审美趣味。成套餐具在欧洲出现较晚，它是随着欧洲人饮食习惯的转变而出现的。自 16 世纪以来，欧洲人开始向景德镇订制成套餐具，在荷兰东印度公司的"一份 1620 年的文档中，记录有 17 家中国瓷器商，'运来大量瓷器，不少船只载运两三千套，每套 20 件'"[1]。及至 18 世纪，欧洲商人在景德镇所订购的陶瓷产品常有成套餐具或茶具、咖啡具。有的一套餐具数量高达上百件。如乾隆年间订购的一套餐具数量为 241 件。成套餐具的总数和每一套的件数越来越多，而且装饰也越来越复杂。英国人迈克尔·哈彻（Michael Hatcher）于 1985 年打捞的荷兰东印度公司货船"哥德马尔森号"（Geldermalsen）上的瓷器，有不少图案相同、器形不一样的瓷器，这应是该船货运发票中所提到的成套餐具。"哥德马尔森号"上的成套餐具一套动辄包含上百件瓷器，包括不同型号的盘子、碟子、汤盆、盐罐、杯子等。总体来说，沉船上的瓷器共有 5 种图案，其中 4 种是青花，1 种是中国伊万里。这种成套餐具的装饰特点是在器形不同的杯、碗、盘、碟上装饰的纹饰通常都是一样或大致相同，绘画比较细致，少见粗糙图案。这显示出景德镇陶工在瓷绘过程中，遵循着一个成熟而高效的生产模式。大量同一图案装饰于一定数量的成套瓷器中，体现出一种高度的统一性。

对于景德镇陶工来说，大规模地订制成套产品是他们所希望的，较之一个个单件产品，陶工们更愿意生产成套产品。因为成套产品具有重要的经济意义，即有利于发挥分工细化的优势，高效地组织生产。从明清时期景德镇生产的成套餐具纹饰中可以发现，聪明的画匠是如何利用他们熟悉但相对有限的装饰母题和形象，通过多变的组合生成丰富的装饰纹样和画面。由于画匠的手绘功力不同，即使在画面组合装饰纹样都一致的情形之下，也必定会出现种种差异。此时每一位画匠的灵活性和能动性所起到的作用，正好形成了瓷绘风格一致但又有所区别的艺术效果，在整齐划一中又富有变化。在绘制某一固定题材或特定图样时，画匠可依据杯、碗、盘、壶等不同器形和尺寸的差异，"因地制宜"地灵活变化图样构成和尺寸，使之适应装饰所需，形成成套餐具具有统一性的装饰样式。商人们也喜欢成套的产品，因为顾客若是整套购进而非单件零买，他们所需要的产品数量就会更多。因而景德镇销往海外的成套产品在 18 世纪风靡一时。

分工的细化有利于景德镇制瓷业最大范围地吸收劳动力。正如美国经济学家彭慕兰所言："可以设想贫穷的劳动者（如果他们都能够迁移的话）会向两个方向之一迁徙：向土地与劳动之比较高的地方（典型的边疆）或向资本与劳动之比较高，并且有建筑业、服务业或制造

---

[1]　Caminhos da porcelana, *Dinastias Minge Qing the Porcelain route,Ming and Qing Dynasties*, Lisboa. Fundacao Oriente, 1999, p.127.

业工作的地方（通常是，但并不总是城市）。"[1] 景德镇发达的制瓷业及其所产生的丰厚的利润形成了较高的"资本与劳动之比"，因而不断吸引着全国各地的能工巧匠及附近大批的闲散劳动力聚集于此，难怪景德镇会有"工匠来八方，器成天下走"之美誉，由此可见，明清景德镇制瓷业的繁荣和海内外市场的兴盛局面。正是来自四面八方的工匠带来了各地不同的技艺方式，丰富了景德镇制瓷业的艺术形式和装饰手法。分工极为细化的景德镇制瓷业可以使劳动者根据自身条件选择适合自己的工种，殷弘绪关于景德镇人们生活方式的记载："据悉在景德镇有一万八千户人口，一些大商人的工厂占地极大，雇用了大量的工人。可以说这里有超过一百万的灵魂，他们每天消耗一万担米，一千多头猪……除了生活的高消耗，景德镇还是大量难以在周边城市生存的穷困家庭的归宿地。这里有许多儿童和身体虚弱的工人，盲人和跛子也在这里工作，他们以研磨材料为生。"每一个生产环节又细化成一个个生产工序，越复杂的工序越细化。以瓷绘行业为例，每一个复杂构图的纹饰都是由众多简单的图案组成的，刚入行的学徒从最简单的图案画起，当熟练掌握之后，再学习另一个简单图案，积少成多逐渐成长。分工的细化允许技能和经验悬殊的画匠同时参与生产，使一个刚入行的学徒容易进入生产模式中，不但不影响生产，还从中学会了更多技能。从而有利于制瓷业扩大生产规模和吸纳更多劳动力；分工的细化使得每个陶工都掌握整体生产环节中一个工序。换句话说，绝大多数陶工所从事的工作都没有核心技艺，以至临时出现离开岗位的情况，其他人能迅速补上，而不至于中断生产导致延误工期。

明清景德镇瓷业生产中分工的细化特征是把整个制瓷过程分成了一系列环环相扣的工序和步骤，每名陶工掌握一个工序。这既是职能上的划分，也是技术上的分工。明清景德镇瓷业生产的主力是普通的陶工，陶工不是艺术家，没有主动创新和追求绝对审美的意识。陶工们在瓷业生产过程中，或遵循已有生产条例、规则和习惯，或按照订单需要进行生产。分工的细化将陶瓷生产分成多个环节进行流水化作业，每名陶工只对自己熟悉的工序负责，自然而然地在这一技术环节上达到了熟能生巧的地步，从而保证了整个瓷业生产快速、高效、精湛的生产技术特征。以满足海外市场对于景德镇瓷器在数量、质量和专业化等方面的需求。

三、造型特征

承续元代对外交流的趋势，在经过了明初太祖时期的一段沉寂之后，永宣时期以政府为主导的对外交流又繁盛起来。受此影响的这一时期景德镇生产的馈赠或外销的青花瓷及白瓷

---

[1]　[美]彭慕兰：《大分流：欧洲、中国及现代世界经济的发展》，史建云译，江苏人民出版社 2003 年版，第 77 页。

中出现了天球瓶、绶带耳葫芦扁瓶、蒜头口绶带扁壶、直口双耳背壶、方流执壶、双耳扁壶、花浇、无柄壶（藏草壶）、折沿盆、鱼篓尊、八方烛台、无挡尊等二十余种新器形。据考证，这些新器形都来自西亚、非洲和阿拉伯地区。有学者通过对比研究得出结论认为："百分之八十的永宣青花瓷在造型方面可以在西亚地区古代金银器、铜器、玻璃器、陶器中溯源到范本。"[1] 在土耳其陶器生产的黄金时期，其产品还作为贡物流入了中国。《明史》记载，嘉靖二十七年（1548年）和嘉靖三十三年（1554年）土耳其入贡明朝的贡品中有"花瓷器"[2]。《大明会典》中所记载的阿拉伯国家使臣向明政府进贡的物品中就有"花瓷汤壶"[3]。"汤壶"亦称"汤瓶壶"或"汤瓶"，是穆斯林专门用于净手及沐浴的器具，具有显著的文化标识性。

明初景德镇生产的受伊斯兰文化影响的陶瓷产品中，以平腹扁壶最有代表性。这种扁壶又叫卧壶，一面为圆形鼓腹，中心凸起圆饼，围绕中心一圈云肩纹开光内装饰"八吉祥"成为常见的装饰布局；另一面砂底无釉，中心下凹。这种扁壶应是仿西亚铜质扁壶而作。它虽然是为阿拉伯国家的需求而生产，但一出现就融合了中国传统的缠枝花和云肩纹，以及藏传佛教的"八吉祥"纹样，成为一种中外艺术相结合的独特形制，因而受到了海内外市场的欢迎，景德镇陶工一直烧制这种扁壶至清代中期。不仅如此，扁壶这种初为阿拉伯世界专门烧制的器形后来还受到了荷兰、法国等欧洲国家瓷厂的仿制（图8），在18世纪作为造型独特、纹饰精美的陈设瓷的典型在世界范围内形成较为广泛的影响。除上述代表性器形之外，明初景德镇陶工还为阿拉伯国家专门烧制一种青花文具盒。在菲律宾的明代沉船中发现了弘治三

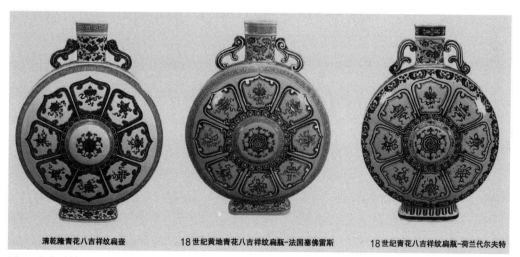

清乾隆青花八吉祥纹扁壶　　　18世纪黄地青花八吉祥纹扁瓶-法国塞佛雷斯　　　18世纪青花八吉祥纹扁瓶-荷兰代尔夫特

图8　扁壶形制

[1]　王健华：《明初青花瓷发展的原因及特点》，《故宫博物院院刊》1998年第1期。
[2]　张廷玉等撰：《明史》，中华书局1974年版，第8626—8627页。
[3]　《大明会典》卷一〇七第七册，万历十三年重修刻本，第88页。

图9 15世纪末或16世纪初的长椭圆形文具盒，16世纪末奥斯曼工匠为盒子加上花形金托子和红宝石，盖子内壁与盒身以金铰链相连（上）；土耳其伊斯坦布尔1250年铜制笔盒（下）

年（1490年）景德镇民窑为波斯细密画师设计的混合多层式青花笔盒[1]，盒面绘梅竹纹，侧面绘缠枝花卉。这种带盖笔盒的原始造型来自波斯细密画家的金属笔盒，呈长圆角形和子母口设计，盒内有不同形状的分格，便于盛放绘制细密画所用的多色颜料。英国的大英博物馆收藏有伊朗、叙利亚、开罗等地生产的金属笔盒多件（图9）。为满足西亚、非洲和阿拉伯国家细密画家的实用需要，景德镇陶工在明代前期进行仿制。波斯细密画虽受宋元工笔画影响，但是画幅小，所用毛笔细小，耗墨量不大，因此，这种波斯笔盒往往与调色盘合二为一，采用混合多层式设计。[2]

另外一类值得关注的器形是元代和明初的折沿大盘。这些景德镇烧制的大盘通常口沿直径达到80厘米左右，胎体厚重，釉色偏青，是受到伊斯兰金属盘的影响而出现的，这种大型瓷盘是为伊斯兰教国家专门烧制的餐具，大多是为了输往伊斯兰世界而特制的。当地的饮食与待客习惯跟中国不同，在奥斯曼、波斯、叙利亚等国，因为是多人共进一道菜，"国人坐卧无床凳"，所以必须用大碗、大盘盛装食物，并依瓷器大小用当地打造的金属盖子盖着。因此，大容器符合西亚和阿拉伯地区人们"用盘满盛其饭，浇酥油奶汁，以手撮口中而食"[3]的习俗。他们对器形、尺寸和是否完好无缺的要求更甚于釉色和装饰。这些特殊订制的景德镇瓷器通过朝贡贸易和商贸往来输往阿拉伯国家和地区。明嘉靖年间（1522—1566）亦有不少大盘烧制成功，如故宫博物院藏数十件嘉靖青花和孔雀蓝釉大盘，口沿直径也达到了75—80厘米。这些大盘的共同特点是胎体厚重，烧造工艺不如永宣时期所烧大盘精细，主要纹饰有云鹤、团寿、灵芝、福禄寿、松竹梅等，由于嘉靖帝信奉道教的缘故而反映出明显的道教思想。据专家推断，这些大盘是在道教的祭祀仪式中盛放祭物之用，而这一时期的外销瓷中并不见类似大型瓷盘。这些为宫廷专用的大盘不得不说是受了元末明初

[1] Franck Goddio.Sunken Treasures, *Fifteenth Century Chinese Ceramics from the Lena Cargo*, London :Periplus Publishing , 2000.

[2] 刘淼、吴春明：《明初青花瓷业的伊斯兰文化因素》，《厦门大学学报》（哲学社会科学版）2008年第1期。

[3] （明）马欢著，冯承钧校注.：《瀛涯胜览校注》，上海商务印书馆1935年版，第11—15页。

伊斯兰大盘工艺和形制上的直接或间接影响（图10）。清代康、雍、乾三朝大瓷盘也有较多生产，口沿直径达50厘米左右。以青花和五彩最为多见。装饰山水人物、花鸟草虫、人物故事、缠枝八宝等传统纹样，纹饰均绘画精细，多为宫廷陈设或做果盘使用。清代同治皇帝大婚时用品中也有口沿直径达64厘米的黄地粉彩百子图大盘。由此可见，初始为满足西亚和阿拉伯地区人们生活需要的大盘，逐渐对我国瓷器形制产生了深远影响。国内也开始接受这种体量大而壮观的瓷盘样式，尤其是被明清

图10 明嘉靖青花凤穿花纹大盘，口径73厘米，南京博物院藏

两代宫廷所喜用。而尺寸如此巨大的大盘的烧制成功，不仅造型规整，而且纹饰清晰，充分体现出明清景德镇烧造工艺所达到的高超水准。

来源于西亚铜器造型的盘座，因其无底而上下通透，也被称为无挡尊。盘座兴起于13世纪的埃及，穆斯林有席地而坐的饮食习惯，用器座将盘子之类的饮食器垫高，更方便食用，因此，盘座这类器物在阿拉伯世界得到广泛应用。景德镇陶工自元代开始就对这类盘座、器座进行仿制，及至明代时期已在中国得到较为普遍的生产和使用（图11）。景德镇陶工在原有造型的基础上进行了改良，缩减了盘坐外沿的尺寸，使其更符合放置碗、盘、香炉、梅瓶等中国传统器形的需要。

除上述器形之外，还有天球瓶、如意耳葫芦扁瓶、执壶、花浇、鱼篓尊、折沿盆、八角烛台等器物的造型，都是直接或间接仿自西亚、中亚等阿拉伯国家的日用及宗教器皿的器物造型，

图11 明代器座的演变

具有阿拉伯国家和地区所流行的同类金属、玻璃、陶器等器皿造型和明显的伊斯兰风格特色。

这些在明朝新出现的具有浓郁异域特色的器形，有的与西亚、非洲阿拉伯国家非陶瓷类器物造型完全相同，有的略有变化，都具有明显的伊斯兰风格造型特点。随着中国信仰伊斯兰教人数的增多，大盘、天球瓶、执壶、花浇、器座等不少器形被保留了下来，或依旧在穆斯林宗教及日常生活中发挥着重要的实用功效，或稍微改变形制，成为各族民众都喜闻乐见的日用或陈设瓷品类。总之，明清时期景德镇烧造的这些伊斯兰风格造型瓷，不仅作为国家间稀有的商品和珍贵的馈赠礼品，在当时的经济、政治领域发挥了极其重要的作用，而且为那个时代留下了一笔丰富灿烂的造型艺术财富，也充分体现出艺术交流和文化交融为景德镇陶瓷艺术所注入的持续而旺盛的生命力。

四、装饰特征

明代伊斯兰风格的器物几乎都有装饰。在伊斯兰纹饰中，几何纹和植物纹是应用最广泛且样式极丰富的两种纹饰。这与伊斯兰宗教信仰有直接关系，伊斯兰教义规定，真主是无形象的，不能以任何外在形式比喻和象征，所以在任何形式的艺术作品中，都不得制作和绘制人和动物的形象。但伊斯兰教教义认为植物是无生命的，因而植物成为主要的表现题材。植物纹饰和同样无生命的、抽象的几何纹饰在伊斯兰艺术中得到了最大程度的发展和表现。常见的伊斯兰风格装饰纹样包括以下几种。

（一）几何纹饰

几何纹饰泛指以点、线等基本的几何构形元素，按照一定的规律和器形装饰需要布局排列而成的装饰纹样。几何纹饰在原始陶器上就已出现，商周时期趋于成熟并逐渐成为主要装饰类型。汉唐时期始终为陶瓷装饰的常用题材和辅助纹饰。宋元及后来的明清时期，随着人物、动植物和山水等其他题材纹饰的涌现，几何纹逐渐退出陶瓷装饰的主导地位。阿拉伯世界对于景德镇瓷器的需求使明代永乐、宣德时期几何纹兴盛一时，受西亚铜器、金银器和陶器的影响，在这一时期的景德镇瓷器上出现了以几何纹作为主要装饰纹样的器物，装饰绘画呈现出层次繁复、构图饱满、绘画精细的特点。

其中，来源于《可兰经》插图、西亚陶器和玻璃器（图 12）的六角星纹 [1]、八角星纹、十角星纹等几何纹饰具有典型的伊斯兰风格 [2]。如这件明永乐青花四季花卉纹如意耳扁壶

---

[1] 六角星纹在一些阿拉伯国家流行了数千年，当地人认为六角星是智慧的象征，并相信它有抵抗邪恶和避邪的功能。

[2] 马文宽：《明代瓷器中伊斯兰因素的考察》，《考古学报》1999 年第 4 期。

（图13），通体饰青花纹饰，腹两面均绘有缠枝花卉，中心的六角星形开光内绘一朵折枝花，勾线填色留白，层次感较强。外围四层形状各异的开光内绘花卉、海水和几何纹饰，皆按照中心的六角星形开光向外均衡排列。整体构图虽然层次繁复，但由于纹饰各异而呈现出丰富的变化性和秩序感。受伊斯兰风格几何纹饰的影响，用于内销的景德镇瓷器上出现了用几何纹饰作边饰，在器物口沿和近足处等部位形成带状装饰，或在主题纹饰的某个部位作为陪衬。

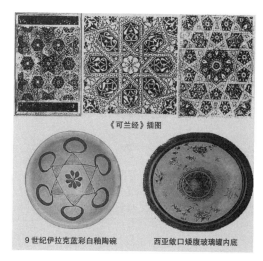

图12　阿拉伯艺术中常用的几何形纹样

另外一种被称为月华纹的明代瓷器装饰纹样，是来源于西亚地区金属器和陶器——尤其在土耳其伊兹尼克陶器上（图14）频繁出现的一种装饰形式。其特点是以修长的"S"形线条围绕一个中心点均匀排列成散射状的、前后相随、回旋不息的图形。月华纹多饰以碗、盘类器物内心，虽以勾线为主，但简练流畅的线条使整个纹饰具有阴阳交错的空间感。如这件明永乐青花月华纹碗残底，碗心青花单圈内绘月华纹，纹饰细长而层次较多。经过明代前期和中期的发展，至嘉靖时期，月华纹已由抽象的几何形线条组合，转变为中心为花朵，周围一圈排列有序的花瓣的团花纹饰。景德镇陶工在明代中后期阿拉伯市场逐渐衰落的情况下，将具有典型阿拉伯艺术风格的月华纹改良成为适应国内市场和朝鲜、日本等东亚其他国家所喜爱的团花纹饰，足见景德镇陶工随市场需求的变化而积极应变的能力。

图13　明永乐青花四季花卉如意耳壶

（二）植物纹饰

阿拉伯风格的植物纹饰最有特点的包括轮花纹、阿拉伯式花纹两种类型，也是景德镇陶

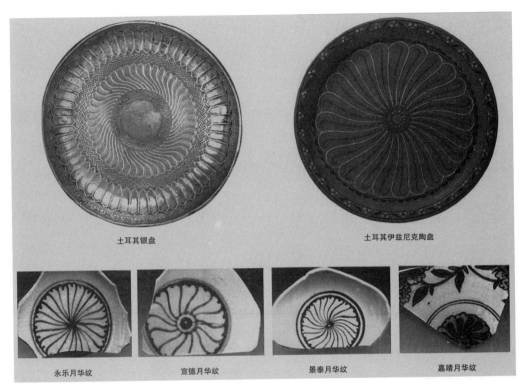

土耳其银盘 　　　　　　　　　　　　　　土耳其伊兹尼克陶盘

永乐月华纹　　　　宣德月华纹　　　　景泰月华纹　　　　嘉靖月华纹

图 14　月华纹变化

工仿制阿拉伯风格瓷器装饰中常见的植物纹饰。

　　轮花纹饰来源于铜质盘座、折沿盆、花浇、鱼篓尊、扁壶及玻璃盘等器物，是西亚地区出现较早且经常用到的装饰纹样。如出土于陕西扶风法门寺地宫的这件刻花描金轮花纹蓝玻璃盘，是 9 世纪西亚地区无模吹制成型的一件玻璃器精品。盘内磨刻三层交错花瓣纹，内填波浪纹，形成覆盖盘心的大型轮花纹。盘外刻两圈同心圆纹。这种轮花纹与中国传统的团花纹都是总体呈圆形的、变化丰富的装饰图案，二者间的差别在于团花多是自然界之花的夸张变形和艺术化处理，在造型上以真实的花形为依据；轮花则是由圆心向外呈放射状伸展的图形所组成，看似花卉却不是真实的花形，其形状复杂，变化丰富，具有很强的装饰性效果。轮花纹的流行可能与早期阿拉伯人的日月星辰崇拜有关。放射型图案是伊斯兰风格装饰图案的主要形式之一。如这件明永乐青花轮花纹双耳抱月瓶，腹部绘有明早期典型的套勾轮花纹饰，花心正中为几何线纹，腹周为双勾填色的缠枝花叶纹。经过明代两百余年的发展，轮花纹日趋简洁，及至清康熙时期，已经简化为类似传统的梅花纹饰。如这件清康熙青花轮花纹碗残片，碗心青花双圈内绘轮花纹，双线套勾花心和四个花瓣，内部填色，虽仍保留了由中心向外散射的轮花纹基本结构，但已经开始向中国传统的梅花转变。艺术的融合与同化作用在此显露无遗（图 15）。

刻花描金轮花纹蓝玻璃盘-9世纪　　明成化斗彩团莲纹高足杯　　伊朗刻花太阳纹双耳扁壶-13世纪

明成化青花轮花纹碗　　清康熙青花轮花纹碗残片

明永乐青花轮花纹双耳抱月瓶　　明正德青花轮花纹碗残片　　清康熙青花变体轮花纹碗残片

图15　轮花纹变化

图16　明永乐青花缠枝四季花卉
　　　纹如意耳扁壶

阿拉伯式花纹，是伊斯兰世界中一种独特的装饰纹饰，以一种二方连续的波形纹样为骨架，由植物的花、叶、藤、果的变形和几何图形等结合在一起形成缠枝花图案，即史料上记载的"回回花"。这种阿拉伯式花纹的花朵和枝叶并非现实中某种实在的花朵和花叶写生，而是用纤细的枝蔓将各种花式曲折缠绕在一起形成抽象的花纹图案。通常在瓷器上占据了除边饰和中心圆以外的整个画面。如这件明永乐青花缠枝四季花卉纹如意耳扁壶（图16），壶腹两面皆描绘典型的"回回花"，基本构图为二方连续布局，但六朵缠枝花总体呈六角形均衡排列。花叶蜿蜒细长，双勾填色，利用青料的色泽深浅表现花脉，极为自然生动。"回回花"的形成经历了一个长期的抽象演化过程，它首先出现在9-10世纪的阿拉伯陶器上，后逐渐扩展到金属器、纺织品、木器、建筑、绘画及书稿的卷首插画上。永乐、宣德时期，构图新颖的缠枝、折枝花卉大量使用，花卉枝蔓缠绕布满整个空间。对于花卉图案的熟悉使景德镇陶工在绘制相对抽象和变形的阿拉伯式花纹时，能够驾轻就熟地完成任务，甚至还将两种花卉形式进行融会变通，创新

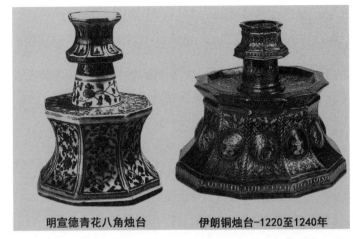

明宣德青花八角烛台　　伊朗铜烛台-1220至1240年

图 17　烛台

出适宜不同器形装饰的图案样式。明永宣时期的执壶和烛台等器物的腹部装饰还有竖向布局的回回花，如明宣德青花八角烛台，器形来自西亚铜器造型（图17），通体饰有纹饰十一组，虽密而不乱。底座八面内为青花留白开光，内绘四季花卉纹，与传统的横向布局不同，采用竖向布局的方法，构图新颖，并形成块面感极强的装饰效果。特别是缠枝花的枝子上一侧有麦穗或小花瓣样的装饰，在口双耳扁、罐、器物上均能见到，是这一时期较独特的装饰。

（三）文字装饰

以阿拉伯文字或波斯文字作装饰，是伊斯兰风格纹饰中最常见的装饰技法。中国陶瓷器上以阿拉伯文字作装饰，最早可追溯到唐代湖南长沙窑的一件青釉绿彩背壶，腹部写有"大哉真主"的阿拉伯文。明代始见于永乐青花盘座，以后天顺、成化、弘治、正德、嘉靖等朝均有传世品存在，而以正德时期数量最多，成为该朝瓷器装饰的一个显著特点。常以大段《古兰经》箴言、圣训格言以及赞颂真主安拉和贵圣穆罕默德的字句，装饰于碗、盘、罐，以及香炉、插屏灯座、香筒、烛台、圆盆、笔山、帽筒等日常生活用具之上，具有明确的宗教劝诫含义。如台北故宫博物院收藏的一件红彩盘，内壁用红彩书写为："你不要把手完全伸开，以免你变成悔恨的责任者"，外壁一周文字译为："清高尊大的真主说，谁做了尘埃大的好事，谁做了尘埃大的坏事，他都会看到，这就是行好的人的报答"，器底部写有一行阿拉伯文和两行波斯文，意思为"迪麦尼可汗水微曼苏莱曼沙"[1]。瓷器上装饰阿拉伯文字或波斯文字的实际功能已不仅仅是作为装饰，而是作为一种训诫，使信众随时都可以得到提醒，并以伊斯兰教教义来约束自己的言行。

---

[1]　《古兰经》第17章29节下半段，中国社会科学院1981年版。

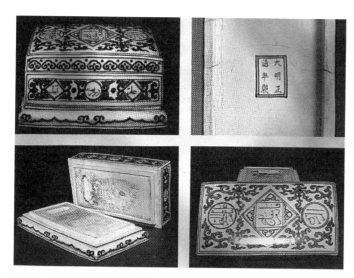

图18　明正德青花阿拉伯文字双层砚,法国吉美博物馆藏

除了常见的箴言、圣训和赞颂之外,也出现一种类似广告语似的文字,如故宫博物院藏的一件明正德斗彩阿拉伯文出戟尊。正德斗彩一向很少见到实物,这件斗彩出戟尊更是目前极少见之物。器腹部六个开光中的阿拉伯文字连成一句话为:"有好的花纹、边纹,稀有的制品。"故宫博物院所藏的另一件正德青花阿拉伯文出戟尊,器形与上述斗彩出戟尊相同,器身阿拉伯文字意为:"好的器皿、形状、花纹,文化的传播。"一语道出了景德镇瓷器在中外艺术和文化交流中的样态和作用。另有法国吉美博物馆藏的一件明正德青花阿拉伯及波斯铭文长方文具盒,器身缠枝花卉间的菱形和圆形开光体中,书写阿拉伯文字和波斯文字。盒盖上的阿拉伯文意为:"追求书法上的完美,因为这是存在的关键之一。"中国的汉字和阿拉伯文字可以说是世界上极少数以字符作为一门独立的艺术门类——书法而存在,字体结构和笔画中的美感独立于其意义之外,形成自身的存在方式。装饰于砚盒上的这句话,精辟地阐明了以阿拉伯文字或波斯文字为装饰纹样的奥妙所在。砚的四周写绘一圈波斯文:"科学是无价的长生不老药,愚昧是无可救药的恶魔。"(图18)相信当时的景德镇陶工一定是按照送来的文字和画样进行认真的描摹,至于这些如装饰图案般美丽的异国文字到底是何意义,则无从知晓了。因为在书写时为了美化或不了解异域文字的字形,常出现省掉文字的某些笔画的情况。中国传统陶瓷也常以书法或诗词装饰于瓷器表面,二者有所不同的是,中国的书法绘写随心所欲,不刻意经营位置;而伊斯兰风格文字装饰为了突出器物上的阿拉伯文字和波斯文字,常将文字置于圆形、方形或菱形开光中,以凸显其主体性。开光还常与中国传统的或伊斯兰风格的花卉纹、云气纹、梅花纹、如意纹等共同组成适应器形装饰需要的纹饰组合,既使整体纹饰变得赏心悦目,又使文字变得鲜明突出。

上述伊斯兰风格纹样以青花装饰为主,五彩、斗彩、矾红彩等彩瓷装饰比重较少。这些纹样按照器物造型和装饰位置及面积的需要,相互组合或单独填满装饰格局,形成或连续式,或聚散式的变化丰富的艺术化组合,不但体现出明显的异域风貌,更成为市场需要促进景德镇陶瓷艺术时代嬗变的经典案例。在延续元代服务于西亚、非洲和阿拉伯地区具有明显艺术特征的市场需要而形成的伊斯兰风格瓷器装饰的基础上，明清景德镇陶工更在政治环境和经贸往来的允许和需求之下，创造了具有时代风格和艺术融合的伊斯兰纹饰。不仅满足了国内外穆斯林的实用需求，更为丰富景德镇陶瓷装饰的艺术面貌增添了一抹亮丽的色彩。具体说来，西亚、非洲和阿拉伯国家所需要的瓷器多是以波斯血统民族的王家颜色——蓝色和宗教颜色——绿色为主，以及具有波斯文题记和几节《古兰经》文字作装饰，这一事实足以说明中国经丝绸之路与波斯进行陶瓷交易的重要性。

五、结语

世界不同国家和地区之间的艺术与文化都是在不断交流与相互影响中共同发展与进步，而明清时期适应海外需求的景德镇瓷器的外销，为这种艺术与文化间的交流提供了重要的渠道和媒介。景德镇陶工向来善于捕捉海外市场的需要，并依据不同国家和地区对瓷器的需求来生产相应的产品。自元代开始，景德镇制瓷业追求市场化生产的趋势日益明显。分析明清销往海外不同国家和地区的形制丰富、风格各异的景德镇瓷器产品可以发现，在这些国家和地区人们的日常生活和精神世界占据最主要地位的、最具特色的文化因素，往往能在他们所订制的景德镇瓷器的器形和纹饰中得到最显性的体现。景德镇瓷器海外市场的拓展和外销规模的扩大，使不同国家和地区的艺术与文化通过对于瓷器的品类、器形和纹饰方面的要求和订制得以传递和交流。如明清时期景德镇制瓷工艺的进步使新品类不断创烧及一些失传的品类得以复烧，以满足海外市场对色彩的多样化需求；景德镇陶工模仿域外不同国家和地区的陶器、金属器皿、玻璃器等其他材质的器物造型，器形的要求是在原有传统器形基础上的改变，或凭借长期积累的成型经验和能力进行新的创造，是对陶工技艺的考量和提升，因此，陶工多能按照海外市场需要，仿制或创新出达到要求的新器形。既满足了不同国家民众对于瓷器的实用需求，也丰富了景德镇瓷器的造型艺术；纹饰的要求则与装饰手法、审美文化和艺术观念密切相关，是对陶工长期以来所养成的审美习惯和文化意义的改变，景德镇陶工通过对上述不同材质器物上纹饰的摹绘，以及织物、绘画等其他艺术门类图形样式的描绘，实现瓷器装饰上的多样性和适应性。在摹绘一些他们不熟悉的纹饰时，又常搭配更多传统、熟悉和欣赏的纹饰，形成一种具有混融性特征的装饰形式。即使景德镇陶工把给予他们的画稿摹绘得完全逼真，也总能发现某些中国元素。其中，图案化和装饰性更强的几何纹饰和动植物纹饰又比人文主义色彩浓厚的人物、故事和风景纹饰更容易接受。这一接受过程体现出文化间的差异，以及在认知和交流过程中的阻力。尽管如此，景德镇陶工生产的这种具有中外交融的艺术面貌的订制瓷，仍使欧洲各阶层民众趋之若鹜。据法国传教士殷弘绪写给法国当局的信中透露，景德镇一些皈依基督教的陶工请求他不要把有欧洲图像的事物送给清政府，因为如果他们不能按要求把欧洲事物描绘到瓷器上，就会受到惩罚。[1] 可见清政府官员很重视景德镇瓷器的外销，并希望能最大限度地满足欧洲市场的需要。有此官方思想主导下的市场化生产与对外贸易，促使景德镇瓷器的外销在 18 世纪达到高潮，一直延续到 19 世纪初。

一方面，景德镇陶工如上所述，尽量依照海外瓷商的要求和他们送来的模型及画稿，大量烧制和临摹不同国家和地区的艺术造型及图样，以充分满足不同国家和地区海外市场的需求；另一方面，这些由海外市场需求所传递的外来器形、图样与表现手法等艺术元素，经过陶工的重新编码——在依托他们所熟悉的传统陶瓷艺术样态的基础上进行加工和变形，成为能够被国内民众和市场接受的陶瓷器形和纹饰等陶瓷形制，进而丰富了包括内销瓷在内的景德镇整体制瓷技艺和陶瓷艺术面貌。如上述器座、大盘等器形以及月华纹、轮花纹、梅纹等纹饰，都是外来艺术元素在传统文化基础上内化为丰富多元的景德镇陶瓷艺术的一部分，显示了明清时期以景德镇陶瓷艺术为代表的中国传统艺术与文化强大的包容性、内聚力和多元性。又如清代康熙时期景德镇生产的青花瓷瓶，颈部常用的菱形边饰，筒式瓶腹的复合、重叠的如意形图案花，以及钵式炉腹部密集开光的构图形式等，都是受欧洲流行的艺术图样的影响而来。因此，清代的陶瓷装饰艺术比以往时期的陶瓷装饰艺术更加繁缛，更加华丽，也正是受到当时欧洲艺术风格影响所呈现出的整体的风格变化。这种文化间的交流具体到景德镇瓷器装饰中，则表现在贸易主体的市场需求及其需求在陶瓷产品中的反映，这些都可以通过明清时期销往海外市场的陶瓷品类、器形和纹饰中得到反映，艺术与文化之间的交流也随之建立起来。明清两代景德镇瓷器的大规模外销使是中国传统文化传播至世界各地，形成了以景德镇瓷器为载体的艺术与文化的交流所起到的巨大的推动作用。与此同时，影响所及的海外各国家和地区的艺术品位和市场需求也在通过这种贸易影响着景德镇陶瓷艺术的发展。

---

[1]　方李莉：《中国陶瓷史》，齐鲁书社 2013 年版，第 724 页。

大型民族器乐剧《玄奘西行》艺术特色解析

赵倩 / 中国艺术研究院副研究员

中央民族乐团推出的民族器乐剧《玄奘西行》在北京天桥艺术中心首演，这无疑是整个民乐界，乃至京城文化界的大事件。该剧由中央民族乐团团长席强总策划，驻团作曲家姜莹担任作曲、编剧和总导演，是 2017 年文化部立项的重点新创剧目。《玄奘西行》之所以产生如此轰动的效应，不仅是因为他们契合了国家的"一带一路"倡议、再现了唐代高僧玄奘法师的"壮举"，更重要的是，他们把用民族器乐讲中国故事的艺术实践向前推进了一大步，用民族乐的语言诠释了玄奘在取经之路上不忘初心、不畏艰险、执着进取的精神。这是一种全新的舞台艺术呈现形式，是在戏剧的叙事逻辑和架构中，充分挖掘和展现民族器乐叙事性、音乐性和表现性的艺术形式。笔者对剧目的整体艺术特色做了简要解析，在此求教于诸位方家。

一、谁在表演：人与乐器"搭班唱戏"

初次观看中央民族乐团演出的观众，恐有如下疑惑："《玄奘西行》里，到底是谁在表演，与其他戏剧表演相比，有何特点？"因为，从舞台表演的角度而言，该剧有人声与乐器的互动、有不同民族乐器的交流。人物除了唱念外，还需通过乐器的演奏来"讲述"故事，这类似于"无词歌"，呈现出"乐代人声"的艺术特点。角色及人物方面，除了核心人物玄奘外，还有其一路之上遇到的不同人物，上百种乐器亦有角色的扮演。除了当代舞台上常见的汉民族乐器、新疆各民族乐器及印度乐器外，还有复原的敦煌莫高窟壁画中的乐器及其组合而成的唐代宫廷音乐。而且，这么多的人物和乐器，在戏剧的框架内，完整地讲好故事并非易事。故而，观众难免会对该"民族器乐剧"的概念及其对"戏剧性表达"的模式等问题产生疑问。

（一）关于"民族器乐剧"的解读

纵观古今中外，歌剧、音乐剧、舞剧等都是运用音乐讲述故事的典型代表，那么，乐器能否成功地讲述故事？其实，关注中央民族乐团艺术发展的观众不难发现，从 2013 年开始至今，该团在民族音乐演出内容和形式上的创新着实让人侧目：从民族乐剧《印象国乐》《又见国乐》再到民族乐剧《玄奘西行》，一直都在尝试用中国的民族乐器讲述中国自己的故事，以传扬中华优秀的传统文化，它们不仅在音乐上可听性极强，多媒体舞美也抓人眼球，而且，集作曲、编剧和总导演于一身的姜莹对《玄奘西行》的逻辑结构、节奏、舞台调度等都有着更完整的把控。

虽然该剧在戏剧性音乐表演、多媒体舞台呈现等多方面，与《印象国乐》和《又见国乐》具有一定程度的相似性，但是又有较大不同，该剧更具开创性和颠覆性。它在清晰的戏剧主线的贯穿下，让民族音乐呈现出多元、立体的综合性舞台语言，则是对中国民族音乐当代传承与传播而拓展出的新道路与新模式。核心人物——玄奘的西行故事是整部剧的主线，而乐器及器乐则是该剧的"主角"，主创者放大了民族乐器的叙事、表情和意象建构的功能，也赋予了民族乐器以特殊的身份隐喻，而这正是"民族器乐剧"的特点。

该剧是"类如歌剧一样，用民族器乐表现戏剧的作品，有完整故事支撑戏剧发展的同时，将民族器乐都囊括其中"[1] 的作品，并且，"将器乐视为设定人物与故事的逻辑起点，根据每件乐器的背景，结合玄奘故事的史料，姜莹为乐器量身定制了与之匹配的人物与故事情境"[2]。对该剧的新特点，席强认为："我们打破传统民族音乐的表演形式，以玄奘西行取经路上对民族音乐的见闻为蓝本，将舞台表演和民族器乐有机融合在一起，通过演奏家'音乐'和'语言'的双重表述，以其高超的演奏、吟诵、台词对白、形体动作和剧情结合，融合舞美、多媒体、灯光、音响、服装等元素充分拓展艺术空间和推动剧情发展。"[3] 而指挥叶聪则认为，该剧"突破了常规的艺术概念，主要用民族器乐来叙述故事，展示人物内心活动，并加以灯光、舞美、多媒体及台词创造的一种全新的艺术形式"[4]。而艺术顾问冯小宁对器乐剧的概括则是："需要用乐器讲故事的全新艺术形式，需要用器乐展示各种不同乐器特色以及人物内心的戏剧冲突……"[5] 通过上述主创人员及指挥的解读，应该能够帮助观众建立起对"民族器乐剧"的认识。

（二）关于"戏剧性表达"

至于人物与乐器如何共同完成该剧的"戏剧性表达"，笔者主要从以下几个乐曲进行简要讨论。

在"佛门"一幕，玄奘与师父谈论佛法与音乐，玄奘持小竖笛、师父持箫，此时，两件乐器分别与人物的年纪、身份相对应：小竖笛声清越，代表青年玄奘，箫声厚重，代表师父。音乐表演中，两者既有人声的对话，又有乐器的对话。两件乐器同是人声的延续，彼此呼应，同样具有台词和叙事功能。玄奘问："师父，您的音律中透露着平和与宁静，什么时候我也

---

[1] 姜莹：《世界首部民族器乐剧的诞生》，载中央民族乐团编：《〈玄奘西行〉艺术特辑》，2017 年内部版，第 8 页。
[2] 同注 [1]。
[3] 席强：《时代化的千年传承之新探》，载中央民族乐团编：《〈玄奘西行〉艺术特辑》，2017 年内部版，第 14 页。
[4] 叶聪：《冲破形式的"新生"》，载中央民族乐团编：《〈玄奘西行〉艺术特辑》，2017 年内部版，第 27 页。
[5] 冯小宁：《与"世界之宝"的创作之旅》，载中央民族乐团编：《〈玄奘西行〉艺术特辑》，2017 年内部版，第 25 页。

可以跟您一样吹奏出那么悠然的笛声？"师父说："笛声即是心境，当你拿起它时，只需吹一声，如果心中有任何杂念，你就把它放下，直到你能够听到自己内心的笛声，来，你试试。"按照师父的开示，玄奘经过两次"试音"，终于在第三次找到了"纯净"的笛声，此时箫与小竖笛的重奏，实则用音乐的转折描写了玄奘数年来的成长过程，也点明了"笛声即是佛法"的含义。

"一念"中，需要强调的是其对白和音乐的紧密关系，两者并未割裂，而是很好地完成了戏剧的展现：玄奘为石磐陀受戒，两者既需要对话，又需要演奏乐器。根据导演的调度，开场时，石磐陀独自在石墩上拉琴，当玄奘出现，他知道来者正是大唐高僧时，琴声停，他表示希望让玄奘为其受戒。接着，在玄奘独白时，琴声起，当石磐陀独白时，笛声起。另外，两者还有重奏的戏份，如此安排，在不影响音乐完整性的同时，故事情节也得到了推进。

唐代法律，西出阳关需"通关文牒"，若无，将会被视为罪犯而拘捕。而玄奘正是一位等了三年官府批文无果后欲冒死出关的人。因此，"潜关"描写的正是玄奘在玉门关与戍边将士因"通关文牒"而形成的矛盾冲突。只是这里的"对峙"，不是以言语为主，而是以乐器的冲突与对话讲述了"对峙"的过程与结果，该幕的主角是玄奘与两位校尉，音乐表演所用的乐器有埙、中国大鼓和乐队。埙独奏开场，其苍凉、辽阔的音色和紧张的旋律，形塑着"长风几万里，吹度玉门关"的边关意象，交代了玄奘所处之地，又暗示了他面临的困境。而后，两位校尉以中国大鼓重奏，不仅彰显着"边关""威严"、将士的身份等信息，也通过强弱、徐急的节奏掌控，以振聋发聩的"鼓语"替代人声，近乎恐吓般地言说着官府"没有通关文牒，不能西出边关"的禁令，并企图震慑玄奘，使其知难而返。但是，玄奘以其稳如泰山、镇定自若的打坐，回应鼓声，不屈地坚守着"求法以造福苍生的初心"以及执着于信仰的人生追求。他感动了校尉，校尉直言愿意舍命保其出关。最终，玄奘在雄壮而富有悲壮感的音乐声中，走向玉门关外。

在凸显玄奘崇高精神的过程中，"祭天"是重要的一幕。久旱不雨的部落正准备用一名族人向女巫献祭，以求天降甘露。此时，玄奘则舍身求法，愿替人献祭。管子与琵琶均是经丝绸之路传入汉族的乐器，故，用之此处甚是恰当。该曲的叙事，则主要由低音管子（部落族长演奏）、高音管子（族长之子演奏）以及琵琶（"女神"演奏）来承担。在献祭过程中，三种乐器有独奏和重奏，每件乐器代表一个人物的身份。乐器与人声偶有交替，主要讲述不同人物的心理活动和情感变化：如女神用一段狂风骤雨般的扫弦表达女神的气场与威严，通过大幅度的揉弦、琶音的夸张处理来显示部落的神秘色彩。高低声部的管子，则以其紧张的、异域风格的旋律，与琵琶形成"对话"，低音管子似在指挥仪式的进行，高音管子的音乐紧张中带着悲伤，又似乎在倾诉着不得不献祭的无奈。玄奘则是以形体语言和诵《心经》"辅助"仪式的进行，以完成"献祭"，搭救部落百姓。

笔者不得不提到"高昌""菩提"及"那烂陀"，因为，这几处首先是分别展现了维吾尔族和哈萨克族及印度的民族乐器的丰富性。舞台上艾捷克、弹拨尔、冬不拉、库姆孜、印度唢呐、西塔尔[1]等不同的民族乐器从名字到性能、音乐风格等，均被一一介绍，并且由演奏家做 SOLO 演示，描绘出丝绸之路上乐器和音乐的多姿多彩。其次在"高昌"，音乐代表着玄奘在西域所受到的极高的音乐礼遇，代表着高昌王对玄奘的尊重，但是美妙的音乐背后，则还有玄奘并未因治好了公主的眼疾而接受高昌王盛情挽留的"坚持"；在"那烂陀"[2]，历经千难万险的玄奘，终于抵达佛国，诸多印度乐器，演奏着佛语梵音，其音乐如同高僧的"开示"，同时也具有执行佛教仪式的司仪身份和功能。当厚重的那烂陀寺门在玄奘的朝觐中缓慢打开时，六位印度高僧及台上众僧的合奏，不仅昭示着仪式的神圣性，而且宣示了玄奘求法的成功。可以说，音乐在该幕中，丰富了故事情节的叙事架构，凸显了器乐的叙事性及仪式性。

总之，该剧剧情的发展、人物的塑造，在人与乐器的道白、在人声与音乐的交织以及不同乐器的组合表演之中，得到了推动，整部剧也在上述要素的建构中，获得了新的艺术生命。

二、抒情与叙事：继而有变的曲风

如果说，在《印象国乐》和《又见国乐》中，作曲家姜莹的创作是"唯美抒情"[3]曲风的话，那么在《玄奘西行》中，就不仅如此了：既有抒情唯美的音乐，如"佛门""普度""故乡"中的旋律，又有或紧张、或舒缓的叙事性音乐，如"一念""祭天"中的旋律。前剧中唯美抒情是剧目的核心音乐风格，在后者的音乐中，则是兼具抒情与叙事性，且叙事性是剧目的关键。有时乐器独奏是人声和人物的延伸，代表着人物的独白或情感表达，如同宣叙调，交代着剧情的发展；有时乐器的二重奏、三重奏、合奏等，让戏剧冲突得以彰显。

在"佛门"中，箫与小竖笛重奏的旋律，尤其让人感动、心醉。C 大调 3/4 拍的旋律，节奏简洁，由四分音符和二分音符组成；亦无极端的跳跃，最大的音程上行六度，但是随即又是下行大二度。在每分钟 76 拍的速度下，这一段旋律来得极其自然，在大三和弦上延展出动人的旋律，一下子就走到了观众心里。而且，大乐队的进入几乎悄无声息，力度在 mp 与 mf 之间，且多为三拍的长音铺垫，就像傍晚时分轻轻追逐着沙滩的海浪般轻柔，不急、不躁，但柔中又有筋骨，将管乐器的吟唱稳稳托起，让音乐丰满而不抢风头，恰如"润物细无

---

[1] 由于乐器众多，本文不一一列举。
[2] "菩提"一幕与"那烂陀"链接较为紧密，六种印度乐器中的五种均出现在后幕，故，这里一并讨论。
[3] 薛艺兵：《〈又见国乐〉观后感》，《人民音乐》2015 年第 10 期，第 6 页。

声的音波细雨，轻轻渗入观众的心田，缓缓地激荡起观众从视觉景观和人物叙事中诱发出的深情"[1]。这正是旋律抒情的一面。上文提到，在该幕，多媒体营造了四季更替和时间的流逝，而与此同时，音乐并未停止，因此，可以说该段音乐也向观众讲述了玄奘在净土寺的时光，这则是音乐叙事功能的体现。该段旋律也是整部剧的主题音乐，在"大唐"一曲中，我们还可以听到该旋律的再现，只是由原来的小竖笛和箫的重奏，变为大乐队的演奏，因此，显得更为宏大和辉煌，象征着玄奘追求到了自己最初的梦想。

说到音乐的"叙事"功能，在该剧体现得尤为突出，笔者仅举两例。

其一，如"一念"中，胡人石磐陀与玄奘的对话一段。为了打消石磐陀的顾虑，玄奘说："一念心起，则有善恶二业，有天堂地狱，一念不生，则万法庄严，为师纵使粉身碎骨，也不会牵连于你。"与此同时，石磐陀一直演奏着手中的二泉琴。旋律进行缓慢而低回，同样没有大的起伏，却诉说着石磐陀的犹豫、懊悔、挣扎与矛盾。

其二，"祭天"的开篇，是高音管子的SOLO。这23小节的旋律，一开始便是 f 的力度，在"黑暗"的舞台上，管子低声的呜咽，尤其显得凄凉、哀怨，就如同一个濒死者对生的极度渴求。演奏者通过力度强弱和颤音方式的微妙处理，让音乐产生巨大的魔力，令观众绷着自己的神经跟随音乐的进行，在多媒体的投射下，体会着干旱带来的沉重灾难。而当演奏员说出"父亲，孩儿已在此祈愿了三天三夜，还是没有降雨"时，则又告诉观众，那一段旋律也代表着祈雨仪式的时间长度。

另外，从作曲技法上讲，《玄奘西行》的音乐创作缘起，应该追溯到姜莹于2010年创作的民族管弦乐《丝绸之路》，该曲"具有浓郁的东方阿拉伯音乐风格"[2]，并且一举获得了由文化部艺术司、中国民族管弦乐学会举办的第三届"新绛杯"青年作曲家民族管弦乐作品金奖，这已经显示出她对西域音乐风格的细致、精确的把握。并且，为了创作《玄奘西行》，她查阅诸多文献资料、走访该领域专家学者，在两年多的时间里曾赴新疆、甘肃、陕西等地采风，在天山、塔克拉玛干沙漠、敦煌莫高窟藏经洞重新感受和体验丝绸之路的生活，为寻找当年玄奘取经的艰难历程而采集灵感。而《丝绸之路》中简约风格和持续低音的运用，也都能够在《玄奘西行》的音乐创作中，找到延续。

姜莹的音乐中，有着她对不同民族文化和艺术的体现与个人的感悟，能够准确击中人内心深处那个柔软的泪点。那音乐虽然不是波澜壮阔，但有着坚毅的力量，一步步让听众被狂躁的社会包括得严严实实的心，放下了一层层的戒备，而最终让我们动容。

同时，我们不能忽视，这些精妙的乐曲均出自中央民族乐团优秀的演奏家之手，是他们指尖上的"舞蹈"让这音乐潜入观众的内心，让感动的泪水不觉而出。

---

[1] 薛艺兵：《〈又见国乐〉观后感》，《人民音乐》2015年第10期，第6页。
[2] 卞祖善：《春风不度玉门关 无数铃声遥过碛——评姜莹民族管弦乐〈丝绸之路〉》，《人民音乐》2014年第10期，第16页。

三、听抑或观：舞美设计的艺术性

当下的舞台表演，已越来越多地呈现出跨界多元的面貌。"观看"被创作者们所重视，这让音乐厅和剧场中音乐会也改变了原来的模样：既悦耳动听，又"秀色可餐"。《玄奘西行》的创作即是如此：不仅听着过瘾，看得也过瘾。本文主要想谈一下多媒体影像的设计。

由著名舞美设计师张继文、中央美术学院"数码媒体工作室"以及总导演姜莹共同创意、设计的多媒体影像，是这部剧视觉效果中的最大亮点。多媒体是随着科技与艺术发展而形成的一种虚拟的、可变的艺术样态，以声、光、电等手段，塑造艺术现场、表达艺术观念，可以实现通常的舞美达不到的效果，辅助和完善舞台艺术的呈现，具有很高的艺术价值。

虽然该剧在不同的场景中也运用了多种形式的图像，但多是借助符号简单地交代某一场景，如"佛门"中的寺庙高墙、"一念"中的金刚塑像、"如梦"中的贝叶经等。固然，"图像所对应的是一个远比人们想当然的情景要丰富得多的阐释与鉴赏的文化空间"[1]，该剧中的图像也蕴含厚重的民族、宗教等文化信息，但是，多媒体影像在该剧中营造的或逼真或虚幻的空间，不仅在艺术审美效果上更具冲击力，也丰富了舞台表演的视听效果，推动了剧情的发展。

如"佛门"中，箫与小竖笛重奏时，多媒体用墙体的变化、树木的变化来示意观众季节的转换和时间的流逝。"遇险"中，滚滚黄沙，如同海啸掀起的巨浪，由远及近，直逼观众而来，风势随着乐声愈演愈烈，这一段将近一分钟的多媒体沙尘暴，也让观众紧张无比。"雪山"中，玄奘在多媒体"制造"的雪山之中与狂风暴雪做斗争，冰雪层层覆盖，玄奘步履蹒跚，又在一个雪崩之后被大雪掩埋。在被塔吉克族人搭救之后，在音乐的高潮段落中，随着一声鹰的鸣叫，多媒体的纱幕中出现一只巨大的雄鹰从远处飞来，落到玄奘身边，象征着为玄奘贮入超越自然的力量。当雄鹰落在玄奘身旁的雪地上时，多媒体又呈现出雪花飞溅的效果，最后，当触摸到雄鹰的那一刻，真人玄奘消失，转而是玄奘骑着雄鹰的影像，飞向雪山之巅。"祭天"一幕，发生在居住于森林里的一个部落中，因干旱而裂开的大地，整体呈深蓝色与昏暗色调的森林和参天大树，将故事发生的语境交代清楚。在玄奘坐上祭台时，台前的幕布上，投射出呈圆形布局、旋转着的、发着金色光芒的梵文《瑜伽师地论》。而后，在音乐声中，黑风四起、折树飞沙，一股黑风袭来，闪电雷鸣、天降瓢泼大雨，浇灭了玄奘祭台前的火堆，旱灾得以解除，玄奘与众人得救……由此，可看出多媒体在该剧中对于观众通过不同的场景及意象加深对剧情的理解，具有重要的帮助。

---

[1] 丁宁：《关联性：艺术史思考的一大纽结点》，《读书》2016 年第 5 期，第 164 页。

此外，从审美的角度而言，多媒体塑造的艺术形态，也逐渐改变着观众的艺术观、价值观和审美水平。

四、不屈不挠：艺术背后的思想向度

通常，我们赞颂经典，并非要回到过去，亦非厚古薄今，而是要通过"往回看"来反观当下的方方面面，进而使前行的脚步更稳健。《玄奘西行》一剧，从思想层面看，正是通过历史人物的经典故事关照当下，通过彰显玄奘不忘初心、不畏艰险、执着进取的伟大精神，表现玄奘探求佛法不只是唯一的目的，更是寻求人生的最高境界，超越生死、用心灵的思想意念去感召人与自然、人与人之间的善念之法，而这正是当今时代所需要的精神。该剧主要的故事情节，通过直接的"磨难"——"一念""潜关""遇险""雪山""祭天"，或"思念故乡""以礼挽留"等间接的"磨难"——"问路""高昌""普度""故乡"，从哲理层面对这种精神进行深刻的阐释。乐器间的冲突、对话及与人声念白的互动等，则在完成"阐释"上达到了形式与内容的统一。

何以讲"磨难"？有磨难就需要有消除磨难之道，更需要一种不屈不挠的精神、坚持不懈的毅力。俗语有讲，"世上无难事，只怕有心人""只要功夫深，铁杵磨成针"，讲的都是这个道理。另外从近代中国历史看，没有14年的坚持，又何来抗战的胜利？同样是这个道理。应该说，中华民族自古以来，就有"坚持""执着""不屈不挠""不忘初心"的优秀传统。只是在当今飞速发展的时代背景中，浮躁、功利乃至娱乐至死的社会价值体系，以及碎片化、网络化的知识获取方式，让那些传统在社会生活的严肃话语体系中逐渐失去了应有的位置。《玄奘西行》用民族器乐剧的形式塑造玄奘精神的探索与尝试是值得肯定的，如果玄奘当年那么容易放弃的话，如何能取得真经？而该剧同样也是在诠释作为作曲、编剧和总导演的姜莹及主创团队自身所体现出的"执着，不放弃"的精神，应该说，制作这部剧，也是希望传递他们的价值观和艺术立场。因此，他们并未用娱乐化的手法去演绎玄奘西行取经这一家喻户晓的经典故事，而是充分尊重、挖掘和发挥着"经典"的意义及价值，并用中国民乐去诠释它，让观众从中体会中华优秀传统文化的精神内涵，以检视自己的行为与观念、检视当下、检视我们的社会生活。

姜莹认为，从艺术上来说，与不同文化、不同民族的交流，可能会产生一种新的东西，这就是世界文化的碰撞所产生的新的生命力。中央民族乐团推出的这部创作，即是姜莹个人创作思维的探索和执着的结果，也在一定程度上，是在尝试引领中国民族器乐舞台作品的创作路径，因此，并不是单纯地反映时代与社会脚步的简单作品。

《玄奘西行》不仅仅包含着对"一带一路"倡议的呼应、对国内外各民族音乐的重构，也有着对玄奘精神的新解读，这种精神，对于民乐作曲家，对于民乐人，对于中央民族乐团——国家级民族音乐传承、传播、创作机构的发展也有重要的现实意义。正如席强所言："在创作中，我们对传统音乐进行'创造性转化、创新性发展'，用优秀的民族音乐去丰富国人的精神世界，用传统的文化艺术去深化对外交流，这也是民族精神自强不息、民族文化自信传承的重要体现。"[1]笔者也认为，该剧可以看作当代中国音乐家们践行"一带一路"倡议的新丝绸之路文化旅程。它以其厚重的历史文化底蕴，不仅展现了多民族音乐文化的璀璨景象、而且呈现了玄奘精神的当代价值。它对于深化对外文化交流也具有同样重要的价值：即在更大范围内和更深层次上，加强丝绸之路沿线国家和地区的文化认同感、民族融合感。

五、结语

杨燕迪在谈论音乐新作因何而可听时，曾做如下理想状态的假设："音乐新作应该以纯粹艺术性的原因吸引听者的耳朵。也就是说，听者之所以对音乐新作发生兴趣，是因为音乐新作提供了聆听旧作、阅读小说、观看电影等不能替代的独特艺术感受和新鲜艺术经验。凭借这种不可替代的独特价值，音乐新作才有资格召唤听众，才有力量征服听者。"[2]如此而言，《玄奘西行》一剧，作为一部音乐新作，从音乐表演、舞台美术及思想性等方面，体现了一种综合性、多元化的视听体验，应该说，这是其值得肯定的艺术品格。

此外，音乐新作也需要具备长久的生命力，能够经得住时间和观众的检验，方能体现其艺术价值，成为真正意义上的佳作。也希望该剧能在后期的巡演中，进一步打磨，期待在人物表演、台词功夫、整体节奏等方面更上一层楼。

---

[1] 席强：《以文化自信推动"一带一路"民族音乐创作》，《中国文化报》2017年7月27日。
[2] 杨燕迪：《我们为何聆听音乐新作？》，《音乐的人文诠释：杨燕迪音乐文集》，上海音乐学院出版社2007年版，第180页。

从"别求新宗"的探索到"跨文化"的自觉

——20世纪以来敦煌临摹影响下的中国现代绘画语言探索

杨肖 / 中国艺术研究院助理研究员

20世纪以来,随着敦煌藏经洞的发现和"敦煌学"的兴起,敦煌洞窟壁画进入现代中国画家视野,由此对现代绘画实践产生了深远的影响。从20世纪40年代到当下,运用不同材料媒介进行绘画创作的中国艺术家,纷纷在敦煌壁画临摹和研究基础上进行现代绘画语言的探索,他们的实践体现出富于时代感的阶段性特色,其具体路径经历了"别求新宗"思路的探索到"跨文化"意识的自觉。这一切,为"大中国画观"在当代的提出做出了充分的铺垫和准备,其影响的深远,在当下已然可在东方"岩彩画"概念的提出和当代艺术的持续探索中窥见。下面结合一系列艺术家个案来展开梳理和讨论。

一、别求新宗

20世纪初,一批中国学者和艺术家开始意识到,自宋代兴起并在元明清时期占据主流地位的"文人画"传统,只是中国绘画史整体脉络中的一个重要支脉。而重视色彩的中古绘画传统,作为中国绘画史的另一个精彩支脉,却自元代以来长期处在被忽视的地位。原因在于,元代以后有才能的画家普遍受到文人趣味影响,他们对笔墨语言的追求兴趣远胜于对色彩语言的探索兴趣,这就意味着,晋唐时期已形成的重彩工笔画传统在元以后就处在停滞乃至衰败的过程中,因为元以后的中国古典色彩绘画史上已极少有人创建出新的色彩语言。[1] 这种关于中国画史的认识,尽管在清末民初已出现,比如,康有为在"以复古为更新"的思路下,将"院画"尊为中国绘画史上已然存在的伟大"写实"传统,去与西方写实画法相对应,强调"院画"与"文人画"的不同之处是其重"着色""写实""逼真"的绘画表现语言,但直到抗战时期,随着众多艺术家的"西行",敦煌壁画所代表的另一个有别于"文人画"的古代传统绘画体系,才对"别求新宗"的中国现代绘画实践产生了实质性的重要影响。特别是在20世纪40年代,

---

[1] 牛克诚:《色彩的中国绘画——中国绘画样式与风格历史的展开》,湖南美术出版社2001年版。

许多艺术家对作为中古时期"工匠"之杰作的敦煌壁画进行了实地考察，甚至有些人将自己对敦煌壁画的临摹和研究视为艺术探索历程中的重要转折点。

20世纪40年代，张大千对敦煌壁画的临摹在中国文艺界乃至思想界引起了巨大的社会反响，开启了20世纪以来中国艺术家学习和研究敦煌壁画的绵延旅程。张大千早年的绘画创作主要受到偏好水墨的古代文人画家影响，后有在日本学习染织、研究色彩的经历，对唐代绘画产生浓厚兴趣。1941年5月，张大千在塔尔寺向藏族喇嘛画师学习了与敦煌壁画同源异流的热贡唐卡画法[1]，并对他们制作画布、加工矿物质原料的技术大加赞赏[2]。1941年6月至1943年5月期间，在这些画师的协助下，原本擅长于传统文人笔墨造型的张大千，在敦煌临摹了大量壁画。他所临

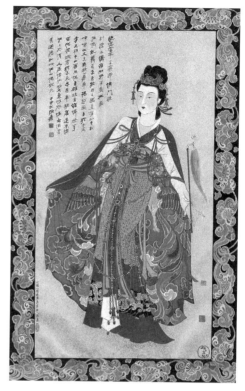

图1

摹的敦煌壁画年代涵盖十六国、北魏、西魏、北周、隋、唐、五代、宋、西夏、元等朝代。其中，他最重视对盛唐时期壁画风格的研习。自此，张大千的画风为之一变，他运用圆转劲细、无明显粗细变化的游丝描对物象轮廓进行勾勒，再以积色平涂或分染上色的方法，创作了大量追慕盛唐气象的勾染体工笔重彩人物画，所画对象不仅包括唐装仕女（图1），也包括画家当时所见的藏族少女等。

1943年8月、1944年1月、1944年春、1944年5月，张大千的敦煌临摹壁画展览先后在甘肃兰州、四川成都和战时陪都重庆展出，引起文化学术界的强烈反响。尤其是他意在"复原"盛唐绘画语言和造型风格的临摹作品，引起许多爱国学者和艺术家的共鸣，他们期盼战后中国的国力能够再次强盛，其文化艺术能够再造辉煌。陈寅恪当时这样评价张大千敦煌壁画临摹的意义："敦煌学，今日文化学术研究之主流也。自敦煌宝藏发现以来，吾国人研究此历劫仅存之国宝者，止局于文籍之考证，至于艺术方面，则犹有待。大千先生临摹北朝唐五代之壁画，

[1]　胡素馨：《寻找敦煌艺术的中古源泉：从张大千与热贡艺术家的合作来审视艺术的传承》，《史物论坛》2010年第10期，第37-56页。

[2]　李永翘：《张大千全传》，花城出版社1998年版，第180页。

介绍于世人，使得窥见此国宝之一斑，其成绩固已超出以前研究之范围，何况其天才特具，虽是临摹之本，兼有创造之功，实能于吾民族艺术上别辟一新境界，其为'敦煌学'领域中不朽之盛事，更无论矣！"[1] 早在 1939 年，时任国民政府监察院院长的于右任在前往敦煌考察之后，回到陪都重庆就开始了对敦煌壁画塑像巨大价值的宣传，提出应加以发扬和保存；1943 年 1 月 17 日至 21 日，由当时政府教育部社教司委派留法雕塑家王子云带队的"西北艺术文物考察团"一行，在重庆举行了"敦煌艺术及西北风俗写生画展"，展品中包括王子云和该团中的杭州艺专毕业生所做的敦煌壁画临摹作品，意在"向陪都人民介绍敦煌艺术的伟观和大西北的淳朴风情"[2]。1944 年春，考察团回到内地，为展示"四年来的西北地区的考古工作成绩"，在西安举行了第二次"西北艺术文物展览会"，"主要展出敦煌临摹的壁画"[3]。据此可知，"西北艺术文物考察团"的两次展览，在客观上为张大千后来的敦煌壁画临摹展览打下了预热的"前战"，并且首次将敦煌壁画摹本带到内地展示。在此基础上，1944 年以来，张大千在成都、重庆等地举行的敦煌临摹壁画展，对敦煌艺术历史文化价值的宣传产生了空前的影响。直接的一个体现就是，后来的许多敦煌学专家，如段文杰、史苇湘等，都是在参观了张大千的敦煌壁画临摹展览之后，选择了走上敦煌艺术的研究之路。

20 世纪 40 年代初，深受敦煌壁画启发者，还包括一批原先擅长以油彩、丙烯、水彩等颜料和铅笔、油画笔等画具作画的油画家，他们在民族危亡时转向对本土艺术传统的学习、研究和再阐释，其中的代表人物是常书鸿和董希文。在他们所熟悉的欧洲绘画传统中，对于色彩的研究从未中断。他们基于西画训练，在颜料性能的掌握能力和色彩审美感受力等方面，与传统文人画家表现出不同的特征。特别是与张大千这种习惯于运用水墨宣纸等材料作画者不同，他们更惯于处理复杂的色彩关系，以色彩为重要手段来表现物象和表达情绪。他们对敦煌壁画材料、技法、造型等方面特征的把握，往往以"西画"知识作为参照系。他们对敦煌壁画的临摹，其目的并非张大千式的"复原"，并非一定是旨在召唤观者有关过往某个特定时代（如盛唐）的历史想象，而是希望塑造出融合中西的审美趣味和表现风格。他们希望从敦煌壁画这个汇集了不同历史时期绘画风格的图像素材库中，选择能使自己的现代绘画探索既有现代感又有"民族化"意味的造型风格元素。

如果说张大千对敦煌壁画的临摹主要是艺术家个人行为，常书鸿前往敦煌的起因则是当时国民政府设立敦煌艺术研究所的决议。1942 年年初，从敦煌考察归来的于右任正式向国民政府提案设立敦煌艺术学院，同年年底，于右任又撰文呼吁成立敦煌文物保护和研究的专门

[1] 陈寅恪：《观大千临摹敦煌壁画之所感》，转引自李永翘：《张大千全传》，花城出版社 1998 年版，第 249 页。
[2] 李永翘：《张大千全传》，花城出版社 1998 年版，第 216 页。
[3] 王子云：《从长安到雅典——中外美术考古游记》，陕西人民美术出版社 1992 年版，第 58 页。

机构[1]。1943年1月18日，国民政府行政院通过决议："设立敦煌艺术研究所，隶属于教育部。即日成立敦煌艺术研究所筹备委员会，聘请高一涵担任筹备会主任委员，并聘张维、张大千、王子云、常书鸿、郑西谷、张庚由、窦景椿七人为筹备会筹备委员。"[2]1943年3月27日，常书鸿来到敦煌主持筹备工作。1944年元旦，国立敦煌艺术研究所在敦煌成立，常书鸿任所长。1946年，常书鸿带着部分壁画临摹作品回到重庆，对敦煌进行了大力宣传推广，经由他在国民政府部门间积极游说，傅斯年回应了他的呼吁，提议将敦煌研究所作为"中央"博物院的一个分支，从而解决了常书鸿等人的编制和经费问题。

然而，不可否认的是，常书鸿选择以毕生精力留守敦煌，对石窟壁画加以维护、临摹和研究，无疑是受到敦煌壁画自身艺术魅力的感召。就其现代绘画实践与敦煌壁画临摹的关系而言，相较于张大千，早年留学里昂国立高等美术学校和法国国立高等美术学校的油画家常书鸿，更偏爱唐以前的敦煌壁画风格，特别是六朝、北魏、西魏时期（386-534）的作品，如第254窟的《萨埵太子本生图》《舍身饲虎图》等。在常书鸿看来，"北魏民族的性格兼有粗犷和细腻二重特征，这种性格在北魏时代的敦煌绘画中得到了很好的反映"。"这种性格反映在作品上，有的技法很大胆，有的绘制却非常精致。一开始描的时候很为大胆，但作品完成时却又是那样出奇的纤细。唐代的壁画中找不到这类作品。"[3]比较敦煌盛唐时期和六朝、北魏、西魏时期的壁画的造型风格可知，前者更为精工富丽，后者则更为稚拙俊逸。

常书鸿将自己在敦煌壁画临摹基础上形成的审美教养和技法风格化用到绘画创作之中，创作了多幅以《莫高窟》（图2）为题的写生，以及像《九层楼》这样表现古代敦煌胜景的想象画。这些作品作为画家进行现代绘画语言探索的实验场，展现出常书鸿如何将他在临摹六朝、北魏、唐代等时期敦煌壁画的技法风格和造型元素过程中提炼出的视觉经验和美感特征，转化到以亚麻布、油彩、水粉、水粉纸等"西画"材料媒介绘制的画面上。这些作品中都描绘了地标式的敦煌建筑，

图2

[1] 于右任：《建议设立敦煌艺术学院》，原载于《文史杂志》，转引自李永翘：《张大千全传》，花城出版社1998年版，第212页。
[2] 同注[1]，第216页。
[3] 常书鸿、池田大作：《敦煌的光彩：池田大作与常书鸿对谈录》，中国社会科学出版社1991年版。

但在题材上分属实景写生和想象画这两个不同类型。当常书鸿以类似北魏壁画铁线描质感的定型线来勾勒物象轮廓，并以时而近乎平涂时而又有笔触皴擦的多样上色方法，来凸显其绘画语言的平面化和装饰性特征时，这些作品就不再只是对敦煌现实空间的写生式描摹，而是将观者引向另一个精神空间的神游。面对这样的画面，观众甚至会产生穿越时空之感，仿佛所置身的空间是从敦煌石窟的某个墙壁上幻化而出的，但仔细观察又会发现，根据画面需要，画家在单幅作品中的用笔用色方法是极为丰富多样的，融合了不同时期壁画的形式语言特征。

　　另一位此时期受到敦煌壁画深刻启发的油画家是董希文，他在 1943 年离开陪都重庆，西行来到敦煌。董希文在国立杭州美术专科学校时期（1934—1939）的毕业创作指导老师正是常书鸿。他在观看了"西北艺术文物考察团"王子云一行在重庆举行的"敦煌艺术及西北风俗写生画展"之后[1]，即决定前往敦煌，并成为常书鸿在敦煌的得力助手。他对西魏、北魏、北周、隋、唐等时期的莫高窟壁画进行了临摹，如第 285 窟西魏《五百强盗成佛图》（《得眼林故事》）、第 428 窟北魏《须达那太子本生图》、第 165 窟中唐《六臂观音》等。20 世纪 40 年代末，他在对这些作品的线描、色彩和造型特征加以研究之后，结合自己在西北、西南地区写生积累的素材，创作出一批极富现代性的绘画作品，如《山水》《哈萨克牧羊女》《苗民跳月》等。《哈萨克牧羊女》（图 3）的题材来源于董希文西行时期的现实生活，描绘的是新疆迁移到敦煌附近生活的哈萨克人，在绘画语言方面则借鉴了北魏时期敦煌壁画风格，包括以严谨结实的铁线描、单纯的用色烘托物象淳朴健康的精神、以飞扬的头巾为人物形象增添动感的表现手法，画面远景中的一排斧形雪山，在造型上似乎也借鉴了莫高窟第 103 窟盛唐时期壁画（图 4）中的山体画法。

图 3　　　　　　　　图 4

20 世纪 50 年代以后，随着时代和历史条件的变化，敦煌壁画临摹作为中国现代美术创作所借重资源的位置逐渐发生了偏离，[2] 而且董希文在抗战胜利后就返回了内地。不过，在绘画语言层面上，敦煌壁画临摹经验还是为他日后进行"油画中国风"的探索提供了可资借鉴的资源。1952 年，董希文

[1] 王伯勋：《油画中国风——董希文艺术思想源流与实践》，北京大学出版社 2014 年版，第 124 页。
[2] 赵昆：《董希文与早期敦煌壁画临摹展览》，《美术研究》2015 年第 3 期，第 17 页。

在北京郊区一间狭窄的民房中以两个月时间创作了巨幅油画《开国大典》。段兼善认为，《开国大典》"表现出非常浓郁的民族特色，它所使用的艺术手法，完全属于中国传统特色，与西方油画所采用的手法截然不同"，具体表现在西方的油画比较强调明暗变化，而中国绘画则基本上散光平光。尤其是《开国大典》中的云彩等元素，借鉴了敦煌壁画中装饰画的元素，整个画面较好地传递出了吉祥兴旺的意蕴。

图 5

　　还有一些油画家出于对中国现代绘画语言探索的兴趣，开始涉入水墨画领域，他们的日常艺术探索往往在不同媒介间自由滑动，比如吴作人就属此类。他直接面对已经斑驳破损的敦煌壁画，创作了一批以铅笔和水彩颜料等完成的"墙壁写生"（图 5），而非追溯壁画最初完成时原状的"复原"式临摹。

　　综上所述，当时的这些画家们将敦煌壁画临摹的重点放在对不同时期敦煌壁画的线条和色彩美学，表现人物、动物、建筑等题材的造型特征，以及时间／空间叙事构图方式等的学习和借鉴上。与志在现代绘画创作的艺术家不同，20 世纪 40 年代建立起来的敦煌艺术机构则更推崇"复原"式临摹的意义，对壁画这一特定画种的创作过程本身进行"复原式"研究。

二、跨文化意识的自觉

　　20 世纪 70 年代末 80 年代初，敦煌壁画以其不同时期绘画风格的丰富性，吸引着一批锐意创新、不受特定画种限制的艺术家来到敦煌汲取艺术创作的灵感和养分。在体制层面上，"敦煌壁画临摹"被重新纳入一些全国最高专业美术院校中国画系研究生班的课程内容。1979 年秋，中央美术学院 1978 级中国画系研究生班录取的 16 位研究生 [1] 兵分两路，分别奔往敦煌莫高窟和永乐宫，展开了为期一个月的壁画临摹活动。敦煌临摹小组的带队教师是工笔重彩画

---

[1]　这是中央美术学院中国画系在"文革"结束后录取的首批研究生。按年龄排序，分别是褚大雄、朱振庚、楼家本、李少文、杨力舟、王迎春、谢志高、李延声、翁如兰、胡勃、韩国榛、刘大为、杨刚、聂鸥、华其敏、史国良。

家陆鸿年教授和洞窟壁画专家王定礼。陆鸿年系统讲解敦煌壁画的多种画风，尤为注重不同时期的敦煌壁画风格如何体现了不同历史阶段中国、印度、希腊、伊斯兰四大文化体系的汇流；出身于传统画工世家的王定礼，精通中国传统壁画技艺，他的讲解既包括壁画技法，也包括当地矿物颜料的制作方法及其材料特性等。[1]

概括 40 年代以来中国艺术家采用过的敦煌壁画"临摹"方法，大致可分为三种。第一种是"实临"，即直接对斑驳残破的墙壁进行写生，为"保存原有面目，按照原画现有的色彩，忠实地把它摹绘下来"[2]。第二种为"复原"，即张大千的兴趣所在，"不是保持现有面目，而是'恢复'原有面目"，然而，正如王子云指出的，"他从青海塔尔寺雇来三位喇嘛画师，运用塔尔寺藏教壁画的画法和色彩，把千佛洞已年久褪色的壁画，加以恢复原貌，但是否真是原貌？还要深入研究，只令人感到红红绿绿、十分刺目，好像看到新修的寺庙那样，显得有些'匠气'和'火气'"[3]。第三种为"意临"，其"临"法已是一种基于敦煌壁画母题而又超乎其外的创作。作为 1979 年中央美院研究生班敦煌临摹小组的成员之一，毕业于 1978级央美中国画系研究生班的杨刚先生对"实临"法（图 6）、"复原"法（图 7）、"意临"法（图 8）均有所运用，创作了一批语言风格形态各异的敦煌题材绘画作品。

同是在 1979 年，毕业于苏联列宁格勒列宾美术学院的中国美术学院油画家全山石也来到敦煌，在常书鸿的引导下临摹敦煌壁画。北魏敦煌壁画中强调体块造型和表现的画风引起了

图 6

图 7

图 8

[1] 根据当年敦煌临摹小组成员、中央美院 1978 级中国画系研究生班毕业的画家杨刚口述整理。

[2] 王子云：《从长安到雅典——中外美术考古游记》，陕西人民美术出版社 1992 年版，第 43 页。

[3] 同注 [2]。

他的特别关注。全山石认为，北魏时期与唐宋时期的敦煌洞窟壁画在画法上有显著分野："北魏壁画有着西方绘画体感塑造和透视技法的特征，与唐宋线描平涂手法差异很大。"[1] 之所以全山石会有这样的直观感受，是因为北魏敦煌石窟壁画风格中融入了域外佛画语汇。正如牛克诚先生所言，"魏晋南北朝时期的中国美术是在一个以世界为范围的文化背景中展开的。从这一时期开始，一个来自本土文化之外的美术传统——印度美术就通过不同的渠道进入中国，从而，在这时期的色彩绘画中，我们就看到了一种与汉画不同的绘画体系，这就是以印度美术为主的域外重彩样式及受其影响的西域画风"。

这一时期的西北石窟壁画特别能体现"受佛教美术影响的西域画风"元素。不同于表现道仙信仰体系的"汉画"，"西域画风"传达的是自印度传来的佛教义理，"汉画通过笔、墨来完成形象塑造，并用固有色去补充物象的自然色泽，其色彩以红、赭、黄、青为主，极少有绿。色彩是依照笔、墨而涂敷的，即使是先敷色后落墨者，其色彩仍是在建立着它与墨之间的关系。由于墨线已经充分表达了形象特征，色彩就往往被快速地平涂上去，晕染是很不发达的"。不同于"汉画"，"西域画"的特征是"重涂色彩""讲究色彩与色彩之间的关系""以谐调色为特征""擅长凹凸晕染"[2]。这正可以解释，为何自20世纪40年代以来擅长以油彩进行物象体块表现的写实派油画家往往偏爱魏晋南北朝时期的绘画技法风格，乐于并且易于将其纳入自己的现代绘画语言之中加以化用。

图 9

全山石对北魏时期敦煌壁画的临摹（图9），是以油画媒介进行的，突出这个时期敦煌壁画注重以色彩表现体块、明暗的特征，先以简括粗犷的线条勾画轮廓，为色彩提供充分表现空间，来完成物象体量感的塑造。在他随后的新疆之行中，创作了一批油画写生（图10），从中可以看出明显的北魏敦煌壁画影响。在这些写生中，全山石勾勒物象的线条拙实，并无太

图 10

[1] 王文杰：《敦煌壁画对全山石油画的启示和影响》，嘉兴文艺网2014年3月9日。
[2] 牛克诚：《色彩的中国绘画——中国绘画样式与风格历史的展开》，湖南美术出版社2001年版，第3页。

图 11

多的粗细变化，画面中的几个色块面积较大，寥寥数块就表现出物象的体块结构和明暗关系。

较之以前，这一时期中国绘画史的研究者和现代中国绘画的实践者，更加自觉地强调跨文化的视野，挖掘敦煌壁画语言特性中具有的世界性和现代性元素。1979年，常书鸿在与池田大作的对话时说道："我相信中国必定会有东西方艺术融合的那一天。我确信中国画坛肯定会出现像东山魁夷先生、加山又造先生那样本着文化交流进行实证的画家。"[1] 他甚至认为，敦煌壁画的绘画语言在 20 世纪以来的影响也是世界性的，不仅影响了近邻日本，也可能影响了欧洲的现代艺术。在他看来，法国画家乔治·鲁奥的绘画中就有着敦煌艺术影响的明显痕迹。他说，鲁奥是"吸收了东方艺术才形成自己的风格"[2]。

鲁奥以油画媒介在他的现代绘画语言实验中形成了一种独特的风格（图 11）。他以粗黑拙实的轮廓线勾勒物象，这些粗线把整个物象分成块面，然后他再将块面空间填满，厚涂上浓烈而发亮的蓝、红、绿和黄色油彩，这些画面往往表现的是宗教母题和人物形象，传达出一种庄严而悲悯的情绪氛围。他采用的这种富于象征主义意味的绘画语言，其灵感可能并非直接来自敦煌壁画，而是与他对法国中世纪教堂的彩色玻璃画形式和色彩的观看体验相关。[3]

在此，暂且不论常书鸿的观察是否符合史实，常书鸿在跨文化视野下进行的上述比较也是具有启发意义的。用常书鸿的话说，北魏壁画作为唐以前的"早期壁画具有鲁奥绘画的风格"。这个表述旨在阐释北魏壁画风格在 20 世纪所具有的"现代性"，因为它给一个现代观众的视觉体验，接近法国画家鲁奥的现代绘画风格留给这位现代观众的观感。听闻常书鸿的感想之后，池田大作进一步指出，鲁奥的画"与敦煌壁画的相似，不仅局限在他用粗粗的黑线条描绘轮

[1]　常书鸿、［日］池田大作：《敦煌的光彩：池田大作与常书鸿对谈录》，中国社会科学出版社 1991 年版。

[2]　同注［1］。

[3]　［法］乔治·鲁奥：《独行者手记——鲁奥的艺术与生活》，杨洁、王奕、曾珠译，华东师范大学出版社 2012 年版，第 6 页。

廓以及他大胆的表现手法，而且在精神世界中通过绘画来探求人性，这也与敦煌壁画有很大的相似性"[1]。

如果说抗战中后期受到敦煌壁画启发、借鉴敦煌壁画艺术表现元素进行现代中国绘画创作的"西画家"还只是具有中西比较的潜在视野的话，常书鸿在20世纪70年代末的言论则明确提出了在跨文化比较视野下研究和借鉴敦煌壁画的可能性，因此，赋予了敦煌壁画艺术与其他世界艺术传统和潮流展开跨时空对话的开放性。

三、从"大中国画观"到"东方岩彩"

1993年4月，中国工笔重彩画家和理论家潘絜兹先生在"第二届全国中国画艺术研讨会"的开幕词中，提出了"树立大中国画观"的理论主张。他指出，"中国画（曾经）被局限在狭小的文人眼里，限制了自身的发展"，工笔重彩这种易为大众接受的艺术形式，应该被当代中国画家广泛采用，并注入新的生机和活力。这一主张的提出，旨在推动中国画的多元发展，使"中国画"概念包容多样的观念、样式与语言，超越"笔墨""卷轴画"或"文人画"的狭窄视野，这种主张，实际上是20世纪初中国画学变革主张在70年代后的精神弘扬。[2]

"大中国画观"的一个重要的认识基点就是壁画临摹和研究。[3]潘絜兹先生20世纪40年代曾在当时的国立敦煌艺术研究所从事壁画临摹和研究，早在1953年，他就创作出了堪称经典的代表作《石窟艺术的创造者》，这幅工笔重彩画实现了思想性和艺术性的高度统一，其表达的主题和运用的语言形式，共同指向一个重要的命题，即应高度重视壁画，由此可以拓宽对中国画载体和语言形式的认识，应高度重视民间绘画，由此可以拓宽对中国画创作主体的认识。

20世纪90年代，一批中国画专业出身的青年画家赴日留学，并陆续回到中国。这批艺术家在现代绘画实践上的一个不同于以往之处，即更多地关注敦煌壁画的物质性，特别是对壁画材料、工艺技法和语言特性的研究。他们的学成归来，意味着唐代从中国传至日本的古典绘画方式又再次"回到中国"[4]。不仅如此，他们中的一些艺术家逐渐将对古今中外各种绘画材料特性的研究推向更深更广的层面，试图以综合材料的研究来推动当代艺术语言的探索。

1992-1994年进修于日本东京艺术大学日本画科加山又造工作室，并先后执教于中央美

---

[1] 常书鸿、〔日〕池田大作：《敦煌的光彩：池田大作与常书鸿对谈录》，中国社会科学出版社1991年版。
[2] 牛克诚：《潘絜兹先生的"大中国画观"及其意义》，《美术》2015年第12期。
[3] 牛克诚：《潘絜兹的中国画观》，《美术观察》2012年第11期。
[4] 到90年代末，敦煌研究院的敦煌壁画临摹已经形成了与洞窟壁画使用同样的天然矿物颜料进行临摹的方法。

术学院中国画系和实验艺术系的胡明哲，是这批艺术家中的代表人物。1996 年，胡明哲提出应立足当代语境，按照"'以材质归纳绘画种类'的国际惯例"，以"岩彩画"来命名"以天然岩石微粒进行绘画的语言方式"[1]。她在设计岩彩画专业课程体系时，将敦煌石窟壁画作为"中国岩彩画语言建构的源头"之一[2]，将"敦煌壁画摹写"列为"岩彩画语言方式和内在结构：语法结构研究课程"的主要内容之一[3]。在她看来，"当代岩彩画家与上千年前古代画师使用的创作材质、语言要素、语法结构、审美取向一脉相承"。

应该说，以胡明哲为代表的一批当代中国艺术家所实践和推广的，是具有传统绘画体系的"东方岩彩"绘画的当代转型。在她看来，当代的"东方岩彩"画派，既不该简单"徘徊在所谓'中国画'的规范之中"，也不该"完全进入所谓'日本画'的规范里"，而是应该"以岩彩为契机"，拓宽中国绘画语言的表现范围和能力，融合西方现代绘画等多种人类文化中的艺术语言因素，挖掘岩彩艺术语汇的世界性，因为"材料技法是无国界的"，"材料必须与精神层面相联系才能形成语言并产生意义"。并且，她也并不局限在岩彩材料一种媒介的创作，而是主张根据创作需要继续寻找其他"适合自己的材料技法""走自己的路，表达自己心中的情与梦"。[4]沿着这样的思路，胡明哲逐步走向更具实验性的当代艺术探索，先是以岩彩为主要材料，所作多为具象绘画，后来加入纤维，最后将多种材料综合应用到创作中，画风也更加趋近于抽象绘画。2011 年，当谈到"如何在岩彩这种古老材料中注入当代的观念"时，她说："其实材料无所谓古老和当代，而驾驭材料的人是有时代性的。比如，我和敦煌人就不是一个时代的，那么我就会从今天的角度重新理解材料，表达今天的感悟。"

---

[1]　胡明哲：《回归原点 重新发现——岩彩画专业课程的建设思路》，《美术》2016 年第 1 期，第 100-103 页。
[2]　另一源头为龟兹石窟壁画。
[3]　另一主要内容是"龟兹壁画摹写"。
[4]　胡明哲：《以岩彩为契机——从熊文韵画展谈起》，《美术观察》1997 年第 3 期，第 36-37 页。

香之路：超越香料范畴的"一带一路"香文化研究

张多 / 中国社会科学院博士后

　　"香"作为一个特殊的文化领域，常常被传统文化研究者所忽视，或主要从"香料"范畴看待之。比如美国汉学家薛爱华（Edward Hetzel Schafer, 1913-1991）的名著《撒马尔罕的金桃：唐代舶来品研究》第十章论述了 16 种香料，在第十一章论述了若干种香药。[1] 他从"舶来品"的视角将香料同其他运输物品并置，从物质文化管窥唐代中西交往。这种研究思路在丝绸之路、海上丝绸之路文化交往研究中比较盛行。从香文化专门研究的角度看，现有研究也大多是以"香料"为中心的，比如余振东、傅京亮、严小青、孙含鑫等的著述。[2]

　　诚然，香料是香文化研究的物质基础，但"香"所涵括的社会文化意义却非常丰富，几乎涉及所有传统文化门类。单就中国历代传世文献、出土文献而论，其中有关香的记述就汗牛充栋。且不论诗歌散文中的"香文学"，单是条理性论述香文化的，就涉及超过 300 种古代文献。2017 年出版的《中国香文献集成》[3] 就收录了 269 种传世文献的香论，多达 36 巨册。

　　述及中国香文化，乃至亚欧各国的香文化，就不能不提及欧亚海陆之间的交通网络。这个网络以横贯东西方的陆上通道与海上通道为核心。后者在印度就被称为"香料之路"。这两条联通欧、亚、非三大洲的古代通道，大部分与今天中国提出的"21 世纪丝绸之路经济带""21 世纪海上丝绸之路"所覆盖的区域相重合。

　　作为学术概念，一般认为"丝绸之路"是 1877 年德国地理学家李希霍芬（Ferdinand von Richthofen, 1833—1905）着眼于张骞出使西域之后的历史提出的。1913 年，法国汉学家沙畹（Emmanuel-Edouard Chavannes, 1865—1918）在丝路基础上提出"海上丝路"之说。对于"丝绸之路"这个西方视角的概念，中国有学者提出了质疑，认为这条通

---

[1]　[美]薛爱华：《撒马尔罕的金桃：唐代舶来品研究》，吴玉贵译，社会科学文献出版社 2016 年版。

[2]　余振东、曹焕荣、高仲选、谢君国：《中国香道》，甘肃文化出版社 2008 年版；傅京亮：《中国香文化》，齐鲁书社 2011 年版；严小青：《中国古代植物香料生产、利用与贸易研究》，博士学位论文，南京农业大学，2008 年；孙含鑫、吴丹妮：《香满丝绸之路与古代中国社会发展》，《西北民族大学学报》（哲学社会科学版）2015 年第 4 期；等等。

[3]　李良松、孙亮主编：《中国香文献集成》（全 36 册），中国书店 2017 年版。

道的东段从新石器时代以降就是一条玉料、玉器运输的大通道。叶舒宪认，为由于"玉"关系到中国上古时期政治、宗教、历史的核心信仰，因此，这条通道在中国文化视角中是"玉帛之路"[1]。由此可见这条欧亚通道自古以来就具有多重文化属性。"海上丝绸之路"在印度又被称为"香料之路"就是古代海陆丝路多重文化属性的体现。

当代"一带一路"倡议提倡文化共享、文明互鉴、民心相通，而这正是古代丝绸之路香文化的核心特征。在"一带一路"倡议的话语逻辑中重新审视海陆丝绸之路香文化的交流，有助于突破以往以香料为主的研究范式，开拓更为全观的香文化研究。

一、志香：汉文古籍中 "一带一路" 香文化的流布

香是一种以芬芳嗅觉为核心的文化系统，其基本的文化意义在于"通天""通神""通窍"。在中国香文化的历史实践中，"香"已经从狭义的芬芳嗅觉感官文化，拓展为精神层面的审美、哲学和信仰文化。在上古时代，东亚人群已经运用香料进行祭祀活动，福泉山良渚文化遗址就出土过熏炉。在《山海经》《诗经》《离骚》这些先秦经典中，香草植物就屡屡成为文化意象，香的文化意涵已经贯穿于古代文化的脉络中。

不只是中国，在宏观的人类文明视野中，天然香料作为一种能引起人类普遍精神愉悦感的芬芳物质，虽然并非生存必需品，却始终伴随着人类历史进程，发展出绚烂的香文化。一些香材比如胡椒、花椒已经成为地域饮食民俗体系的必备食材，一些香料，比如艾草已经成为地方医药体系的必须药物，一些香料比如沉香成为东亚各国文人的共同嗜好。多样的香文化在亚欧大陆各个区域之间流通、共享，深刻影响了海陆丝路区域的文明演进。著名的"佛教北传、南传""地理大发现"等，背后都有香的影子。

中国古典文献中对香文化的论述，有专门著述和零散著述两类。零散著述出现较早、历史跨度大。这类著述从其时间的所指上，可以追溯到对古典神话中神农尝百草的口头传统。而从实际存世的文献看，这类零散著述，涉及经史子集、写本文献等各类典籍，虽然记述简略零散但范围很广，不容忽视。专门著述中，以香诗歌、香论和医药著述为主。古代有许多以香为题材的诗歌作品，比如江淹《藿香颂》、李白《赠宣城赵太守悦》、杜甫《奉和贾至舍人早朝大明宫》、黄庭坚《贾天锡惠宝熏乞诗作诗报之》、文徵明《焚香》等。香论著述的代表作，比如范晔《和香方序》、郑玄注《汉宫香方》、丁谓《天香传》、沈立《香谱》、范成大《桂海虞衡志·志香》、颜博文《香史》等。医药专书，

---

[1]　详见叶舒宪：《玉石之路踏查记》，甘肃人民出版社 2015 年版。

比如《雷公炮炙论》《神农本草经》《本草纲目》《滇南本草》《海药本草》《四部医典》等。

在这些文献中，有的涉及对"一带一路"区域特定地域香料、香方的论述。比如宋代范成大《桂海虞衡志》中的《志香》篇对广西静江府（今桂林地区）数十种香料；清代檀萃的《滇海虞衡志》中有《志香》篇，描述了大量云南的香植物，比如檀香、水乳香、西木香、老柏香等，尤其他还对沉香进行了细致划分。还有一类香药方文献，更是详细记载了合香的方法，比如敦煌文献中 S.4329 号《美容方书》、P.2565 号《羊髓面脂久用香悦甚良方》就是熏香美容一类的药方。敦煌是"一带一路"的枢纽重镇，也是东西方香文化交融荟萃之地，加上佛教传播的影响，敦煌文献、壁画中蕴含丰富的香文化信息。单是莫高窟壁画中的香炉，就已经是一个庞大的研究课题。

还有一些文献记载了生动的香文化细节。比如《后汉书·贾琮传》记载："旧交阯土多珍产，明玑、翠羽、犀、象、瑇瑁、异香、美木之属，莫不自出。前后刺史率多无清行，上承权贵，下积私赂，财计盈给，辄复求见迁代。"[1] 这段记载呈现了汉代到交阯（今越南北部）任职的官员，从当地通过贪污贿赂或其他手段得到南洋奇香之后，又带着奇香到其他地方任职，用这些南洋珍品再次行贿。这一方面表明汉代中国上层社会对香的热衷程度，另一方面也表明那时候香的流通已经呈现出复杂的社会关系。

古代香文献中，有许多文献记载了今"一带一路"区域中外香文化流通、互鉴的状况，其中对香料的记录是大宗。鱼豢的《魏略·西戎传》记载大秦（古罗马）有："一微木、二苏合、狄提、迷迷（迭）、兜纳、白附子、薰陆、郁金、芸胶、薰草木十二种香。"[2] 范晔《和香方序》记载："甘松、苏合、安息、郁金、柰多、和罗之属，并被珍于外国，无取于中土。"[3] 类似的文献还有宋代周去非的《岭外代答》有《香门》篇，记载了南洋、大食、大秦等域外的香料。元代航海家汪大渊的《岛夷志略》也记载了许多南洋、西洋国家的香料。明代郑和航海船队成员巩珍的《西洋蕃国志》、马欢的《瀛涯胜览》和费信的《星槎胜览》也记载了郑和航海沿线国家的乳香、降真香、檀香、沉香、龙涎香等诸多香品。明代黄衷的《海语》详细记载了东南亚诸国的片脑、石蜜、伽南香等。明代黄省曾《西洋朝贡典录》则记载了占城、真腊、暹罗、锡兰的沉香、檀香、乳香等信息。这些对香料、香品的记录，除了描述香品本身的性状、成色之外，还附带介绍产地、流通状况。

从古代典籍，尤其是航海家的记录，充分说明"一带一路"沿线香文化流通构成了一

[1] （南宋）范晔：《后汉书》，中华书局 1965 年版，第 1111 页。
[2] （西晋）陈寿：《三国志》，中华书局 1959 年版，第 861 页。
[3] （南朝梁）沈约：《宋书》，中华书局 1974 年版，第 1829 页。

个庞大的网络，不仅欧洲、阿拉伯、中亚、印度、东南亚的香文化输入中国的边镇、港口，同时中国的香文化也流通到中亚、西亚、欧洲、日本去。唐宋以降日本香道（主要是御家流、志野流等）的兴盛不衰，就是香作为跨文化共享、互鉴的最好例证。

香的流通不仅仅是香料交易，更是志香文献、用香习俗、用香观念、香品鉴别、制香技术的大交流。可以说，香文化研究是"一带一路"区域文化研究的一个独特视角。不可忽视的是，香料、香方、香品不仅是古代贸易的大宗，同样也是今天"一带一路"沿线经济贸易的大宗。在整个"一带一路"区域，几乎所有沿线国家都有传统的、成体系的香文化，比如阿拉伯国家的伊斯兰用香文化、欧洲的香水文化、东亚的熏香进香文化、南亚的食香文化，等等。因此，"一带一路"话语中的香文化，是一个远超出"香料"范畴的立体的文化门类。

二、香俗："一带一路"活态香文化的民俗学阐述

"一带一路"沿线香文化交流的丰富内涵，体现为香文化在民俗生活中的活态性。香作为一种特殊的文化类别，在不同的文明中都有特殊的意义，并且渗入生活文化的各个领域。经过千年交通，香已经在"一带一路"沿线各个区域成为民众共享的嗅觉文化。

伊斯兰文明是"一带一路"沿线非常重要的文明形态，伊斯兰教十分重视香对宗教生活的意义。在《古兰经》的诸多经典注解本中，有大量关于香与信仰关系的论述。比如著名的注经《太夫西勒克比日》中就说："若是举意为了遵行圣人的圣行而在清真寺大殿里点香、家中点香、身上洒香水，那么这是顺服真主，在后世，他的气味比麝香还香；谁若是举意为了今世、为了显阔气、为了讨女人喜欢而点香、洒香水，那么这是违抗真主，在后世，他的气味比臭肉的气味还臭。"[1] 伊斯兰教对香的认识，一是信仰层面的通达作用，二是宗教仪轨中的洁净作用，三是日常生活中的审美作用，四是文学艺术层面的表达作用，五是生计层面的经济作用。在伊斯兰文化中，香不仅是一种宗教文化传统，更是具有多重内涵的活态民俗。

伊斯兰的香文化在各个地区"在地化"之后，也形成了各具特点的地域香俗，比如中国回族将伊斯兰的香仪轨与中原线香文化相结合，发展出了中国伊斯兰教用香、燃香的仪轨。中东沙特阿拉伯、阿联酋等国的阿拉伯人，将香水制作技艺发扬光大。香水（液体香）在宗教礼拜、日常生活、文艺娱乐中广泛运用。巴基斯坦、孟加拉国的穆斯林则深谙南亚香料饮食文化的理念，发展出南亚特色的伊斯兰饮食文化。类似伊斯兰香文化这样的例子不胜枚举，

---

[1]　《太夫西勒克比日》汉译本第1册，法赫德国王古兰经印刷厂，第679页。

可见在"一带一路"区域香文化充满生命力，并且是"共享"的活态文化。

有时，香的广泛流通，也是不同民族之间深度交往的缩影。塔吉克斯坦科学院历史、考古与人类学研究所研究员萨义穆洛德·波波洛耶夫（Saidmurod Bobomulloev）介绍说，在塔吉克斯坦考古中发现了10世纪来自和田的玻璃器皿壁上残存的香水成分，主要是麝香和其他香料。同一时代的史料显示这是女性用的香水。塔吉克斯坦的民间歌谣中有："我心爱的姑娘，身上散发出好闻的和田香水的味道。"10世纪左右和田地区生活的是粟特人，他们有使用香水的习惯。[1]这个考古发现还有许多未解之谜，比如和田的玻璃器皿从何而来？和田的麝香从何而来？和田地区加工香水的工艺从何而来？但可看出，无论是10世纪和田地区的粟特人与帕米尔古代居民，还是今天的塔吉克人的口头传统，都共享着一种液体香文化。这种液体香文化在大跨度的时间段中，为不同民族、宗教所共享、互鉴。这个事例也反映出，丝绸之路沿线香的流通绝不只有原料，也有高度附加值的加工香产品。香品的多向度流通，也同时包含多层次复杂的民俗交往。

香不仅促进了物品的流通，也会带来人口的迁移。印度一直是胡椒的主要产地，也是欧洲胡椒的主要原材料供应地。19世纪末，一批广东潮州的华人来到马来西亚，在马来西亚柔佛州新山一带种植胡椒，主要供应当地以及中国地区，随着时间推移，他们的黑胡椒种植规模越来越大，成为印度之外又一个胡椒供应来源。随着胡椒产业的发展，越来越多的潮州华人来到马来西亚定居，还有不少客家人、福建人、海南人也纷纷来到新山地区定居。在1990年代，马来西亚黑胡椒已经大规模供应中国市场。这些华侨经过一百年的奋斗，已经融入了当地社会，成为马来西亚社会重要的建设者。香料作为一个纽带，不仅促进了"一带一路"沿线人民的经贸往来，更直接促进了移民和社会融合。

胡椒是欧洲饮食体系中非常重要的调味品，它原产于印度。胡椒最早是通过经波斯，从西域输入中国内地。《后汉书》中已经明确地记载身毒国原产胡椒，在段成式的《酉阳杂俎》中，更是把胡椒的原产地具体到了摩揭陀国（古印度国度）的狭小范围内。《后汉书·西域传》记载天竺国："又有细布、好毾𣰆、诸香、石蜜、胡椒、姜、黑盐。和帝时，数遣使贡献，后西域反叛，乃绝。至桓帝延熹二年、四年，频从日南徼外来献。"[2]这表明古代印度的胡椒包括其他许多香料，早期是通过西域这条线路传入中国内地，后来丝绸之路交通受到阻碍后才转由海上的线路流通。胡椒不是一般的香料，它是日常生活的消耗品，胡椒的种植、加工、贸易、运输、食用、品鉴等一系列民俗过程，促进了陆上和海上丝路的联动。

关于香品流通的路线，安息香的流通也是一个典型例子。安息香是较早从波斯流通到中

---

[1] ［塔吉克斯坦］萨义穆洛德·波波洛耶夫：《塔吉克考古与其面临的困境》，陈诗悦采访，《东方早报》2016年11月23日。
[2] （南宋）范晔：《后汉书》，中华书局1965年版，第2921页。

国内地的香料之一。在段成式《酉阳杂俎》记载："安息香树，出波斯国，波斯呼为辟邪。树长三丈，皮色黄黑，叶有四角，经寒不凋。二月开花，黄色，花心微碧，不结实。刻其树皮，其胶如饴，名安息香。六七月坚凝，乃取之。烧之通神明，辟众恶。"[1] 安息香一直是中国香文化中极受欢迎的域外珍品，但是事实上安息香并不只有波斯输入的一条线路。美国汉学家劳费尔（Berthold Laufer）在《中国伊朗编》（1919年）中分析了安息香传入中国的两条线路，他说："中国人叫作'安息香'的东西是两种不同香料合成的：一种是伊朗地区的古代产物，至今还没鉴定；一种是马来亚群岛的一种小安息香树所产的。这两种必须截然加以区别。而且必须了解原来是指一种伊朗香料的古代名称，后来在伊朗停止输入时，就转用在马来亚的产品。"[2] 这与胡椒的流通非常相似，当波斯地区的安息香因为丝绸之路受阻时，马来群岛的安息香就能够及时补充。

当然，这种香料、香品的流动，还有着殖民时代的特殊背景。今天印度尼西亚、马来西亚、东帝汶一带的大巽他群岛，在16-17世纪也被称为"香料群岛"，就因为其盛产若干种香料。在16世纪，葡萄牙垄断东印度群岛的香料贸易，而到17世纪香料群岛的霸主是荷兰，到了18世纪则是英国。因此，欧洲在东南亚的殖民活动，如果从香料贸易的角度看，其据点、航线与香料有着密切联系。由于香料贸易的暴利，香料群岛历来是欧洲列强必争之地。而连接东南亚、印度、西亚，最后通往欧洲的航线，就被称为"香料之路"。

在"一带一路"区域，印度香文化的影响力也非常巨大，从古代诃黎勒香的例子便可见一斑。在敦煌香药文献中，有一些香药以梵语记载其名。比如法藏P.3230号文献和英藏S.6107号文献中有香药32种，其中"诃黎勒""毗梨勒""阿摩罗"出现频次最高。[3] "诃黎勒"就是中药中常用的诃子，是使君子科植物诃子的果实。诃子还是藏药中重要的药物，被称为"藏药之王"。诃子这种植物在中国仅在云南高黎贡山地区有野生分布。而在当代云南腾冲民间，就把诃子称为"咳地老"，还把诃子做成果脯。腾冲的汉族、回族家庭深谙咳地老的药用价值，一直作为家庭常备食品。腾冲与缅甸接壤、与印度相望，这个腾冲汉语方言中的梵语借词一直保留到今天。但是唐代敦煌地区的诃子来自云南的可能性并不大，更多可能是从南亚输入。可见南亚梵语文化中的香药，对中国敦煌（丝路沿线）和云南西南部都产生了影响。这一事例提醒我们，在"一带一路"的另一个重要线路，云南-缅甸-南亚的线路上，也有相当频繁的文化互动。

在"一带一路"沿线区域，香的流通呈现出复杂的民俗格局。这也反映出中国的香文化

[1]　（唐）段成式：《酉阳杂俎》，中华书局1981年版，第177页。

[2]　[美]劳费尔：《中国伊朗编》，林筠因译，商务印书馆1965年版，第291页。

[3]　史正刚、刘喜平、辛宝、张炜、段永强：《敦煌遗书中梵文香药的应用探析》，《中国民族民间医药》2015年第20期。

与整个"一带一路"区域的香文化有着内在的联系。中国的香文化随着佛教、伊斯兰教相继传入，融合了许多南亚、西亚的用香习俗。香料、香品的流通大大丰富了中国香文化的内涵。直到今天，沉香、龙脑香、迷迭香、安息香、苏合香、乳香、胡椒、丁香等香料依然在民俗生活、宗教仪轨、传统医药、文化雅集、文艺创作、岁时节日等诸多领域发挥着不可替代的作用。"一带一路"区域的香俗，深刻体现了沿线民众文化共享、文明互鉴的认知与实践，这些复杂的民俗交往一直在充当民心相通的润滑剂。

三、香之路与中国人的世界观

无论是在丝绸之路还是海上丝绸之路，中国始终是香文化流通的重要一极。中国人对海外的香品有庞大的需求，域外奇香不仅是历代中国人想象海外世界的重要窗口，更是不断丰富中国香文化的动力源泉。

在中国史家笔下，域外奇香往往能成为历史事件书写的焦点。比如在汉武帝时期，来自月氏的香曾给被疾病笼罩的长安城带来光明。东方朔记载说："后元元年，长安城内病者数百，亡者大半。帝试取月氏神香烧之于城内，其死未三月者皆活，芳气经三月不歇。"[1]在晋人张华的《博物志·异产》中还记载了一件和域外奇香有关的事件：

> 汉武帝时，弱水西国有人乘毛车，以渡弱水来献香者。帝谓是常香，非中国之所乏，不礼其使，留久之。帝幸上林苑，西使于乘与闻并奏其香，帝取之看大如燕卵，三枚与枣相似，帝不悦，以付外库。后长安中大疫，宫中皆疫病。帝不举乐，西使乞见，请烧所贡香一枚，以辟疫气。帝不得已，听之。宫中病者登日并瘥，长安百里，咸闻香气，芳积九月余日，香由不歇，帝乃厚礼发遣饯送。一说，汉制献香不满斤不得受。西使临去，乃发香气如大豆者，拭著宫门，香气闻长安数十里，经数日乃歇。[2]

这两次事件让域外的异香深深烙印在民众记忆中，同样也让历史书写者印象深刻。可见在汉代长安城，来自海外的各种奇香在这个国际大都会中争奇斗艳，成为诸多都市传奇的主角。

在中国香文化中，香能通窍、通神，这也成为其作为药物的认知基础。比如在敦煌学研究中，

[1] （汉）东方朔：《海内十洲记》，见《文渊阁四库全书》第1042册，台湾商务印书馆2008年版，第277—278页。
[2] （西晋）张华撰，范宁校证：《博物志校证》，中华书局1980年版，第25—26页。

香药研究是一个特别的方向，有不少学者如姜伯勤[1]、饶宗颐[2]、廖旸晴[3]等涉足。他们论述了一个概念叫"香药之路"，指以敦煌为中心的运香路线。这条线甚至延伸到洛阳，在洛阳有专门收购倒卖香料的香行。敦煌民间在唐代盛行香药美容，这也侧面说明丝绸之路上香文化交流的繁盛。

敦煌-吐鲁番地区的香药中，药浴是其中突出的医疗方法。佛教的繁荣促进了丝绸之路香药浴的发展。敦煌佛经中有如 P.3230 号《佛家香浴方》就属于药浴香方。吐鲁番伯孜克里克石窟出土的佛经《啰嚩拏说救疗小儿疾病经》残片，有佛教用安息香等诸味香药和香以治病的记载。第 448、449 号残片都说："复用安息香……猫儿粪……同和为香，烧熏小儿。"[4] 从佛经义理来看，香药疗法是为了通达司掌疾病的神明和鬼，反映了佛教世界观的东传。在彼时敦煌人、吐鲁番人的世界里，总是香气缭绕。佛教构想中的香花极乐世界，通过香料的实际运用，变成了现实生活中真实的用香场景。佛教香药浴时至今日仍完整地保存于藏族的日常生活中。藏医药浴于 2014 年列入国家级非物质文化遗产名录。香药疗法也深刻体现了佛教生命观和宇宙观，这种对天人合一的身体实践，也成为中国传统文化的有机部分。

除了香品，香炉也是典型的世界观载体。中国古代香炉中最有代表性的类型是汉代博山炉和明清宣德炉。博山炉以豆形器为基础，炉盖模仿海上仙山之一的博山，山形镂空重叠，香气缭绕其间而自有乾坤。博山炉的意象非常契合彼时盛行的黄老思想和玄学思想，模拟了一个海外仙境的理想世界。而宣德炉造型沉稳大气、简洁明快、铜质古雅、烟气规矩，体现了明清社会实际致用的风气。

香在中国传统文化中，是沟通天人的重要媒介。无论是向神佛礼拜还是祭奠祖先，无论抚琴下棋还是起居修养，都借助香的通窍特性使人进入专注的化境。香除了现实的医药功能，更重要的是它契合中国文化中天人和合、明德惟馨、一气充塞的世界观和价值观。

在"一带一路"区域中，香构筑了不同文明之间的桥梁，无论是儒家文明、佛教文明还是伊斯兰文明都在香的氛围中寻求文化境界。"一带一路"区域作为名副其实的"香之路"，折射出亚欧区域数千年来互联互通、文明互鉴、胸怀世界的壮阔历程。

[1] 姜伯勤：《敦煌吐鲁番与香药之路》，载李铮主编：《季羡林教授八十华诞纪念论文集》（下卷），江西人民出版社 1991 年版，第 937—948 页。
[2] 饶宗颐：《论古代香药之路——郁与古熏香器》，载高仰崇主编：《敦煌吐鲁番学研究论集》，书目文献出版社 1996 年版，第 373—377 页。
[3] 廖旸晴：《敦煌香药方与唐代香文化》，《敦煌学》2005 年第 26 辑，第 191—214 页。
[4] 新疆维吾尔自治区吐鲁番学研究院等编：《吐鲁番伯孜克里克石窟出土汉文佛教典籍》（上），文物出版社 2007 年版，第 287 页。

四、结语

　　"一带一路"区域的香文化具有深厚的历史底蕴，也具有深广的文化交往，是亚欧海陆间数千年来文化共享、文明互鉴、民心相通的典型事例。2013年提出的"一带一路"倡议之所以能够得到沿线各国欢迎，正因为海陆丝路区域交通、共享、合作、共赢的精神有深厚根基。香文化研究并不限于"一带一路"，但这一国际合作框架反过来凸显了"香之路"作为一个学术命题的重要价值。"香之路"不只是一个运输香料的贸易渠道，更是联通世界的文化之路。香作为跨文化共享、互鉴的特殊文化门类，在一般人文社会科学研究中并不引人注目，但其特殊的嗅觉文化，却是其他文化门类不具有的特征。

　　事实上，直到今天，"一带一路"的香料贸易、香品流通、香习交往并没有间断，一直非常繁荣。无论是中国市场上出售的印度线香、阿拉伯香水、尼泊尔线香，还是寺院、清真寺、教堂中比比皆是的香仪，无论是居家厨房中来自马来西亚的胡椒、阿富汗的丁香，还是中医保健里使用的越南沉香、伊朗的苏合香，都是当代香料流通的现实例证。在"一带一路"的视角下切入对中国香文化的研究，也为香文化研究提供了一个框架，得以从更为立体、宏观的层面上研究中华香文化。

金元时期北方蕃曲与元曲之关系研究

张婷婷 / 南京艺术学院副教授

元曲作为代表元代文学成就的特殊文体，是继歌诗、歌词而兴起的一种"音乐文学"，可口头和乐歌唱。元曲是在北方流行歌曲的基础上产生的，其来源应该说也是多元的，据王国维《宋元戏曲史》一书考证，元曲除与宋词有着众所周知的密切关系外，还同唐宋大曲、宋杂剧、金院本、诸宫调、北胡俚曲、北民俗曲等存在着或多或少的渊源血亲联系。元曲同时受到大、小传统两种文化以及少数民族文化的共同滋养，与其他文学艺术作品相较，似乎更具有生动性与丰富性，有着明显的雅俗共赏的历史性特征。如果说汉民族固有传统古曲对元曲曲牌产生了一定的影响，那么宋金以来广泛流行于北方的形式多样的北方蕃曲，也是构成元曲曲牌的重要文化组成部分，为元曲音乐的又一重要来源。

金元少数民族入主中原，虽然干戈战乱频繁，但也促进了各种异质文化的碰撞交流。具体到音乐传播，不少异域音乐流传于内地，受到地方民众的主动吸纳，有些甚至成为市井时髦之曲，对元曲的形成不能不有重大影响。诚如明代王世贞《曲藻·序》所言："自金元入主中国，所用胡乐，嘈杂凄紧，缓急之间，词不能接，乃更为新声以媚之。"[1]女真族的音乐，具有"慷慨悲戾"的特点，其乐曲风格与南宋词调相对婉转含蓄的风格形成巨大的差别，在与汉族融合的过程中，直接或间接地影响着音乐的发展，逐渐产生"更为新声"的乐曲风格，诚如王国维所说："至金人入主中国，而女真乐亦随之而入。"[2]

溯源至北宋末期，便可见各民族文化的交流与融合活动已渐趋频繁，宋人曾敏行说："相国寺货杂物处，凡物稍异者皆以'蕃'名之……先君以为不至京师才三四年，而气习一旦顿觉改变。当时招致降人杂处都城，初与女真使命往来所致耳。"[3]北方少数民族众多，文化习俗均与汉族人民不同，但凡与汉族不同之名物，均以"蕃"统而论之，当时少数民族之音乐，则被称为"蕃曲"。汉族与北方各族来往频繁，其文化与习俗也不断地受到影响，社会风气也随之大变，而市井街巷之歌谣，也具有明显的带有少数民族的文化因子，呈现出与以往不

---

[1] 王世贞：《曲藻·序》，《中国古典戏曲论著集成》（四），中国戏剧出版社 1959 年版，第 25 页。

[2] 王国维：《宋元戏曲史》，上海古籍出版社 1998 年版，第 131 页。

[3] 曾敏行：《独醒杂志》卷五，上海古籍出版社 1986 年版，第 256 页。

同的趣味。宋金以来，蕃曲名目众多，延至元代，仍然流行。在元曲中，分布在不同的宫调，或用于散曲，或用于剧曲，或通用语小令、套数、杂剧套曲三种形式。根据王国维《宋元戏曲史》总结："北曲黄钟宫之【者剌古】，双调之【阿纳忽】【古都白】【唐兀歹】【阿忽令】，越调之【拙鲁速】，商调之【浪来里】，皆非中原之语，亦当为女真或蒙古之曲也。"[1] 如果仔细对元曲中的蕃曲曲牌，作一细致梳理，则发现该类曲牌在元曲中的实际运用，大大超出王国维先生所总结的七首。因此，本文拟在《宋元戏曲史》的基础之上，将散曲与剧曲曲牌分门别类，一一考订，以窥其在元曲中的使用情况。

　　蕃曲曲牌，出现于元曲者，主要涉及六种宫调，即大石调、正宫、仙吕宫、双调、越调，不仅在散曲中使用，剧曲中也被作为常用曲牌，联套使用，具体如下表[2]。

	小令曲牌	散套曲牌	剧曲曲牌
大石调		【六国朝】	【六国朝】
正　宫			【穷河西】
仙吕宫			【河西后庭花】
双　调	【阿纳忽】	【阿纳忽】	【阿纳忽】
	【胡十八】	【胡十八】	【胡十八】
	【播海令】		
		【一锭银】	【一锭银】
	【河西水仙子】		
		【相公爱】	【相公爱】
		【山石榴】	【山石榴】
		【也不啰】	【也不啰】
		【喜人心】	【喜人心】
		【醉也摩挲】	【醉也摩挲】（【醉娘子】）
		【月儿弯】	【月儿弯】
		【风流体】	【风流体】
		【忽都白】	【忽都白】
		【唐兀歹】	【唐兀歹】
			【大拜门】
越　调		【小拜门】	

[1]　王国维：《宋元戏曲史》，上海古籍出版社 1998 年版，第 131-132 页。
[2]　王国维《宋元戏曲史》析出蕃曲曲牌越调之【拙鲁速】，商调之【浪来里】，由于没有找到任何文献资料，说明它们与少数民族音乐之间的关系，因此暂不列入表中。

从上表中可见，双调【阿纳忽】【胡十八】等，是元曲中最为流行的两首曲子，不仅用于散曲中的小令、套数，而且时常联入剧套，为杂剧所演唱。其他曲牌，或为当时的时行小令，于坊间流播传唱，或为杂剧套曲之独用曲牌，剧中专门用于表现少数民族生活的情节。因此，不妨将以上曲牌一一梳理，具体考察其来源与用法，进一步分析金元时期蕃曲之于元曲之间的互动关系。

一、大石调【六国朝】

元曲中的大石调，雅律为"黄钟商"，俗名为大石调，元曲沿用其乐俗称。大石调是颇具西域风情的曲调，其大石本外国名，杂有西域之音，与中原雅乐相殊，因此有"大石调，最风情"[1]之说。元代文人吴莱曾说，大石调"盖俗乐也，至是沛国公郑译，复因龟兹人白苏祗婆，善胡琵琶而翻七调，遂以制乐。故今乐家犹有大石、小石、大食、般涉等调，大食等国本在西域"[2]。唐代王维送别诗《送元二使安西》，元二奉朝廷所命出使安西，安西即为唐中央政府为统辖西域地区而设的安西都护府的简称，治所在龟兹城（今新疆库车），后人增写词句，增加音节，变为【阳关三叠】曲子，就用大石调演唱，该曲于金元时期，仍然流行于山西一带。[3]《中原音韵》共录大石调曲牌二十一章，《南村辍耕录》则为十九章，《北词广正谱》增订为三十二首，《南北词简谱》则删订为十九首。

大石调中的【六国朝】曲牌，在北宋宣和年间已普遍流行，据南宋吉州庐陵人曾敏行《独醒杂志》记载："先君尝言，宣和间客京师时，街巷鄙人多歌蕃曲，名曰【异国朝】【四国朝】【六国朝】【蛮牌序】【莲蓬花】等，其言至俚，一时士大夫亦歌之。"[4]我们不难知道，【六国朝】为当时之时调歌曲，市井里巷的大众均能演唱，甚至士大夫阶层也颇为喜爱，成为影响一时之曲子。在元杂剧中，也是传唱较多的曲子，在剧套之中，通常重复演唱两次，首次作为大石调首曲，统领全曲，复次又与【雁过南楼】组成固定曲组，于曲子中段使用，现存杂剧共有如下四套：

马致远《黄粱梦》第三折：

【六国朝】【归塞北】【初问口】【怨别离】【归塞北】【幺篇】【雁过南楼】【六国朝】【归塞北】【擂鼓体】【归塞北】【净瓶儿】【玉翼蝉煞】

[1] 郭勋辑：《雍熙乐府》【新水令】"评音律精熟悉"，《四部丛刊》本。
[2] 吴莱：《张氏大乐玄机赋论后题》，《渊颖吴先生集》卷八，《四部丛刊》本。
[3] 据燕南芝庵所撰《唱论》记载，"陕西唱《阳关三叠》《黑漆弩》"，可知该曲在元代仍流行于陕西一带。（燕南芝庵：《唱论》，《中国古典戏曲论著集成》（一），中国戏剧出版社1959年版，第161页。）
[4] 曾敏行：《独醒杂志》卷五，上海古籍出版社1986年版，第256页。

李文蔚《燕青博鱼》第一折：

【六国朝】【喜秋风】【归塞北】【雁过南楼】【六国朝】【憨货郎】【归塞北】【初问口】
【尾声】

郑光祖《㑇梅香》第二折：

【念奴娇】【六国朝】【初问口】【归塞北】【雁过南楼】【六国朝】【喜秋风】【归塞北】
【怨别离】【归塞北】【净瓶儿】【好观音】【随煞】【尾】

杨景贤《西游记》第三本第三折：

【六国朝】【喜秋风】【归塞北】【六国朝】【雁过南楼】【擂鼓体】【归塞北】【好观音】
【观音煞】

　　一般来说，元杂剧曲牌的位置极为稳定，每一宫调一般均采以稳定不变的只曲或曲组为领首曲牌，具有乐理上的"引子"作用，也具有文体"体式"类别的规定。因此，【六国朝】作为大石调中重要的首领曲牌，规定着全套的结构，为杂剧重要的曲牌。

二、仙吕宫【河西后庭花】、商调【河西后庭花】、正宫【穷河西】、双调【河西水仙子】、双调【唐兀歹】

　　河西为地名，泛指黄河以西地区，即今之陕西、甘肃一带，又蒙古人称西夏曰河西，"河西"犹曰黄河之西也，后又名之曰"唐兀"。《新元史》卷二九《氏族表下》："唐兀氏，故西夏国。太祖平其地，称其部众曰唐兀氏。"[1]从曲名上推断，双调【唐兀歹】则是蒙古语"西夏"之称呼，该首曲子来自西夏，是带有西夏风格的民族音乐。仙吕宫【河西后庭花】、商调【河西后庭花】、正宫【穷河西】、双调【河西水仙子】等曲，则与西夏乐曲或多或少地存在"家族相似性"，诚如方龄贵所言："倘兀歹或唐兀歹……蒙古语指的是河西或西夏。这也应当就是元曲曲牌中常见的'穷河西''河西水仙子''河西后庭花'等的'河西'。"[2]又有元杂剧《狄青复夺衣袄车》第二折，范仲淹领张千上云："忠诚报国为良吏，留取芳名载汗青。老夫范仲淹是也。今差狄青押衣袄车，前去西延边赏军去。不想到于河西国，被史牙恰和昝雄邀截了衣袄扛车，赶入黑松林去了。老夫奉圣人的命。差飞山虎刘庆，前去取狄青首级。"剧中所称"河西国"，即为西夏，元曲中带有"河西"字样的曲牌，则源自该区域的少数民族音乐。

　　河西地区与中原的音乐文化交流，由来已久，早在景宗武烈皇帝李元昊建立西夏国，就

---

[1]　柯劭忞：《新元史》卷二九《氏族表下》，中国书店 1988 年版。

[2]　方龄贵：《古代戏曲外来语考释辞典》，汉语大词典出版社、云南大学出版社 2001 年版，第 344 页。

仿照的北宋的二十四司官制，设中书、枢密、三司、御史台等。据学者孙星群研究，"夏行政机构中，当时也设有教坊，它是一个专司音乐、歌唱、舞唱，甚至杂剧、傀儡等艺术门类的政府机构；有宫廷的专业乐人、艺人、舞人，为西夏的统治贵族服务。说明西夏的音乐艺术已摆脱了'保留纯朴的民族音乐'阶段，进入了发展阶段"[1]。

此外，《刘知远诸宫调》金刻本，是在黑水城发现的，黑水城为元代河西走廊通往岭北行省的驿站要道，西夏十二监军司之一黑山威福司治所，说明对元曲产生巨大影响的诸宫调艺术，在金元时期，于西域一带也非常流行，西域与中原地区艺术的发展演进，几乎是同步进行的。而在新疆且末县塔提让乡也发现了元代至元年间手书的《董西厢》诸宫调残叶，"这页《董西厢》，是元代中原文学作品传播广泛，直达塔里木丝绸之路南道的仅见实物。塔提让古城是元代的兵站与驿站，通过邮传与随身携带，中原的文学作品沿交通线传向欧亚。除了普遍认为的商队、僧侣、使团等之外，戍守的军士也是文学作品的传播者之一"[2]。丝绸之路不仅是东西方文明的通道，也是文化艺术相互交流影响的重要地区，诸宫调艺术，也随着文化的传播，被西域各族所接纳，与中原艺术一同创造了金元丰富灿烂的艺术文化。

三、越调【小拜门】、双调【大拜门】

"拜门"为古代婚礼的风俗，北宋极为盛行，指新婚夫妇首次回到岳家，登门拜望。据宋吴自牧《梦粱录·嫁娶》载："其两新人于三日或七朝九日，往女家行拜门礼。"[3] 这种婚礼风俗，在汉族、女真族、蒙古族中皆有，但又有所差别，女真族为男女自由结合后生子，因同至女家行子婿礼。《大元通志条格》载："外据拜门一节，系女真风俗，遍行合属革去。外据汉儿人旧来体例，照得朱文公《家礼》内婚礼，酌古准今，拟到各项事理。"元代婚姻礼制，摒弃了女真族男女自由结合的风俗，参照朱熹《家礼》，又结合"汉儿人旧来体例"而成，因此既保存了汉族礼制，又有自己的民族传统。元代大都作家杨显之作有传奇《蒲鲁忽刘屠大拜门》[4]，该剧已佚，详细剧情不得而知，但从剧名判断，"杨氏剧名有'蒲鲁忽'云云，可知此剧写的是金人故事，并有'大拜门'的热闹场面"[5]。又有女真作家李直夫所做杂剧《虎头牌》，第二折双调【大拜门】唱词云："我也曾吹弹那管弦，快活了万千，可便是大拜门

---

[1] 孙星群：《西夏汉文本〈杂字〉"音乐部"之剖析》，《音乐研究》1991 年第 4 期。

[2] 何德修：《沙海遗书——论新发现的〈董西厢〉残叶》，载马大正、杨镰主编：《西域考察与研究续编》，新疆人民出版社 1998 年版，第 230—235 页。

[3] 孟元老撰，邓之诚注：《东京梦华录注》，中华书局 1982 年版，第 145 页。

[4] 据钟嗣成《录鬼簿》所载，俞为民、孙蓉蓉：《历代曲话汇编（唐宋元编）》，黄山书社 2005 年版，第 332 页。

[5] 徐沁君：《元杂剧作家丛考》（一），《扬州师院学报》（社会科学版）1990 年第 4 期。

撒敦家的筵宴。"该剧讲述女真金牌千户山寿马元帅，坚持军法，责罚叔父银住马贪酒失塞的故事，故事里描绘了女真人民的生活场景与习俗特征，【大拜门】一曲，则通过金住马的回忆，展现了女真族拜门宴席伴奏管弦吹奏的热闹场景。

因此【大拜门】与【小拜门】极有可能就是从女真族宴席音乐发展而来的曲牌。

四、双调【胡十八】

【胡十八】一曲，可用于小令、套数与杂剧，为元曲中较为常用之曲牌。据《辍耕录》卷二二《数谶》载："至元甲子，阿合马拜中书平章，领制国用使司。时乐府中盛唱【胡十八】小令。知谶纬者，谓其当擅重权十八年，人未之信，果于至元壬午伏诛。"从记载中可见，阿合马受到忽必烈重用，"领中书左右部，兼诸路转运使"，掌管财赋之务，于至元甲子（1264年），忽必烈以"龙兴之地"开平为上都，任阿合马"同知开平府事，领左右部如故"，当时【胡十八】作为乐府小令，流行一时，甚至以该曲曲名，隐射贪官阿合马之官运，但不难看出这首曲子在当时的流行程度。

五、双调【阿纳忽】

【阿纳忽】又名【阿那忽】【阿忽令】，原为女真乐曲，后被元曲采用，是一首时髦歌曲。元代就有无名氏之散曲【双调·阿纳忽】，描写该曲流行的情形：

> 双凤头金钗，一虎口罗鞋，天然海棠颜色，宜唱那阿纳忽修来。
> 人立在厅阶，马控在瑶台。娇滴滴玉人扶策，宜唱那阿纳忽修来。
> 逢好花簪带，遇美酒开怀。休问是非成败，宜唱那阿纳忽修来。
> 花正开风筛，月正圆云埋。花开月圆人在，宜唱那阿纳忽修来。
> 越范蠡功成名遂，驾一叶扁舟回归。去弄五湖云水，倒大来快活便宜。

【阿纳忽】为时行小曲，全曲仅四句，四、四、六、四句式，共十八字，在当时极为流行，适合在各种场合演唱，既可歌咏女真族世代栖居的山川河流，也可赞美男女爱情，反映了女真族的风土人情。其演唱形式有独唱，也可合唱。元代张子坚【双调·得胜令】云："宴罢恰初更，摆列着玉娉婷。锦衣搭白马，纱笼照道行。齐声，唱的是【阿纳忽】时行令。酒且休斟，俺待据银鞍马上听。"小令描写当时酒宴歌舞的盛况，从歌女齐唱【阿纳忽】，可见当时人对该曲的喜爱程度。王实甫所撰杂剧《丽春堂》第四折有词云："他将那【阿那忽】腔儿合唱，越感起我悲伤。"《丽春堂》描写金国丞相完颜乐善的故事，完颜乐善被贬官至济南，怀念金国生活，披管和乐演唱【阿那忽】歌曲，引起了思乡情怀，可见【阿那忽】为一首女真民歌。明代朱有燉《元宫词百首》也有云："二弦声里实清商，只许知音仔细详。【阿忽令】教诸伎唱，北来腔调莫相忘。"说明女真小曲【阿纳忽】风靡一时的情景。

六、双调【一锭银】【相公爱】【山石榴】【也不啰】【喜人心】【醉也摩挲】【月儿弯】【风流体】【忽都白】【唐兀歹】

在元曲中，双调所辖曲牌数目最多，而蕃曲曲牌也多集中于该调，除了前述【阿纳忽】【胡十八】两首曲子外，尚有【一锭银】【相公爱】【山石榴】【也不啰】【喜人心】【醉也摩挲】【月儿弯】【风流体】【忽都白】【唐兀歹】曲牌凡十种。十种蕃曲牌调，皆为剧套专用，按照相应的秩序，先后连缀于以【五供养】领首的套曲中，现存《虎头牌》第二折、《丽春堂》第四折、《西厢记》第二本第四折、《萧淑兰》第三折。

一般来说，元杂剧一本四折，由四套套曲构成，而每一宫调的套式具有稳定性，曲牌按照相应的前后顺序组成曲组，前后连缀，其套曲内部的曲牌组合形式，亦大致相同，规律特征相对明显。双调剧曲多用【新水令】领首，套式结构差异不大。非【新水令】领首的套曲，则用【五供养】领首，凡有上述四剧。四剧又可分为如下两类。

第一类，《西厢记》第二本第四折、《萧淑兰》第三折，虽然以【五供养】领首，但套曲的内部曲牌链接与【新水令】领首的套曲大致相同，二者并无本质差别。

第二类，《虎头牌》第二折、《丽春堂》第四折，两剧首曲为【五供养】，内部的"式"也有差异，首段与尾声之间的曲牌组合，多不为【新水令】为首的套曲使用。例如，【一锭银】【相公爱】【山石榴】【也不啰】【喜人心】【醉也摩挲】【月儿弯】【风流体】【忽都白】【唐兀歹】等，使用者仅见于【五供养】套曲，而【新水令】套曲未见涉及。尚有例外者，则为贾仲明《金童玉女》一剧之【新水令】套，首曲曲牌虽然用【新水令】，但内部之"式"却为【五供养】套曲的结构。之所以形成特殊套式，其内在原因不得不专门析出，略加分析。

较之其他剧本，《虎头牌》《丽春堂》与《金童玉女》的套式内部结构之所以不尽相同，原因则是三者皆为描写金代女真民族生活的杂剧，不仅剧情与唱词具有少数民族的异域风格，而且曲牌也多为女真本民族之曲。例如，【风流体】，周德清《中原音韵》明确指出其为女真之曲，"且如女真【风流体】等乐章，皆以女真人音声歌之"。《九宫大成》也在【忽都白】"又一体"例曲后有注云："【忽都白】系外域地名，取以为曲名也，其体式与【小喜人心】相类，句法小有不同耳。"[1] 根据《九宫大成》所标之工尺谱可知，这类冠以胡语名称的曲牌大多采用一板一眼快速节奏，铿锵急促，字多腔少，音程跳动幅度极大，给人以硬朗直挺、突兀跌宕之感，具有明显的少数民族音乐风情。诚如吴梅先生所言，【风流体】"纯以叠句作波澜，调至流利，与正宫【笑和尚】【叨叨令】意味略同"[2]。从三剧所用之特殊联套体式则不难发现，剧作家创作杂剧不仅按照剧情甄别拣择曲牌，同时也按照剧情所表达的内容，配以风格相应的乐曲，从而使音乐风格与戏剧内容相互协调，彼此融摄。诚如明代戏曲家何良俊所言："李直夫《虎头牌》杂剧十七换头，关汉卿散套二十换头，王实甫歌舞《丽春堂》十二换头，在双调中别是一调，排名如【阿那忽】【相公爱】【也不啰】【醉也摩挲】【忽都白】【唐兀歹】之类，皆是胡语，此其证也。三套中惟十七换头其调尤叶，盖李是女真人也。十三换头【一锭银】内，他将【阿那忽】腔儿来合唱，《丽春堂》亦是金人之事，则知金人于双调内惯填此调，关汉卿、王实甫因用之也。"[3] 关汉卿与王实甫并不十分擅长填写女真曲牌，但在描写女真故事时，又必须以金人曲调填写，因此剧中少数民族之曲味，稍显不足。与之相较，女真籍作家李直夫，熟悉女真民族的生活，能自如运用本民族的曲牌依腔填曲，因此杂剧《虎头牌》的音乐较为合律，尤其是曲子之味道及情感，尽得女真民族语言之三昧，明代何良俊大为赞赏："《虎头牌》是武元皇帝事。金武元皇帝未正位时，其叔钱之出镇。十七换头【落梅风】云：'抹得瓶口儿净，斟得盏面儿圆。望着碧天边太阳浇奠，只俺这女真人无甚么别咒。愿则愿我弟兄们早能勾相见。'此等词情真语切，正当行家也。一友人闻此曲曰：'此似唐人《木兰诗》。'余喜其赏识。"[4]

通过对以上六类曲牌的分析，我们不难得出以下结论。

首先，元曲虽兴盛于元代，但却昉自宋金之际，在长期的历史发展过程中，中原乐曲始终与契丹、女真、鞑靼之乐不断交流融合，以致逐渐滋生出新声，自成一支特色鲜明的乐系。尤其蒙古族统一南北后，广泛吸纳各兄弟民族的音乐，如史记载太祖初年，"以河西高智耀言，征用西夏旧乐"[5]。太祖征用西夏旧乐完善元代的礼乐制度，又设天乐署掌河西乐人，使其被纳入国家音乐系统。而在民间的音乐交往方面更为频繁，据元代周德清所言："女真【风流体】等乐章，皆以女真人音声歌之，虽字有舛讹，不伤音律者，不为害也。"[6]【风流体】以女真语言歌唱，音律则合度规则，旋律亦谐美动听，虽字词舛讹不雅，但亦无伤大

[1] 周祥钰、邹金生等编：《九宫大成南北词宫谱》，转引自刘崇德校译：《新定九宫大成南北词宫谱校译》，天津古籍出版社 1998 年版，第 1425 页。

[2] 吴梅：《南北词简谱》卷上，转引自王卫民编校：《吴梅全集》，河北教育出版社 2002 年版，第 166 页。

[3] 何良俊：《曲论》，《中国古典戏曲论著集成》（四），第 9 页。

[4] 同注 [3]。

[5] 《元史》卷六七《礼乐志》，中华书局 1976 年版，第 1664 页。

[6] 周德清：《中原音韵》自序，《中国古典戏曲论著集成》（一），中国戏剧出版社 1959 年版，第 177 页。

雅，因此仍可将其收入双调，作为套曲常用曲调。情况类似而略有区别者即女真歌舞音乐【鹧鸪天】，传入内地后不久即在南宋临安风靡一时，《大金国志》卷三十九"初兴风土"条载："（女真）其乐惟鼓笛，其歌惟《鹧鸪曲》，第高下长短如鹧鸪声而已。"[1]《续资治通鉴》卷一百四十"孝宗乾道四年（1168 年）"条也载其事云："臣僚言：'临安府风俗，自十数年来，服饰乱常，习为边装，声音乱雅，好为北乐……今都人静夜十百为群，吹鹧鸪，拨扬琴，使一人黑衣而舞，众人拍手和之。伤风败俗，不可不惩。'诏禁之。"[2]《鹧鸪曲》是女真族模仿鹧鸪鸣叫之声创作的歌曲，明显具有女真文化风格迥异的旋律特征，曾一度遭到南宋官方的明令禁止，但由于节奏欢快热烈，曲调清新活泼，始终受到民间世俗大众的钟爱，总是以或隐或显的方式沿着历史发展的逻辑理路不断流传，以至于大行于元代，风靡于各地。如关汉卿《拜月亭》便有云："悠悠地品着《鹧鸪》，雁行般但举足都能舞。"不少艺人还以擅舞《鹧鸪》而闻名于当时，如魏道道"勾栏内独舞《鹧鸪》四篇打散，自国初以来，无能续者"[3]。由此可见，音乐传播是一种独特的文化现象，不受地域与时空限制，也没有民族界划区分，只要动听悦耳，符合多数人的审美习惯，便会受到广大民众的喜爱，从而迅速流行或广泛扩散，成为脍炙人口的艺术。对于汉族人民而言，少数民族歌舞音乐大多具有异域风情，是较为新鲜的艺术形式，容易引起民众文化心理上的注意，即使以风雅自居的文人士大夫，也难以假俚俗鄙陋之名轻易排斥，更多的人反而主动接受、吸纳、歌唱。

其次，元曲不但受到少数民族音乐的影响，甚至部分曲调直接就从少数民族音乐移植而来。例如，中吕宫的【贺圣朝】、商角调的【应天长】、仙吕宫的【天下乐】三曲，据生活于宋末元初的马端临《文献通考》卷一百四十八《乐考》二十一"夷部乐"条载："龙蕃，其俗凡遇四序，称贺作乐，击大鼓，吹长笛，批管，律，杖鼓。其乐曲有【贺圣朝】【天下乐】【应天长】。"[4]而元人陶宗仪《南村辍耕录》卷二十五《院本名目》"冲撞引首"条也录有【天下乐】曲。文献所载三首乐曲均出自少数民族龙蕃，主要在特殊时令节日演奏，流传中原后，直接采为元曲曲牌，成为汉族音乐常用之曲。

最后，在长期的民族融合历史进程中，不同民族的音乐互相吸收，相互结合，移宫换羽，翻调改声，形成新的曲子，产生新的作品。如元曲【八声甘州】，最初为唐代胡曲，因流行于边塞甘州，遂以"甘州"命其曲名。《新唐书》卷二十二《礼乐十二》载："开元二十四年，升胡部于堂上。而天宝乐曲，皆以边地名，若《凉州》《伊州》《甘州》之类。后又诏道调、

[1] 宇文懋昭撰，崔文印校证：《大金国志校证》（下），中华书局 1986 年版，第 551 页。
[2] 毕沅编著：《续资治通鉴》卷一百四十第八册，中华书局 1979 年版，第 3745 页。
[3] 夏庭芝：《青楼集》，《中国古典戏曲论著集成》（二），第 24 页。
[4] 马端临：《文献通考》（上），中华书局 1986 年版，第 1295 页。

法曲与胡部新声合作。明年，安禄山反，凉州、伊州、甘州皆陷吐蕃。"[1] 由于《甘州》等乐曲优美动听，故艺人往往配以舞蹈演出。唐人段安节《乐府杂录》中"软舞曲有《凉州》《绿腰》《苏合香》《屈柘》《团圆旋》《甘州》等"[2] 便是明证。由于汉族吸收少数民族音乐，往往根据本民族的音乐规律或审美习惯，主动对其加工改造，正如宋人王灼《碧鸡漫志》引蔡绦《诗话》之言云："龟兹国王与臣庶知乐者于火山间听风水声，均节成音，后翻入中国。如《伊州》《甘州》《凉州》，皆自龟兹致。"[3]《乐府诗集》卷八十引《乐苑》曰："《甘州》，羽调曲也。"一般来说，一首曲牌归属于某种宫调，即必须按照相应的规律来创作。王灼《碧鸡漫志》又云：

> 《甘州》世不见，今"仙吕调"有曲破，有八声慢，有令，而"中吕调"有《象八声甘州》，他宫调不见也。凡大曲，就本宫调制引、序、慢、近、令，盖度曲者常态。若《象八声甘州》，即是用其法于"中吕调"，此例甚广。伪蜀毛文锡有《甘州遍》，顾琼、李珣有《倒排甘州》，顾琼又有《甘州子》，皆不着宫调。[4]

《甘州》曲调不断地演变，后人则与其为基础，创造出新的音乐旋律，然新酒装旧瓶，故曲牌仍冠以"甘州"之名。各种新曲调的宫调虽然归属各不相同，择取其中任何一首曲牌创作，都必须按照相应的曲牌宫调属性度曲，否则便会有失于曲律，损伤大雅。《教坊记》录有杂曲名【甘州子】、大曲名【甘州】，入宋以来乐虽不传，但宋词仍保存有《甘州》乐调，柳永之《乐章集》便将《甘州》归入"仙吕调"，因全词共八韵，故称"八声"，即【八声甘州】。元曲【八声甘州】所属仙吕宫，便是该曲的历史遗存。

依据【八声甘州】演变历史，我们不难看出，在长期的民族交流中，元曲融合了多民族的音乐文化元素，形成了自身特有的风格。与其他曲调相较，元曲风格颇为豪迈粗犷、铿锵有力，诚如徐渭所言："今之北曲，盖辽、金北鄙杀伐之音，壮伟狠戾，武夫马上之歌，流入中原，遂为民间之日用。"[5] 元曲尤其是其中的杂剧，旋律常常直上直下，大起大伏，剧烈跳跃，如《单刀会》中的【驻马听】，音程跳动幅度极大，多使用五度、六度、八度的跳进，甚至不时出现九度乃至十一度的音程跨度，发唱惊挺，操调险急，旋律惊挺有力，突兀硬直。现存蒙古族音乐仍常见八度跳进，偶尔亦出现超过八度的大跳。具见元曲旋律"壮伟狠戾"的风格来源，仍是受北方少数民族音乐长期浸润或影响的结果。

[1] 欧阳修、宋祁等撰：《新唐书》卷二十二《礼乐十二》第二册，中华书局 1975 年版，第 476-477 页。
[2] 段安节：《乐府杂录》，《中国古典戏曲论著集成》（一），第 48 页。
[3] 王灼：《碧鸡漫志》，《中国古典戏曲论著集成》（一），第 126 页。
[4] 同注 [3]，第 131-132 页。
[5] 徐渭：《南词叙录》，《中国古典戏曲论著集成》（一），第 240 页。

弦管唱曲[1]之"顿挫"研究

陈恩慧 / 泉州师范学院讲师

一、研究背景

自古弦管（亦称"南音""南管"）唱曲十分讲究顿挫，"顿挫"成了弦管人一种普遍的审美标准，它保留着弦管唱腔原始古朴的风格特点。遗憾的是，随着弦管老乐人的不断凋零，加之年轻一代对"顿挫"唱法的忽视，导致当下弦管唱曲的顿挫感大量消失。只有保持弦管传统的唱法，才能真正地保护弦管唱腔的音乐特点和底蕴内涵，让弦管更加保古存真得以传承。

目前，从两岸学术界就弦管唱曲"顿挫"的研究来看，台湾对其关注较高，较重要的成果有吕锤宽的《南管音乐》[2]与《张鸿明生命史：来自遥远地方的音乐》[3]，《南管音乐》简要对"顿挫"进行释义并举例说明"顿挫"在唱曲中的特殊性和重要性，认为无顿挫的唱法是学之不专的一时现象。《张鸿明生命史：来自遥远地方的音乐》利用声音软体分析弦管乐人蔡小月的音频资料，进一步了解"顿挫"唱法的特性。吕钰秀的《南管曲的顿挫——以蔡小月唱曲为例》[4]从弦管乐人蔡小月的唱曲风格探讨弦管唱曲"顿挫"所形成的原因。林珀姬的《南管曲唱研究》[5]结合曲唱的"攻夹停续"简要描述了何为"顿挫"。蔡郁琳硕士论文《南管唱念法研究》认为"顿挫"是弦管唱腔特有的风格特点。依目前所见，大陆尚未见到对弦管唱曲"顿挫"进行专题研究的学术成果。王耀华、刘春曙的《福建南音初探》[6]，王珊、李白燕的《中国泉州南音系列教程——泉州南音演唱教程》[7]以及张兆颖的《论南音唱腔中的"停声待拍"》[8]等论著中，简略论述了弦管唱腔之"起伏顿挫"，认为其丰富了弦管音乐的内涵

---

[1]　"唱曲"是弦管圈内人常用的口头语，与唱腔、演唱的意思基本相同。

[2]　吕锤宽：《南管音乐》，晨星出版有限公司 2011 年版。

[3]　吕锤宽：《张鸿明生命史：来自遥远地方的音乐》，台北市文化资产局 2013 年版。

[4]　吕钰秀：《南管曲的顿挫——以蔡小月唱曲为例》，《音乐学探索——台湾音乐研究的新面向》，台湾五南图书出版股份有限公司 2009 年版。

[5]　林珀姬：《南管曲唱研究》，台北文史哲出版社 2002 年版。

[6]　王耀华、刘春曙：《福建南音初探》，福建人民出版社 1989 年版。

[7]　王珊主编，李白燕编著：《中国泉州南音系列教程——泉州南音演唱教程》，厦门大学出版社 2006 年版。

[8]　张兆颖：《论南音唱腔中的"停声待拍"》，《龙岩学院学报》2008 年第 5 期。

底蕴和表现方式。

综上所述，两岸学术界就弦管唱曲之"顿挫"的研究开展了大量工作并取得一定成果。本文在前人的研究基础上，通过听辨梳理目前弦管学术界公认的"顿挫"唱法最具代表性乐人蔡小月的有声资料，并结合自身十多年的弦管实践经验，试图归纳唱曲"顿挫"之规律，希冀让学习者再次认识和把握弦管传统的唱腔艺术和独特魅力。

二、弦管唱曲之"顿挫"释义

对我国古代歌唱文献中"顿挫"的考析，将助于进一步释解弦管唱曲之"顿挫"。元人燕南芝庵《唱论》中描述："歌之格调：抑扬顿挫，顶叠垛换，萦纡牵结，敦拖呜咽，推题丸转，捶欠遏透。"明魏良辅《曲律》中指出："双叠字，上两字，接上腔，下两字，稍离下腔……至单叠字，比双叠字不同，全在顿挫轻便。"清徐大椿《乐府传声》对"顿挫"具体描述为：

唱曲之妙，全在顿挫，必一唱而行神毕出，隔垣听之，其人之装束形容，颜色气象，及举止瞻顾，宛然如见，方是曲之尽境。此其诀全在顿挫。顿挫得款，则其中之神理自出，如喜悦之处，一顿挫而和乐出；伤感之处，一顿挫而悲恨出；风乐之场，一顿挫而艳情出；威武之人，一顿挫而英气出：此曲情之所最重也。况一人之声，连唱数字，虽气足者，亦不能接续，顿挫之时，正唱者以歇气取气，亦于唱曲之声，大有补益。今人不通文理，不知此曲该于何处顿挫。又一调相传，守而不变，少加顿挫，即不能合着板眼，所以一味直呼，全无节奏，不特曲情尽失，且令唱者气竭；此文理所以不可无也。要知曲文断落之处，文理必当如此者，板眼不妨略为伸缩，是又在明于宫调者，为之增损也。

清李渔《闲情偶寄》也有一段简要说明："当断处不断，反而不当断处而忽断，当聊处不聊，忽至不当聊处而反聊者，此之谓缓急顿挫。"

从以上古乐书的论述可见，"顿挫"是古人必遵的唱曲法则，极为重要。顿挫不仅是形成歌唱格调的重要因素，而且可使曲唱独具神韵，令曲唱之人物形神毕出，顿挫唱法与腔词、歇气、板眼、文理、旋律的停续顿断等有直接关系。

那么，何为弦管唱曲之"顿挫"？吕锤宽《南管音乐》作这样的解释："顿挫，指曲调的独特进行方式，每个音之间有特别使力的点，如果将旋律线条比喻为一定长度的竹管，两个音之间则为竹节，两个音交会的点就是竹节间稍微凸起的目。例如，一尺八寸长的南管洞箫，计有十个目九个节。南管曲于演唱的时候，骨干音之间都有特殊的用力方式，同时透过喉结与下颌的作用，以产生顿挫的效果。"[1] 林珀姬《南管曲唱研究》中指出："'顿挫'，也是南管曲唱异于其他乐种的重要特点之一，乐人常谓：'唱曲要有攻、夹、停、续。'攻夹相对，停续相对，唱曲何时该'攻'，何时该'夹'；'攻'时，可造成节奏的紧张，'夹'时，节奏要趋于徐缓，也就是上述的'顿挫'。"[2] 吕钰秀的《南管曲的顿挫——以蔡小月唱曲为例》写道："似可归纳出一个模糊的顿挫概念，即顿挫乃与切断乐句有关，而且顿挫可让乐曲拍子长短略为改变。"[3] 蔡郁琳硕士论文《南管唱念法研究》认为："顿挫的特点具体地描述……主要根据琵琶指法而来，伴随短时间内不断地换气、停顿，形成南管曲唱念特有的风格。"大陆学者对"顿挫"的内涵阐释基本相同，文中仅以王耀华、刘春曙《福建南音初探》为例进行如下说明："南音在度曲方面的起伏顿挫，是根据自身的艺术特点提出的要求，蕴含着自身独特的声乐内容……顿：即停顿，也就是《唱论》所说的'歌之节奏：停声、待拍、偷吹、拽捧、字真、句笃、依腔、贴调'中的'停声、待拍'。……挫：即休止。顿，指的是前半拍的休止；挫，指的是后半拍的休止。一般用于乐句的结束音。"[4] 笔者以为，上述学者从不同角度诠释了弦管唱曲"顿挫"的实质内涵。然查《汉语大词典》对顿挫及其关联词的解释为："顿挫，谓声调抑扬，有停顿转折。顿挫抑扬，形容诗文作品或音乐声响等高低起伏、停顿转折，和谐而有节奏。"由此结合古今文献可知，"顿挫"乃弦管独特的唱曲方法技巧和特殊的音乐现象，其所传递的直观的音乐感知是停顿、截断、曲折、有棱有角且具有强而有力的重音点，以及由此带来的唱曲气势美。那么这种音乐效果的呈现或与弦管唱曲的用力方式、叫字、做韵、节奏、琵琶弹奏指法、偷气换气、旋律的断续等奏唱技巧有关。

三、弦管唱曲之"顿挫"规律——以蔡小月为例

弦管唱腔经过世代相传，已形成相对固定的风格特点，总体而论是大同小异的，而"顿挫"唱法成为弦管人所认知的一种特定的美学标准，应有其共性规律。弦管名家蔡小月[5] 的唱腔最显著的特点即具有很强的顿挫感，也是弦管学术界公认的"顿挫"唱法最具代表性乐人，

[1] 吕锤宽：《南管音乐》，晨星出版有限公司 2011 年版，第 262 页。

[2] 林珀姬：《南管曲唱研究》，台北文史哲出版社 2002 年版，第 370 页。

[3] 吕钰秀：《南管曲的顿挫——以蔡小月唱曲为例》，《音乐学探索——台湾音乐研究的新面向》，台湾五南图书出版股份有限公司 2009 年版，第 78 页。

[4] 王耀华、刘春曙：《福建南音初探》，福建人民出版社 1989 年版，第 140-141 页。

[5] 蔡小月（1941-），中国台湾弦管名家。13 岁时拜于台南市南管社团"南声社馆"先生吴道宏门下。1956 年亚洲唱片行为其发行两张弦管唱片，获菲律宾华侨的热衷推崇。1982 年受中国台湾研究汉学的法国学者 Kristofer Schipper 力邀，到法国举行南管音乐演奏会，反应热烈，而后至瑞士、比利时、荷兰、英国各国演出也极受欢迎。20 世纪 80-90 年代由法国国际广播电台为其录制了 6 张弦管唱片，发行于世界各地，获得极佳的销售成绩。此外，蔡小月也曾于台北艺术大学传统音乐学系任教，教授弦管唱曲。

诚如台湾学者吕锤宽《张鸿明生命史：来自遥远地方的音乐》中所言："南管曲演唱时的顿挫现象，属极为特殊的技巧，随着音乐养成训练逐渐失去传统性，该项技巧也益形模糊不清，所幸经由蔡小月被保存记录下来的丰富有声资料，人们尚能欣赏到具有真正顿挫唱法的南管音乐。"[1] 因此以蔡小月作为"顿挫"唱法的典例进行剖析，并以其归纳弦管唱曲的"顿挫"规律也就更具权威性。下文主要通过对蔡小月在 20 世纪 80-90 年代由法国国际广播电台录制发行的六张弦管唱片（共 40 首弦管曲）的听辨分析，兼谈其他乐人与之唱曲"顿挫"的共性，试图归纳弦管唱曲之"顿挫"规律。

通过对蔡小月 40 首弦管曲反复地听、辨、析，发现"顿挫"唱法均是在带有"重音"的唱曲用力方式下进行的，且"顿挫"规律主要受唱曲的叫字、做韵以及乐曲的停顿截断等几大方面影响。

（一）叫字

明魏良辅《曲律》中载："曲有三绝：字清为一绝，腔纯为二绝，板正为三绝。"显然，"字清"被置于三绝之首的重要位置。那么弦管唱曲要达"字清"，必须要准确把握好"叫字"，"叫字"是弦管最重要的唱曲技巧，也是弦管唱员必备的基本功。弦管遵照古法，将每个音节分为字头、字腹、字尾三部分。字头即声母，是字音的出声。字腹和字尾即韵母，是唱曲行腔中延长的音，韵母又分为韵头、韵腹（韵头和韵腹即字腹）、韵尾（字尾）。需要指出的是，并非所有曲词的音节都是完整的，有的音节会缺少其中某一部分，那么弦管在行腔吐字中便形成了独特的规律，即"有韵头先唱韵头，没有韵头先唱韵腹，一直延续到本字拖腔末了临收句时，才归韵收声"[2]。弦管对唱曲的叫字十分讲究，要求字头发音清晰、字腹行腔明亮、字尾收音到位，以达到字字分明。通过对蔡小月所唱弦管曲的辨析发现，除了严格遵循唱曲叫字的基本要求，其在叫字上的一些特殊的处理方式可使顿挫效果大大增强，并已形成一定规律。

1. 字腹的短促颤动

在字腹行腔中进行短促的颤动，应是蔡小月异于他人的特色唱法。这种唱法利用喉咙的抖动而形成短暂性的颤动，从而改变了原本平顺圆润的声线，削弱了音乐的线条性，所造成的断断续续的声波使音乐更有棱角，由此形成唱曲的顿挫感。需要说明的是，这种唱法并不是指每个曲词的字腹都有颤动，而是零散出现的。经统计，蔡小月 40 首有声资料几乎都有运用此法，且绝大部分发生在字腹发音之时，即字头出音后，短促颤动地引出字腹音并产生顿挫，而当颤动结束，余下字腹音的行腔便趋于平缓。如弦管曲《荼蘼架》（出自唱片第二卷）

[1] 吕锤宽：《张鸿明生命史：来自遥远地方的音乐》，台北市文化资产局 2013 年版，第 213 页。
[2] 陈士奇：《南音演唱行腔吐字规律初探》，中国南音学会 1991 年 10 月印。

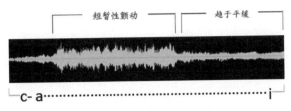

图 1 蔡小月所唱曲《荼蘼架》唱词"采"之音频图

曲词"无兴又无采"的"采"〔cai〕，在字头〔c〕出音后，随即落腔于字腹（韵腹）〔a〕，那么字腹〔a〕在发声时已带有短暂性颤动，这种颤动呈现出的声波浮动较大且密集，当颤动结束后，行腔趋于平缓（图1）。

此外，短促颤动也发生在字腹的行腔中，但这种情况的占比不多，文中不作细化，如弦管曲《三更鼓》（出自唱片第四卷）曲词"不见我君"的"我"〔wa〕。

2. 字尾收声的果断利落、强而有力

《乐府传声》"收声"一节中载："天下知出声之法为最重，而不知收声之法为尤重。盖出一字，而四呼四声五音无误，则其字已的确可辨，忧人所易知而易能也。惟收声之法，则不但当审之极清，尤必守之有力。……故收声之时，尤必加意扣住，如写字之法，每笔必有结束，越到结束之处，越有精神，越有顿挫，则不但本字清真，即下字之头，亦得另起峰峦，益绝分明透露，此古法之所极重。"显然，字尾收声是决定字清与否的关键，要求收声时必须扣紧有力。通过分析，字尾收声的果断利落、强而有力是使弦管唱曲产生"顿挫"效果的重要因素，可细分不同的规律方法。

（1）拉宽字腹，由松至紧，用力向下收声

本论点归纳的字尾收声与《乐府传声》"收声"所提的写字之法如出一辙，这也是较能体现"顿挫"效果的规律特点，在蔡小月40首弦管曲中被广泛使用，其运腔方式即字头出音后，先松弛行腔，拉宽字腹音（不影响时值），似画圆，直至行腔末尾，通过喉结与下颌的作用，快速用力向下收声出字，并且演唱的强弱和音量呈现由小至大的趋势。这种收声方法不仅有力且带有很强的重音点，由此形成顿挫感。《唱论》中载："凡歌一声，声有四节：起末，过度，揾簪，擞落。"其中，"擞落"意为歌声最后由高而低落，应与此收声法相符。如弦管曲《三更鼓》曲词"当原初时"的"原"〔guan〕唱念为：字头音〔g〕快速出音后，随即落于字腹行腔部分，行腔时先松缓，拉宽字腹（韵头）〔u〕，如画圆一般，直至行腔末了，通过喉结的用力向下，快速唱出韵腹〔a〕和韵尾〔n〕的合音〔an〕，并扣紧收音出字，以此带来有坠落

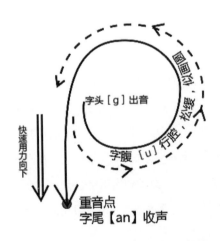

图 2 蔡小月所唱曲《三更鼓》唱词"原"之收声示意图

感的重音点，顿挫加强（图2）。笔者以为此收声法应与我国书法落笔、太极出拳发力原理相通，松缓行腔运作是使力量得以储备，为其后的收声做准备并得以充分发挥。因此，松时要静缓，紧时要短促，通过一松一紧，一张一弛，一夹一攻，以达"顿挫"之感。

（2）缩短字腹，果断利落收声

在叫字收声上能产生顿挫的另一种规律方法，即缩短字腹，提早归韵并果断利落收声。由喉结与下颌的作用所产生的重音点以及提早收声带来音乐上的短暂停顿，可增强顿挫效果。这种唱法不仅见于蔡小月，也存在于当下弦管老乐人的曲唱中。弦管的行腔吐字与中国其他音乐系统（如昆曲）不同，最大的差异在于弦管以字腹为声腔的基础音进行拖腔，直至本字拖腔末了才归韵收声（除穿鼻韵的特殊叫字。穿鼻韵的曲词一反弦管行腔吐字规律，字腹出音后随即归韵于韵尾，并拖腔至尾，如曲词"断"［əŋ］）。弦管的字尾收声往往是在声腔的最后一拍或半拍上（多见于半拍），以弦管曲《因送哥嫂》曲词"偶然灯下"的"然"［lian］为例，该字行腔有三拍，字头［l］和字腹［i］演唱的时值近两拍半，字尾［an］在最后半拍上归韵收声（谱例1），而本论点所述之规律则是将字腹原本的时值加快缩短，并提前归韵收声，同以《因送哥嫂》（出自唱片第三卷）为例，唱词"骏马雕鞍游遍街市"的"雕"［diao］曲调时值为一拍，通常情况下该字应在前半拍行腔字腹音［i］，后半拍收声出字。经对蔡小月音频的听鉴，其直接于该字前半拍时值内果断急速地行腔，并且用力吐字收声，完成该唱词"雕"［d-i-a-o］所有音节的演唱，紧接着后半拍则停顿留白（图3）。这种唱法通过缩短字腹音的行腔、提早收声以及喉结的重音用力，产生有意截断平顺旋律的音乐感知，加上提早归韵后曲调时值的停顿空白，抑扬顿挫格外分明。

谱例1　弦管曲《因送哥嫂》唱词"然"谱例

图3　蔡小月所唱《因送哥嫂》曲词"雕"之音频图

（3）强而有力的重煞收声

在梳理蔡小月唱曲的顿挫规律中，最直接与显著的感受是字尾收声极其强劲有力、干净利落，这种收声方式已然贯穿于蔡小月所有曲唱之中，并成为其唱曲风格。依目前所观，弦管界年事较高之乐人亦有此唱法，但为数不多。《乐府传声》"收声"中载："重顿者，煞字煞句，到此崭然划断。"显然，强而有力、干净利落的收声与古乐论所述如出一辙，这种收声方法并不影响字音的时值（特别是字腹行腔的部分），其依照弦管工乂谱的指骨[1]做韵行腔，在收声时通过喉结用力产生重煞效果，随后利落出字停声，产生极短的停顿，顿挫凸显。

综上所述，从字腹的短促颤动、字尾收声的利落有力，以及由此分解的收声规律可见，弦管唱曲叫字各部分的共同作用传递出抖动式、重音、停顿、截断等音乐感知，产生了强烈的顿挫感并形成一定规律。除字腹、字尾的唱曲处理，字头出音的准确有力也可产生一定的顿挫效果，但不明显，文中略述。弦管苍劲古朴的顿挫唱法与各类古乐论的记载相似，足以见弦管保留了许多古法的演唱，顿挫使弦管唱腔更接近传统和根本，也使曲唱更加字正分明。

（二）做韵

所谓"做韵"即润腔，是弦管圈内人的称法，指弦管唱员在琵琶弹奏骨干音的基础上，根据一定的规律及个人唱曲经验对骨干音进行装饰、润色、丰富旋律的演唱行为。弦管的"做韵"在遵循严谨的指法框架及奏唱法则下并非一成不变，而是带有即兴性和创作性的，即不同的弦管唱员依其师承、实践积累、艺术修养等因素的差异而呈现出不同的做韵，甚至同一位弦管唱员演唱两遍同一首弦管曲，做韵也难以完全相同，如吴世忠《南音工尺谱及其直译五线谱识读概说》论述："当你用五线谱或简谱详细地记录某个人的唱腔之后，你会发现，被记录的人唱奏第二次时，并不遵从你细密的乐谱记录，而是不知不觉地挣脱你记谱的束缚，再次即兴发挥创作，其唱奏出来的乐谱，和第一次记录的乐谱已经有所不同。第三次、第四次……每一次都有细微的区别，都不可能相同。"[2]可见，弦管的做韵充分体现了艺术表现的丰富性和个体特征的多样性。做韵是极能凸显唱曲顿挫的重要因素，也是在当下弦管乐人较易体现顿挫唱法的要素。下文主要以蔡小月为研究实例，兼谈其他乐人在"做韵"顿挫上的共性，以"指法骨干音"和"润腔装饰音"两部分进行探析。

1. 指法骨干音

弦管自成体系的"工乂谱"记谱法由谱字（音符）、琵琶弹奏指法和撩拍（节拍）三部分组成，其中琵琶弹奏指法多指右手的弹奏法，所奏的是乐曲的骨干音，主要以指法"点挑"为基础，发展衍生出几十个不同节奏型的指法。应该说，蔡小月在唱曲中通过突出琵琶指法来凸显顿挫的效果尤佳，诚如吕锤宽《张鸿明生命史：来自遥远地方的音乐》所述："张鸿明艺师云，多数的演唱者皆未能根据琵琶指法而唱出顿挫，蔡小月女士的演唱，属呈现琵琶指法最清晰

---

[1] 指骨，弦管人的俗称，即弦管琵琶弹奏指法。

[2] 吴世忠：《南音工尺谱及其直译五线谱识读概说》，载新加坡湘灵音乐社、泉州地方戏曲研究社合编：《南音名曲选》，中国戏剧出版社 2000 年版，第 3 页。

者。"[1]那么这一唱法同样利用喉结的出力和作用，有意在琵琶所奏之指法上加强重音，使琵琶指法的颗粒性更为突出、铿锵分明，从而强化音乐旋律的"点"，凸显顿挫。归纳其特性规律如下。

（1）重音强调主要集中于较繁密的琵琶指法，且以加强指法的后部分尤多

弦管琵琶弹奏指法约三十余个，有简有繁，有疏有密，主要为右手的弹奏法，以指法"点（乀）挑（乀）"为基础，衍生发展出不同的节奏和变化，左手的弹奏技巧较少，常用的有打乂（扒）、抹六（扶）、抓打（把）等。据分析统计，蔡小月的重音强调主要集中在几个较繁密的琵琶指法上，如"全跳""半跳""颤指""踩指""点挑甲"以及"紧去倒"与"颤指"的组合等，指法符号分别为 乆 乆 乆 乆 乆。然而这种强调并非是完整指法，而以加强指法的后部分尤多，以指法"全跳"为例（该指法为弦管各类乐曲的通用指法，且是上述多个代表性指法的演生，更具典型）。经辨析，蔡小月在唱曲中对指法"全跳"的重音强调为第一个"点"之后，通过喉结的作用在第二个"点"及"挑"两个指法上出力加强，从而产生有棱角的重音点（见 乆，空心部分为重音强调）。结合国家级弦管传承人的口述采访，归纳其原因有三：首先与弦管奏唱法则的关系，指法"全跳"的第一个"点"往往连接上一个音，弦管要求奏唱"全跳"时需一气呵成至该指法的第一个"点"之后才可换气，因此该音从气息上说已近气息尾，难以用很强的力度。其次在记谱上已带有隐性强调。指法"全跳"谱面上记为 乆，唱谱时第二个"点"及"挑"往往不是演唱原谱字音符，则以"啊"音替代，用符号"ꝑ"表示，因此符号"ꝑ"在记谱中已带有隐性强调之意。最后与撩拍的关系，大多数情况下弦管撩拍的撩位（落拍）落于"全跳"时，基本上是在该指法第一个"点"指上，也就是说第一个"点"指常为弱拍，无须过于强调。再如指法组合"点挑甲"（乆），顾名思义由指法符号点、挑、甲组合而成。弦管工乂谱有一个特殊性，即相同的演奏记号和时值会存在不同的表现方式，其中以"点挑甲"尤为明显，可分为"贯"（"贯声"，要求"点挑甲"三音奏唱时一气呵成，不可间断）、"折"（"折声"，要求在"点"之后换气，"挑甲"连为一声）、"斩"（"斩声"，要求"点挑甲"三音之间有短促的停顿，类似"顿音"）等不同的表现方式。那么，蔡小月对指法"点挑甲"的重音强调主要体现在对"折声"的演唱处理，即"点"之后，换气演唱，并有意在"挑"指上出力加强，以突出指法"挑"的演唱力度，增强顿挫，也使"折声"更顿断有节。此外，由于弦管工乂谱字"乂"没有相对的低八度的甲线[2]琵琶品位，因此当谱字"乂"配合指法"点挑甲"时，该指法则变成"点挑点"（乆），此记法在弦管曲谱中经常出现，蔡小月对该指法的重音加强与"点挑甲"相同，即"点"之后，对"挑"指进行强调。而上

[1] 吕锤宽：《张鸿明生命史：来自遥远地方的音乐》，台北市"文化部文化资产局"2013年版，第306页。
[2] 甲线，琵琶弹奏指法，简称"甲"，弹奏的是原谱字的低一个八度或两个八度的音。

述归纳的其他指法也有不同的重音顿挫表现，文中不一一阐释（详见表1）。需要说明的是，在指法上进行强调的部分并非绝对，表1所述为蔡小月曲唱中较常表现的强调习惯。

表1　蔡小月曲唱中较具代表性琵琶指法的顿挫强调阐释

琵琶指法 （名称及符号）	顿挫强调阐释	图示（空心为强调部分）
全跳	第一个"点"之后，在第二个"点"和"挑"两个指法上加强	
半跳	第一个"点"之后，在其后的"紧去倒"上做重音强调	
颠指	第一个"点"之后，在其后的"挑"和"点"上做重音强调	
踩指	该指法由双"紧去倒"组成，重音分别在每个"紧去倒"的"挑"指上	
点挑甲（折声）	在"挑"指上做重音强调	
紧去倒＋颠指	"紧去倒"的第一个"点"后，其后的"挑"指及"颠指"均做重音处理	

从表1可见，蔡小月对指法骨干音的重音强调有一特性，即指法的第一个"点"均不过于强调，笔者以为除个人的演唱习惯及上述所析的相关原因外，还应与字头出音（受字头出音所限）、歌唱发声规律、指法搭配的强弱处理等有一定关系。然而这种以强调指法突出顿挫的唱法除蔡小月外，还见于其他弦管乐人。例如，当今最具影响力的弦管乐人王心心[1]，笔者有幸在2014年受其传习指导，深感王心心女士对琵琶指法的重视，其不断向笔者指出弦管唱曲要"有骨有肉"，"骨"则表现为对琵琶指法的强调演唱。那么，归纳王心心的指法强调规律与蔡小月基本相同，如"颠指"加强指法的最后一个"点"、指法组合"点挑甲"不论是贯声或折声都在"挑"指上加强。王心心认为，对琵琶指法的强调是弦管唱曲艺术处理的一个重要方式，可使音乐更具起伏强弱、易入人心。

（2）同样的指法，在上撩曲中顿挫更为凸显

弦管按其撩拍从慢到快大致可分为七撩拍（8/2拍）、三撩拍（4/2拍）、一二拍（4/4拍）、

---

[1]　王心心，福建泉州人，1965年出生，"心心南管乐坊"创办人暨总监。精习所有南管乐器及南管指谱曲，是南管界少见"五张金交椅坐透透"的翘楚，中国台湾媒体称其为"南管艺术天后""南管国宝"。

叠拍（2/4 拍）、紧叠（1/4 拍），节拍速度越慢的弦管曲其奏唱技巧越高，由此弦管人将七撩和三撩的乐曲俗称"上撩曲"，以示其难。在归纳蔡小月的指法顿挫规律中发现，同样的指法在上撩曲中，其顿挫苍劲感更突出。由于上撩曲的速度非常缓慢，一曲下来，短约十多分钟，长则 20 分钟以上，对唱者的气息、技巧、状态等有较高要求，需要真功夫才能驾驭，而弦管人对上撩曲的演唱评价除字韵声情外，更讲究是否有气势或韵势，那么这种韵势的呈现需要有刚劲的演唱力度，也进一步表现在对琵琶指骨的强调上。此外，由于上撩曲的速度缓慢，也使唱者有更充裕的时间舒缓行腔，并对指法骨干音进行强调演唱。

（3）高音区（谱字"仪"及以上音高）比中低音区（谱字"一"及以下音高）的指法强调力度大，顿挫更明显

弦管工乂谱的谱字音高由"乂、工、六、思、一"（分别表示 c^1、d^1、e^1、g^1、a^1）五个基本谱字为基础变化而来，本论点将其划分为谱字"仪"[1]（b^1）及以上的高音区与谱字"一"（a^1）及以下的中低音区。听辨蔡小月音频资料，其在高音区的指法重音强度远大于中低音区，顿挫更明显。探其原因，笔者以为应为助唱之利。弦管传统唱曲讲究韵势和气势，特别在高音区尤为显见，而弦管以真声唱曲，早在以男性为主的弦管时代，男性要用高八度来演唱高音实属困难，因此演唱时需要更多的力气，那么在指法上加重强调可更好地辅助唱腔，由此顿挫明显。反之相较高音区，中低音的演唱所需力气较小，因此指法强调力度也较弱。出于蔡小月在以男性为主的台南"南声社"的传习背景，其在唱曲中呈现相同现象。此外，当下弦管界年事较高的男性唱员唱法亦同。

2.润腔装饰音

"南音的旋律，由骨干音和润腔音两部分共同组成。"[2] 其中，润腔音即本论点所述之"润腔装饰音"。弦管音乐风格清淡典雅，总体而言润腔低回婉转，起伏跳跃性不大，常以大小二度、三度的回旋进行，四五度以上音程的大起大落较少。可以说，蔡小月唱曲的顿挫感绝大部分经由润腔表现，传递出的音乐感觉是旋律曲折、棱角分明，这种唱法同样利用发声器官的作用，在润腔装饰音上做重音加强。通过对文献的解读和乐谱的分析，并结合自身实践基础，笔者以为不论采用"引、塞、贯、折"等润腔方法对指法骨干音做几度音程的润饰加花，都可简言为：弦管润腔以骨干音为主体，装饰音是基于骨干音进行上行或下行的移动运作，此观点与吴世忠《南音工尺谱及其直译五线谱识读概说》中的论述基本相同："南音工尺谱的润腔，全部隐含在各种有机结合的'指骨'之中，不管采用什么润腔方法，也不管是什么形式的'细

---

[1] 乂，当乐曲为五空管（C／G 宫系统）时，仪为 b^1，当乐曲为四空管（F 宫系统），仪为 c^2，文中所述为五空管的仪。

[2] 吴世忠：《南音工尺谱及其直译五线谱识读概说》，载新加坡湘灵音乐社、泉州地方戏曲研究社合编：《南音名曲选》，中国戏剧出版社 2000 年版，第 3 页。

胞团'，润腔音同骨干音的关系，常常是润腔音比骨干音高出一个大二度或者低一个大二度或小三度。这就是南音为什么特别委婉曲折的基本原因。"[1] 本文将弦管的润腔装饰音统分为三种：一是上行装饰音，即装饰音为骨干音的上行级进或跳进，这种装饰音的音高往往高于骨干音，也是弦管人最常使用的一种润腔方式。例如，当骨干旋律为 a^1—b^1 进行时以装饰音 $^\#c^2$ 润色、d^1—e^1 的进行以 $^\#f^1$ 润色、g^1—a^1 的进行以 b^1 润色；四五度音程大跨度的跳进装饰，如 g^1—d^1 的进行常以 a^1 润色。此外，相同骨干音之间使用上行装饰音的情况更为多见，如骨干音 a^1—a^1 间加入上行装饰音 b^1，以及弦管润腔法 "引"[2] 之装饰音（此处 "引" 指的是装饰音高于骨干音的润饰），等等，均可纳入上行装饰音的范围。二是下行装饰音，即装饰音为骨干音的下行进行，这种情况装饰音的音高往往低于骨干音，润色旋律。例如，骨干音 g^1 与 e^1 之间填充装饰音 $^\#f^1$、骨干音 d^2 与 a^1 之间填充装饰音 b^1，以及相同骨干音之间使用下行装饰和 "引" 之装饰音（此处 "引" 指的是装饰音低于骨干音的润饰）等都纳入下行装饰音的范围。三是代替性装饰音，即改变原谱字音高，由润腔装饰音替代，这种代替性装饰音的音高往往高于原谱字，且与琵琶指法有一定的关系，常改变的是一个指法中的某一个分解指法对应的谱字。例如，弦管曲《孤栖闷》（此曲管门为倍思管，相当于 D 宫系统）唱词 "诉出伊人千般苦疼" 中 "出" 原谱为 出，唱曲时会将 "紧点挑" 的 "挑" 指对应的谱字 "思" 换掉，由装饰音 "一" 代替，则唱为 出，反之将 "点" 指的 "思" 换掉，由装饰音 "一" 代替的情况也有，代替性装饰音的润腔行为在弦管唱曲中较常见。经辨析，蔡小月的曲唱均对上述三种情况的装饰音做了重音强调，且在装饰音上的强调演唱是体现其唱曲顿挫感显著和直观的主要方式。因限于篇幅，仅以上行装饰音为例进行说明，如七撩大曲《杯酒劝君》（出自唱片第六卷），此曲高低音域跨度大、篇幅较长，不易驾驭，乐曲开头为高音，蔡小月在唱词 "杯酒劝君" 的 "杯"，两个骨干音 "仪"（b^1）之间加入了上行装饰音 "仜工"（d^2），这个装饰音用了极强的重音力度，既有助唱效果，同时凸显了平滑旋律的棱角且十分清晰尖锐，曲唱苍劲有力，顿挫感被大大强化。此外，从演唱的力度和呈现的频率看，上行装饰音和代替性装饰音远大于下行装饰音。其原因有二：一来由于做上行及代替性的润腔时，装饰音的音高往往高于骨干音，这其中已带有强调的含义；二与前文指法骨干音的演唱同理，高音不利于本嗓演唱，有意地对这两种装饰音做加重强调可更好地辅助唱腔，而当做下行润腔装饰时，情况反之。经观察，当下弦管乐人对上行润腔装饰做顿挫加强的现象较多，但演唱的力度及

---

[1] 吴世忠：《南音工尺谱及其直译五线谱识读概说》，载新加坡湘灵音乐社、泉州地方戏曲研究社合编：《南音名曲选》，中国戏剧出版社 2000 年版，第 14 页。

[2] 弦管润腔法之 "引"，可分为两种情况：一为出现在乐句或分乐句的开始，当与指法 "捻指" 配合时，出现在骨干音之前的装饰，并引出骨干音的润腔行为；二为出现在乐句中间，出现在骨干音之前，为装饰骨干音且不占用其时值的润腔行为。

所呈现的顿挫感并无蔡小月明显且具代表性。

指法骨干音与润腔装饰音是弦管做韵的两大主体，二者如"骨肉"般紧密结合，而顿挫的重音强调同样十分密切。文中以弦管名曲《三更鼓》唱词"鸳鸯枕上阮目淬泪滴千行"为例进行分析，其中润腔装饰音的重音强调用虚线框，指法骨干音重音加强部分（分解指法）标注在原谱完整指法旁，用括号括注，所对应的音在五线谱上用实线框（谱例2）。

谱例2　蔡小月所唱曲《三更鼓》唱词"鸳鸯枕上阮目淬泪滴千行"谱例分析

综上所述，弦管的做韵通过指法骨干音与润腔装饰音二者"简"与"繁"的互为作用，形成了多彩丰润的音乐旋律。小结上述及从谱例2呈现的顿挫强调不难看出：对指法骨干音和润腔装饰音的强调演唱，进一步突出了琵琶指法"点"之颗粒性与润腔旋律"线"之刚劲棱角。可以说，蔡小月在唱曲做韵上的顿挫表达无处不在，指法与润腔的顿挫强调十分紧密，相辅相成，甚至有时难以完全辨清顿挫的凸显是经由其中哪一部分体现，比如指法骨干音与

代替性装饰音的强调就是由两者共同作用所形成的。因此，通过指法和润腔之间骨肉相连的极为紧密的互为强调演唱，弦管音乐刚柔并济、顿挫有节、铿锵曲折、棱角分明，弦管唱曲的韵味愈加浓厚，艺术感染力增强。

（三）乐曲的停顿截断

乐曲的停顿也是产生和影响弦管唱曲顿挫的一大因素。弦管音乐的停顿感与唱曲的换气、偷气、歇气等唱法有关，即通过换气唱法呈现出弦管音乐中的停顿，使音乐旋律断顿有节，由此体现弦管顿挫之"顿"的美学观。基于前人研究，文中梳理产生弦管音乐停顿的几种主要唱法和形式（除演唱的正常呼吸换气外）：一为停声待拍的唱法，亦称"歇气"，指唱者有意在击拍处停顿不唱，然击拍后起唱，通常情况下击拍处可进行换气；二为弦管乐人出于个人的唱曲习惯或受当下唱曲状态的影响，在不违反弦管奏唱法则的情况下，于琵琶指法前进行短促、快速地偷气换气的唱法，弦管人将其称为"偷声"，"偷声"常因前一个音符的演唱时值的延长而产生，主要与琵琶指法有关，常见的"偷声"指法有颤指、半跳等；三为弦管奏唱法则中所需的停顿，如前文所述指法"点挑甲"表现方式之折声、斩声等；四为有些琵琶指法自身所需的奏唱停顿，如休止符号"歇"（口）或分指（分）等。以上所述之换气偷气的唱法为当下弦管乐人所广泛运用，笔者以为这些唱法均产生了弦管乐曲的停顿，并达到一定的顿挫效果，但并非突出。经由蔡小月有声音频的听鉴，除上述唱法外，其在一个字腔内部进行重煞停顿的唱曲处理以及唱词重煞吐毕之后发生短促的停顿，更能凸显顿挫效果，并已然成为蔡小月唱曲的一种规律习惯，文中将其称为"顿腔"和"顿字"。

明代沈宠绥《度曲须知》载："'顿腔'者，一落腔即顿住。'顿字'者，一出字即停声。"其中，顿腔指的是一个字腔内部发生极短的停顿，顿字指字音吐毕后发生的停顿。此提法与本论点所述蔡小月的唱法有共通之处，笔者认为也可适用。蔡小月的"顿腔"唱法是发生在一个唱词的行腔之间，常于唱曲的正常换气点及某一琵琶指法之后，其利用发声器官的作用对换气前的最后一个音进行有坠落感的重煞处理，随后换气停顿。通过重音和停顿的双重作用，增强了平顺旋律的顿、截、断之感，凸显顿挫。如弦管曲《三更鼓》曲词"鸳鸯枕上阮目滓泪滴千行"，其中曲词"枕"对应的工乄谱是，蔡小月在第一个谱字"思"的"点"指后换气，并在该音接近结束时通过喉结的用力向下，唱出强劲有力的带有坠落感的尾音，紧接着换气停顿，继续完成该唱词的演唱，这种唱法有很明显的旋律切断感，形成了唱曲的顿挫。蔡小月"顿字"唱法实际上与前文"叫字"所论的果断利落、强而有力的重煞收声是相通的，此处简单略述。"顿字"首先是在唱词字音的收声之后进行的停顿，同时所做的收声又带有重煞效果，那么字音的重煞吐毕加上随后带来的停顿同样形成很强

谱例3　蔡小月所唱曲《三更鼓》唱词"阻隔去外方"谱例分析

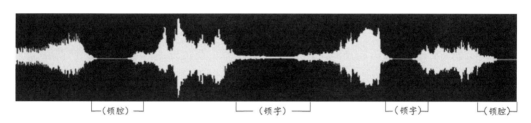

图4　蔡小月所唱曲《三更鼓》唱词"阻隔去外方"音频图

的顿挫感。

　　同样以《三更鼓》为例，文中对该曲唱词"阻隔去外方"进行分析，并利用声音软体呈现其音频[1]（谱例3、图4）。

　　由谱例3、图4可见，蔡小月"顿腔"与"顿字"的唱法截断了平直的运腔旋律，加之重煞的唱曲方式更大大强化了乐曲的停顿截断感，加强顿挫。"顿腔"与"顿字"是蔡小月唱曲艺术的一个重要方式，其曲唱中广泛使用，进一步加强了弦管音乐的真朴断顿。

四、结语

　　综上所述，从以蔡小月为具体实例展开的分析以及兼谈其他乐人与之共性的比较中可见，顿挫是弦管传统的唱法，保留了弦管唱腔古朴苍劲的风格特色，使弦管更加接近传统与根本。

---

[1]　受页面限制且为更好地呈现该乐句的顿断，故将此音频图稍作处理，即将留白部分适当放大，旋律音频谱缩紧。

顿挫唱法经由"重音"这一共相所体现，其规律主要受唱曲的叫字、做韵以及乐曲的停顿截断等各部分的共同作用所影响。当然，在常规特性的同时也存在些许的例外和变化，这也符合弦管艺术表现丰富性的特点。在梳理顿挫规律的过程中，我们常发现所分解和细化的各个小规律内部之间存在关联和牵引的关系，如字腹的行腔与做韵有关联、顿字唱法与字尾收声有关联、指法骨干音与润腔装饰音有关联、顿腔唱法与琵琶指法有关联等，可见顿挫是由弦管唱曲各个要素的相辅相成的作用而形成，由此使弦管音乐顿断有节、棱角分明，更能入心。

在早期以男性为主的弦管时代，乐人们唱曲时必须正襟危坐，正执拍板，目光收束，不可左顾右盼，这种刚硬定神的外在表现与传统唱曲讲究的顿挫有节的气势美、韵势美和结构美完全吻合。从另一个角度看，顿挫唱法也是弦管人一种自信、自我的精神表现，与弦管这个古老悠久的乐种原本"高贵"的血统息息相关。我们也会发现，凡经过男性教师指导的乐人，唱曲都比较有顿挫棱角，如在以男性为主的台南"南声社"传习成长的蔡小月女士，以及师从弦管名师庄步联、吴彦造[1] 的王心心女士等。

此外，"上四管"主奏乐器同样可以奏出弦管音乐的顿挫感。琵琶与三弦两把弹拨乐器跟随唱员的顿挫乐感，在指法骨干音上作出相应的强弱短促的处理，洞箫与二弦两把旋律乐器在吹奏与运弓上的力度及强弱的把控，都可以制造出音乐的曲折棱角。那么通过琵琶与三弦、洞箫与二弦之间的互补配合和呼应，再加上曲唱的顿挫有节，最终通过五人合奏小组的默契合作，弦管音乐刚柔并济，融为一体，并将所奏出的和谐美之乐音传递给观众，与观众形成音乐上的共鸣，最终达到弦管音乐美学"和"之最高境界，这也是中华民族的传统美学思想。

《国务院办公厅关于加强我国非物质文化遗产保护工作的意见》（国办发〔2005〕18号）明确指出："正确处理保护和利用的关系，坚持非物质文化遗产保护的真实性和整体性。"王文章《非物质文化遗产概论》提到："文化遗产的保护是要保护原生的、本来的、真实的历史原物，保护它所遗存的全部历史文化信息。"[2] 可见，非物质文化遗产在传承和保护过程中，固守住其原真性极为重要。顿挫这一传统唱法蕴含着弦管最原始、最真实的独特神韵和艺术魅力，保留着弦管最初的精神内核，体现着弦管的历史文化精髓，对其进一步的重视和重拾将使弦管的传承更加保古存真。本文对弦管唱曲之顿挫进行浅薄的认知探析，与此相关问题亟待学界更多关注和探讨。

---

[1] 庄步联，男，1911-2002，著名南音教师。吴彦造，男，1926-2015，第二批国家级南音传承人。

[2] 王文章：《非物质文化遗产概论》，文化艺术出版社 2006 年版，第 323 页。

南音文化生态之我见

林立策 / 泉州师范学院讲师

文化生态，是人类学的一个概念。从学科层面来看，"文化生态学是研究自然环境对文化的产生及变迁之间的关系。同时运用系统论的方法解读文化生态系统各要素之间的关系"[1]。人是文化生态中最核心的因素，因为所有文化都是不同时代之人在不同生态环境下的创造。音乐是一种特殊文化，其呈现也与特定的文化生态相关。南音，古称弦管，厦门叫南乐，中国台湾称南管或郎君乐，主要流传于闽南泉州、漳州和厦门，以及中国台湾和东南亚等地区，它是特定时空文化生态下的产物。

基于以上认识，本文将南音文化视为一个整体，来分析它在特定文化生态系统下各因素间的内在联系，从而来探索南音在某些地方传播的原因，以及思考如何更好地保护和传承古老的南音。

一、缘起

论及南音，总是将它与中国历史上五次中原士族南迁相联系。"从晋、唐、五代以至于两宋，中原的士族、皇族因为逃避战乱，先后举族南迁，最终一大部分人定居泉州。他们把日常生活中不可或缺的音乐文化也带入泉州，并逐渐流入民间，世代传衍。"[2]乐随人走，这充分肯定了"人"在文化传播过程中的重要性。然而，这些士族在迁徙的过程中，并非只是定居于泉州，也有一些人定居于其他地方，同样是乐随人走，为何在其他地方不见与今之"南音"相类似的音乐类型？

引起笔者注意的另一现象是，温州市苍南和洞头两县的一些渔民，他们从泉州晋江和惠安迁徙而来，不仅使用闽南话，还过着闽南的习俗，也可以看见木偶戏和压脚鼓，却为何独不见"南音"的身影。"南音"却又因何可以流传到中国台湾和东南亚等地区？

以上现象，如果单从南音的音乐形态分析，或微观个案研究，很难给予充分解释。反观生活，

---

[1] 中国大百科全书编委会：《中国大百科全书·社会学》，中国大百科全书出版社1996年版，第417页。

[2] 台湾胡氏拾步草堂、泉州地方戏曲研究社合编：《清刻本文焕堂指谱》，中国戏剧出版社2003年版，第7页。

或许会给我们带来一些启示：某日，笔者发现窗台上所养海棠的花盆里，竟长出了一棵茂盛的野草。窗台四周空无一物，哪来此野草？是风力，还是其他外力？笔者猜想应是"鸟力"，平时总见几只小鸟，落在花盘或窗罩上停留嬉笑，或是直接将草籽衔来，或是借鸟粪排落所致。如此野草，它不仅需要土壤、空气和阳光等自然条件，还需要外力使然。由此，笔者意识到，除人之外，文化其他因素对于南音的传衍亦同样重要，各文化因素相互支撑，缺一不可。

二、乐人

人是文化的核心，离开人谈文化都是表象。"音乐，作为一种人文现象，创造它的是人，享有它的也是人。音乐的意义、价值皆取决于人。因此，音乐学的研究，总离不开人的因素。"[1] 本文所谈的"人"主要分两类：一是南音乐人，又可分南音表演者和南音乐器制作者；二是南音爱好者。这些人一直沉浸于南音的文化生态之中，生于此，长于此，慢慢形成了其独有的人生观、世界观和音乐观，并直接影响着他们的行为。

南音乐人之间互称"弦友"，即玩弦管的朋友。在闽南方言中，玩弦管叫作"敕桃弦管"。从这些概念可见乐人观念之一斑。平时在调查中接触一些南音传承人，每当问及他们当初为什么会想着学南音，以及现在依然坚持玩南音的理由时，大家的回答颇多相似，觉得就是"好玩有趣"。这是南音乐人独有的价值观和审美情趣。对于他们来说，他们是在"玩"南音，而不是以此为谋生手段去卖艺。"玩"需要心境，不受世俗之物所左右，也往往在玩的状态中，达到技艺的炉火纯青，如果带上世俗功利，往往也就失去了对技艺和美的追求之心。

在南音文化圈中，南音人是清高的，也备受当地人敬重。他们自称属于"上九流"阶层，不与"下九流"的人为伍，不与戏子相提并论，不靠卖艺为生。这份荣耀和自信与史上一个显赫的传说有关：

> 清康熙五十二癸巳年（1713 年），六旬万寿庆典，普天共庆，四方赓歌毕集，昔大学士安溪李文贞公，以南乐沉静幽雅，驰书征求故里知音妙手，得晋江吴志、陈宁，南安傅廷，惠安洪松，安溪李仪五人进京，合奏于御苑，管弦条疴，声调谐和，帝大悦，授其官，弗受，乃赐以纶音曰"御前清客，五少芳贤"，并赐彩伞宫灯之属以归焉。[2]

---

[1] 郭乃安：《音乐学，请把目光投向人》，《中国音乐学》1991 年第 2 期，第 16 页。

[2] （民国）林霁秋：《泉南指谱重编》，上海文瑞楼书庄，礼部第 3 页。

此史实虽不可考，但南音人却是坚信不疑，而且在实际生活中，"官凉伞"（见图1，上绣御前清客）是每一馆阁的标配道具。因此，传说归传说，这份体面足以使南音人有了清高的依据和自信的本钱，久而久之，也慢慢形成了南音人的价值认同。

图1　2016年6月5日摄于晋江深沪

从生活现实来说，乐是一种技艺，习乐、玩乐都需要花费大量的时间和精力。在生活强烈依赖劳动力的年代，能够抽出大量时间玩南音的人，绝非一般人。不仅如此，还需要毅力，更需要财力，一个人如果连饭都吃不上，还哪来闲情心思玩南音。另外，购置一套南音乐器，也是一笔不小的费用。"玩"，绝对不是大家随口的轻描淡写，而是需要一定的物质条件基础。可以想见，在古时玩南音，那是一件很奢侈的事，也是很能体现一个人社会身份的事。

南音曲调悠长缓慢，以最小的"散曲"而论，唱完一曲，大概也需要五分钟，更不要谈演奏套曲、指套或者大谱[1]。这需要静心、定力才能细细品味南音之美，练习时如此，合奏时亦是如此。而考量南音乐人实力的标准之一，是看谁的肚子里装的曲目越多，谁就越有水平。此外，不管是主司乐器，还是演唱，都需具备一定的音乐天赋和审美情趣，如果五音不全，或是听力有障碍，即使是手把手教，也是学不好南音的。更谈不上他们追求"和"的至美境界，不仅要乐与乐和，还要达到乐与人和，这都依赖良好的音乐素养，才能配合默契，实现乐人合一的至高境界。

除音乐外，南音曲词也是极富文学造诣，有历史典故、戏曲本事、生活场景、自然风光和诗词歌赋等。而且，南音唱腔还特别强调必须使用"泉腔"古音，注重"韵头、韵腹、韵尾"的润腔方法。这一传统，不管南音传至哪里，始终没有改变，即使厦门和中国台湾闽南方音

---

[1]　南音的音乐类型分为指、曲和谱三种形式。指亦称指套，有唱词，现多不唱，一般做开场器乐曲；曲又称散曲，只用于演唱；谱又称大谱，是纯器乐曲。详细见后文"乐规"内容。

略有差异，但是唱南音仍用"泉腔"古音。因此，学习南音者，一撩一拍[1]、一字一韵都严遵师命，甚至连"气口"都不能随意马虎。如此，才能真正领会南音润腔和曲调风格，才能感受南音的极致魅力。难怪学南音的人常说："每一首曲子必须都要跟老师学，学过才能理解，没学过的，他们也听不懂。"

有一次笔者采访郑国权先生，谈及南音的历史和现状，他很肯定地说："南音是不会消失的！"的确，中国许多传统乐种，因遭"文化大革命"重创而衰败，乃至消失，南音却依然保存完整而未中断，已然是一种奇迹。一个最主要的原因是，南音乐人身上具有一种特有的品质——视南音为生命。正因为他们在非常时期，不惜失掉性命，也要极力保护南音的品格与精神，才有如今南音的枝繁叶茂。"文化大革命"期间，晋江丁世彬先生为了保护南音曲谱，爬烟囱才躲过一劫；又如石狮吴抱负先生，"'文化大革命'开始时'破四旧'，弦管也被列为横扫对象，大字报贴到门口来，他只好把新的曲谱上缴去，把旧的（手抄本《道光指谱》）秘藏起来"[2]。

还有"许多弦管人往往把'曲簿'视同生命，在过去那些兵荒马乱的非常岁月里，有人在床前挖地三尺，用油纸包裹，把'曲簿'深埋踏实。所有的弦管世家，都会把祖先留下来的'曲簿'奉为传家宝"[3]。正是许许多多冒着掉脑袋的风险，而只为保护南音曲簿的乐人，才有现今遍地而闻的南音。因喜欢而心生敬畏，因传承实践而生文化自觉，自感身负保护和传承南音的责任与使命，不愧师承，用生命去践行之。

南音技艺的传承，还有赖于另外一些人，那就是乐器制作的匠师们。技艺需借助乐器才能得以展现，不仅如此，南音乐器本身，就承载着很多文化内涵。南音乐器一般为手工制作，一刀一痕都具匠心，所谓匠心，即要精益求精。因为这些匠师们熟谙南音，平时也玩南音，他们也更渴望遇到知音，如此，才能让自己倾心制作的乐器拥有生命力。可以说，每一件乐器都赋灵性，只待遇见知音人，便有南音之美音。此外，闽南地区盛产一些硬木和竹子，可确保有充足的乐器制作原材料。

本文所说的南音爱好者，既是南音听众，又是对南音做出特殊贡献的人。历史上以及近现代，都不乏这样的人士，如前面传说南音进京面圣之事，就是得安溪湖头李光地[4]推荐玉成。还有一些华侨和当地富商，也对南音付出了很多的精力和财力，他们的无私奉献，在一定程度上确保了南音有开展社会活动的物质基础。这方面内容在后文"乐事"中还会穿插介绍，此不赘言。

---

[1] 南音中的节拍概念，类似戏曲中的眼和板。
[2] 泉州地方戏曲研究社编：《袖珍写本道光指谱·序》（石狮市玉湖吴抱负珍藏本），中国戏剧出版社2005年版，第14页。
[3] 同注[2]，第3页。
[4] 即李文贞，康熙九年进士，官至文渊阁大学士兼吏部尚书。

三、乐事

南音馆阁，是弦友们日常学习和交流的场所，现在多叫"南音社"，设有负责人，原称馆主，现谓社长。"南管馆阁实际属民间自发性成立的音乐团体，不同于政府部门所成立以传授知识为职责的学校教学单位[1]，其成立是随着社区的需要而产生，大抵可分为士绅阶层的休闲养生、基层民众的闲居娱乐、庙会习俗等因素。"[2] 据说，旧时在泉州地区，基本上是村村都有南音馆阁，且乐事频繁。

"文化大革命"期间，传统南音活动受限，大家就偷偷躲在某人的家里玩南音，若见有人来查，就不唱传统曲词，配以符合时局的新词来唱。因南音在生活中具有广泛影响力，加之来检查的人也喜欢南音，也就睁一只眼闭一只眼，对南音会适当手下留情。大家的表现，表面看是南音深受群众喜爱，而其内在根源，是泉州深厚的传统文化底蕴对人之影响，知道有所为，有所不为，不至于走极端。他们对传统文化心怀敬畏，反过来，也享受传统文化施于他们的恩惠，这在现今泉州社会的方方面面已经体现出来。

传统南音教学都是口传心授。师傅会根据各人条件和天赋差异而区分待之，有人专攻唱腔，有人专攻乐器，使各人都有一手强项。有些人因此而成为某个馆阁的顶梁柱，更是在整个南音界享有赞誉，如前面所说的丁世彬先生在世时被称为"南音第一箫"，吴彦造先生在世时享有"闽南第一弦"的美称。当然，全才者也比比皆是。

一般情况，大的馆阁都有一些技艺精湛的南音大师。一些刚成立的或者小一些的馆阁，每年定期邀请其他馆阁的南音大师来做"馆先生"，即"开馆"教唱弹奏南音，四个月为一馆。据说请馆先生来教，除却劳务费以外，日常还要管吃住，馆阁里还要购置几套乐器供大家学习，因此，开馆是一笔不小的开支，或是集体出资，或是前面所提到的这些华侨和富商资助。"访谈资料皆曰馆先生的待遇颇丰"[3]，但来学南音的人都是免费的，有些可能还可以拿到补助。

> 台湾振声社于三郊的时期，支付给工人的月薪是十元，如果工人于工作之余学南管，可获得十二元的月薪。亦即在经济富裕的馆阁，学南管不但不用束脩（指学生向老师学习时的学费），反能拿到津贴。这种情形也能见于目前的社会……[4]

---

[1] 泉州市南音乐团创立于 1960 年；泉州师范学院 2003 年第一次将南音作为一个专业方向引入本科教学。

[2] 吕锤宽：《南管音乐》，晨星出版有限公司 2011 年版，第 36-37 页。

[3] 同注 [2]，第 49 页。

[4] 同注 [3]。

馆先生的优厚待遇和社会地位，也能激励大家尽心学艺。对于那些学员来说，在没有过多娱乐活动和生活物资匮乏的年代，这是一个不小的诱惑，既可学艺，又可娱乐，还可挤入"上九流"的行列，一举三得，自然学的人也不在少数。

馆阁与馆阁之间有交流学习的活动，称之为"拜馆"，即馆阁之间互相拜会，两阁成员协同奏唱南音，交流切磋。如果是两馆之间"拼馆"的话，那就不是切磋交流了，而是要比拼技艺，一决高下，那就有点竞技的味道了。但不管是"拜馆"，还是"拼馆"，都可以促进弦友们学习进步，虽不对外，但也算小型的公开场合，没一定水平，相信脸面是挂不住的。

还有一些影响更广的社会活动，如菩萨寿诞日、婚丧嫁娶等。前面说过，南音乐人是不去献艺卖唱的，但对于菩萨寿诞日，他们都会义务参加，因为这是社区的集体活动，也是对集体出资免费学艺后的回报。活动当天，一般都会"搭锦棚"请南音乐人来整弦。这是大型的公开展演，近地弦友都会聚集而来，轮番演唱，还要遵循南音的接曲传统，以考验大家肚子里的曲量。这种场合，表面上看弦友们神情自若，内心里大家也是铆足了劲，拿出真功夫干的。

另外，比这个更激烈的是搭两个相对的锦棚唱"对台"，那真是要拼得你死我活。两个馆阁互拼，按照一定的传统（一般是按曲目排列的顺序）演唱，谁唱到最后无曲可接了算作输。据安溪陈世练先生介绍，他小时候看过一次，拼了几天几夜也没能比出胜负。在那样的时代背景下，学南音的人想不慢工细练都不行。

作为南音弦友及对南音做出特殊贡献的人，他们本人或亲人结婚、过世，南音乐人会无偿前去献唱弹奏南音，其他人的人生礼仪，南音乐人是不会去献艺的。结婚和丧事的曲子有些固定为用，结婚所唱的曲子内容和旋律一般较吉祥喜庆；反之，丧事所用之曲则比较哀怨。在丧葬仪式中，南音界有一个最高的祭祀礼仪叫"三奠酒"，只有德高望重的弦友，或是对南音事业做出巨大贡献的人去世，才能享此殊遇，接受南音乐人祭拜。这是一种互利行为，让参与南音传承和建设的人享受南音独有的礼遇，也是一种最直接有效的激励方式，大家都能看得见，且能实实在在受益。

南音馆阁每年春秋两季会举行"郎君祭"仪式，即祭祀南音乐神孟昶。"仪式包括祭祀郎君与先贤，于每年的春秋时节举行，分别称为春祭、秋祭，仪式完毕之后，照例都举行盛大的整弦演奏。……整弦的字面意为调理乐器的弦线，使彼此的音调调和，引申为正式且大型的南管演奏会。"[1] 祭祀郎君和先贤都有特定的演唱曲目，如《金炉宝篆》和《三奠酒》。弦友们通过祭祀郎君和先贤的仪式，获得群体的身份认同，唤起对先师授业的感激和崇敬之心而不忘自身传艺之责，增强馆阁凝聚力。

[1] 吕锤宽：《南管音乐》，晨星出版有限公司 2011 年版，第 57 页。

馆阁间的"拜馆"仪式，现在依然延续如故，而拼馆、唱对台的情形随时代变迁已不可见。如今，南音又形成了一种新的交流盛事，这便是"南音国际大会唱"。2015年11月2—3日，在永春举行了"第十一届南音国际大会唱"，由马来西亚华侨陈锡石先生全程赞助，笔者去采访时听闻整个活动花费了人民币一千多万元，足见陈先生对家乡、对南音的一片赤子之心。在新时代背景下，"南音国际大会唱"又被赋予了许多新的时代意义和历史使命，它超越了馆阁、地区和国界，超越了意识形态，没有矛盾、没有歧视、没有仇恨，会聚五湖四海的弦友"共一轮明月，唱百代乡音"。

四、乐谱

爱迪生发明留声机之前，世界上所有的音乐史应该说都是"哑巴史"。然而人们总是在寻找记录音乐的方式，记谱随之而生。记谱就是记录音乐的符号；记谱法则是记谱的方法，它蕴含着许多传统乐学理论。中国的记谱法历史久远，从文字谱、律吕字谱、减字谱、半字谱到工尺谱，经历一个不断完善、精确的过程。因此，有谱可依，加上严格的口传心授，并结合具体的乐器演奏实践，在一定程度上也就具有了记录和再现音乐的功能。

南音有一套很完整的记谱体系，称为"工乂"记谱法。它是一套固定唱名体系记谱法，其基本谱字为"乂、工、六、思、一"，以对应不同管门[1]的"宫、商、角、徵、羽"。在闽南方言中，"乂"和"尺"发音相近，"尺"字草书形式与"乂"字字形相似，另外，"工、六、思、一"皆能在工尺谱中找到对应发音的谱字，并且在谱字左边加单人旁以表高八度音的逻辑思维也一致。因此，我们有理由相信，"工乂谱"和"工尺谱"两者有密切联系，这绝非巧合，绝不能武断地说"工乂谱"独立自成体系，更不能为了抬高南音的历史地位，而刻意割裂与其他乐种之间的联系。至于"工乂谱"和"工尺谱"孰先孰后，还有待深入研究。

"工乂谱"是一种综合记谱，竖行排列，有曲词、工乂谱字、南音琵琶的弹奏指法和撩拍（节拍）符号（图2），因此，南音"工乂谱"也有琵琶"指骨谱"的称谓。相较于"工尺谱"，

图2　工尺谱和工乂谱

---

[1] 类似于"调门"，南音有四个管门，分别是五空管、四空管、贝思管和五空四乂管。

它更精确了各音符的时值，"工尺谱"只记板眼，各音符的时值是无法精确的，而"工乂谱"的琵琶指法明确了各音的时值，或者说，指法符号与节奏音型是等同的，从这一点来说，南音"工乂谱"是一种进步。

初学南音，"通常由馆先生口传心授，让学生熟读死背几套'指'（指套）的曲词和工乂谱，俗称'念嘴'"[1]。在学唱演奏的过程中，每首曲子都严格遵循工乂谱字、撩拍、琵琶指法、发音和润腔，这使得南音在流传过程中不易走样，即使远渡重洋，依然能够保持纯正的南音风格韵味。

南音"工乂谱"对于外人来说，犹如天书。但是对于南音乐人来说，乐谱是最直观、最有效的学习和交流依据，同时它也是一种规范，因此，各地弦友聚集在一起就能合奏。如果抛开因个体差异而呈现出润腔和弹奏风格的略有差异外，各地工乂谱所记录的曲调基本一致，否则"拜馆"和"南音国际大会唱"这些集体活动便无从谈起。因此，乐谱的重要性，就如街头红绿灯一样，使大家玩南音时了然于胸、井然有序，否则就乱了套，也就不会有今日统一之南音了。

如此观之，南音"工乂谱"不仅有效记录了南音的旋律形态，也促进了南音的传播和交流，不管南音传到哪里，只要弦友聚首，依然能够配合得天衣无缝。那么，乐谱不简简单单是一种记录和演奏音乐的规范，也是某些"乐事"得以开展的先决条件之一。

对于南音乐人而言，他们虽没受过学院的音乐理论训练，只是在师父手把手教的过程中，把音乐的观念和技艺随乐谱一起传承了下来，但是他们知道乐谱的重要性，因此他们不惜付出生命代价也要守护乐谱。他们深知，只要有人在、有谱在，南音的根就在。

五、乐规

乐规主要是指在南音日常行为中的文化禁忌或俗规。它是在特定文化语境中形成的一种行为准则，虽不是法律条文，但在一定程度上也具有行为约束力。因此，谁违反了乐规，就是对南音群体认同的破坏，一旦如此，就会遭受弦友的鄙视或排挤，渐渐地，他也就丧失了南音群体的归属感。南音乐规不仅含技艺规范与演奏之序，还有价值取向和道德评判。

泉州有海滨邹鲁之誉，崇尚孔孟之道，民风淳朴，文化底蕴深厚。前文介绍过南音的弦友们也是一些懂文识墨之士，家境殷实，相比一般人更懂忠孝廉耻。他们也很清高，不会为了生计去卖艺，在他们的观念里，那是"下九流"阶层的行为，属戏子们干的事。他们可是皇帝御封的"御

前清客"，因此，他们不会轻易去辱损这份荣耀而丢失这份自豪感。如果谁私下参加了营利性的活动，重则会被逐出师门或馆阁，从此就再也不会为大家所接受。

前文已述，南音乐人参加社会活动是有前提的，如菩萨寿诞日，或是弦友和对南音事业做出特殊贡献人的婚丧嫁娶，南音乐人才会前去献唱。但是，不管哪一类活动，"主事者"都需要特意来"请"以示尊敬。闽南地区来请南音乐人的传统礼节，需挑着茶叶、蜜饯、糕点和香烟等礼品，一是因为南音乐人去坐唱不收取报酬，主事者以示感谢，二是平时在馆阁里玩南音时供大家消遣，算是补充物资。2015年11月4日，笔者随百奇南音社的弦友们参加了一次丧葬仪式，让我很震撼，不仅是主家遣人挑着礼品来请，待南音社员们来到治丧地点时，鞭炮齐鸣，孝子孝女们身披孝服跪在路口磕头迎接。这阵势无异于古代帝王亲临，而且具体座位安排也很讲究，篇幅之因不述。

南音公开的正式整弦活动，也有特殊规定，不管是"拜馆"，还是其他活动，演奏顺序都要遵循先"起指"，后"唱曲"，再"和谱"的传统。演奏不同的音乐类型乐器编制也有差异，"曲"和"谱"是"上四管"的编制，正中间是执拍演唱者，唱"曲"时，可坐唱，可立唱，"谱"不唱，故执拍者单司撩拍。执拍者左手边依次是洞箫和二弦，右手边依次是南音琵琶和三弦，整体队形呈喇叭状而坐，这就是传统南音的"上四管"编制（图3），为丝竹乐器。"指"的演奏还要加上"下四管"乐器，有小叫、双铃、四宝和响盏，为打击乐器，再加拍和嗳仔（小唢呐）就是"十音"（图4）。"指"根据使用嗳仔还是品箫（笛子）的不同，又有"嗳仔指"和"箫指"之分。传统演奏顺序一般是先奏"嗳仔指"，后接"箫指"，规定管门，然后唱"曲"，最后"和谱"，因此，南音整弦顺序有"起指煞谱"之说。

图3 传统南音的"上四管"编制

图4 加上"下四管"乐器的"十音"

乐器演奏和演唱也有许多禁忌。例如，洞箫，传统洞箫演奏持箫姿势要求左手在上，右手在下，左上右下，大概是受传统文化左手为尊的观念影响。另外，也确保与所有"上四管"南音乐器演奏姿势相一致。并且，南音琵琶和洞箫的演奏，传统的左手演奏指法有"中指禁忌"一说，即在乐器演奏时不能使用"中指"按孔或触弦。关于中指禁忌，晋江苏统谋先生认为洞箫中指乃为"撩须而用";丁旭珊同学则认为琵琶和洞箫不用中指,是因为琵琶和洞箫用中指演奏时,与左手持乐器固定指"大拇指"形成佛手之势,故禁忌不用。笔者以为,琵琶和洞箫不用中指由乐器自身因素所致,因南音几个管门常用音就于琵琶品位,以及洞箫孔距,食指和无名指是很自然的应用。

唱腔方面也有许多要求,如前文所述,唱曲必须要使用泉州方言古韵(泉腔),而且还要特别强调韵头、韵腹和韵尾的做韵方法。据陈恩慧老师介绍:"南音润腔还有'贯'和'折'的特殊要求,它们对应南音琵琶'点、挑、甲'的演奏指法,'贯'要求'点、挑、甲'三音一气呵成,中间无气口;'折'需在'点'之后换气,再紧接'挑、甲'的演唱方法。"如此注重,是为了要强调南音演唱的"顿"与"挫",尽显南音古朴的韵味。中国台湾林伯姬教授说:"不仅是在唱曲,老先生们一开始在教'唱谱'和'念嘴'时,就要把顿挫的韵味表现出来。"

南音乐规还有许多,此不一一介绍。乐规是南音文化圈一些特殊的行为要求和习俗约定,是南音在传衍过程中不断形成的一套评判体系。如果谁违反了乐规,就会遭弦友轻视或排挤,相信谁都不愿意在社会上遭人非议而不容。因此,乐规是一种无形的约束力,它约束了"乐人"之行为、"乐事"之规制、"乐谱"之唱奏,这在一定程度上维系了南音的统一、纯正和稳定传承。

六、余论

南音今之样态和格局,是不同历史时空下某些南音乐人和特定文化生态不断调试、融合的结果;或者说,南音的传衍是赖以某些特殊修养的南音乐人,在特定的文化生态内而实现。上文所讲的乐人、乐事、乐谱和乐规等几个方面,是"南音文化生态"的重要因素,它们之间彼此联结又相互制约,一并为南音的传衍提供了保障。除此之外,还受地理、政治等因素的影响,篇幅关系不细说。

文化生态是一个有机的整体,各文化因素之间紧密相连,其中一个因素的改变会导致其他方面的连锁反应。从文化生态的整体视角来把握,有助于我们更清楚地认识文化的内涵。从事物发展规律来看,"变"是万物发展的规律,大家今日所见许多传统已然不完全是过去的传统了,它已随时代的变化而变化。因此,对待传统就不是去争论对它原封不动的保护,还是创新发展,而是应该来思考,在什么层面可以延续传统之精髓,在哪些方面可以创新融入新的时代生活而为人所用。因为当今社会日新月异,传统的生存土壤和空间都已改变,人们对传统的价值和观念也随之而变。

从历史上的演变过程到现存的音乐实际，中国传统音乐都不是一个狭隘的、全封闭的文化系统。它是在不断地流动、吸收、融合和变异中延续着艺术生命的。同时，它又穿过无数岩石与坚冰的封锁，经历过种种失传威胁，才得以流传至今。[1]

南音，它也不完全是过去的南音了，除乐谱相对稳定外，乐人、乐事和乐规为适应时代或多或少都已有所改变。从南音生存现状来看，不管是对它的传统保护，还是商业化转型利用，不管是教学进校园，还是新剧目的创作，不管是资料整理研究，还是社会活动的开展，南音人都做了许多积极探索，笔者将其称为"南音新传承模式"。目前观之，"南音新传承模式"可以说是走在了其他传统乐种的前头。但我们还是应该不断地从"南音文化生态"整体来考量，否则过犹不及，都有可能将南音弄得面目全非。

"南音新传承模式"可以给许多传统乐种的"遗产保护工作"一些启示。泉州是一个传统文化底蕴很深厚的地方，又是经济很发达的现代城市，因此，泉州既很传统又很现代，这也是它独有的文化生态环境所致。对于其他地方乐种而言，如何充分认识本地区的历史传统和文化生态环境，差异化地落实"遗产保护工作"就非常重要，否则就是架空、脱离实际地去谈保护。如一些传统乐种，它们需要依赖社会的民俗活动才能得以生存，如果从地方政策上对这些民俗活动加以禁止，那么其文化观念、价值、内涵、行为等也会随之消失，实际上也就间接地加快了这些传统乐种的消亡。

另外，也需要足够重视"物质遗产"的保护。文化生态是一个有机的整体，"非物质文化遗产"不仅依赖于人，还有赖于其他"物质遗产"的承载。以南音洞箫为例，传统南音洞箫的制作竹材非常讲究，取材一定要"十目九节"，且一节能开两孔，还要符合音高要求，因此，南音洞箫对制作材料，要求非常苛刻。有些人或许会说只要"人"在，传统的技艺就不会丢失，可以用其他的材料来替代。其实不然，不完全是因为传统洞箫制作材料稀有而富有价值，而是"十目九节"的特殊文化内涵和工匠技艺也会随着材料的替代而消失。

总之，不管是对传统文化遗产的保护，还是再利用，都需要从各时代、各区域的整体"文化生态"特殊性来考虑，需要对各因素做针对性的分析。传统也总是某个特定时空"文化生态"下的产物和现象，今日我们所诟病的文化现象，或许将来也会成为某个特殊时空内的传统。历史只会尊重文化持有者自己的选择！

---

[1] 黄翔鹏：《论中国传统音乐的保存和发展》，《中国音乐学》1987 年第 4 期，第 4 页。

"一带一路"文化艺术交流的双视角研究

郑长铃 / 中国艺术研究院研究员

陈宇峰 / 中国艺术研究院研究生院在读硕士研究生

黄欣 / 宁德师范学院助理教授

一、题解

"双视角"研究理论是一种以人类的文化现象为研究对象的研究方法，最初由美国的语言学家肯尼斯·派克[1]于1947年提出，并于1954年在其出版的《论语言与人类行为的统一原理》[2]一书中系统阐释。该理论要求研究者在观察文化事象时，同时以"局内人"和"局外人"两个身份来考察。也就是说，既要以"局内人"的身份视角深入文化事象内部，去直观地感受和体验；也要以"局外人"的身份视角跳出该文化事象，站在一定的高度去重新审视它。

在民族音乐学研究中，这种"双视角"研究方法又被称为"音乐文化的双视角观照"。该研究方法的核心就是兼具"局内人"与"局外人"两种视角方法去观察研究对象，以便得出科学、全面的结论。

站在不同的视角去观察事物，得到的结论可能不尽相同。如面对饺子的时候，欧美研究者以"局外人"的视角审视它，中国研究者以"局内人"的视角考察它，得到的结论可能是截然不同的。前者对饺子的认知更倾向于"饺子是一种食物"的角度，而后者则偏重于其作为中国文化重要符号背后的文化意义。同理，当面对汉堡、薯条这些从西方舶来的"洋快餐"时，中外研究者的认知也会是截然不同的。因此，只有兼顾"局内人"和"局外人"两个视角，才能客观、公正、平等地看待"异族"文化和"我族"文化，才能真正理解文化事象的意义，从而得出较为客观、全面的结论。

如今，"双视角"研究理念已成为语言学、人类学、民族音乐学等学科领域的重要研究理论。需要强调的是，本文提及的"双视角"并非完全意义上的人类学或民族音乐学中的"双视角"概念，只是笔者借用了"双视角"研究之理念与方法——在观察文化事象时，虽不能同时兼具"局内人"

---

[1]　Kenneth L.Pike（1912–2000）.

[2]　Kenneth L. Pike, *Language in Relation to a Unified Theory of the Structure of Human Behavior*, Berlin：Walter de Gruyter GmbH& Co.KG, 1967.

和"局外人"的双重身份,但可以通过多维度的内、外视角,从不同层面去观察研究文化艺术事象。

二、"一带一路"的回顾与展望

(一)"一带一路"概念的提出

"一带一路"全称"丝绸之路经济带和 21 世纪海上丝绸之路",最早由中国国家主席习近平于 2013 年提出。2013 年 9 月 7 日,习近平主席在访问哈萨克斯坦时,发表了题为《弘扬人民友谊 共创美好未来》的重要演讲,首次提出共建"丝绸之路经济带"的宏伟愿景;同年 10 月 3 日,习近平主席访问印度尼西亚,发表题为《携手建设中国—东盟命运共同体》的讲话,进一步提出推进丝路精神由陆至海的伟大倡议。

2015 年 3 月,经国务院授权,由国家发展改革委、外交部、商务部联合发布《推动共建丝绸之路经济带和 21 世纪海上丝绸之路的愿景与行动》(以下简称《愿景》)。《愿景》指出,"一带一路"贯穿亚欧非大陆,一头是活跃的东亚经济圈,一头是发达的欧洲经济圈,中间广大腹地国家经济发展潜力巨大。丝绸之路经济带重点畅通中国经中亚、俄罗斯至欧洲(波罗的海);中国经中亚、西亚至波斯湾、地中海;中国至东南亚、南亚、印度洋。21 世纪海上丝绸之路重点方向是从中国沿海港口过南海到印度洋,延伸至欧洲;从中国沿海港口过南海到南太平洋。

这些贯穿于亚洲、欧洲和非洲大陆,连接着几大经济圈的经济带,正是在古代陆上丝绸之路和海上丝绸之路的基础之上形成的。而无论是陆上丝绸之路还是海上丝绸之路沿线,都有着大量珍贵的文化遗产留存,因此,在分析"一带一路"文化艺术交流时,笔者引入了"文化线路"这一概念。

1993 年圣地亚哥线路被列为《世界遗产名录》,这应该是"文化线路"这一概念最早被提出。2008 年 10 月 4 日,第 16 届国际古迹遗址理事会大会正式通过了《关于文化线路的国际古迹遗址理事会宪章》,该宪章的通过标志着"文化路线"正式成为一项新的文化遗产类型。"作为遗产类别,'文化线路'是文化交流与传播的动态特点的结果,它们是人类造就的或使用的、有特定的具体目标的历史环境。所以,'文化线路'中的遗产,展示的是具体和特有目的的人的流动和交换的具体现象。它们不仅包括促进其流动的有形线路(到目前为止,仅为有形线路),而且还包括线路中物质和非物质的文化实体和文化价值。这些遗存与其具体目的和历史功能相伴共生。"[1]

---

[1] 丁援:《文化线路:有形与无形之间》,东南大学出版社 2011 年版,第 8-9 页。

"文化线路是指在一定时期内，随着不同人群在一定空间（线性或非线性）上产生的具有目的性的流动交往行为，继而在产生了跨文化碰撞与整合作用的同时，于有形和无形遗产基础上，以文化传播或文化涵化的显形或者隐形的路径为线索，形成的具有一定类型特征的文化意象和遗产保护、城乡规划的视角。"[1]

（二）陆上丝绸之路的历史与回顾

"丝绸之路"一词，最早由德国地理学家、地质学家费尔迪南·冯·李希霍芬[2]提出，李希霍芬于19世纪末在其著作《中国——亲身旅行的成果和以之为根据的研究》[3]中首次使用Seidenstrasse（"丝绸之路"）这个德文词汇。丝绸之路有广义和狭义之分。狭义的"丝绸之路"指相对于"海上丝绸之路"而言的"陆上丝绸之路"，而广义的"丝绸之路"是"陆上丝绸之路"与"海上丝绸之路"的合称。本文中所提到的"丝绸之路"均为狭义的"陆上丝绸之路"概念。

关于丝绸之路的开拓，学界目前认为其最早可溯源到远古年代的河西走廊。河西走廊地处蒙古高原和青藏高原之间，"东起乌鞘岭北面的古浪峡，经武威、张掖、酒泉，到最西面的敦煌玉门关，总面积约十万平方公里"[4]，宛若一道狭长的走廊，故而得名。

西汉初年，匈奴对西北边疆地区的侵扰，不仅使西北边疆地区灾祸不断、生灵涂炭，也严重威胁到了汉都长安的安全。汉武帝时期，为了联合西域共御匈奴，遂派张骞出使西域。虽然张骞未能顺利完成使命，但却探明了西域的情况，开阔了汉朝对西域的认识，也促成了汉武帝通西域的决定。为了更好地抵御匈奴侵扰，汉朝在河西地区设立酒泉、张掖、敦煌和武威四郡。四郡的设立捍卫和巩固了西北边疆的安全，逐渐成为维护和保障使臣出使西域的重镇。

汉朝和西域通使，使河西地区成为连接汉与西域的重要通道。政治的稳定、经济贸易的发展，大大促进了中西方的经济文化交流。西域将棉花、葡萄、胡桃等农作物传入中国的同时，也带来了西域的良马，大大提升了中国骑兵的作战能力。而中国的印刷术、火药、造纸术、指南针、金属冶铸、穿井技术、瓷器、丝绸等也经由此路传至西方，尤其是丝绸等丝织品源源不断地销往中亚和欧洲，"丝绸之路"因此得名。

丝绸之路的兴起带动了经贸的繁荣，据《资治通鉴》卷二百一十六《唐纪》三十二记载：

---

[1] 丁援：《文化线路：有形与无形之间》，东南大学出版社2011年版，第104页。

[2] Ferdinand von Richthofen（1833-1905）.

[3] Ferdinand von Richthofen, *China: Ergebnisse Eigener Reisen and Darauf Gegrundeter Studien*, Berlin: Verlag von Dietrich Reimer, 1877.

[4] 翟宛华：《试述西汉对河西的开发》，原载《兰州学刊》1985年第6期，收录于甘肃省社会科学学会联合会、甘肃省图书馆编：《丝绸之路文献叙录》，兰州大学出版社1989年版，第2-3页。

是时中国盛强，自安远门西尽唐境几万二千里，闾阎相望，桑麻翳野，天下称富庶者无如陇右。翰每遣使入奏，常乘白橐驼，日驰五百里。[1]

丝绸之路的繁荣在促进经贸交流的同时，也大大促进了中西方文化艺术的交流。西域的音乐、舞蹈、宗教艺术等沿着这条路传到了中国；与此同时，中国的音乐、儒家思想等也传到了西方。

"文化的交流实际上是各民族在各种形式的交流中相互影响，并分别做出各自贡献的过程。"[2] 这一点，尤其表现在丝绸之路沿线地域的文化上：这些文化，既受到了来自中原文明的因素影响，同时又有着来自印度、中亚、西亚文明的影子。

中华民族在与外国文化交流的过程中，不断吸收外来文化，从而形成具有本民族特点的新文化。西北地区的石窟艺术就是典型的例子："像面安详，双目微闭，鼻梁直通额际，发呈波状等。其中最重要的特征是，衣褶用醒目的凸线表示，从身体凸出部位下垂，优美自然，既表现出衣物的质感，又显露出身体轮廓。这种犍陀罗风格，是古代东西方两大艺术体系相互影响的证明。"[3]

这种中西方文化的相互影响，既不是传统意义上的谁替代了谁，也不是完全意义的一律兼收并蓄，而是从外来文化中多角度、多方面地吸收自己需要的部分，汲取有利于自身文化发展的营养，从而在文化交流的基础上，促进文化繁荣。

（三）海上丝绸之路的历史与回顾

"海上丝绸之路"一词，最早是由日本学者三杉隆敏于 1968 年在其著作《中国瓷器之旅：探索海上的丝绸之路》[4] 一书中提出，取代了之前的"陶瓷之路"。

作为中国古代与外国交通、交流的另一条重要通道，海上丝绸之路一般被认为形成于秦汉时期。西汉时期陆上丝绸之路的形成促进了西北边疆地区的发展，但是到了新莽时期，由于西域诸王与新朝中断关系，致使中西方陆路交通受到阻碍，促使海路进一步发展。

海上丝绸之路主要分为东海航线和南海航线两部分：

东海航线是指经由黄海、东海的海路，最终抵达日本、韩国、朝鲜等国的线路。最早可以追溯至周武王派遣箕子东渡朝鲜，传授养蚕织作。到了秦始皇时期，派徐福率童男童女东

---

[1] （宋）司马光：《资治通鉴》卷二百一十六《唐纪》三十二（753）中华书局 2013 年版，第 9 册，第 5789 页。

[2] 张广达：《论隋唐时期中原与西域文化交流的几个特点》，原载《北京大学学报》（哲学社会科学版）1985 年第 4 期，收录于《丝绸之路文献叙录》，兰州大学出版社 1989 年版，第 299-300 页。

[3] 王冀青：《古代和田派美术初探》，原载《敦煌学辑刊》1984 年第 2 期，收录于《丝绸之路文献叙录》，兰州大学出版社 1989 年版，第 309-310 页。

[4] [日]三杉隆敏：《中国磁器之旅：探索海上的丝绸之路》，东洋印刷株式会社 1977 年版。

渡日本，并传播养蚕织作。这是海上丝绸之路东海航线的早期形成。

而南海航线是指以徐闻 [1]、合浦 [2]、广州、泉州为起点，经南海到达东南亚各国，并逐渐延伸至印度洋、波斯湾甚至非洲大陆的这条线路。在后文中，笔者提及并着重阐述的"海上丝绸之路"即此条航线。

《汉书·地理志》记载：

> 自日南障塞 [3]、徐闻、合浦船行可五月，有都元国；又船行可四月，有邑卢没国；又船行可二十余日，有谌离国；步行可十余日，有夫甘都卢国。自夫甘都卢国船行可二月余，有黄支国，民俗略与珠崖相类。其州广大，户口多，多异物，自武帝以来皆献见。有译长，属黄门，与应募者俱入海市明珠、璧流离、奇石异物，赍黄金、杂缯而往。所至国皆禀食为耦，蛮夷贾船，转送致之。亦利交易，剽杀人。又苦逢风波溺死，不者数年来还。大珠至围二寸以下。平帝元始中，王莽辅政，欲耀威德，厚遗黄支王，令遣使献生犀牛。自黄支船行可八月，到皮宗；船行可二月，到日南象林界云。黄支之南，有已程不国，汉之译使自此还矣。 [4]

《后汉书》卷三十三《郑弘传》记载：

> 建初八年 [5]，代郑众为大司农。旧交趾七郡 [6] 贡献转运，皆从东冶 [7] 泛海而至，风波艰阻，沉溺相系。弘奏开零陵、桂阳峤道，于是夷通，至今遂为常路。 [8]

隋唐时期，西域的战乱再一次阻断了陆上丝绸之路，海上丝绸之路借此再次兴起。到了两宋时期，由于政治中心的南移，加之造船和航海技术的不断进步，使海上丝绸之路彻底取代陆上丝绸之路，成了我国与外国交流的重要通道。此时的福建泉州因为充分发挥其挟南北两路对外交通之利的地理优越性，成为东南沿海诸港口无法匹敌的"东方第一大港"。

---

[1] 今广东省湛江市徐闻县。

[2] 今广西壮族自治区北海市合浦县。

[3] 今越南顺化附近。

[4] （汉）班固：《汉书·地理志》，转引自上海师范大学古籍整理研究所整理：《汉书补注》，上海古籍出版社 2012 年版，第 6 册，第 2857-2858 页。

[5] 公元 83 年。

[6] 七郡，即交趾（今越南北部红河流域）、九真（今越南中部）、日南（今越南中部）、苍梧（今广西壮族自治区梧州市）、南海（今广东省）、郁林（今广西壮族自治区贵港市）和合浦。

[7] 今福建省福州市。

[8] （南宋）范晔：《后汉书》卷三十三《郑弘传》第 4 册，中华书局 1965 年版，第 1156 页。

据吴自牧的《梦粱录》记载：

> 若欲船泛外国买卖，则自泉州便可出洋……若有出洋，即从泉州港口至岱屿门，便可放洋过海，泛往外国也。[1]

这一时期的海上贸易，除了向海外运送丝绸之外，还向海外输出大量的瓷器，如泉州德化的瓷器、福建北部建窑的瓷器、浙江的处州窑[2]瓷器、江西的景德镇瓷器等。因此，这一时期的海上丝绸之路也被称作"海上瓷器之路"。

明代初期，为了巩固统治，明政府采取了"休养生息"的政策。"海禁"下的朝贡贸易成了当时的对外贸易政策，虽然严禁私人出海，但是以郑和下西洋为代表的朝贡贸易，无疑使海上丝绸之路发展到了巅峰。从明永乐三年（1405 年）至明宣德八年（1433 年）的 28 年里，郑和率领船队七下西洋，先后到达的国家多达 30 多个，在进行经贸交流的同时，也极大地促进了中外文化的交流。

（四）"一带一路"研究中的问题与思考

文化的传播总是相互的，无论是陆上丝绸之路还是海上丝绸之路，当大量海外文化传入中国的同时，中国的大量优秀文化也得以输出海外。但是，在现阶段的相关研究中，不难发现研究的重点偏向于文化的向内传播，即在通过"陆丝"（陆上丝绸之路）和"海丝"（海上丝绸之路）传入中国的文化；而中国文化通过"陆丝"和"海丝"的向外传播，却是当今研究之中的弱项。如《2016 "一带一路"文化遗产国际学术研讨会论文集》[3]中共收录论文63 篇，其中收录中国大陆学者论文 55 篇，中国台湾学者论文 3 篇，海外学者论文 5 篇。而在 55 篇中国大陆学者的论文中，对传至海外的中华文化存续现状研究的论文仅有 5 篇。因此，在"一带一路"文化艺术相关研究的过程中，我们要秉持内外兼顾的"双视角"理念，即在研究西方文化向内输入的交流和传播的同时，也要兼顾中华文化向外输出的交流和传播。

与此同时，即使是在"双视角"的理念下研究"一带一路"文化艺术的相关问题，也不能将陆上丝绸之路和海上丝绸之路割裂来研究。就丝绸之路只研究"陆丝"的相关问题或者是就海上丝绸之路而只研究"海丝"的相关问题，难免会出现研究过于片面的弊端。因此，善于发现其中的联系，将陆上丝绸之路和海上丝绸之路连成一个整体未尝不是一种新的尝试。

"陆上丝绸之路的起点认定为洛阳，同时也是中国大运河上一个重要城市，而大运河的终点

---

[1] （南宋）吴自牧：《梦粱录》，转引自陈建中、陈冬珑：《德化瓷》，浙江人民出版社 2009 年版，第 75 页。

[2] 今浙江龙泉窑。

[3] 郑长铃、王珊主编：《2016 "一带一路"文化遗产国际学术研讨会论文集》，文化艺术出版社 2017 年版。

业已认定为宁波，与海上丝绸之路连接起来。就此，形成了一条由丝绸之路和大运河连接而成的中国古代与世界交流的大通道。"[1] 这条大通道不但将陆上丝绸之路和海上丝绸之路连为一体，同时也促进了国内文化的交流、传播与融合。这便是本文"双视角"研究中的内部视角研究，即在研究"一带一路"文化艺术由外向内和由内向外的双向研究的同时，也要关注到两条"丝路"内部的联系。

三、"一带一路"视域下的京杭大运河

京杭大运河最早起源于吴王夫差时期开凿的"邗沟"，后在邗沟的基础上逐步向南北两侧延长，成为了今天的大运河。

吴王夫差于周敬王二十五年（前 495 年）即位，直至周元王三年（前 473 年）去世，在位 22 年间，筑邗城、开邗沟、破越败齐、开发长江下游一带，逐渐成为春秋末期的一位霸主。为了北上伐齐，他下命从扬州到淮安开凿一条沟通长江和淮河的运河——邗沟。

清乾隆《淮安府志》中记载：

> 春秋时，吴将伐齐，与邗江筑成穿沟，曰渠水。首受江于江都县，县城临江；北至射阳入湖。杜预云：自射阳西北至末口入淮，通运道。其水乃自南而北，非自北入南也。[2]

到了隋朝，统治者为方便调兵及沟通南北漕运，在前代运河的基础上加深和拓宽，同时开凿一些新的运河，并将它们与之前的运河连接起来，一条贯穿中国南北的大运河由此形成。这条大运河西达长安，北至涿郡[3]，南到余杭[4]，总长 2000 多公里，将黄河、海河、长江、淮河和钱塘江五大流域连为一体，形成了以政治中心长安、洛阳为轴心，向东北、东南辐射的水运网络。不但实现了统治者最初调兵和漕运的目的，也加强了南北的联系。

在大运河尚未贯通南北之前，我国的文化发展呈现出来的一直都是北强南弱的不平衡局面。从商周时期开始，中国的文化中心就一直在北方的黄河流域。到了西汉时期，随着丝绸之路的不断繁荣，西北地区的文化得到进一步的发展。隋唐时期，大运河的贯通加速了文化中心由北向南迁移的进程。直至两宋，文化中心由北方的黄河流域南移至江淮流域，并最终

---

[1] 陶枫：《大运河，连世界为一体》，《光明日报》2011 年 1 月 4 日。

[2] （清）《淮安府志》卷六《运河志》，转引自朱偰：《大运河的变迁》，江苏人民出版社 2017 年版，第 7 页。

[3] 今北京市。

[4] 今浙江省杭州市。

移向长江以南。可见，大运河的开通对南北方文化的交流和平衡起到了推动作用。而艺术作为文化最直观的表象，是南北方文化传播、交融与互动的生动体现。

"大运河这条交通和经济的大动脉，把古代中国北方的政治军事重心与南方的经济重心联系起来；把西北关陇军事重镇与江南财富紧密联系在一起"[1]；同时，把陆上丝绸之路与海上丝绸之路也连成了一个整体。更值得一提的是，大运河也为中原人南迁东移提供了可能。无论是西晋时期的"永嘉之乱"、唐中后期的"安史之乱"，还是北宋时期的"靖康之乱"，历史上每一次大动乱都会导致人口的大规模迁移，而在每一次大规模迁移中，水运都起到了不可忽视的作用。而在这一次次人口迁移的过程中，文化艺术也得以"艺随人走"。从隋唐到两宋，政治中心沿着运河逐步从西北移向东南，而中原的乐舞也通过同样的路线，传播至东南地区。同时，正如前文所述，文化艺术的交流与传播总是相互的，中原文化传至江南的同时，南方的文化也得以传到了西北。随着运河的走势，文化艺术的传播和交流也呈现出了自北向南、自南向北的双向传播的局面。

在促进区域间文化交流的同时，大运河的开通也促进了沿线城市的崛起，市井的繁荣促使那些从中原传来的宫廷文化艺术逐渐走向民间。而这些走入民间得以发展和"再创造"的文化艺术，又可能在特定的条件下重新回到宫廷，这就造成了文化艺术交流、传播过程中的一个循环。与此同时，那些沿丝绸之路从西域传来的文化艺术，经过与中原文化的交流和融合，早已形成一种新的文化表现形式，这种新的文化表现形式，也通过大运河传播至东南地区，得以生根发芽，开花结果。而随着海上丝绸之路的兴起和繁荣，这些文化艺术也可能重新传播回海外，造成文化艺术交流、传播过程中的另一个循环。这两个循环能够成为可能，京杭大运河的开通功不可没。

上述两种循环的发现，正是由于在研究"一带一路"文化艺术传播问题的过程中秉持了"双视角"的研究理念，即从外部和内部两个维度去观察文化事象、思考相关问题。

四、总结

无论是今天所倡导的"一带一路"，还是历史上客观存在的陆上丝绸之路和海上丝绸之路，都在加深经贸往来的基础上，促进人类文明的交流，推动人与人之间精神上的沟通和心灵上的碰撞。而在这个过程中沉淀至今的沿线国家的非物质文化遗产，正是在这条大的文化线路

---

[1] 王宁宁：《从隋唐大运河视角俯瞰——古代政治文化中心东移与乐舞形态格局嬗变》，载郑长铃、王珊主编：《2016"一带一路"文化遗产国际学术研讨会论文集》，文化艺术出版社 2017 年版，第 496 页。

中与历代民众生活最为密切相关的生产、生活实践。

中国自古以来，就有着求同存异、和谐共存的"和而不同"的价值理念，以及超越国家和民族的"天下大同"的历史责任感。2012 年，党的十八大报告中明确指出："要倡导人类命运共同体意识，在追求本国利益时兼顾他国合理关切，在谋求本国发展中促进各国共同发展。"[1]

在新时代的背景下，"'一带一路'建设承载着促进沿线国家经济繁荣、加强不同文明交流互鉴、促进世界和平发展的使命，从时代潮流、历史地理禀赋、现实需求、沿线国家人心聚合等因素来看可谓恰逢其时、充满机遇"[2]。而新时代的文化"丝绸之路"，不但可以促进经济贸易的交流和发展，更能凸显文化的交流，从而进一步推动人类命运共同体的建设。今天，在推动"一带一路"文化艺术交流时，我们不仅要以史为鉴、继承传统，更要结合今天的时代特点，加大力度讲好中国故事，做好相关的研究，从而更好地促进民心相通，进一步推动"一带一路"建设。与此同时，我们也要涵化外来文化，取其精华、洋为中用，以便更好地促进我们的发展、推动世界文明的交流。

参考文献

1. Kenneth L.Pike, *Language in Relation to a Unified Theory of the Structure of Human Behavior*, Berlin: Walter de Gruyter GmbH & Co.KG, 1967 .

2. （宋）范晔撰，（唐）李贤等注：《后汉书》，中华书局 1965 年版。

3. 甘肃省社会科学学会联合会、甘肃省图书馆编：《丝绸之路文献叙录》，兰州大学出版社 1989 年版。

4. 邹逸麟：《中国历史地理概述》，福建人民出版社 1999 年版。

5. 陈建中、陈冬珑：《德化瓷》，浙江人民出版社 2009 年版。

6. 丁援：《文化线路：有形与无形之间》，东南大学出版社 2011 年版。

7. （汉）班固撰，（清）王先谦补注，上海师范大学古籍整理研究所整理：《汉书补注》，上海古籍出版社 2012 年版。

8. （宋）司马光编著，（元）胡三省音注：《资治通鉴》，中华书局 2013 年版。

9. 谢安良：《丝路听潮：海上丝绸之路文化》，宁波出版社 2014 年版。

10. 卢承圣：《辉煌灿烂的福建"海丝"文化》，海峡文艺出版社 2016 年版。

11. 陈岳、蒲俜：《构建人类命运共同体》，中国人民大学出版社 2017 年版。

12. 郑长铃、王珊主编：《2016"一带一路"文化遗产国际学术研讨会论文集》，文化艺术出版社 2017 年版。

13. 朱偰：《大运河的变迁》，江苏人民出版社 2017 年版。

14. 陶枫：《大运河，连世界为一体》，《光明日报》2011 年 1 月 4 日。

15. 《坚定不移沿着中国特色社会主义道路前进 为全面建成小康社会而奋斗——在中国共产党第十八次全国代表大会上的报告》，《人民日报》2012 年 11 月 18 日。

---

[1] 《坚定不移沿着中国特色社会主义道路前进 为全面建成小康社会而奋斗——在中国共产党第十八次全国代表大会上的报告》，《人民日报》2012 年 11 月 18 日。

[2] 陈岳、蒲俜：《构建人类命运共同体》，中国人民大学出版社 2017 年版，第 119 页。

乌中文化关系

Saida Kasymkhodjaeva / 乌兹别克斯坦国立音乐学院音乐历史和评论系主任

乌中艺术关系的历史可以追溯到公元后最初几个世纪。佛教文化从印度北部到中国的传播路线经过了现乌兹别克斯坦南部地区，吸收了当地佛教图像和音乐的部分特征。公元5世纪，乌兹别克古商人和朝圣者为东突厥带来了一种新宗教——摩尼教，该教以赞美诗和圣歌著称。受伊斯兰教传播影响，乌兹别克斯坦和中国西部地区在共同艺术和音乐传统作用下形成了一个文化圈。苏菲舞和动听音乐的结合，对本地歌曲和乐器传统都产生了深远影响。

本报告将重点讨论乌兹别克斯坦和中国的文化联系。作者研究了多个世纪的历史资料，虽然不够详尽，但是试图在此基础上分析乌中两国音乐文化的平行发展经历，确定它们的异同点。

本报告的目的

——明确乌中文化联系的历史起源背景。

——明确20世纪某些领域的持续发展情况，如音乐教育问题，欧洲传统音乐思想和新音乐思想的联系。

——为21世纪的进一步发展提供部分基础信息，如节日、文化庆典和会议等信息。

——概括乌中两国文化关系的未来趋势。

本话题的事实依据是，当今世界的融合、不同文化的交流和沟通方式都得到了发展。每种艺术现象都建立在过去经历和现有传统基础之上。分析每种艺术现象，文化的总体发展方向，内部的各种联系，都可以帮助我们认识艺术的完整性。

乌兹别克音乐著名研究专家娜塔莉亚·所罗门诺夫娜·扬诺夫·扬诺夫斯卡娅（Natalia Solomonovna Yanov-Yanovskaya）博士认为，"每位艺术家都知道，他是站在前人肩膀上的，同时他也是他人传统的继承者"。

通过跟踪东方音乐艺术的实际发展，扬诺夫斯卡娅（N. Yanov-Yanovskaya）发现，"跨文本交流不仅可以是垂直的，也可以是水平的"，这不仅可以帮助你了解不同时代的跨文本关系，还可以了解不同文明、文化、元系统音乐思维（单调－复调）之间的跨文本交流。"

不同时代的联系在受"伟大丝绸之路"等现象"涵盖"影响的国家尤为明显。丝绸之路是从公元前2世纪至今一直延续的一条"通道"，它是思想的催化剂，激励着人们在文化和科技领域不断探索前进。本文对此问题给予了高度关注。

从历史角度来看，丝绸之路中最长和最繁忙的一段位于中亚国家境内。这条贸易通道成为东西方交流的主动脉。多个世纪以来，这条动脉不仅运送了大量货物，还承担着文化、科学、技术和宗教交流的纽带作用。历史上，中亚地区的东部是中国和印度，南部是波斯和阿拉伯半岛，西部是欧洲，北部是伏尔加河和西伯利亚，包括乌兹别克斯坦现有版图，两千年来始终位于世界贸易通道的十字路口。信息交流直接影响到音乐文化。受西方音乐家的影响，公元2世纪，中国外交家张骞访问了丝绸之路沿线的中亚国家。音乐、舞蹈、乐器、艺术，通过皇家通婚、外交礼物和其他方式进入中国。从历史记载我们知道，在公元6世纪和7世纪，索格丁纳音乐家在中国特别受欢迎，特别是来自安戈（布哈拉）的管弦乐在中国皇宫获得了前所未有的成功。

文化交流的一个典型案例，是伟大的丝绸之路沿线配器领域的发展。因此，浏览一下索格丁纳鲁特琴的发展史，你就会发现，这种乐器与阿拉伯乌德琴、意大利鲁特琴和印度西塔尔琴存在一些共同点。印度音乐理论家（Bigamurde Caitanya Deva）指出，"在音乐史上，乐器研究是最困难的，而且需要特别细心"。通常，需要分析不同文化形成过程中不同人种或民族扮演的角色，他们共同发展和检验了我们今天使用的各种乐器。利用沙沙作响种子做成的乐器在社会发展程度较低的部落十分常见，古代南方文化中的竖琴，各种弦乐、中亚鲁特琴，所有这些乐器在所有东方乐器发展史上都发挥着重要作用。

印度北方不同类型鲁特琴，其中一个类型与阿夫拉西阿卜的陶土鲁特琴相似，但不完全一样。现巴基斯坦境内发现的一尊年轻女孩雕像上的鲁特琴（公元前1世纪—公元前2世纪）外形类似，但不完全一样。

索格丁纳最为常见的弦乐乐器是竖琴。在盛产陶土的阿夫拉西阿卜（Afrasiab），我们可以经常遇到竖琴音乐家和演奏家。V. Meshkeris认为，它的时间可以追溯到公元前2世纪—公元1世纪，指出民族乐器和表演者服装具有一致性。阿夫拉西阿卜竖琴表演者采用站姿演奏，这是古代和近代的典型演奏方式。在公元初期的几个世纪，这种乐器也出现在其他亚洲国家。竖琴在中国和东突厥也被人们接受，并传播至阿富汗。在帕提亚、伊朗、索格丁纳、花喇子模和巴克特里亚等遗迹，我们发现了角形竖琴，这是一种更便于演奏的乐器，这种形式存在了很长时间，并得到了进一步改进。

乌兹别克斯坦（阿姆河和锡尔河之间的中亚地区）和中国（黄河和长江之间）的文明发展经历了十几个世纪。这是两国成为世界文明古国的一个原因，类似国家还有埃及（尼罗河）、美索不达米亚（底格里斯河和幼发拉底河）。然而，最近揭示的许多事实证明，乌兹别克斯坦和中国在社会、科技和整个文化领域存在平行发展的现象。

当然，乌兹别克斯坦和中国本质上都属于东方国家，我们拥有特殊的面孔，同时从许多外部因素看，也拥有许多共同特征。其中一个因素是，欧洲国家组成的联盟对我们的态度，特别是欧洲文化对东方的认识。今天，众所周知，在 19 世纪末，尽管发生了资本主义革命，社会经济的巨大变革，欧洲科学文明仍然是世界科技发展的基础，影响着世界的总体思维方式。欧洲国家力量的不断壮大，迫使我们必须尊重和考虑它们的诉求，从而导致人们对它们的文化、语言和世界观产生兴趣。

19 世纪下半叶，对于东方国家来说，欧洲代表着文明进步。对此，日本首先做出了反应。目前来看，中国最著名的音乐家都在演奏欧洲乐器。1919 年，北京大学成立了音乐系，以欧洲方式教授音乐。1927 年，北京成立了音乐学院，组建了交响乐团，引进了新乐谱体系（互联网资料）。

同样，中亚也存在相同经历，但是类型有所区别。因此，"扎吉德主义"运动改变了俄罗斯帝国版图，导致了人民觉醒。对新文化形式的兴趣（当时主要是戏剧和音乐会）高涨，促使东方长期停滞的文化发生了深层变化。尽管中亚从地理上远离欧洲，始终扮演着此类理念桥头堡的角色，但是就在这里，一场新运动极大地改变了人们的生活，甚至影响了整个国家形态。现代人士对这些过程进行了观察，如文化评论家戈德齐赫尔（Goldziher）写道："中亚地区永远无法摆脱伊朗和阿拉伯的影响，土耳其年轻人在巴尔干半岛掀起的运动不适合中亚。"但是，历史的自然进程驳斥了这种消极观点。然后，到处都在建立新学校，在剧场组织和女性权利恢复过程中，要求大家必须学习一门欧洲语言。换言之，必须了解欧洲生活，这是东方人希望进步的表现。

典型例证包括，1936 年组建塔什干音乐学院，一所欧洲模式的学校，创建民族乐器管弦乐团乌兹别克"歌剧院"……因此，后来一段时间，世界上出现了一批"欧洲模式"的乌兹别克表演专业人士，20 世纪乌兹别克作曲家开始作曲活动。

今天，我们可以肯定地说，乌兹别克斯坦既有传统音乐，也有作曲家在创作。两者共同发展，共同促进。根据互联网内容判断，这群人非常敏感地认识和学习新知识，从未丧失自己内心对中国音乐的强烈渴望。

加强与中国在文化艺术领域的交流合作是我们国家的一项重要工作。从乌兹别克斯坦独立以来，中国是最早宣布承认我国的国家之一，并于 1992 年 1 月和乌兹别克斯坦建立了外交关系。2001 年，上海合作组织创建以来，两国关系已经达到了新的高度。过去 26 年，两国多次举办音乐节、文化日活动，国际会议已经成为我们生活的一部分，在新的现实条件下，有力推动了新一代文化发展。

2017 年 5 月 14—15 日，乌兹别克斯坦总统沙夫卡特·米尔济约耶夫（Shavkat Mirziyoyev）

出席了在北京举行的"一带一路"论坛。这次论坛有 29 个国家元首参加，是欧亚大陆乃至世界发展的一个新里程碑。

总之，我想说，每个国家每种民族文化都有自己的特色。但是，人们始终寻找文化统一和相互交流的机会。进入 21 世纪，不同国家、不同宗教、不同种族和国籍的人们继续积极推动文化交流，寻找新机遇，推动新艺术发展，在不丧失民族特色的前提下，为丰富人类文化宝库做出有价值的贡献。和中国一样，乌兹别克的工具主义（instrumentalism）文化发挥了重要作用，它能够保证较高的文化水平，真实精神的纯粹品位，与不同文化代表拓展音乐对话，促进世界各国音乐文化的融合。

1991 年乌兹别克斯坦独立以后，为乌中两国开展文化交流掀开了新的一页。各种会议或节日学者和学生交流计划，拉近了乌中两国音乐人士的距离，促进了两国音乐领域的高效合作。

参考文献

1. Н.С.Янов-Яновская «Творчество композиторов Узбекистана в аспекте теории интертекста»в сб. «Узбекская музыка на стыке столетий (XX-XX1 вв.): тенденции, проблемы», Т., 2009.

2. Дева Б. Чайтанья Индийская музыка. М., 1980.

3. *Jami A. Treatise of music*. Tashkent, 1960.

4. Zakhiriy A. "Al Islokh" Journal. 1916, № 2.

5. Daukeyeva S. *The Philosophy of music by Abu Nasr Muhammad al-Farabi*. Alma-Aty, 2002.

6. Fitrat A. *Uzbek classic music and its history*. Tashkent,1927.

7. Changi D. *Ali. Treatise of Music*. Moscow, 1963.

8. Avloniy A. *Waves of culture*. Tashkent, 2006.

9. Zafari G. *Children music*. Tashkent, 1926.

10. Zafari G.， *Ashulalar* Tashkent, 1926.

11. Elbek， *Dostonlar*. Tashkent, 1929.

12. Matyakubov O. *The history and theoretical basis of Khorezmian tanbur notation.* Tashkent, 2013.

13. Matyakubov O. *Bukhara Shashmakom*. Tashkent, 2013.

乌兹别克斯坦作曲家作品对中国音乐的思考

Antonina Budarina / 乌兹别克斯坦国立音乐学院音乐历史与评论系副教授

中国丰富多彩的古代文化以其优雅、美丽、完备的形态吸引着世界的目光。这是一个非常显著的特征，在音乐中得到了明确体现。在欧洲音乐中，对这种文化的痴迷最初体现在东方主义者超然的创作中。随着对中国的进一步了解，中国与世界联系的日益增强，西方音乐中呈现的中国形象具有了一些新的特征。在古代，居于现乌兹别克斯坦和中国境内的人们就开始通过丝绸之路进行音乐创作的联系和交流。有趣的是，在著名诗人 Alisher Navoi 的诗作《五卷诗》（Khamsa）中，最重要的女性角色迪洛伦（Dilorom）是来自中国。此外，在卡罗·哥兹（K. Gozzi）所作的著名故事中，有一位名叫图兰朵（Turandot）的公主。"图兰朵"的字面意思是"图兰的女儿"，而图兰古国就在现乌兹别克斯坦境内。考虑至此，不难发现这些内容绝非巧合，而是在一定程度上反映了两国源远流长的文化交流过程。

在此项研究中，我试图从乌兹别克斯坦不同时期作曲家作品中所包含的中国音乐元素入手，一方面分析"东西方"问题，另一方面分析广义丝绸之路（the Great Silk Road）对跨文化联系和互动的促进作用。

格里戈里·奇哈尔季什维利（Grigory Chkhartishvili）在其重要论文中指出："三百年前，欧洲开始关注东方文化，在路易十四皇宫内'中国风'（chinoiserie）蔚然成风，主要藏品包括中国花瓶、屏风、折扇、庭院。到了下个世纪，东方主题在最重要的文献中不断涌现（参见孟德斯鸠、伏尔泰、歌德等人的著作）。然而，对关注东方的欧洲作家来说，东方仅仅是一种矫饰或装饰。他们需要援引东方来为作品添加寓言性和复杂性成分。……对东方的喜爱主要是为了排斥西方价值观，摆脱西方价值观的束缚。某些情况下，这种逃避是身体层面上的、不可逆转的（对兰波、高更而言是如此）。" [1]

进一步，这位作者提出了欧洲中心主义（Eurocentrism）的问题，并以此解释为何越来越多的东方精英选择接受西方教育。这个话题与乌兹别克斯坦关系密切，因为它的音乐教育制度是在欧洲规范和方法基础上建立起来的。因此，民族音乐家必须接受欧洲音乐体系，否则他便会被认为是非专业人士。

---

[1] Grigory Chkhartishvili：《没有东方，也就没有西方》，《外国文学》1996 年第 9 期。

让我们来考察一下三位作曲家的作品：格奥尔基·穆什（Georgy Mushel）、马斯塔弗·巴法耶夫（Mustafo Bafoev）和德米特里·扬诺夫·扬诺夫斯基（Dmitri Yanov-Yanovsky）。初看上去，三位音乐家经历不同，音乐理念也不尽相同，各有各的特长和成就。第一位音乐家来自俄罗斯，最初从事钢琴演奏，后来投身于音乐创作。第二位出生于布哈拉圣城，在他的每部作品中，我们都能感受到他对家乡深深的爱。最初，他是一位民族乐器演奏家，后来在创作激情的推动下，发现了自己拥有作曲家的天赋。在这一过程中，他克服了无数困难。现在，他的名字享誉世界。最后一位，似乎天生就是一位音乐家。早在求学时期，他便展现出非凡的音乐天赋，能通过音乐来诠释人生的一切意义。

如果第一位音乐家可以被称为"在东方的西方人"，第二位可以被称为"在西方的东方人"，第三位德米特里·扬诺夫·扬诺夫斯基则是一个特殊现象。或许，在我们这个时代，这种类型的音乐家有能力克服古典音乐面临的种种危机。从出身来看，他是一个西方人，但是在某些特殊的、最基本的层面上，他掌握了东方音乐的本质。他的作品征服了全世界最挑剔的听众。我们发现，所有乌兹别克斯坦作曲家过去和现在面临的最重要的创作任务是，将民间艺术的原则和本质与欧洲音乐的成就相结合，这三位作曲家以不同方式达到了这一目的。

让我们先来揭示格奥尔基·穆什的音乐历程。他从莫斯科音乐学院毕业后，马上回到了乌兹别克斯坦，并找到了新的创作灵感。他是一位出色的钢琴家，许多作品专门为钢琴创作，但也关注歌剧、交响乐、芭蕾舞和音乐会等重要的音乐门类。他展现了自己最优秀的品质：富于表现力的旋律，和谐之美，出色的管弦乐掌控能力、平衡能力和古典音乐的严肃性。在我看来，格奥尔基·穆什音乐风格的许多特征与另一位作曲家较为接近——此人与乌兹别克斯坦也有着长期直接关系——莱因霍尔德·格里埃尔（Reinhold Glière）。他拥有同样出色的音乐教育背景，作品色彩绚丽，旋律和谐优美，精通各种音乐门类等。你会发现两人都喜爱在他们创作的芭蕾舞曲中表现中国主题。格里埃尔创作了 20 世纪俄罗斯芭蕾舞剧历史上最著名的作品之一——《红罂粟花》（俄语：**Красный цветок**，又名《红花》，英语：*The Red Flower*）。该剧演绎了中国工人革命斗争这一主题。[1]

在他的第一部芭蕾舞剧《芭蕾舞者》（*Ballerina*）中，格奥尔基·穆什就采用了中国主题——最后的幕间歌舞融入了部分中国舞蹈（还有捷克、俄罗斯、印度和黑人舞蹈）。他使用了五声和弦的一段民间音乐旋律。

此外，早在 20 世纪 50 年代，他又创作了芭蕾舞剧《幸福之花》（*The Flower of Happiness*），并又一次对中国民族音乐有所涉猎，并以中国民间传说作为蓝本。传说包含的

---

[1]　故事的主题更为激进（如利用《国际歌》作为主旋律），其中存在一些非常出色的音乐片段。

社会和道德内涵发挥了讽喻作用，通过富于诗意的叙事进行了表达。芭蕾舞剧的音乐部分弥补了部分尚显粗糙的台词，使整部作品更加系统连贯。

作曲家塑造的女主角迪恩（Dean）获得了巨大成功。他借鉴了中国古典音乐《红河之波》（*Waves of the Red River*）。舞剧开场，同样采用了原创主题《黎明舞蹈》。里姆斯基·柯萨科夫（N. A. Rimsky-Korsakov）对这部芭蕾舞剧音乐产生了影响，穆什也使用了一种所谓"带地方色彩的倾听"（Colored Hearing）的创作手段。因此，E大调主题采用了一种金黄色彩，这是一种最适合用来表现中国的色彩。总体而言，在处理中国主题过程中，格奥尔基·穆什总体遵循了俄罗斯乐曲传统，这与他接受的教育有关。从柴可夫斯基（P. I. Tchaikovsky）的《胡桃夹子》（*The Nutcracker*）中，我们可以发现中国舞蹈元素，在和声和配器上，《幸福之花》大量借鉴了"强力乐派"（Mighty Handful）成员里姆斯基·柯萨科夫（Rimsky-Korsakov）的创作风格，比如广泛运用音调增强和减弱的处理手法。尽管如此，穆什采用了正宗的中国曲调，其做法类似"强力乐派"所遵循的原则。尽管我们可以感觉到作曲家深入探索真正民族底蕴的强烈意愿，但这种尝试仍然有些缩手缩脚，缺乏连贯性。

马斯塔弗·巴法耶夫是一个完全不同类型的作曲家。他出生于布哈拉地区。1969年，他毕业于塔什干国立音乐学院艾捷克（gijak，一种乌兹别克斯坦民族弦乐乐器）专业，1977年进入作曲班，1979年在B. Gienko指导下进修研究生课程。现任乌兹别克斯坦国立音乐学院作曲和配器专业副教授。他创作了4部歌剧，4部芭蕾舞剧，5部音乐剧，5部交响乐，5部协奏曲，20部循环式声乐——交响和合唱作品，200多部浪漫曲和歌曲。在作品中，这位作曲家采用了欧洲流派传统，并将它们与大量乌兹别克斯坦文化遗产相结合。东西方对话体现在《撒哈拉的巴赫》（*Bach in the Sahara*）、《布哈拉的霍加·纳斯列丁和卡门西塔》（*Khoja Nasreddin and Carmencita in Bukhara*）、组曲《我想象中的丝绸之路》（*Silk Road in My Imagination*）引用了贝多芬《第九交响曲》（*Ninth Symphony*）中的片段。东西方文化的这种共生现象在以丝绸之路为主题的作品中得到尤为突出的体现。最初，它是一个雄心勃勃的表演型芭蕾项目，被称为"伟大的丝绸之路"。它是一个同名钢琴组曲，最后改变为大提琴作品，弦乐五重奏，打击乐和钢琴组曲《我想象中的丝绸之路》。这部作品是献给当代著名大提琴演奏家马友友（Yo-Yo Ma）的，它引进了民间音乐的新资源。通过这部作品，巴法耶夫便引起了"丝绸之路"组曲创作团队的注意。在"丝绸之路"组曲创作之初，他与扬诺夫斯基、拉蒂夫－扎德（A. Latif-Zade）就受邀与该团队合作。于是，诞生了布哈拉大提琴和乌兹别克民族乐器乐团。作曲家在乐曲的某些片段加入了语音成分，如感叹性表述"啊，阿拉，啊，阿拉"。音乐家们吟诵上述词句，独奏者演奏重音五重奏，节拍在轻柔的音乐中得到了突出诠释。因而，音响呈现出神秘色彩。因此，乐曲中的人声需要语音价值，使其成为一种特殊的"装饰材料"。所有这些作品都吸收了中国音乐元素。

事实上，在讨论丝绸之路主题时，不涉及中国主题是不可思议的。巴法耶夫音乐研究专家迪洛罗姆·卡洛马特（Dilorom Karomat）指出，"布哈拉和撒马尔罕都是丝绸之路上的重要城市，不仅保存了丝路商队的记忆，修复了古代驿站供游人参观，而且在历史研究领域还拥有巨大价值"。巴法耶夫就是对此地区历史充满浓厚兴趣的作曲家之一。在中世纪波斯和突厥文献中十分普遍的Haft Iqlim（七种气候）概念，也出现在马斯塔弗·巴法耶夫的巨作《伟大的丝绸之路》（*Buyuk Ipak Yo' li*）中。这个概念涵盖范围巨大的区域、地区和国家，以及"世人认为各具特色的每个地球上的王国。但是，最重要的是宇宙的神秘性"[1]。这部芭蕾舞剧共分为十六个段落。丝绸之路穿过七个风景如画的国家，它们分别散落于丝路商队沿线。多个主题共同塑造了色彩斑斓的世界画卷。舞剧的开头所展现的是"神秘的宇宙"，对三个基本维度进行了演绎。三个维度分别是空间、商队和伟大的人民。商队的旋律是这部芭蕾舞剧的主调，在剧中扮演着重要角色，将剧中各部分有机整合起来。一方面，作曲家借助这一曲调作为舞剧的基本音调，另一方面，曲调随着地点变化而变化——通过不同国家和地区的常见乐器，将场景从一个国家转移到另外一个国家（将听众从一个国家引领到另外一个国家）。在马斯塔弗·巴法耶夫的想象中，音乐大篷车从图兰出发来到中国。随后，听众被带入第三场，"皇家园林"。作曲家使用了中国非常普遍的五声音阶和音乐元素（包括节奏和音调）。这样的音乐烘托出了既神秘又复杂的皇家园林形象。皇家园林中发生的一起毒杀案为这一段落画上了句号。情绪紧张的鲁特琴由单簧口琴（Chang-qobuz）和钟声形成的大篷车队主题曲调，彼此交织在一起。

马斯塔弗·巴法耶夫始终坚持运用中国音乐主题的原则。与穆什不同，他没有直接引用中国本地的特色曲调。他试图传递本质性的信息，即通过表现某地区的特有文化，来对该地区进行象征性概括。有时，这种做法或许显得有点幼稚。但是，对这样一位心胸宽广的艺术家来说，严格遵守该地区的民间传说并不重要，重要的是创作出充满特色和富于感染力的音乐作品。这就是为什么他利用典故，甚至完全引用包括在《布哈拉的霍加·纳斯列丁和卡门西塔》中引用《卡门》的哈巴涅拉舞曲以及在《我想象中的丝绸之路》系列作品中引用贝多芬《第九交响曲》的快乐主题和其他引用，将乌兹别克斯坦民族音乐与世界音乐元素进行了成功整合。

最后，我们再来简单谈一谈德米特里·扬诺夫·扬诺夫斯基。扬诺夫斯基出生于乌兹别克斯坦首都塔什干的一个音乐世家。1986年，他从乌兹别克斯坦国立音乐学院毕业，专业是

---

[1] Karomat D.：《马斯塔弗·巴法耶夫想象中的丝绸之路》，《欧亚视角下的全球视野》，Colcatta, Kalpana Shukla KW Publishers Pvt Ltd，2015，第199页。

作曲和配器，导师便是他的父亲菲利克斯·扬诺夫·扬诺夫斯基（Felix Yanov-Yanovsky）教授。

毕业以后，扬诺夫斯基前往欧陆俄罗斯地区旅行，得到了阿尔弗雷德·施尼特凯（Alfred Schnittke）和爱迪生·丹尼索夫（Edison Denisov）的指导和支持。他拥有极富感染力和个性化的音色，其非凡特质在音乐中得到了充分体现。同时，他并非一个单纯具有地方色彩的本土作曲家。系统而严格的音乐教育，使他对其他地域的传统文化非常敏感，包括美洲、亚洲和欧洲文化，东方和西方文化。

从这位作曲家的背景看，他似乎属于欧洲传统。然而，最初他非常热衷于将自己生活环境的不同音乐元素进行统一。在他所生活的现代都市环境中，东西方文化已经以令人难以置信和难以想象的方式相互融合，古代与现代音乐、流行和精英音乐平等并存，彼此交融，这使他创作出具有独特风格和丰富内涵的音乐。这样的环境为这位作曲家的童年提供了特殊的音乐土壤。因此，尽管出乎很多人的意料，但他十分喜爱乌兹别克斯坦民族乐器"昌"（Chang）。他的第一首作品就是为这种乐器创作的，并继续进行了大量与此相关的创作[1]。

通过扬诺夫·扬诺夫斯基对《图兰朵》（Turandot）的演绎，我们可以在东方主义的层面上发现他对中国主题的喜爱。然而，最为重要的是，他在《寓言通途》中充分掌握了中国音乐的创作方法。《寓言通途》是马友友在创作上文提到的《丝绸之路》组曲时，委托扬诺夫·扬诺夫斯基创作的曲目。这并非一种完全自觉和独立的决定过程。面临团队演奏家使用的不同乐器，他需要做出选择。琵琶和笙的音调吸引了他的注意。这些乐器经常出现在中国原创民族音乐之中。这首乐曲专门针对朗诵和小型乐团创作，充分证明了作曲家对演奏效果的高度把握。他希望创造和谐气氛，实现通透而又丰富的音乐效果。

《寓言通途》的音乐描绘了微风徐徐拂面、驴子倔强执拗的场景，角色的内心感受生动地呈现在观众面前。扬诺夫斯基得益于那些能够均衡处理音乐节奏的音乐家对他的启示。这充分说明他的非凡资质和对听众感受的重视。这位作曲家的作品充满了不同元素的有趣对抗：神圣与世俗，东方与西方，理智和情感，哲学和荒诞幽默。无论作曲家使用哪种美学，他都有可能受相近和相反的美学影响。应该说，一个作曲家个性中是否具有上述品质，是其是否具备当代音乐思想的一种衡量标准。

20世纪末，学院派音乐遭遇了重大危机。它体现在"严肃音乐"和"轻音乐"的两极分化之中。"第三条道路"或"第三条轨道"这类说法会在20世纪80年代的俄罗斯音乐圈流行起来并非偶然。这类说法的出现，意味着作曲家们试图使"严肃音乐"和"轻音乐"产生沟通，使"轻

---

[1] 他分别创作了与不同乐器配器的第Ⅱ、Ⅲ、Ⅳ和Ⅴ号昌音乐（初期从第Ⅱ号到第Ⅳ号作品结合了各种手法，并选配了越来越多的乐器，以体现这种乌兹别克民族乐器空灵、嘹亮的特殊魅力）。他好像只是专注"昌"这一乐器，事实并非如此。"昌"只是他的第一首（独奏）和第五首作品的主角。

音乐"更有深度和内涵，使"轻音乐"具有学院派音乐般的完美技巧。不幸的是，超过四分之一个世纪的努力，可以说这种理念并未成为主流。这一问题的真正解决，对我们这个时代仍然十分重要。

回顾音乐发展史的过往片段，我们可以发现，在音乐发展中的危机时刻，最有效的方法是对长期处于封闭和僵化形态的民族音乐加以开发利用，以此为音乐界注入一股新鲜气息。民间艺术研究的发展，使得作曲家们在各自民族的本土资源中发掘人类价值准则的起源，这种方法不仅已经成为作曲家创造力的核心，而且也促进了民间艺术在全球的推广。

在我们这个时代，当一种来自特定文化的规则被用来指导全球化进程时，我们不仅要看到开发人文遗产的重要性，还要认识到不同文化间的共通之处。此外，当前的科研水平也允许我们在跨文化的层面上做出进一步努力。或许，上述作曲家对其他民族文化的处理方式（对于俄罗斯、乌兹别克和其他国家地区的作曲家的确如此）可以为将来的艺术发展提供参考和指导。将来的伟大艺术创作也将在危机时刻出现，并最终取得本领域的新发展。

通过分析乌兹别克斯坦不同时代作曲流派的杰出代表对中国主题的运用，我们可以发现，在经由乌兹别克斯坦民族音乐创作转化之后，中国音乐的去个体化及其概括的形态变得越来越具体而又贴近其民族音乐本源。通过分析穆什、巴法耶夫和扬诺夫斯基作品中的中国主题，我们可以发现"东西方"创作范式的演变，体现了强调借鉴东方音乐创作方法产生的跨文化价值。

最后，我希望再次引用奇哈尔季什维利的话为本文作结。"世界文化的全球化进程是不可避免的。像太阳底下的万事万物一样，文化的全球化也有利有弊。我们来看积极的一面：全球化能够推动人类走向完善，'实现合二为一，治愈人性的弱点'（柏拉图）。一种新人终将出现，其受到全面的教育，同时继承东西方的文化遗产。如果人们拥有共同的文化参照并使用一种共同的语言（你已能猜到是哪种语言了），就能更好地理解彼此。那么一切都会圆满。消极的看法则是：全球化将导致（或已经导致）大众文化的泛滥，民族身份的丧失，文化的贫瘠乃至衰败，彻底而统一的美国化和麦当劳化。那么一切都将破灭。而和其他众多事物一样，真相将出现在某个中间地带。"

参考文献

1. Chkhartishvili G. "No net Vostoka I Zapada net. M.' Inostrannaya literature, 1996, №9.

2. Karomat D. The Silk Route in Mustafo Bafoev's Imagination. In Globalising Geographies Perspectives from Eurasia. Colcatta, Kalpana Shukla KW Publishers Pvt Ltd, 2015.

3. Uralova L. O musyke D Yanov-Yanovskogo. Tashkent, San'at, 2002, №1.

4. Mat'yakubov O. Dodekagramma. Tashkent. Istiqlol, 2005.

登上舞台的中国："中国景观"和敦煌表演叙事

邝蓝岚 / 美国佛罗里达中央大学艺术与文学院哲学系博士

　　从汉代（公元前206-220）以来，敦煌始终是一座历史要塞，丝绸之路上的一个战略要地，贸易枢纽，宗教、文化和文明中心。从敦煌市不远处，有一段莫高断崖，上面共有492个洞穴，分别用作寺庙、表演场所，同时也是中国中世纪绘画和佛教经典的宝库。20世纪初，在联合国教科文组织（UNESCO）文化遗产敦煌莫高窟藏经洞（Library Cave）发现敦煌手稿以来，便形成了敦煌学这个综合学科。敦煌手稿涵盖历史、数学、音乐、舞蹈等方面作品，敦煌莫高窟还是世界现存规模最大的佛教艺术宝库。敦煌莫高窟发现的物质文化记录了佛教从印度通过中亚传播至中国的演变历史。因此，敦煌表现艺术中存在的视觉和音响元素，包括身体姿态、服装、色彩、乐器和曲调等元素，它们是源自多个文化来源的元素集合，是一个漫长的中国本地化和历史融合过程。本文介绍了我从2002年开始实施的敦煌表现艺术研究项目中的一个核心概念，重点分析了敦煌表现艺术中的表演方法的运用和"景观"概念的内涵，特别是"中国景观"概念的内涵。"中国景观"概念需要借助"意象"、概念性景观和"意境"才能充分理解。

　　对敦煌表现艺术的研究丰富了敦煌学这个新兴学科相对贫乏的文献，敦煌学是一个跨学科和国际研究领域，自1920-1930年兴起以来，有学者专门从事敦煌文献和艺术研究。本文旨在从人种音乐学视角分析敦煌壁画乐舞，从实物和概念两个层面介绍敦煌表现艺术壁画中的"景观"时空概念。敦煌壁画乐舞是一个表现艺术领域的单数名词术语，其字面含义是"敦煌墙壁绘画中的音乐和舞蹈"。有时，我也会将它用作形容词，用来描述归入这一范畴的具体计划。

　　长期以来，在中国文化印象中，敦煌始终是一个边塞符号，也是与外国交流的象征。中国文献对敦煌的早期描述，使其呈现为边疆要塞、外交和国际交流的形象。此外，从20世纪第一个十年发现敦煌文稿和实现国际传播以来，敦煌对中国文化研究和汉学在欧洲和美国的传播发挥了核心作用，在这个新兴文化领域跨文化交流和互动过程中扮演了新型交汇点的角色。在《敦煌壁画乐舞："中国景观"在国际语境中的建构与传播》中，我以自己在北京、上海、敦煌和中国西北地区的多点实地调查为主要依据，分析了敦煌壁画音乐和舞蹈的演变过程。通过重点分析敦煌实物文化中文化元素的多样性和其动态化历史积累过程，以及敦煌在中国和西方文化创造中具有的复杂和多层次意义，指出当代敦煌表演艺术实质是丝绸之路文化长期交流和演变的进一步延续。

一、理论和方法

为了理解敦煌及其具体实物和表演艺术的多重含义，2012 年我在撰写博士论文时，首次提出了一个原创概念，我将其称为"敦煌元元素的自我指涉系统"，简称"敦煌元系统"。

这个元系统概念可以整合敦煌表演艺术中存在的多种具体美学特征，如服装、姿态、色彩和音乐元素（我称为"展示性传播内容"），以及历史、政治和文学层面的抽象或暗示性含义（我称为"隐性说明性内容"）。

这个理论系统的基础是中国美学理论和认知科学，期间我引用了"像外之像"和"元认知"概念。"意象"概念源自"意"和"象"。Pauline Yu、Martin Powers 和 Stephen Owen 等学者都研究了中国古诗歌和古文学中"象"的动态和表现性质。Pauline Yu 指出，"象""不同于欧洲文化中的'表象'，更多地与其目标有关，而不是'表象'的内涵"。Powers 指出，"象"是"表现图像"和"象的组合"，是"其他活动的后果或结果"，其动词形式的含义是"表达"。关于诗歌和绘画，Owen 写道："通过远离对感知表象的模仿……和学习在视象细节内表达标准，绘画也能在'象'内体现概念性内容，就如同诗歌所做的那样。"以这种方式，我认为敦煌表演艺术展现的内容包括一个具体表现形式和一个复杂的文化指涉系统，其本身就具有多重性和跨文化性。

我组织参与观察的方法，是一种人种音乐学家和人类学家通常使用的批判性研究方法，源自表现研究和现象领域的理论和方法。分析文化因素的互动关系是表演理论和现象学的一个核心焦点，两者都要考虑具体背景下互动和谈判中出现的多重含义和价值。这些方法还可以帮助我们理解，个体和集体身份如何在其所属环境广泛地创造和再创造。戴安娜·泰勒（Diana Taylor）曾说：

> 表演还是一种方法论透镜，帮助学者以表演视角分析事件。……表演还具有认识论功能。具象实践，以及其他紧密联系的文化实践，提供了一种思考方式。这些表演的归纳源自外部作用，源自能够将各种表演组合成一个可分析"整体"的方法透镜。

敦煌壁画乐舞搬上舞台的过程与米歇尔·福柯（Michel Foucault）所谓的反向记忆类似，即将历史转变为不同形式的时间。福柯将谱系进行排列，创造一种他所谓的"反向记忆"，或者"将历史转换为一种完全不同的时间形式"。这要求利用现代历史研究材料和技术,解决历史主题的身份问题。尼采认为,基督教的真理意志导致了基督教被科学毁灭;福柯认为,谱系研究导致认知主体的分解,因为历史研究发现的缺失和事故会打断主体的连续性。

自我指涉是后现代艺术研究中的一个核心问题。在敦煌壁画乐舞分析过程中,我将自我指涉视为历史因素限制关系变化发生语言关键问题的福柯式过程,和与敦煌壁画乐舞有关的元元素转换指代的一个过程。

自我指涉元素揭示了敦煌特有的美学含义,更为重要的是,揭示了中国艺术哲学特有的美术哲学。这些具体的表现性和自我指涉图像、风格、体态、讨论、叙述、音乐曲调和乐器,通过敦煌壁画乐舞表演舞台阶段涉及的各种因素得到了具体运用和体现。因此,它们在当代舞台上创造了一种概念性敦煌景观,成为策略性和交流性工具,可以用来创造寓意,从而描绘和展现具有历史共性的中国文化。

W. J. T. Mitchell 和 Elin Diamond 等学者已经研究了艺术表演中图像化的自我指示和自我指涉问题。Diamond 指出,"每一种易于理解的表演,都包含了历史表演特征:性别习惯、人种历史、美学传统——包括有意识和无意识感知的政治和文化压力"。

就敦煌壁画乐舞而言,经过历史、表演和修辞的不断提炼,演员才能将它们搬上舞台,最终成为自我指涉的元元素,揭示敦煌物质遗产的特有美学含义。对此而言,敦煌壁画乐舞的基本元元素总体通过中国无所不包的象的话语形构语用特征和隐喻功能得到界定。

简言之,这两种内涵的自我指涉效应不仅作为认知过程的一部分出现在表演之中,还是含义和暗喻诗歌表现技巧的联系纽带,以超越文学和修辞的形式构成"中国景观"。

二、敦煌壁画乐舞:表演遗产

就像人种音乐学家在其作品中表现的那样,音乐家、舞蹈编导和剧作家在其作品中经常利用历史材料联系过去和现在。20世纪末,敦煌壁画乐舞从中国西北甘肃省敦煌莫高窟发现的墙壁图形、壁画、题刻描绘的表现形象、叙事和音乐曲调中获得了灵感。这些石窟位于敦煌东南的一条山谷中。敦煌养育了中国中世纪早期艺术和文学的边塞主题,它在中国文化意象中构建了一个"现实"空间:遥远、奇特、阳刚,与南方腹地或中原地区的感性和阴柔形成了鲜明对比。自南北朝(420-589)以来,敦煌以其海纳百川的特质,始终被视为一座边疆大都会,始终是中国文学和艺术的一个不朽主题。因此,在历史因素的持续作用下,它被深深融入了现代文化的各种表现形式。

现代创作的敦煌壁画乐舞汲取了多种文化营养,主要包括敦煌莫高窟历史壁画和(或)

此地发现的各种文献。通常，敦煌壁画乐舞的创作者们主要会参考隋代（581—618）和唐代（618—907）艺术创作技法。从汉代（206—220）开始建立的较早艺术形式也产生了积极影响，包括民间传说主题、当代流行叙事文、非宗教主题的地方文学等。敦煌壁画乐舞将各种历史和文化元素融入了一种表演形式，为中国现代版古典舞蹈和文化遗产奠定了基础。

"敦煌壁画乐舞"可以直译为"敦煌墙壁绘画音乐和舞蹈"。最初，敦煌（燉煌）的中文地名出现在司马迁（约公元前145—前86？）著《史记》内，他记载了汉武帝（公元前141–前89）派遣使节张骞（卒于公元前114年）于公元前139—前125年两次出使西域的经历。张骞出使西域对丝绸之路的诞生发挥了重要作用——丝绸之路通过撒马尔罕等绿洲城市将地中海沿岸和中国内地及其他地区联系起来。这是一个与跨大陆历史和中国佛教传播密切联系的一个城镇，敦煌经常面临各种冲突，包括本地人群、过客和外来征服者之间的冲突。公元前121年，汉武帝设置了四郡，敦煌为其中之一，它是中国汉帝国西北边陲的一个重要的政治、社会、经济和宗教中心。

"乐"和"舞"是两个中国字，分别表示音乐和舞蹈。从古代开始，中国音乐和舞蹈便一直具有明显的地域特征，早在周朝（公元前1046—前256）建立前，它们便是巫术仪规的组成部分，当时参与宗教事务组织活动的中央政府民事官员建立了周礼。周朝以前，中国流行一种萨满教，中文称为"巫"。按照《说文解字》作者、语源学家和词典学家许慎（约58—147）所言，巫是一个女性，她能够与无形的神灵沟通，通过舞蹈使其降临。"巫"与其同音字"舞"存在密切联系，从语源学角度，巫就是一个人举起双袖舞蹈的形象。因此，巫可以指一个擅长舞蹈的舞者，或者一个双手捧持神奇或神圣乐器的演奏者。

为了了解敦煌壁画乐舞这种当代舞台艺术形式的历史渊源，我研究了一些具有广泛影响的艺术作品的内在谱系，帮助中国和国际读者有效理解这些形象，具体艺术作品包括梅兰芳于1917年演出的《天女散花》，舞蹈学者戴爱莲于1953年演出的双人舞《飞天》，甘肃省歌舞团于1978年演出的舞剧《丝路花雨》，张继钢于2004年创作的集体舞《千手观音》。

三、敦煌学和国学

20世纪70年代末，高金荣与其甘肃省同事开发敦煌壁画乐舞的同时，敦煌学这个专门研究莫高窟和敦煌地区实物的新兴综合学科也在迅猛发展。研究进展引起了中国政府的注意，看到来自英国、法国、苏联和日本等国的学者在敦煌学领域取得了快速和重大进步，政府认为有必要支持敦煌学研究和相关项目，包括敦煌壁画乐舞的再创作。这一现象与中国政府同一时期支持民间艺术，促进国家文化建设的政策是一致的。

2007 年，著名敦煌学学者柴剑虹在一场关于敦煌研究和文化的演讲中指出，敦煌学具有重要价值，它同时属于全球汉学和中国国学的研究范畴。国学思想和修养对历史研究具有关键作用，对于理解现代中国的形成具有积极意义，中国国学基础是在清朝（1644-1911）最后十年确立的。国学受到了 1919 年五四运动时期中国和西方文化讨论的影响，目前许多人认为，中国现代史就是从这时开始的。五四运动是一场全国性运动，旨在实现文化和政治觉醒，导致了部分中国共产党知识分子政治上的胜利。敦煌壁画乐舞兴起于国家建设运动时期，该运动借鉴了日本德川末期兴起的"国学"这一称呼，内容包括中国传统文化的学习，20 世纪 90 年代以后，这一运动在学者和普通大众中重新兴起。

今天，源自敦煌莫高窟及周围地区或由其催生的自我指涉表演形象、风格、姿态、讨论、叙述、曲调和乐器被广泛频繁应用，反映了中国文化和民族的多元化品质。敦煌莫高窟壁画中的典型表演形象是带有少数民族特征的舞蹈者和音乐演奏者，他们崇拜的是通过丝绸之路从印度传入中国的佛教领袖。敦煌莫高窟这些中世纪绘画和佛教经典的宝库体现了中国单一化和多元化价值体系既妥协又竞争的历史，这种情况一直延续至今。具体实例包括2008 年北京奥运会官方发布的"中国印，舞动的北京"，以及吉祥物和海报等徽章图案。例如，吉祥物欢欢代表奥运火焰和运动热情，它位于五个福娃的中间，是奥运精神的核心体现。欢欢火焰形头像的装饰设计便取材于如今非常著名的敦煌设计图案，代表开放和热情好客。

四、结论

目前，世界各地学者都在研究丝绸之路复杂多变的性质，以及"一带一路"倡议提出后产生的影响。此时，跨文化思想通过非物质文化遗产传承变得越来越迫切，所以我们应该重新研究敦煌艺术的传承，特别是表现艺术的传承。为什么敦煌这样一个中国西北边陲的小城被选择为国家扶持、涉及大量作品和国际化影响的当代舞台舞蹈计划基地呢？并非因为舞台表演真实地再现了历史事件。这些敦煌壁画乐舞表演节目编排初衷并不是为了真实再现历史事件；相反，它们是为了搭建一个当代论坛，形象地展现中国丰富多彩的民族文化，讲述辉煌的历史经历。

巴赫金（Bakhtin）曾说，历史和地理通常被认为是一个国家的组成部分，"无一例外地都进行了一定程度的美化"。最后，我认为，通过话语形构，特别是音乐和舞蹈事件历史形象的话语形构，敦煌过去和将来始终都是中国多元化和多文化国家形象的一个符号。

然而，通过美学、宗教和其他形而上学和意识形态的作用，如佛教和世界大同思想的影响，敦煌壁画乐舞的创作者们试图超越民族主义的狭隘窠臼。例如，在艺术层面，世界大同思想包含利用美学和诗歌手段超越现代国家范畴内的地方主义和单一主义。通过具体的舞台表演形式进行美化后，如通过敦煌壁画乐舞美化以后，敦煌的历史和地理景观便具备了一种表演和具象化遗产叙事属性。

参考文献

1. 白居易：《琵琶行》，《白居易选集》，上海古籍出版社 1980 年版，第 177 页。

2. Bakhtin, M. M., *The Dialogic Imagination: Four Essays*. Austin, Texas: University of Texas Press, 1982.

3. Barz, Gregory F., and Timothy J. Cooley, *Shadows in the Field: New Perspectives for Fieldwork in Ethnomusicology*. New York: Oxford University Press, 1997.

4. Bauman, Richard, "Contextualization, Tradition, and the Dialogue of Genres: Icelandic Legends of the kraftaskáld," In *Rethinking Context: Language as an Interactive Phenomenon*, edited by Alessandro Duranti and Charles Goodwin, Cambridge: Cambridge University Press, 1992,pp.125-145.

5. Bohlman, Philip V, "World Music at the 'End of History'", *Ethnomusicology* 46(2002a):pp.1-32.

6. Bokenkamp, Stephen R, "The Silkworm and the Bodhi Tree: The Lingbao Attempt to Replace Buddhism in China and Our Attempt to Place Lingbao Daoism," *In Religion and Chinese Society: Ancient and Medieval China*, vol. 1, edited by John Lagerwey, Hong Kong: Chinese University of Hong Kong Press, 2004, pp.317-339.

7. 蔡仲德：《中国音乐美学史》，人民音乐出版社 1995 版。

8. 曹寅：《全唐诗》，中华书局 1960 版。

9. 柴剑虹：《敦煌学与敦煌文》，上海古籍出版社 2007 年版。

10. 陈应时：《敦煌乐谱解疑辩证》，上海音乐出版社 2005 年版。

11. Diamond, Elin, "Performance and Cultural Politics", *Performance and Cultural Politics*. Ed. Elin Diamond. London: Routledge, 1996.

12. Dirlik, Arif, "Guoxue/National Learning in the Age of Global Modernity", *China Perspectives* 1 (2011):pp. 90-91.

13. 董诰：《全唐文》，中华书局 1983 年版。

14. 董锡玖：《中国舞蹈史：宋、辽、金、西夏、元部分》，文化艺术出版社 1984 版。

15. 杜继文：《佛教史》，江苏人民出版社 2006 年版。

16. 杜佑：《通典》上海商务印书馆 1935 年版。.

17. Duan, Wenjie, *Dunhuang Art through the Eyes of Duan Wenjie*, translated and edited by Tan Chung. New Delhi: Indira Gandhi National Centre for the Arts, 1994.

18. Eno, Robert, *The Confucian Creation of Heaven: Philosophy and the Defense of Ritual Mastery*. Albany: State University of New York Press, 1990.

19. 范晔：《后汉书》，中华书局 1971 年版。

20. 房玄龄：《晋书》，中华书局 1974 年版。

21. Foucault, Michel, "Nietzsche, Genealogy, History," In *Language, Counter-memory, Practice*, ed. D.F. Bouchard, 140-164. Ithaca, N.Y.: Cornell University Press, 1977.

22. Fraser, Sarah Elizabeth, *Performing the Visual: The Practice of Buddhist Wall Painting in China and Central Asia*, 618-960.Stanford: Stanford University Press, 2004.

23. 高德祥：《敦煌古代乐舞》，人民音乐出版社 2008 年版。

24. 高金荣：《敦煌舞蹈的基本训练》，《舞蹈论丛》1983 年合订本。

25. 高金荣：《敦煌石窟舞蹈艺术》，甘肃人民出版社 2000 年版。

26. 郭茂倩：《乐府诗集》，中华书局 1979 年版。

27. 林谦三：《隋唐燕乐》，人民音乐出版社 1936 年版。

28. Herzfeld, Michael,*Ours Once More: Folklore, Ideology, and the Making of Modern Greece*, Austin: University of Texas Press,1985.

29. Janelli, Roger, with Yim Dawnhee, *Making Captialism: The Social and Cultural Construction of a South Korean Conglomerate*, Stanford: Stanford University Press, 1993.

30. 南卓：《羯鼓录》，古典文献出版社 1957 年版。

31. Jones, Robert A., "New Directions in 20th Century Buddhist Studies in China: Dunhuang's Mogaoku as Case Study," In *The Intercultural Forum*. The Institute for Intercultural Communication, University of Louisville, 2008.

32. Jones, Stephen, "Source and Stream: Early Music and Living Traditions in China." *Early Music* 24 (1996): pp.374-388.

33. Karp, Ivan, Corinne A. Kratz, Lynn Szwaja, and Tomás Ybarra-Frausto, eds., *Museum Frictions: Public Cultures/Global Transformations*, Durham, N.C.: Duke University Press 2006.

34. Kirshenblatt-Gimblett, Barbara, "Theorizing Heritage", Ethnomusicology 39 (1995): pp.367-380.

35. Kuang, Lanlan, "Staging the Cosmopolitan Nation: The Re-Creation of the Dunhuang bihua yuewu, a Multifaceted Music, Dance, and Theatrical Drama from China", Ph.D. Dissertation. Indiana University, Bloomington, 2012.

36. 邝蓝岚：《敦煌壁画乐舞："中国景观"在国际语境中的建构与传播》，社科文献出版社 2016 年版。

37. Lam, Joseph S.C., " 'There Is No Music in Chinese Music History' : Five Court Tunes from the Yuan Dynasty (AD 1271-1368)", *Journal of the Royal Musical Association* 119 (1994): pp.165-188.

38. 李昉：《太平广记》，中华书局 1961 年版。

39. 李昉等：《太平御览》，中华书局 1960 年版。

40. 刘昫：《旧唐书》，中华书局 1957 年版。

41. 刘再生：《中国古代音乐史简述》，人民音乐出版社 1995 年版。

42. 马德：《敦煌石窟知识辞典》，甘肃人民美术出版社 2000 年版。

43. Mackerras, Colin, *Chinese Theater: From Its Origins to the Present Day*, Honolulu University of Hawai 'i Press, 1989.

44. Mair, Victor,*T'ang Transformation Texts: A Study of the Buddhist Contribution to the Rise of Vernacular Fiction and Drama in China*, Cambridge, Mass.: Council on East Asian Studies, 1989.

45. Martin, Randy, "Agency and History: The Demands of Dance Ethnography," In *Choreographing History (Unnatural Acts: Theorizing the Performative)*, edited by Susan Foster,pp. 105-118.

Bloomington: Indiana University Press, 1995.

46. Myers, Helen, *Ethnomusicology: Historical and Regional Studies*, W. W. Norton & Company, 1993.

47. Nietzsche, Friedrich Wilhelm, *The Gay Science*, Translated by Walter Kaufmann. New York: Random House, 1974.

48. 欧阳修、宋祁:《新唐书》,中华书局 1985 年版。

49. 欧阳询:《艺文类聚》,上海古籍出版社 1965 年版。

50. Owen, Stephen, "Bi Fa Ji," In *Ways with Words: Writing about Reading Texts from Early China*, edited by Pauline Yu, Peter Bol, Stephen Owen, and Willard Peterson, pp.213-219. Studies on China, 24. Los Angeles: University of California Press. 2000.

51. Pegg, Carole, *Mongolian Music, Dance and Oral Narrative: Performing Diverse Identities*, Seattle: University of Washington Press, 2001.

52. Pian, Rulan Chao, *SonqDynasty Musical Sources and Their Interpretation*, Hong Kong: The Chinese University Press, 1967.

53. Picken, Laurence E.R., and NoeJ. Nickson, eds., *Music from the Táng Court·1*, Cambridge: Cambridge University Press, 1981.

54. Powers, Martin J., "How to Read a Chinese Painting: Jing Hao's Bi fa ji," In *Ways with Words: Writing about Reading Texts from Early China*, edited by Pauline Yu, Peter Bol, Stephen Owen, and Willard Peterson, pp.219-235. Studies on China, 24. Los Angeles: University of California Press, 2000.

55. Rees, Helen, *Echoes of History: Naxi Music in Modern China*, Oxford: Oxford University Press, 2000.

56. Said, Edward W., "Invention, Memory, and Place," In *Landscape and Power*, edited by W. J. T. Michelle, pp.241-259. Chicago: University of Chicago Press, 2002.

57. Schafer, Edward H., *The Golden Peaches of Samarkand: A Study of T'ang Exotics*, Translated by Wu Yugui. Beijing: China Social Science Press, 1985.

58. Schwarcz, Vera, *The Chinese Enlightenment: Intellectuals and the Legacy of the May Fourth Movement of 1919*, Berkeley: University of California Press, 1986.

59. Shelemay, Kay Kaufman, "'Historical Ethnomusicology': Reconstructing Falasha Liturgical History", *Ethnomusicology* 24 (1980):pp. 233-258.

60. 沈约:《宋书》,中华书局 1974 年版。

61. 史苇湘:《敦煌历史与莫高窟艺术研究》,甘肃教育出版社 2002 年版。

62. Shigeo Kishibe, The Origin of the P'i P'a.Transactions of the Asiatic Society of Japan, Second Series, 19 (1940): pp.261-304.

63. 司马光:《资治通鉴》,古籍出版社 1957 年版。

64. 司马迁:《史记·大宛列传》,中华书局 1959 年版。

65. Spiro, Audrey G., *Contemplating the Ancients: Aesthetic and Social Issues in Early Chinese Portraiture*, Berkeley: University of California Press, 1990.

66. Stiles, Daniel, "Ethnoarchaeology: A Discussion of Methods and Applications", *Man, New Series* 12 (1977): pp.87-103.

67. Stone, Ruth M, ed., *The World's Music: General Perspectives and Research Tools*, Garland

Encyclopedia of World Music, 10. New York: Routledge, 2002.

68. Taylor, Diana, *The Archive and the Repertoire*, Durham: Duke University Press, 2003.

69. Tian, Qing, "Recent Trends in Buddhist Music Research in China", *British Journal of Ethnomusicology* 3 (1994):pp. 63‐72.Translated and adapted by Tan Hwee San.

70. Wade, Bonnie C., *Imaging Sound: An Ethnomusicological Study of Music, Art, and Culture in Mughal India*, Chicago: University of Chicago Press, 1998.

71. 王鸿昀:《唐代乐舞文化成因与艺术形态考释》,《交响:西安音乐学院学报》2004 年第 23 期。

72. Wang, Yushu, *Selected Poems and Pictures of The Tang Dynasty*, China Intercontinental Press, 2005.

73. Wong, Deborah, *Sounding the Center: History and Aesthetics in Thai Buddhist Performance*, Chicago: University of Chicago Press, 2001.

74. Wong, Isabel K. F., "From reaction to Synthesis: Chinese Musicology in the Twentieth Century," In *Comparative Musicology and Anthropology of Music: Essays on the History of Ethnomusicology* (Chicago Studies in Ethnomusicology), edited by Bruno Nettl and Philip V. Bohlman, pp.37‐55. University of Chicago Press, 1991.

75. Wu, David Y. H., "Chinese National Dance and the Discourse of Nationalization in Chinese Anthropology," In *The Making of Anthropology in East and Southeast Asia*, edited by Shinji Yamashita, Joseph Bosco, and J. S. Eades, pp.198‐207. New York: Berghahn, 2004.

76. Wu, Hung, "Buddhist Elements in Early Chinese Art (2nd and 3rd Centuries AD)", *Artibus Asiae* 47 (1986): pp.263‐352.

77. 吴曼英、李才秀、刘恩伯:《敦煌舞姿》,上海文艺出版社 1981 年版。

78. 向达:《唐代长安与西域文明》,重庆出版社 2009 年版。

79. 阎步克:《乐师与吏官——传统政治文化与政治制度论集》,生活·读书·新知三联书店 2001 年版。

80. 杨荫浏:《中国古代音乐史稿》,人民音乐出版社 1981 年版。

81. Yao, Zongyi, *Airs de Touen-houang (Touen-houang k'iu)*,Paris: éditions du Centre national de la recherche scientifique, 1971.

82. 叶明春:《中国古代音乐审美观研究》,人民音乐出版社 2007 年版。

83. Yu, Pauline, *The Reading of Imagery in the Chinese Poetic Tradition*,Princeton: Princeton University Press, 1987.

84. Peter Bol, Stephen Owen, and Willard Peterson, eds., *Ways with Words: Writing aboutRreading Texts from Early China*,Los Angles: University of California Press, 2000.

85. Yung, Bell, Evelyn S. Rawski, and Rubie S. Watson, eds., *Harmony and Counterpoint: Ritual Music in Chinese Context*,Stanford: Stanford University Press, 1996.

86. 郑汝中:《敦煌壁画乐舞研究》,甘肃教育出版社 2002 年版。

87. Zheng, Zuxiang, "Rights and Wrongs and Other Related Matters of the kai huang yue yi (Discussion in Music During Early Sui Dynasty)", *Musicology in China* 4 (2001): pp.105‐122.

88. Kuang, Lanlan, *Staging the Cosmopolitan Nation: The Re-Creation of the Dunhuang yuewu, a Multicultural Music, Dance, and Theatrical Drama from China*,DVD. Produced and directed by Lanlan Kuang. Lanzhou and Beijing. 2010.

丝路史实·多元映像·文化传播

——以文艺作品中的鸠摩罗什形象为例

张敬华 / 中国艺术研究院助理研究员

丝绸之路因德国地理学家李希霍芬（Ferdinand vonRichthofen，1833-1905）19世纪中叶得名，而实际其发展、形成的历史上下跨越两千多年，经历先秦、汉唐、宋元与明清四个重大的历史发展阶段，在历史的洪流中又得到陆上、海上多条线路的拓展，形成庞大而丰富的体系。两千多年来，这条古老的商道汇聚、融合与凝练的精神财富，不仅对中国的政治、经济、社会、文化产生了重大的影响，更促进了中国社会各阶层伦理道德、民风民俗的变化与和谐，推动了中国翻译学、哲学、教育、文学、农业、天文、医学的发展进步，丰富了中国音乐、舞蹈、建筑、雕塑、绘画等艺术门类的表现内容。如今，我们研究丝绸之路文化的传播与交流，不仅从历史的维度去不断地深化挖掘，更要从现代传播学的角度上注重以多种传播媒介为载体，对其进行立体的、多元化的表现，全方位地展现丝绸之路的古老文化与当代风采。

近几年来，有关丝绸之路的纪录片、文献资料片越来越多，从各个角度对这条古老的经贸之路、文化交流之路进行了多角度的诠释。谈到古代丝绸之路上文化交流，佛教文化的传入与佛经的翻译则是其中不可回避的重要史实。

佛教兴起于公元前6-前5世纪的古印度，随着规模的不断扩大，开始向外传播，于东汉时期传入我国。佛经教义众多、派别繁杂，传入中国后最重要的一项工作就是佛经的翻译，如何将佛教典籍翻译成汉语，并合理地用中国文化、中国精神来阐释佛教典籍，是一项长期而繁杂的工作，历史上有很多重要的翻译家投身其中。鸠摩罗什是其中非常重要的人物，他在中国佛学界、文学界、翻译学界声名远播，与唐玄奘法师、义净法师被尊称为历史上中国佛教三大翻译家。一直以来，有关丝绸之路题材的纪录作品中关于鸠摩罗什的讲述是最难以掌控的，不仅是因为他幼年即负盛名，一生曲折传奇，而且他身为西域人却精通儒家文化，能力超群、个性鲜明，这样的一位历史人物在纪录片中如何展现，又与历史有哪些呼应与错位呢？

一

鸠摩罗什进入中原正是我国魏晋南北朝时期，那是中国历史上政权更迭频繁的年代。由于长期的封建割据和连绵不断的战争，百姓流离失所，文化发展也受到了影响。社会各阶层都在精神上寻求寄托，表现为玄学的兴起、佛教的流传、道教的勃兴和波斯、古希腊文化的羼入。尤其佛经的广泛流行，渗透到政治、经济、文化、民俗等社会的各个方面，特别是佛教的开窟造像、研讨佛理，注重自我心灵净化逐渐形成风气，成为社会各阶层特别是文人、士大夫思想行为的突出特点。这是一个民族大融合的时代，是外来文化源源输入的时代，是科技、文化大发展的时代，同时也是文学艺术自由勃发的时代，礼教束缚逐渐被打破，文人思想随之解放，魏晋风度成为时代思想解放之标志。赫赫有名的西域高僧大德鸠摩罗什就在这金戈铁马、文化交融的时代沿丝绸之路来到了中国。

这些史实在一些影视作品，如《丝绸之路》（2004）、《新丝绸之路》（2006）、《一个人的龟兹》（2010）、《东行》（2015）、《不负如来不负卿》（2016）、《千年菩提路——东行记》（2016）等纪录片都有表现，或以演员表演与历史风景结合，或以遗迹探索与人物探秘为主，围绕着鸠摩罗什神童成长史、青年、中年时代坎坷经历展开。而在《不负如来不负卿》、《鸠摩罗什传奇》（2011）、《鸠摩罗什》（2017）等小说作品中，鸠摩罗什一生的传奇故事更是被津津乐道，重重演绎，而他对于中国文化所做出的贡献、对于丝路沿线各国文化交流与互动所做的功绩有所忽略。

鸠摩罗什是西域龟兹国人，他的名字也被译为鸠摩罗什婆或鸠摩罗耆婆，简称罗什，意为童寿，是魏晋时期德高望重的大德高僧。在当代文艺作品中，对于鸠摩罗什的传奇色彩关注主要有以下几处：

关于鸠摩罗什的家世。他的父亲鸠摩罗炎是天竺人，家世显赫，世代为相，为西域显贵世家。鸠摩罗炎天赋异禀且聪明好学，本应嗣继相位，他不但推辞不就，而且毅然出家，东度葱岭来到龟兹国。龟兹国王十分敬慕他的才德，闻知他的到来，亲自到郊外迎接，并延请为国师。鸠摩罗什的母亲是龟兹国王的妹妹，聪敏才高，阅读经书过目不忘而且能悟其妙义，她一见鸠摩罗炎，便倾心于他，决意出嫁。

关于出生异兆。他母亲怀孕时，记忆和理解都倍增于前，甚至无师自通天竺语。因此，当时龟兹国的高僧阿罗汉达摩瞿沙根据佛经记载，舍利弗尊者在其母亲怀胎时，其母智慧倍常，并预言："必定身怀智慧之子。"

关于他的幼年经历。他七岁时，就随母亲出家修行。他天资聪颖，能日诵千偈。二十岁时在龟兹国受戒。鸠摩罗什在龟兹的二十多年，名声显赫，龟兹国王为他造了金狮子座，铺上锦褥，请他升座说法，西域各国的国王跪在法座下，俯伏在地，心甘情愿地让鸠摩罗什踏着他们的身体，一步步登上法座。这个场景也多次在影视作品中被提及、再现。

关于中年时生活秘闻。为争夺鸠摩罗什，前秦、后秦两次发动战争，大将吕光囚禁鸠摩罗什于凉州十七年，他屡次预言成功。

鸠摩罗什的这些流传很广的神奇故事，主要源于以梁慧皎的《高僧传》卷二《鸠摩罗什传》中。由于缺乏更多的文字资料，有些文艺、影视作品中对于鸠摩罗什人生经历的论述均据此展开，这些传奇性的故事强化了观众、读者的猎奇心理，而忽视了在那个战乱频发、朝代更迭的时代背景，更忽视了南北朝时期民族文化融合、思想解放的文化背景。

站在今天"一带一路"经济文化发展的世界格局之下，对于历史文献中的鸠摩罗什，要去除虚妄夸张的想象，对比、甄别真假史实，这不仅需要与不断发现的丝路沿线的文物古迹加以印证，更需要对其文化遗产进行深入的考查与研究，进而不断充实丰富史料，在有史可据的基础上进行艺术加工。同时，艺术创造要力求恰当而合理，不能以猎奇为目的，更不能随意地扭曲、编造。鸠摩罗什与唐玄奘法师、义净法师被尊称为历史上中国佛教三大翻译家，是中国翻译史上里程碑式的人物，更要注重把握在文学艺术作品中的历史真实与艺术创造的关系问题。

二

如果说对于鸠摩罗什的生活多数只能依靠历史的想象，那么他对佛经翻译的贡献却是有史可证、有迹可循的，而这一部分内容却是大多数文艺作品所缺失的部分。佛教经丝绸之路传入中国，初期的译经者许多都是中亚一带的高僧，后来才逐渐有了来自印度的僧人。因此在语言上不仅是一种语言向另一种语言的直译，更存在多种语言转译的情况，其中包括如今已经不存在的多种古代少数民族语言。再者，古印度的梵文、汉语以及这些少数民族语言本身很难掌握，可想而知佛经的翻译工作可谓困难重重，主要表现在两个方面：

首先，早期的佛经翻译，采用的是外来僧人与中国僧人或居士合作的模式。即使这样，仍然不能在文辞与义理两个方面兼达。这是由于佛经中有些词汇源自梵文，义理深奥，如果逐字逐句地直译，则必然会因句式、语法不同，而形成大量不通顺、难于理解的文字；如果译意，则难有兼通梵、汉、中亚各国文字之人，以当时状况来看，翻译过来后文字无法准确表达，时有遗漏或误译，这种状况自东汉至晋代一直存在，《梁高僧传·道安传》中提到："初经出已久，而旧译时谬，致使深义，隐而未通。"

这其中安世高与支娄迦谶对于佛经的翻译虽时间较早，对佛经翻译工作做出了很大的贡献。安息国高僧安世高精通西域多国语言，是中国佛经汉译的创始人，曾翻译了古印度小乘佛教禅宗的经典《十二因缘经》，也被称为《安侯口解》。安世高翻译的特点是措辞较为准确，言简意赅，此外，他特别留意古印度佛学和中国本土文化的结合，并参考中国道家观念来比喻经中观点，"安般守意，名为御意至得无为也。安为清，般为净，守为无，意名为"（《安般守意经》卷上）。晋代高僧道安大师则评其文字为"义理明晰，文字允正，辩而不华，质而不野"。支娄迦谶既深通梵文，又精通汉语。据梁僧祐《出三藏记集·道行经后记》中载：光和二年十月八日，河南洛阳孟元士口授天竺菩萨竺朔佛，时传，言者月支菩萨支谶，时侍者南阳张少安、南海子碧，劝助者孙和、周提立。由此可见，支娄迦谶翻译的《般若道行经》的过程，是竺佛朔宣读梵文，支娄迦谶译为汉语，孟元士笔录成文的。他翻译的经文特点多用音译，并尽量保持原意。

这种困境直到鸠摩罗什的出现才得以根本改变。僧祐《出三藏记集》卷一提到鸠摩罗什的文字风格："能表发翰挥，克明经奥，大乘微言，于斯炳焕。""然文过则伤艳，质甚则患野，野艳为弊，同失经体。帮知明允之匠，难可世遇矣。"可以看出自此，佛经翻译的风格终于突破困境，只看重文采不好，那是"艳"，完全直译也不好，那是"野"，都不利于佛经文字的流传。而鸠摩罗什的文字风格兼具文采与义理，开辟了新的阶段。

其次，鸠摩罗什开创了规模宏大的译经场。鸠摩罗什被待以国师之礼，入住长安逍遥园西明阁，组织和主持译场。他广邀有学问的高僧一起参加译经，译经场中有译主、度语、证梵本、笔受、润文、证义、校刊等传译程序，分工精细，制度健全，集体合作。据记载，与鸠摩罗什一起译经的名僧有八百余人，远近而至求学的僧人有三千之众，故有"三千弟子共译经"之说。

鸠摩罗什在长安住了将近十二年，据史料载，他共翻译经书三十五部、二百九十四卷，所译经典极为广泛，文字信实，表述流畅，有些经典后来虽有新译，仍难以取代。鸠摩罗什所译《法华经》，在中国汉地流传甚广。《高僧传》所举讲经、诵经者中，以讲、诵此经的人数最多；敦煌经书抄本中也是此经比重最大；南北朝时期注释此经学者达七十余位。陈隋之际的智者大师更依据此经创立了天台宗。汉译本传入朝鲜、日本后，流传更盛。直至现代，日本新兴的创价学会、立正佼成会和妙智会等，都专奉此经为宗旨。

从文化交流与传播的意义来看，鸠摩罗什不仅第一次系统地翻译和介绍了大乘佛法的理论，更在翻译文体上一变过去朴拙的文风，创造出不计其数的兼具外来语与汉语调和之美的新文体，对中国语言学的丰富和发展做出了巨大的贡献。他主持翻译的经、论，为中国佛教徒所乐诵，对中国后来的佛学、文学、语言学、哲学等产生了重要影响。他所翻译佛经，流传至今经历一千六百多年而不衰，在中国译经和佛教传播史上具有划时代的意义。而多数纪录片、文学作品对于这些本应浓墨重彩的内容，却以寥寥几笔带过。固然，来自古代文献中的文字叙述简洁，用镜头语言表现这些有一定的困难，在文学作品中体现起来也不易。但对于这些重要史实的缺失，正是丝路文化的当代表达最大的问题。

因此，文艺作品选择谁作为主要人物，选择哪些内容作为着重表现的主要事件，是需要非常慎重考量的。它不仅是一部作品将来呈现出的样貌，更是创作者价值追求的体现。大兵瑞恩是好莱坞电影对于个人英雄的塑造典型，体现了好莱坞对自由、生命价值的思考；入殓师大悟的工作是日本电影对于仪式感的集中体现，体现了日本文化中对道的尊崇；女摔跤手吉塔是印度电影中女性励志典范，体现了印度现代女性对梦想的追求……那么对于鸠摩罗什而言，传奇性、历史感如何体现丝路精神，如何织绘出南北朝战火纷争的历史背景之下，他对于自己使命的理解，对于佛教弘传的执着，对于时世事物的洞察和对于中国传统文化的向往，这是创作者们需要谨慎思考的命题。

三

2013 年秋，中国提出共建丝绸之路经济带和 21 世纪海上丝绸之路，即"一带一路"倡议。迄今，全球已有 100 多个国家和国际组织积极支持和参与"一带一路"建设。"丝绸之路"从历史深处走来，对于世界经济、文化格局显示出越来越重要的作用，这一点是世界所共同瞩目，"一带一路"倡议已经成为书写全新世界历史的契机。对于文化，提出"一带一路"建设"要以文明交流超越文明隔阂、文明互鉴超越文明冲突、文明共存超越文明优越，推动各国相互理解、相互尊重、相互信任""国之交在于民相亲，民相亲在于心相通"，已经充分确立了文化在这个全球战略中的重要地位，丝路文化的发展与弘扬已经刻不容缓。

不论从丝绸之路的地理位置来看，还是从佛教传入中国的历史角度来看，鸠摩罗什都是中西文化交流的重要使者，是丝路文化的历史宝藏。在历史的维度中寻找他的真实定位与价值，在艺术的维度中创造一个丰满而令人信服的人物形象，将是今后文艺作品需要思考的重要问题。

第三辑

文明共享共融背景下
敦煌文化的当代价值和战略意义

从神圣殿堂至艺术宝库：以生态史观论莫高窟今昔属性之演变

吕锤宽 / 台湾师范大学教授

一、前言

目前被称以石窟者，其初始开凿的属性系礼佛的神圣殿堂，亦即今称以石窟或千佛洞的古迹，系中世纪的窟形佛寺：以泥塑雕琢的各式雕像为佛陀的诸多生相，供佛徒顶礼膜拜；两侧墙壁色彩华丽的壁画，或阐述佛教精义，或借以表达信士对佛的忱悃诚心。根据《敦煌学大辞典》，莫高窟于历史时期系称以寺，晋时称为仙岩寺，隋末唐初为崇教寺，元代称皇庆寺，清末称雷音寺[1]。由于人类的进化以及技术的发展，作为生活空间的洞穴已由屋宇进化为摩天大楼；随着医学与养生技术的发展，以道教为主、开凿于深山的洞天，或被弃置，或成为观光胜地；至于中世纪普遍分布于西域至河西走廊等地的窟形寺院，由于宗教信仰的演变，部分已因功能消失而遭毁弃，如古高昌境内交河遗址的诸多佛窟。

佛窟寺为早期佛教传入中国的文化遗存，换言之，佛窟寺为早期佛教扩散的有形文化资产，能作为中世纪佛教发展史的有力材料，而透过窟形寺壁画与音乐相关的资料之解读，能发现中世纪的佛教音乐远出乎今日之想象：乐器种类数量与乐队编制多样，远丰富且复杂于今日所见的佛教寺院音乐，经变画中舞者之衣着华丽且体态多姿，其表演型态绚丽且引人入胜。

敦煌莫高窟为诸多石窟之中，保存艺术作品最多且精致者，故被联合国教科文组织入选为人类非物质文化遗产代表作名录，因而成为国际知名的旅游景点。在开凿之初以至于经历整个中世纪，包括莫高窟在内的所有佛窟寺，实为神圣的佛教仪式空间。为了解石窟寺在佛教传播初期的情形，本文将略论佛教于中世纪初期东传入中国的概况，以及佛窟寺的开凿与分布，并以世俗或艺术观点，略论将该佛教寺院遗址视为石窟之后，保存于该空间的内容。

以生态史观言之，莫高窟初为神圣的仪式空间，进出该场所的人众为信徒，面对佛陀的

---

[1]　季羡林主编：《敦煌学大辞典》，上海辞书出版社 1998 年版，第 8 页。

造像时，必怀着虔敬的心情祷告，而无高举手指对着神像指指点点，面对两侧的说法图，也不至于抱着欣赏的态度而论长道短。今日进出莫高窟者主要为游客，根据三次参访的经验所见，人们的心情或态度有颇大的转变。参照以西欧的天主教世界，该文化圈之宗教仪式空间最古老者，为习称圣母院的主教教堂，以本文实地调查所熟知的法国天主教圣母院为例，该类型的教堂虽多始建于11世纪或12世纪，其地基多为4世纪的毁弃宗教古迹。因此，从历史背景言之，莫高窟的早期建筑沿革与宗教功能，犹如法国的圣母院。在历史时期，圣母院为法国的政治与教会权力中心，19世纪之后，它的政治功能消失，即使宗教功能仍不如往昔，继之成为观光旅游的胜地，学术上则为美术史观察研究的对象，以及音乐的演出空间。虽然如此，游客进出或参观圣母院时，以实地的观察所见，仍怀着肃穆的心情。

二、佛教东渐与佛窟寺之开凿

石窟壁画艺术，系目前文艺界通行的词汇，为美术系所与艺术学研究的学习教材，该艺术形式与内容，原为佛教寺院的装饰，仍具有宗教内涵，犹如今日巴黎的圣母院，对来自世界各地的游客而言，为必须参观的景点，对法国的天主教徒而言，则为顶礼圣母玛利亚的神圣空间。为了对窟形寺的属性与产生，能有纵深的历史背景认识，本文拟略论佛教传入中国、佛窟寺之分布、佛窟寺的性质与内容。

（一）佛教传入中国略说

佛教（Buddhism），此一世界性的宗教，约于公元前6世纪由古印度迦毗罗卫国（尼泊尔）的太子悉达多所创，中世纪初期为亚洲大陆的主要宗教，随着伊斯兰教的传播，目前主要流传于中国与东南亚，为世界三大宗教之一，也是汉人的主要宗教信仰。佛教传播至中国的路线，历来有陆路与海路两说，主陆路说者如日本学者镰田茂雄：

> 佛教传入中国初期，几乎都是从西域地方的陆路而来，到了东晋、南北朝以后，经由南海航路者逐渐增加。……最主要的路线是经中亚、西域的陆路。[1]

从行文观之，镰田氏虽无明确指出最早的传播路线，而称主要的路线为西域。随着佛教史研究的蓬勃发展，以及江苏省连云港的孔望山摩崖造像被发现，因而有学者提出"佛教艺

---

[1]　[日]镰田茂雄：《中国佛教通史》第一卷，关世谦译，佛光出版社1994年版，第77-78页。

术从海上丝绸之路传入中国"的推测[1]。根据 2016 年 7 月至连云港考察童子戏与东海黄公时所见[2]，孔望山摩崖造像系开凿于东汉，属今所见最早的佛教造像艺术。至于佛教传入中国的时间，仍有若干不同的说法，最古者云为周代，晚者为后汉明帝之世[3]。

基于好古的心理，关于佛教出现于中国仍有若干传说，道教史学者镰田茂雄的研究指出，计有：伯益[4] 已知佛之存在说、周朝时即有佛法传入、孔子已知有佛之说[5]。案：佛教创始人释迦牟尼又名悉达多，出生于公元前 6 世纪，约与孔子同时，二者的文化空间相距四五千公里以上，根据文化扩散或传播，绝无可能共时性地有任何交流。当代专治历史地理的学者严耕望，经由史料的排比，引用三国魏鱼豢撰《魏略》与《后汉书·楚王英传》，认为佛教传入中国最早的记录为汉代。[6]

（二）西域石窟

根据维基百科全书，石窟起源于埃及中王国时期的岩窟墓，于新王国时期演变为石窟，约于公元前 5 至前 4 世纪经波斯传入印度，由中亚传到中国。佛教于哪个朝代经由何途径传入中国，随着文献、考古资料以及观点等，可能产生若干不同的观点或解释，如经由作为历来被视为石窟的礼佛空间之考察，能发现：中世纪以石窟形态而产生的礼佛空间，主要出现于陆上丝绸之路，至于海上丝绸之路地区并无窟形的礼佛空间。以人类文化观点言之，石窟实为开凿于山壁的空间，根据作用的不同，可为一般生活的空间，远者如初民之穴居，近者如陕西黄土高原所见的窑洞；修行空间，如道教文化圈的洞天，有名者如四川青城山的天师洞以及朝阳洞；宗教崇拜的空间而开凿为窟形者，迄今所见，为位于亚洲内陆丝绸之路一代的佛教窟形寺院。

石窟在中国境内的分布，根据历史地理，系从西域逐渐向东。西域为历史地理名词，泛指玉门关以西的地区，该词汇与行政辖区，可见于《史记·大宛列传》《汉书·西域传》《后汉书·西域传》《魏书·西域传》《隋书·西域传》《南史·西域诸国传》《北史·西域传》等。据《隋书·西域传》[7]：

---

[1] 对佛教从海上丝绸之路传入中国之辩，参见温玉成：《中国佛教与考古·"早期佛教初传中国南方之路"质疑》，宗教文化出版社 2009 年版。

[2] 该次考察由中国艺术研究院文化发展战略研究中心副主任郑长铃教授联系，主要目的为考察淮安与连云港于明清时期淮河盐运与漕运的音乐文化及对南管与北管发展过程中的影响。

[3] 关于佛教传入中国年代之考证，可参见 [日] 野上俊静等：《中国佛教史概说》，释圣严译，台湾商务印书馆 1995 年版，第 9–10 页。

[4] 传云伯益为《山海经》的作者。

[5] 关于佛教出现于中国的早期传说，参见 [日] 镰田茂雄：《中国佛教通史》第一卷，关世谦译，佛光出版社 1994 年版，第 84–101 页。

[6] 佛教传入中国早期的考证，参见严耕望：《魏晋南北朝佛教地理稿》，台北"中央研究院"历史语言研究所 2005 年版，第 1–4 页。

[7] （唐）长孙无忌等撰：《隋书》卷八十三《列传第四十八》，艺文印书馆 1962 年据清乾隆武英殿刊本景印版。

汉氏初开西域，有三十六国……至于后汉，班超所通者五十余国……大业年中，相率而来朝者三十余国，帝因置西域校尉以应接之。

根据《中国史稿地图集》，西晋设有西域长史府，辖高昌、龟兹、疏勒[1]。高昌，即今日的吐鲁番，龟兹故城在今之库车，疏勒位于今之喀什。西域石窟主要分布于龟兹与高昌之间的沙漠地带。

依新疆龟兹石窟研究院的调查[2]，龟兹石窟群共计有九处，拜城境内有克孜尔石窟(229)[3]；台台尔石窟(19)，多为中心柱式窟[4]；温巴什石窟(26)。库车境内有库木吐拉石窟(112)。克孜尔尕哈石窟(66)，开凿于5-9世纪，为距离龟兹都城最近的窟寺，多为龟兹风格，有龟兹王的画像[5]。森木塞姆石窟(57)，为位于龟兹最东的石窟，主要为中心柱式窟，也有方形窟和大像窟，第11号窟为大像窟，系龟兹地区最高大的石窟[6]。此外尚有玛扎伯哈石窟(44)、阿艾石窟(1)，新和县境内有托乎拉克艾肯石窟(20)，为已知龟兹最西边的石窟。

高昌，即今日吐鲁番，石窟主要分布于伯孜克里克(57)，开凿于5-14世纪，为高昌地区规模最大的窟形寺群，以方形窟为多，也有以土坯垒起的地面窟寺[7]；吐峪沟石窟，是高昌地区最早的石窟，约开凿于4世纪，编号洞窟46个[8]；雅尔湖石窟，开凿于5-12世纪，为交河遗址的组成之一，共有7窟[9]；奇康湖石窟，位于火焰山北麓，毁损极为严重[10]；胜金口佛寺，位于吐鲁番东、火焰山谷口，已极为毁损[11]；以及拜西哈尔石窟。

(三) 汉地石窟

位于古代中国最西边的佛窟寺群为敦煌石窟，莫高窟为敦煌石窟中最具代表性者，故对一般游客而言，常直认为敦煌石窟即莫高窟，笔者首次于1991年6月游历该地时即持此想法。汉代敦煌石窟系分布于敦煌郡内石窟群的统称，由于敦煌为当时的政治文化中心，故以行政首府为名，犹如西安鼓乐分布于西安、长安、何家营、周至等地，或泉州弦管分布于泉州、晋江、德化、永春、南安、惠安、厦门等地，而都以当时的行政中心城市命名乐种。笔者于2016年

---

[1] 郭沫若主编：《中国史稿地图集》（上册），中国地图出版社1979年版，第49-50页。

[2] 本文所称"龟兹石窟研究院的调查"，资料来自中国社会科学；石窟的进一步描述，则引自《中国音乐文物大系：新疆卷》。

[3] 括号内的数字为石窟寺的数量，来自中国社会科学网，与《中国音乐文物大系：新疆卷》的资料部分有差异。

[4] 中国音乐文物大系总编辑部编：《中国音乐文物大系：新疆卷》，大象出版社1996年版，第155页。根据此书，台台尔编号洞窟有18窟。

[5] 同注[4]，第150页。

[6] 同注[4]，第142页。

[7] 同注[4]，第160页。

[8] 同注[4]，第158页。

[9] 同注[4]，第159页。

[10] 同注[4]，第167页。

[11] 同注[4]，第170页。

9 月的考察，根据地理位置，敦煌石窟由西而东为西千佛洞、莫高窟、榆林石窟、东千佛洞。另根据《敦煌学大辞典》，敦煌石窟群尚包括水峡口下洞子石窟、肃北五个庙石窟、一个庙石窟、昌马石窟[1]。

实地对石窟地理环境之考察所见，敦煌石窟皆位于河川之旁，莫高窟与东千佛洞系开凿于高耸的山脉，榆林窟与西千佛洞开凿于地堑之山壁。由于地理环境之殊，形塑位于鸣沙山的莫高窟具有较大的空间，而能开凿宏伟的大型窟。莫高窟坐落于敦煌市东南 25 公里的鸣沙山东麓，计分为南北两个窟区，北区为画工与塑匠的居住，以及僧人的禅修空间；南区为礼佛区，现存有壁画与塑像者共 492 窟。西千佛洞位于敦煌市之西南约 30 公里，石窟位于地平线之下、由党河切割形成的地堑，现存 19 窟。榆林窟位于敦煌市之东、安西县西南 70 公里，由榆林河切割所形成之地堑的山壁，今存洞窟 41 窟。东千佛洞位于榆林窟之东，根据《敦煌学大辞典》，计有洞窟 23 个[2]。

三、佛窟寺的壁画

石窟或窟形寺，主要分布于亚洲北部的陆上丝绸之路，最早见于古龟兹境内，即今日库车一带，知名者克孜尔，古高昌境内有柏孜克里克，汉地境内有敦煌石窟、云冈石窟、龙门石窟。系以山为基体而开凿的人工空间，前文已提及此人文现象，由于以佛教为内容的石窟数量多且具有丰富的艺术性，故而石窟已成为佛教的该类古迹之专称。根据功能的不同，石窟可分为禅窟、僧房窟、塔窟、尊像窟或佛殿窟、讲堂窟[3]。根据性质的不同，石窟分为供养佛的石窟，如云冈石窟与龙门石窟，由于该类山体为岩石，佛陀为依山而雕琢的佛像，属半龛形的佛窟，并无装饰性的壁画。从龟兹至敦煌的石窟，虽为挖凿于山体之内，所形成屋宇或殿堂式的空间，系朝礼佛陀的仪式场所，空间正面供奉佛与菩萨的塑像，四壁则布满借以阐述佛教精义、供养者诚心、社会民风礼俗的图画。

（一）石窟壁画略述

简称石窟的佛窟寺，地理分布广袤，以附着于石窟四壁的绘画内容为对象之研究，即使亲临其境调查，由于窟内阴暗且空间的因素，欲采集研究的材料之困难度颇高。今日以石窟为题材的研究蓬勃，石窟造像与壁画的画册颇多，以敦煌石窟藏品为主要内容的研究即形成敦煌学，因而产生的专有名词、术语，塑像与壁画维护与技法、藏品、相关人物等，且能形成一部壮观

[1]　季羡林主编：《敦煌学大辞典》，上海辞书出版社 1998 年版，第 8 页。
[2]　同注 [1]，第 12 页。
[3]　宿白：《中国佛教石窟寺遗迹》，文物出版社 2010 年版，第 7 页。

的《敦煌学大辞典》[1]。1900—2007年，与敦煌相关的研究，则汇编为1001页的《中国敦煌学论著总目》[2]。至于以石窟塑像与壁画为内容的画册，其数量之多，实令人赞叹。

迄今为止，关于石窟的画册数量颇多，提供了研究壁画内容的丰富材料。根据台湾师范大学图书馆藏品的览阅，石窟画册可分为全集式以及专辑式，全集性质的画册计有：

中国壁画全集编辑委员会编：《中国壁画全集》（天津人民美术出版社1989年版）；段文杰主编：《中国壁画全集·石窟壁画·敦煌石窟》（辽宁美术出版社1989年版）；赵敏主编：《中国壁画全集·石窟壁画·新疆石窟》（新疆人民出版社1990年版）；段文杰主编：《中国壁画全集·石窟壁画·新疆石窟壁画》（天津人民出版社1992年版）；敦煌文物研究所编：《中国石窟·敦煌莫高窟》（文物出版社1982—1987年版）；敦煌研究院主编：《敦煌石窟全集》（香港商务印书馆1999—2005年版）；敦煌文物研究所编：《中国石窟：敦煌莫高窟》（东京平凡社1980—1982年版）；中国轻工业出版社编集：《敦煌莫高窟壁画》（京都美乃美株式会社1982年版）；敦煌研究院编：《敦煌》（甘肃人民出版社1990年版）；徐光冀主编：《中国出土壁画全集》（科学出版社2012年版）。

专辑式的石窟画册又分为单一石窟与分类的画册：

杨雄编著：《敦煌石窟艺术·莫高窟第四五窟附第四六窟（盛唐）》（江苏美术出版社1993年版）；段文杰编著：《敦煌石窟艺术·榆林窟第二五窟附第一五窟（中唐）》（江苏美术出版社1993年版）；梁尉英编著：《敦煌石窟艺术·莫高窟第九窟、第一二窟（晚唐）》（江苏美术出版社1994年版）；敦煌研究院编著：《中国石窟：安西榆林窟》（东京平凡社1990年版）；中国音乐文物大系总编辑部编著：《中国音乐文物大系：新疆卷》《中国音乐文物大系·甘肃卷》（大象出版社1996年版）。

高德祥：《敦煌乐舞：经变乐舞》，上海音乐出版社2016年出版。

罗德瑞克·韦陀（Roderick Whitefield）编集：《西域美术：大英博物馆斯坦因搜集品（敦煌绘画1）》（东京讲谈社1982—1984年版）。

上述的画册内容包括雕塑与壁画，提供人们对石窟内容及其艺术性的认识，其中最具有生活性以及音乐价值者，为绘制于窟室四壁的画作，亦即习称的壁画。

根据石窟画册的研读，并辅以亲历山西大同云冈石窟、河南洛阳龙门石窟及敦煌石窟群包括西千佛洞、莫高窟、榆林窟等之实地考察，石窟壁画的内容约可分为人物、经变、民俗、建筑。从大结构观之，壁画描绘诸佛说法超化济度世人，呈现的形式称为说法图、经变画，借以阐述佛经的途径为音乐舞蹈，因而敦煌学中针对壁画中的舞蹈研究，特称以经变乐舞，

---

[1]　《敦煌学大辞典》由季羡林主编，上海辞书出版社1998年版，分为上、下2册，共计966页，此外，尚附有61页之索引。
[2]　《中国敦煌学论著总目》由樊锦诗等主编，甘肃人民出版社2010年版，书末并附132页的作者索引。

敦煌乐舞专家高德祥认为：

> 经变乐舞是个新词，是对敦煌壁画中一种特有乐舞形式的称谓。经变乐舞是相对于经变画而言的。……"变"的具体含义，就是把经文转变为画像的意思。因此，我们把出现在经变画里的一种具有特定形式的大型乐舞，称之为"经变乐舞"。[1]

如参照以汉人的佛寺，石窟寺正面靠该空间底面为雕塑的佛与弟子菩萨，四壁画满佛教世界与众生朝礼佛陀的景象，因而人物系构成石窟壁画的核心。

（二）龟兹与高昌石窟

以开凿时的属性言之，窟形寺四壁的绘画，系作为供养朝礼诸佛，具有神圣的宗教内容，时空转移之后的今日，则成为了解古代世界的珍贵文物。通过壁画，可知佛教传播的初期极为重视音乐，故而从龟兹、高昌至敦煌的石窟，都有丰富的乐器资料。

古龟兹国由于笃信佛教，故境内窟形寺颇多，其中以位于拜城县的克孜尔石窟群的数量最多，壁画也保存得较为完整。库木吐拉石窟群[2]位于库车县西北约25公里塔格山南麓的渭干河（木札提河）东岸，已编号的114窟分为礼拜窟、僧房窟、讲堂窟和罗汉窟，以礼拜窟的数量最多，壁画主要见于礼拜窟；壁画技法分为犍陀罗艺术风格、龟兹风格、汉地风格、回鹘风格。龟兹风格虽为龟兹石窟的主要技法，于库木吐拉石窟的分布却散乱而不集中，相反地，汉地风格则较为集中。

根据《森木塞姆石窟内容总录》[3]，森木塞姆的中心柱窟、大像窟和方形窟中均绘制壁画，相同于龟兹其他石窟，此窟群的壁画内容以佛教故事画所占的数量最多，包括本生、佛传、姻缘等，此外尚有尊像、千佛、供养人等。

关于克孜尔尕哈石窟群的内容，据《克孜尔尕哈石窟内容总录》[4]，克孜尔尕哈石窟位于库车西北12公里，盐水沟旁的却勒塔格山脉的丘陵地带，为距离古龟兹都城最近的石窟群；分布于山谷的东、西、北三面崖壁上，窟形主要有中心柱窟、大像窟、方形窟、僧房窟和摩崖龛等；壁画属克孜尔尕哈石窟面积最大、内容最丰富的艺术品，壁画题材内容分为故事画、天相图和供养人等。

览阅龟兹与高昌地区石窟的画册，存见于西域石窟壁画的音乐资料，以鼓类乐器最为突出，计有鼗鼓、腰鼓、答腊鼓、鸡娄鼓、毛员鼓，丝类乐器种类仍颇为多样，计有弓形箜篌、竖箜篌、五弦琵琶、曲项琵琶、阮咸、筝，其中以五弦琵琶出现的频率最多，与古代音乐文献所称"五

[1] 高德祥：《敦煌乐舞：经变乐舞》，上海音乐出版社2016年版，第38页。
[2] 新疆龟兹石窟研究所编：《库木吐拉石窟内容总录》，文物出版社2008年版，第11—21页。
[3] 新疆龟兹石窟研究所编：《森木塞姆石窟内容总录》，文物出版社2008年版，第16—22页。
[4] 新疆龟兹石窟研究所编：《克孜尔尕哈石窟内容总录》，文物出版社2009年版，第7—11页。

弦出自北国"一致。根据《大唐西域记》，龟兹人善于歌舞，该地石窟壁画所见，多属龟兹乐器，位于库车境内的库木吐拉石窟，第 68 窟所绘的不鼓自鸣乐器，都属中原形制[1]，首次也唯一地出现筝与拍板，其中的拍板为四片。

（三）敦煌石窟

在诸多石窟之中，以敦煌石窟的数量最多，佛塑像与壁画的内容最为丰富，对古代中国的历史文化具有全方位的研究价值，展现于壁画的音乐材料也最为多样，其中莫高窟堪称中世纪音乐的图像博物馆。关于敦煌壁画的音乐资料，郑汝中曾进行全面的考察，根据他的统计，莫高窟的音乐窟有 240 个，乐伎 3520 身，乐队 490 组，乐器 43 种共计 4549 件[2]。从数字观之，存见于莫高窟的乐器量极多，由于经变画乐队（乐伎）使用的乐器多同，如各有百余人的柏林爱乐、维也纳爱乐、纽约爱乐等世界十大交响乐团的乐器数量有千余件，实际的乐器约仅 30 种[3]。

敦煌地处古代西域与汉地的交界，呈现于壁画上的乐器既有龟兹、高昌、疏勒等国的乐器，又有多样的燕乐乐器。根据《敦煌学大辞典》[4]《中国音乐文物大系·甘肃卷》以及《敦煌壁画乐舞研究》，敦煌石窟壁画所见的鼓类乐器计有腰鼓、毛员鼓、都昙鼓、答腊鼓、羯鼓、节鼓、担鼓、齐鼓、鼗鼓、鸡娄鼓、大鼓、军鼓、手鼓、扁鼓；丝类乐器有琵琶、五弦、葫芦琴、阮、花边阮、弯颈琴、琴、筝、箜篌、凤首箜篌、胡琴；竹类乐器计有横笛、竖笛、凤笛、异形笛、筚篥、排箫。

以历史角度言之，敦煌石窟壁画最具音乐史意义者，为胡琴的出现，该件乐器独见于榆林窟，第 3 窟之千手观音所持乐器及第 10 窟的不鼓自鸣乐器皆有胡琴[5]，观其外形，已为今二胡或南胡的形制，而非宋陈旸《乐书》中的奚琴[6]。另根据敦煌乐舞专家高德祥研究，东千佛洞亦有胡琴。

四、今日的莫高窟与法国圣母院之比较

敦煌莫高窟于一夕之间名闻国际，当肇因于 20 世纪之初欧洲探险家斯坦因与伯希和的造

---

[1] 库木吐拉第 68 窟的壁画内容，参见中国音乐文物大系总编辑部编：《中国音乐文物大系·新疆卷》，大象出版社 1996 年版，第 138 页。

[2] 郑汝中：《敦煌壁画乐舞研究》，甘肃教育出版社 2002 年版，第 75 页。

[3] 欧洲的管弦乐或交响乐团编制属式化，作为乐队核心的第一小提琴与第二小提琴，编制大者将近 40 人，实际使用的乐器只有一种。

[4] 《敦煌学大辞典》从第 250-261 页的"壁画乐器"条目，悉数皆由郑汝中撰写，故而《敦煌壁画乐舞研究》当为该部辞书的敦煌石窟壁画的音乐专册。

[5] 榆林窟壁画的胡琴，参见中国音乐文物大系总编辑部编：《中国音乐文物大系·甘肃卷》，大象出版社 1996 年版，第 203、207 页。

[6] 奚琴的形制，见（宋）陈旸编著：《乐书》卷一百二十八，元至正刊本、清光绪广州刊本；四库全书本的陈旸《乐书》，奚琴的形制并不正确，属近现代的胡琴，其弦轸与两根弦设于琴柱的两侧。

访。以生态观点，由于社会环境的演变，包括莫高窟在内的敦煌石窟，成为记录约一千六百年前、盛况持续近五百年的宗教艺术殿堂，因而随后的历史岁月，敦煌研究院将以典藏者的身份，保管与典藏将近二千年历史的文物，该石窟群且成为提供人们欣赏佛教艺术的博物馆。

（一）莫高窟参访纪实

以实地调查所见，分布于中国境内的石窟寺之现况，高昌石窟群如交河地区，1991 年 6 月曾参访该地，塑像不见、壁画几乎全部剥落；山西大同之云冈石窟、河南开封之龙门石窟属裸露的雕像群，不如敦煌石窟具有四面墙壁的室内空间，供信徒或游客徜徉其内，以膜拜或欣赏。以个人的经验言之，即便以旅游者的身份，参观云冈石窟或大同石窟，与参观敦煌莫高窟时，因空间特征产生的心理情感仍有明显的不同：观看云冈或大同石窟的佛像为艺术观点，站在山体之前向窟室眺望，在于了解"有什么、是什么"；参访莫高窟，则需进入窟室或佛寺，前几分钟固然也在于探索里面究竟有什么，随后则产生一种情操或思考：古人面对宏伟且栩栩如生的佛像时的心理。莫高窟拥有的塑像与壁画数量、历史价值、艺术性等，在敦煌学领域已有无数的研究成果与阐述，本文以亲临其境所见与体验，并参照以性质相同的欧洲之宗教礼拜建筑，略论深处宗教古迹的若干观察。

第一次前往莫高窟为 1991 年 6 月，当时的交通条件较差，从三门峡乘摆渡之船只到达对岸山西运城，以前往芮城永乐宫。返程仍从三门峡乘坐火车至柳园，隔天搭乘公交车进入敦煌。由于车况不佳，地板有破洞，公路为泥土路面，故而车内满是飞尘。该班车的乘客中，有五或六名高中至大学年龄层的青年，大音量说话产生的环境，令人颇难忍受。当天抵达之后，略微浏览沙漠城市的风土民情，隔天仍搭乘公交车前往莫高窟。由于系初访，当时的台北学术环境也缺乏敦煌石窟的画册，故而在完全没有认识的情况下步入窟室，只见一片漆黑，加之参观的时间短促，因而对石窟内容物所知实极为有限。该次莫高窟行印象较为深刻者，为站立于入口处以照相机长镜头向窟室扫描，发现位于第二层某一窟外墙的小幅壁画，似有五片拍板的音乐图像。对此拍板形制之印象特别深刻的原因，在于经由文字类文献或图像资料，皆显示唐宋时期的拍板形制系由六片木组成，至于保存于福建泉州与鹿港、台南等地的弦管（社会化词汇称为南管），所使用的拍板则为五片。

第二次参访敦煌石窟为 2016 年 9 月，承蒙敦煌研究院提供的学术研究方便，以及敦煌乐舞专家高德祥教授给予的安排，并获得郑长铃教授的规划[1]，得以有充分的时间参访莫高窟、西千佛洞与榆林窟，该次行程且获得敦煌研究院的刘翠瑛女士接待，因而对敦煌石窟群中的重要石窟，有进一步的观察与认识，得以详细了解壁画经变图的空间位置、内容物的铺陈与相对

---

[1] 郑长铃教授任职中国艺术研究院文化战略发展研究中心副主任，该次行程系为了 2017 年 10 月在敦煌举行"一带一路"国际学术研讨会的前置作业。

关系。此行系"五人参访团"独处于窟内，并无群挤的游客，故能观察以大尊佛像为中心以及四壁的整体环境，处于静寂的空间，心绪很快地飘到千年前的世界，尝试体会当时佛徒的心理境界，顿时让人通体舒畅。第三次参访敦煌石窟为 2017 年 10 月，在敦煌文化学会高德祥会长的向导之下，前往参观东千佛洞，该窟区的佛窟虽少且毁损较为严重，唯见于该窟区的壁画，对中古时期音乐的研究仍具有高度的价值。

（二）法国的圣母院

对应中世纪早期出现于中国境内的佛教寺院，世界另一大宗教——天主教具有历史性的建筑，能见于欧洲多数的古老国家，保存较多此类教堂且负盛名者，根据本研究所知，为法国的圣母院 (Cathédrale Notre-Dame)。从 1984-1985 年，以及 1990-1993 年留学巴黎期间，亲临其境调查的圣母院计有：巴黎圣母院 (Notre-Dame de Paris)、沙特尔圣母院 (Notre-Dame de Chartres)、汉斯圣母院 (Notre-Dame de Reims)、鲁昂圣母院 (Notre-Dame de Rouen)。上述的法国大教堂，多以约 5 世纪的遗址之上，完成于 13 世纪的宗教建筑。综观法国的上述圣母院，外形均为十字架型，高耸矗立于城市中心，为中世纪社会最为巨大的建筑体，以巴黎圣母院为例，正面宽度 40 米，纵身 128 米。今日以一位并无基督教背景的外邦人，站立于圣母院前的广场欣赏该建筑，赞叹与敬仰之情仍油然而生。

法国各地的圣母院内部结构与铺陈大致相同，主殿空间宽敞，如巴黎圣母院即能容纳 9000 人，中间设有座位，供信徒于举行弥撒仪式之需；两旁为侧殿，供奉圣人的雕像，后殿为圣母殿，供奉圣母玛利亚。主要的仪式空间设施之外，两侧墙壁有众多的圣人或天主教人物雕像，窗户为玫瑰花形圆窗，为耀眼的彩绘玻璃，承载的内容为基督的故事，一如莫高窟四壁绘画以佛陀或经变故事。入口顶部为一架巨型的管风琴，用于主日弥撒的音乐演奏，或作为艺术性欣赏的管风琴音乐会，如巴洛克时期的著名作曲家巴赫创作的诸多管风琴作品，即以教堂为主要演出场所。

（三）今日莫高窟与圣母院：艺术观点之比较

总体言之，西从龟兹、高昌，东至汉地的无数佛窟寺，始建之初系作为礼佛的场所，其中尤以莫高窟为盛，通过题于四壁的发愿文、功德记等，可确知此一仪式功能属性[1]。随着佛教往汉地的发展以及历代政权之递嬗，主要的佛教仪式空间转而为五台山、峨眉山、普陀山。20 世纪之后，包括莫高窟在内的所有石窟，已成为旅游景点之一。从学术角度言之，保存于窟室的雕像与壁画，成为美术史无价之瑰宝，壁画中的音乐材料，则为中国古代音乐史的重要财富。

将空间坐标往西移动至基督教文化区，保存于原属天主教国家如法国的古老教堂，从其

---

[1]　关于莫高窟四壁的供养人题记，参见敦煌研究院编：《敦煌高窟供养人题记》，文物出版社 1986 年版，第 179-236 页。

遗址至地面建筑物的历史考察，略可对应于中国石窟从初始开凿至盛期的时代。对信徒而言，圣母院为天主教的仪式空间，在19世纪之前政教合一的时代，教会为欧洲国家的权力中心，属于主教教堂的圣母院，又是发号施令的中心，从生态角度言之，每日络绎不绝出现于圣母院的人众，皆为信徒的身份。20世纪以来，随着政教分离与人本主义的兴起，天主教信徒的人数急遽减少，出现在圣母院的人潮已多为观光客，或艺术类科的学者与学生。

换言之，以生态现状考察，今莫高窟的功能近似法国的圣母院，不同之处约有两端：一为管理阶层方面，圣母院仍为天主教会，莫高窟领导者为世俗的各领域专家；二为出现这些空间的大众身份不同，莫高窟为观光的游客，出现于圣母院者多数仍为游客，但仔细观察，仍有手握玫瑰珠、跪于各个圣坛前祈愿的信徒。从学术角度观之，圣母院为欧洲艺术史的内容，包括建筑、雕刻至绘画，都能看到圣母院装饰艺术的身影。另外，圣母院在欧洲音乐史的发展并占有重要地位，如早期复调音乐的形式奥加农 (organum)，代表作家雷欧南 (Leonin，约1159—约1201)，即在巴黎圣母院工作，因而形成圣母院乐派或巴黎圣母院乐派 [1]。

本文作者曾走访巴黎市区及近郊五十余所教堂，发觉市内或近郊教堂的仪式功能犹存，差异为郊区教堂几乎无游客，出现于该空间者完全为祈祷的信徒，即使信众已寥寥无几。至于巴黎市区内的教堂，如巴黎圣母院、圣心教堂 (Église Sacré coeur)、圣马德兰教堂 (L'église Sainte-Marie-Madeleine)、圣日耳曼・德・培教堂 (Église Saint Germains-des-Près) [2] 等，目前所见，出现于该些空间的人众，已多数为游客。

图1 沙特尔圣母大教堂全景，1993年摄

莫高窟之硬体建筑技术与规模等，虽不能与法国的圣母院大教堂 (图1) 相提并论，如经由历史背景、功能、神像雕刻、墙壁之装饰艺术等层面的观察，二者各自在佛教与天主教的历史地位与功能，当代的艺术史研究及观光旅游方面的价值，则有异曲同工的社会价值。在艺术史上，莫高窟的价值在于泥塑的佛像及四壁上的画像，壁画具有音乐内容的部分，成为中国音乐史的重要资料。分布于法国各省的圣母院教堂，建筑结构与装饰艺术基本相同，外观都为巨大的建筑体，以西欧天主教朝圣知名的沙特尔教堂为例 [3]，该教堂的外墙的装饰性神像雕刻如图 (图2) 所示。

[1] 圣母院乐派的相关论述，可参阅 [美] 唐纳德・杰・格劳特等：《西方音乐史》，汪启璋等译，人民音乐出版社1996年版，第97-110页；[英] 杰拉尔德・亚伯拉罕：《简明牛津音乐史》，顾犇译，上海音乐出版社1999年版，第111-114页。

[2] 圣・日耳曼・德培教堂 (Église Saints-Germains-des-Prés) 位于巴黎第六区，邻近著名的拉丁区，在11世纪，曾为法国天主教会的学术中心。

[3] 据传圣母玛利亚曾于沙特尔教堂显圣，因此该教堂成为西欧天主教朝圣的圣地，本文使用的图片为1993年4月初，参加巴黎地区前往沙特尔教堂朝圣时所拍摄。

圣母院正面拱形大门的墙壁皆有雕刻细腻的圣像，如图（图3、图4）所见的使徒、亚当与夏娃雕刻，系拍摄自巴黎圣母院。

圣母院内部两侧的空间，靠近地面者为侧殿（Chapelle），供奉使徒或圣人，都为大型的

图2　沙特尔教堂正门之装饰雕像，1993年摄

图3　使徒雕像，巴黎圣母院，1984年摄

图4　亚当与夏娃雕像，巴黎圣母院，1984年摄

雕像，犹如莫高窟内佛陀的陪侍神明。圣母院上部为窗户，玻璃皆为彩绘，颜色绚丽，构图复杂，内容多为基督降生或圣经故事，各地圣母院所见皆相同，以沙特尔与巴黎圣母院为例，窗户之彩绘玻璃样式如图（图5、图6）。

至于敦煌莫高窟构成内部的艺术性组成，包括泥塑佛像、彩绘壁画，学术界都知之甚详，故本文从略。

图 5　彩绘玻璃构成之窗户，沙特尔圣母院，1993 年摄

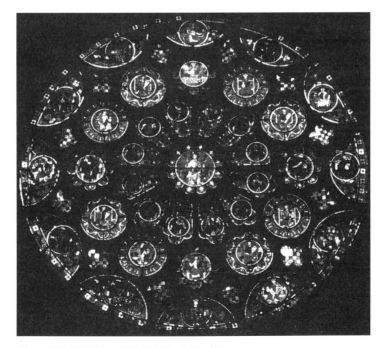

图 6　玫瑰花形园窗，巴黎圣母院，1984 年摄

五、结语

中古时期出现于莫高之境的石窟寺人众，前往的心情当颇为一致，系怀着虔诚宗教情操的信徒，跋涉前往参拜佛祖，以祈求所愿或体佛悟道。今日出现于莫高窟的民众，人潮当更胜于昔日，前往的理由可能有数十端，据测，多数属抱着"到此一游"心态的游客，其中当亦有怀着艺术态度，前往探索中世纪艺术之美的学者与艺术家，至于在熙攘的人群中，或许仍有怀着宗教情操的佛徒，在甚短的驻足停留中，对佛陀表以祝祷之心愿。

随着经济富裕，在交通发达提供的便捷环境，敦煌莫高窟虽处沙漠一隅，前往旅游人数仍相当可观。作为营运管理者的敦煌研究院或民众，可参考欧洲的天主教教堂如巴黎圣母院，以国际观言之，这些历史建筑已成为旅游景点，出现于该建筑体的游客虽人来人往，然而皆静默专注欣赏空间之内的雕塑，或彩绘玻璃的圣经故事。到莫高窟旅游的民众，身处的空间曾为宗教圣地，参观时的态度从"到此一游"提升为虔诚的情操，必可深化该趟行程，同时形塑莫高窟的旅游质量。出现于观光胜地的人众，因国民素质的关系，于旅游过程的行为当有百态，其中如抽烟、喧哗、推挤，以国际级文化景点的莫高窟，出于空间的宥限与游客人数颇多的关系，这些举止或动作，可能造成他人的不适，甚或安全上的问题。作为世界文化遗产，莫高窟如能分为宗教体验、造像艺术欣赏、壁画艺术欣赏等主题导览，或能使上述现象消失，并提升国民的文化素养，同时也让游客了解，敦煌莫高窟并非一般的风景区，而是以神圣殿堂为背景的艺术宝库。

如同敦煌石窟，法国的圣母院仍为人类的非物质文化遗产，它曾为天主教文化的核心，20世纪之后则成为艺术史与音乐史的重要内容，同时兼具若干的宗教功能。表面上观之，敦煌石窟已成为艺术殿堂或旅游胜地，仔细观察，在熙攘的游客中，仍有驻足顶礼膜拜者，甚至在佛陀龛前奉献以人民币的情形。

敦煌文化新视点

龚鹏程 / 北京大学教授

一、乌孙西迁

《后汉书》说："白疏勒以西北休循、捐毒之属，皆故塞种也。"当时西域都属塞种人。而塞种人又是哪来的呢？

塞人之族源及居地，现在国际学术界常认为是西来的，且是雅利安或日耳曼民族。

希罗多德《历史》第四卷记载：公元前 7 世纪前半叶，希腊诗人阿利斯铁亚斯曾沿着"斯基泰贸易路"，从黑海沿岸的塔纳伊司出发去东方。翻过乌拉尔山，抵达阿尔泰山脉。

斯基泰，或译称伊塞顿、塞克、塞种。据希罗多德说，可分三支：水塞、尖帽塞和牧地塞。水塞居里海附近，牧地塞居印度伊朗之间，尖帽塞则居中亚中部。可见分布极广，刚好横亘于欧亚大陆之间。

现在学界就常认为这类塞人即这样进入了西域，遍布疏勒以西。

可是换个角度看，视野就会不一样。荀济《论佛教表》引《汉书》说："塞种本允姓之戎，世居敦煌。"

这就是说塞种非西来民族，而是敦煌土著。当时认为属于戎之一支。

允姓之戎世居敦煌，早在鲁僖公二十二年以前，《左传》载这一年"秋，秦晋迁陆浑之戎于伊川"。另昭公九年载"故允姓之戎居于瓜州，伯父惠公归自秦而诱以来，使逼我诸姬，入我郊甸"，是允姓戎此时又由敦煌一带被迁到河南伊洛附近。

《左传》襄公十四年赵宣子描述这一段塞种东迁史，谓被秦所逐："昔秦人迫逐乃祖吾离于瓜州，乃祖吾离被苫盖、蒙荆棘，以来归我先君。"可见是战败所以东附于晋，因而进入了河南中原地区。

秦伐戎有许多次：秦仲伐戎，其子庄公又破戎，事在公元前 800 年。周幽王四年（公元前 778）秦又伐戎，接着秦襄公穆公也都伐过戎，事在公元前 750 年左右。秦戎争霸，戎既败，一部分东附，一部分就往西走了。

据西方史载说，公元前 612 年，塞种人联合其他游牧民族西侵，攻破亚述帝国都城，遂灭亚述。恰好也吻合秦攻戎而戎西遁的状况。这是塞种第一次西迁。

但塞人的势力并没有完全离开甘肃一带。因后来秦全力东进，并吞六国，西陲渐空，遂又为戎所居。秦始皇取河南地，西止临洮，洮河以西，就仍是戎族所居。

塞戎再次西迁，是受到月氏的压迫。苟济引《汉书》曰："塞种本允姓之戎，世居敦煌，为月氏迫逐，遂往葱岭南奔。"即指其事。

月氏当时是受到匈奴的攻击而西徙，故由凉州往瓜州方向迁，最后移到伊犁。路过瓜州时，就顺手攻破了那时塞人建立的一个小国家：乌孙。《汉书·张骞传》记此事甚详：

> 乌孙王号昆莫。昆莫父难兜靡本与大月氏具在祁连、敦煌间，小国也。大月氏攻杀难兜靡，夺其地，人民亡走匈奴。子昆莫新生……单于爱养之。及壮，以其父民众与昆莫，使将兵，数有功。时，月氏已为匈奴所破，西击塞王。塞王南走远徙，月氏居其地。昆莫既健，自请单于报父怨，遂西攻破大月氏。大月氏复西走，徙大夏地。昆莫略其众，因留居，兵稍强。会单于死，不肯复朝事匈奴。

这段话，表明了那时整个塞族之地范围甚大，乌孙只是其中一个住在敦煌附近的小国。塞王则在伊犁。大月氏先攻破乌孙，后又击破塞王，占有其地。而后乌孙王子得匈奴之助复了仇，再趁单于死而脱离匈奴自立，遂为西域大国。

早在月氏迫逐塞种时，塞种已往葱岭一带流窜。故除乌孙后来复国之外，塞种在西域还建了许多国。

如大宛国可能就是塞种所建。另外，塞种建立的可能还有大夏。大夏曾为大宛属地，《新唐书》说它就是吐火罗，所以应当是南下的一支塞族，据说其王为 Asii 种，其音与乌孙古音相近，似即乌孙之一部，后并于希腊。

大月氏被匈奴两次击破后，西徙，"迁于大夏，分其国为休密、双靡、贵霜、肸顿、都密，凡五部翕侯"（《后汉书》），以至于后来贵霜还灭了天竺，成了另一番风景。

而这些风景，都是由住在河西走廊敦煌一带之月氏乌孙西迁所开展的。

可是学术界不注重这么明显的事实，偏喜欢说大月氏是藏族、粟特族、印欧族、伊朗族，说塞人是西方迁来的斯基泰人，等等。迄今为止，甘肃境内新石器时代、青铜时代、秦汉前的古墓中出土的所有人骨，其实都毫无例外地属于东亚蒙古古人种类型，没有发现西方高加索人种因素。这一事实，也尚未引起重视。

我完全不否认西域民族复杂，不可能仅是单一人种。也知道雅利安民族于汉代亦曾东进至于阗疏勒一带，于阗还可能是希腊的殖民地，大夏且有希腊王。现今新疆与河西走廊还发现过不少希腊钱币与文字，迄今亦仍有不少罗马军团遗留在中国境内的传说，故西方民族进入西域也是事实。但学术界若只晓得这一面，而忽略了敦煌人西迁的事实与影响，就令人遗憾了。

二、公主琵琶

乌孙原是西戎一支，世居敦煌，而《尚书·禹贡》早已说过："织皮、昆仑、析支、渠搜，西戎即叙"，可见那时中原人士接触的西戎已深入新疆各部。

殷商又往西大量采玉，《逸周书·世俘解》记载："武王俘商旧玉，亿有八万。"玉是殷周礼祭重器，如此大规模的玉石贸易，说明了当时此地与中原之关系已极为紧密。苏联吉谢列夫《南西伯利亚古代史》中说卡拉苏克时期叶尼塞河中游的居民，属高脸、圆而高的眼眶、中等高度，低或扁平的鼻子者占相当大的比例，接近华北型东方人。这会不会是殷商移民呢？谁也不知道。但显然西边之玉往东卖，东边的人和货也会往西边走。因此张骞到西域，已可见到蜀中贩来的筇竹杖了。

这条商贸之路，恰好可与希罗多德《历史》说的"斯基泰贸易路"相衔接。斯基泰路又被称为黄金之路。因阿尔泰山又称金山，希腊人把住在阿尔泰山的部落称为"守护金山的狮身鹰头兽"。斯基泰人就是来此贸易金子回西方去卖的，希腊人尾随而至，还建立了殖民地。可见这条商路已非常成熟。而卖去的当然也不只是黄金，中原的丝绸、漆器、铜镜亦由此西传。叙利亚的帕尔米拉出土的汉锦，便是一例。阿尔泰巴泽雷克古墓出土物中，有欧洲风格的毛毯，有斯基泰纹饰的马辔，有秦式镜、中国花鸟图案的丝绣等，也见证了这段交流史。其时间是在公元前5-4世纪。

也就是说，西至黑海，东抵蒙古，这条商路早成通衢。而商路上主要人群，似乎东边是中国，西边就是斯基泰。

说"东边是中国人"，是因公元前60年汉朝设西域都护府后，从政治体制上看，西域不折不扣被纳入中国版图（都护府辖地以外，朝贡者还不算。如"罽宾遣使奉献"，罽宾在犍陀罗一带，去长安2200千里，东北至汉所设西域都护治还有6840里）。

而这又绝非军事及政治上强力之行为，实有深厚之文化渊源与认同基础。因为国内种族十分复杂，但文化上应已具有中国的认同意识。

当时颇有"宣帝时，乌孙公主小子万年，莎车王爱之。莎车王无子死，死时万年在汉。莎车国人计欲自托于汉，又欲得乌孙心，即上书请万年为莎车王"之类故事。1995年，民丰县尼雅遗址亦出土一方蜀锦护臂，上用隶字绣着"五星出东方利中国"字样，与另一方"讨南羌"护臂可合为一幅。这句话出自《史记·天官书》，云："五星分天之中，积于东方，中国利；

积于西方，外国用（兵）者利。"此锦在新疆出土，充分证明了此地人已自居中国，以讨南羌。

文化方面，西域传入中原而影响最大的是歌舞。现今研究文化交流和唐代歌舞的人都艳称这一点。确实，唐时音乐分为清商乐（汉族）、西凉（今甘肃）乐、高昌（今吐鲁番）乐、龟兹（今库车）乐、康国（今乌兹别克撒马尔罕）乐、安国（今乌兹别克布哈拉）乐、天竺（今印度）乐、高丽（今朝鲜）乐等。其中龟兹乐、西凉乐尤为重要。

但大家可能忽略了西域歌舞的中原渊源。其中最明显的例子是解忧公主嫁到乌孙，后来曾送所生女回长安学音乐，而此女又嫁给了龟兹王。《汉书·西域传》说："乌孙公主遣女来京师学鼓琴。汉遣侍郎乐奉送公主，过龟兹。龟兹前遣人至乌孙求公主女，未还。会女过龟兹，龟兹王留不遣，复使使报公主，主许之。"即指其事。

当时嫁到乌孙的公主，无论解忧，还是细君，都是精通音乐的高手。唐李颀《古从军行》说："行人刁斗风沙暗，公主琵琶幽怨多。"讲的就是乌孙公主。后来人们常想到的王昭君抱着琵琶唱歌出塞情景，其实是把乌孙公主的事张冠李戴而成的。

据晋人《琵琶赋》说："汉遣乌孙公主，念其行道思慕，使知音者裁琴、筝、筑、箜篌之属，作马上之乐。"唐人《乐府杂录》也说："琵琶，始自乌孙公主造。"

汉代音乐及乐器传入乌孙龟兹等地，后来又反过来流传于隋唐。可如今大家却只谈琵琶来自天竺波斯、龟兹舞乐如何风行中原，似乎也有点说不过去。

三、文化入藏

以上讲的是汉文化由敦煌向西域一带传播的情况，以下略说汉文化由敦煌地区向西藏传播的事例。

西藏最重要的信仰是观音信仰。而其观音信仰主要是由汉地传播进去，或受汉传观音信仰所强化而成。

密教最早传入敦煌是在西晋时期，在敦煌佛爷庙湾发掘出西晋早期白象画像砖，而且"敦煌菩萨"竺法护译出《密迹力士经》《八阳神咒经》等多部陀罗尼密典，太康七年（286年）竺法护又将梵文《正法华经》译成汉文。此后，自十六国北凉至初唐，敦煌杂密信仰相当流行。七佛信仰、药师佛信仰、十一面观音信仰、神僧信仰及以毗沙门天王为代表的天龙八部护法神信仰在敦煌石窟中均有深刻的痕迹。《开元释教录》（730年）中收录了39部观音密教经典，而据牧田谛亮考证，开元26年唐玄宗颁赐沙洲的一部大藏经就是以此为目录编成的。所以在吐蕃占领之前，敦煌汉密观音已经有悠久的发展历史，并且受到了较为广泛的社会崇拜。

从前的研究，强调敦煌的密教主要是受了吐蕃的影响，如日本田中公明认为，"吐蕃松赞干布尊奉十一面观音与敦煌出现十一面观音图像几乎是在同一个时期。吐蕃占领敦煌以后，将吐蕃流行的十一面观音信仰引入敦煌壁画，从而丰富了十一面观音像的表现形式，一些吐蕃密教的内容也留在这一时期的十一面观音图像中"。

然而，这类论者都忽略了观音信仰在南北朝时期早已流行于中土，密教之传入中原也比吐蕃早得多，包括十一面观音在内的密教观音在初唐数量已经屡见不鲜。而吐蕃占领时期的敦煌观音造像，大部分还是在继承汉密观音传统的基础上再予以改造的。因此敦煌的密教观音造像非但不是由吐蕃传来，反而更可能是由汉地所传。传来后，又渐影响到后期西藏观音信仰；并在以敦煌为中心宣教动力下，藏密观音崇拜逐渐转向宗教内部，并为政权所用，为后来卫藏佛教复兴后的观音崇拜奠定了基础。

当时敦煌是我国西北宗教中心和交汇地，汉密自晋朝就已存在，并占绝对主流的地位，所以会有这种情况。刘真《吐蕃占领时期敦煌观音信仰研究》采用文本与图像研究相结合的研究方法，也印证了这一推测，认为此期的敦煌观音经典传入并影响了吐蕃本土，促进了六字真言在藏区的流行。近期李婵娜的宏文《九至十一世纪的吐蕃观音崇拜——以敦煌藏文文献研究为中心》，对此论证尤详。

林世田《敦煌密宗文献集成》则指出："数量较多的写经是与观世音信仰有关的千手千眼观音、如意轮观音、十一面观音、不空罥索观音的经咒，表明盛唐及中晚唐时期观世音信仰在敦煌地区非常盛行。"显示在敦煌汉人中，观音崇拜是实现世俗诉求的最流行方式。

藏文观音经书相对较少，《妙法莲华经·观音品》仅存区区几页，而汉文《妙法莲华经》据方广锠先生统计却多达 7800 条，位列敦煌汉文群经之首，《观音经》和其注疏的数量也极为可观（见方广锠《敦煌遗书中的〈妙法莲华经〉及有关文献》），显然汉人观音崇拜的热情和程度要高于藏人。

在这种情况下，藏人的观音信仰颇受汉人感染，甚至直接以其经典为汉语教材。敦煌就发现有汉文《妙法莲华经·普门品》的藏文注音 P.T.1239 和对音本 P.T.1262。P.T.1239 为卷轴装，27cm×141cm，正面《大般若波罗蜜经》，背面六行藏文。这两个文本都是为当时藏人学习汉语而做，侧面反映了汉文《观音普门品》的流行。同时，以此为汉语教材，也说明观音经是藏人所接受的汉人信仰之一。

另外，敦煌汉文密教观音文书中，我还注意到有《观世音及世尊符印十二通及神咒》《观世音菩萨如意轮陀罗尼、真檀摩尼判行法咒、观世音掷鬼法印第二、梢印法第四、降魔法印第五》《观世音菩萨符印一卷》之类。用符用印，都显然是受汉人道教传统影响而然的。

其中，题《观世音菩萨符咒一卷》的 S.2498 号，子目有 19 种经咒。先请各方神灵拥护，并云正月一日清晨焚香朝东方拜佛礼佛诵咒，可得神验。随后图符印有洗眼符、难产符、金刚童子随心印、都护身命益算符、观音菩萨印、玉女奉佛印等。符印后注用法，如以观世音菩萨印印身可使万遍病随消散，印后启请文请观音菩萨化作大头金刚，摧伏鬼病。还有观音菩萨随心符、禁刀咒、观世音菩萨坛法、观世音应现身与愿陀罗尼及大悲坛别行法等。后两种坛法还画出草图。

P.2620 卷亦题《观世音菩萨符印一卷》，符印更多。前亦请诸方神灵，接有"观世音菩萨如意轮陀罗尼并别行法……如意轮王摩尼宝祆陀别行法印通"，"尔时观世音菩萨承如来神力即前而说印曰"内容。卷中画十二种符印，皆有详注。后又标写出多种印。

P.3874 号题《观世音及世尊符印十二通及神咒》。卷前残，其内画有诸多符印，每印旁写有用桃木或檀木或菩提木等，其下有详注，现存约有十二通符印，但卷中还有不少残空。诸印下皆云"世尊"或"观世音"如何如何。如现存第后第十印文中可见"释迦牟、阿弥陀"字样，下注有"尔时观世音菩萨甚大欢喜……"，后面亦讲"观世音菩萨心印"等。此外，讲特殊的护身符 P.3835 背面，《佛说大轮金刚总持陀罗尼法》记有多种符印。"波头摩印"威力无比，其印图中正有"观世音"字样。其如意轮印也即"观世音如意印"。

总之，此数种《观世音菩萨符印卷》格式略同，都是先请诸神灵，续录符印，并加注说明，后面还有坛法。

观音经卷中还有疗病方。一为 P.2637《观音菩萨最胜妙香丸法》，此卷还有涌泉、吃草、出毒虫等药方。S.6978 号题《观世音菩萨治头痛咒》，是梵文咒语，还有一种《观世音菩萨行道求愿咒》。这些符印、药方与道教的关系是不言而喻的。印，多非手印，而是属于道教文字崇拜的印章。

四、佛学东传

敦煌佛教的影响还不只是对西藏，因为它是全国性的义学与译经中心。

佛教的传译通道，主要是经西域进入河西走廊传入内地，因此敦煌最早成为佛教东传的译经中心。

佛教传入中国第一阶段是在大月氏。《三国志·魏书》卷三十裴松之注引《魏略·西戎传》："昔汉哀帝元寿元年博士弟子景卢受大月氏王使尹存口授浮屠经。"

这是口授，故真正意义上的汉译佛经活动，不得不推东汉末年传播小乘的安世高和传译大乘的支娄迦谶。

二人从安息和大月氏经西域到中原，敦煌自是必经之地。其后就是西晋竺法护领导的译经团。

竺法护，"其先月支人，本性支氏，世居敦煌"，后来"随师至西域，游历诸国，外国异言三十六种，尽亦知之。护皆遍学，贯纵训诂，音意字体，无不备识。虽大赍梵经，还归中夏。自敦煌至长安，沿路传译，写为晋文。所获《贤劫》《正法华》《光赞》等一百六十五部。……而化道周给，时人咸谓敦煌菩萨也"。

竺法护译经数量居西晋译经者之首，助手有聂承远、道真父子、竺法首、谏士伦、孙伯虎、虞世雅、帛元信、帛法炬、安文惠、法度、法友、赵文龙、孙修达等，皆深受推崇。所以东晋名士孙绰著《道贤论》，以天竺七位僧人与"竹林七贤"相比匹。敦煌一时遂为佛经翻译重镇。

敦煌之所以能成为佛经翻译重镇，除了竺法护等人非常杰出外，敦煌本身的文化条件和资源起着关键作用。因为翻译首先要解决语言问题。译者"或善胡义而不了汉旨，或明汉文而不晓胡意。虽有偏解，终隔圆通"，而敦煌恰好是华戎交会之地，汉文化根基深厚，佛教又盛。例如，《晋书·李玄盛传》所云："此郡世笃忠厚，人物敦雅，天下全盛时，海内犹称之，况复今日，实是明邦。"本土高僧数量在东汉末年至西晋时期是全国最多的，在敦煌成长起来的高僧也都具有双语能力，为顺畅译经提供了便利。

五、佛经西传

也就是说：佛经传译，由西入东，仰赖的是敦煌的汉文化环境。

但情况还不只如此。我考察过现存回鹘文的佛经写本，其中存量最多的，是汉僧伪撰的《佛说天地八阳神咒经》（《大正藏》第 2897 号）。该经在内地并不流行，正规的大藏经多未收录。但却是迄今所知回鹘文佛经残卷中比例最大的，其抄本、刻本残卷在西域、敦煌诸地都有。分藏柏林、北京、伦敦、圣彼得堡及日本各地。

依日本学者小田寿典之研究，写本分属三个阶段。最初拜火教思想非常浓厚。越往后修改越多，波斯信仰被排除得也越彻底。

另外，《佛说天地八阳神咒经》还有不少天文术语，借自汉语，如木星直接用汉语太岁（Taysuy）表示。突厥语术语只有两个，即太阳（Kün）和月亮（Ay）。故学界都主张回鹘文《佛说天地八阳神咒经》及其他一些译自汉文的天文历法文献，其实都是汉族的星占学。

《佛说天地八阳神咒经》不是特例，事实上，回鹘文佛经大都译自汉文。小乘部经典较少，可见者仅《长阿含经》《中阿含经》《杂阿含经》《增一阿含经》等。译自汉文的密教部著作，主要有《圣妙吉祥真实名经》（回鹘文注音本）、《千手千眼观世音菩萨广大圆满无碍大悲心陀罗尼经》等。一些中原高僧的传记也被译为回鹘文，如《大慈恩寺三藏法师传》《慧远传》

等。汉僧所撰伪经在回鹘的传播尤为广泛。像《法华经》《华严经》《金光明经》《金刚经》《大般若波罗蜜多心经》和净土三部经等在印度特别重要的经典，于回鹘文献却不多见甚或完全没有，与其地位极不相称，如《金光明经》仅有七件，《金刚经》九件，《法华经》十五件，《大乘大般涅槃经》仅三件，《地藏菩萨本愿经》仅一件，《大般若波罗蜜多心经》《首楞严经》等更是一件也无。可是不为历代大藏经所收的一些中土伪经，在回鹘中却极多，如《父母恩重经》，从未收入过正规的大藏经。但这经在民间深受欢迎，也被译为回鹘文广为流布。北宋初期"成都府大圣慈寺沙门藏川"撰写的《佛说阎罗王授记四众预修生七往生净土经》在回鹘中流传更广，在敦煌发现的残片即达 40 件，吐鲁番出土的也有十余件，图文并茂，非常考究。汉文伪经《佛顶心大陀罗尼》，现知回鹘文写本亦多达 27 件。前文所举伪经《佛说天地八阳神咒经》的回鹘文写、刻本更是多达 186 种。

《金刚经》在我国有多种译本，相当于玄奘译《大般若经》第九会的回鹘文本，可能是 9-10 世纪于敦煌译成的。依据当是敦煌汉文本《梁朝傅大士颂金刚经》，在每品正文之后都穿插有偈语，皆据汉文翻译，议论部分才是回鹘文译者的发挥。与之相关的《颂金刚经灵验功德记》也被译为回鹘文。

回鹘文的《阿含经》也都是从汉语翻译过来的，最明显的特征是在回鹘文本中不时穿插有汉字、短语、片语，也有单个的词，尤以文书开首最常见，然后逐字逐句直译。

佛教，谁都知道原是由印度及中亚传入中原的。回鹘以佛教为国教，在其间自应扮演过中介者的角色。但这种常识性的认识，面对现存文献，似乎恰好看颠倒了：也许早先佛教是通过回鹘传入中原，后来回鹘佛教其实深受汉地佛教之影响。佛教文化呈现由东向西，以敦煌为中介传播的现象。

历来说敦煌、说丝路、说新疆中亚在文化交流上的作用，有个习惯的讲法，即强调丝绸等货品西去，而文化（如佛教、景教、祆教、摩尼教、西域歌舞等）由西输入汉地。但由乌孙史、龟兹乐、回鹘文献等来考察，便知汉文化深入西域，影响尤大。

六、河西汉风

近代敦煌文书之被发现、敦煌地位之重新获得重视，是由外国人开始的。探险考古者，由西域进入，一路考察而抵敦煌，其动线由西而东。因此敦煌文化乃其整体西域考古之一部分；敦煌的洞窟艺术与文书，一向也被并到"敦煌吐鲁番学"这个大概念底下看。敦煌是这一路西域考古的东端。

我们国内的敦煌学，虽名称上未附入吐鲁番，但实际上仍延续着这个学术传统，如上海古籍出版社出版的《敦煌吐鲁番文献集成》就显示了敦煌是与吐鲁番并着看的。历届"敦煌学"会议中，谈吐鲁番文书的论文皆甚多，谁也不会觉得不自然。

由此端线发展下来，敦煌吐鲁番学之重点自然在于西域民族与文化如何延伸到敦煌、敦煌成为各民族文化交流之地、敦煌史事中不同民族之表现等。这就其视野看，仍是将敦煌并入了西域。

敦煌乃玉门关所在地，当然与西域文化极具关联。但它不是西域，只是入西域之门户。由过去的观点看，注目的是由中亚西亚到敦煌这一线。这一线当然很重要。不过，由洛阳、长安到敦煌的这一线，过去就被忽略了。

也就是说，敦煌学的兴起令敦煌备受关注，但敦煌学也遮蔽了敦煌的文化身份，使人的视野局限于敦煌及其西线。

其谈敦煌，强调它在文化交流上的作用，而且主要是西方或西域文化由此输入中原这一面。之所以如此，系因前述学术传统使然，此等视角，大豁心胸，令人对过去不甚了解的中外交通史增益了不少知识，实可感谢。但汉文化西传，遍及敦煌与西域之声光，却显得黯然了。

敦煌石室是僧人开凿的，以此修行，其图画或雕塑自然以佛教内容为主。但就在这样的地方，儒道及相关文书却有大量遗存，其实是令人惊异的。即使在中原地区佛寺里，儒书所存皆甚稀，敦煌却很可观。以巴黎所藏为例，道教文献占了 6.1%、儒家文献占 4.5%、其他文书占 20%、纪年文献占 19.1%，合起来将近 50%。其量均高于如今内地一般寺院之儒道世俗文书，于此即可见当时汉文化影响之迹矣。

这些文书，虽有部分各族文字，毕竟仍以汉文为绝大多数。陈寅恪曾说：河西地区"秩序安定，经济丰饶，既为中州人士避难之地，复是流民移徙之区，百余年间纷争扰攘固所不免，但较之河北、山东屡经大乱者，略胜一筹"。汉末年中原战乱、西晋永嘉之乱，中原百姓为避战祸，一些向长江流域移民，一些就迁往河西敦煌。

敦煌儒家经典：《周易》有 4 种 25 件，《尚书》2 种 52 件，《诗经》4 种 47 件，《礼记》8 种 16 件，《春秋左传》4 种 57 件，《春秋谷梁传》2 种 6 件，《论语》6 种 106 件，《孝经》6 种 42 件，《尔雅》3 种 5 件，凡 39 种 356 件，多为唐以前的稀世写本。篆书、隶书、草书、楷书、行书均有。篆书在所有敦煌文献中，仅两页残纸，却均为儒家类文献，即 P.3568 和 P.4702 两件《篆书千字文》。此外还有大量蒙书、文抄、诗赋曲辞、应用文、律、令、格、式抄本，史书抄本，方志抄本，本草抄本，算书抄本等。另有许多摘抄本、略出本、节抄本和新集本，如《论语摘抄》《励忠节抄》《新集文词九经抄》《新集孝经十八章》《杂集时用要字》等。其中甚至还有藏文儒家类文献：P.T.986《尚书》，P.T.1287《史记》，P.T.1291《春秋后语》，P.T.724、P.T.992、P.T.1284《孔子项橐相问书》，P.T.1283《兄弟礼仪问答》等，以及藏汉文字对照的 P.3419《千字文》写本。

此等文献，显示了敦煌汉式教育发达，科举盛行，家族礼法也颇讲究，故多有家训、家教、训蒙材料。而此种思想也影响到佛教，那广传于回鹘地区的《父母恩重难报经》就有五六十种之多。

目前敦煌学对儒道方面的关注，远少于西域文化、佛教，甚至低于回鹘、吐蕃、景教、摩尼教，这与当时汉文化在敦煌居主导地位之情况是极不相称的。另据杨宪益《译余偶拾》之考证，汉初封建制已传播至大夏王朝，大夏希腊王尤屠帝摩可能东进至疏勒一带，仿封建制，分封诸子；又仿郡县制，一县分为若干驿亭。汉初皇帝谥号上加孝字，在公元前187年左右亦被西亚希腊王国诸王采用。可见汉文化西传仍有许多我们未注意到的地方。

据我看，敦煌的东西文化交流史，只能说是西来文化融摄于汉文化的历史，整个大趋势毕竟仍是汉化。因此，汉文化之向西传播更值得关注。即以回鹘佛经来说，大抵即非由印度及中亚传入，而是由汉译佛经或汉撰佛经（伪经）译成回鹘文字。壁画及石窟形制，同样有由中亚式转为汉式之情况。

唯有我们注意这种汉文化发展史，平凉天水这些古代华夏文明创生区所生产的文化，经陇上与北方草原民族交融，再经敦煌而深入西域吐蕃、吐鲁番的历程，才能重新被世人所关切，整个甘肃才能成为"华夏文明传承创新区"的期待。

七、儒学东传

而敦煌文化地位之重要，还不止融摄西来文明和汉文化西传这方面。

陈寅恪《隋唐制度渊源略论稿》说："河陇一隅所以经历东汉末、西晋、北朝长久之乱世而能保存汉代中原之学术者，不外家世与地域之二点，易言之，即公立学校之沦废，学术中心移于家族，太学博士之传授变为家人父子之世业，所谓南北朝之家学者是也。又学术之传授既转移于家族，则京邑与学术之关系不似前此之重要。当中原扰乱，京洛丘墟之时，苟边隅之地尚能维持和平秩序，则家族之学术亦得借以流传不坠。刘石纷乱之时，中原之地悉为战区，独河西一隅自前凉张氏以后尚称治安，故其本土世家之学术即可保存，外来避乱之儒英，亦得就之传授，历时既久，其学术文化逐渐具有地域性质，此河陇边隅之地所以与北朝及隋唐文化学术之全体有如是之密切关系也。"

要明白陈先生这段话，要从汉代说起。

敦煌自汉代即为文教奥区，文教影响及于全国。以书法为例。学汉隶的人，没有人没学过《曹全碑》。而曹全即东汉敦煌效谷人。建宁二年拜司戊部司马，讨疏勒王和德。师还，迁右扶风槐里令。光和七年拜酒泉福禄令。这是人家纪念他的碑。

自己善于写字的则有张芝，字伯英。善章草，后脱去旧习省减章草点画、波桀，成为"今草"，影响深远。三国魏书家韦诞称他为"草圣"。王羲之也很推崇他，说："吾书比之钟、张，钟当抗行，或谓过之；张草犹当雁行。然张精熟，池水尽墨，假令余耽之若此，未必谢之。"唐张怀瓘《书断》卷中则列张之章草、草书为神品。

其后又有索靖，西晋敦煌人，是张芝姐之孙。传张芝之法，险峻坚劲，章草书，自名"银钩虿尾"。羊欣《书断》说："张芝、皇象、钟繇、索靖，时并号书圣。"唐张怀瓘评道："幼安善章草，书出于韦诞，峻险过之，有若山形中裂，水势悬流，云岭孤松，冰河危石，其坚劲则古今不逮。"著有《草书状》等。流传作品有《出师颂》《月仪帖》《急就章》等。对后世影响很大。唐代书法家欧阳询路见索靖书写的碑石后，竟卧于碑下，朝夕摩掌，宿三日始去。

这就可见汉末敦煌为全国书法之重镇，影响延伸至南朝乃至唐代。目前敦煌遗书中藏有唐代拓本三种。有欧阳询书《化度寺故僧邕禅师塔铭》、柳公权书《金刚经》、唐太宗李世民书《温泉铭》，甚至还有王羲之《兰亭集序》17件、王羲之书论，"笔势论"残卷临本3帖。蒋善进书《真草千字文》临本一段，精神气韵也酷似智永所书之拓本原貌。这些拓本和临帖都是罕见的珍品，充分证明了敦煌在全国书坛的地位。

汉末天下大乱，可是敦煌文化愈见辉煌。魏晋时期，李暠据敦煌称王，建立西凉国。敦煌成为国都，又是凉州的文化中心，名流学者代不乏人。十六国时期，群雄逐鹿中原，河西却相对稳定。所以中原硕学宿儒和百姓逃往河西避难，遂形成了陈先生说的状况。

陈先生提到隋唐儒学的三大渊源，专门点出了河西士人集团，也就是到凉州躲避战乱世家大族，成为北魏，以及后来的北周，隋唐文官制度的一大渊源。例如，北魏主建洛阳新都的李冲就是河西世家。当时祭丧等各种礼仪，很多也是河西儒家世家主持的。

入唐以后，河西儒学仍然自成传统，十分强韧。例如，敦煌出土的《诗经》写卷，其中以郑玄所笺《毛诗诂训传》为内容的 P.2529 当成卷于高宗显庆之后，P.2529 则不早于敬宗之前，另外，P.2538 的情形亦同。初唐的孔颖达的《五经正义》已颁布成为科考定本后，到了晚唐，敦煌地区却还使用郑笺《毛诗诂训传》。因为六朝以来敦煌士族皆以郑笺作为学习诗经的典范，所以郑笺依然流行，归义军之义举也与这个儒学传统有关。在归义军时期，敦煌学术风气仍继续着五凉以来的传统。从发现的大量遗书来看，各种儒经本总数的百卷以上，多系六朝和唐写本，保存了许多古注古义，为后代所不传。说明敦煌一带士族在文化上的影响。

也就是说，敦煌地区笃守汉代经学，传承发展不辍。在南北朝期间向东影响北魏、北齐、北周，以迄隋唐。入唐以后，虽受朝廷功令改学、吐番占领等因素之干扰，仍延续未断。中国很难再找到另一个这样的地区了。

丝绸之路研究新探

——兼谈敦煌艺术的意义与价值

刘传铭 / 上海视觉艺术学院教授

从一定意义上讲，丝绸之路并不存在。

至少不是西方学人标画在地图册上那样一条横穿欧亚的清晰轨迹，也不是东方诗人所描述的那样：漫漫的黄沙，一川碎石大如斗，天边夕阳斜照，星空璀璨，驼队、马队、商旅队正沿着山脊攀登，身边是荆棘和胡杨的枯枝，几只秃鹰在沙漠天际的雪峰上盘旋……道路蜿蜒曲折，一直通向远方。

丝绸之路"非路"，而是一个约定俗成的文化概念。

近年来，这个观点不仅为国内学界认同，也被西方学者视为丝绸之路研究新成果，并且颠覆了人们通常对丝路的看法。丝绸之路并非一条"路"，而是一个穿越了广大沙漠山川、征服了浩渺海洋风波、不断变化的没有标识的"网络"。同时又变幻不居，时断时续，无迹可寻，无始无终……

开宗明义强调此点，正是要把丝绸之路研究从交通史、民族史、政治史、军事史等"实"的形态中解放出来，强调"虚"的对丝绸之路的文化解读。随着中国倡导的"一带一路"正在被世界上越来越多的国家所呼应，关于丝绸之路的前世今生及其形态特征有必要做出简单的梳理。

历史事实是，在那东起长安西至罗马，东起杭州湾西至地中海的漫长交通线上，如果用今天的标准来衡量，古代往来的货物量很小。但是丝路确确实实改变了东方和西方，尤其是为不同文化注入了活力。《丝绸之路新史》就是芮乐伟·韩森利用近两百年来所发现的文书，特别是近几十年来令人吃惊的新发现，试图解释这条小小的"非路"是如何成为人类历史上最具变革力的"超级高速公路"的。这条路不仅传播了货物，还传播了思想、文化、宗教、技术、图案。

在关于这条路何以名"丝路"的质疑中，芮乐伟曾认为，"丝"比"路"更容易引人误解，因为丝绸只是丝路货物中的一种而已。相比较玉、石、茶叶、纸张、瓷器、矿物、香料、金属、马具及皮革制品、玻璃和纸都很常见的物资，丝绸的数量远非具有绝对优势。当然也应该包括粮食、生活用品和工艺品。有些货单显示，用来助焊以及鞣革的硇砂也是某些商路上的最重要的货物。

丝绸之路更应该被视为一个象征。所以今天的人们已经觉悟：如果丝绸之路研究只谈丝绸一定是"OUT"了！

"丝绸之路"这个名词是个晚近的发明。历史上长期生活在这些商路上的东西方人们并不使用这个词。直至19世纪的中东和阿拉伯世界一直把这条路称作撒马尔罕道，而将由此输送到西方的精美物品称为"撒马尔罕的金桃"（或者以另一个主要都市命名）[1]。中国古代西域更多将这条西行通道称为（沿塔克拉玛干沙漠的）通往西方的"南道"或者"北道"。

丝绸之路在不同的历史时期，不同的路段，不同起始和终点还有许多不同的名称。诚如我们今天在长江流域和许多城市里见到的"一水三江""一路多称"（一条水系的上、中、下游分别有不同的名称和一条城市道路的不同路段异名一样）。到了1877年，费迪南·冯·李希霍芬男爵在《中国》一书中才造出"丝绸之路"这个词。此人是一位卓越的地理学家。这位奥地利籍的德国人于1868年至1872年间在中国工作，调查煤矿和港口，回到欧洲后绘制了一套五卷本的地图集《中国》，1877年出版时在其中第一次使用了"丝绸之路"这个名词。

在李希霍芬书中的地图上，中国与罗马时代的欧洲之间的道路都被描绘成一条条笔直清晰的大道。李希霍芬曾经读了翻译过的大量的中文史料。据称，他是第一位把中国史书的信息绘入地图的欧洲地理学者。他本人并未如我们理解的德国学人那样严谨，他没有充分地实地进行过道路勘察。黑边白线表示来自古典地理学者托勒密和马里努斯的信息，白线则来自中国史书（见地图）。[2] 在很多方面，他的丝绸之路都像是一条横贯欧亚的铁路线。实际上，

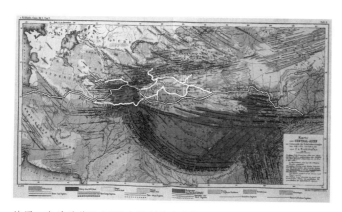

地图：李希霍芬于1877年绘制的这张标注丝绸之路的"示意图"，令他自己也不会想到至今仍有巨大影响

李希霍芬曾经被刚刚统一不久的德国政府委任设计一条从中国的势力范围山东起始，贯通西安附近（应该是指山西省）的煤矿，一直通向德国本土的铁路线，[3] 李希霍芬的想象力穿透了时空。所谓假作真时真亦假，他让人们相信了一个并不存在的史实，而且思想为之定格。

[1] 撒马尔罕城在今天的乌兹别克斯坦首都塔什干附近。

[2] 李希霍芬基于托勒密和马里努斯的记载用红线画出主干道，用蓝线标出中国地理学家的记载。地图见李希霍芬《中国》第一卷500页的对页。为便于阅读，这里将红线改为黑边白线，蓝线改为白线。——笔者按

[3] Tamara Chin 2008年2月21日在耶鲁作了一场题为"1877年：丝绸之路的发明"的报告，并计划将其结果发表。

丝绸之路这个名词逐渐被人们接受，首先是在西方被认同。

瑞典人斯文·赫定在 1936 年出版了一本讲述他在中亚探险的书，此书 1938 年被译成英文出版，题目就是《丝绸之路》。1948 年，英国《泰晤士报》的"炉边家庭问答：常识测验"栏目曾经刊载这样的问题："丝绸之路从哪到哪？"答案是："从中国边境到欧洲的诸多道路。"[1] 这个名词作为对横跨欧亚大陆的陆路商贸和文化交流的指称在西方 20 世纪初已经基本固定下来了。而中国境内的这一段仍然被称为"南道""北道"，往东延伸则被称为"大海道"和河西走廊。（海上丝绸之路从略）

尽管丝绸之路这个词甫一出现就被看作一条商旅往来不断的笔直大道，导致它只是被看成交通史概念。但李希霍芬的结论"纸上得来终觉浅"难免被认同的时候也被质疑。因为，实际上从来就不是这样。更不是今天人们用道路史经验推演出来的情状。一百多年来不同国家的无数次考古发掘，从来就没有发现过一条有明确标识的、横跨欧亚的铺就好的轨迹清晰的路。丝绸之路跟罗马的阿庇亚大道（古罗马时期建造的一条连接罗马与亚得里亚海海港布林迪西的大路）完全不同，和中国的"秦直道"也不同，丝绸之路是一系列变动不断的小路和无标识的网络。"因为并没有明显可见的路，旅人几乎总是需要向导引领，路上如果遇到障碍就会改变路线……"[2]

遗憾的是，今天仍有不少田野科考的专家在不倦地寻找着，希望能在地表上发现像长城和大运河那样的道路遗存。其实丝路是"因点而兴，因点而存，因点而废"。这里的"点"是指历史上人口聚居的村落、城市和我们今天所说的各类文化遗存，敦煌即是其中一个星光闪烁的亮点。所以，他们的努力往往是徒劳的。

至于今天已然成为"热词"的海上丝绸之路情状更是如此。苍鹰掠过大地，蓝天上没有留下印记；帆樯穿越波涛，大海上踪迹渺然。可是，这就是丝绸之路！一条无路之路存在于超时空领域的文明之路，一条改变了人类命运并递延伸向未来的道路。笔者分别于 2016 年、2017 年组织并参与了"丝绸之路·昆仑河源道"和"丝绸之路·天山道"综合科考，跋涉经历不仅深化了我对丝路的认知，同时也部分验证了这一结论。所以，当代的田野科考如果还是只企图以今人的步履去丈量测绘那条并不存在的路线图，未免有刻舟求剑之愚。本质上还是在重复李希霍芬的"错误"。

既然如此，为什么这条"非路之路"仍然被中外学者和世人称作"丝绸之路"呢？至今虽仍有争议，但已无碍大局。持肯定态度的荣新江给出的解释是：

---

[1]　Times of London, December 24, 30, 1948; Tamara Chin, 私下交流，2011 年 9 月 6 日。

[2]　[美] 芮乐伟·韩森（Valerle Hansen）：《丝绸之路新史·序章》，张湛译，北京联合出版公司 2015 年版，第 5-9 页。

丝绸之路是个形象而且贴切的名字。在古代世界，只有中国是最早开始种桑、养蚕、生产丝织品的国家。近年中国各地的考古发现表明，自商、周至战国时期，丝绸的生产技术已经发展到相当高的水平。中国的丝织品迄今仍是中国奉献给世界人民的最重要产品之一，它流传广远，涵盖了中国人民对世界文明的种种贡献。因此，多少年来，有不少研究者想给这条道路起另外一个名字，如"玉石之路""宝石之路""佛教之路""陶瓷之路""纸张之路"等，但是，都只能反映丝绸之路的某个局部，而终究不能取代"丝绸之路"这个名字。[1]

笔者顺便说一下，我们千万不要把丝绸的内地的产地作为丝绸之路的起点，更不要把丝绸的产地仅仅理解是太湖流域的江浙和天府之国的四川，其实新疆的且末、若羌、于阗、"河西走廊"一线的丝绸生产要比我们知道的要早很多。现在关于中国境内这一段的共识是：丝绸之路形成的确切时间殊难稽考，但它的叙述原点无疑是公元前后的两汉时期。地理概念上它东面的起点是西汉的首都长安（今西安）或东汉的首都洛阳，经陇西或固原西行至金城（今兰州），然后通过河西走廊的武威、张掖、酒泉、敦煌四郡，出玉门关或阳关，穿过白龙堆到罗布泊地区的楼兰（古国遗址地处新疆巴音郭楞蒙古自治州若羌县北境，罗布泊的西北角、孔雀河道南岸的 7 公里处）。汉代西域分南道北道，南北两道的分岔点就在楼兰。北道西行，经渠犁（今库尔勒）、龟兹（今库车）、姑墨（今阿克苏）至疏勒（今喀什）。南道自鄯善（今若羌），经且末、精绝（今民丰尼雅遗址）、于阗（今和田）、皮山、莎车至疏勒。从疏勒西行，越葱岭（今帕米尔）至大宛（今费尔干纳）。由此西行可至大夏（在今阿富汗）、粟特（在今乌兹别克斯坦）、安息（今伊朗），最远到达大秦（罗马帝国东部）的犁靬（又作黎轩，在埃及的亚历山大城）。另外一条道路是，从皮山西南行，越悬渡（今巴基斯坦达丽尔），经罽宾（今阿富汗喀布尔）、乌弋山离（今锡斯坦），西南行至条支（在今波斯湾头）。如果从罽宾向南行，至印度河口（今巴基斯坦的卡拉奇），转海路也可以到达波斯和罗马等地。这是自汉武帝时张骞两次出使西域以后形成的丝绸之路的基本干道，换句话说，狭义的丝绸之路指的就是上述这条道路。

历史上的丝绸之路从来就不是一成不变的，随着地理环境的变化和政治、宗教形势的演变，不断有一些新的道路被开通，也有一些道路的走向有所变化，甚至废弃。比如，敦煌、罗布泊之间的白龙堆，是一片经常使行旅迷失方向的雅丹地形。当东汉初年打败蒙古高原的北匈奴，迫使其西迁，而中原王朝牢固地占领了伊吾（今哈密）以后，开通了由敦煌北上伊吾的"北新道"。从伊吾经高昌（今吐鲁番）、焉耆到龟兹，就和原来的丝路北道会合了。南北朝时期，中国南

---

[1] 荣新江：《丝绸之路：东西方文明交流的通道》，《中古中国与外来文明》（修订本），生活·读书·新知三联书店 2014 年版，第 3-4 页。

北方处于对立的状态，而北方的东部与西部也时分时合。在这样的形势下，南朝宋齐梁陈四朝与西域的交往，大都是沿长江向上到益州（今成都），再北上龙涸（今松潘），经青海湖畔的吐谷浑都城，西经柴达木盆地到敦煌，与丝路干道合；或更向西越过阿尔金山口，进入西域鄯善地区，与丝路南道合，这条道被称作"吐谷浑道"或"河南道"，今天人们也叫它作"青海道"。还有从中原北方或河西走廊向北到蒙古高原，再西行天山北麓，越伊犁河至碎叶（今托克马克附近），进入中亚地区。这条道路后来也被称作"北新道"，它在蒙古汗国和元朝时期最为兴盛。

除了陆上丝绸之路外，从汉代开始，中国人就开通了从广东到印度去的航道。宋代以后，随着中国南方的进一步开发和经济重心的南移，从广州、泉州、杭州等地出发的海上航路日益发达，越走越远，从南洋到阿拉伯海，甚至远达非洲东海岸。人们把这些海上贸易往来的各条航线，通称为"海上丝绸之路"（饶宗颐先生甚至认为，海上丝路可以追溯到周王朝）。

当然，持不同观点的孟凡人在《丝绸之路史话》中对这一名称至今仍在质疑：

> "丝绸之路"一称现在已经约定俗成，然而若细究起来这个名称并不那么确切。凡是熟悉中国史和西域史的人都知道，汉至唐代经营西域开通和利用了许多重要的交通线。这些交通线没有总的名称，各个具体的交通线或以山川，或因城镇，或因行军路线等各有专名。当时这些交通线的主要任务，是为汉唐经营西域的政治和军事等方面服务的。同样从中亚史、西亚史和罗马史中亦可看出，无论是波斯和罗马向东延伸的交通网，还是入侵中亚诸种势力及贵霜帝国在中亚建立的交通网，也都是主要为当时的政治或军事等方面服务的。很显然最初开通这些交通线的根本目的，并不是为了进行商贸活动。但是，在客观上这些交通线又的确成为商贸活动，以及其他诸方面交流活动的重要渠道。就这个时期东西方之间的商贸活动来说，其内涵和种类是十分广泛的，丝绸贸易只是其中大宗的、影响最大的一种。而丝绸贸易在时间上也绝不像有些人所说仅限于公元前114年至公元127年间，此后丝绸贸易不但继续进行而且规模也越来越大。虽然如此，汉唐政府及其商人却很少以贸易为目的，直接经过这些交通线向西方大量输出丝绸。正如罗马作家普林尼所说："塞利斯人（指中国）并不等待出售丝绸，贸易都由外人到来成交。"据中国史籍记载，汉唐将今新疆地区视同内地，在此设置了庞大的各级军政机构，有大量的官吏、大批驻军和屯田等方面众多的人口。当时政府为支付薪俸和保障各种消费，以及赠赐西域诸国等方方面面的多种用途而保有大量丝绸。这些丝绸中有一部分是可以上市出售的，同时这里也有一些专门贩运丝绸作丝绸贸易的商人。楼兰古城和吐鲁番出土的文书反映出，魏晋至唐代在今新疆地区丝绸贸易的范围和规模是较大的。在购买者

中凡批量采购数额巨大的，大都是作丝绸转手贸易的胡人（中以粟特人居多）。由于以丝绸为主的商贸活动的发展，唐朝政府还明确规定在西域的焉耆、龟兹、疏勒、于阗和轮台（今乌鲁木齐南郊）设卡对西域商贾征税。此外，斯坦因在敦煌发现的古粟特文书中，还记载了西晋时期一个粟特商团在今新疆、河西和洛阳等地大量采购丝绸的情况。在汉文史籍中，记载西域胡人到中国内地采购丝绸也不乏其例。上述情况表明，除内地外，汉唐时期的今新疆地区，同样也是对外开放的国内丝绸贸易市场，但当时将丝绸大量西运到中亚、西亚和罗马的主角，并不是丝绸产地的中国人。因此，无论从开通这些交通线的本来目的和主要任务，还是从中国人与丝绸大量西运的直接关系看，将今新疆与内地相连接的交通线称为丝绸之路都是不合适的。

以上观点显然是把关注点放在物资运输上来确定丝绸之路的范围。这样不仅将丝绸之路形态固化而缩小，同时对公众的认知也是误导的成分居多。比如，丝绸之路上另一种常见的商品是公元前2世纪发明的纸。相对于用来做衣服的材料之一的丝绸，纸对人类历史的贡献要大得多。在8世纪，纸通过陆路从中国进入了伊斯兰世界，然后又从穆斯林治下的西西里和西班牙进入了欧洲。阿尔卑斯山以北的人在14世纪晚期才独立造出了纸。为什么"纸张之路"未能被叫响呢？

从这些具有代表性的学术观点看起来，既然丝绸之路并非如德国地理学家李希霍芬《中国》一书地图标绘的那样清晰那样"过硬"，但又绝非子虚乌有。同时丝绸之路又是那样穿越时空地吸引着人们的目光，在那"不知其始为始，不知其终为终"的想象中、争辩中曾被称为"陶瓷之路""玉石之路""铜铁之路""纸张之路"……遂使问题变得无比模糊而复杂。对于中国人尤其是绝大多数中原文化生活圈的人而言，那些遥远的年代，陌生的地名，以及不断变化的线路图是足够让人头痛的。但这丝毫不影响丝绸之路的魔力，其根本就是文化的魔力！因为丝绸之路首先是一条文化传播之路，是一条东西方文明双向行走之路，是一条多元文化物理性冲突与化学性融合的新文明发生之路。从丝绸之路研究的学科建设来说，荣新江、孟凡人等的丝绸之路划定范围的主张，也由于"丝路"的特殊性和延展性，其最佳结果会被认同是一种"模糊的清晰"。

千禧年之初，德国大众汽车公司为本国版画家沃尔夫冈·梯曼设计了一个重走丝绸之路的"纸之回眸，文明的见证"的画展，在为其出版的画册序言中我就坚持这样的观点：

我敢断言，没有任何一个人能够通过"纯粹的阅读"来理解德国版画家沃尔夫冈·梯曼作品的全部含义。其一是因为"纸之回眸"涵盖了如此丰富的历史内容和社会意义；其二是梯曼艺术的语境是表现主义和接受主义美学风行的德国文化背景，因此，诠释梯曼的需要和价值便凸显了出来。

非常荣幸，我们能够率先读到历史学家和政治学家罗尔夫·维尔恩斯得特撰写的"纸之回眸"一文，他在清晰地梳理了自公元 13 世纪至 8 世纪至今天，纸张由中国至中亚，而后又从撒马尔罕、途经波斯、巴格达、大马士革、开罗，至西班牙再传入欧洲的文明之路的同时，也将纸张所荷载的佛教文化、穆斯林文化、基督教文化的无与伦比的分量和价值提示了出来。尽管《世界通史》对此早有定论，但对于纸张发明者的中国人来说，无疑会感到自豪和亲切。这便是梯曼作品一定会在中国受到欢迎的精神保证。也许"纸之回眸"比罗尔夫·维尔恩斯得特描述得还要久远和漫长，像所有的人类文明一样，自诞生的那一刻起，便开始了文明传播。所以我们有理由想象广义的纸是自"丝绸之路"开凿的公元前 2 世纪汉代起就开始向中亚西亚的无腿行走。然而我宁愿相信罗尔夫的观点，因为盛唐时期高适和岑参的"边塞诗"留给我的魔力和神话太深刻了。伴随着"一川碎石大如斗，随风满地石乱走"的西域荒凉，是更为痛苦和凄婉的战争记忆。如今国际风云变幻莫测，由梯曼的"纸之回眸"来帮助我们网起浮游在历史烟云深处的、一直默默潜行的文明之薪火便会显得格外珍贵。这也许就是我们和丝绸之路的"缘分"。

纸和丝绸都是中国发明的，作为文明的呈现和载体，它们本无主次之别、无雅俗之分，只是丝绸作为财富的象征似乎比纸更能被东西方普通人群所认同，这一点或许被我们忽略了。

我的这一观点当然不是为了增加丝绸之路研究和传播中的困惑，也不是企图为丝绸之路收名定价。而是想说明在相当长的一段历史中，"丝路"是不同人心中的不同存在。近年来，不断升温的专门的关于丝绸之路研究的"入门书"以及丝绸之路研究的传播方法越来越被重视。例如，芮传明在《丝绸之路研究入门》中为解决这一"入门"问题对此作了归纳。

概括地说，可从空间、时间、研究范围三个方面对"丝绸之路"作一定义。

第一，就空间而言，这里谈论的"丝绸之路"将不包括近年来流行的"海上丝路"，原因是：首先，虽然中国的航海业开始得很早，但是其繁荣的时代却迟至唐宋以降，这与中国的陆道交通繁荣的时代相比，显然要晚得多。所以，将中国的海路交通研究作为另一体系排除在本书的讨论范围之外，是适宜的。其次，古代中国的丝绸产品虽然也曾通过海路运往域外，但是在中国海上交通真正繁荣发达的时期，输出的大宗产品却并非丝绸，而是陶瓷，故学界在数十年前就赋予了中国海上贸易道更确切的名称"陶瓷之路"[1]。显然，"海上丝路"只是当代人对于古代中国的海上交通道的代称或喻称，它实际上与"丝绸"的渊源远不如陆道之深。鉴于此，本书不将它纳入"丝绸之路"的讨论范围之内。

---

[1] 例如，日本学者三上次男早在四十年前就著有《陶瓷之路——东西文明接触点的探索》（其中译本出版于 1983 年），将中国古代陶瓷产品销往东南亚、非洲、欧洲等地经由的海上贸易道称为"陶瓷之路"。

所以，就地理概念而言，这里将集中于陆上丝绸之路，这既包括了所谓的"绿洲之路"，也包括了"草原之路"；至于"西南丝绸之路"，虽然也在谈论范围之内，但是由于它偏在中国的西南隅，越经崇山峻岭，道路艰险，历代中原王朝对它的利用远逊于"西北丝绸之路"，从而其于中国文明的影响远不及西北陆道，故本书不将它作为谈论的重点。与此相反，历代活跃在"西北丝绸之路"主干道或支道，乃至支道之支道附近的各族，由于和中国诸政权交往密切，相互影响巨大，故即使并非严格意义上的某些"丝绸之路"地区及其居民、事件，也会成为谈论要点。以上即是对本书"丝绸之路"之地理概念的界定。

第二，虽然按传统的说法，丝绸之路的开辟始自西汉武帝时张骞的"凿空西域"，但是这些交通道的客观存在却远远早于此时，并且张骞出使西域，至多只是中原王朝与域外地区"官方交往"的开始，而非民间交往和实际交流之开端。故本书谈论"丝绸之路"的起始时代，将追溯到远在张骞时代的千百年前。至于时间的下限，如果按照当今一般"丝绸之路学"的定义，其研究不应"忽视现实"，即该研究当代的经济贸易、旅游开发等，那么显然必须降及当代了。

第三，"丝绸之路"的研究范围，可以说与本文的基本宗旨紧密联系在一起。宗旨是：主要介绍和谈论陆上丝绸之路繁荣昌盛时期，其网络分布地区与中外交往相关的诸领域的研究状况。于是，当代学者认为"丝绸之路学"应该研究的各种问题，大多包含在本书应予谈论的范围之内。例如，这些交通道通、阻、盛、衰的历史以及本身之自然环境情况；丝路相连国家、地区、民族对他们的政策、态度、影响以及本身的兴衰存亡；中国及域外诸政权利用丝路进行物质文明与精神文明双向交流的情况；丝路所经地区的政权演变和民族迁徙；其领域涉及政治、军事、民族、宗教、哲学、历史、地理、艺术、语言、民俗、天文、医药和其他科技，等等。显而易见，"丝绸之路"的研究是多学科和跨学科的研究。

约自 20 世纪 80 年代以降，旧"中西交通"之称逐步演变成"中外关系"之名，尤其是就古代部分而言，更是如此。例如："中国古代对外关系史的范围广阔，涉及欧、亚、非、美各大洲；内容丰富，既涉及经济和政治，又涉及科学和文化，包括社会科学和自然科学的许多门类，如地理学、宗教学、民族学、考古学、社会学以及其他科学门类。"[1] 显然，这与旧称的"中西交通"的范围并无多大区别。而"（陆上）丝绸之路"通常又被视作古代中外关系的陆路交往部分，如上引书称："从古代对外交往的范围来看，陆、海两路是主要的孔道。中国对外的陆路交往形成较早，即人所熟知的'丝绸之路'。"

通过以上的解释和界定，可以得知，我们当下广泛谈论的"丝绸之路"既大大超出了单纯地理名称的范围，也并非全等于近年"丝绸之路学"的定义范围，因为它基本上不涉及现

---

[1] 张维华主编：《中国古代对外关系史》前言，高等教育出版社 1993 年版，第 6 页。

当代的经济、贸易、旅游等方面。它大体上相当于旧称的"中西交通"或者中国古代对外关系中的陆路交往部分。我们以曾经辉煌于古代世界的"丝绸之路"命名这一专门领域，以凸显古代欧亚大陆上诸古老文明之交流对人类的巨大贡献。所以，"丝绸之路"既是突出主题，又是象征性的喻称；既由此生发出五花八门的研究领域并不始终拘泥于其字面含义。[1]

我想补充的观点是，作为丝绸之路的研究和传播，应该有确定方向的"指南"，丝绸之路研究从一开始便要抓住丝路精神之本质。丝绸之路之所以为丝绸之路不仅是一个"冠名权"问题，"路出多门""路出多名"令研究者无从研究起，也无法改变世人"知之者众，迷之者众"的认识怪圈。近年来再加上相当一批专家过度的政治解读热情所导致的简单的"主权宣示""宗教宣示""民族宣示"，往往在一些关键问题上便形成了肝胆楚越的"鸡同鸭讲"。关于丝绸之路的研究不从"路"入门不行，不从"路上"的物资运输入手也不行，但也绝不能陷入其中而找不到方向。

下面该谈谈照亮丝路的千年敦煌了。

敦煌的伟大和重要以及它和丝路的关系如今怎么强调也不过分。为此，我们对那些"敦煌的守护神"，敦煌的研究学者常书鸿、吴坚、段文杰、樊锦诗等"敦煌人"心存感激。同时，我们对关注敦煌，研究和传播敦煌艺术的张大千、季羡林、饶宗颐、平山郁夫、倪密·盖茨等中外学人与艺术家也深表敬意。甚至连斯坦因这一类"盗窃""骗取"了大量敦煌艺术与经卷的"闯入者"，也不妨以中华文明的"化腐朽为神奇""化毒物为补药"的巨大包容力以及佛家因果循环的般若智慧来重新审视他们，重新审视敦煌生命的凤凰涅槃。因为近一个世纪的"敦煌学"之发展从筚路蓝缕到颇具影响和规模，虽然取得了了不起的成绩，但学科的拓宽深化、文物的保护修复、文化的传播利用以及作为丝绸之路支点之一的敦煌与沿线文化遗存的关系研究等正面临着一个新的历史台阶。而站在这个高地上的人一定要是"高人"，不仅要有视国宝为生命的情怀与热情，还应能观照中西，深谙不同艺术语言，尤其是造型艺术语言的特征，又要能入古出新、打通古今，洞见敦煌历史哲学的本质，同时还要能用符合时代潮流，易于世界传播的思想方法、技术手段，将敦煌文明的精神，从专业的学术楼阁里，从朝圣者的凝视目光里解放出来，让敦煌的璀璨艺术、文明星火真正成为全社会、全中国、全世界的公知公识、共享共修、共学共研的无上宝库。

为此，我想问一句：我们准备好了吗？

对于绝大多数热爱敦煌艺术的学人来说，也许他们并不能亲赴敦煌，更无法如"敦煌人"那样幸运地日夜守望着莫高窟、鸣沙山、月牙泉，但是可以从相关的文字、图片、画作、影

---

[1]　芮传明：《丝绸之路研究入门》，复旦大学出版社 2009 年版，第 4-9 页。

像等资料来亲近敦煌，可以"从一粒沙中窥见一个世界，一朵花中欣赏一个天国"！历史上不乏没到过敦煌的"非敦煌人"所谈的关于敦煌艺术的意义与价值不乏睿智的认知，而这正是深陷其中的人所缺少的。这就是审美的神奇力量，就是佛家所言的顿悟智慧。

例如，没有到过敦煌的宗白华先生于 1948 年发表了一篇小文章，评论敦煌艺术：

中国艺术有三个方向与境界。第一个是礼教的、伦理的方向。三代钟鼎和玉器都联系于礼教，而它的图案画发展为具有教育及道德意义的汉代壁画（如武梁祠壁画等），东晋顾恺之的女史箴，也还是属于这范畴。第二是唐宋以来独爱自然界的山水花鸟，使中国绘画艺术树立了它的特色，获得了世界地位。然而正因为这"自然主义"支配了宋代的艺坛，遂使人们忘怀了那第三个方向，即从六朝到晚唐宋初的丰富的宗教艺术。这七八百年的佛教艺术创造了空前绝后的佛教雕像。云冈、龙门、天龙山的石窟，尤以近来才被人注意的四川大足造像和甘肃麦积山造像。中国竟有这样伟大的雕塑艺术，其数量之多，地域之广，规模之大，造诣之深，都足以和希腊雕塑艺术争辉千古！而这艺术却被唐宋以来的文人画家所视而不见，就像西洋中古教士对于罗马郊区的古典艺术熟视无睹。

……

这真是中国伟大的"艺术热情时代！"因了西域传来的宗教信仰的刺激及新技术的启发，中国艺人摆脱了传统礼教之理智束缚，驰骋他们的幻想，发挥他们的热力。线条、色彩、形象，无一不飞动奔放，虎虎有生气。"飞"是他们的精神理想，飞腾动荡是那时艺术境界的特征。

这个灿烂的佛教艺术，在中原本土，因历代战乱，及佛教之衰退而被摧毁消灭。富丽的壁画及其崇高的境界真是"如梦幻如泡影"，从衰退萎弱的民族心灵里消逝了。支持画家意境的是残山剩水、孤花片叶。虽具清超之美而乏磅礴的雄图。天佑中国！在西陲敦煌洞窟里，竟替我们保留了那千年艺术的灿烂遗影。我们的艺术史可以重新写了！我们如梦初觉，发现先民的伟力、活力、热力、想象力。

……

最使我们感兴趣的是敦煌壁画中的极其生动而具有神魔性的动物画，我们从一些奇禽异兽的泼辣的表现里透进了世界生命的原始境界，意味幽深而沉厚。现代西洋新派画家厌倦了自然表面的刻画，企求自由天真原始的心灵去把握自然生命的核心层。德国画家马尔克（F. Marc）震惊世俗的《蓝马》，可以同这里的马精神相通。而这里《释尊本生故事图录》的画风，尤以"游观农务"一幅简直是近代画家盎利卢骚（Henri

Rousseau）的特异的孩稚心灵的画境。几幅力士像和北魏乐伎像的构图及用笔，使我们联想到法国野兽派洛奥（Rouart）的拙厚的线条及中古教堂玻璃窗上哥提式的画像。而马蒂思（Matisse）这些人的线纹也可以在这里找到他们的伟大先驱。不过这里的一切是出自古人的原始感觉和内心的迸发，浑朴而天真。而西洋新派画家是在追寻着失去的天国，是有意识的回到原始意味。

敦煌艺术在中国整个艺术史上的特点与价值，是在它的对象以人物为中心，在这方面与希腊相似。但希腊的人体的境界和这里有一个显著的分别。希腊的人像是着重在"体"，一个由皮肤轮廓所包的体积。所以表现得静穆稳重。而敦煌人像，全是在飞腾的舞姿中（连立像、坐像的躯体也是在扭曲的舞姿中）；人像的着重点不在体积而在那克服了地心吸力的飞动旋律。所以身体上的主要衣饰不是贴体的衫裤，而是飘荡飞举的缠绕着的带纹（在北魏画里有全以带纹代替衣饰的）。佛背的火焰似的圆光，足下的波浪似的莲座，联合着这许多带纹组成一幅广大繁复的旋律，象征着宇宙节奏，以包容这躯体的节奏于其中。这是敦煌人像所启示给我们的中西人物画的主要区别。只有英国的画家勃莱克的《神曲》插画中人物，也表现这同样的上下飞腾的旋律境界。近代雕刻家罗丹也摆脱了希腊古典意境，将人体雕像谱入于光的明暗闪烁的节奏中，而敦煌人像却系融化在线纹的旋律里。敦煌的意境是音乐意味的，全以音乐舞蹈为基本情调，《西方净土变》的天空中还飞跃着各式乐器呢。[1]

宗白华认为敦煌艺术代表了中国古代艺术理论认知的（主要是指绘画与雕塑）新方向。它不仅是对礼教的、伦理的艺术一个补充，同时也是从观念、内容、技法上解放了中国绘画（中国画之人物画），使绘画的本体生命充盈而美妙，热情而灵动。从这个意义上也可以说中国画之所以获得了完全独立的生命，是敦煌艺术催生的。

从隋唐以前"成教化、助人伦"的直白宣讲，转而关注叙述者（画家）的思想、情感以及表达时的快意临风。"求心性，重热情"也是一条不可或缺的铁律。

敦煌艺术同时又对唐宋以降花鸟画之"自然主义"的"后遗症"进行了医治。"师造化"与"师古人"本没有错，然而"泥古不化"与一味抄袭前人则使唐宋绘画之"尽精微、致远大"的绘画精神萎靡不振，反让宋以后的简笔一类文人花鸟画大行其道，有了"可乘之机"。问题至此可谓有得有失。至于近世一些人以"狂、怪、脏、丑"为能事的绘画则不属此论，但能医此痛的敦煌艺术不吝是中国画一脉反本开新的一剂良药。

---

[1] 宗白华：《略谈敦煌艺术的意义与价值》，《美学与意境》，人民出版社 1987 年版，第 241—244 页。

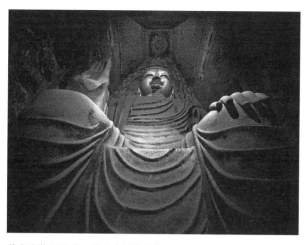

莫高窟第 130 窟，释迦牟尼佛造像

既然丝绸之路是"点实线虚""以点带线"的生态特征，那么敦煌研究一方面要"打深井"，又要"走跳棋"，真正读懂敦煌，读通敦煌，读懂创造这些艺术的不同时代。比如，我们常常提到的莫高窟第 130 窟的大佛造像。庄严敦雅、伟岸肃穆的 26 米高佛造像放在一个狭小的空间里，让瞻仰者无不震撼！同时又令观者暖流涌动，高山仰止。所谓"望之俨然，即之者温"。

它的艺术语言构成中有没有印度的？有没有犍陀罗的？有没有希腊罗马的？都有！这就是盛唐气象。它和唐诗所营造的雄强博大、儒雅风流、万千气象互为印证。所以解码敦煌不仅要从敦煌的文书、经卷、佛造像和壁画里去找答案，要从敦煌附近的马蹄寺、天梯山、炳灵寺、麦积山的艺术关系中找答案，还要从大足、云冈、那烂陀、巴米扬、帕特农的遥远艺术中去发掘寻找，从它们的互相关系中去寻找。具有历史感的理性研究一定要认识到，优秀的文化遗产既是个体也是时代的，既是民族的也是世界的。如果从保护和利用的角度讲，我们更无须为不同民族、不同国家的文化划分轩轾，判别优劣。读懂敦煌是我们的责任，读通敦煌是我们的幸福。

笔者以为，关于丝绸之路研究和传播首先要解决正确的方法和指导思想。跨时空、跨学科的第一步是陈言务去，是从固化的考古只求实证的唯科学思维模式中解放出来，研究新思路，不妨按照中国人中医之"外病内治"的思路入手来重新认识：丝绸之路是一条交通路网，更是一条文明之路，一条中国和世界文明双向行走之路。那么，什么是中国？什么是中国人的文化？什么是中国人眼中的世界？丝绸之路又是怎样一条穿越时空和地域的线索，同时也是一束穿越愚昧和偏见，探索中华文明发现的智慧之光？

丝绸之路是东西方文明双向行走的漫漫长路，是探索中华文明渊薮的纵深之路，是互联互通共建共享的启迪之路，是构建人类命运共同体未来的必由之路。从某种意义上讲，敦煌既是丝绸之路的起点，也是丝绸之路的终点。

一条丝绸之路，半部世界通史。

诗人说，这条路是唐诗和宋词的吟唱，是太阳和月亮的战争。

军人说，这条路是旌旗卷翻的沙漠，是铁骑踏破的血原。

商人说，这条路是关涉洞开的集市，是金盏银尊的盛宴。

僧侣说，这条路是信仰鲜花盛开的祭坛，是精神回家的乡路。

传铭说，没有踏上丝路，你的家就是世界；踏上丝路，世界才是你的家园、你的世界……

参考文献

1. ［法］安田朴：《中国文化西传欧洲史》，耿昇译，商务印书馆 2013 年版。

2. ［美］薛爱华：《撒马尔罕的金桃——唐代舶来品研究》，吴玉贵译，社会科学文献出版社 2016 年版。

3. ［法］沙海昂注：《马可波罗行纪》，冯承钧译，上海古籍出版社 2014 年版。

4. ［法］鲁保罗：《西域文明史》，耿昇译，中国藏学出版社 2014 年版。

5. 顾颉刚、史念海：《中国疆域沿革史》，商务印书馆 2015 年版。

6. 王子今：《中国古代交通文化论丛》，中国社会科学出版社 2015 年版。

7. 许序雅编著：《唐代丝绸之路与中亚史地丛考——以唐代文献为研究中心》，商务印书馆 2015 年版。

8. 余太山：《早期丝绸之路文献研究》，商务印书馆 2013 年版。

9. 宗白华：《美学与意境》，人民出版社 1987 年版。

丝路成就敦煌 敦煌影响丝路

——敦煌与丝绸之路关系的理论认识

沙武田 / 陕西师范大学教授

前言

汉武帝时期在河西"设四郡、据两关",在第一时间把掌控国家向西向外的通道关口设在敦煌,说明在当时人们的观念中,敦煌焉然丝路重镇,国家通道的关键位置,《汉书·西域传》指出"自玉门、阳关出西域有两道",是从中原内地汉地政治中心的角度,强调了敦煌的两关已然成为经营西域的节点;同时,敦煌也是丝路"咽喉"所在,隋代裴矩《西域图记》记曰:"故知伊吾、高昌、鄯善并西域之门户也,总凑敦煌,是其咽喉之地",则从西域的角度阐述了敦煌的重要性。

敦煌在"丝路"上的地位,是常识,也是大家熟知的历史。地理位置关系之外,敦煌石窟保存下来丰富而珍贵的洞窟壁画和藏经洞写本文献,则以考古一手资料和最真实的历史文化遗存佐证了敦煌在丝绸之路上的地位所在。

丝绸之路是历史时期联通亚欧的人类文明大通道,通过这条道路,来自世界文明古国的希腊、罗马、波斯、大食、印度、中国的物质、文化、艺术、宗教得以互通,而敦煌留存下来的文化和艺术,则是历史时期这种文明互通的结果,敦煌因其在丝路上的地理位置关系,也就成为这条通道上不同文化艺术最频繁融合的历史见证地。

敦煌的文化和艺术,是丝绸之路交融的结果,也是丝路艺术最厚重的历史呈现;敦煌不仅是丝路明珠,更是"丝路"奇迹;敦煌也是今天传播丝路文化、弘扬传统文化最具说服力的文化宝库。

可以说,敦煌是解读丝绸之路最具先天条件的地方,故敦煌在丝绸之路研究热潮中的使命被史无前例地摆在广大学人的面前。如何运用好敦煌的资料讲好"丝路"故事?如何阐释好敦煌与丝绸之路之间的关系?如何通过敦煌的研究把丝绸之路文明史完整呈现给世人?如何准确定义敦煌文化在东西方文明史中的价值和意义?如何把敦煌的文本与图像放在"丝路"文化交流的视野中进行新的阐释?像对敦煌的民族语言文字文献的解读与研究,对洞窟壁画中包含"丝路"特色图像的再研究,等等。诸如此类的问题,成为敦煌的新使命,也是我们今天需要重新挖掘的敦煌文化的价值和意义。

敦煌石窟中保存下来的丰富的壁画，则成为解读"丝路"的最形象、最直观的图像资料，如何在"丝路"的视角下重新审视这些图像，成为今天必须要解决的时代课题。

一、丝路成就敦煌

敦煌以弹丸之地，在历史人口最多的时期即汉晋之际的敦煌郡（包括今天的瓜州），也就是三万多不到四万人，到了唐代的沙州（不包括瓜州）人口不到二万人，这样的一个小绿洲，能够创造并留给我们如此丰富的历史文化遗产，单就莫高窟洞窟达700余窟，壁画五万余平方米，彩塑3000余身，实是人类历史发展中的奇迹，也是人类文化史长河中的一个谜。如果说大同云冈石窟、洛阳龙门石窟的兴建，分别依托于北魏和唐代的大都市甚至都城，因此分别创造出恢弘的文化遗产，作为皇家的信仰表达，是完全可以理解的历史结论；天水麦积山石窟则因为地处长安近邻，又是历史时期的丝路重镇秦州所在地，这里气候宜人，物产丰富，交通便利，东西南北通达，得天独厚的自然条件、地理位置、交通条件为佛教石窟寺的开凿提供所需要的基本保障和优厚条件。那么，敦煌石窟奇迹的产生和保存，又是依托于什么条件呢？

究其原因，敦煌异乎寻常丰富文化遗产的创造与完好保存，其实是与敦煌所处地理位置密不可分，或者说是有直接的关联的，是敦煌处在人类古代交通大动脉丝绸之路关键地理位置所决定了的。

丝绸之路肩负着古代欧亚大陆诸文明之间的交通，是中西商贸和文化交流之路，而位于河西走廊最西端的敦煌则是欧亚大陆多元文明与多重交通网络的交汇点，《汉书·地理志》东汉应劭道："敦，大也；煌，盛也。"唐人李吉甫在《元和郡县图志》中言："敦，大也，以其广开西域，故以盛名。"说明早在汉唐时期，历史上的这些有识之士已经充分认识到敦煌在对外交通中的地位，尤其强调了敦煌对管理和经营西域的地缘关系。

历史时期，中原王朝对敦煌的重视与其在古代丝绸之路上所处的重要位置有很大关系。丝绸之路从洛阳、长安出发，途经河西，"总凑敦煌"（《西域图记》），到达敦煌，然后出两关之后分别沿着昆仑山北侧和天山南侧，分为南北二道。汉唐以来，丝绸之路无论分为南北二道，还是南中北三道，总是从玉门关（唐时玉门关东移至瓜州锁阳城西北）、阳关出西域，或由敦煌进入汉地，敦煌在历史时期一直是丝路必经地，且是多条丝路的"总凑"之地，是无法绕过的丝路重镇。

由于独特的地理位置关系，敦煌一直是中原王朝经营西域的重镇。早在汉代时期就在河西"设四郡"的同时，便在敦煌"据两关"，以阳关和玉门关作为当时的海关，两关的意义是除了军事的占据之外，更重要的是为对外交流提供一个驿站与窗口，这其实也正是玉门关和阳关的主要分工，玉门关负责军事，阳关则属东来西去的商人、僧侣、使节往来的桥头堡，故有"阳关大道"一说。而在汉晋时期敦煌的世家大族建功西域，为中原王朝经营和管理丝绸之路奉献了重要的力量，这一点也体现出敦煌的世家大族们的家国情怀，与他们身处丝路桥头堡位置敦煌时的边地担当精神，敦煌历史时期的张氏、索氏、李氏、曹氏、翟氏等均在西域有所建树，为西域和中原王朝的关系做出不可磨灭的贡献。

敦煌在丝路上独特的地理位置，也体现在文化关联、民族认同上。敦煌是西去的中原商人、行侣、使者、军人、诗人出西域的最后一站，离开了敦煌，其实是离开了汉文化的故土，进入文化完全不同在西域和更加遥远的中亚、印度、波斯、大食等地。虽然汉唐时期中原王朝有效管理西域甚至中亚，但是在西域和中亚，汉文化一直未有占据主流位置，汉人的比例也无法达到理想的数据。反过来，对于东来的西域、中亚的商人、使者、僧侣，也有类似的文化情怀，进入敦煌，则进入胡人世界中充满诱惑的华夏大地，发达的汉文化和丰富的物质生活，往往是他们沿丝路东来的主要目的，以至于自汉晋以来到隋唐，沿丝路各地有数量可观的入华胡人最后定居下来，形成了一个个的入华胡人聚居地，形成古代中国大量外来移民的奇特现象，这些人群渐渐汉化融入汉人社会，最后胡汉不分了，其中有唐前期在敦煌以西沿楼兰为中心出现的新城、葡萄城、弩支城、萨毗城，即是由从中亚来的康国大首领康艳典带领族人建的，而到唐8世纪中叶形成于沙州城东的粟特胡人聚落中心"从化乡"，300余户，近1400人，成为敦煌历史上受丝路交通影响的最具说服力的事例。

因此，在敦煌的历史时期，永远是两种不同心情、不同文化关怀、不同民族认同的两大群体的东方和西方的人在这里交汇、融合，加上敦煌周边多民族文化的渗透和影响，正是这种完全不同的文化碰撞和交融所产生的文明的火花、思想的光芒，使得敦煌的文化要比其他地方更加具有创造力，更加具有包容性，更加富于活力，更加丰富多元，也更加受到历史时期人们的热爱，故更加容易被有意地可持续传承下来，最后形成像莫高窟这样的丝路艺术宝库，其中敦煌的家窟艺术便是这些多元文明结合体的产物，也是厚重的敦煌历史得以可持续发展并有序传承的深层次原因。

事实上，不仅如此，按照季羡林先生的观点，敦煌和新疆是古代世界四大文明交汇的唯一地区。因此，可以说，作为丝路交汇点的敦煌，其实是不同的文化、多元的文明在这里交融碰撞，正如古人总结的那样，敦煌乃"华戎所交一都会"，华戎交融的结果，最终铸就了敦煌灿烂的文化。

因此，总体而言，纵观历史，单就从历史地理决定论出发，结合人类文明受地理环境影响关系论断，敦煌所处的丝路"咽喉"交通位置和"华戎所交"的文化现象，注定要成就在历史上的文化高峰、艺术宝库、宗教殿堂的神圣地位。从这个角度来讲，丝路成就了敦煌。

二、丝路研究中的敦煌

丝路成就敦煌，敦煌则必然是丝路研究的中心课题。因为敦煌是丝路上东西方文明、多民族文明碰撞交汇的一个地方，这样的地方在丝路上除了敦煌的特征最为明显之外，其他地方并不完全具备这一特点。虽然像西域的于阗、龟兹、高昌及更远的中亚碎叶、撒马尔汗等地，也是历史时期民族汇聚、多元文化交融的地方，但是受地理位置和民族关系及传统文化的制约，在这些地方汉人和汉文化的影响较为有限。缺少了汉文化的交融和汉人的汇聚，所产生的丝路文明似乎是有一定的局限性的，至少缺少东方汉文化滋养的丝路文明，会有其文化构成因素上的先天不足。正因为如此，敦煌在历史时期作为中西文化交流的桥梁，以汉文化为主导下的文化融合，形成的文化、艺术、宗教必然有其不一样的特性。而藏经洞发现的文物文献，以及敦煌洞窟中保存下来的精美壁画，除了本身作为丝路文明的产物之外，对其进行学术探讨，无疑又为中西方之间架起了一座学术研究方面沟通互补的新通道。

我们知道，在藏经洞文字文献材料中，其题材内容不仅限于中国和汉民族的历史和文化，还涉及我国境内不少古代民族，如乌孙、月氏、匈奴、羌族、鲜卑、楼兰、龟兹、于阗、粟特、突厥、吐蕃、吐谷浑、回鹘、龙家、啴末、沙陀、黠戛斯、黑韩、西夏、蒙古等，几乎涵盖了历史时期曾经活跃在中国北方的主要民族。尤其是在藏经洞和洞窟中出现的佉卢文、粟特文、突厥文、梵文、于阗文、龟兹文、焉耆文、波罗谜文、吐蕃文、回鹘文、希伯来文、西夏文、蒙古文、叙利亚文等文字文献资料，更把敦煌的丝路特点表述得淋漓尽致。而敦煌材料中涉及的古代印度、巴基斯坦、阿富汗及中亚粟特地区各国、波斯、大食、朝鲜、日本等国的问题，也是敦煌历史元素国际性的体现。丝路的研究涉及以上的民族、国家、语言、文字、宗教、艺术，而这些恰是敦煌所集中具有的对象，因此敦煌的研究具有难以想象的代表性。

敦煌材料具有广泛的民族性、国际性特点，正是丝绸之路上文化交流的主流现象，而这一现象的历史积淀则集中体现在了敦煌地区。反过来讲，敦煌无疑是丝绸之路研究的最重要对象。事实上，百年余来的国际敦煌学研究中，以敦煌资料为切入点从事中西交通史的研究成果非常丰富，不胜枚举。同时，我们也看到，在国际学术界对丝绸之路的研究过程中，敦煌资料一直是最核心的内容，可以不夸张地说，每一本研究丝绸之路的专著当中都少不了敦煌的影子。

因此，我们也看到，从事敦煌学研究的学者，不仅有中国人，还有英、美、法、俄、德、匈牙利、芬兰、日本、印度、韩国等许多国家的学者，敦煌学的研究队伍可以说是一支国际联军。各国敦煌学者，尽管肤色不同，语言有别，甚至政治立场、思想观念各有不同，但在敦煌学研究上却有着共同的目标、共同的语言。早在东西方观念对立、政治敌对时期，各国敦煌学者已经结成了良师益友，成为东西方和解的先行者。近年来，国际敦煌学界更为频繁的往来交流，进一步加强了敦煌学的国际合作，通过合作交流，优势互补，敦煌学研究出现了突飞猛进的局面，成果累出，日新月异，大有目不暇接之势。敦煌学成为国际文化交流新的桥梁，打破了政治上的隔阂，如今更成为东西方合作的一支方面军，发挥着民间交往的巨大作用。

丝绸之路研究与敦煌学研究，可以说是你中有我，我中有你，二者之间存着广泛而复杂的交叉性。但是从概念大小分析，丝绸之路的研究显然要大于敦煌学。当然敦煌学本身"以地名学"，又是国际"显学"，其实彰显的是敦煌学本身的广泛性和复杂性，敦煌学在很多方面的研究，都可以纳入丝路研究的范畴，而丝路研究中敦煌学只能占据比较重要的位置，二者是不能相互取代的。但敦煌由于材料的多元性，敦煌在历史时期与丝路千丝万缕的关联，使得敦煌的研究一定会影响到今天对丝路的认知和解读。

从这一点出发，今天的敦煌展现给我们的是新时代背景下敦煌的丝路新面貌、国际新现象、交融交汇的新精神，这些都是新时代背景下敦煌的新贡献，而这些新的贡献又必然要融入丝路大背景之中，否则单就局限在敦煌本身的解读还是不能客观阐释敦煌文化应有的博大精深的丝路文化内涵。

三、丝路热背景下敦煌（学）新使命

敦煌的历史已有两千余年，敦煌学也有百年之久，但是新时代背景下的敦煌和敦煌学已然焕发全新的时代气息。这个新时代的气息即是丝绸之路及其研究热潮所带来的对今天敦煌及其敦煌学的巨大冲击。

在已经走过的百余年来的敦煌学研究历程中，处处不乏丝路的影子，但那毕竟是学人自觉或不自觉的探索。总体而言在敦煌学的研究中对丝路的关注、对丝路重要性的认识是不足的，学术界从未像今天一样形成如此强烈的丝路意识。

今天"一带一路"国家倡议和人类世界新的美好愿景的提出，丝绸之路研究成为学术新热点，从国家到地方各级政府，再到高校和相关的科研院所，对这次全面的丝路研究机会，俨然是谁也不愿意错过的时代机遇。特别是丝路沿线的省、市、州、县和高校、研究机构，更是积极地投身其中，以各种形式搭建丝路研究的平台，扩大丝路研究的范围，强化丝路研究的团队，寻找丝路研究的合作伙伴，发现丝路研究的问题，把丝路研究推向前所未有的良好境地。其中像传统的中亚研究、西北史地研究、西北边疆研究，以及民族学、藏学、西夏学、敦煌学、吐鲁番学、简牍学、长安学等学科的研究，更是把其与丝绸之路的研究紧密结合，推波助澜，深化丝路研究的问题和方向，把自身学科的发展和丝路研究有机结合，形成良性互动的机制。

在这个新时代学术的洪流中，冷静下来观察，凑热闹、赶场子的多，从事严肃学问，有的放矢，能够真正意义上从事丝绸之路相关问题研究的并不多，而可以解决问题的研究就更是少而又少了。大浪淘沙，丝绸之路研究热潮中，鱼龙混杂。但在这个"大跃进"的学术氛围中能够真正推进丝路研究，或者说丝路研究离不开的学科倒也不多，但其中敦煌学应该说是丝路研究的排头兵，是必不可少的学科代表。

因为敦煌不仅仅是丝绸之路上的重镇，一个节点城市，更重要的还是丝绸之路上的"咽喉"地位及其占据了丝路文明不同文化交融碰撞中的关键位置。还有一个不能忽视的关键因素，是敦煌在历史时期所创造的丰富而多元的历史文化遗存，是其他丝路任何地方所没有的文化优势，或者说丝路文化交流、交融、互动、互鉴、互通在敦煌开花的结果，以大量的文化遗存把敦煌在丝路上不可替代的关键位置作了定位，是任何因素都不能改变的历史事实。

即使是汉唐长安城，虽然是丝路起点，但是作为汉唐帝国政治、经济、文化、宗教地位的都城，在强大的儒家文化与华夏文明的规范与左右下，在传统的封建政治传统的强大规范下，外来文明只能是用来点缀的一朵朵小花，其影响过于微小，不能达到像敦煌一样处处充满着浓郁的丝路风情，时时可见胡汉交融的影子。同时，作为政治目标，由于受战争等人为破坏严重，非常遗憾的是，汉唐长安城没有留下像敦煌莫高窟如此规模庞大、可见可视的古代文化艺术宝藏，没有留下像敦煌藏经洞一样非常接地气的古代写本文献图书馆。因为正史典籍的记载更多是传统的政治、帝王将相、达官贵人的历史，那些曾经存在于长安洛阳等大都市中普通老百姓的生活，外来胡人胡商市井生活中的丝路气息，是很难被记载下来的野史和平民史，但这些恰恰是敦煌资料的主流成分。

当然，我们不能忽视汉唐长安城中曾经发过生的胡汉交融的丝路景象，但是这些在整个汉唐长安城的生活中显得微不足道。汉唐长安城是丝路起点，但是毕竟长安城是汉唐皇帝的家园，是朝廷将相的庭院，是那些秉持传统汉人天下观的人群的物质和精神阵地，丝路传来的奢侈品和带有浓厚异域色彩的文化艺术，像那些高鼻深目多须的胡人，身着异装奇服，牵着中原人稀奇的骆驼，走在长安城的大街上，和那些在西市酒肆中"招素手"叫卖的"胡姬"，包括唐长安城风靡一时的胡旋舞，等等。虽然不能否定其在文明交融互鉴过程中的贡献，但在汉唐长安城整体的生活秩序中，这些外来的表演，更多的是生活的调味品。据最新的研究成果，唐长安城人口一度达 130 余万，但统计的结果胡人仅占 4 万多。况且这些胡人极难从正面改变中原王朝政治的总体历史走向，更难在传统文化的主流社会中担当主角，即使是唐代前期的历史，胡风盛极一时，"番兵番将"成为统治和维护唐帝国大厦的重要基石，但是汉文化的大动脉，汉字文化圈的总体趋势是汉化，而不是胡化。发生在唐帝国极盛时期的"安史之乱"，则是以安禄山、史思明为代表的胡人对大唐帝国的一次毁灭性颠覆，也使得从此之后胡人在汉人社会中的地位一落千丈，往日不再重现。

敦煌虽然也是以汉文化为主体的文化遗存，但是其中充满着不同文化的浓厚气息，世界四大文明在这里交汇共存，这里的人口构成除了本地世家大族和汉人之外，还有一直生活在河西走廊的各少数民族人，像匈奴人的后裔、羌人、氐人等，也有因丝路交通而来的中原汉人，还有来自中亚的粟特胡人，及更加遥远的印度人、波斯人、大食人，也有来自青藏高原的吐蕃人、吐谷浑人，以及漠北大迁徙而来的回鹘人和突厥人，有来自西域的于阗人、龟兹人、吐火罗人、焉耆龙家人，也有一直生活在祁连山的仲云人、嗢末人，他们在这片土地上共同创造出了充满不同文化特色的文明，为敦煌文化注入一笔笔新鲜而异样的血液，最终铸就敦煌独特的多元文化大厦。唐代诗人笔下"凉州七里十万家，胡人半解弹琵琶"，敦煌在唐代单就城东从化乡的胡人达 1400 余口，占据了整个沙州人口的十分之一，这还没有包括胡人以外的其他民族，可见敦煌的文化担当者的民族成分之复杂，最后必然导致文化的多元性。

而敦煌的这一特性，恰是丝路的灵魂所在，是丝路文化交流的基本现象和主流方向，所以今天的丝路热大背景中，敦煌成为提炼丝路精神的核心选择，丝路在历史时期成就了敦煌，今天的敦煌及其学术研究，则必然是当今时代影响丝路认识的最可选取的对象。

四、敦煌影响丝路

丝绸之路作为古代东西方文明的大通道，从汉唐长安出发，可达希腊、罗马、波斯、大食，沿途大大小小的绿洲、城市、村庄、驿站不计其数，在每一个丝路沿线的城市都会以不同的方式记载丝路曾经的辉煌。但遗憾的是，经过漫长历史和人为的作用，丝路上很难有第二个地方像敦煌一样，能够保存如此丰富的历史文化遗产，或被历史时期人为破坏，或为流沙湮灭，或成断垣残壁，或被战争摧毁，或仅存历史遗痕……但敦煌却奇迹般完好地保存下延续了一千多年的艺术宝库，且以完好的图像序列呈现中古形象的历史，配合以藏经洞无所不包的文字文献写经档案，这些珍贵的历史遗存，可以毫不夸张地讲，敦煌是丝路文化的高地。因此从这个意义上讲，敦煌则又影响到丝路的历史，包括丝路历史存在感、丝路历史原貌呈现、丝路精神再现。具体而言，敦煌影响丝路，可以分别从历史与当代两个时间段来做些解析。

（一）历史时期敦煌对丝路的影响

敦煌是丝路桥头堡，历史时期不仅是丝路通道，更是东来西去的丝路商旅、使节、僧侣在这里休整的地方，也是他们进行商贸或宗教活动的重要地方。敦煌有现今可知国内丝路沿线规模最大、体系最完备的悬泉置（驿），是丝路重要的驿站，其中出土的汉晋简牍可以证明敦煌曾经在历史时期在丝路交通路线上的重要担当，这里曾经人来人往，迎来送往的活动颇为频繁。而 1907 年斯坦因在敦煌长城烽燧下发现的 8 封粟特文古信札，则可证明 4 世纪前半叶，敦煌已经是从洛阳、长安，经金城、凉州，到敦煌，过楼兰，最后到达撒马尔罕的漫长丝路上完整贸易体系中的货物集散地和贸易中心之一。据《魏书·仓慈传》和敦煌写本 P.3636 所记，作为敦煌太守的仓慈曾在敦煌为丝路胡人在敦煌从事商业和其他活动提供重要的便利条件，给予政策优惠，鼓励"胡人嫁汉""汉人嫁胡"，使得敦煌在当时的丝路贸易呈现一派繁荣景象。至于唐 8 世纪中叶形成于敦煌沙州城东的丝路商业民族入华的粟特胡人聚居地"从化乡"的出现，更是敦煌在丝路交通体系中成为流寓汉地胡人可以选择定居的理想家园，反映的是敦煌在这一时期对丝路繁荣的贡献，而吐蕃统治导致敦煌周边的粟特胡人城镇并入敦煌，敦煌成为动乱时期胡人的避难所。一直到了晚唐五代宋归义军时期，以入华的曹氏为代表的中亚移民的后裔，则经过长时间的汉化，在敦煌居然成为地方统治者，以归义军政权为依托，把丝路胡人在敦煌的地位提升到前所未有的境地。

正因为有以上的历史背景，让我们看到历史时期敦煌对丝路的重要影响，其实这一点也可以认为是敦煌艺术宝库之所以能够长久延续的另一层原因。至于以莫高窟为代表的佛教洞窟的绵延开凿，不同历史时期艺术图像的绘画，虽然表现上看是宗教的内容，但其核心的观念仍然可以理解为敦煌对丝路深刻影响的结果。至于具体的丝路影像，后面单独交代。

（二）现当代敦煌对丝路的影响

这个问题较好理解，今天我们在敦煌召开的一个又一个与丝路有关的会议，其实背后的文化内涵与原动力，都可以解读为敦煌对丝路的影响，至少可以理解为敦煌成为今天人们探讨丝路最直接的对象，敦煌可以触摸、可以观看的任何历史遗存，都构成今天敦煌影响丝路的直接原因。至于在敦煌的历史、考古、宗教、艺术、民族、语言、文字研究上对丝路的再构建，还原丝路历史面貌等工作，都可以理解成为敦煌对丝路的影响。

五、丝路上敦煌的历史使命与文化担当

1900 年敦煌莫高窟藏经洞数以万卷古写本文书的发现，引发了世界范围内探险家、考古学家对敦煌文物的盗取和挖掘，随着世界范围内对中亚、中国新疆、丝绸之路、佛教文化等感兴趣的学者对敦煌写本文献的研究，"敦煌学"作为 20 世纪初新兴的学科，掀开了国际汉学研究新的一页。更为重要的是，敦煌留存下来的这些中古时期的写本文书和档案资料，和敦煌洞窟壁画一样，成为那个独特时代西方发达世界重新认识优秀汉文化和中华文明的重要途径之一。也可以说，敦煌的新发现，不仅给当时西方学术界带来可供研究的珍贵资料，更具吸引力的应是东方文明所带来的全新的文化气息，虽然这里掺杂有探险、猎奇甚至弱肉强食和掠夺的色彩，但更多的应该是东方古代文明的独特魅力。

因此，从这个意义上来讲，敦煌一开始即有着一份厚重的文化担当，在那个当时国积贫积弱的时代国际格局中，以敦煌的文物和艺术品为媒介，肩负着向世界阐释古代中华文化的重任，把曾经辉煌灿烂的汉文化、儒家文化通过敦煌的文化遗产展示给世人，这其实也是敦煌一直以来的神圣使命。

事实上，敦煌的这种文化使命，一直到今天仍然发挥着其应有的作用，那些静静地躺在大英博物馆、法国巴黎国家图书馆、巴黎集美博物馆、俄罗斯圣彼得堡冬宫艾尔米塔什博物馆和俄罗斯国家科学院东方文献研究所等世界各地精美的敦煌文物和艺术品，以及完好地保存于莫高窟、榆林窟、西千佛洞、东千佛洞、五个庙石窟中的洞窟、彩塑和精美壁画，以其特有的方式讲述着东方文明古国的历史，展示东方汉文化曾经的辉煌，描绘着丝绸之路上的敦煌曾经繁华的面貌，毫无疑问，这些文物和艺术品成为新时代沟通中国与世界文化对话的桥梁。

今天的敦煌，是国家弘扬传统文化，进行爱国主义教育的重要基地和主要阵地，因为敦煌洞窟壁画以极为形象和非常直观的方式，把自十六国南北朝以来的历史以图像、影像的形式记录了下来，而图像的表达力、说服力、真实性、可靠性等特性又是文字文献资料所不能替代的。包括藏经洞写本文献在内，敦煌先民们在历史时期创造的这些珍贵文化遗产，由于其不可思议地完好保存了下来，加上其所具有的世界性、丰富性、精美性、民族性及其在历史时期的代表性，成为今天了解传统文化、理解历史变迁、增强民族文化自信的最好载体，这无疑也是敦煌的神圣使命。

那么，作为敦煌研究，把这些珍贵的文化遗产放在历史应有的坐标中进行客观、科学的解读、阐释，使每一件敦煌的写本文献、每一所敦煌的洞窟和窟内任何一幅精美壁画都能够回归历史本来面貌，成为某一段历史时期发生过的精彩或平凡的人物、事件的代言，使得这

些文物文献成为有血有肉的平凡或不平凡的历史一部分，努力把数量庞杂的每一件敦煌文物分别镶嵌到其本来的历史墙壁上，最后串联起一部完整的敦煌区域史，进而为完整的中古史做增砖添瓦的工作。这一点，也正是敦煌努力的方向和使命。

作为敦煌文化主体的洞窟壁画，不仅仅是表象的佛教图像和艺术品，除了属于供信众膜拜的宗教对象之外，其更深刻的文化价值，则是其所涉及的历史、考古、宗教、艺术、绘画、民族、语言文字等多学科的研究，就其研究内容而言，也是百科全书式的，可以涵盖古代社会人们生活的各个方面，这里有服饰装扮、建筑、交通工具、家具、饮食住行、音乐舞蹈、体育、军事、农业、手工业、科技史、商业活动、丝路交通、颜料、色彩等，可以说是一部"形象的历史"，是图像版的古代史。

对敦煌写本文献、洞窟壁画、简牍、墓葬、遗址的整理、解读、研究，成为敦煌学的基本任务和使命。对任何一卷写本文书的探讨，必然是对不同历史问题的阐释；对任何一幅壁画的解读，也终究剥开的是对不同时期社会历史的形象记忆。单纯的学术研究是对敦煌真实历史、社会、宗教、民族、文化的还原，是对敦煌文化所包含着的丰富的历史内涵的挖掘，是对大的中古史的补充、修订和完善，把敦煌的资料充分地运用到古代史研究的不同领域，属于不同领域的从事人文社科研究的学人们的使命和追求。这种追求的背后，是对中华文明史大厦的点滴构建，是对优秀传统文化的不断诠释，是对复杂多变的中古史的描绘。

敦煌藏经洞任何一件写本文献，都是不同历史时期不同阶层的人活动的结果，是对敦煌千百年来历史的点滴记载，这里有普通老百姓琐碎的日常生活，有中央政府和地方政府的档案文书，有丝路交通的往来信件与公文，有大量的寺院写经、寺院库房的账本、政府和寺院为出家人颁发的度牒，有传统的经、史、子、集典籍文献，有敦煌儿童学习的童蒙作品，有家族纠纷法律文书，有休妻书、放良文，有医方，有历日，不一而足。

同样的现象，对于洞窟中的任何一幅壁画，其实除了反映佛教经典的内容之外，画面中的人物、建筑、音乐、舞蹈、服饰、交通工具、山水、树木、家具、用物，都是壁画绘制时代的"影像"，是任何文字资料不能替代的形象历史。

另外，藏经洞的写本文献不仅记载传统的汉文化，也以不同民族语言文字的形式记载了其他民族的历史与文化，反映的是一部以汉民族、汉文化为主体的多民族、多元文化的敦煌历史。

因此，丝绸之路上敦煌的历史使用是对历史的全面复原，而其文化的担当则是对传统文化、丝路多元文明的保存、记忆，而新时代对敦煌文化的发扬光大，则成为中华优秀文化建设中重要的任务，敦煌的历史使命和文化担当，终究是丝路上汉文化的精神所在，也是丝路上文明碰撞的结晶，永远再现和记忆着人类历史在东西方文明交融互鉴过程中的智慧火花。

六、图像丝路——敦煌石窟中的丝路影像

讨论的结果，我们可以清晰地看到在丝绸之路历史上敦煌的位置所在，丝路成就敦煌，敦煌影响丝路，这是个有趣的历史规律，也是敦煌之所以伟大的根本所在。因此探讨敦煌文物文献中的丝路记忆，则可为这个规律寻找真实的历史佐证，也可以通过洞窟图像为"敦煌影响丝路"命题作注脚。这方面的研究成果颇多，此处仅以敦煌洞窟壁画为线索，探讨壁画中的丝路影像，寻找图像丝路。

以莫高窟初唐第323窟张骞出使西域图为代表，洞窟艺术中记载或反映丝路的内容颇多，几乎贯穿了敦煌洞窟营建一千余年的历史。像早期壁画中富于西域犍陀罗风格的造像，隋代洞窟中大量出现的各类具有浓厚波斯萨珊风格的联珠纹样、三兔藻井，隋唐五代洞窟壁画观音经变中的胡商遇盗图，直接反映丝路交通往来的张骞出使西域图、佛顶尊胜陀罗尼经变佛陀波利求法图，维摩诘经变中大规模出现的各国王子问疾图，涅槃经变中出现的各国王子问疾图，五台山图中大量的交通贸易图像，降魔经变中来自世界各地的士兵形象，其他经变中反映丝路风情的大量图像，如各类音乐、舞蹈、交通、军事、服饰、家具、图案、颜料、技术等，都是敦煌壁画留给我们今天认识丝路、理解丝路、发展丝路文化的不可多得的珍贵资料。

除了壁画中的丝路图像之外，事实上敦煌的任何一幅绘画作品，包括洞窟建筑本身，其艺术的源头，或使用的粉本画稿，或是来自中原内地的艺术，或是受西域中亚印度艺术影响的结果。而像唐代前期壁画中的经变画，可以明显地看到绝大部分是来自长安洛阳两地区的艺术粉本，反映的是长安寺观画壁最新的粉本画稿或流行的艺术图样。

敦煌处在距丝路起点长安1700公里之外，但通过繁忙的丝路交通，敦煌洞窟和寺院中的艺术图像可以与长安保持高度的一致。像莫高窟第220窟具有浓厚"吴家样"风格的阿弥陀净土变、药师七佛变、维摩诘经变，均是长安最新流行的画样，被学界称为"贞观新样"。今天当我们走进第220窟，看到的是将近1400年之前长安寺院里风靡一时寺观壁画，丝路上艺术互动最精彩的一幕从初唐上演以来，定格在敦煌的洞窟中，实是丝路历史最为有趣的画面。

另像以莫高窟初唐第220窟、盛唐第103窟维摩诘经变为代表的画样，其中表现前来参加二大士辩法场景的中原帝王问疾图和各国王子问疾图场面，左右相向而立，实是历史在长安常可见到帝王出行场面，也可以说是有唐一代，在当时最大的都市长安城内，由于丝路交通的兴盛而出现的"万国来会""万国衣冠拜冕旒"场景。

至于敦煌壁画中像以上所述反映长安记忆的影像资料，相当丰富，不一而足，有经变画中明显的记载，也有间接的反映，实是恢复长安城盛世景象最佳的图像资料。

可以说对敦煌石窟的研究任务和使命，不仅仅是对这些丰富丝路文化信息图像基本内容

的解读，更重要的是对这些图像与丝路历史、丝路交通、丝路文化关联的探讨，通过敦煌图象的资料探讨漫长丝路上文明互动、文化互通、宗教传播、艺术互通的有趣历史，不仅看到真实的丝路历史，也可以感受敦煌在丝路上所承担的重要角色。

因此，通过敦煌图像的研究，重新领略和感受丝路上"胡商相望，不绝于道""胡商贩客，日款塞下"的真实历史面貌，也可以通过敦煌精彩的壁画、真实的写本文献档案为丝路上曾经发生的文化、艺术、宗教故事做出富于历史感的解读，深入挖掘丝路的精神和文化财富，探讨丝路的人文价值，进而为今天的"一带一路"倡议和愿景提供历史的借鉴和思考，为人类社会再次因丝绸之路而繁荣富强做出我们不懈的努力。

七、结语

丝绸之路是人类文明最敏感的区域，在这条道路上处处闪耀着古代不同国家、不同民族、不同宗教、不同文化背景的人们交流互鉴的痕迹。正因为历史时期人们未曾停止的交流活动，使得世界的文明相互融合，在丝路所经过的每一个地区、每一个国家、每一个民族，都创造出辉煌灿烂的文化、艺术与宗教。而敦煌则是丝路文明交融最具代表性的地区，敦煌特有的丝路地理位置和在汉文化圈中所占据着的桥头堡地位，而使得敦煌的文化、艺术、宗教在历史时期比其他地方更加灿烂，更加受人珍爱并传承。

敦煌因丝路而伟大，丝路成就敦煌；丝路也因为敦煌而更加真实，更加富于历史感，敦煌影响了今天我们对丝路全新的认知。

如果说丝绸之路是人类文明之路，那么敦煌则是这条文明之路上最耀眼的光芒。敦煌对丝路历史的承载，不仅是丝路的荣耀，更是人类文明的精神宝藏。敦煌以佛教特有的艺术形式把汉文化的历史变迁得以沉淀在洞窟当中，而其未有间断的形象史书写方式，则是丝路文明的定格，也是千余年中古史最为鲜活的历史画面。

今天，当我们读懂了敦煌，或许才有资格说了解丝路历史；而敦煌在历史时期的使命和文化担当，正是当今社会最为需要的文化认知，也是挖掘敦煌价值的重要命题。

而要真正意义上认识敦煌的价值，不仅仅是读懂敦煌的历史，认识敦煌的绘画，更重要的是要从丝路文明史长河中寻找敦煌的定位，要把敦煌放在特有的文化地缘关系中提炼敦煌的历史责任，然后再把敦煌现有的文化遗产还原到各自历史的场景中，相信以这样的视角所看到的敦煌的任何作品，都是历史鲜活的画面，都是最为珍贵的历史注解。

"通而不统"的敦煌精神是构建人类命运共同体重要的思想文化资源

范 鹏 / 甘肃省委党校教授

　　构建人类命运共同体是习近平主席首倡、中国政府大力推进、已经得到国际社会一定认同的一种治理理念,一个人类共同梦想和一项造福人类的超大规模系统工程。美国知名未来学家约翰·奈斯比特认为,中共十九大不仅释放出未来中国发展的信号,而且预示了世界未来走向。这个"走向"就是中共十九大报告中所体现出的人类命运共同体美好愿景,即"建设持久和平、普遍安全、共同繁荣、开放包容、清洁美丽的世界"[1]。这一愿景使得中国共产党、社会主义的中国站在了人类发展道义的制高点,具有非常重大的意义。广泛凝聚文化共识,着力打造人类命运识体是构建人类命运共同体的题中应有之义和逻辑前提,而人类命运共识体的构建需要全面认识、客观推介、切实尊重人类文明的多样性。从这个意义上来看,构建人类命运共同体需要各种人类文明资源的共同滋养。其中,作为"和而不同"的中国优秀传统文化精神的另一种表达的"通而不统"的敦煌精神是构建人类命运共同体的重要精神文化资源。

　　第一,中国传统文化研究应该更多地关注敦煌文化。因为,敦煌文化是中国传统文化不可分割的重要组成部分和特殊表达形态。由于丝绸之路的开通与繁荣,使敦煌在一千年左右的古丝绸之路文明史上成为人类文明几个主要形态广泛接触交流的大都会,这一特殊的历史环境和文明交流道路造就了敦煌文化特殊的表达形态。季羡林先生曾指出:"世界上历史悠久、地域广阔、自成体系、影响深远的文化体系只有四个:中国、印度、希腊、伊斯兰,再没有第五个;而这四个文化体系汇流的地方只有一个,就是中国的敦煌和新疆地区,再没有第二个。"[2]因此,敦煌文化更多的是在与其他文明形态与宗教文化交往交流交融过程中表达出来的一种特殊的地域文化。相较于先秦文化、齐鲁文化等文化类型或阶段而言,敦煌文化是直接在开放的前沿和佛教文化、基督教文化和波斯文化直接打交道的过程中形成的,它不仅具有地域性,而且具有世界性,是一种更具国际比较意义的中国传统文化。同时,我们也

---

[1]　本书编写组:《党的十九大报告学习辅导百问》,学习出版社 2017 年版,第 46 页。

[2]　季羡林:《敦煌学、吐鲁番学在中国文化史上的地位和作用》,《红旗》1986 年第 3 期。

必须承认敦煌文化骨子里还是流淌着中华文化的血脉、承载着中华文明的基因、传承着中华文化精神的，在中华民族文化传统中占据重要而独特的地位。过去，不少学者在谈到中国传统文化或者敦煌文化时是自觉不自觉地将敦煌文化排除在中国传统文化之外，这是没有什么道理的。在我看来，敦煌文化不仅是中华民族优秀历史文化的杰出代表，更是具有世界意义的人类文明互鉴和多元融合的东方典范，而这一典范在当今世界无论从学术还是政治上来说，都具有不可忽视的重要意义。

第二，敦煌文化是以中国传统文化为基因、以佛教文化为基本内容、以形象化的宗教题材为主要表现方式、以多文明多宗教交融创新为基本特点、以"通而不统"为其主要精神的综合性文化形态。有学者指出，"敦煌文化指的是以4-14世纪为存在时限、以那一千年间敦煌地区的地理和历史状况为存在背景、以汉族为主体的敦煌地区全体居民具有鲜明特点的精神活动及其物化表现"[1]。基于此，我们可以从主要内容、文化定位、文化特征、主要精神等方面理解敦煌文化。就主要内容而言，敦煌文化是由敦煌地区以汉族为主体的全体敦煌地区居民创造的、以中原传统文化为主体和主导、以宗教文化为主要表现方式的一种相对独立的文化；就文化定位而言，颜廷亮先生在《敦煌文化》一书中将敦煌文化定位为"古代世界文化格局中汉文化圈的西陲硕果"，即敦煌文化是专属于古代中国传统文化圈的一种文化现象；就文化特征而言，敦煌文化是一种去中心主义的文化形态，它既不是欧洲中心论、中华文化中心论，也不是佛教中心论，而是追求一种开放性、兼容性的"无中心而有重心"的多元文化交融体；就主要精神而言，敦煌文化既有古今中外思想精华的汇通追求融合，又有多层多样文化形态的丰富性并盛，既保持了各个文化类型自身的独立性，又兼容了不同文化类型各自的合理性，这就是敦煌文化"通而不统"的精神内涵。

第三，"通而不统"是"和而不同"的中华文化精神的特殊表达。"和而不同"意味着承认存在着差异和矛盾，追求多样性的统一，反对无差别的同一。作为中国传统文化基本内涵的"和而不同"的精神提倡多元文化在相互交流和相互融合中取长补短、共同繁荣。这一精神已经被世人所公认，达成基本共识。具体来说，"和而不同"更多的表达了一种文化传统内部各种思想流派和亚文化之间的关系，如以此论儒墨道法释之间的关系就十分恰当。面对诸子蜂起、百家争鸣的局面，一些有宏大视野的学术史家已经看到，其实诸子百家在理论上的根本目标都是为了治国平天下，只是理论建构的视角和表达方式、方法有所不同，正所谓"天下同归而殊途，一致而百虑"。推而广之，"和而不同"不仅是理解中国古代学术派别的基本精神和方法论原则，而且也是理解不同地域、不同民族、不同国家之间文化关系的

---

[1] 颜廷亮：《敦煌文化》，光明日报出版社2009年版，第9页。

基本精神和中华文明看问题的独特视角。在更广泛的范围之内，敦煌文化所体现的"和而不同"的不同文明、不同宗教、不同国家、不同民族之间"通而不统"的精神，更深刻、更广泛地体现了中华文明的博大胸怀和精深思想，正是由于有这样的精神作为哲学底蕴，才造就了千年辉煌的敦煌文化，而这一精神与"和而不同"一起共同成为构建人类命运共同体的重要精神资源。"和而不同"主要表明的是尊重文明多样性的态度和体现文明平等性的交往交流原则，而"通而不统"则主要表达的是文明交流交融的行为准则和实现文明互联互通而又不消解文明丰富性的文明理想。尊重文明多样性只是一种态度，而打通文明多样性则是一种实践。态度固然重要，但愿景成为现实才是尊重和交流的目的。构建人类命运共同体要以构建人类命运共识体为前提，"通而不统"的敦煌精神不仅是构建人类命运共同体的一粒"定心丸"，而且也是构建人类命运共识体的思想基础。当今这个互联互通的时代不仅是技术上"大智移云点扫微"的时代，而且还是"精神上互联相通共享的时代"。我们需要和世界上各个地方、各种文明、各色人等实现联通，但与此同时，没有任何一个国家任何一种文明希望"通"了以后被某一个国家、某一种主义、某一种思想一统天下而不允许其他文明存在与发展。中国提出了人类命运共同体的价值主张，发出了建设"一带一路"倡议，推动着"一带一路"建设项目，希望通过中国道路为解决人类问题提供中国智慧和中国方案，但是中国也绝不希望用中国这一套把世界统一起来，同时中国也不相信任何人、任何国家、任何主义有这样的能力和本领将拥有上万年文明史、近70亿人的世界统一起来。习近平总书记曾指出："世界上有200多个国家和地区，2500多个民族和多种宗教。如果只有一种生活方式，只有一种语言，只有一种音乐，只有一种服饰，那是不可想象的。"[1] 可见，人类命运共同体思想强调和承认世界的多样性、差异性，现在的世界需要的就是"通而不统"的文化精神。

第四，以"和而不同"的原则构建人类命运共同体可以画出最大同心圆，以"通而不统"的理念构建人类命运共同体则可能在各种文明之间取长补短、促进人类共同进步。中国著名思想家梁漱溟说："历史上与中国文化若后若先之古代文化，如埃及、巴比伦、印度、波斯、希腊等，或已夭折，或已转易，或失其独立自主之民族生命。唯中国能以其自创之文化绵永其独立之民族生命，至于今日岿然独存"[2]。中国文化之所以能够成为世界文明中唯一没有断裂的文明，其延续不断、薪火相传的"基因密码"就是其一贯主张的"和而不同""通而不统"精神。随着人类历史的发展，中华民族的复兴，这一"基因密码"必将为新时代人类命运共同体的构建提供新的文化支撑。"和而不同"意味着多样性意义上平等共处的理论原则，侧重于表现多样文明的共生共存；"通而不统"意味着多样性意义上交流交融的行为准则，侧

[1]　《习近平谈治国理政》，外文出版社 2014 年版，第 316 页。
[2]　梁漱溟：《中国文化要义》，世纪出版社 2011 年版，第 8 页。

重于表现多样文明共荣共存共进化。所谓世界大同，不是一统天下，而是世界文明的共同繁荣共同进步。从文明相通、文化相融的视野建构"人类命运共同体"，就是试图创造一个"和而不同"的世界文明格局，实现不同文化的进一步发展进步。在人类命运共同体构建中一定会"逻辑的先在"一个"人类命运共识体"，而敦煌在上千年的历史中其实早已"存在过"这样一个"共识体"。交流、理解、合作、包容、共赢等现代人类命运共同体亟须的文化共识，都能在敦煌文化中找到它的影子、基因和成就。当今世界风云激荡、变幻莫测，如何使人类的不同文明在既冲突又融合、既对立又统一的关系中共存共进，成为横亘在人类前方的一道难关。基于这种认识，我国主张"一带一路"建设要以文明交流超越文明隔阂、文明互鉴超越文明冲突、文明共存超越文明优越，推动各国相互理解、相互尊重、相互信任。[1] "和而不同"的中华传统文化精神特别是"通而不统"的敦煌精神是这一主张深厚的历史底蕴之一，是消解文明冲突、促进文明融合、推动文明共进的一剂对症良药，需要我们深度挖掘、深入研究、深刻阐释，以达到创造性转化、创新性发展，这不仅是一种中国智慧，也是一种中国行动。我们坚信：通过对"通而不统"的敦煌精神的深度挖掘、深入研究与大力弘扬，人类命运共识体的达成与人类命运共同体的建设将会以更加浓厚的中华文明特色贡献给人类。

---

[1] 人民出版社编：《"一带一路"国际合作高峰论坛重要文辑》，人民出版社 2017 年版，第 22 页。

敦煌舞
——在坚守中求发展

史 敏／北京舞蹈学院教授

概述

敦煌位于我国甘肃省的西北部，是古代"丝绸之路"的重镇，是中华民族与西域各国文化、经济、宗教及政治交汇、融合、发展的重要地区。其文化战略意义正如著名国学大师季羡林先生所指出的："世界上历史悠久、地域广阔、自成体系、影响深远的文化体系只有四个：中国、印度、希腊、伊斯兰。而这四个文化体系汇流的地方只有一个，这就是中国的敦煌和新疆地区。"

敦煌乐舞文化无疑是丝绸之路上的一颗璀璨明珠。敦煌舞蹈艺术正是以她特有的风格韵律，极高的艺术价值，成为我国不可多得的艺术瑰宝，敦煌乐舞在敦煌艺术中占有极其重要的位置，长期被世界许多领域所关注和研究。莫高窟历经 1600 余年，各个时代的壁画中，反映了当时的一些生产劳动场面、社会生活场景、衣冠服饰制度、古代建筑造型以及音乐、舞蹈、杂技的画面，也记录了当时中外文化交流的历史事实，是研究中国古代社会的生产、生活的宝贵资料，具有其深远的历史意义和很高的艺术价值。

可以说莫高窟以图像和文字的形式记载了中华文明的发展进程，是中外文化交相辉映、汇聚融合，共同造就了博大精深、源远流长的中华文明。她是地域的、民族的，但同时也是属于整个世界的，是人类精神文明和社会文明发展长河中文化自觉的典范。

一、敦煌舞蹈文化的兼容并蓄

敦煌艺术是佛教文化自印度经丝绸之路传入中华大地后，与中原文化激荡、碰撞形成并发展起来的。从北凉、北魏时期到隋、唐、宋、元时期伎乐天形象的发展演变过程中，我们可以深刻体会到：在敦煌艺术中占有非常重要地位的乐舞形象不仅仅是受单一文化的影响，而是一种多元文化的融合体。敦煌舞蹈"三道弯"和"S"形的审美及风格韵律也是在这种文化的大背景影响下形成的，是受到外来文化、地域文化和中原文化相互影响、渗透、融合所形成的特殊审美。

著名舞蹈理论家王克芬老师说："舞蹈是转瞬即逝的时空艺术，在没有古代各时期舞蹈艺术动态资料的情况下，那些凝固在石窟、佛寺壁画的各代舞蹈形象，就成为十分罕见、珍贵的舞蹈史料。这些舞蹈壁画和雕塑，具有很高的历史价值、学术研究价值，并为今人创作、表演舞蹈提供最具体、生动的参照形象"。

作为舞蹈艺术工作者，我们用舞蹈的形式复活敦煌壁画，以教学的形式传承民族传统艺术，用我们的身体去临摹壁画中一个个曼妙婆娑的舞姿造型，每一个舞姿看似静止，实际都是在动态当中的一个美好瞬间，都是完美生命的具体写照。从整个身体形成的三道弯到手臂、手腕的翘折；从胯腰的牵扯到胸背的靠合；从眼神的远近虚实到头部的偏、歪、含、仰无不凸现着这门艺术的个性，展现着这门艺术本身的魅力与价值，以及其所拥有的庞大的文化体系给予它的灵感与支撑。从这些舞蹈中，我们感受到了敦煌伎乐天舞姿的丰富性、风格性和艺术性，感受到了它不同一般的独特韵味。

榆林窟第 25 窟，观无量寿经变画，吐蕃时代

敦煌艺术以其精神内涵与美学品质，经过了历史的营造，凝练而形成，在大千世界中有其独特的价值。在"一带一路"经济发展的倡议下所提供的种种新的机遇与可能面前，敦煌舞有"讲述自己的故事"的诉求，要想向世界讲述"自己的故事"就必须在坚守中求得发展，以主动进取的态度，创作出被当今观众所喜爱的艺术作品。被誉为中华民族母亲河的

莫高窟第 263 窟，供养菩萨，北魏

黄河在兰州穿城而过，在甘肃大地上有着华夏文明5000年的沉淀，因此才会有以《丝路花雨》《大梦敦煌》为代表的艺术精品。当年"丝"剧曾多次代表国家，承担着文化交流使者的重任，为中外人们的友谊和国与国之间的友好交

1985年《丝路花雨》剧组出访苏联，在大使馆与乌兰诺娃等著名演员合影

往做出了巨大贡献。当时许多我国驻外使馆的工作人员对"丝"剧在当地的成功演出所获得的巨大反响评价为："胜过了我们十年的外交工作。"究其原因，就是将敦煌舞蹈鲜明独特的艺术风格，以丰富的文化内涵、质朴的人类情感表现出来，深深打动着观众的心灵，使国际友人透过这个窗口，看到了中华民族的精神与文明。

固然，优秀的传统是财富，丰厚的积淀可以凝成基石。但是，只有不断创新，不断超越，才能在新的时代，在其财富和基石之上构建新的大厦。只有坚守敦煌舞蹈文化自觉的理念，才能对敦煌古典舞在历史发展中的地位、作用和方向有一个正确把握，对其发展的历史责任有所担当。

二、敦煌舞蹈的创新和发展

在物质文明和精神文明高度发展的今天，以习近平为核心的党中央提出"一带一路"倡议，实现民族复兴的中国梦已成为每一个中华儿女的共同期盼，这为丝路明珠的敦煌舞蹈艺术提供了更加广阔的发展空间。随着大量相关"一带一路"的舞台作品问世，对于具有高水平的创作和表演的专门人才的需求已成为事业发展中急亟待解决的问题。敦煌舞是中国的传统艺术，在风格和审美方面有着非常清晰的界定，不是换身衣服怎么跳都可以。当前西方现代舞的思维模式、创作理念、表达方式在今天的舞台表演和舞蹈教育中都普遍存在，并深刻影响着业内每一个人的艺术观念，于是艺术风格雷同、传统审美淡化成了舞蹈界目前最为关注的问题。因此解决问题的唯一途径就是要从人才培养的知识结构上赋予更多具有传统文化典型性的内容，从教育方面滋养那些有复兴民族传统文化理想的青年人。

2010 年年初，北京舞蹈学院古典舞系正式设立了敦煌舞蹈教研室，在长期的工作计划中，将敦煌舞的均衡发展问题作为教研室研究工作的核心内容。2011 年在北京市教委和舞蹈学院的大力支持下，敦煌壁画舞蹈研究（男性乐舞部分）科研课题正式启动，试图以壁画中男性伎乐形象作为研究对象，经由历史渊源、汉译佛典、文学作品中所述和实地考察等研究方法，对金刚、伎乐、迦陵频伽、药叉等乐舞形象进行归纳吸收、提炼梳理，以动态的形式呈现研究思路，总结出敦煌男子舞蹈的手姿、站姿、脚位、步伐、舞姿以及运动规律，最终形成具有文化性、风格性、训练性兼备的敦煌舞蹈教程，使男子舞蹈与女子舞蹈教学同步开展起来，填补了敦煌舞没有男子舞蹈的空白。

敦煌壁画伎乐天（男性）形象呈现是一门风格性组合的训练课程。课程内容是以浩瀚的敦煌壁画为蓝本，从其他相关艺术资料中深入研究、收集整理出具有浓郁风格特色的舞姿形象。以科研带动教学的方式，从舞蹈本体出发，研究其运动规律、表现形式、审美风格、训练价值等，最终以动态形式使其复活，形成本科教育和研究生培养教育的一门风格性课程。其中包括：1. 启示—冥想；2. 伎乐护法三十六姿；3. 妙音迦陵频伽；4. 降魔金刚；5. 敦煌健舞；6. 敦煌鼓舞；7. 反弹琵琶伎乐天；8. 礼毕虔心。这些训练组合都是以壁画伎乐形象为依据，提取最具代表性的精华舞蹈造型，并对其所形成的路线、用力方法、审美规范等进行深入研究分析，在上百次的试验中得到最自然、最贴切的经验与方法，营造出静中有动、动静结合的"画中人"的艺术氛围，可以说是身体对壁画的"临摹"，是继承

莫高窟第 248 窟，北魏

横弹琵琶二势

莫高窟第 220 窟，初唐

静思势，健舞造型的变化运用

传统，发展和创新的产物。通过学习，使学生能够基本掌握敦煌舞蹈的表演风格，能够运用敦煌壁画男性伎乐天舞蹈语汇和技术技巧自如表达具有鲜明风格的敦煌舞蹈，这是中国古典舞系丰富学科建设，确立敦煌舞风格课程的基础；是培养继承我国宝贵的传统文化，具备表演敦煌舞风格的新型艺术人才

火焰纹绸技法与技术技巧的综合运用

的必要途径。

　　创新和发展已成为了中国的一项国家使命。一脉气韵越千年，只有从中华文化的根上入手，才能守住其内在神韵和美学情怀。舞蹈，浓缩了一个国家的群体记忆，昭示着一个民族的文化身份。如何接续古风，提炼并弘扬中国舞蹈区别于世界其他民族舞蹈的韵味，如何实现敦煌舞蹈的传承创新，我有如下思考。

（一）立足于优秀的传统文化，树立中国人的审美观念

　　岩画石刻告诉我们，约 5000 年前，我国已有"鸟兽跄跄，凤凰来仪""三人操牛尾，投足以歌八阕"等舞蹈雏形；西周初年，舞蹈升华为表演艺术，以云门等"六大舞"为主的雅乐体系初步形成；汉唐盛世，诗词歌赋中对舞蹈的描述更是举不胜举，如《霓裳羽衣舞》"飘然转旋回雪轻，嫣然纵送游龙惊"的描写，又如"蹲舞尊前急如鸟""跳身转毂宝带鸣""扬眉动目踏花毡，红汗交流珠帽偏"。对胡腾舞的记述，使我们从唐代诗人的字里行间深刻感受到当时舞蹈丰富多彩的巅峰景象。从这些图像和文字的记载中，我们可以真切感受到舞蹈文化贯穿着中华文明发展的历程，并具有鲜明的民族审美观念。

　　中国人自古以来在艺术上就有自己的审美取向和表现方式。敦煌莫高窟 4500 余身的飞天，是中国佛教艺术中一朵绚丽多姿的装饰奇葩，正如美学家张平治先生所说的那样：飞天有很多美，"她的飘逸洒脱之美，恰是在虚与实之间，太实了，缺乏想象便不美，太虚了，失去生活依据也不美；她的浪漫主义之美，是从适度的夸张和幻化中表现出来的，适度很重要，不及或过分便不美；她的新颖脱俗之美，是从敢于创新，敢于破格中体现出来的"。确实，飞天的美学价值是举世罕见的，正是在这种中国人的审美观念的影响下，敦煌舞才从静态的

根据莫高窟第 220 窟经变画乐舞形象创作的舞蹈《燃灯踏焰》

壁画中走出来，融入我们的教学、表演和艺术创作中。从静态到流动，从欢愉到宁静，无不再现了灵动与幻化的美妙，使观赏者和表演者都能感受到那些从千年壁画上走来的伎乐形象所传递出的丰富、美好的内心情怀。

敦煌艺术是传神的艺术，是中国古代艺术家天才的创造，更是佛教艺术史上中华民族艺术史上的一个奇迹。因此，立足于优秀的传统文化，把静态的壁画艺术呈现为动态的舞蹈形象，在呈现过程中做到"修旧如新""生灵活现"，才能树立正确的审美观念，突显其特殊的学术价值和研究意义。

（二）研究中国人的表现方式，实现坚守与发展的共赢

中国人是一个重感性、重形象、重内涵的民族，在思想、感情、意图的表达上习惯于借用一定的形象或象征性的示意来婉转地间接地表露。也就是说中国人习惯用比拟、夸张、写意的艺术表现手法，借物抒情，将人生哲理暗喻其中。对舞蹈表演而言，以情带动，由内而外的情感流露才是舞蹈表演的本质所在。只有明白我们的内心要表达什么思想内涵，我们的肢体要传达出怎样的艺术语言，我们的表演才有分量，才具有感染力，才会直指人心，并从中获得艺术本身的价值和应有的文化自信。

舞蹈评论家江东说："内核比技巧更重要。找到自己的根、守住舞蹈精神和文化理想，才能在国际舞台上不可替代。"记得 2014 年舞蹈学院 60 年院庆时，在古典舞系的学科建设研讨会上，来自海外的专家胡二东先生这样说，今天我在国际舞蹈界仍然有自己的一席之地，完全取决于当年在学校和古典舞系打下的坚实基础。因为在我身上有中国民族文化的特征，

根据莫高窟 257 窟九色鹿佛本生故事画创作的舞剧《九色鹿》

是其他人所不具备的。所以我们千万不要捧着"金饭碗"去要饭。他的话非常值得我们反思当今中国古典舞自身所存在的问题以及未来发展的方向。

费孝通先生论及文化自觉时有最经典的表述："各美其美，美人之美，美美与共，天下大同。"这段话也应该是每一个敦煌舞人的志趣和理想。舞蹈作为一种文化和价值的载体，通过舞蹈的表现形式能够传播一种文化、传播一种价值、传播一种社会的认同，让人们在欣赏舞蹈艺术的过程中，达到寓教于乐的作用，感受到对于美好生活的向往和追求。在体现敦煌舞蹈民族性的过程中，那些很难用言语表达的内容往往就是文化的魅力所在，一个眼神、一次呼吸、一个步态、一个个舞姿间圆曲流畅的连接，都是将传统审美的具体表达发挥运用到极致的体现。壁画中的伎乐天是将人体美融入了心理意境，是古人善良及完美思想憧憬的升华，是浪漫主义思想方法与创作方法相结合的产物。正是因为对敦煌文化这种传神、精美的表达方式的深入研究和学习，敦煌舞蹈才能以不断追求新的民族艺术个性为重要取向，弘扬其丰富的文化特色和美学内涵。

（三）将文化自觉融入敦煌舞蹈创新中

实现敦煌舞蹈艺术的创新，恰又与敦煌文化历史资源开掘与利用密切相关。我们知道，一切过去时代的文化资源，都有在当下文化语境中被重新阐释和创造性地开掘、利用的问题，因此对传统文化的学习尤为重要，既不能照搬，又不能走得太远，这就是"度"的把握问题，如何才能把握好这个尺度？深厚的生活积累和丰富的知识储备决定着艺术创作中的文化走向问题。

在对敦煌舞蹈的教学研究和剧目创作研究的过程中，我们坚守着敦煌舞蹈的风格特征与表现特征，将文化自觉的理念融入敦煌舞蹈的创新中。以浩瀚的敦煌壁画为蓝本，从壁画中收集整理出具有代表性的、风格浓郁的舞姿形象，从舞蹈本体出发，形成培养专业人才的教学课程，由此派生出理论研究、风格课程和敦煌舞蹈作品。

我们只有坚持在创新中守住民族审美特性，准确把握住敦煌舞蹈风格、韵律的精髓，借助理论研究和实践经验，才能对敦煌舞蹈形象、舞蹈语汇、舞蹈技术、舞蹈作品等方面进行深入探索、整理与开发，为敦煌舞的传承和发展做出应有贡献。十多年来敦煌舞在北京舞蹈

《九色鹿》剧照　　　　　　　　　　　《燃灯踏焰》剧照

学院将研究成果与人才培养直接挂钩，做到从静态的"客观"研究，到"综合"整理，再由此发展到"还原"和"创新"，通过深厚的民族情结和对敦煌舞蹈的自信，将文化自觉融入敦煌舞蹈创新之中。

三、结语

优秀的文化是人类文明进步的结晶，是世界各国人民共同的精神财富，所以，面对"一带一路"倡议的大背景，我们要积极利用其有利因素，坚守敦煌舞蹈的文化内涵和风格特色，使其风采共呈、多元并存。

我们研究敦煌壁画中的舞蹈艺术形象，既要继承伟大中华文化中历史悠久、绚丽璀璨的舞蹈艺术精神，更要紧紧抓住民族舞蹈之根，在坚守中寻求新的发展。

有关敦煌艺术研究的两个问题及建议

王见 / 广州美术学院教授

中国甘肃、新疆、青海、西藏四省区土地广袤，几乎是中国的半壁江山。且地理独特、资源丰富，但经济发展相对迟滞落后，因其环境条件与发展条件与东部有很大不同。因此，西部发展必须寻求与东部经济不同的发展思路和方式。国家"一带一路"倡议就从宏观层面上，为中国西部丝路沿线地区的地理、历史、文化资源等研究开辟了方向，也为促进西部文化性质的经济发展提供了新的可能，尤对甘、青、新、藏四省区的文化建设具有直接促进的作用。

文化建设的首要任务则是展开对丝路文化遗产的研究，但应当避免把文化和历史研究惯性地陷入书斋式、论文式的纸上谈兵，应该着重于当地的历史条件和现实的文化建设的具体联系。例如，20 世纪 90 年代期间联合国教科文组织就有关保护和扶植丝路沿线手工艺生产及艺术保护的计划，并以官方文本发出。有鉴于此，本文依据自己长期对敦煌艺术研究的关注，提出两个意见：

一、不要把敦煌石窟完全看成旅游资源

把敦煌石窟完全看成旅游资源，然后沿着一切为游客着想，一味满足旅游要求，一切围绕旅游发展，对敦煌石窟而言，很可能就是致命一击。

因为，敦煌石窟不是卢浮宫。

敦煌石窟是一个存在了 1600 多年的古代文化遗存，基本是在一个完全自然的条件下，极少人为干预的原生态文化遗存，其发现距今不过百年。过去因为石窟主要作为研究之用，并着力在保护方向，故游客稀少。所以，洞窟的对外开放基本保持在比较合理利用的平衡状态。

但随着国内旅游业的兴起和旅游热点的转移，莫高窟开始出现一天有七八千人入窟参观的记录，这就给敦煌石窟带来了新的问题。敦煌石窟的核心是壁画，历尽千年的壁画基地和墙面实际上已十分脆弱。如此巨大的客流量一定严重加大温湿度的变化等，必然加剧壁画起痂和剥落，将造成毁灭性的后果。因此，在近期的一次敦煌石窟国际学术会议上，常沙娜先生就对此忧心忡忡，并提出创建敦煌新艺术园区的对策和建议，以缓解旅游观光对敦煌石窟艺术的伤害。

笔者以为，就目前而言，能切实可行的首先还是要尽快改变"观念"。不要把敦煌石窟完全看成旅游观光的地方。应该对目前一种现象掩盖另一种现象的严重性有足够的警觉——超量的旅游观光将会对石窟壁画造成极大的伤害。一定要把敦煌石窟从旅游热当中解放出来。那么，自现在起一定要科学制定参观办法，限制参观的人数和流量。措施有三：

（一）将无序的观光旅游改变成有序规划

首先对洞窟的内容、状况和承受力做出评估，选择适应开放的洞窟，同时尽快计划为期三年或五年的预售（定）票制度，坚决地限定参观人数。此外，全年开放洞窟，但要平衡规划，四季开放不同的洞窟，如夏季主要以九层楼大佛、卧佛、藏经洞为主。因为，这几个洞窟相对可以承受较大的游客流量，也是一般游客比较感兴趣的洞窟。而到游客稀少的时候，则可考虑安排开放一些特窟。洞窟开放应提前一年公布，建立一套开放透明、操作简便、方便游客的参观办法。并预算随机增加人数，使参观规模和管理人员有序计划，有序实施，杜绝一曝十寒。简言之，一切的规章制度和办法应采用细水长流和平衡轮换的思路和办法。其核心——合理规划产生合理限制，重在限制。

（二）把"观光"之游改变为"学习"之旅

敦煌石窟的核心价值在于艺术及历史、考古等文化研究。每个季节可根据洞窟的开放，规划开展各种文化保护、艺术史学、美术讲习等各年形式的研究班、工作坊、进修学习班等，把洞窟开放与专题学习结合起来。既分流了参观人数，又提高了参观质量，也改变了简单的旅游观念。真正开发了敦煌石窟重在开展文化教育的功能，也对"到此一游"的快餐式和扫描式旅游做出了区别。并由此提倡度假学习、短期居留等，有意培育城市的持续接待并有序安排的能力。与此同时还要提倡公益教学、公益项目，建立志愿者工作机制，创立自助管理模式，使敦煌研究院退休专业人员的学术作用得到发挥，使国内专业美术学院师生的学术力量得到利用。其核心是改变旅游观光的单一性参观，扭转观念，增加学习机制，重在分流，区别对待。

（三）要逐步把"窟内"体验式参观改变为"窟外"学习型参观

数字技术为洞窟复制提供了强大的技术支撑，应按现敦煌研究院陈列中心的做法增加整窟复制的数量，并成为工作常态，长期复制（把临摹研究区别开展）。因为实际上，无论专业性的前期学习和观光性的一般参观，都必须在光线良好的环境下进行。数字技术的图像是最为合适的完美提供。所以，结合现有的敦煌博物馆，把洞窟的数字化图像复制与博物馆一体化建设是一个方向。其目的是将专业和非专业人员的参观学习都主要先放在数字图像馆进行，而且对专业人员而言，如今后提出特窟的参观学习研究等，必须以在数字图像馆学习临摹的过程为前提。由此，既有效地进行了一般性的学习和参观，又为真正从事学术研究的项目和人员提供了入窟研究的便利和支持，使石窟作为研究的作用得到加大。其核心是另辟蹊径，重在改变参观重心。

上述三点仅作为思路意见，具体尚待细化。但三种方式也都切实可行，无须大动干戈。既能直接起到改善目前"人满为患"的紧张状况，又能从根本上切实解决问题，从而真正使"敦煌石窟"的研究性价值得到发挥，可以让过量旅游给敦煌石窟带来的危害尽快得到遏制和改变。

二、敦煌是文化建设，不是城市建设。建设"小敦煌"，带动"大敦煌"

宣传和研究敦煌艺术是形成"敦煌文化艺术"的感召力。那就应该用文化的软实力建设"小敦煌"，带动"大敦煌"。

所谓"小敦煌"是指现有市区及周边区域。通过文化软实力对原有城区进行充实提高，再造敦煌艺术的新文化，并使其地貌特征与敦煌城镇文化机制得到一致的体现。凸显敦煌文化和中国传统文化的感召力，使敦煌成为一个具有敦煌艺术氛围浓厚的城镇，一个充分体现文化先进的城镇。但如果用所谓"中心辐射周边"的城建思维，以"敦煌为中心"展开集中式的硬体的城市建设，那就大错特错。所谓文化搭台，经济唱戏的做法也更是对文化软实力建设的严重误解。

所谓"大敦煌"就是以"小敦煌"为中心，向西北提升柳园，向东要带动瓜州。其目的有二：一是疏散性建设，减轻敦煌城区现有的接待压力；二是延伸性建设，与原有的城镇加强互动，促其提升。现有市区内建文化，外延生态，不是将旧城扩大，也不是将旧城更新，更不能借发展之机进行通常意义上的集中式城市建设。因此，敦煌的建设与文化发展必须以保护、改善、扩大自然生态环境为先导的建设，而后以文化作为重点的发展，调整、改善、整合柳园、瓜州，建设"大敦煌"。由此影响和带动河西走廊，再远一些就沿新兰线与吐鲁番一带形成文化链接的意义，更加深远的意义就是让敦煌文化作为中国文化的代表，对中亚各国产生文化的感召力和影响力。这是因为敦煌的地理位置和文化存在的必然作用。只有从这个宏观层面，才能形成对敦煌文化建设的正确观察。

再则，国家"一带一路"的核心是一路或一带，不是一点。并不是着力在国内一城一池的定点打造。而是通过文化定点，然后扩散建设若干个散点，散点又构成一个片区的意义，若干个片区的形成就构成一路。古代的河西四郡，也是四个片区的性质，并不是四个点状的城市。古今一理。

而更加重要的原因是：敦煌及整个河西走廊的生态环境极其脆弱，对发展的承受力十分有限。由此，决不能搞集中式的城市发展。因为这些地区水资源有限、降雨量极少，土质干燥，日照时间长等。大量使用水泥、瓷砖的城建和建筑方式，很快就会造成开裂、损坏，而工程造价越高，维护和保养的条件越高，盖得起养不起。因此，一旦这种城建发展成为普遍，当地自然资源绝对不能承受，即刻枯竭，很快就会对敦煌、对丝路沿线、对河西走廊造成灾难性的后果。而敦煌和河西走廊一带是国家战略的命脉之地，一旦发展失误，就万劫不复，对国家战略布局的逐步落实会带来极其严重的后果。

因此，一定是文化建设的"小敦煌"带动城镇建设的"大敦煌"。而且，有关敦煌的建设必须要按照中央提出的发展理念"创新、协调、绿色、开放、共享"为宗旨，必须不折不扣地执行中央"经济、政治、文化、社会、生态文明建设五位一体的"发展路线才对，决不能把敦煌的建设理解成一个城市的发展建设。必须在规划和确立敦煌硬体的城建之前，树立软性的文化建设的理念。也就是说，先形成以敦煌艺术为中心的文化建设理念，并结合扩大绿色生态的环境建设，把文化遗产和城市建设与生态环境密切联系，有机规划。

比如，先以"大敦煌"为出发点，进行散点式的文化片区规划。把敦煌市以莫高窟、月牙泉、鸣沙山看成一个文化片区。敦煌市向东以瓜州为中心，再形成一个新的文化片区。因为瓜州距榆林窟、东千佛洞较近，又可以联系锁阳城等，就等于发展和带动瓜州，与敦煌互动。敦煌市以西，有西千佛洞等，再与玉门关和雅丹地貌相联系，又看成一个文化片区，这个片区从交通到定点都可以考虑与柳园方向的联系。这样就形成了以敦煌市为中心东西两个文化片区的格局，也就构成了"大敦煌"文化圈。然后，敦煌的城镇建设就按文化片区的分布，敦煌城区内的人员流量，结合瓜州和柳园的发展方向来定位并统筹规划。

"大敦煌"的目的就是改善、提升、促进、融合柳园和瓜州的发展，使原有的城镇建设水平和敦煌的发展联系在一起。简言之，建设瓜州，盘活柳园，支撑敦煌。这才是敦煌的做大做强，也只有这样才能真正使"敦煌"成为丝绸之路上的一个重镇。如果不断膨胀"敦煌"市区并以此为中心，则不仅造成敦煌市区及周边自然生态的恶化，且后患无穷，因为如一味加强"小敦煌"，则事实上加速了柳园的衰退，也削弱了瓜州的发展速度。而且柳园的强化和衰退直接影响与吐鲁番的呼应。加强柳园

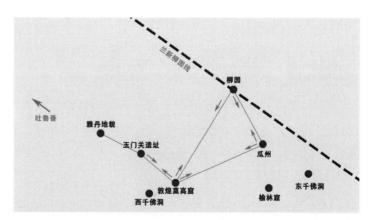

敦煌文化遗产分布图

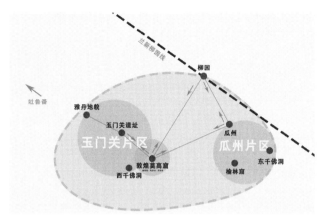

"大敦煌"文化圈示意图

就是扩大敦煌，支撑新疆。

另外一个有关敦煌文化建设的重大的问题是一定要避免建设大型和特大型建筑，一定要提倡由国内各大建筑院系组织科研型环保型设计，鼓励师生实习和参与敦煌的文化建设项目。研究小型、环保、符合沙漠缺水环境、利用日照时间长的环境设计和建筑设计。同时学习古代方法，研发和使用当地材料，考虑与自然环境的再生，并与文化遗产保护的理念相对接。这就是敦煌的"文化建设"的基本含义，也就是说"文化建设"前提决不能造成建设性破坏和破坏性的建设，决不能以恶化生态环境为代价，反而要以保护和发展自然生态为首要。

三、建议

敦煌艺术不仅是地域性文化，而且是具有代表中国文化传统和中亚及欧亚文化交流的两大意义，又是关系到中国传统文化的现代性建设的大问题。而且，敦煌文化遗存的数量巨大，唯有从国家层面的尽快重视，才能促进敦煌及甘肃地区性的文化建设和经济发展。由此建议中国文研院能按照"丝绸之路"的文化倡议对敦煌和"敦煌艺术"尽快进行整体的研究规划，建设新的机构，采用新的方法，以项目推进，取得经验，然后将"丝绸之路"的文化倡议落实成文化建设。项目的制定和构成应该是研究工作与当地资源保护推广相联系，并结合对年轻研究人员的教学培养，即以研究问题为主体，以联系实际为扩散，以教学培养为延续，三位一体，成为一种具体的、可行的、持续发展的工作。

从古丝绸之路到"一带一路"

—— 一种跨文化研究视角

肖怀德 / 中国艺术研究院副研究员

　　"一带一路"作为我们国家新的全球化倡议，其背后有一个古丝绸之路的文化逻辑和脉络。现在学术界有两个体系：一个是以丝绸之路考古、文献和敦煌学为主的学术体系；另一个是"一带一路"政经学术体系，从地缘政治和经贸角度思考的维度。这两个体系之间的勾连以及背后的逻辑是需要去构建和思考的，否则它们之间会有一段很深的鸿沟，互相的关联性还不够。

一、古丝绸之路与"一带一路"倡议在战略考量和内涵上的异同

　　丝绸之路有四条路，最常见的是大家熟知的陆路丝绸之路，也叫"绿洲丝绸之路"，就是从长安出发穿过河西走廊、新疆到古代的西域国家这样一条路，把散布东亚、中亚、西亚各地的城镇和沙漠绿洲串联了起来。这是从汉代张骞开始开辟的丝绸之路，也是认知度最高的一条路。第二条路是海上丝绸之路。海上贸易从中国东南沿海，经过中南半岛和南海诸国，穿过印度洋，进入红海，抵达东非和欧洲。其次还有两条，一条是草原丝绸之路，东起大兴安岭，向西经过北蒙古草原、哈萨克草原（锡尔河之北）、南俄罗斯草原（里海与黑海之北），一直到多瑙河。另一条是南方丝绸之路，指南北向的道路网，把北边的河西走廊、陇中、陇南和汉中地区跟南方的青海、川藏、云贵地区以及再南的南亚次大陆、印支半岛连接起来。后两条路相对影响没有那么大。我们会比较重点突出陆上和海上这两条道路。

　　古丝绸之路的开辟到底基于什么样战略考量呢？第一，从政治考量来讲，开辟陆路丝绸之路，是基于匈奴的侵扰，汉武帝决心平定边疆，联合西域的月氏消灭匈奴，这是国家对边疆拓展和稳定的动机，这是一个政治性的动机。第二，从商业考量来讲，开辟丝绸之路是一种商人逐利的驱动，穿越东西方进行商品贸易，中国的丝绸、瓷器、铁器、茶叶等商品不断地输往西方，西方的良种马、皮毛制品、珠宝、香料、核桃、胡萝卜、苜蓿等物产输入中国，这是逐利驱动最终带来东西方之间的商品交换和商贸交往。第三，从信仰考量来讲，宗教徒基于对信仰的虔诚，尤其是佛教徒对佛法的弘扬，他们内心有信仰的支撑，会不畏艰辛传播他们的信仰。因此，从动机的角度来看，核心有三个，一是政治的，二是商业的，三是信仰的。

从古丝绸之路的内涵来看，首先是政治内涵，核心是边疆稳定，开疆拓土；其次是经济内涵，核心是商品交换和商贸往来；最后是文化内涵，核心是思想交流和文化传播。

"一带一路"倡议的战略考量是什么呢？

第一，欧亚大陆腹地的大国博弈。欧亚腹地核心是中亚五国，这已经成为大国博弈的棋眼，为什么呢？中亚五国作为欧亚大陆桥核心腹地，这是欧亚大陆桥所有能源、交通运输的枢纽，这是从地缘政治的角度认知的。

第二，陆路经济的再次复兴。因为交通和信息传播的变革，现代的陆路经济重新焕发生机。为什么汉代开始，古丝绸之路会有长安到新疆的这一条道路，因为那个时候还没有海上交通与贸易，明代以后海上交通与贸易兴起，陆路交通逐渐没落，陆上丝绸之路也逐渐衰微。我们为什么提新丝绸之路，是因为在新的信息和交通变革之下，信息流通、陆上交通运输速度大大提升，使得陆路经济重新焕发了生机。

第三，现在的大国更加注重周边外交和小国外交。如果我们中国在 20 世纪 70 年代开始注重讲大国外交，到今天中国开始要提新的外交战略，叫大国是关键、周边是首要，或者说，我们始终将周边置于外交全局的首要位置，为什么呢？因为大国外交的重点往往离不开小国外交的关节点，如说中国和美国、俄罗斯等国家外交战略很多关键点在于跟利益相关的小国外交和周边外交的一些引爆点。

第四，现代大国之间的文化之争，已经成为一种价值观之争和道义之争。关于"一带一路"的内涵，总基调是和平发展，"和而不同"。从地缘政治的角度是大国的博弈，对中国来说是战略安全和边疆稳定考虑，也是抗衡美国亚太再平衡的战略考量。从经济上是关于交通，关于货币金融，关于商贸投资，是一种综合的经济概念。从文化上是一种宗教的冲突和价值观的较量。

那么，古丝绸之路和"一带一路"之间有什么相同点呢？第一，古丝绸之路也好，"一带一路"也好，都是基于国家强大之后，希望拥有更多的国际话语权、秩序制定权，更全面的融入世界的内在动机。第二，古今丝绸之路的诞生都是基于国家政治、经济两大核心驱动推动下形成的，文化交流和思想交流是结果。文化界提出"一带一路"要文化先行，但是"一带一路"的提出一定是基于政治和经济的国家战略和国家想象，才会出现的，文化往往是结果或者思想的交流往往是结果。第三，古今丝绸之路均是中国认识世界，与世界建立联系的通道，是不同国别的人们超越自我认知的边界，探索新的世界，建立与未知世界连接的实践。古丝绸之路为什么会开辟？那个时候从汉朝到唐朝，中国是东方大国，需要认知自己世界之外的新的世界。今天的中国其实同样的，在中国经济强大以后，虽然有全球化的一种背景，但是中国需要与全世界构建更紧密的联系，需要在全世界新的政治上和经济上的一种话语权和秩序的制定权，所以才会有"一带一路"的诞生。

　　古丝绸之路与"一带一路"有什么不同点呢？第一，古丝绸之路时期的各个国家是相对封闭的系统，那个时候信息、交通等没有这么发达，我们人类所认知的世界是一个相对有限的世界，开拓古丝绸之路更多是基于认知的需要。但是现在是一个全球化的，是一个互联网的时代，这个时候"一带一路"更多的是基于一种认同的需要。中国需要有更多的国家来认同，所以才会有"一带一路"。认知与认同，这有本质的区别。第二，古丝绸之路其实是有明确的地理概念和坐标的，这条路在这个地方经过这个城市到那个城市，再到另外一个城市，"一带一路"其实是一个泛地理概念，我们在讲"一带一路"，不要陷入具体地理概念里面，在今天"一带一路"是借一个新丝绸之路的内核，本身的概念是没有那么地理化的，具体地说，就是用"一带一路"来引领欧亚大陆的贯通性发展，用"带"和"路"形象地穿起来，并没有规定某个地方不能参与"一带一路"，不能作僵化式理解。第三，古丝绸之路的开辟，那个时候其实是伴随着战争而诞生的，但是"一带一路"的背景是和平。第四，古丝绸之路的相关区域当时是中国政治经济的核心区域，当时的首都在长安，所以整个中国的西域，这是中国开疆拓土和中国政治经济的核心区域。今天我们说的"一带一路"的沿线省份，它是中国政治经济相对边远落后的区域，所以在"一带一路"的背景下，那个区域，在不同的时代位置和角色决定了他承担不同的功能，这方面尤其需要清醒认知。

二、丝绸之路留下的文化遗产和当代文化意义

　　到底从文化的角度，我们应该如何去思考，如何去连接古今丝绸之路。首先，古丝绸之路为我们留下了什么样的文化遗产？我觉得有两种文化遗产，一是物质层面的，二是精神层面的。

　　从物质层面有几个方面：

　　第一，是从古城邦到现代节点城市。在丝绸之路上有非常非常多的城邦，因为商贸的交往成为当时的繁华都市，到今天其实很多也是非常现代化的城市，从长安开始到敦煌，到阿拉木图、撒马尔罕，到欧洲的罗马、威尼斯等，这是我们看得见的物质文化遗产。

　　第二，是从文明古国到现代国家。在丝绸之路上曾经有过很多文明国家，如龟兹古国、于阗国、贵霜古国，这些古国都消失了，今天变成一个一个的现代国家，地理和区域也发生了一些根本性的变化。

　　第三，是古代人们生产生活的场景和东西方交流的印记。这些东西通过文献、洞窟壁画、文物存留到今天，这是我们能够看得见的，能够从博物馆，哪怕可能在德国、俄罗斯、英国

的博物馆，但是它都是留下来的一种遗产。

第四，是废墟和遗址，丝绸之路这条路上留下了大量的考古遗址和废墟，如黑水国、玉门关等，这是我们看得见的物质文化遗产。

从精神文化遗产的角度，如果说今天我们在理解丝绸之路的时候，或者说我们今天在去复兴丝绸之路的时候，我们可以继承这样一些精神遗产，它们在今天同样可以发生化学反应和作用。我觉得主要有以下几个方面：

第一，开放大国的文化自信。古丝绸之路繁荣的朝代，无论是汉朝还是唐朝，中国是一个开放的大国，这个国家当时是非常自信的，具体表现在当时的长安城，也就是今天的西安，一片万国来朝的景象，那个时候所有的，哪怕很小的宗教，像摩尼教、祆教等小宗教在长安城都是有据点的，国家允许这些小的宗教在这里进行宗教的传播和宗教活动，这就是一个所谓开放大国的文化自信。包括当时我们在张掖举行的万国博览会，这些都是体现。核心是古丝绸之路的那个时候，这个国家是一个高度开放的，有充分的文化自信的，今天我们在谈文化自觉和文化自信的时候，其实丝绸之路上的当时的一种包容，开放的文化心态，在今天来讲是可以来反思或者来借鉴的。

第二，舍家与为国。张骞出使西域，前后历经 13 年，受尽各种磨难，坚持下来，最后回到长安，他内心是有一种小家和大汉、家国情怀的东西存在的，大汉在这个人心目当中是神圣的，是超越小家的。这样的精神文化遗产，在我们今天是可以来重新理解、学习或者说来传承的。

第三，对于信仰和生命意义的追问。在丝绸之路上大量虔诚的宗教徒和传播者，包括佛教的传播者、翻译者，玄奘、鸠摩罗什，包括莫高窟的供养人，莫高窟诞生其实最初的动机是基于这样一群供养人要修功德窟，这些东西最后为什么能够形成，背后是有宗教般的信仰支撑的。丝绸之路上到今天能够看到的伟大的文化遗产和创作，背后都有一种信仰的力量。

第四，对未知世界的好奇和探索。这个时候的文化使者，无论是东方的使者还是西方的使者，如伯希和、斯坦因、利玛窦、马可·波罗、郑和，等等。他们穿梭于这个道路上，东方使者对西方是完全没有认知的，西方的世界是陌生的，西方人对东方也是陌生的，他们为什么要历经各种阻挠和风险从西方走到东方，从东方走到西方，传播科学、技术、知识、文化，都是基于对未知世界的探索和好奇。

第五，求同存异，和谐共处。丝绸之路的文化最后在敦煌为什么有四大文明的交汇，不同文明之间是在求同存异、和谐共处的情况下才会留下这样的文化瑰宝。

"一带一路"的当代文化意义是什么呢？第一，"一带一路"的文化意义在于，中国文化在与欧美强势的自由主义意识形态对抗中寻求新的文化认同的一种可行的战略转移，中国一直处在与西方、跟欧美为主的文化意识形态的抗衡过程中，其实新丝绸之路为中国和60多个没有完全被西方主流意识形态占领的国家之间寻求新的文化认同提供了可能。第二，这是一种亚洲的所谓的儒佛文化共同体的共建可能。为什么这么讲呢？以前世界的主流文明形态，现在来讲主要基督教文明，诞生了美国和欧洲两个不同的体系。整个欧亚大陆国土面积上，文化的多样性和文明主体的多元性，这是并存的，有伊斯兰、有儒家、有佛家等，佛家分流出日本的、印度的和中国的很多流派。这样一种欧亚大陆的一盘散沙的文明形态，其实"一带一路"是有可能，可以重构一个全球的新的文化版图，我们欧亚的文化体系，它有没有可能在和平共处和包容的前提下去形成一个新的世界文明，和欧美文化体系进行对抗或者制衡的新的文化共同体？第三，"一带一路"是基于新兴的文化创意产业和文化商品贸易的一次开拓新的文化供给、文化需求和文化市场的可能。在古丝绸之路其实文化的概念和今天我们看到文化的概念是有区别的，今天我们谈丝绸之路的文化离不开文化经济、文化产业和文化商品贸易，这是今天新的意义。第四，"一带一路"有可能会改变中国国内的文化要素的重新的布局，丝绸之路沿线省份作为中国西部落后的省份，可能因为丝绸之路带来的新契机，会集聚中国东部一些文化要素转移到这个地方，改变中国目前文化发展不平衡的状态。

三、丝绸之路跨文化研究的基本框架

丝绸之路的文化研究或者说文化战略研究，跟传统的文化研究和文化产业研究不太一样，这涉及政治、经济、文化、外交很多领域交织和文化研究的复杂性，使得传统文化研究，如历史学、考古学、文献学等传统学科无法承担战略研究的重任，我认为应该探索一种丝绸之路的跨文化研究路径，从文明史、文化交流史、地缘政治、区域经济、社会心理、文化研究等多学科视角对丝绸之路展开研究，企图寻找丝绸之路背后的文化基因和文化逻辑，梳理丝绸之路留下的物质和非物质文化遗产，为"一带一路"倡议的实施进行文化学意义的理论和价值铺垫。这种跨文化研究如何来展开，有几个主要的方面。

第一，开展关于古丝绸之路的东西文化交流和相互影响研究。中国在当代古丝绸之路和几个主要文化圈的文化交流史，包括中国与欧洲、中国与波斯、中国与中亚、中国与印度等，这是需要展开的。

第二，开展关于丝绸之路沿线国家的文化景观和大众文化心理研究。我们在实施"一带一路"这样的倡议，我们对中亚文化圈、印度文化圈、东南亚佛教文化圈、欧洲文化圈、中东伊斯兰文化圈这些不同文化圈的文化景观和大众文化心理是缺乏研究的，这是一个比较大的缺陷，这是需要展开的，我们才能知道我们要连接这样一些国家的基本文化景观和文化心态。

第三，开展丝绸之路沿线的当代地缘文化秩序的研究。这需要结合地缘政治、地缘经济、地缘外交形势，分析文化在"一带一路"倡议中的作用和价值。

第四，推进"一带一路"倡议的文化策略研究。我觉得从"一带一路"的文化策略应该有四个维度，一是关于文化价值的维度，梳理丝绸之路的精神文化遗产。二是关于文化地缘维度，要探寻不同文明的冲突和共存的可能性。三是今天在研究丝绸之路不可能忽视的维度，就是文化技术的维度，信息化、数据化、智慧化的影响，对于今天丝绸之路的认知，包括信息丝绸之路、空中丝绸之路等这样新的路径的一个研究。四是文化经济的维度，从消费、体验、旅游、创意等新的视角去关注丝绸之路。这四个不同维度才能形成整体"一带一路"文化倡议的方向。

"一带一路"视域中的佛玄思想与艺术观念转向

雍文昴 / 中国艺术研究院助理研究员

我国东晋中叶以后，曾出现佛学与玄学思想的进一步融合，也相继带来了艺术观念的转向。此时，"六家七宗"等般若学思想派别在经过相互的论争与整合以后，渐趋式微。在南方，以释道安弟子释慧远为代表的庐山教团，既注重调和佛教与儒家、玄学的思想内容，又兼容并包佛教般若学、毗昙学、弥陀净土信仰以及禅法等学说，逐渐成了其时的佛教中心。在北方，以鸠摩罗什及其弟子为代表的大乘空宗中观学说亦开始建立，为佛学以及佛学与玄学的进一步融汇，注入了新的理论体系。笔者认为，佛玄合流的思想进程发展到这一时期，无论是庐山的释慧远，还是长安的鸠摩罗什，都更加清晰了佛学与玄学之间存在的差异与共识，也因此能够更加有机地将二者结合，下面笔者将首先对南北两地的佛玄学说做出简要的梳理。

一、南方："形尽神不灭"与"法性"

以释慧远为代表的庐山教团，除继承并发展了释道安的般若学本无宗以外，还积极推行弥陀净土信仰，迎请僧伽提婆南下庐山译介小乘毗昙学经典，并与鸠摩罗什探讨大乘空宗的中观见解，可以说，对当时社会上所流传的佛教各个派别和学说都采取了兼容并蓄的态度。然而，在对佛教内部的这些派别和学说吸收、研讨的同时，释慧远的观念中还是保有了坚定的传统儒学、玄学思想，正如方立天指出："慧远的佛教思想体系由两个互相密切联系的部分所构成：一方面是从法性本体论出发，去论证神不灭论，再以法性论和神不灭论为哲学基础，全面阐述因果报应的思想，论述超脱果报的弥陀净土境界及其实现的方法——念佛三昧，这是一套关于成佛的主体、目标和方法的理论。另一方面是关于佛教与儒家的关系的思想，即既坚持佛教的本位立场，又强调佛儒合明。慧远的整个思想结构中包括了哲学观点和宗教内容，两者融为一体……慧远的佛教哲学是以佛学为主，玄、儒为辅，用佛学来融合玄、儒。"[1] 可见，释慧远的庐山佛学是佛与儒、玄融汇、化合而成的结果，而其中又以"形尽神不灭"与"法性本体论"为其思想体系中最基础的学说。

---

[1] 方立天：《魏晋南北朝佛教》，中国人民大学出版社 2012 年版，第 173-174 页。

（一）形尽神不灭

在佛学早期"般若"学说与玄学"本末体用"的结合过程中，"形"与"神"的关系已被分离看待，但那时的分离还只是比较初步的论争，到释慧远之时，则形成了比较明确的"形尽神不灭"观念，这一观念在其所撰的《沙门不敬王者论·形尽神不灭五》中有着比较集中的体现。在慧远看来，"形尽神不灭"主要可以从四个方面来进行认识：

其一，从"神"的属性和含义来看，释慧远认为："夫神者何邪？精极而为灵者也。精极则非卦象之所图，故圣人以妙物而为言……感物而非物，故物化而不灭；假数而非数，故数尽而不穷。"[1] 即是说，神无主、无名，运变不穷，感召外物而本身不是物，凭借于"名数"而本身不是"名数"，而当"物化"与"数尽"之时，神则依然"不灭""不穷"，所以圣人以"妙物"相称。[2]

其二，从玄学、道家经典中关于形神关系的论述来看，慧远曾云："古之论道者，亦未有所同，请引而明之。庄子发玄音于《大宗》曰：'大块劳我以生，息我以死。'又以生为人羁，死为反真。此所谓知生为大患，以无生为反本者也……庄子亦云：'特犯人之形，而犹喜之，若人之形，万化而未始有极。'此所谓知生不尽于一化，方逐物而不反者也……论者不寻无方生死之说，而惑聚散于一化；不思神道有妙物之灵，而谓精粗同尽，不亦悲乎！"[3] 可见，释慧远"博综六经，尤善庄老"，玄学的学说也是其"形尽神不灭"思想的来源之一。

其三，从"薪火之喻"的角度来看，慧远认为："火之传于薪，犹神之传于形。火之传异薪，犹神之传异形。前薪非后薪，则知指穷之术妙；前形非后形，则悟情数之感深。"[4] "这是说，人的精神好比火，人的形体好比薪，薪经过燃烧，而成为灰烬，而火却从此薪传到彼薪，永不熄灭。同样，人的形体消失了，神却从这些形体传到彼形体，永恒不灭。"[5]

其四，从主张形神都是"气"所构成、同时俱生俱灭的说法来看，慧远则表明："就如来论，假令神形俱化，始自天本，愚智赍生，同禀所受，问所受者为受之于形邪？为受之于神邪？若受之于形，凡在有形，皆化而为神矣；若受之于神，是以神传神，则丹朱与帝尧齐圣，重华与瞽叟等灵，其可然乎？如其不可，固知冥缘之构，著于在昔，明暗之分，定于形初，虽灵均善运，犹不能变性之自然，况降兹已还乎？验之以理，则微言而有征；效之以事，可无惑于大道。"[6] 在这里，慧远以丹朱和唐尧、虞舜和瞽叟的父子差异为例，论证了"形尽神不灭"

---

[1]（梁）僧祐编撰，刘立夫、魏建中、胡勇译注：《弘明集》，中华书局 2013 年版，第 327、329 页。

[2] 方立天：《慧远及其佛学》，中国人民大学出版社 1984 年版，第 61 页。

[3] 同注 [1]，第 329 页。

[4] 同注 [1]，第 331 页。

[5] 方立天：《魏晋南北朝佛教》，中国人民大学出版社 2012 年版，第 97 页。

[6] 同注 [1]，第 331-332 页。

的理论，并认为"神"可以从一个形体转移到另一个形体，在定形之初，就已经存在着差别。

由此可见，释慧远对于"形尽神不灭"的观念已经有了比较明确的认知，并已形成了一套较为完整的理论。而与这一观念相关联，慧远还曾提出"法性本体论"，并与鸠摩罗什就此问题展开讨论，向成佛的终极境界提出追问。

（二）法性本体论

法性，是指一切现象或存在的真实本性，如吕澂所言："佛学对象的中心范畴是'真实'（或称'真实性''真性'）。……可以说，佛学发展的各主要阶段，'真实'这一范畴的发展，就是佛学学说的发展。"[1]对"法性"观念的探讨，实际上就是对世界真实本质的求索，同时亦是对佛玄本体论的再认识。

关于"法性本体论"，释慧远曾撰《法性论》一文予以说明，但由于《法性论》今已佚，所以释慧远关于"法性"的最直接见解只可散见于后人的引述，其中如慧达的《肇论·不真空论疏》《肇论·隐士刘遗民书问无知论疏》以及元康的《肇论·宗本义疏》等，就都涵盖了相关内容。此外，释慧远所作的《大智论抄序》，也曾有直接论及"法性"的部分，从中亦可看出释慧远的法性论观念。首先，如元康在《肇论·宗本义疏》中引释慧远的观点时所云："自问云：性空是法性乎？答曰：非。性空者，即所空而为名，法性是法真性，非空名也。"[2]可知释慧远区别了"性空"与"法性"，认为"性空"，以所空而为名，而"法性"则是"法真性"，性是有，而非空。其次，又如释慧远在《大智论抄序》中所云："尝试论之，有而在有者，有于有者也；无而在无者，无于无者也。有有则非有，无无则非无。何以知其然？无性之性，谓之法性。法性无性，因缘以之生。生缘无自相，虽有而常无，常无非绝有，犹火传而不息。夫然，则法无异趣，始末沦虚，毕竟同争，有无交归矣。"[3]则可知，在释慧远看来，"法性"是"无性"，并"非有非无"，是宇宙万事万物现象的根源，同时又是宇宙万事万物现象的归宿。"慧远的'法性'，从本质上看，就是超出有无的派生万物的、独立存在的精神性实体。"[4]

可见，释慧远对于"法性"是"法真性"还是"无性"观点，存在着一定的矛盾，故其在与鸠摩罗什的书信往来中，曾问曰："法性常住，为无耶？为有耶？若无如虚空，则与有绝，不应言性住。若有而常住，则堕常见。若无而常住，则堕断见。若不有不无，则必有异乎有无者。辨而诘之，则觉愈深愈隐。想有无之际，可因缘而得也。"[5]这表明慧远的"法性"思想常常出入于空有之间，而鸠摩罗什在回答时，根本否定慧远提出的问题

---

[1] 吕澂：《印度佛学源流略讲》，上海人民出版社 2002 年版，第 8 页。

[2] 《大正新修大藏经》卷四十五，（台北）佛陀教育基金会 1990 年版，第 165 页。

[3] （梁）释僧祐：《出三藏记集》卷十，中华书局 1995 年版，第 390 页。

[4] 方立天：《魏晋南北朝佛教》，中国人民大学出版社 2012 年版，第 81 页。

[5] 《大正新修大藏经》卷四十五，《鸠摩罗什法师大义》，（台北）佛陀教育基金会 1990 年版，第 135 页。

和看法。他强调"一切事物的真实本相（'诸法空相'）是任何语言和思维活动所不能表述的。作为'诸法实相'的'法性'是'诸法性性自尔，是名法性'，'法性'，就是事物自然的、本来的性状。法性是不能用是有，或是无，或是非有非无来说明的"[1]。

因此，从释慧远佛学思想中的"形尽神不灭"和"法性"的学说以及其与鸠摩罗什就"法性"的往来问答来看，"经过鸠摩罗什的讲译活动，中国般若学已经能建立与一切承认绝对实在性的学说思想相反对的理论体系。然而，作为东晋时期继道安后的中国佛教领袖，慧远却并不悉数领纳正宗的中观般若学，从'己性'到'无性之性'，'法性'论有所变，亦有所不变。这不变的部分即是指'法性'的实在性与超越性，它与宗教修行实践的目标——涅槃境界有着内在联系，与慧远佛学体系中'法身''神'等重要概念达成逻辑上的会通。在鸠摩罗什所传中观般若学'扫一切相'的思潮下，慧远坚持从修行觉悟的主体方面去论证'法性实在'的本体论，并令'法性'本体与主体的本质建立内在的必然联系，表达出把世界的普遍本质与主体的真实本质等同起来的理论精神，从而为《大般涅槃经》传入后中国佛教涅槃学的转向做好了理论准备。"[2] 可以说，释慧远的"形尽神不灭"与"法性"学说，正是在吸收、继承魏晋玄学本体论与释道安本无思想以后，所作的进一步论证与发挥。虽有前后表述的不一致之处，但仍然体现了一个时代理论变化与发展的阶段成果。释慧远的学说，调和佛、玄，为玄学本体论中本体的物质性与佛学本体论中法性的非物质性，找到了一种建立在修行觉悟角度上，可以自圆其说的中间理论路径，从而实现了佛学与传统思想，佛学与玄学的进一步合流。

二、北方："中观"

北方的"中观"，是以鸠摩罗什及其弟子僧肇等为代表的佛教学说。后秦弘始三年（401年），在国主姚兴的迎请之下，鸠摩罗什自凉州至长安，开始了为期十年的译经与弘法过程。在此期间，鸠摩罗什及弟子先后译出了《大品般若经》《维摩诘经》《阿弥陀经》《法华经》《金刚经》等佛经，以及《中论》《百论》《十二门论》《大智度论》等大乘空宗学者所撰写的论文，确立了大乘佛教的"中观"理论。

首先，作为域外高僧，鸠摩罗什的佛教"中观"理论主要建立在印度龙树与提婆的"中观"学说基础之上，反对小乘佛学"众生空"理论的"五蕴""四大"之说，从大乘佛学"八不缘起说"

[1] 方立天：《魏晋南北朝佛教》，中国人民大学出版社 2012 年版，第 81 页。
[2] 解兴华：《"法性"、"法身"与"神"：庐山慧远"法性"思想析论》，《世界宗教研究》2011 年第 3 期。

来讲空，辨析了大乘佛学与小乘佛学在本体论上所存在的差异。《中论》有云："不生亦不灭，不常亦不断，不一亦不异，不来亦不出。能说是因缘，善灭诸戏论，我稽首礼佛，诸说中第一。"[1]可知，大乘空宗的"中观"学说不是引导人们弃有而求空，而是在强调一种观法，即扫除一切名相，在有无之际不着两边，亦不舍两边[2]。大乘空宗的"中观"学说正是在这样一系列的二律背反中，否定着"我执"，同时也否定着慧远等南方佛教学者的"形尽神不灭"观点[3]。

其次，鸠摩罗什的弟子僧肇，在继承鸠摩罗什"中观"论思想的同时，又以其深厚的老庄玄学修养，进一步深化了"中观"学说与汉地传统思想之间的融汇与辨析，如在《不真空论》中，僧肇曾云："心无者，无心于万物，万物未尝无。此得在于神静，失在于物虚。即色者，明色不自色，故虽色而非色也。夫言色者，但当色即色，岂待色色而后为色哉？此直语色不自色，未领色之非色也。本无者，情尚于无多，触言以宾无。故非有，有即无；非无，无即无。寻夫立文之本旨者，直以非有非真有，非无非真无耳。何必非有无此有，非无无彼无？此直好无之谈，岂谓顺通事实，即物之情哉？夫以物物于物，则所物而可物；以物物非物，故虽物而非物。是以物不即名而就实，名不即物而履真。然则真谛独静于名教之外，岂曰文言之能辩哉？然不能杜默，聊复厝言以拟之。"[4]"僧肇认为，真正的般若空观，应该是'即万物之自虚'，通过对现象世界的直观洞视而得到'万法皆空'的觉悟。与六家七宗相比较，僧肇的空观是把'有无'问题换成了'真假'问题，这种论证方法与科学知识和日常生活经验的矛盾较少，与佛教经典更接近，故为后世大多数佛教徒所接受。"[5]

综上所述，自东晋中叶以后，佛学与玄学在早期"般若"与"本末体用"的相互结合与论争基础之上，取得了进一步的融合。庐山的释慧远、长安的鸠摩罗什、僧肇都是学贯佛、玄的宗教领袖与学者，他们的佛教思想著作中，都或多或少地涉及了玄学学说的内容，既是对佛学义理的一种深入探究，同时也是对佛学与玄学彼此合流，为佛学更适合中国传统文人的思想根器，所作出的理论贡献。无论释慧远所提出的"形尽神不灭"与"法性"观念，还是鸠摩罗什与僧肇等所秉持的"中观"学说，其实都是对佛学初传以后所引发的本体、形神等论争所进行的辩证思考。慧远认为"法性"是"法真性"，又是"无性之性"，鸠摩罗什以为"中观"是"不生亦不灭，不常亦不断，不一亦不异，不来亦不出"，虽看似皆是彼此矛盾对立的概念，但却是对立中的统一。因此，"法性"与"中观"虽然各有侧重，且从基

---

[1] 《大正新修大藏经》卷三十八，《中论》，（台北）佛陀教育基金会 1990 年版，第 1 页。

[2] 牟钟鉴、张践：《中国宗教通史》，社会科学文献出版社 2000 年版，第 396 页。

[3] 在印度的佛教派别中，其实也存在着承认灵魂不死的派别，如小乘犊子部就曾以"补特伽罗"来形容"有我"，故中国佛教早期般若学者以至于释慧远，都以佛学中这种"有我"的观点来比附传统思想中的"本末体用"，从而形成了"形神分离"或"形尽神不灭"的思想。

[4] 僧肇：《肇论校释》，中华书局 2010 年版，第 39-44 页。

[5] 同注 [2]，第 399 页。

本立意上也存在着明显的差异，但这两方的佛教派别与学说，对古代朴素辩证法思想的发展都有着积极的推动意义。

三、艺术观念的转向

在佛学、玄学思想合流进程运用辩证理论探讨万事万物本原的同时，艺术观念也发生了相应的转向。

彭吉象在《中国艺术学》一书中曾指出："中国传统艺术的审美思维同样是'参用直觉和辩证方法的整体思维'。在主张以一颗无欲无思之心去直觉万物本原的同时，又强调用整体和过程的观点去看待事物，通过对事物的多样性和矛盾的分析达到对宇宙整体性和过程的认识，把握到圆融和谐的审美境界，这就是重和谐的思维方式。"[1]

应该说，中国传统艺术的辩证思维古已有之，如《老子》第二章即曾云："天下皆知美之为美，斯恶已；皆知善之为善，斯不善已。有无相生，难易相成，长短相形，高下相盈，音声相和，前后相随。恒也。"[2]孔子亦曰："质胜文则野，文胜质则史。文质彬彬，然后君子。"[3]如果说"文"是指人的文化素质与修养，"质"是指人的道德品质，则"文"与"质"的统一，正是人的道德意识与"诗书礼乐"等依靠形式而存在的文艺载体之间的统一，是内容与形式的统一。在评价《诗经·关雎》之时，孔子还曾论言："乐而不淫，哀而不伤。"[4]所赞赏的也是对情感作艺术表达之时的中和与辩证处理。此外，"《礼记·乐记》则把儒家以和为美的观念做了充分的展开和阐发。《乐记》以'和同'为宗旨，即调和人心，调解人与社会、人与自然的关系，达到天和、人和、天人相和。它以'天地之和'为音乐的最高境界"[5]。

到汉魏以至西晋时期，艺术的辩证思维开始在更多专门的艺术理论著述中被归纳与提炼，如书论领域，蔡邕在《笔论》中曾云："为书之体，须入其形，若坐若行，若飞若动，若往若来，若卧若起，若愁若喜，若虫食木叶，若利剑长戈，若强弓硬矢，若水火，若云雾，若日月，纵横有可象者，方得谓之书矣。"在《九势》中又云："凡落笔结字，上皆覆下，下以承上……转笔，宜左右回顾……藏锋，点画出入之迹，欲左先右，至回左亦尔。"[6]皆指出了书法艺术贵在于"辩证"中落笔结字的审美特质，"上下""左右""往来""愁喜""水火""日月""纵

[1]　彭吉象主编：《中国艺术学》，北京大学出版社 2007 年版，第 554 页。

[2]　老子著，陈鼓应注译：《老子今注今译》，商务印书馆 2003 年版，第 80 页。

[3]　孔子著，杨伯峻译注：《论语译注》，中华书局 1980 年版，第 61 页。

[4]　同注 [3]，第 30 页。

[5]　同注 [1]，第 559 页。

[6]　上海书画出版社、华东师范大学古籍整理研究室编：《历代书法论文选》，上海书画出版社 2012 年版，第 6 页。

横"等都是相对的概念，而为书之体，则需要在一字之中，既"上皆覆下"，又"下以承上"，"左右回顾""欲左先右"，欲右先左，以至于"若往若来""若愁若喜"，始终处于一种辩证关系之中。又如，乐论领域，嵇康在《答向子期难养生论》中有言："以大和为至乐，则荣华不足顾也，以恬淡为至味，则酒色不足饮也。苟得意有地，俗之所乐皆粪土耳，何足恋哉！"[1]提出了"大和为至乐"的观点，认为"道的境界是一种精神彻底和谐的境界，达到这种和谐，除了要超脱人情世俗的羁绊外，还要借助和谐而高雅的音乐，以和谐之音来激和谐之情，生和谐之思，达大和之境。这就是至美的境地"[2]。

其后，随着佛学的传入，译经数量的增加以及佛、玄思想的逐步融合，艺术的辩证思维也具有了更加深入的思考，如王羲之在《书论》中所云："欲书先构筋力，然后装束，必注意详雅起发，绵密疏阔相间……若书虚纸，用强笔；若书强纸，用虚笔……每书欲十迟五急，十曲五直，十藏五出，十起五伏，方可谓书。"[3]即从更加清晰的角度论述了书法艺术"迟急""曲直""藏出""起伏"应相互呼应的创作理念，而且，王羲之在此篇书论中，还将书法一字之内的辩证关系，拓展到了整篇作品，认为"绵密疏阔相间"，是比"平直相似，状如算子，上下方整"[4]更加高明的空间布局方式。

当佛玄合流的思想进程发展到东晋末年，如前所述，释慧远、鸠摩罗什、僧肇等佛教学者的相关著述，逐渐结束了"六家七宗"的纷争，并将"法性"与"中观"学说分别引入了南北两地的佛教思想体系之中。而这些思想的生成，无疑也对艺术辩证思维的进一步发展起到相应的影响。

在北方，鸠摩罗什的般若中观思想认为，"一切客观存在着的事物都是'因缘和合'即由各种条件凑合而构成的假象，没有自身的质的规定性，都不是独立存在的实体，所以是空的，但作为虚幻的有即'假有'还是存在的。这就是所谓依'真谛'说是'空'，依'俗谛'说是'有'，般若中观是自诩为离于二边（空、有）之见的中道。这派思想的实质是否认客观世界的真实性，认为只有离于空有、超出空有的神秘的精神本体——实相才是唯一的真实"[5]。

因而，如果说早期般若学的"缘起"学说，是佛学在依附玄学发展的同时，向玄学思想的初步回潮，那么，般若学所讲的"性空"，则可看作这一回潮的又一层递进。"性空"的之所谓"空"，在与玄学"有""无"的互相解释之中，逐渐"脱颖而出"，并随着鸠摩罗什对龙树《中论》等著作的引介，而成了万法之假"有"与自性之"无"的统一。可以说，

[1] （三国）嵇康：《嵇中散集》卷四，四部丛刊景明嘉靖本。
[2] 彭吉象主编：《中国艺术学》，北京大学出版社2007年版，第558页。
[3] 上海书画出版社、华东师范大学古籍整理研究室编：《历代书法论文选》，上海书画出版社2012年版，第28-29页。
[4] 同注[3]，第26-27页。
[5] 方立天：《魏晋南北朝佛教》，中国人民大学出版社2012年版，第222页。

般若学"性空"的学说，至此已由初传时期的难于自圆其说，成为了统摄玄学"有""无"观念，对宇宙本体的一种全新的认知方式。而这一认知方式，一定程度上则又"抛弃了后期玄学思想中的极端形而上学，恢复了其早期思想中所包含的某些朴素辩证法精神[1]。"当然，值得注意的是，鸠摩罗什及其弟子僧肇等所秉持的"中观"学说，自东晋末年引入以至南朝时期，确实为中土佛教的理论注入了新知，并为其后竺道生在《涅槃经》译出之前提出"一切众生皆有佛性"的观点奠定了思想基础。但是，"中观"学说真正被普遍地接受，并全面影响到文艺领域，则要到隋唐以后。

在南方，释慧远对鸠摩罗什所倡的"般若中观"虽有着相当程度的了解与探讨，但由于思想中深厚的传统观念与玄学根基，则使得他未能全面接受这一学说，并使得其"法性"说在对般若实相的阐释中，带有了与"中观"思想所不同的质的规定性。而且，由于东晋时期文艺发展在南方地区的侧重，所以释慧远的佛学思想对其时艺术理论的影响，则要明显大于北方佛学。

四、结语

佛学与玄学在学理上进一步合流，释慧远继承"六家七宗"中释道安本无宗的学说，在当时南方佛教的中心——庐山，弘传大小乘各派佛学，形成了融合佛学与中国传统思想的"形尽神不灭说"与"法性本体论"；在北方，鸠摩罗什则在长安译介印度龙树的著作与学说，与其弟子僧肇、僧叡等佛教学者，宣倡大乘空宗般若"中观"思想。这一时期，释慧远与鸠摩罗什曾通过书信就佛学中的"法性""法身"等命题展开探讨，在使得南北两地佛教思想得以交流的同时，亦在"有""无"的相互对应中引入了"空"的概念，推动了佛、玄两家辩证思想的深入发展，并从而带来了艺术在辩证思维上的进一步认知。可以说，正是在佛、玄的相互合流中，"一带一路"沿线各地的佛学思想文化才得以与中国传统的思想文化碰撞、生发，进而产生了兼具佛、玄思想特色的全新艺术观念。然而，值得注意的是，在最大限度吸收、采纳异文化思想成果的同时，传统的艺术以及艺术观念又以其强大的思想内核，保有了自身的文化特色。

---

[1]　高华平：《佛理嬗变与文风趋新：兼论晋宋间山水文学兴盛的原因》，《中国社会科学》1994 年第 5 期，第 157 页。

汇聚·交流·共赢

——2017"一带一路"文化艺术交流合作国际学术研讨会综述

张敬华 / 中国艺术研究院助理研究员

    2017 年 10 月，由中国艺术研究院、敦煌研究院、敦煌市人民政府联合主办，中国艺术研究院文化发展战略研究中心、敦煌文化学会承办的"一带一路"文化艺术交流合作国际学术研讨会在甘肃省敦煌市隆重举行。本次研讨会旨在整合沿线各国文化艺术研究力量，搭建高规格、高水平的"丝路"学术平台，通过交流与对话，促进"一带一路"沿线各国间深层次的文化艺术交流合作。

    中国艺术研究院院长、中国非物质文化遗产保护中心主任、中国国学研究与交流中心主任连辑，文化部政策法规司司长饶权，中国艺术研究院常务副院长、研究生院院长吕品田，敦煌研究院院长王旭东，敦煌市人民政府市长贾泰斌，以及来自 14 个国家和地区的近百位专家、学者和艺术家出席了开幕式。连辑院长在开幕式致辞中就"一带一路"文化艺术交流合作提出了加强思想文化交流、艺术交流、学术交流、成果合作与拓展敦煌学研究五点倡议。他强调当今世界迫切需要不同民族、不同宗教、不同国家之间打破成见，携起手来，互相借鉴和启发，共同应对，为构建"人类命运共同体"贡献思想和智慧。古"丝绸之路"横贯东西、历时千年，创造出辉煌的文化历史，在各个领域形成了纵深的积淀，今后也必将会成为沿线国家增进了解、增进友谊、民心相通的重要渠道。

    中华人民共和国文化部政策法规司饶权司长在主旨演讲中提出"一带一路"倡议不仅为沿线国家交流文化遗产工作经验提供了新契机，也为开展务实合作搭建了新平台。当前，我们应坚持交流、传播、贸易相结合，统筹机制、平台、项目建设，不断深化"一带一路"沿线国家和地区的文化遗产交流合作。全国政协常委、中国佛教协会会长、中国佛学院院长学诚大和尚派出代表在大会宣读的发言，他提到在当今的"一带一路"建设中，佛教需要重拾文化使命，担当新的历史责任：为"一带一路"注入信仰的力量、赋予文化的光彩，以佛教深邃圆融的智慧为这个时代创造新的文化、新的观念、新的文明意象，让"一带一路"不仅成为充满生机的经济增长带，更成为世界新文明建构的重要起点。

    敦煌研究院王旭东院长认为此次研讨会在敦煌莫高窟举办意义重大，敦煌是"丝绸之路"上国际文化艺术交流的一个重要结晶，代表了公元 4-14 世纪不同国家、不同民族、不同人种之间的交流，提出希望加大人文社科领域的合作，把敦煌研究院办成国际化交流的平台。

总体来看，此次研讨会呈现出中外交织、学科交汇的多元化学术视角，延续了2016年"一带一路"文化遗产国际学术研讨会的多层次相结合的会议形式，并在内容上有所拓展与扩充，呈现出多维度立体化的"一带一路"文化艺术交流合作的学术框架。从此次研讨会提交的论文与专家发言来看，可以概括为三大集中焦点话题：

第一，聚焦于"一带一路"沿线国家跨越历史与地域的千年文化交流与互动。"丝绸之路"在19世纪由德国地理学家李希霍芬命名，而实际上其发展、形成的历史上下跨越2000多年，经历先秦、汉唐、宋元与明清四个重大的历史发展阶段，在历史的洪流中又得到陆上、海上多条线路的拓展，形成庞大而丰富的体系。虽以沟通中西方贸易为主，更涵盖政治、经济、民族、文化的交流与融合，是沿线国家文明共享的历史文化遗产。上海视觉艺术学院文化艺术研究院院长刘传铭教授提出，对敦煌的文本考量、图像解读、文化关注、科技探索不仅要继续深化各学科对这一个案的研究，更要关注其作为东西方文化双向行走和传播的枢纽作用及深层关系。综合的、跨学科的、跨地域的、跨文化的新视野、新思路是敦煌学发展的必由之路。中国艺术研究院研究生院书记、副院长李心峰（本名李新风）研究员指出，中国古代思想体系中占有相当重要地位的"通"或"大通"的观念与意识是古代中国能够成为开放的帝国的深层观念基础、内在精神依据，也是古代"丝路"实践的观念依据。今天，我们弘扬丝路精神，需要认真挖掘、深入阐释这种"大通"观念，并让这种古老的智慧在今天重新焕发生机与活力，助力今日的"一带一路"的创造性实践。

香港大学饶宗颐学术馆馆长、中国工程院院士、香港大学原副校长李焯芬教授回顾了佛教、基督宗教、伊斯兰教及其文化艺术传播的历史进程，提出"一带一路"正是以经济贸易为主导，同时带动了宗教、文化、艺术的交流与传播。国务院发展研究中心欧亚社会发展研究所许涛研究员认为"丝绸之路"为远离海洋的中亚地区带来的不仅仅是物质财富，而且还有对本地区各民族发展至关重要的精神资源，其中最重要的是与世界的关系和对世界的认知。这对世界上任何一个民族完成自身的文化自觉都是必不可少的成分和过程。中共甘肃省委党校常务副校长范鹏教授指出从思想性的角度开发敦煌文化具有重要意义，并初步提出"大盛融通之道"是敦煌哲学的基本思想内涵。他认为敦煌哲学的研究有助于深度开发敦煌文化资源，构筑人类命运共识体，更好地服务于人类命运共同体建设，从文化上助推"一带一路"的建设。美籍华人学者、青海省美术馆副馆长曹星原女士提出"一带一路"是以中国为文化辐射中心的又一次全球化倡议。

中央民族大学林继富教授提出"丝绸之路"沿线各民族间交流随着历史的发展从文化渗入生活，通过共同的故事讲述表现出共同价值观。中国传媒大学齐勇锋教授提出国之交在民相通，"一带一路"的落地实施要采取文化先行的方略，加大双边、多边的国际文化合作。中国艺术研究院中华文化画报社姜玉芳社长认为，对敦煌文化的关注，应该回到文化的初心，才能将历史与现实有机结合，才能将"一带一路"倡议做好。缅甸宗教与文化部历史研究与国家图书馆司处长吞吞吴博士介绍了缅甸蒲甘时期信第达巴茂克高僧到北京的和平之旅的历史路径与现存的文化遗迹。复旦大学侯杨方教授从地缘政治的角度提出"一带一路"倡议的核心要点在帕米尔高原，他结合中外文史资料与多次实地考察，为会议展示了精准复原后的古代"丝绸之路"的路线地图。中国艺术研究院文化发展战略研究中心副主任郑长铃研究员："一带一路"文化艺术的研究可以有两个维度：一是中外的交流融合研究，不仅关注中华文化向外传播研究，也要梳理外来文化对中华文化的影响，要内外并重；另一个维度则是"路丝""海丝"的关联研究，要将其放置在中华文化中心西北向东南移动的大格局中进行研究，也应该将其与中国历史上的文化大动脉——京杭大运河结合研究。

第二，聚焦于"一带一路"沿线国家历史与当代的艺术交汇与融合。两千多年来，"丝绸之路"不仅对中国的政治、经济、社会、文化产生了重大的影响，更促进了中国社会各阶层伦理道德、民风民俗的变化与和谐，推动了中国翻译学、哲学、教育、文学、农业、天文、医学的发展进步，丰富了中国音乐、舞蹈、建筑、雕塑、绘画等艺术门类的表现内容。中国艺术研究院曲艺研究所所长吴文科研究员指出藏经洞中发现的"变文""话本""曲子""词文""俗赋"等文献，既是文学研究的珍贵史料，更是曲艺研究的重要内容。上海音乐学院刘桂腾教授采用影像志的方法，考察了青海勒若神舞的文化魅力。中国艺术研究院舞蹈研究所副所长江东研究员认为，"一带一路"为舞蹈领域提供了独特的视角，供我们从全新的角度去认识和理解世界舞蹈文化，有着重要的意义。乌兹别克斯坦国立音乐学院赛伊达·卡西姆高加瓦副教授提出，中国与乌兹别克斯坦的音乐交流历史可以追溯到公元1世纪时，随着佛教、伊斯兰教等宗教的交流，造像与音乐经乌兹别克斯坦传入中国西部，并与当地艺术传统相结合起来。

上海音乐学院萧梅教授通过呼麦声音形态核心的"双声结构"及其边界，于"在地知识"及"比较"研究中探讨了亚欧大草原及其接壤之处多元复合的文明。兰州交通大学管兰生教授认为，传统染缬艺术不仅要注重艺术考古与学术研究，更应创造性地赋予传统染缬艺术以新的生命活力，以新观念、新视野、新形式融入现代人的生活中来。北京舞蹈学院刘建教授提出将二维空间的敦煌壁画变成四维空间的敦煌舞蹈，不仅是一个深广的学术问题，也是一个复杂的舞蹈技术问题，两者相结合才能激活并托举起敦煌舞蹈艺术。新加坡国立大学许源泰研究员从天福宫和崇文阁的建筑格局出发，探讨了远在千里之遥的星洲华族宫阁受"丝路文化"影响的可能性。中国艺术研究院舞蹈研究所王宁宁研究员认为，《霓裳羽衣》是古代丝绸之路上中西乐舞交流的结晶，是西域"婆罗门乐"与东土"华乐"相融合的乐舞精品。它以乐舞作品现身历史，但其意义已经超越了乐舞本身，包含着盛唐历史的跌宕起伏，帝王治国理政的得失成败，同时，也记录着古代丝绸之路上乐舞的交流、交融。

第三，聚焦于文化遗产的保护与艺术研究的未来方向。随着千年经济交流与文明互鉴，"一带一路"沿线各国留存有大量的历史文化遗产，同时各国间的文化艺术也随之呈现出多彩多姿的形态。美国斯坦福大学杨晓能教授通过对8世纪至14世纪期间日本正仓院和韩国新安沉船的考古物证的梳理，研究"丝绸之路"东端地区从皇室到民间的物质文化和艺术生活，将其与敦煌壁画及国内出土文物比较研究，再次印证了中华文化艺术的传播和对日韩文化的影响。韩国科学院院士、东国大学任敦姬教授以韩国燃灯节为例分析了非物质文化遗产保护要从包容社会、经济、环境及安全四个方面提升可持续发展。天津大学国际教育学院马知遥教授认为在"一带一路"大背景下，非物质文化遗产是中国文化的重要内容，可以承担海外文化传播与交流的重要载体。敦煌研究院副院长赵声良研究员认为，敦煌研究院将不遗余力地弘扬敦煌文化，与世界上更多的学术机构进行合作，共同研究和保护敦煌石窟以及各地的文化遗产，发扬敦煌精神，为重振"丝绸之路"的繁荣贡献力量。保加利亚索非亚市副市长托多尔·乔巴诺夫博士指出在21世纪发掘和保存文化遗产是保加利亚社会的一个主要问题。古代遗产已成为保加利亚可持续发展的重要资产。

中国文化遗产研究院研究员沈阳指出，作为海上丝绸之路东端的中国，保留了一批与海上丝绸之路直接相关的古代遗存。由于海洋贸易活动的特殊性，中国海丝遗存都处在相对发达的东部沿海地区，注定海丝遗存的规模、保存程度存在先天不足的问题和后期的开发建设破坏。中央民族大学邢莉教授认为观音信仰是通过"丝绸之路"向我国内地传播的，敦煌观音造像是我国融合印度佛教使之中国化的表征。广州美术学院美术馆原馆长王见教授指出当前敦煌艺术研究存在的问题，他认为敦煌艺术并非地域性文化，而是具有代表中国文化传统和中亚及欧亚文化交流的重要属性与跨文化意义的文化形态，应该着眼"一带一路"全局观念进行宏观布局。台湾师范大学民族音乐研究所吕锤宽教授以生态史观阐述了莫高窟从神圣殿堂至艺术宝库的今昔变化，提出了作为世界级文化遗产如何兼具历史功能与当代意义的路径与建议。斯洛伐克视觉艺术联盟主席、斯洛伐克文化多样性联合会主席、斯洛伐克政府文化理事会成员帕沃尔·科勒尔通过国际艺术协会活动实例，分析了欧洲22个国家视觉艺术家的情况，并探讨了公众对艺术和艺术家的认知以及斯洛伐克的文化发展战略。美国印第安纳大学民俗学与民族音乐学系高级讲师苏独玉女士认为，文化旅游重视自然环境与人们之间的相互依存，因此它不仅可以作为公众教育形式，更可以鼓励以多种方式深入旅游当地场所，这会有助于在未来促进文化环境的可持续性发展。

经过三天热烈而广泛的研讨，与会专家、学者通过文字、影像、音乐、舞蹈再现等多重方式，分别以主旨演讲、小组讨论、专题工作坊等多种研讨形式进行了深入探讨与对话，与会专家纷纷表示收获良多。

中国艺术研究院常务副院长、研究生院院长吕品田在闭幕式总结指出，此次研讨会意义重大，通过缜密的组织、丰富的内容和生动的形式，为"一带一路"文化艺术交流合作建设进行了一次成功的学术实践，搭建了一个丰满、立体的活动平台，体现在三个方面：第一，会场与现场相结合的宏大交流空间，使学术研究充满生机，使学者们得到多方位的启发与思考；第二，延续了上一届泉州会议多层次的交流方式，既有对具有普遍意义问题的学术探讨，又有展现学术个性、智慧和思考的讨论交流；第三，论坛呈现出中外古今交织、学科门类交叉的多元化的学术视角，确立了丰满、立体的"一带一路"文化艺术交流合作的学术框架。

为了更好地呈现文化艺术交流合作的主题，全方位展现传统文化表现形式，本次研讨会还组织了"丝路翰逸——中国经典法书临创展""时光：原弓个展""非物质文化遗产代表作展演"等专题展览、展演活动，多角度地表达了艺术家们对传统文化的理解，这也正是中国"一带一路"倡议全面实施、敦煌再次成为东西方文明交汇互鉴重要枢纽的当下最好的象征。